22

COLECCIÓN AMÉRICA NUESTRA
● los hombres y las ideas

AMÉRICA NUESTRA es una nueva colección
que Siglo XXI proyecta como una
expresión coherente del examen de la realidad
que nuestros países viven desde siglos: tierra
colonizada que no logra liberarse.
Queremos difundir, con sistema, textos que exhiban
tanto la grandeza de las culturas destruidas
por la Conquista como los testimonios de la
lucha por la liberación que llega hasta nuestros
días y que tiene expresión en la obra y las ideas
de los hombres que las orientan. Nada
mejor para definir esa intención que las
palabras que escribió José Martí: "... la
historia de América, de los incas acá,
ha de enseñarse al dedillo, aunque no se enseñe
la de los arcontes de Grecia. Nuestra Grecia
es preferible a la Grecia que no es nuestra.
nos es más necesaria... Injértese en nuestras
repúblicas el mundo; pero el tronco ha de ser
de nuestras repúblicas..."

siglo veintiuno editores, sa
CERRO DEL AGUA 248, MEXICO 20, D.F.

siglo veintiuno de españa editores, sa
C/PLAZA 5, MADRID 33, ESPAÑA

siglo veintiuno argentina editores, sa

siglo veintiuno de colombia, ltda
AV. 3a. 17-73 PRIMER PISO, BOGOTA, D.E. COLOMBIA

ANTIMPERIALISMO Y NACIÓN

por
JOSÉ INGENIEROS

introducción, compilación y notas de
OSCAR TERÁN

SIGLO VEINTIUNO XXI AMÉRICA NUESTRA

edición al cuidado de josé aricó
portada de anhelo hernández

primera edición, 1979
©siglo xxi editores, s.a.
ISBN 968-23-0508-X

ÍNDICE

JOSÉ INGENIEROS O LA VOLUNTAD DE SABER

OSCAR TERÁN

1. EL JOVEN INGENIEROS: UN HIJO DEL 90

A CARLOS CASARES:
MI PUEBLO, MI INFANCIA

Habría que comenzar por una disculpa casi ritual en estos casos: toda antología introduce el punto de vista del recopilador y, por ende, distorsiona, resquebraja la unidad cristalina de *la* obra. Miseria de las antologías: recopiladores, también ellos *traditores*.

Sin embargo, cabe un consuelo: las "obras completas" tampoco existirían. Y una justificación: la noción de "traición" a la obra presupone la mitología de los textos como entidades locuaces, acabadas y cerradas sobre sí mismas. No obstante, la obra no es una unidad *inmediata*, y toda lectura es constitución del texto. Pero no de *otro* texto diverso del escrito por el autor, ni tampoco de *ese* que efectivamente quiso producir. Es preciso ir más allá o, mejor, más acá del autor: hacia un conjunto de reglas de construcción de esos objetos teóricos y de las condiciones materiales preteóricas que los tornaron posibles.

Miseria, entonces, pero también privilegio (dudoso) de las antologías. Posibilidad, al menos, de observar el despliegue concentrado de una articulación ordenadora del mundo. Porque si toda interpretación es constitución del objeto sobre un mundo "dado", si no hay lectura "a libro abierto", si no basta con recorrer con la vista a lo largo de los días y las noches los millares de rastros abandonados por José Ingenieros y que hormiguean en el conjunto de sus obras, esos rastros que nos hacen señas desde el fondo de una Argentina que ya no es pero que en algunos aspectos aún se sobrevive, entonces no sólo toda antología es culpable, sino que tampoco —hace tiempo que se sabe— existen lecturas inocentes. De ese modo —y como se ha dicho—, debemos confesar de qué lectura somos culpables y qué antología de Ingenieros hemos "cometido".

Los escritos juveniles de José Ingenieros han recibido una escasa atención dentro del conjunto de su producción teórica, hasta el punto de que —prácticamente desconocidos fuera del ámbito de los especialistas— no han sido incluidos en sus obras "completas" ni en las diversas antologías que se le han dedicado hasta el presente. Esta subestimación de dichos escritos es generalmente subsidiaria de una interpretación que los ubica en el dudoso espacio de los núcleos "germinales" de la producción madura, o bien como desbordes intelectuales poco considerables desde el punto de vista de la representatividad teórica.

Y sin embargo, esos textos ofrecen un doble atractivo. En principio, desde el punto de vista de *la historia de las ideas* en América Latina, y específicamente en la Argentina, constituyen un ejemplo notable de la complejidad de las configuraciones teóricas en la última década del siglo pasado. Y desde la perspectiva de *la teoría de las ideologías*, revelan permanentemente las insuficiencias de una interpretación de lo ideológico como mera "expresión" de una realidad previamente constituida y conclusa al margen de los discursos que la articulan. Atendiendo a estas especificidades, tal vez será posible rescatar la singularidad de esos textos del joven Ingenieros, sin reducirlos al desdén de las producciones inmaduras ni al de meros antecedentes de la obra posterior.

LAS CONDICIONES PRETEÓRICAS: EL MUNDO DEL 80

En Buenos Aires,[1] Ingenieros cursó los estudios primarios, y hacia 1888 comenzó el bachillerato en el Colegio Nacional de dicha ciudad. Esto significa que, en el momento de su ingreso en la adolescencia, "había llegado a su crepúsculo la briosa generación del 80",[2] y junto con ella una nueva estructura económico-social se había consolidado en la Argentina.

1880 es por ello no sólo un año simbólico, sino el momento real en que se estructuran radicales modificaciones económicas y políticas, acarreando una serie de efectos encadenados que transformarán profundamente las estructuras materiales del país. Consiguientemente, la nación tenderá a una efectiva centralización política y mercantil, en tanto se integraba y/o eliminaba a los sectores precapitalistas, y las fértiles tierras pampeanas seguían siendo acumuladas por una minoría —la típica oligarquía terrateniente argentina—[3] dispuesta a ponerlas en explotación con la vista fija en el mercado exterior. Con el objeto,

[1] Según investigaciones de Arturo Ardao, José Ingenieros nació en Palermo (Italia) en 1877 y su infancia transcurrió en Montevideo. (Véase A. Ardao, "La infancia de José Ingenieros en Montevideo", en *Marcha*, Montevideo, 30 de julio de 1954.)

Consúltese igualmente el *Esquema biográfico* que figura al final del presente volumen.

[2] Aníbal Ponce, *José Ingenieros, su vida y su obra*. Citamos por la edición de Axioma, Buenos Aires, 1977, p. 5.

[3] Cuando el proceso cristalice, podrá calcularse que "unas 2 000 personas poseían en la Argentina tanta tierra como la superficie total de Italia, Bélgica,

además, de superar el bajo nivel de fuerza de trabajo disponible, el
proceso inmigratorio iniciado años antes adquirió proporciones gigan-
tescas,[4] y el acelerado tendido ferroviario dibujó un espacio económico
definidamente dependiente: un abanico cuyos rayos penetran en las
zonas agropecuarias y desembocan en el puerto de Buenos Aires.[5]
Los capitales extranjeros, ingleses especialmente, inyectaban inversiones
que se instalaban fundamentalmente en comercio, papeles públicos y
gastos de infraestructura (sobre todo en ferrocarriles).[6]

En el proyecto se consumaba así en un modelo que, con crisis pasajeras,
estructuró la Argentina moderna hasta la gran crisis de 1930. Y tal
era, en líneas necesariamente muy generales, el universo pretcórico
que el mundo del 80 cristalizaba en los momentos en que José Ingenieros ingresaba en la adolescencia. Y sin embargo, esto no nos faculta
en absoluto para a ubicar su filiación ideológica inmediata en los
marcos teóricos de dicha generación, cual "un desprendimiento directo
del 80 argentino".[7]

Esta última caracterización subestima, precisamente, el período de
las "obras juveniles", con lo cual construye una falsa continuidad ideológica en un doble sentido. Histórico, en primer lugar, por lo cual se
conecta inmediatamente el pensamiento ingenieriano con la tradición
liberal argentina, e individual, en segunda instancia, con lo que se
pierde el complejo y contradictorio proceso de construcción de un universo teórico realmente significativo para un estudio de las ideologías
argentinas de la época. El efecto teórico de una propuesta como la
que rechazamos tiene que ser, pues, la relativización del papel de los
textos del primer Ingenieros, y la ubicación de su pensamiento inicial
en los marcos de un cientificismo darwiniano.

Pero Ingenieros no comienza la construcción de sus objetos teóricos desde un universo de discurso "positivista spenceriano" que resul-

Holanda y Dinamarca juntas". (D. Rock, El radicalismo argentino, 1880-1930,
Buenos Aires, Amorrortu, 1977, p. 15.)
    [4] En el período 1880-1889 la cantidad de extranjeros ingresados en el país
alcanzó la cifra de 1 020 907 sobre un total de 3 400 000 habitantes en 1890.
(A. Martínez y M. Lewandowski, The Argentine in the XX century, Nueva
York, Scribner's & Son, s.f., p. 118.)
    [5] Hasta 1874, el país contaba con 1 333 km de vías férreas, cifra que
en 1892 había trepado a 13 682 km. (Datos de Federico Pinedo, Siglo y medio de economía argentina, México, 1961.)
    [6] "En 1890 el valor nominal del capital británico en toda la América
Latina superaba los 422 000 000 de libras esterlinas. De ese monto, la Argentina
sola tenía 154 338 000 libras [...]" (T. McGann, Argentina, Estados Unidos
y el sistema interamericano, 1880-1914, Buenos Aires, Eudeba, 1960, p. 117.)
    [7] La tesis ha sido sostenida por Héctor P. Agosti, en Ingenieros, ciudadano
de la juventud, Buenos Aires, Juárez Editor, 4ª ed., 1975, p. 13.

taría congruente con la tradición ideológica del 80. Por el contrario, la configuración de un primer "sistema" está mediada por un momento en el que se entrecruzan complejamente un conjunto de ideologías *contestatarias* que articulan una *negación inmediata* —en el sentido hegeliano de esta noción— con respecto al país programado por el liberalismo oligárquico argentino. Dicha negación opera sobre la base de un hecho crítico real de la historia argentina: la crisis del 90. Como resultas de ello, Ingenieros no sólo no emergerá al pensamiento como un hijo del 80, sino como un heredero legítimo de la crisis *parcial* de aquel proyecto oligárquico.

EL 90: CRISIS SOCIAL Y CRÍTICA MORAL

Los empréstitos que inundaron el país en el decenio precedente provocaron una serie de distorsiones financieras que habrían de estallar agudamente en 1890. Ya hacia mediados de la década del 80 se habían percibido ciertos efectos de una veloz carrera especulativa, en la cual "el gobierno argentino estaba en el vértice de un torbellino financiero". La enorme valorización de la tierra y el proceso inflacionario amasaban rápidas fortunas, con su corte de negociados y de consumo ostentoso, mientras la práctica política de la clase dominante estaba sólidamente articulada en torno del Partido Autonomista Nacional, desde el cual se instrumentaban las decisiones referentes al estado nacional y a las lealtades provinciales. Con naturalidad, dicha maquinaria ejercía el fraude como estrategia electoral, marginando a la gran mayoría de la población de toda participación política.

El descontento social promovido por estas circunstancias conformará el clima en cuyo marco se intentará, en julio de 1890, el fracasado alzamiento militar. Pero, de todos modos, la crisis del 90 y la reacción que produjo marcaron profundamente toda la década. Un síntoma de ello es que dichos años señalan el surgimiento de dos partidos opositores: la Unión Cívica Radical y el Partido Socialista, que, si bien de influencia claramente inferior a la del primero, constituye uno de los parámetros en la constitución del pensamiento de Ingenieros.

Estos fenómenos políticos se fundaban a su vez en una serie de modificaciones producidas en la estructura social argentina, denotando la creciente gravitación de sectores urbanos medios y de una naciente clase obrera. Según Germani, las capas medias habrían pasado de cubrir el 10% del total de la población activa en 1869 hasta alcanzar un 25% a mediados del decenio que nos ocupa. Y en cuanto a los sectores proletarios, si bien la baja industrialización del período determinaba su menor peso en la estructura de clases,[8] este bajo desarrollo cuantitativo resultaría potenciado políticamente por el importante componente inmigratorio, que en ciertos casos portaba una definida conciencia sindical y política de los lugares de origen, impulsando tempranos esbozos de organización sindical y la difusión de ideologías políticas de izquierda.[9] Así, cuando se abre la década del 90, se hallan constituidas una veintena de asociaciones obreras que han protagonizado varias decenas de huelgas. Precisamente en ese mismo lapso se producen los intentos iniciales para lograr una coordinación entre diferentes sindicatos, y en 1888 se efectiviza la primera reunión de ese tipo en el club socialista alemán Vorwärts, adonde acude el conocido anarquista Errico Malatesta, que residió en la Argentina entre 1885 y 1890. Su presencia no es un hecho aislado, sino que se inscribe dentro de la progresiva influencia de grupos anarquistas dentro del movimiento obrero argentino, influencia que disputarán a lo largo de la etapa con el Partido Socialista. Estas dos tendencias serán, justamente, las que configurarán las primeras coordenadas en torno de las cuales es posible detectar la constitución del discurso teórico del primer Ingenieros.

ENTRE EL ANARQUISMO Y EL SOCIALISMO FINISECULARES

Hacia mediados de la década del 90 se constituye formalmente el Partido Socialista Obrero Internacional (luego denominado Partido Socialista Obrero Argentino), cuyo primer presidente fue Juan B. Justo y su primer secretario el joven José Ingenieros.[10] Uno de sus núcleos germinales fue el Centro Socialista Universitario, creado en diciembre de 1894 por un grupo de estudiantes de medicina, y del cual sería Ingenieros "su primer secretario, su inspirador y dirigente".[11] Precisamente al calor de esta actividad política estudiantil Ingenieros produce en 1895 su primera obra teórica significativa: *¿Qué es el socialismo?*

[8] Como ejemplo indicativo, señalemos que en 1892 menos del 9% de los ingresos totales de la ciudad y provincia de Buenos Aires se originaban en la manufactura. (O. E. Cornblit y otros, "La generación del 80 y su proyecto: antecedentes y consecuencias", en T. Di Tella y otros, *Argentina, sociedad de masas*, Buenos Aires, Eudeba, 1965, p. 53.

[9] Proveniente en su gran mayoría de zonas del sur europeo (italianos especialmente y luego españoles), "el inmigrante se convertirá en arrendatario o peón asalariado y buscará huir de las zonas rurales hacia las urbanas". (G. Beyhaut y otros, "Los inmigrantes en el sistema ocupacional argentino", en T. Di Tella y otros, *op. cit.*, y G. Germani, "Hacia una democracia de masas", *ibid.*, p. 219.)

[10] J. Oddone, *Historia del socialismo argentino*, Buenos Aires, La Vanguardia, 1934, t. 1, pp. 225ss.

[11] Sergio Bagú, *Vida de José Ingenieros*, Buenos Aires, Eudeba, 1963, p. 10.

Este opúsculo, junto con sus artículos del periódico *La Montaña* y la experiencia modernista, configuran un material tan escasamente explorado como rico, a través del cual puede observarse no sólo la constitución del discurso ingenieriano, sino también un complejo entramado teórico que arroja luz sobre la situación de las ideologías en el último lustro del siglo pasado en la Argentina. En este sentido, debe extenderse al conjunto de las mismas lo que Rama refiere para el campo específico de la literatura: "En los hechos, se produce una repentina superposición de estéticas. En el período de las dos últimas generaciones, la de 1880 y la de 1895, encontramos reunidos el último romanticismo, el realismo, el naturalismo, el parnasianismo, el simbolismo, el positivismo, el espiritualismo, el vitalismo, etc."[12] Esta formidable coyuntura ideológica de fines del xix se concentra de manera sumamente significativa en la figura de Ingenieros, y determina la necesidad de contemplar estos discursos no sólo en su carácter estructural. Es decir, no sólo detectar la problemática originaria y el universo de discurso desde donde se articulan los objetos teóricos que pretenden darle respuesta sino también señalar los puntos de fuga, los focos de dispersión del sistema: ciertos "conceptos-puente" que permitan el pasaje hacia otro tipo de estructuras discursivas, posibilitadas a su vez por las alteraciones que se producen en el nivel de las condiciones preteóricas histórico-materiales.

Sea como fuere, es preciso comenzar por el señalamiento de la problemática de Ingenieros, es decir, por el conjunto de preguntas sistemáticas que se le formulan, y así configuran el horizonte posible de su sistema. Aquélla puede ser definida por *la cuestión social*, que —dice— es "el gran problema que agita a los sociólogos europeos y comienza, por efecto reflejo, a agitar a nuestros mejores economistas".[13] Más allá de la mirada teoricista y europeísta que esa afirmación alberga, lo cierto es que dicha problemática se configura a partir de una reflexión sobre la *crisis*. Así, luego de referirse expresamente a "la crisis actual", se intenta precisar sus causas: "la exuberancia de productos y la sed de especulación".

No es difícil leer en esta afirmación la interpretación que vastos sectores opositores hacían de la crisis del 90 y que se orientaba hacia los aspectos más fenoménicos del decenio anterior. "Activa y elegante, sórdida y superficial" —al decir de McGann—, la época del 80 iba

---

[12] Ángel Rama, *Rubén Darío y el modernismo*, Caracas, Universidad Central de Venezuela, 1970, p. 42.

[13] José Ingegnieros, *¿Qué es el socialismo?*, Buenos Aires, Imprenta Industrial, 1895, pp. 3 y 65. De aquí en adelante citaremos esta obra directamente en el texto, colocando el número de página entre paréntesis. [Este trabajo ha sido incluido íntegramente en la siguiente recopilación, pp. 121-171.]

a ser cuestionada como un momento "materialista" dentro de la historia reciente, al que debía oponérsele una actitud *moral*. Por ejemplo Pedro Goyena, un exponente de los sectores católicos opositores,[14] decía en 1888: "Contemplad la civilización moderna. ¿Qué es ella sino el predominio absorbente de los intereses *materiales*? ¿Es cierto, acaso, que en medio de la pompa de las artes, que en medio de la riqueza y la abundancia, se haya desenvuelto satisfactoriamente el hombre como ser intelectual y *moral*? La respuesta no puede ser afirmativa. Si es cierto que el hombre ha progresado *materialmente*, no es cierto que brille por el esplendor de sus *virtudes*."[15]

Este carácter de denuncia inmediatamente *moral* constituirá un factor prácticamente estructural en las ideologías críticas del régimen a lo largo de la década del 90, con relativa independencia de los sectores que la encarnen. Por eso, si "dichos elementos tradicionales (especulación, negociados, consumo conspicuo, etc.) aparecerán como responsables de la crisis de 1890 y serán integrados como punta de lanza en el programa del Partido Radical, [que] reacciona limitándose a una reivindicación moral",[16] también emergerán dentro de un espectro que abarca tanto la prédica del partido mencionado como los postulados del anarquismo y del socialismo, como ahora podemos detectarlo en la articulación del pensamiento del primer Ingenieros.

Puede interpretarse que esta crítica moralista —que en el mismo gesto impugnador ocultaba las auténticas raíces de la crisis— era el efecto ideológico de la carencia de un modelo económico alternativo. La piedra de toque de esta· actitud se hallaría en el hecho de que tanto las capas medias como la clase obrera dependían en última instancia del crecimiento generado por la actividad agropecuaria, razón por la cual su comportamiento no tendería generalmente al cuestionamiento del modelo agroexportador, sino a reivindicaciones redistribucionistas de la renta.[17]

Este factor reviste importancia para una explicación del comportamiento de las ideologías contestatarias del período, ya que da cuenta

---

[14] Cuya voluntad el régimen se había enajenado a partir de medidas tales como las leyes de matrimonio civil y la referida a la enseñanza laica, que apuntalaban un proyecto secularizador de las estructuras civiles de la sociedad argentina.

[15] Citado por José L. Romero, en *Las ideas políticas en la Argentina*, México, FCE, 1975, p. 187. El subrayado es nuestro.

[16] S. Sigal, y E. Gallo (h.), "La formación de los partidos políticos contemporáneos: la UCR (1890-1916)", en T. Di Tella y otros, *op. cit.*, p. 134.

[17] Véase E. Laclau (h.), "Modos de producción, sistemas económicos y población excedente. Aproximación a los casos argentino y chileno", en Giménez Zapiola y otros, *El régimen oligárquico*, Buenos Aires, Amorrortu, 1975, p. 40.

de la general inmediatez o abstracción[18] de las negaciones planteadas
al proyecto oligárquico. Esta negación inmediata recorrerá, en el caso de
Ingenieros —que con ello se revela como paradigmático—, un momento
de exteriorización en una política activa de corte socialista-anarquizante y una instancia interiorizada en la figura del intelectual "rebelde"
agrupado en torno de una práctica bohemia y modernista.

A dicha interpretación de la crisis Ingenieros le superpone la caracterización del *ritmo* de la misma, entendido como un desarrollo de
"vertiginosa rapidez", que envuelve "en su luctuoso manto a toda
la especie humana". Ello se verificaría no sólo en la experiencia de la
crisis mundial, sino en una situación análoga en el propio país: "Las
huelgas producidas en seis meses, de enero a julio de 1895, en número
de veintiuna son la prueba evidente de que 50 000 obreros de la capital
aspiran a vivir en condiciones más humanas." En efecto, sabemos que
estas luchas reivindicativas se incrementaron en la década estudiada
ya que, en general, las condiciones de vida del sector obrero se dete-
rioraron en este lapso tanto como consecuencia de una marcada disminución del salario real como por la deficiente infraestructura en servicios públicos y habitacionales. Entre 1888 y 1890 se produjeron cerca
de cuarenta huelgas, y en 1896 se registrarían otras veintiséis de cierta
envergadura con una participación de más de 2 000 obreros.[19] Esto es
una manifestación —concluía el joven Ingenieros— de que "el hambre
flagela ya a los trabajadores de muchos gremios" (pp. 25, 66 y 67).

Estas caracterizaciones acarrean y se apoyan a la vez en un efecto
teórico determinante en el primer discurso ingenieriano: la concepción
del *capitalismo* como un sistema radicalmente *negativo*, entendido
como un enorme mecanismo productor de miseria y parasitismo. Dicha
valoración se instala en un texto que no carece de ambigüedades y
que —notablemente— irá variando en obras posteriores, arrastrando
en su mutación un núcleo fundamental de conceptos del sistema.

En *¿Qué es el socialismo?*, consiguientemente, se cuestiona al capitalismo en la medida en que tiende a la eliminación de "la figura del
industrial". De este modo, "la industria queda incluida en el capital",
cosa de la que solamente se beneficia la clase capitalista, que persigue
"la conservación y aumento de su *interés*". En una palabra, "lo que
Fourier acertadamente llamó feudalismo industrial" (p. 20; el subrayado es nuestro). Todo se aclara cuando se tiene en cuenta que lo que

[18] La negación abstracta o inmediata es aquella en la cual los términos
contrapuestos "se desintegra[n] en extremos muertos [... que] no se integran
ni se recuperan el uno al otro [...]" (G. W. F. Hegel, *Fenomenología del espíritu*, México, FCE, 1966, p. 117.)
[19] Véase J. Godio, *Historia del movimiento obrero argentino*, Buenos Aires,
Tiempo Contemporáneo, 1973, p. 73.

Ingenieros denomina "industrial" alude a la noción de *productor*, razón por la cual utiliza generalmente para referirse a la ganancia capitalista la categoría de "interés", es decir, el concepto que mienta la ganancia obtenida *parasitaria* o *improductivamente*.

Podemos ahora recapitular brevemente este movimiento teórico. La *cuestión social* —núcleo estructurador de la *problemática*— es visualizada a través del concepto de la *crisis*, cuyas causas son interpretadas en términos *moralistas* y cuyas consecuencias aparecen como profundas, vertiginosas e irreversibles. La articulación de estos objetos conceptuales demanda la consecuencia teórica descrita de la valoración del capitalismo como un orden *negativo*. Negatividad que —cerrando el esquema— se funda en el carácter *parasitario* (improductivo = inmoral) del sistema.

Consiguientemente, el par de significados *moral/inmoral* debería hallar correspondencia biunívoca con el de *productor/parásito*. Creemos que estas nociones, en efecto, aparecen definidas según ese tipo de relación, pero además —y es lo más importante— brindan un hilo conductor (en tanto "conceptos-puente") apto para estructurar una porción fundamental de *toda* la producción teórica de Ingenieros.

En torno de esta caracterización es como Ingenieros construye una división de la sociedad impregnada de moralismo: la situación económica imperante "coloca a *la clase productora* en una condición cada vez más esclavizada respecto a la clase que posee y dispone de los medios de producción o instrumentos de trabajo", y en definitiva las dos clases opuestas son "*los parásitos* y los proletarios" (pp. 9 y 66; subrayamos nosotros). Una prueba más de lo afirmado es que dentro de la categoría de "clase productora" inclúyese también al "pequeño comerciante [que] es un proletario" (p. 27) y, más significativo aún, al "proletario intelectual" (pp. 21-22 y 87).

La clase poseedora se define pues por el parasitismo: se trata de una auténtica casta de "parásitos que [...] nada produce y consume lo producido por la de trabajadores" (p. 13 y también 9), conformando así "una estirpe de estériles consumidores".

Ahora bien: una vez detectados estos núcleos conceptuales básicos, es preciso remitirlos a su *universo de discurso* específico. Entonces cobra importancia verificar que esta concepción del capitalismo como un sistema parasitario es una noción de raigambre anarquista, y no sería difícil suponer que es a través de esta vía por donde penetra como objeto teórico en la economía del sistema ingenieriano. "Algunos —decía Bakunin—, gracias al *ocio* basado en la satisfacción de las necesidades y en el bienestar material, tienen a su disposición los más altos beneficios de la civilización, la cultura y la educación [...] Se llama 'civilización' al desarrollo de la prosperidad, la comodidad, el

lujo y la sutil y deformada inteligencia de las clases privilegiadas [...]"[20] En la Argentina igualmente, y siempre a título indicativo, la declaración de principios de la Federación Libertaria de los
Grupos Socialistas-Anarquistas de Buenos Aires atacaba "la injusticia
social [...] que permite a una clase vivir en el *ocio* explotando las
fatigas de los trabajadores [...]"[21]
      Además, otra función del "parasitismo" dentro del sistema concep-
tual estudiado reside en apoyar la esencia del origen y subsistencia del
capitalismo en un *hecho extraeconómico*, en una violencia originaria:
"desde que un hombre se apropió indebidamente de lo que otros hombres necesitaban, sin más derecho que su arbitrario albedrío, nació el
antagonismo y con él se dividió la sociedad en clases" (p. 12). Esta
violencia extraeconómica alteraría ciertas "esencias naturales", revelando nuevamente su carácter inmoral: véase si no "el antagónico
espectáculo del lujo y la miseria, del derroche y el hambre, del lujo
y la expoliación" (p. 11).
      Al establecer esta correspondencia parasitismo-inmoralidad, la con-
cepción de Ingenieros entroniza como contrapartida la categoría del
productivismo y del trabajo como definitoria de lo ético y aun de lo
humano. Como consecuencia, el parasitismo acarreará necesariamente
la *degeneración* de la clase ociosa, y esta degeneración se sobredeter-
mina o se consuma con la apropiación autoritaria del poder político.
Se asiste entonces a "la corrupción entronizada en los altares del poder"
(p. 76), y "por eso somos partidarios de la supresión de la autoridad
erigida con fines políticos". Índice también este de una concepción de
base claramente anarquista,[22] pero que sin duda se conecta igualmente
con la percepción de los sectores opositores con respecto a los gobiernos
oligárquicos de la época.
      El parasitismo, producto de la inmoralidad como hecho extraeco-

[20] M. Bakunin, *La ciencia y la urgencia de la labor revolucionaria*, en *Los
anarquistas*, Madrid, Alianza, 1975, vol. I, pp. 163 y 168. Sobre esta concepción
del capitalismo como sistema parasitario, véase J. Álvarez Junco, *La ideología
política del anarquismo español*, Madrid, Siglo XXI, 1976, cap. 7, donde se
señala de qué modo el anarquismo de Kropotkin acentuó esta concepción.
      [21] Citado por Iaácov Oved, *El anarquismo y el movimiento obrero en
Argentina*, México, Siglo XXI, 1978, p. 99. Los subrayados nos pertenecen.
      [22] "[...] el Estado es el mal [...] Ha sido desde su origen, y permanece
siendo todavía en el presente, la sanción divina de la fuerza brutal y de la
iniquidad triunfante [...]" (M. Bakunin, *Dios y el Estado*, México, Yunke,
1974, pp. 66 y 89.) O la célebre protesta antiestatal de Proudhon: "ser gober-
nado significa ser vigilado, inspeccionado, espiado, dirigido, legislado, reglamen-
tado, encasillado, adoctrinado, sermoneado, fiscalizado, sopesado, evaluado,
censurado, mandado por personas que carecen de títulos, capacidad o virtud
para hacerlo" (citado por D. Guérin, *L'Anarchisme*, París, Gallimard, 1965,
p. 18).

nómico, se enlaza así con el poder político como estructura autoritaria fundante. La "contestación" deberá seguir entonces una vía de signo simétricamente opuesto pero sin poder desbordar el mismo universo de discurso. Por eso el mundo del futuro deberá imaginarse a partir de un proyecto igualmente moral (*el ideal*) que subvierta todas las formaciones autoritarias: "El nuevo ideal del Porvenir [...] por fin no vacila ante la fuerza autoritaria, teológica y económica [...]" (p. 38). Como se sabe, esta noción del "ideal" —como elemento subjetivo impulsor de la acción que disuelve todas las positividades, todos los "intereses" materializados y "creados" artificialmente— será otro de esos conceptos-puente de que hemos hablado y que recorrerán una buena porción del sistema de Ingenieros desde este momento hasta *Las fuerzas morales*.

De entre las diversas formulaciones en donde la influencia anarquista es notoria, tomamos la siguiente, donde no hay prácticamente un solo concepto que no reconozca dicha inspiración. El socialismo —dice— "es el más noble de los *ideales* que han agitado a la humanidad, y el más justo de los pabellones que los *oprimidos* enarbolan, flameando al impulso del aura voluptuosa de la *libertad*, bajo los rayos *regeneradores* de *la ciencia* y *del progreso*" (p. 75; subrayamos nosotros).

No obstante, un elemento que actúa contra una mayor identificación de Ingenieros con la práctica política anarquista (o con su discurso teórico de la época, al menos) es su oposición a la concepción de "la propaganda por los hechos". De ahí su crítica a los anarquistas que "arrojando bombas o sembrando puñaladas pretenden con la violencia personal implantar un régimen comunista" (p. 49). De ahí también, básicamente, la condena de la variante del anarquismo individualista y el acercamiento posterior, intentado desde *La Montaña*, hacia la vertiente "organizadora" del mismo. Su misma práctica dentro del Partido Socialista debía impulsar, por lo demás, este tipo de valoraciones.[23]

Como contrapartida, la sustentación de tesis anarquizantes habría de relativizar su posición dentro del partido, ya que desembocaba en varios aspectos en un cuestionamiento de la táctica política planteada por el PS. Esta actitud se pondría de manifiesto durante la celebración del primer congreso del partido, en junio de 1896, donde "todas las posiciones extremas contaron con la adhesión entusiasta de Inge-

---

[23] "En los primeros tiempos los anarquistas individualistas fueron el azote del naciente movimiento gremial y socialista en la Argentina", según el testimonio de E. Dickmann. *Recuerdos de un militante socialista*, Buenos Aires, La Vanguardia, 1949, p. 67.

nieros y Lugones".[24] Incluso ambos jóvenes se opusieron con éxito a la
política de alianzas preconizada por Justo, y frente a la táctica *parla-
mentarista* defendida por la línea hegemónica, Ingenieros sólo la acepta
como medio, puesto que, "partidarios decididos de *la legislación directa*,
no debemos ni podemos sin perjudicarnos abandonar ese *medio* de
propaganda y de mejoramiento social [...]" (p. 39. Los subrayados
son nuestros.) Por eso mismo acepta que el Partido Socialista se presente a elecciones, pero lo hace previendo un desemboque necesariamente violento del proceso: "Si será posible transformar la organización burguesa por intermedio del sufragio universal no puede afirmarse; *suponemos que no lo es*. Sin embargo, a primera vista se discierne en él un arma poderosa, a cuyos golpes tarde o temprano deberá
la burguesía responder con *la violencia* [...]" (p. 59; subrayamos
nosotros).

De este modo, y siempre motorizados por un discurso organizado
en torno de la cuestión social, aparece el par de conceptos "evolución/
revolución", que conviven como momentos de un mismo proceso:
la revolución es el "período final y crítico de la evolución ya realizada" (p. 48).

Empero, la revolución no es una tarea espontáneamente asumida
por las masas, porque el mismo capitalismo que engendra el parasitismo degenerativo en la burguesía produce la ignorancia en la clase
oprimida. "Obligados por la ignorancia en que interesadamente los
mantenía el monstruo de la autoritaria explotación", los oprimidos no
pueden percibir la salida revolucionaria. La clase productora yace por
ello en la ignorancia, que convierte a sus miembros en verdaderas "máquinas humanas". En los textos anarquistas de la época este tipo de
afirmaciones abundaban: "[...] la mentira religiosa —que sobre la

---

[24] S. Bagú, *op. cit.*, p. 13.
Compárese, simplemente, la concepción y la actitud de Ingenieros en la
obra que analizamos con las siguientes expresiones de Juan B. Justo en el discurso que pronunció en dicho congreso: "Lo importante es patentizar nuestra
independencia de todo interés capitalista o pequeño burgués; sin creer por eso
que en todos los casos y en todas las cuestiones sean opuestos a los nuestros.
En la cuestión de la moneda, por ejemplo, el proletariado tiene los mismos intereses que el capitalismo avanzado e inteligente. Todo esto quiere decir que
nuestro movimiento es ante todo económico. No somos ideólogos que luchan por
vagas aspiraciones de justicia o de libertad [...] Adoptemos sin titubear todo
lo que sea ciencia, y seremos revolucionarios por la verdad que sostenemos y la
fuerza que nos da la unión, muy distintos de esos falsos revolucionarios, plaga
de los países sudamericanos, que sólo quieren trastornar lo existente sin ser
capaces de poner en su lugar nada mejor." (En J. Oddone, *op. cit.*,
pp. 265-266.)

ignorancia de las multitudes fomenta el servilismo y la paciente resignación [...]"[25]
En una sociedad, entonces, donde la clase dominadora se hunde
en la abyección generada por el parasitismo, y en la que los oprimidos
tienen bloqueado su acceso a la conciencia revolucionaria, todas las
salidas estarían canceladas *de no ser* por la existencia de ciertas élites
que pueden desempeñar el papel de movilizadoras de conciencias. Son
las *"minorías activas"* —otro objeto teórico que permanecerá prácticamente invariante a través de casi toda la producción de Ingenieros—,
cuyo desarrollo "las pone luego en condiciones de influir directamente
sobre la marcha de los gobiernos poniendo en jaque a los conservadores de todas las escuelas" (p. 60).[26] Estas minorías activas son, además
y sobre todo, aquellas que están en contacto privilegiado con el elemento dinamizador del cambio social: el Saber. Es decir, las capas
intelectuales, cuya tarea reside en "esgrimir las armas de la ciencia
y de la razón contra los defensores de la opresión, de la fe y de la
injusticia" (p. 4). Las producciones teóricas son las "propulsadoras de
la Humanidad en el sendero del progreso y la ciencia [...]"
   Este teoricismo será igualmente una de las constantes del pensamiento de Ingenieros, y es sabido de qué modo ingresará en su ideología cientificista hacia fines del siglo xix. Pero lo notable es que, en el
texto que analizamos, esos mismos conceptos bien podrían formar
parte de un universo de discurso anarquista, ya que constituyen parte
de la valoración positiva de la ciencia y de la razón sostenida por
sectores fundamentales de dicho pensamiento. Debe notarse que este
privilegiamiento de la ciencia era igualmente compartido por el pensa-

---

[25] I. Oved, *op. cit.*, p. 99.
   "La educación —decía Kropotkin— también es privilegio de ínfimas minorías. ¿Puede hablarse de educación cuando el hijo del obrero se ve obligado a
la edad de trece años a bajar a la mina [...]?" (P. Kropotkin, *La conquista
del pan*, Barcelona, Río Nuevo, 1973, p. 16.) En igual sentido, véase E. Malatesta, *La anarquía*, en *Los anarquistas, op. cit.*, p. 87: "[...] hombres que,
a causa de su triste posición personal, no han tenido ocasión de habituarse a
las delicadas distinciones del lenguaje científico".
   [26] "[...] las minorías más avanzadas persuadirán y conducirán tras ellas,
por la fuerza de la razón y el ejemplo, a los más atrasados", dice Malatesta
(cit. por G. D. H. Cole, *Historia del pensamiento socialista*, t. "Marxismo y
anarquismo, 1850-1890", México, FCE, 1968, p. 332.
   Bakunin habla igualmente de "las masas ignorantes" y de "las inteligencias
superiores". También para Kropotkin la revolución la inicia una minoría, compuesta por "hombres de corazón que no se contentan con simples palabras",
"caracteres íntegros para quienes el acto y la idea forman una sola y misma
cosa [...]"; así, "algunos individuos se rebelan aquí y allá [... y con ello] el
pensamiento social despierta. Lentamente, este espíritu de rebeldía va ganando
pequeños grupos de hombres [...]" (*ibid.*, pp. 198-199).

miento socialista, fuertemente determinado por las incrustaciones positivistas que colonizaban al marxismo en las formulaciones de la II Internacional. En 1896, polemizando con Max Nordau, Juan B. Justo
había expresado: "Democracia y ciencia son los dos grandes factores
revolucionarios de la época presente."

En definitiva, "el elemento inteligente está en el deber de encarrilar a la humanidad en el sendero de la justicia y de la razón" (p. 86).
Esta noción de "minoría del talento" jugará un papel notable —como
dijimos— en toda la estructuración del pensamiento de Ingenieros;
pero ¿cuál es el incentivo que impulsa a estos intelectuales a adoptar
el punto de vista de los oprimidos? Su propia situación, que, en tanto
"proletariado intelectual", guarda estrecha correspondencia con el
sector de los oprimidos. Esta opresión se manifiesta de doble manera.
Por una parte, la amenaza de proletarización que se cierne tendiendo
a convertir al intelectual o al profesional independiente en un asalariado más, condenándolo "a las leyes inflexibles del salario" (p. 75).
De ese modo, se transformará, "tras las nieblas del salario, el concepto
del libre profesionista en la figura poco atrayente del empleado a
sueldo en las oficinas del Estado o en las grandes empresas de los
detentadores de los bienes sociales" (p. 76). En ese mundo devorado
por la aristocracia del dinero, todo talento perecerá. "El burocratismo
ha invadido todas las ramas de la actividad de los proletarios de la
ciencia." En suma, la sociedad capitalista, con su tendencia centrali-
zadora, atenta contra la libertad individual ejercitable en las profesiones liberales. Por eso "el médico actual merced a la centralización
en el Estado atiende más enfermos en el consultorio de un hospital o
desde las gradas del empleo público que hace veinte años visitando
individualmente sus enfermos a domicilio".

Texto notable, sin duda, en donde se transparentan las dificultades
para la constitución de una capa intelectual relativamente autónoma
en los marcos de la sociedad oligárquica. Por eso la lucha se entabla entre los poseedores del talento y quienes compiten parasitariamente con "la ciencia con el arma poderosa del dinero" (p. 79). Desde
este ángulo, la crítica se conectaría con el mismo fenómeno que, en este
aspecto, vino a configurar el modernismo. Puesto que no sólo los científicos quedan marginados de la sociedad burguesa que Ingenieros pre-
siente, sino también los artistas: "El mercantilismo industrial, reflejando la corrupción que caracteriza los estertores agónicos de la burguesía,
prostituye el arte en aras de la lujuriosa licencia" (p. 80).

Pero además de estos intereses de corte inmediato, el intelectual
debe participar en la emancipación de todos los hombres; no hacerlo
sería "hacernos cómplices [...] de las injusticias que hoy oprimen a
las clases trabajadoras [...]" (p. 75). O sea, que hay que ligarse a la

lucha a través del *ideal*. En un mundo rígidamente estructurado artificialmente por la economía parasitaria del capitalismo —motora de la crisis que aqueja a la Argentina y al mundo todo—, aún es posible roer sus mallas y atacar al sistema. Con ese objetivo hay que renegar de sus falsas apariencias, y especialmente del mercantilismo. El motor es el ideal que sólo algunos entrevén y practican: "pocos fueron aquellos que sacrificando ficticios intereses, desechando falsas conveniencias y repudiando absurdos sociales y económicos, se alistaron en las filas de la gran legión de los proletarios de todo el universo" (p. 4). Para tal fin es preciso replegarse sobre ciertos valores intocados de la subjetividad: "vencerán entre vosotros solamente aquellos —dice dirigiéndose a los estudiantes— en quienes el sentimiento de la *individualidad consciente* triunfe sobre las interesadas influencias extrañas [...]" (p. 85; los subrayados son nuestros).

Sólo entonces podrá cubrirse el objetivo que el opúsculo intenta definir: el socialismo. Pero, nuevamente, el socialismo del joven Ingenieros se revela en estrecha vecindad con el "individualismo comunitario", de orígenes igualmente anarquistas. Se trata de "erigir una sola [clase] de productores instruidos, libres, iguales y dueños del producto íntegro de su trabajo" (p. 14).[27] Los dos primeros subtemas del capítulo III refuerzan claramente esta noción: "Propiedad colectiva de los medios de producción. Libre disposición individual de los productos del trabajo." La sociedad deviene así "una sola de individuos con iguales derechos ante los medios de producción y con iguales deberes respecto a los demás individuos", con lo cual se garantizan "la acción y la libertad personales", de manera que cada productor posee "la libertad de obrar de acuerdo con su voluntad y conveniencia" (pp. 30-31). Como una fijación teórica recurrente, esta noción —que permanecerá "latente" durante más de veinte años— reaparecerá en el momento mismo en que Ingenieros comience a valorar positivamente el fenómeno revolucionario ruso.

De aquel modo se terminará con "el latrocinio de unos pocos", con lo cual la fórmula proudhoniana de la propiedad como robo, aparte de marcar el signo ideológico de Ingenieros, reafirma la concepción de la propiedad como exterioridad y se relaciona con otro principio anar-

---

[27] Kropotkin concebía a la sociedad futura como "un organismo vivo", en cuyo seno se logrará "el más completo desarrollo de la individualidad, asociado al mayor desarrollo de la asociación voluntaria en todos sus aspectos". (P. Kropotkin, *Campos, fábricas y talleres*, Valencia, Sempere y Cía., s.f., pp. 72*ss*.) Véase igualmente el capítulo "El comunismo anarquista", en P. Kropotkin, *La conquista del pan, op. cit.*, pp. 29*ss*. La noción de apropiación del producto íntegro del trabajo es de origen bakuninista (véase J. Álvarez Junco, *op. cit.*, p. 354).

quista: el de la artificialidad del capitalismo, como una realidad meramente positiva que encubre la esencia natural de la realidad humana. Como contrapartida, la revolución es un acto develador: junto con el capitalismo desaparecerá la máscara que encubre y deforma la esencia de la humanidad,[28] que entonces resplandecerá en su absoluta pureza. Despojados del lastre capitalista, los individuos no sólo podrán ejercitar su libertad, sino también la contrapartida del egoísmo burgués: *la solidaridad.* Porque el capitalismo, al impedir "el libre y completo desenvolvimiento de las aptitudes", incurre en una contradicción con "las leyes naturales que la ciencia ha comprobado" (p. 35). El solidarismo es otro de los significantes que —a veces reprimido, a veces manifiesto— recorre toda la cadena discursiva de Ingenieros. En el período que nos ocupa, a su través, y desembarazado de aquellos lastres, el reino de la meritocracia resplandecerá.

Estas últimas afirmaciones abren a su vez un espacio teórico aún reducido al *darwinismo social,* cuya poderosa influencia penetraba las interpretaciones tanto de sectores burgueses como —en el caso que nos interesa— de los pensamientos de la izquierda. En estas últimas concepciones, se trataba de compatibilizar las afirmaciones científicas con la defensa de los oprimidos. La vía que Ingenieros sigue en este campo es representativa de un modelo de razonamiento imperante en aquellos círculos. Lo que ocurre es que el capitalismo, en tanto sistema artificioso que viola las leyes naturales, se opone justamente por ello a la supremacía de los más aptos. Pero los más aptos —por definición del propio sistema de Ingenieros— no son los que detentan el poder y la riqueza, sino los poseedores del mérito, de la inteligencia, del arte, del saber. Por eso en el capitalismo impera no la selección natural, sino otra tan artificial como el sistema mismo que la engendra. "Lo que actualmente se realiza es única y exclusivamente una selección artificial, ya que la selección natural puede solamente efectuarse entre individuos que tengan iguales medios de acción."

Por fin, señalemos un último objeto teórico que, a nuestro entender, constituye un concepto de pasaje —a través de la psicopatología y la criminología— a un universo de discurso posterior. Se trata de la vinculación, que ya aparece en el texto analizado, entre la noción sociomoralista conocida del "parasitismo" y el concepto psicopatológico de "locura". La vinculación se ejerce de este modo: el parasitismo es definido como la apropiación de bienes sin un trabajo corres-

---

[28] Esta noción es de origen en parte feuerbachiano, y por tanto aparece en los textos de Marx de los años 1843-1844. Sin embargo, en sus elaboraciones posteriores el marxismo no concebirá una esencia divorciada de su manifestación, sino que afirmará —hegelianamente— que el fenómeno es el modo concreto de constituirse de lo esencial.

pondiente. El capitalista, por eso, no produce: "luego, no ha habido trabajo, pues no puede racionalmente admitirse un trabajo improductivo". Ahora bien: "El dedicarse a trabajos *improductivos* es una prueba característica de la *demencia*", según una cita de Lombroso (p. 24; el subrayado es nuestro). El parasitismo se torna así no sólo un criterio determinante de enjuiciamiento del capitalismo, sino también un límite segregador entre la razón (orden de lo natural) y la sinrazón (ámbito de la artificialidad). Significativamente, además, la locura nace como objeto teórico en estrecha vecindad con la *delincuencia* como entidad patologizada. Por ello en el socialismo "cada cárcel [cederá] sus cadenas y cerrojos a la asistencia de un *hospital* [...]" (p. 45. Subrayados nuestros). Estas últimas determinaciones sirven además para cerrar el paso al anarquismo individualista de "la propaganda por los hechos", ya que a quienes lo ejercitan "hoy todos los trabajadores conscientes los repelen como criminales" (p. 50).

El sistema ha quedado configurado. Una *problemática* que se estructura alrededor de *la cuestión social,* nacida hacia el 90 y visualizada por ello a través de *la crisis,* va construyendo una serie de objetos teóricos que "dicen" esa realidad acudiendo a una explicación moralista común a distintos sectores opositores de la época. El "archivo" al que Ingenieros recurre para dar respuesta a estas cuestiones no deja de ser naturalmente amplio y relativamente heterogéneo. Él mismo cita como "influencias" a Labriola, Marx, Bebel, Adler, De Amicis, Engels, Ferri, Tolstoi, Guesde, Malon, Liebknecht, Loria, Turati, Lassalle, Vandervelde, Blanc, Büchner, Lombroso... Pero aun dentro de la heterogeneidad, se dibujan los límites posibles de su propio sistema. Y en la medida en que ésas no son "influencias" sufridas —que deban rastrearse como el policía las huellas del criminal, según el decir de Jakobson—, sino también constituidas, consiguientemente el joven Ingenieros produce un texto específico y diferenciado. *Ese* texto donde de manera particular se articulan ciertos objetos teóricos (parasitismo, moralismo, antiautoritarismo, productivismo, revolución...) con la también específica situación material de la Argentina del 90.

Estos discursos —que por sí solos justificarían nuestra tesis de definir al primer Ingenieros como "un hijo del 90"— seguirán desplegándose con algunas variantes a lo largo de los doce números de *La Montaña,* periódico que dirigió con Leopoldo Lugones durante 1897.

"LA MONTAÑA" Y LA EXPERIENCIA MODERNISTA

En los artículos escritos para dicho periódico, ni la problemática ni el universo de discurso se alteran sustancialmente. Y en general son los

mismos objetos teóricos los que acuden para dar cuenta de la cuestión
social: denuncia del parasitismo y del autoritarismo, moralismo, minorías intelectuales como portadoras del saber, llamados a la revolución violenta...[29] Este carácter de su ideología se manifiesta en el
artículo "Anarquistas y socialistas" (La Montaña, núm. 6), donde, "sin
desconocer la diferencia de la lógica nuestra y la lógica anarquista",
afirma que "en la aspiración final unos y otros coincidimos". Estas afirmaciones delineaban una corriente heterodoxa dentro del Partido Socialista, hasta tal punto que el periódico anarquista El perseguido
publicará una nota el 14 de marzo de 1897 —"La bancarrota de los
autoritarios"— donde informa sobre las divergencias en el PS y destaca la consolidación de la corriente "antiautoritaria" encabezada por
Ingenieros.[30] Incluso es sabido que Ingenieros había protagonizado ya
una serie de "rebeldías menores" que determinaron una suspensión
de sus derechos de afiliado al partido durante unos nueve meses.

No resulta arbitrario, entonces, que con la vista puesta en el anarquismo "organizador", el 15 de julio de 1897 La Montaña abra sus
páginas para que en ella encuentren sitio expresiones anarquistas. La
respuesta —negativa— no se hace esperar. En el número 10, un representante del anarquismo rechaza la propuesta criticando el economismo
de Loria y, con ello, apuntando por elevación a La Montaña. Más
allá del contenido concreto de las afirmaciones anarquistas, la crítica
no equivocaba el blanco, porque durante ese año de 1897 los escritos de Ingenieros comienzan a manifestar la aparición de una serie de
conceptos economicistas que van penetrando en el cuerpo del sistema
hasta colmarlo casi completamente en un momento posterior. En respuesta al rechazo anarquista, un artículo donde se adivina la mano
de Ingenieros dice: "Aquiles Loria [se trata del teórico italiano economicista autor de Basi economiche della costituzione sociale] demuestra en el artículo citado que la cuestión social reviste actualmente una
forma económica, pues los fenómenos políticos y religiosos no constituyen ya una cuestión, estando subordinados a los fenómenos económicos." La misma problemática, como se ve, comienza a ser leída a
partir de categorías economicistas. A su través, era el marxismo evolucionista el que se hacía presente en sus textos.

Ya en el primer número del periódico había aparecido un artículo
de Enrico Ferri donde afirma que Marx "cimentó [...] una nueva
filosofía eminentemente positiva de la historia humana, indicando su
proceso evolutivo y la llave de todo secreto en lo que se llamó 'materialismo histórico' y que yo prefiero llamar 'determinismo económico' ".

_____

[29] Los artículos más significativos han sido recopilados en la siguiente antología, pp. 172-180.
[30] Citado en I. Oved, op. cit., pp. 84-85, nota 56.

Los términos que subrayamos deben retenerse, dado que configurarán elementos decisivos en la futura constitución del pensamiento de Ingenieros. Inclusive, en ese mismo número Ingenieros publica "El factor de la revolución", en el que es posible observar concretamente la penetración de nociones economicistas y evolucionistas que entrarían en colisión con ciertas categorías socialanarquizantes. Allí expresa que el capitalismo alberga "los elementos de un nuevo sistema de producción", el socialista. Nótese que con ello se produce de hecho una alteración en la valoración del fenómeno capitalista, ya que de una caracterización centralmente negativa —en los términos de *¿Qué es el socialismo?*— se pasa a una contemplación más "socialista" del mismo, al describirlo como "momento" de un nuevo ordenamiento social.

A partir de esta visualización del capitalismo, que se irá acentuando progresivamente, variará el conjunto del sistema ingenieriano, paralelamente con la emergencia de categorías biologistas y economicistas. "El sistema de producción —afirma— ha [...] sido el principal entre los factores determinantes de las diversas formas de organización social" que habrían recorrido los tres grandes períodos históricos establecidos por Morgan y recogidos por Engels: salvajismo, barbarie y civilización. El darwinismo, en tanto, comenzaba a hacer su trabajo: "La selección natural lo demuestra: la imitación [...] es condición esencial del triunfo en la lucha por la vida."[31] Precisamente este tema iba a inspirar, tres años más tarde, la tesis doctoral de Ingenieros, dentro ya de un universo discursivo preponderantemente bioeconomicista.

Pero de todos modos, estos elementos "discordantes" aún malviven en el seno de categorías que no rompen con la estructura discursiva socialista-anarquizante antes descrita, dado que bajo este mundo conceptual que sabemos cambiante se mantienen los parámetros básicos. En el segundo número del periódico, Ingenieros publicó un escrito que determinaría el secuestro del ejemplar por parte de las autoridades. Titulado "Los que van al santuario", dice allí que "vivimos oprimidos y deprimidos por esa maldita culminación de las mediocridades que asegura [...] todo el arsenal de satisfacciones mezquinas que pueden brindar estas Repúblicas prostitutas a la turba inepta y rapaz de sus clientes, cegados por la pasión de los inmundos billetes de banco embrollones [...] No hay un solo órgano sano —prosigue—, un solo átomo inmaculado en este cadáver social. No puede haberlo porque las purulencias burguesas lo han infectado todo." Es —como se ve— el discurso de los textos anteriores, el del rechazo global de toda la sociedad capitalista, que no puede reformarse sino solamente —más que

---

[31] "Socialismo y revolución", en *La Montaña*, Buenos Aires, núm. 7, 1º de julio de 1897.

revolucionarse— hacerse saltar por los aires en un único estallido vindicador. Hasta tales extremos trepará la corrupción burguesa que —obsérvese el distanciamiento de la historiografía liberal— "preferiríamos [ser oprimidos y explotados] por un tirano de talento [...], por un Juan Manuel de Rozas, y no por esta legión de reptiles ignorantes".[32]

Congruente con este espíritu, en el primer número los redactores, al pie de una nota donde se propugna la fundación de una colonia de artistas, agregaban que el Arte agonizaba "bajo el régimen de la burguesía republicana y demócrata". Es en ese mismo ejemplar donde aparece el poema *Metempsicosis* de Rubén Darío. Esto nos indica que, junto con *¿Qué es el socialismo?* y los escritos de *La Montaña*, existe una tercera experiencia de esos años, estrechamente vinculada con el modernismo y que contribuye a completar esta imagen contestataria del joven Ingenieros. Nos referimos a su participación en el Ateneo, en *El Mercurio de América*, en *Atlántida* y en el grupo La Syringa.[33]

En 1893 llega Rubén Darío a Buenos Aires. Cinco años antes, la aparición de *Azul* había marcado el nacimiento del modernismo. La protesta contra el orden "burgués" ínsito en esta corriente no podía dejar de conectarse con aquellas que, como la que expresaba *La Montaña*, también se alimentaban de un espíritu de rechazo frente a dicho orden.[34] El propio Darío ha dejado testimonio de este acercamiento con un grupo de jóvenes entre quienes estaba, por cierto, José Ingenieros: "Tengo la memoria llena de recuerdos en que se mezcla el nombre de Ingenieros."[35] Y en los "Versos de Año Nuevo" (1910), al rememorar la experiencia porteña de aquellos años, escribe: "Yo era fiel al grupo nocturno/ y en honor a cada amigaso/ allí llevaba mi pegaso/ y mi siringa y mi coturno.../ Y en medio de aquella

---

[32] *La Montaña*, núm. 10, 15 de agosto de 1897.

[33] Hasta donde conocemos, Delia Kamia ha sido la única estudiosa que amplió el significado de esta última experiencia de Ingenieros, rescatándola de un contexto juvenilista poco significativo. Véase "Trabajos, Comunicaciones y Conferencias". *Sociedades Literarias Argentinas (1864-1900)*, Univ. Nac. de La Plata, Argentina, 1968, cuyo conocimiento debo a una deferencia de la autora. A quien, además, tengo que agradecer la generosidad con que me facilitó otros escritos de su padre difícilmente localizables en las bibliotecas públicas argentinas.

[34] Así como en pro de la meritocracia: "Mi respeto por la aristocracia del pensamiento, por la nobleza del Arte [...] Mi antiguo aborrecimiento a la mediocridad, a la mulatez intelectual [...]", diría el poeta nicaragüense en sus *Cantos de vida y esperanza* (1905), de *Poesía* de Rubén Darío, Caracas, Biblioteca Ayacucho, 1977, p. 243.

[35] M. Soto Hall, "Rubén Darío en Buenos Aires", en *Renovación*, Buenos Aires, noviembre de 1924.

conquista/ de un arte flamante y notorio,/ Ingenieros era anarquista/ y José Pardo era tenorio."[36]

La mencionada Syringa habría sido un sedimento particular dentro del círculo dariano, y ha sido definida como una "peña literaria sin sede fija, vehículo informal del modernismo, y heraldo de jóvenes iracundos [con] hábitos bohemios, su sedicente carácter dionisíaco y sus humorísticas mistificaciones [...]"[37] Lo importante para nosotros es que en torno de este tipo de experiencias Ingenieros se nos muestra nuevamente inmerso en el clima contestatario del 90, pero desde otra perspectiva. Debe recordarse, además, que la época se caracteriza por el particular espíritu *"fin de siècle"* y su profunda revisión crítica de ciertos valores no sólo de la realidad capitalista, sino de la entera cultura occidental. En este señalamiento, Nietzsche resulta la referencia ineludible. Sabemos que estos movimientos críticos eran seguidos con interés por Ingenieros, y entonces ocurre como si, paralelamente a su actividad política desde el Partido Socialista y *La Montaña*, las circunstancias hubiesen producido en él un repliegue hacia la interioridad modernista. Tenemos incluso un indicio: a mediados de septiembre de 1897 se acalla la prédica rebelde de *La Montaña*, y en su último número incluía un llamativo artículo de Ingenieros titulado "La paradoja del pan caro", donde se percibe el desencanto frente a lo que se interpreta como inmovilismo popular. "Lo extraño, lo único extraño, es que el Pueblo está mudo" y "las cabezas del pueblo están saturadas de esas hediondas miasmas morales que se llaman prejuicios", de ahí que "las bocas, en vez de protestar, murmuran oraciones, [...] cantan Himnos Nacionales".

Los prejuicios burgueses, los que salvajemente se denunciaran desde *La Montaña*, se le aparecían ahora a Ingenieros como efectivamente adormecedores de las masas, sometiéndolas a un letargo del que ni siquiera las "minorías talentosas" podían arrancarlas. Pero, en rigor, una breve referencia a la situación económica del momento nos revela que dichos "prejuicios burgueses" se asentaban en sólidas razones materiales. Porque, lejos de sucumbir a la crisis del 90, el proyecto oligárquico había manifestado una vitalidad ignorada por la crítica inmediatista de Ingenieros. La estrategia para hacer frente a la crisis pivotó sobre la agricultura cerealera, cimiento de una denominada "revolución [económica] en las pampas".[88] En ese sector se generarán los excedentes que permitirán superar la crisis y avanzar hacia un nuevo

[36] R. Darío, *Poesía, op. cit.*, p. 450ss.
[37] D. Kamia, *op. cit.*, p. 205.
[88] La expresión pertenece a J. R. Scobie, *Revolution on the Pampas. A social history of Argentine wheat, 1860-1910*, Texas, Austin, 1964.

ciclo de abundancia económica, alentando la mítica imagen de la
Argentina como "granero del mundo".

Evidentemente, la "crisis del derrumbe" capitalista no se produci-
ría. Mientras tanto, la oligarquía mantenía firmemente el poder político, aunque en su seno aparecían elementos que diseñaban una política
aperturista destinada a integrar a sectores opositores. Entonces es como
si Ingenieros se viera impulsado a profundizar dos experiencias posibles. Una, la modificación del sistema conceptual, la revaloración del
capitalismo visualizado no ya como un orden absolutamente negativo,
sino conteniendo elementos —económicos sobre todo— que posibili-
taban un tránsito evolutivo hacia un ordenamiento socialista que no
desconociese aquellos aportes positivos del capitalismo. Es lo que comen-
zará a ocurrir definitivamente —no sin contradicciones ni retornos—
en el momento del "corte" conceptual primero que hemos ubicado en
"De la barbarie al capitalismo" (enero de 1898). La otra posibilidad
abierta consistía en "alucinar" el deseo de aniquilamiento de la sociedad burguesa, es decir, en mantener el rechazo contestatario replegán-
dose en el ámbito de la subjetividad y constituyéndose en una moderna
figura hegeliana del "alma bella".[39] Posiblemente pueda reflexionarse
sobre este proceso —mediante el cual "la autoconciencia ha retornado
ahora a su refugio más íntimo"— como una de las negaciones inmediatas típicas a través de las cuales manifestaba su "conciencia desgarrada"
esa intelectualidad que no hallaba cauces integradores en el proyecto
oligárquico. ¿Y acaso no era éste también un modo de vehiculizar la
protesta frente al mundo congelado de los intereses "materiales y burgueses" que negaban los méritos del talento y de la inteligencia? Resulta útil recordar extensamente una reflexión de McGann: "La Argentina no tuvo una clase definidamente intelectual en las dos últimas
décadas del siglo pasado. La literatura y las profesiones liberales se
concentraban en manos de la aristocracia. Casi no existían artistas,
escritores o profesores que pudieran ganarse la vida con esas actividades [...] Lo más parecido a lo que podría llamarse un grupo profesional intelectual lo constituían los hombres que trabajaban en los
grandes periódicos. Quizás convenga consignar que fue Rubén Darío,
un extranjero que trabajaba en *La Nación* a principios de la década
del noventa, quien se convirtió en núcleo de uno de los primeros grupos

---

[39] El "alma bella", la "subjetividad noble que en la vanidad de toda obje-
tividad se extingue por la falta de realidad de sí misma", es vinculada explícitamente por Hegel con las variantes moralistas (G. W. F. Hegel, *Principios de la
filosofía del derecho*, Buenos Aires, Sudamericana, 1975, pp. 187-188). De este
modo podría tornarse coherente el pasaje continuo del moralismo político al
subjetivismo contenido en el modernismo.

intelectuales no aristocráticos de la Argentina."[40] También desde este ángulo, la meritocracia ingenieriana expresa cabalmente el privilegiamiento de los valores "adquiridos" contra los bienes "poseídos", típica de sectores medios despojados en el seno de un proceso de ascenso social.

Los discursos socialanarquizantes y la experiencia modernista dibujarían así un espacio con múltiples puntos de contacto. Casi veinte años después, el mismo Ingenieros recordaría así este período: "Siendo estudiante universitario, me vinculé con un grupo de obreros soñadores que predicaban el socialismo y con ello me aficioné a leer libros de sociología. Al propio tiempo, gustando de las letras, frecuentaba el Ateneo, donde Rubén Darío concentraba el interés de los jóvenes. En 1898 el poeta Eugenio Díaz Romero editó la revista *El Mercurio de América*, que fue auspiciada por Darío y en la que colaboramos casi todos los ateneístas del último tiempo."[41] De esta manera, el joven Ingenieros, en sus discursos y en sus actitudes, se nos revela como un punto de encuentro privilegiado de diversas corrientes contestatarias presentes en la Argentina a fines del siglo pasado. Socialismo, anarquismo, modernismo, configuraron una formidable coyuntura ideológica a partir de la cual el joven Ingenieros trató de articular "un" mundo. Una avidez realmente notable y una particular sensibilidad para los problemas que agitaban a la sociedad argentina posibilitaron sin duda semejante confluencia. Pero el primer sistema de Ingenieros no soportó el encuentro con la férrea estructuración del proyecto oligárquico, y su discurso amenazó con convertirse en un amasijo contradictorio de nociones excesivamente heterogéneas. Ese atolladero teórico no podía subsistir. Como veremos, no subsistió.

Y sin embargo, el joven Ingenieros no es "un desprendimiento directo del 80" ni La Syringa es la continuidad del humorismo del 80. Es en vano forzar las interpretaciones para presentarnos un Ingenieros monolítico y sin fisuras, heredero del 80, que lo es de Caseros, que lo es de Mayo..., para establecer finalmente una perspectiva que

---

[40] McGann, *op. cit.*, pp. 81-82. "Recién cuando el paso de los años [con respecto al 80] haya conjugado otros cambios, la Argentina habrá de atravesar épocas más proclives a la especialización de actividades." (R. N. Botana, *El orden conservador*, Buenos Aires, Sudamericana, 1978, p. 157.)

También Pedro Henríquez Ureña: Los hombres de letras de ese período "hallaron la situación del intelectual súbitamente disminuida tan pronto como dejó de intervenir activamente en la vida pública". (*Las corrientes literarias de la América hispana*, México, FCE, 1969, p. 260.)

[41] "La personalidad intelectual de José M. Ramos Mejía", escrito de 1915 e incorporado en las *Obras completas*, Buenos Aires, Mar Océano, 1961-1962, t. 6, p. 435.

lo vincule linealmente y desde sus inicios con una larga tradición liberal.

Es preciso retornar, entonces, a los viejos textos de Ingenieros, a los que fueron para él los primeros en pretender comprender, articular y constituir un mundo pensable y decible. Esa tarea no era —no es— sencilla. Porque además de las razones extrateóricas que fundamentan la ideología, existen leyes discursivas por las cuales el hombre no dice (espontáneamente) el ser "como el juez dice la ley", y nuestra lengua no es el habla de lo real "como las nubes son las nubes del cielo" (Heidegger). Pero tampoco es posible enunciar cualquier discurso desde cualquier lugar mediante la sola decisión de la voluntad. Entonces, quizás entre el espontaneísmo del discurso y el voluntarismo del lenguaje podamos hallar cierta zona intermedia donde las significaciones se sedimentan "pasivamente" pero desde donde sea necesario constituirlas para que se tornen efectivamente "decibles". Por ello, en la ubicación de su problemática y de sus objetos teóricos centrales, pero también en la dispersión de sus mensajes y en las soluciones ilusorias que alucinaron sin duda sus ensueños y no pudieron eludir su plasmación en los discursos, es preciso reencontrar esa imagen reprimida del primer Ingenieros como un hijo auténtico del 90 argentino.

Sólo en enero de 1898, mientras su subjetividad recorría algunos de los vericuetos del "alma bella" como último reducto de la contestación intimista, su sistema teórico se alteraba esencialmente. Nacía entonces el Ingenieros "clásico", el que, a través del olvido —operado por sus intérpretes— de sus "textos de juventud", iba a adoptar la figura consagrada del "único" Ingenieros: cientificista, darwiniano, spenceriano, racista a veces, positivista siempre...

2. EL PROYECTO DE UNA NACIÓN MODERNA: REFORMA, SEGREGACIÓN Y MARGINALIDAD (1898-1911)

EL DESPLAZAMIENTO TEMÁTICO

En la producción ingenieriana del bienio 1898-1899 se percibe un desplazamiento temático que, a su vez, se entrelazará con una inmediata ruptura teórica respecto del período anterior. En ese lapso, Ingenieros despliega una serie de prácticas heterogéneas que por una parte lo conectan con la etapa anterior —militancia en el Partido Socialista, actividad cultural de corte modernista— pero que por otra se abren a nuevos espacios de saber. En ese aspecto, se observa una definida transferencia desde sus intereses predominantemente políticos del período anterior hacia el ámbito de la "sociología científica". Ésta es la región ideológica a través de la cual el sistema ingenieriano comienza a colmarse con nuevas categorías, pertenecientes a un universo de discurso positivista, evolucionista y darwiniano. Los inicios de esta transfiguración ideológica son claramente perceptibles en los escritos fundamentalmente sociológicos del período señalado: "De la barbarie al capitalismo" (1898), "La mentira patriótica" (1898), acerca de *Las multitudes argentinas* (1899) y "Problemas sociales contemporáneos" (1899).

Cuatro meses después del último número de *La Montaña*, en el que traducía su desilusión ante el inmovilismo de las masas, Ingenieros publica un texto donde el universo de discurso se ha alterado profundamente. En "De la barbarie al capitalismo"[1] esa modificación viene comandada por una *revaloración* del modo de producción *capitalista*. Dicha reflexión se introduce mediante la distinción de dos tipos de capitalismo. En ella, la categoría de parasitismo —que vimos funcionar en el universo de discurso anterior como impugnación *global* del orden capitalista— pasa a oficiar ahora de *límite* diferenciador entre *dos modalidades* del mismo. "América fue inicuamente sometida a la acción perniciosa de esa forma transoceánica de parasitismo colectivo, que podría completar en el terreno de la biología social la concepción

---

[1] Publicado en enero de 1898 en la *Revista de Derecho, Historia y Letras*, con el subtítulo de "El determinismo económico en la historia americana". En adelante se cita como "De la barbarie..." (Véase en pp. 181-190 de la antología.)

del parasitismo orgánico"; en cambio, "Inglaterra [...] sometió al Norte a un sistema de explotación inteligente y progresista".

Esta progresividad parece asentarse primeramente en su capacidad para promover el desarrollo de las fuerzas productivas: "En la industria, es la máquina la encargada de realizar la más grande de las revoluciones que ha presenciado la historia: la revolución que emancipará al hombre del trabajo." Elemento que, a su vez, se potencia dado que el mismo sistema engendra "a un proletariado cuyos intereses como clase social son antagonistas con los de la clase capitalista". Y en una conferencia pronunciada en febrero de ese mismo año, se suma el reconocimiento de su función universalizadora: "El sistema de producción capitalista tiende a borrar las fronteras en el orden económico, al mismo tiempo que la ciencia y el arte tienden a borrarlas en el orden intelectual."[2]

El capitalismo, pues, ya no es la bestia improductiva y expoliadora de los años 1895-1897, sino una estructura económico-social que alberga al menos tres positividades: desarrolla las fuerzas productivas, universaliza las relaciones humanas y genera una clase social destinada a superarlo progresivamente, con el socialismo como horizonte. No resulta difícil encontrar las analogías entre estas afirmaciones y las formuladas por Marx en 1848 en el *Manifiesto del partido comunista* y en otros escritos de la época, donde el capitalismo —cosa que no siempre ocurrirá— es analizado, al menos en buena medida, como un mecanismo universal generador de desarrollo económico y de civilización, hasta su superación revolucionaria por el proletariado.

Empero, este orden capitalista —sigue Ingenieros— también produce fenómenos mórbidos, que adoptan la forma de la degeneración y que así se vinculan con el mundo del delito: "La premisa 'exceso de trabajo', planteada por la presente forma de explotación industrial, contribuye a la determinación de esta aterradora consecuencia: 'Degeneración, Criminalidad'."[3] Esta evidencia es el síntoma de un malestar que debe atacarse por la vía de las reformas sociales. "Y si es un deber de la sociedad combatir todo aquello que pueda actuar como causa de degeneración para la especie humana o que pueda favorecer en los individuos el desarrollo de tendencias antisociales, no cabe duda de que se impone una buena legislación de las condiciones de trabajo."

---

[2] "La mentira patriótica. El militarismo y la guerra", conferencia pronunciada el 12 de febrero de 1898 en el Centro Socialista Obrero. En adelante, "La mentira..." (Extractos de esta intervención se encontrarán en pp. 191-205 de la recopilación.)

[3] "Problemas sociales contemporáneos. I. La jornada de trabajo", en *El Mercurio de América*, Buenos Aires, septiembre-octubre de 1899, p. 111.

Si el sistema es modificable mediante una sumatoria de *reformas* —nueva variación radical—, el propio viraje al socialismo no necesitaría ya recurrir a la acción violenta ni a la insurgencia de las masas. "Esa transformación no puede operarse sino de una manera progresiva y constante [...] mediante la sucesión de reformas y conquistas que irán paulatinamente convirtiendo en hecho la Idea." (*Ibid.*, pp. 97 y 98.) Este sendero de reformas pacíficas está jalonado por el "exacto conocimiento de las leyes sociológicas que podrán señalarle [a la América Latina] un derrotero luminoso en sus venideras evoluciones económicas, políticas y jurídicas" ("La mentira..."). Frente a los problemas sociales emerge así una respuesta teoricista, que esboza la constitución de una sociología científica: "La sociología contemporánea, inspirada y orientada por los criterios y métodos de las nuevas ciencias positivas [...]" Correlativamente, se dibuja la imagen de un sector social minoritario —el de los intelectuales—, cuya posesión de aquel saber prefigura el patrimonio de cierto poder: "el cerebro ha vencido definitivamente al músculo; el siglo que se aproxima será el siglo de los hombres de pensamiento".

Ante esa mirada, el nuevo orden económico "nace de los hechos mismos", impulsado por el "desarrollo creciente de las fuerzas productivas", mientras "la fuerza poderosa e inevitable de la evolución [...] preside el desenvolvimiento de los fenómenos del mundo social, de la misma manera que los del mundo cósmico, geológico y biológico".[4] Proposiciones de este tenor deben necesariamente hacer retroceder el voluntarismo anarquizante, dejando libre en su repliegue un espacio que será progresivamente ocupado por categorías pacifistas y deterministas.

No resulta extemporáneo suponer que para entonces el spencerismo está actuando nítidamente sobre el discurso ingenieriano. En la filosofía del pensador inglés, el evolucionismo y el naturalismo definían dos parámetros centrales de su interpretación de la realidad. "La magna idea es la ley de la evolución, y todas sus partes especiales —biología, psicología, sociología y ética— son siempre representaciones de la misma ley."[5] La aplicación de esas dos categorías en el terreno sociológico produce la noción de un desarrollo social "condenado" al progreso: "según la doctrina evolucionista, es inútil para los individuos inquietarse respecto al progreso, puesto que el progreso se cuida de sí mismo".[6] El encuentro de estas nociones evolucionistas con las de un marxis-

---

4 "La mentira..." y "Problemas sociales contemporáneos", pp. 97 y 98.
5 Otto Gaupp, *Spencer*, Madrid, Revista de Occidente, 1930, p. 67.
6 H. Spencer, "Social Evolution and Social Duty", en *Various Fragments*, Londres, 1938, p. 119.

mo interpretado de manera economista producirá una sincresis bastante lineal, de la cual el bioeconomismo[7] será una de sus manifestaciones medulares, y se estructurará en torno de dos nociones capitales: raza y medio. "Las leyes más generales convergen a demostrar la concurrencia del medio y la raza en la evolución de los pueblos."[8] Por su parte, la influencia del medio se despliega en tres niveles: "medio cósmico (geología, geografía, meteorología, riquezas naturales, etc.), medio social (instituciones económicas, políticas, jurídicas, religiosas, educación, arte, etc.) y medio individual (raza, cultura, creencias, inadaptabilidad del carácter individual a las instituciones, etc.): factores naturales, sociales y psicológicos." En esta triple estratificación, la instancia social es dominante: "Es sabido que, en la evolución social, los primeros son modificados por los segundos, que influyen también poderosamente sobre los últimos." Por fin, en el interior de la esfera social se recorta, como factor fundante, "la capacidad productiva de los grupos sociales" (ibid., pp. 77-78). El núcleo económico es concebido como "el molde que engendra cada una de las formas de organización revestidas por la sociedad humana, y constituye el substratum en que se arraigan y sustentan las diversas instituciones políticas, jurídicas, morales, etc., que constituyen la superestructura de la sociedad en cada momento histórico" ("De la barbarie..."). Pero, más allá de la lectura economista del marxismo —mediada por Loria—[9] que se trasluce en estas líneas, la importancia del factor económico reside en que a través de su privilegiamiento se relativiza el alcance de las nociones sociodarwinianas.

El célebre principio de "la lucha por la vida y la supervivencia de los más aptos" aparece sin duda en el discurso ingenieriano del período. "Hay lucha —dice— entre las especies, entre los grupos, entre los individuos; la lucha es una ley biológica y es el factor preponderante de la

---

[7] Raúl A. Orgaz definió correctamente el carácter de la sociología de Ingenieros como un "monismo bioeconómico mecanicista", en "Ingenieros sociólogo", *Revista de Filosofía*, Buenos Aires, enero de 1926, pp. 97-113.

[8] Escrito sobre *Las multitudes argentinas*, de José María Ramos Mejía, publicado en 1899 en la *Revista de Derecho, Historia y Letras*. Citamos por *Sociología argentina*, en *Obras completas* de José Ingenieros, Buenos Aires, Elmer Editor, 1957, vol. 8. (Un fragmento de este escrito puede verse en pp. 206-213 de nuestra recopilación.)

[9] Esta doctrina fue llamada "economismo histórico" por el propio Loria. Refiriéndose a este autor, Gramsci escribirá: "Se podría decir con terminología crociana que la más grande herejía nacida en el seno de la 'religión de la libertad' sufrió también, como la religión ortodoxa, una degeneración que se ha difundido como 'superstición', es decir, que ha entrado en combinación con el liberalismo y ha producido el economismo." (A. Gramsci, *Notas sobre Maquiavelo, sobre política y sobre el Estado moderno*, México, Juan Pablos, 1975, pp. 56-57.)

selección" ("La mentira...") ; e incluso —penetrando ya en el campo del darwinismo social— el capitalismo opera "un trabajo de eliminación de los más débiles por los más fuertes" ("De la barbarie...").[10] Pero la extensión de las consecuencias biologistas de estas afirmaciones hacia el campo social son bloqueadas, precisamente, por la noción del hombre como animal productor. Esto le permite engendrar "un ambiente artificial", con lo cual "modificáronse también las condiciones y las modalidades de la lucha por la vida", pasando ésta a ser "presidida por factores de orden económico que surgían de la acción del doble ambiente natural y artificial". Al ingresar en el mundo específicamente humano, el determinismo biológico se transforma en economismo: "en última instancia son las condiciones del ambiente económico las que determinan los fenómenos y las instituciones de orden político, religioso o moral que se producen en un momento histórico determinado". Ese economismo es a la vez el punto de apoyo del pacifismo y el reformismo teoricista, ya que con el predominio de la lucha económica "ha continuado la progresiva atenuación de los métodos de lucha que, de violenta y brutal, se transforma en pacífica e intelectual" ("La mentira...").

Debe saberse que la inclusión del darwinismo constituía ya para entonces un movimiento teórico generalmente aceptado dentro del marxismo de fines del xix. La avasallante influencia de las teorías de Darwin puede dimensionarse en esta afirmación referida a Kautsky: "El joven Kautsky aceptó con entusiasmo el darwinismo que, en los años 1870, había conquistado a todo el mundo culto, y su 'teoría de la historia no quiere ser sino la aplicación del darwinismo al desarrollo de la sociedad'."[11]

En el seno de este discurso predominantemente determinista y evolucionista aparecen no obstante ciertos focos de dispersión. Algunos de éstos se cancelarán cuando el sistema adquiera una mayor cristalización, pero otros permanecerán como puntos de fuga latentes del mismo. Los pueblos grandes —dice— son "los que luchan contra todas las esclavitudes; ya políticas, representadas por el principio de autoridad, que engendra el servilismo y la obediencia pasiva; ya económica, representada por el sistema de producción capitalista, que pro-

[10] "Si las variaciones útiles a un ser —dice Darwin— surgen alguna vez, seguramente los ejemplares caracterizados por ellas tendrán las mejores probabilidades de ser preservados en la lucha por la vida [...] Este principio de preservación, o la supervivencia de los más aptos, es lo que he llamado selección natural." (Ch. Darwin, *El origen de las especies*, México, Ed. Diana, 1977, 12ª ed., p. 135.)

[11] E. Matthias, "Kautsky y el kautskismo", en Kautsky, K., *La revolución social y El camino al poder*, México, Cuadernos de Pasado y Presente, 1978, núm. 68, p. 8.

duce la miseria y la degeneración; ya religiosa, representada por
creencias científicamente absurdas, que produce el fanatismo o la
inercia [...]" (*Ibid.*)

Y, sin embargo, un primer giro ha sido descrito. El proyecto socialanarquizante del primer Ingenieros ha quedado interrumpido. Articulado como estaba sobre la visualización de la cuestión social como pieza
radicalmente crítica del capitalismo, el movimiento que lo desquicia
se produce entrelazado con la relativa estabilización de la situación
económica argentina, con la caracterización de las masas obreras como
sumidas en el inmovilismo político y con la inclusión del propio Ingenieros en nuevos espacios teóricos. La constitución de todo este complejo entramado práctico e ideológico coincide con un proceso de
revalorización del capitalismo, y brinda las condiciones de posibilidad
para la emergencia de una nueva problemática.

LA NUEVA PROBLEMÁTICA

La temática sociológica precedente pronto pasa a ser reflexionada en
relación con discursos que denotan ciertas formaciones pretendida-
mente mórbidas del campo social: "solicitado, de ha tiempo —escribe
en 1900—, nuestro espíritu hacia el estudio de las ciencias antropoló-
gicas y sociales, atrájonos especialmente la fase patológica de la vida
individual y colectiva".[12] Casi veinte años después, Ingenieros recapi-
tularía así este período de su formación intelectual: "En la universidad he cursado simultáneamente dos carreras, que me permitieron
adquirir nociones de ciencias físico-naturales y de ciencias médico-
biológicas; vocacionalmente cultivé las ciencias sociales y no fui indiferente a las otras. Especialicé luego mis estudios en patología nerviosa
y mental, vinculándome a su enseñanza en la Facultad de Medicina
(1900-1905) [...]"[13] Lo significativo en todo esto es que aquella vía
de acceso al fenómeno social se encuentra mediada por una mirada
médica y que —según el modelo de enfermedad elaborado por el positivismo y definido por Claude Bernard— "el interés se orienta de lo
normal hacia lo patológico, para actuar racionalmente sobre lo patológico".[14] "Es método —escribe Ingenieros—, en las ciencias bioló-

---

[12] J. Ingenieros, *La simulación en la lucha por la vida*, Buenos Aires, Losada, 3ª ed., 1973, p. 8. En adelante citamos como *Simulación... vida*. (Véase
pp. 214-227 de la antología.)

[13] *Proposiciones relativas al porvenir de la filosofía*, en *Obras completas*,
Buenos Aires, Mar Océano, t. 7, p. 301.

[14] Véase G. Canguilhem, *Lo normal y lo patológico*, México, Siglo XXI,
1971, p. 21.

gicas, llegar al conocimiento de la función normal por el estudio de su patología." La connotación medicalizada que entonces adopta el objeto social fue notablemente percibida —y legalizada— por el propio Ingenieros: "Aprendiendo a meditar sobre las inquietudes del cuerpo —escribirá tiempo más tarde— se adiestran los médicos para sondear las del espíritu; el misterio de la enfermedad que tortura la entraña lleva a la contemplación del vicio que mina a la sociedad [...]" Y al referirse a Alberdi, dice que éste "considera, de hecho, a la sociedad como un organismo; la introducción de su obra comienza con un paralelo entre la medicina y la economía política, entre las enfermedades y las crisis".[15]

Paralelamente, estos nuevos intereses serían procesados mediante su inclusión en nuevos espacios institucionales. Hacia 1899 Ingenieros abandona su militancia en el Partido Socialista y luego, en 1902, su afiliación al mismo. Simultáneamente dos de sus profesores de la facultad de medicina —José María Ramos Mejía y Francisco de Veyga— ocuparán un lugar importante en la nueva etapa de Ingenieros. "Antes de terminar mi carrera me honraron con su amistad los profesores José María Ramos Mejía y Francisco de Veyga, que después fueron para mí un padre y un hermano, respectivamente."[16] El primero de ellos había sido señalado por el propio Lombroso como "uno de los más potentes pensadores y de los más grandes alienistas del mundo",[17] y de Veyga había creado en 1897 la cátedra de antropología y de sociología criminal, sobre los lineamientos de la escuela italiana. A instancias de este último, Ingenieros ocupó en 1900 el cargo de jefe de clínica en el Servicio de Observación de Alienados de la policía de Buenos Aires, cuya dirección desempeñará entre 1904 y 1911. En 1907 dirigirá igualmente el Instituto de Criminología anexo a la penitenciaría nacional. Refiriéndose a este último, revelaba Ingenieros la articulación que dicha institución debía mantener con "las conclusiones prácticas de la moderna cultura científica —evolucionista y determinista— [...]"[18] También hacia fines del siglo xix había arribado a Buenos Aires el penalista y anarquista Pietro Gori —de la línea "organizadora" próxima a Malatesta—, y en la revista que funda en 1898 (*Criminalogía moderna*) publicó Ingenieros sus primeros trabajos sobre su nueva temática. Dentro de los señalados como más impor-

[15] En "La personalidad intelectual de José María Ramos Mejía", *Obras completas*, Mar Océano, t. 6, p. 418, e "Interpretación económica de la historia americana", *ibid.*, t. 5, p. 348.

[16] J. Ingenieros, *La locura en la Argentina, ibid.*, t. 2, p. 169.

[17] Citado por Ricaurte Soler, *El positivismo argentino*, Panamá, Impr. Nacional, 1959, p. 160.

[18] "Instituto de Criminología", en *Archivos de Psiquiatría, Criminología y Ciencias afines*, Buenos Aires, mayo-junio de 1907.

tantes figura un escrito de título revelador: "Criterios generales que orientarán el estudio de los locos delincuentes" (1900). Dos años más tarde se hace cargo de la dirección de los *Archivos de Criminalogía, Medicina Legal y Psiquiatría*, donde permanecerá hasta 1913. De este modo, la actividad intelectual de Ingenieros va a estar centrada abrumadoramente, entre 1900 y 1911, en la producción psiquiátrica y criminológica. Experiencia carcelaria: "hemos estudiado a los delincuentes —escribirá entonces— en los sitios mismos donde ellos marchitan su organismo", y "recorríamos los corredores cenicientos, cuya penumbra cobija tanta lacra pavorosa y donde cada alma es una pústula". Experiencia de la locura: "hemos frecuentado las dolorosas clínicas manicomiales".[19] Experiencias que no deberían ser subestimadas, ya que si las ideologías se configuran en el entrecruzamiento de un conjunto de teorías y de prácticas determinadas, tal vez entonces pudiera tornarse más inteligible el hecho de que un pensamiento apoyado en cierto modelo de enfermedad se traduzca en el plano sociológico como meditación sobre los factores que disgregan el organismo social —y que son definidos según las categorías de los conflictos, crisis y perturbaciones del orden instituido—, "de igual manera que las ciencias sociales han aprovechado el estudio de complejos problemas de patología social, conflictos internos y externos, crisis, violencias y otras perturbaciones de la evolución social" (*Simulación... vida,* p. 8). Y hasta tal punto el discurso sociológico de Ingenieros no puede concebirse en esta etapa escindido del psiquiátrico que es justamente "en la encrucijada de ambos fenómenos [...] donde la anomalía psíquica del individuo se convierte en causa determinante de su actividad antisocial" (*ibid.*, p. 9). Es decir, el entrecruzamiento de los campos sociológico y psicopatológico define el espacio de irrupción de las formaciones sociales mórbidas que amenazan la estabilidad del sistema programado.

De esta manera, la reflexión sobre *la crisis* —que en el período anterior era un pensar sobre *el parasitismo* del sistema como condición del hundimiento del capitalismo— se transforma en una meditación acerca de *la patogenia* del organismo social, ubicada *en principio* en las regiones de la locura y el delito.

Lo que nos interesa, en este punto, es que *para* que la crisis haya podido aparecer como un objeto de discurso vinculado con la anormalidad, es preciso que dicho concepto se halle inmerso en una problemática trasmutada que *ya* ha reformulado la noción del orden y de la normalidad social. Esta transfiguración ideológica es la que, a nuestro

---

[19] *La psicopatología en el arte,* en *Obras completas* de José Ingenieros, Mar Océano, *op. cit.,* t. 1, p. 389. En adelante, la citamos como *La psicopatología...*

entender, ha sido preparada en los escritos fundamentalmente socio-lógicos del bienio 1898-1899.

La tesis que proponemos señala que a partir de estos escritos —y de-finidamente en los del período 1900-1911— se opera una traslación del conjunto de la problemática ingenieriana, con la consiguiente muta-ción del significado de la mayoría de sus términos teóricos, con la utilización de unos pocos de ellos como conceptos-puente y con el pa-saje de otros hacia una especie de vida latente. De modo tal que si en el primer período dicha problemática se constituía alrededor de la cues-tión social —entendida como interrogante acerca de cómo y por qué revolucionar el orden existente—, en este nuevo momento la proble-mática muda de terreno, interrogándose acerca de la *"cuestión de la nación"*. Esta última proposición pretende responder al proyecto de cómo constituir una nación "moderna", o sea, integrada al mercado y a la cultura capitalistas, como garante de una evolución pacífica hacia formas superiores de progreso, según modelos básicamente brin-dados por los países capitalistas avanzados de Europa. Obviamente, en el interior de esta reestructuración ideológica, Ingenieros debía reencontrarse, ahora sí, con determinadas categorizaciones de la gene-ración del 80, así como, de hecho, con una revisión de sus tesis anteriores.

A partir de esta inflexión, la cuestión social ya no será constituida como el eslabón débil destinado a generar la ruptura de la cadena de dominación capitalista, sino como el síntoma de un malestar que es necesario detectar. Las "ciencias sociales" serían el efecto teórico de dicha problemática, definidas como saberes normativos del orden y el progreso que permitan integrar el disenso y segregar a los núcleos sociales patologizados. Por todo esto, y no por vagarosas e imprecisas "influencias" sufridas casi mágicamente por el pensador según las corrientes de moda, el marco general del sistema ingenieriano adoptará connotaciones positivistas de corte darwiniano, en donde el econo-mismo se irá soldando con nociones biologistas hasta impregnar el universo de discurso de esta segunda etapa.

Tampoco este movimiento ideológico debe ser imaginado como un artificio instrumental manipulado con el fin de garantizar la defensa de unos intereses o de un orden dado, sino como el proceso —mucho más complejo y contradictorio— por el cual, a partir de un suelo preteórico constituido por el desarrollo económico-social argentino, un sistema ideológico definido e intransferible diagramaba un mundo social y proyectaba sus reformas necesarias.

Pero si es verdad que ante este último se dibuja toda una área definida teniendo como centro a las "ciencias sociales", no lo es menos que su articulación se efectivizará desde instancias teóricas igualmente

particulares: la psicopatología y la criminología. Proceso dialéctico, porque si bien la "elección" de estas disciplinas permite tematizar
los problemas señalados, al mismo tiempo alberga en sí un modo determinado de constituir los objetos estudiados, que no existen previamente
como tales sino que sólo emergen a la mirada teórica con *esa* forma
definida. Por ello, posiblemente, no resulta extraño que la diagramación
del orden social concebido genere las categorías de la locura y de
la delincuencia como modo de patologizar y segregar a los sectores
marginales al proyecto constitutivo de una nación moderna.

NACIÓN, CAPITALISMO Y SOCIALISMO

Dentro de la relatividad de los cortes periodizadores, puede decirse
que desde 1900 y hasta aproximadamente 1911 la producción ingenieriana revela la suficiente coherencia —alrededor de aquella problemática de la nación— como para recortar una figura sistemática dentro de la misma. Porque si bien aún en una conferencia pronunciada
con motivo del 1º de mayo de 1900 la revaloración del capitalismo
queda bloqueada por el carácter socialista de la misma, de todos
modos se asiste en ella a una síntesis entre algunas categorías marxistas y las del evolucionismo spenceriano. Los trabajadores —dice—
"afirman que el advenimiento de esa organización socialista es inevitable, porque la historia ha demostrado que la ley de la evolución,
progresiva y constante, domina todo el campo de los fenómenos de la
vida social y del universo: las ideas lo mismo que las capas geológicas
del globo, la forma del gobierno lo mismo que la organización de la
familia".[20] El internacionalismo —además y entre otras nociones—
sigue siendo allí una de las invariantes del sistema. Empero, un año
después, a los elementos generales de revaloración del capitalismo
—que no descartan por cierto la admisión de un tránsito gradual al
socialismo— se suman entonces opiniones análogas sobre el proceso
nacional, del cual realiza un intento de comprensión sintética en una
ponencia presentada ante el congreso científico internacional reunido
en Montevideo en 1901.[21] Allí, el período ocupado por las presidencias de Mitre, Sarmiento y Avellaneda (1862-1880) se describe como
aquel en el cual la organización comienza a definir sus lineamientos,
promoviendo un gran desarrollo económico. "En Buenos Aires, des-

---

[20] "1º de Mayo", conferencia leída en la Escuela Libre para Trabajadores,
Buenos Aires, Librería Obrera, 1900.
[21] Trabajo conocido como "El determinismo económico en la evolución
americana", que aparecerá como segundo capítulo de la *Sociología argentina*.

piertan las industrias, se amplía el comercio, la actividad económica tiende a nivelarse con la de los países más evolucionados; [...] en pocos años la producción se eleva, centuplicando la riqueza nacional." A ese importante desarrollo económico se suma un hecho decisivo: la inmigración europea, que realiza un doble aporte, correspondiente a cada uno de los registros del bioeconomismo: "Aumenta la producción nacional y [sus] hijos determinan el predominio efectivo de las razas blancas sobre la mestización colonial."

Ingenieros prevé que este período de transición culminará con la definición de clases sociales estables. El carácter clasista de esta sociedad garantizará así un dinamismo que se nutre de esas mismas contradicciones, pero cuyo ordenamiento permanece igualmente resguardado, ya que la gran riqueza del país, "debida a su cuantioso rendimiento agropecuario [...] atenúa el choque de los diversos intereses heterogéneos". Entonces, el desarrollo nacional, dada la ausencia en la Argentina de grandes problemas históricos y políticos, recorrerá canales "francamente económicos". Este hecho, precisamente, es el que permitirá una articulación pacífica y reformista de las distintas exigencias dentro del universo policlasista.

Finalmente, al perfeccionar su técnica productiva, las sociedades tienden hacia la justicia, y "ese perfeccionamiento es el que conduce a la socialización de las fuerzas productivas, eliminando la explotación del que trabaja en beneficio del que las acapara" (*La psicopatología...* p. 349). De todos modos, la socialización aparece pospuesta para una etapa posterior, dado que los "problemas de hoy son los del proteccionismo y del libre cambio, del oro y del papel moneda, de la paz o de la guerra". Afirmación que sirve además para medir la diferencia con la etapa socialanarquizante de su pensamiento cuando —en anécdota recogida por sus biógrafos— Ingenieros impugnaba consideraciones análogas de Juan B. Justo en 1896 durante el primer congreso del Partido Socialista.[22]

Cuando en el país se haya consolidado el proceso de asentamiento de este desarrollo económico capitalista, se abrirán las condiciones de posibilidad para un funcionamiento político moderno. Entonces se habrán decantado tres clases sociales estables: una clase rural, "cuyos intereses son los más importantes del país" y que representa una especie de partido *tory* argentino; la burguesía industrial y comercial, que "en general puede considerarse como un elemento progresista" y que cubriría el espacio de los *whigs*, y por fin el proletariado, aún en formación, que si bien en su vertiente campesina durante mucho

---

[22] Véase S. Bagú, *Vida de José Ingenieros*, Buenos Aires, Eudeba, 1963, p. 13.

tiempo será instrumento de los conservadores, en su rama industrial comienza a escapar de la influencia de los partidos metropolitanos y "a evolucionar hacia el socialismo".[23] Dentro de estos marcos, la política socialista es "entendida como la actuación de cierto programa económico encaminado a la dignificación de las clases trabajadoras", mientras la acción del proletariado tiende "al incremento del salario a expensas del interés y la renta". Más aún: las diversas clases sociales, con intereses encontrados, "pueden concordar transitoriamente", e incluso "en determinadas circunstancias esa política podrá ser realizada *por otros partidos* independientemente del proletariado y *aun contra sus deseos*" (*ibid.*, pp. 52-53. Los subrayados son nuestros).

En un escrito de 1904 este esquema se reforma parcialmente. La tendencia de los países evolucionados debe contemplar la presencia de cuatro sectores políticos fundamentales: por un lado, dos partidos de gobierno (los conservadores-*tories* y los progresistas-*whigs*), y luego dos grupos extremos: los retrógrados y "los impacientes, radicales y socialistas de todo corte, que no retroceden ante la eventualidad de una crisis revolucionaria para apresurar la realización de sus ideas y suplir por la fuerza el número que les falta".[24] Este modelo más moderado debe hallarse en Inglaterra y Bélgica, donde los dos grandes partidos se alternan en el poder, y donde "no es raro ver a los conservadores, llegados al poder, apropiarse de los proyectos de los progresistas".

Semejante revaloración del capitalismo dentro del propio país se revela solidaria de una actitud análoga hacia el ordenamiento que el capitalismo opera a nivel mundial, lo que para entonces se manifiesta como una justificación del imperialismo. La connotación determinista de su sistema lo pone *al abrigo* de pretendidos juicios *morales*: "No nos proponemos manifestar simpatía o aversión hacia él [...] La evolución histórica es sorda a las loas y a las diatribas."[25] Estamos en presencia del momento teórico de Ingenieros en donde su sistema permanece *más alejado* de nociones *eticistas*. Este relativo "amoralismo" coincide con el momento *más cientificista* del mismo, motivo por el cual el acentuamiento de la impronta moral —como ocurrirá en el período inmediatamente posterior— arrastrará consecuencias igualmente relativizadoras del cientificismo de la etapa 1898-1911.

Pero en este período que ahora nos ocupa, aún se afirma que la grandeza material de un pueblo es la que lo orienta hacia una política

---

[23] "El determinismo económico en la evolución americana", *op. cit.*, p. 52.
[24] Sobre *La anarquía argentina y el caudillismo*, de Ayarragaray, publicado en 1904. Citamos por *Sociología argentina, op. cit.*, pp. 135-136.
[25] *Crónicas de viaje, Obras completas*, Mar Océano, t. 8, p. 184. (Véase fragmentos de esta obra en la antología, pp. 228-235.)

expansiva. Por eso "Inglaterra, Alemania y Estados Unidos, los pueblos fuertes, se creen encargados de tutelar a los otros extendiendo a ellos los beneficios de su civilización más evolucionada [...] La historia se burla de los débiles y es cómplice de los fuertes." Pero además esa política expansiva se caracteriza por un rasgo que será menester retener: "a pesar de sus apariencias, el ideal del imperialismo no es de guerra, sino de paz" (*ibid.*, p. 185). Precisamente, cuando este evolucionismo de tendencia pacifista atribuido al capitalismo se revele palmariamente ilusorio con el estallido de *la guerra de 1914*, el sistema ingenieriano experimentará paralelamente una nueva reestructuración.

A partir de estos supuestos no sólo se constituye el problema de la nación, sino que también se proyecta el destino de un país hacia un papel rector en América Latina. En última instancia, las naciones son entidades que luchan por la supervivencia, y en la zona *templada* de Sudamérica reside el "centro de irradiación de una futura raza neolatina".[26] Inclusive como modo de resistir la penetración de otros imperialismos, deben constituirse en la zona "grandes núcleos de raza blanca". En el cono sur, el papel predominante de la Argentina se deduce casi geométricamente de las premisas darwinianas sentadas, ya que Chile tiene para dicha función inconvenientes provenientes de su "medio" y Brasil de la "raza". "Países en que abunden el negro y el indio son objeto de curiosidad." Raza, medio y economía; ambiente natural y artificial se combinan armónicamente en la Argentina para convertirla en el núcleo de la futura hegemonía sudamericana. *Desde este punto de mira*, deben denunciarse la doctrina Monroe y aun la influencia europea: "Europa y los Estados Unidos han sembrado sus millones en la América del Sur, fomentando el desenvolvimiento de ciertas industrias; en cambio, cada año se llevan enormes intereses que hacen de estos países verdaderas colonias comerciales." Esta connotación antimperialista se inscribe así —como nota distintiva del antimperialismo del último Ingenieros— dentro de un registro de defensa nacionalista entre países "fuertes" con eventuales y previsibles disputas interhegemónicas.

EL SISTEMA GENERAL Y LA SOCIOLOGÍA GENÉTICA

Una somera comparación de estos conceptos con las posiciones del período 1895-1897 da cuenta de la distancia que los separa, y alerta sobre las profundas consecuencias que dicha reformulación deberá

---

[26] "La función de la nacionalidad argentina en el continente sudamericano", en *Sociología argentina, op. cit.*, p. 56.

acarrear sobre el resto de las categorías que componen su sistema
teórico.

Resulta imposible no percibir una analogía de estructura entre
aquel proyecto de nación y la configuración más acabada de su sistema general en esta etapa. Además de los conceptos apuntados anteriormente, dicha teoría se configura en gran parte por el entrecruzamiento explícito entre el biologismo darwiniano y el economismo
marxista que impregnaba la línea de la II Internacional. Dos nociones
capitales sobresalen en la superposición de estos dos sistemas conceptuales: vivimos en una época —dice en su tesis de doctorado— "en
que todas las ciencias son regeneradas por las nociones fundamentales
del *evolucionismo* y del *determinismo*".[27]

Ya hemos dicho que este programa teórico albergaba obvias co-
nexiones con el spencerismo. Y si bien Ingenieros se ocupó en diversos
pasajes de marcar sus diferencias con el filósofo inglés —especialmente
respecto de su noción de la sociedad concebida como un "superorga-
nismo"—, "quedan en pie, sin embargo, las nociones fundamentales
del sistema: la experiencia empírica determina el conocimiento, las
sensaciones son relativas y constituyen la base del pensamiento, la realidad es única, todo fenómeno responde a un determinismo riguroso,
toda la realidad evoluciona permanentemente. Nociones que podemos
traducir diciendo: *la unidad de lo real* (monismo) *se transforma incesantemente* (evolucionismo) *por causas naturales* (determinismo)".[28]

Estos criterios generales se encarnan en el proyecto de una *sociología
genética,* donde la sociedad, en la línea de los escritos de 1898-1899,
es concebida como un agregado biológico condicionado por los factores naturales del medio y la raza, y cuyas variaciones políticas "dependen, en última instancia, de sus variaciones económicas".[29] "Rama de
las ciencias biológicas",[30] la sociología se distingue de aquéllas precisamente porque la sociedad se desprende de lo biológico en el espacio
abierto por el principio de *solidaridad,* posibilitado por la ya referida
autoproducción humana de los medios de subsistencia. Además, el
anudamiento de los factores naturales con los económicos permite
conciliar dos tendencias sociológicas opuestas hasta entonces: "la biológica (con su desviación organicista) y la económica (con su mal

---

[27] J. Ingenieros, *La simulación de la locura,* en *Obras completas,* Mar
Océano, t. 1, p. 182. El subrayado es nuestro. En adelante, citada como *Simulación... locura.*

[28] J. Ingenieros, *Principios de psicología,* en oc, Mar Océano, *op. cit.,* t. 3,
p. 24.

[29] Sobre *La ciudad indiana,* escrito en 1900. Citamos por *Sociología argentina, op. cit.,* p. 83.

[30] J. Ingenieros, *Criminología,* en oc, Mar Océano, *op. cit.,* t. 2, p. 268.
(Extractos de esta obra, en pp. 221-227 de la antología.)

llamado materialismo histórico)".[31] En síntesis, "las sociedades humanas evolucionan dentro de leyes biológicas especiales, que son las leyes económicas".[32] Este sistema sociológico bioeconomista está igualmente penetrado por el determinismo. "El mundo social marcha gracias a la presión de invisibles calderas: las mismas fuerzas físico-naturales que mueven a las nebulosas y a los cristales, a la encina robusta y a la hormiga."[33] Esta noción produce efectos teóricos en el terreno político: "Las disertaciones sobre la trilogía republicana, "Libertad, Igualdad, Fraternidad' [son] científicamente absurdas: el determinismo niega la libertad, la biología niega la igualdad y el principio de lucha por la vida [...] niega la fraternidad." (*Ibid.*, pp. 138-139.)

Esta impronta fuertemente determinista generará una tensión insoslayable dentro del sistema al coexistir con la categoría eventualmente opuesta del "ideal". En general, puede plantearse que una fase de mayores adhesiones o expectativas hacia el orden político vigente se corresponderá en Ingenieros con un mayor acentuamiento del factor determinista y, por el contrario, la revitalización del ideal moral marchará paralela con los momentos de enfrentamiento con el mismo. Pero, aun latente en el texto, el objeto teórico que denota al "ideal" subsiste incluso en contextos aparentemente represivos para su manifestación. En *Socialismo y legislación del trabajo*, sin duda uno de los momentos de más alta adhesión de Ingenieros a un proyecto promovido por un sector del equipo gobernante, dice que "ese ritmo de eterno vaivén [en la evolución social] determina en definitiva la marcha humana, estimulada por 'ideales de perfección' incesantemente renovados en su interminable peregrinación de cultura y de progreso". Respecto de un documento gráfico de *esta* época se escribió lo siguiente: "Roca mira fijamente hacia adelante en un gesto leporino fatigado y ecuánime; un poco más abajo, manteniendo cierta distancia, Ingenieros lo contempla: es una fotografía; los dos visten de levita, los dos están en Roma, pero el general ha sido dos veces presidente de su país y el intelectual se desempeña como secretario."[34]

La implementación del concepto de "ideal" es introducida de todos modos no como una ruptura con el determinismo, sino como una "pre-

---

[31] Sobre *La anarquía y el caudillismo, op. cit.*, p. 122.

[32] "De la sociología como ciencia natural", en *Sociología argentina, op. cit.*, p. 21.

[33] *Socialismo y legislación del trabajo*, resumen de *La législation du travail dans la Republique Argentine*, Cornely, París, 1906. Citamos por *Sociología argentina, op. cit.*, p. 144. En adelante, *Socialismo...* (Véase pp. 236-258 de la antología.)

[34] David Viñas, *Literatura argentina y realidad política. De Sarmiento a Cortázar*, Buenos Aires, Ed. Siglo Veinte, 2ª ed., 1974, p. 193.

visión" científica del porvenir ante futuras modificaciones del medio. "Un ideal es una hipótesis que prevé y anticipa los datos de la experiencia", sin que por ello deje de ser "una formación natural".[35] No obstante, esta noción del ideal será el núcleo temático por el que posteriormente el sistema ingenieriano irá aceptando otro tipo de connotaciones categoriales.

Por ahora, más significativo que el punto de fuga que aquella definición impone a un sistema determinista y empirista resulta el hecho de que los ideales se manifiestan en un espacio social restringido. Existe así, por una parte, una moral mayoritaria entendida como "función biológica de defensa colectiva", cuyo papel —análogo al de la herencia— reside en el mantenimiento del orden dado. Pero por la otra el sistema reclama la presencia de un elemento adicional que garantice la evolución, ya que si bien ésta se desencadena por la variación del medio, es preciso que dicha alteración sea detectada por algún sector del universo social. El ideal, en esta instancia, es un futuro que, agazapado, espera el momento de revelarse al conjunto de las colectividades. Pero en tanto, como un hueco del presente, ese reverso ya escrito para el cual no ha llegado la etapa de su lectura masiva se anuncia por algunos signos cuya clave sólo algunos *pequeños núcleos* pueden detectar. La posibilidad de compartir dicho código se asienta en el ejercicio de aquella imaginación previsora que, en tanto "modo del pensamiento", sólo es eficaz si se recuesta sobre *la ciencia*. Nuevamente, los sectores que prevén el futuro, que organizan los ideales, que administran el porvenir, son *las minorías intelectuales*.

La postulación de estas minorías permite hallar una mediación que no resulta patrimonio de una clase social sino de una capa aislada de los compromisos políticos institucionalizados. Para reformar es preciso ubicarse fuera de los "intereses creados", posición propia de "las clases ilustradas y pensantes, que no cabe confundir con las enriquecidas y las dirigentes del Estado" (*Criminología*, p. 278). "La cuestión social y sus soluciones son problemas científicos inaccesibles a los ignorantes, sean ricos o pobres, católicos y anarquistas. La ciencia es demasiado aristocrática, exige un poder de comprensión que suele faltar en las mentes incultas."[36]

Un iluminismo de larga tradición hallaba así su puesto en el discurso de Ingenieros, que —en el período que nos ocupa— se vincula estrechamente con una ética jerarquizante. Algunas incrustaciones nietzscheanas del momento alimentarán este aristocratismo moral. "Vivir la vida es un privilegio de los fuertes; los otros la asfixian en la inercia o la marchitan en la sombra." "¿Preferiremos que nos

[35] *Principios de psicología, op. cit.*, p. 109.
[36] *La psicopatología en el arte, op. cit.*, pp. 348-349.

ciegue el verde reflejo del pantano inerte y cenagoso —que nos ahoguen las miasmas condensadas en las llanuras apestadas de vulgaridad—, que nos asfixie el ácido carbónico que, por pesado, se condensa en los estratos inferiores de la atmósfera?"[37] Igualmente, entre Jesús y Nietzsche la comparación es terminante, porque si el primero fue un "inculto rumiador de misticismos plebocráticos", el filósofo alemán fue un incomprendido por las almas pequeñas, los dominados, los serviles, "los ajusticiados por su moral selectiva" (*ibid.*, p. 137).

A la estratificación en clases se le superpone una escala moral de la sociedad. De ese modo, vuelve a surgir una ética de mayorías conformistas y otra de minorías idealistas que recorre como una invariante —sólo relativizada al final de su producción— toda la obra de Ingenieros. "Muy pocos hombres de personalidad firme resisten a la presión colectiva y pueden hacerlo conservando algunos de sus rasgos característicos; los más están obligados a imitar las ideas, los sentimientos, las costumbres colectivas [...]" (*Simulación... vida,* p. 56).

Son esas minorías —como veremos— las encargadas de diagramar una nación moderna, y esta ambición resuena en el discurso que, de regreso de su primer viaje europeo, pronunció en noviembre de 1906: "Seamos piedras distintas que concurren a combinar el mosaico de la nacionalidad; seamos todos diversos en tamaño, en color, en brillo, pero todos armónicos dentro de la finalidad grandiosa del conjunto [...] Aspiremos a crear una ciencia nacional, un arte nacional, un sentimiento nacional, adaptando los caracteres de las múltiples razas originarias al marco de nuestro medio físico y social."

Y sin embargo, ciertos núcleos rebeldes asomaban en la topografía evolucionista del proyecto ingenieriano. Desde esas superficies, la "cuestión social" surgía como un viejo nombre para designar un concepto diferente. Ya no la irrupción del motor que prefiguraba la emergencia del nuevo orden social, sino de los elementos que, cuestionándolo total o parcialmente, deben ser resueltos por vía de la reforma o de la exclusión.

LA CUESTIÓN SOCIAL

La incorporación de la Argentina en el modelo de desarrollo capitalista acarreó una serie de desajustes, tensiones y contradicciones sociales. Uno de ellos estuvo dado por el impacto del aluvión inmi-

---

[37] "Volviendo al terruño" y "Al partir", discursos pronunciados en 1906 y 1904, respectivamente, y recopilados en *Crónicas de viaje, op. cit.*, pp. 220-221 y 218.

gratorio. "Este problema —comenta Ingenieros en esa época— es, evidentemente, esencial en los países de nueva formación (Estados Unidos, Argentina, Brasil, etc.), colonizados por la 'sobrepoblación relativa' de ciertas naciones europeas" (*Criminología*, p. 392). La persistencia del flujo de población extranjera queda ejemplificada al consignarse que en 1906 se alcanzó la cifra récord de 302 000 inmigrantes incorporados en un solo año. La Argentina llegó a representar así el país donde el aporte inmigratorio resultó el mayor del mundo respecto de la población preexistente.

Por otra parte, la estructura económica argentina tendió a concentrar a buena parte de estas masas migratorias en las ciudades del Litoral (Buenos Aires, Rosario). Allí éstas se incorporaron también en gran medida a la emergente clase trabajadora, proveyendo asimismo cuadros para la expresión organizada de las luchas proletarias del período. "Entre las cuestiones sociales —dice en *Socialismo y legislación del trabajo*— destácase actualmente el problema obrero."

Como saldo de este proceso, se conjuntaron tres fenómenos novedosos y fascinantes para la conciencia de la época: el aluvión inmigratorio, la cuestión obrera y el pasaje a primer plano de la problemática urbana. Una vasta literatura ilustra —por ejemplo en el relato naturalista y costumbrista de la época— la percepción que los contemporáneos tuvieron de esas cuestiones, y señalan de qué manera solían ser entendidas como un potencial fermento disruptivo en el diagrama oficialmente proyectado. Desde una perspectiva patronal, por ejemplo, la Unión Industrial Argentina, en una nota de diciembre de 1904, advertía contra los "agitadores profesionales" y el "elemento extranjero eminentemente nocivo". Y, sin duda, las luchas anarquistas alcanzaron durante la primera década del siglo su mayor y más notorio desarrollo en la Argentina. Durante ese decenio estallaron más de un centenar de huelgas, seis de ellas generales, y se produjeron numerosas movilizaciones obreras, a las que el gobierno respondió imponiendo cinco veces el estado de sitio y sancionando una legislación represiva que, entre otras disposiciones, posibilitaba la deportación de extranjeros. Tampoco faltó, por cierto, la represión policial, como la que, al atacar un acto anarquista el 1º de mayo de 1909, provocó ocho muertos y decenas de heridos. Poco después, un anarquista daba muerte al jefe de la policía porteña.

Ante esta situación general —a la que se sumaba el descontento de vastas capas medias expresadas por el radicalismo—, el elenco gobernante osciló, según sus alas y las coyunturas, entre las dos clásicas políticas de la represión y la integración. El sector entre cuyas cabezas visibles figuraba Joaquín V. González programaba esta segunda alternativa mediante una política reformista, que tuvo una de sus expresiones en el proyecto de ley del trabajo en favor del cual Ingenieros escribió en 1906 el ya citado trabajo sobre la legislación obrera y el socialismo.

Sobre la presencia de este ámbito político y social, el universo discursivo de Ingenieros adquiere una inteligibilidad definida. Reaparece entonces la "cuestión social", mas ahora como aquel conjunto de problemas —emergentes secundarios pero agudos del proyecto de nación bosquejado— cuya resolución debe proveer este mismo sistema conceptual.

Un objeto teórico donde estos diversos fenómenos confluyen es el configurado por la noción de las *multitudes* urbanas. Como un nuevo fantasma sustituto de aquellas multitudes rurales que la tradición liberal había exorcizado tras el rostro temido de la "montonera", la figura de las masas urbanas surge como una zona de penumbra necesariamente obsesionante en una sociedad en rápida transformación. La multitud aparece como el objeto en donde una sociedad aluvional *confunde* los límites entre los diversos sectores y al mismo tiempo oculta los núcleos mórbidos que vegetan en su interior. La delincuencia y la locura "fermentan en el agitado aturdimiento de las grandes ciudades modernas, retoñan en todas las grietas del edificio social y conspiran sordamente contra su estabilidad" (*Criminología*, p. 392). También núcleos igualmente improductivos como "los vagos y mendigos van constituyendo cada día más una preocupación pública, en especial en las ciudades populosas".[38]

La multitud adopta asimismo la connotación de una figura alienante de la individualidad. "La reunión de individuos en el agregado psicológico 'multitud' modifica intensamente la personalidad individual, inferiorizando por lo general la inteligencia y la moralidad de sus componentes." (*Simulación... locura*, p. 175.)

Con esto la caracterización de la multitud como objeto enajenante se conecta con la locura ya que ambas, locura y pertenencia a la multitud, son fuente de irresponsabilidad. "El individuo, como miembro de la multitud, obra bajo la influencia de sugestiones irresistibles que modifican su imputabilidad." (*Ibid.*, p. 285.)

Por fin, en el interior de ese espacio tumultuario sobresale un punto políticamente disruptivo. Al comentar la novela de Sicardi *Hacia la justicia*, Ingenieros recomienda su lectura a psicólogos y sociólogos debido fundamentalmente a que ella "describe tipos característicos de agitadores de multitudes, haciéndolos actuar en conflictos sociales que plantea sin reticencias" (*Psicopatología...*, pp. 337-338).

[38] Cita de Ingenieros de un informe de A. Claros, "Nuevas tendencias penales en el Congreso Penitenciario", aparecido en *Archivos de Psiquiatría y Criminología*, en 1911. La cita figura en *Criminología, op. cit.*, p. 395.

Constituida como objeto patologizado, la participación de la multitud
en la vida política resulta cuestionada desde el seno de los discursos
sociológicos que programan un Estado orientado por minorías ilustradas: "Las muchedumbres semibárbaras de las campañas, y la población inferior y mestiza del suburbio de nuestras aldeas, encuentran en el
sufragio universal un reconocimiento de su entidad política a la vez
que un anómalo resorte de agitación intermitente."[39]

Ese lugar social heterogéneo y polimorfo de las multitudes constituye una superficie de *confusión y de contagio*, y —como contrapartida— inaugura una necesidad *diferenciadora y profiláctica* de la que
se nutriría buena parte de la orientación hacia las disciplinas sociológicas que hacia fines del siglo XIX irrumpe en la Argentina. Uno de
sus introductores —José María Ramos Mejía— es, como vimos, figura
teórica de importancia en la formación ingenieriana, y el autor de
aquella obra cuyo comentario constituye uno de los primeros escritos
sociológicos de Ingenieros: *Las multitudes argentinas*. Sobre los lineamientos de Le Bon y de Taine, Ramos Mejía había proseguido así la
introducción de las ciencias sociales centrada en el análisis de la presencia de las masas en la escena nacional.

La diferenciación precisa entre un objeto social efectivamente productivo y una materia residual inintegrable al sistema resulta una
condición previa en la programación de un país viable. En este registro,
la "nación" se esboza como una maquinaria que integra a condición
de segregar, es decir, cuya funcionalidad se juega en la capacidad de
discriminar entre el disenso legítimo y los núcleos no asimilables. Dicha
maquinaria constituye un conjunto de reglas destinadas al reconocimiento de los rasgos distintivos que dividen esos dos ámbitos. Por eso
la vigilancia deberá ser más fina en aquellas zonas de ambigüedad o
penumbra, donde el riesgo de confusión es mayor, y mayor por consiguiente la posibilidad de elusión de la represión. La multitud es uno
de esos espacios confusionistas, y la simulación, una de las formas
clásicas de aquel escamoteo de la penalidad. Desde el triple terreno
de la sociología, la psicopatología y la criminología, ¿será simplemente
arbitrario que las primeras obras mayores de Ingenieros dentro de
este campo aborden la cuestión de *la simulación* —"medio de lucha
por la vida, cuyo resultado es la mejor adaptación del simulador a las
condiciones de su medio—"? Tampoco debería serlo el hecho de que
la simulación especialmente tematizada sea aquella que se mueve en las
fronteras de dos tipos de marginalidad —la delincuencia y la locura—,
aunque no es extraño que en esa Argentina de espacios sociales abiertos
"la astucia y el fraude [estén] tan difundidos en la vida real" (*Psico-*

---

[39] *La anarquía argentina y el caudillismo, op. cit.*, p. 116.

patología..., p. 401). Entre estos últimos, la simulación aumenta en proporción directa a la decadencia moral de la sociedad. Uno de los ejemplos recurrentes de simulador es el del político demagogo y aun "todos los políticos de profesión", a quienes sólo una "casta" les disputa el cetro: "los sacerdotes de todos los cultos" (*Simulación... vida,* p. 66).

También la simulación se conecta con la improductividad; así es como existen —dice— "legiones enteras de parásitos y serviles que viven simulando 'trabajar' ". Todas estas técnicas fraudulentas pueden provocar la inversión de la selección natural, y tornar posible "la supervivencia de individuos inferiores, débiles y degenerados de toda clase" (*ibid.,* p. 27).

Dentro del campo criminal, la simulación es una arma que el delincuente usa contra el sistema jurídico-penal, pero —circunstancia agravante— este combate se instala en el mismo plano de quienes diagraman la sociedad: el de la inteligencia. Por consiguiente, las tácticas simuladoras en la lucha por la existencia aumentan en relación directamente proporcional al grado de desarrollo civilizado de las razas. Paradoja de la inmigración, que junto con el progreso de sus brazos y de su cultura blanca y europea alberga en sus intersticios el fantasma de la simulación. He ahí si no —dice Ingenieros— las estadísticas de procesados publicadas por la penitenciaría nacional de Buenos Aires, donde se revela el alto porcentaje de simuladores entre los extranjeros, especialmente italianos y españoles. Una cita del *Martín Fierro* cierra este círculo de alerta contra esa delincuencia astuta: "El gringo es de más discurso:/ cuando mata se hace el loco." (*Simulación... locura,* pp. 215-216.)

Por vías heteróclitas y dispersas, la cuestión inmigratoria reaparece en el discurso ingenieriano como un objeto parcialmente contradictorio. No obstante, ésta es justamente una de esas contradicciones que *deben* ser absorbidas por el sistema, en la medida en que la inmigración resulta un dato fundamental en la estructuración de una Argentina moderna. La única condición es que —junto con implementar una reforma jurídica que convierta la simulación en nociva para el simulador— el mismo gesto de admisión diagrame la exclusión de aquellos núcleos migratorios en donde la extranjería se conecta con la marginalidad. Es correcto por eso —como propone la "ley González"— prohibir la entrada al país de ese submundo que se teje en el entrecruzamiento de la locura, el delito, la enfermedad y el parasitismo: "idiotas, locos, epilépticos, enfermos contagiosos o repugnantes, mendigos profesionales, indigentes, inhábiles al trabajo, prostitutas, traficantes de esclavas blancas, delincuentes, etc.", es decir, "a los que sólo pueden ser un peligro social por sus enfermedades, sus crímenes o su corrupción" (*Socialismo...*, p. 180).

Este universo social necesita entonces reformas integradoras y distinciones segregacionistas. Ahora bien: ¿quién es *el sujeto* reformador y legislador, quién diagrama y administra reformas y exclusiones? El discurso ingenieriano tiene la respuesta constituida: las minorías ilustradas, cuyos rasgos se instalan en los vacíos negativos de las multitudes. Esas minorías se componen de "grandes reformadores sociales, políticos, religiosos, etc. [...] y es obra suya cualquier ascenso hacia la perfección; la sociedad se limita a seguir sus huellas" (*Criminología*, p. 275). Por eso mismo el sujeto reformador, "esas minorías que dirigen las sociedades", "los actores del drama humano en la evolución social", deben estar preparados para hallar la incomprensión por parte de las mayorías. Es el caso concreto de la ley González, "necesariamente impopular, como todas las concepciones científicas" (*Socialismo...*, p. 139). Como ya sabemos, lo que define a estas minorías como tales es un dato recurrente: el Saber, a diferencia de las masas, cuyo móvil —en el caso de los trabajadores— es "el hambre o el descontento, no la sociología". Cosa ya sabida por Turati, para quien "el socialismo, como doctrina sociológica, es inaccesible a los obreros" (*ibid.*, p. 152). La ignorancia actúa identificando, en este aspecto, dos escalas de la estratificación social, puesto que la verdad sociológica no es vislumbrable "ni por el ingenuo rentista ahogado en millones ni el escuálido proletario iletrado". En este aplastamiento del universo social la configuración económica de las clases bajas deja, en su retirada, un espacio tripartito que ocupa una jerarquización moralista de la misma: minorías idealistas y sapientes —"caracteres excelentes" que ocupan la cúspide de una sociedad cuyo progreso garantizan—, multitudes honestas y mediocres —bastiones del orden y la resistencia al cambio, depositarias de la herencia social— y minorías patologizadas del delirio y el delito.

Las minorías que bosquejan científicamente un modelo social tienen además como condición la exigencia de que los contactos con el Poder estén puramente mediatizados por el Saber. Es preciso que el intelectual no se integre en los circuitos políticos expresos para ser capaz de "juzgar con independencia los hechos y las doctrinas que afecten intereses activos", y esto es posible porque "los hombres de estudio no necesitan adular a los electores ni a los gobernantes" (*ibid.*, p. 194). El intelectual, sobrevolando los conflictos de la sociedad real, extrae su poder de su independencia del Poder, sobre cuyo espacio puede emerger, libre e incontaminado tanto de las multitudes como de los burgueses intereses creados; en síntesis, de la mediocracia.

Definido de ese modo el sujeto reformista, es preciso constituir la materia de dichas reformas. El sujeto legislador así concebido tiene bajo su mirada reformadora el universo de dos dimensiones conformado por el sector social integrable y por el ámbito de la exclusión. La sociología, como vimos, es una rama de las ciencias biológicas, y el derecho, de la sociología. Y si las instituciones son las que encarnan genéricamente la función de defensa vital de los agregados sociales, el derecho es el que asume concretamente esta delegación. Su papel persigue la "segregación o eliminación de cuanto pueda dificultar o poner en peligro su existencia o integridad [...]; la sociedad, obrando como si fuera un organismo colectivo, tiende a eliminar todos los elementos que considera perjudiciales a su vitalidad y evolución". De tal modo, las reformas tendrán como objeto concreto el campo del derecho laboral y del penal.

En este último aspecto, existe una línea continua que vincula la moral con el derecho, dado que "todo medio amoral de lucha por la vida es un delito", especialmente cometido contra las personas o los bienes. El delincuente es por ende un inadaptado social, un anormal, y la función del derecho reside en luchar contra dicha inadaptación. "Las instituciones represivas del delito, cuya expresión concreta es el Derecho Penal, se nos presentan como el conjunto de disposiciones de cada agregado sociológico para defender la vida y los medios de vida de sus componentes, evitando o reprimiendo las transgresiones de los que no subordinan sus medios de lucha al criterio ético o legal predominante en la sociedad." (*Criminología*, p. 278.)

Las reformas penales son las que se orientan, entonces, hacia el último escalón social, el del submundo de la locura y la criminalidad, objetos ambos que es preciso definir y distinguir. Así, los discursos del período articulan una precisión profundizada de esas figuras que tienen como función enunciar el límite entre lo Normal y lo Patológico. ¿Qué es un loco, qué es un delincuente; cómo detectarlos? En este camino, el encuentro de los textos ingenierianos con "las geniales investigaciones de Lombroso" (*ibid.*, p. 307) se tornaba inevitable. "Lombroso —había dicho en sus impresiones sobre el V Congreso Internacional de Psicología, celebrado en Roma en 1905—, además de representar una doctrina, es un símbolo, es el estandarte de una corriente científica nueva, fecunda en promesas y esperanzas."[40]

Sobre bases positivistas y darwinianas, y en el encuentro de la frenología y la psiquiatría, el lombrosismo había creado —en el último cuarto de siglo XIX— una "naturaleza delictiva" como base preventiva contra la delincuencia. La teoría se refería a la existencia de caracteres físicos, morfológicos y somáticos que permitirían definir un tipo clásico: el criminal nato, constituido como un sujeto cuyos estigmas

[40] *Crónicas de viaje, op. cit.*, p. 307.

aparecerían cristalizados en rasgos antropométricos y fisiognómicos.
"El delincuente —había escrito Lombroso— ofrece frecuentes asime-
trías craneales y faciales, sobre todo en los violadores y en los ladro-
nes [...]; que, comparado con los locos y los seres sanos, tiene la cara
más larga, un mayor desarrollo de los apófisis cigomáticos y de la man-
díbula, la mirada sombría, el cabello espeso y negro, sobre todo en los
salteadores de caminos." [41]

Inscribiéndose en general dentro de la escuela positiva, Ingenieros
se diferenciará de ella al plantear el predominio de los factores psicológicos sobre los morfológicos, con lo cual la antropología criminal
desemboca en la psicopatología. Si los estigmas psíquicos prevalecen
sobre los corporales, entonces estos últimos se convierten en un fenómeno derivado y sintomatológico, en "el índice de la degeneración mental concomitante" (Simulación... locura, p. 178). El delito, en
definitiva, es "producto de un funcionamiento psíquico anormal".
Consiguientemente, para combatir a esta "horda extranjera y hostil",
"es necesario, en cada caso, hacer el diagnóstico psicopatológico del
delincuente" (Criminología, p. 290).

El principio reformador finca en que la defensa social, para definirse científicamente, debe anticiparse al delito. La conjunción de
criminología y psicopatología recorta precisamente las condiciones
de una prevención más científica, dado que la anomalía mental "puede
observarse en sujetos que aún no presentan caracteres físicos degene-
rativos" (Psicopatología..., p. 359). Defender es prever, y por tanto
se debe actuar no sobre el delito ya consumado sino sobre "el delincuente concreto considerado como una peligrosa realidad concreta"
(Simulación... locura, p. 290); debe adaptarse la pena a la temibilidad y no a la responsabilidad, concepto este último fundado en el
erróneo criterio metafísico del libre arbitrio.

Bosquejada la etiología del delito, para graduar el castigo es preciso clasificar los diversos tipos de delincuentes. Ingenieros realiza
hacia 1900 una temprana propuesta de tipología del delito, que será
proseguida a lo largo de diversos trabajos. Este movimiento clasifi-
catorio debe concluir en una propuesta represiva de la criminalidad,
que vehiculiza una correspondiente reforma penal. Reticulada sobre
la clasificación anterior, la represión desciende desde los "delincuentes
natos o locos morales" hasta los "impulsivos accidentales". Esta reforma es necesaria, y "los hechos nos dicen que la legislación penal
vigente es ineficaz y peligrosa", cosa que, "por otros caminos, presintió
la criminología, iniciada por la 'escuela positiva' " (Criminología,
p. 263).

[41] Lombroso, L'Homme criminel, París, 1895, 2ª ed., t. I, pp. 260-261.

De ese modo, la clasificación criminológica escinde el mundo de la delincuencia entre un sector recuperable y otro del cual la sociedad debe defenderse preventiva o profilácticamente. La fórmula actual debe ser: "asegurar la máxima defensa contra los individuos peligrosos, permitiendo la máxima rehabilitación de los readaptables a la vida social".

Al adoptar el criterio de la temibilidad, el objeto locura, considerado otrora como elemento atenuante de la imputabilidad, se anuda estrechamente con el delito. "La locura no es causa eximente de responsabilidad, sino agravante de la temibilidad del que la sufre, haciendo necesaria una mayor rigurosidad de la defensa social." (*Simulación*... *locura*, p. 292.) Al final de este proceso de patologización del delincuente, asoma su rostro sin memoria la figura más trágica y temida del mundo marginal: la del loco delincuente. "La locura y el delito [...] entrelazan sus tentáculos nefastos, engendrando [...] el alienado criminal." (*Simulación*... *vida*, p. 10.)

Este vínculo es estructural puesto que un concepto común los engloba: la degeneración. "Para nuestro objeto, basta señalar que la locura y la criminalidad están emparentadas por la degeneración." "Ramas nacidas del tronco común de la degeneración fisiopsíquica, la criminalidad y la locura tienen estrecho parentesco", parentesco que se refuerza por otro objeto discursivo del archivo ingerieriano: "el degenerado, en general, es un individuo [...] que por las imperfecciones innatas o por la desintegración adquirida del carácter resulta *improductivo* o nocivo a la sociedad" (*Simulación*... *locura*, p. 299. Subrayado nuestro). Y los delincuentes "todos son equivalentes en el desempeño de su parasitaria función antisocial". Como viajeros sin rostro en un universo de discurso heterogéneo, de pronto los conceptos vuelven a anudarse en una articulación fascinante: delincuencia-locura-degeneración-improductividad-parasitismo. La "moral del productor" sigue haciendo su trabajo, expulsando del universo social "normalizado" a la locura y la delincuencia tras el estigma de constituir figuras de la improductividad, es decir, del parasitismo social. "Los manicomios, las cárceles y los asilos entretienen la cómoda holgazanería de seres improductivos." (*Simulación*... *vida*, p. 130.)

A la inversa, esta definición y clasificación del delito opera sobre un proyecto de reforma carcelaria en donde la productividad aparecerá obviamente como elemento de regeneración: "En cárceles higiénicas, donde el trabajo penitenciario sirve de distracción y de correctivo [...] desaparecerán las probabilidades de enloquecimiento que pesan en la actualidad sobre los delincuentes" (*Simulación*... *locura*, p. 187).

Que el campo de la marginalidad se cristalice en torno de los casos del loco y el criminal no significa que se agote en ellos. Es posible sospechar que estos objetos teóricos definen el *límite extremo* de una patología social cuyas consecuencias se tornarían disolventes si llegaran a penetrar en el interior Normal de la nación. Porque también el hombre honrado y mediocre puede experimentar la idea criminal, especialmente en los momentos en que se desata el "huracán de las pasiones". Ahora bien: ese desenfreno irracional constituye una de las notas que caracterizan al fenómeno *multitudinario*. Por eso si la locura no es atenuante de la pena, tampoco debe serlo la comisión de delitos en el seno de la multitud. "Debo insistir en mi opinión —dice polemizando con el profesor Nina Rodríguez—: en las locuras de las multitudes no se trata de *asociaciones de alienados* sino de multitudes de predispuestos —por la degeneración hereditaria o mesológica— sugestionadas por conductores [*meneurs*] alienados."[42]

Aquella presunción se fortalece a partir de una subdivisión que hiende el mundo de la marginalidad, distinguiendo entre los vagabundos y dementes, grupo *extra*social, por una parte, que "en su gran mayoría para nada cuentan en la historia de la sociedad", y, por la otra, los *anti*sociales, delincuentes y sectarios que "compromete[n] el orden de cosas establecido" (*Criminología*, p. 27). Es como si el primer subgrupo, dada su absoluta exterioridad, no pudiese ejercer su influencia negativa hacia el ámbito normalizado de la sociedad, a diferencia del segundo que —a través de la referencia al sectarismo— se conectaría con un sector de la práctica *política*.

Este límite de contacto borroso entre *delincuencia y política* tendría su superficie de contagio en el espacio social de las clases trabajadoras urbanas. Es allí donde deben *reforzarse* los trazos divisorios entre la morbidez que amenaza la funcionalidad del sistema y la contradicción normal que lo impulsa a la evolución. Por eso es preciso distinguir "el eterno problema de la lucha contra el parasitismo social de los degenerados, frente al de la justa protección de las clases trabajadoras". Dos mundos, dos profilaxis. Para el primero, "la función social de la medicina", "tendiendo a la extinción agradable de los inmorales y los degenerados" (*Simulación... vida*, pp. 131-132). Para las clases trabajadoras, la reforma de las leyes laborales. Ámbitos cercanos, a veces, la sociedad debe saber distinguir precisamente entre el terreno del criminal y del político o activista. Sólo circunscribiendo cuidadosamente estos distintos objetos se podrá actuar sobre ellos, según las formas de la represión penal o la reforma social.

Trazado claramente ese límite, la distinción entre delito y política emerge nítida como un sol de mediodía. Los delitos contra las personas y los bienes —a diferencia de los delitos políticos y sociales—

---

[42] "Deux mots de réponse" (en francés en el original), *Archivos de Criminología, Medicina Legal y Psiquiatría*", Buenos Aires, año I, 1902.

"hieren sentimientos de piedad y probidad igualmente arraigados en los hombres de todas las clases y opiniones". Ante esos crímenes, el relativismo moral se esfuma como un vapor al viento: "Un reformador o un apóstol puede representar el crimen para unos y la virtud para otros; un asesino y un ladrón son igualmente execrados por todos [...]"

Esta distinción debe conservar un paralelismo con la diagramación del espacio carcelario: "Es un atentado a la moral y al orden público encerrar en una misma cárcel al obrero que desacata a la autoridad durante una huelga y al ladrón habitual que vive del delito; al romántico raptor de una novia y al depravado parásito de una prostituta, al que mata para vengar el honor de su madre o de su hija y al bandido que premedita desde la cárcel un nuevo homicidio por robo." (*Criminología*, p. 398.)

El anarquismo de "la propaganda por los hechos", como un fenómeno sin nombre, recorre subterráneamente la economía de muchos de estos textos. Porque también aquí es menester diferenciar: "estos anarquistas *de acción* no deben confundirse con los sociólogos idealistas a la manera de Reclus y de Kropotkin", ni a estos últimos tampoco con "los crueles partidarios de *la violencia*" (*Psicopatología...*, p. 357. Cursivas nuestras). El peligro antisocial reside allí, en ese punto de contacto huidizo en el cual, al *juntarse* el misticismo anarquista con "un temperamento criminal, tenemos al dinamitero". No otra cosa ocurre con los ejecutores de los célebres atentados terroristas de la época: Ravachol, Vaillant, Caserio, Luccheni, Rubini... Y tampoco ha de ser casual que "los fanáticos de todas las sectas religiosas y políticas suelen reclutarse entre sujetos anormales" (*ibid.*, p. 359). Hay que saber distinguir, pues, ya que "en algunos la anarquía es una expresión de misticismo, ilustrado a veces y hasta recubierto de vestidura científica más tarde [...]; muchos, por fin, son simples desgraciados, en quienes la herencia se suma a la miseria, la ignorancia, la pobreza fisiológica, para engendrar un tipo tanto más peligroso cuanto mayor es su inferioridad mental. Son géneros diversos de agitadores, que sirven de levadura o de fermento para convulsionar a la masa ya predispuesta por la ignorancia y la miseria" (*Psicopatología...*, p. 340).

Guzmán, el personaje anarquista de *Hacia la justicia*, sirve de ejemplo. "Mientras la ideología sectaria da vueltas a su razón, la miseria le despedaza los pulmones." Cuando la sinrazón se conecta con la miseria, el crimen amenaza a la sociedad. En este punto de contagio preciso y peligroso para la funcionalidad del sistema, la patologización del delincuente —como se sabe— desempeñó el papel de relativizar su influencia sobre capas populares más vastas. Esta diagramación de una barrera que evitara dichos pasajes tuvo en la "crónica roja" una de sus aplicaciones más lineales. "Los honestos [...] al leer esas crónicas sienten repulsión por el delito y por sus artífices." (*Ibid.*, p. 360.)

A veces, sin embargo, cierta literatura folletinesca ha contribuido a mitificar a algunos personajes del delito, alimentada por la imaginación popular y generando así leyendas conectadas con el bandidismo social. "Las apologías de matones y asesinos, por razones de localismo incivil o espíritu de rebeldía antipolicial, acaban por formar verdaderas leyendas que incitan a la imitación. José María, en la Sierra Morena de España; Musolino en las montañas de Calabria, Juan Moreira en la campaña de Buenos Aires, son tres tipos que han despertado émulos en las clases menos cultas de sus países respectivos." (*Ibid.*, p. 351.) Esa tarea mitificante, en el caso de Juan Moreira, tuvo sus orígenes en el folletín de Eduardo Gutiérrez. Ante ello, es indispensable que el criminólogo reinstale los límites entre el delincuente legendario y el universo normalizado.

Con motivo de la recepción a Enrico Ferri, en 1910 Ingenieros pronunció una conferencia donde sostuvo que Moreira carecía de los datos distintivos del alma argentina en formación —culto del coraje, sentimiento de rebelión a las autoridades y creencia nacionalista traducida por un intenso criollismo—. "Era, de oficio, vago y mal entretenido [...] En suma, fue un amoral congénito, es decir, un delincuente nato con las características impresas por el ambiente gaucho."[43] Por tanto, dicho personaje se inscribe en las antípodas de los verdaderos paradigmas sociales: el maestro que enseña, el trabajador que produce, el sabio que estudia y la mujer que saber ser madre (*ibid.*, p. 631).

Una postrera mirada sociodarwinista constituye por fin un último rincón de la marginalidad, expulsando a las "razas inferiores" de la programación de la sociedad moderna. "La superioridad de la raza blanca es un hecho aceptado hasta por los que niegan la existencia de la lucha de razas. La selección natural [...] tiende a extinguir las razas de color."[44] A su paso, en 1906, por una isla del archipiélago de Cabo Verde, observa que los negros son allí "una oprobiosa escoria de la especie humana", y su esclavitud "sería la sanción política y legal de una realidad puramente biológica", que además los habría favorecido "de la misma manera que el derecho civil establece la tutela para todos los incapaces y con la misma generosidad con que asila en colonias a los alienados y se protege a los animales". Por todas

---

[43] Resumen de dicha conferencia, publicado en los *Archivos de Psiquiatría, Criminología y Ciencias Afines*, Buenos Aires, septiembre-octubre de 1910, pp. 630-631.

[44] "El determinismo económico en la evolución americana", en *Sociología argentina, op. cit.*, p. 29.

estas circunstancias —y dentro de un clima teórico darwinista que impregnaba a vastos sectores intelectuales de la época—, "cuanto se haga en pro de las razas inferiores es anticientífico".[45] Detritus humano, escalón inferior del submundo, sólo hallan *un* espacio connatural con su especie: "Una visita a la cárcel nos permitió ver negros felices." El mismo ámbito que segrega al delincuente se identifica con el hábitat de las pretendidas razas inferiores, que previamente ya se ha entrelazado con el de la alienación y de la animalidad; es decir, con la irracionalidad. La oposición razón/locura —en los términos de Foucault en *El orden del discurso*— extendía su interdicción hacia el terreno racial, reprimiendo de este modo la circulación de los discursos de estos seres inferiorizados.

Este mismo discurso reaparece en el comentario al título x del proyecto de ley González, referido al trabajo de los indios. "El indio a que la ley se refiere —dice— no es asimilable a la civilización blanca [...] la lucha por la vida lo extermina [...] En los países templados, habitables por las razas blancas, su protección sólo es admisible para asegurarles una extinción dulce; a menos que responda a inclinaciones filantrópicas semejantes a las que inspiran a las sociedades protectoras de animales." (*Socialismo...*, pp. 183-184.)

Universo de la locura y la criminalidad, pero también mundos del parasitismo, de la inferioridad racial, de la violencia política y del precapitalismo, el gesto de la Exclusión esboza, como contrapartida, la esfera normalizadora de un proyecto de nación concebido en torno de las clases productoras que —con contradicciones pero sin catástrofes— catapulten a la Argentina hacia un papel hegemónico pero pacífico en la América Latina. Articuladas alrededor de aquellas cuestiones que conmovían de algún modo la sociedad argentina de principios de este siglo —la emergencia de las multitudes urbanas, la inmigración, el anarquismo y la protesta obrera—, las formaciones discursivas de la etapa describen una serie de categorías que delimitan un ámbito de segregación y otro de integración social. Criminalidad, locura, violencia, vagabundaje, tienden a ser nucleados alrededor de la categoría de parasitismo o improductividad, dejando destacarse casi limpiamente el terreno dentro del cual la reforma es posible: las clases productoras —burguesía y proletariado. Armónicamente, las minorías poseedoras del saber podrán entonces acercarse —sin confundirse— a los núcleos reformistas del poder burgués, para proponer la implementación de aquellas modificaciones que conduzcan a un grado más alto de desarrollo, de civilización, de acumulación de bienes materiales y de cultura, rumbo a un socialismo evolutivo.

---

[45] *Crónicas de viaje, op. cit.*, p. 167.

Psicopatología, criminología, sociología y política *no* son por ello *esferas independientes* del sistema ingenieriano, sino que van describiendo un complejo movimiento en cuyos huecos se instalan una serie de objetos teóricos y de figuras ideológicas *solidarias*. Por eso la reforma penal es *también* reforma política o, dicho de otro modo, la reforma social tiene como condición de posibilidad —como condición de la determinación de su objeto preciso y recortado— la reforma penal. Clasificar, diferenciar, son los supuestos para reformar, para integrar. En lugar de constituir objetos esquizofrénicamente escindidos, los mundos de la integración y la segregación deben ser considerados en el mismo movimiento discursivo sobre lo normal y lo patológico que subtiende los textos ingenierianos del período. De ahí que las medidas carcelarias que se despliegan en el capítulo VIII de la *Criminología* —"Plan general de defensa social contra la delincuencia"— *presupongan* la reforma social: "En ese sentido, la profilaxia del delito tiene su primera base en el conjunto de leyes sociales reclamadas por las clases obreras de todos los países."

Esa "primera base" debe apoyarse, a su vez, en el reconocimiento de los problemas reales de las clases trabajadoras. "Eludir el problema social contemporáneo —escribe en *Socialismo y legislación del trabajo*— no significa suprimirlo [...] Si alguna fuerza del carro social, siempre en marcha, amenaza desvencijarse, es fuerza que los hombres dirigentes se decidan a ser su brújula previsora."

En el sistema de Ingenieros este disenso es un factor sintomatológico necesario para la salud del organismo social, con la condición de no desarticular el conjunto. Las reformas serían el camino de conciliación entre las contradicciones y la armonía de la sociedad. Por ello la cuestión social no se resuelve con caridad, sino evitando "las injusticias que benefician a los que huelgan y dañan a los que trabajan"; "lo indispensable es que se transformen las instituciones que hacen posible la injusticia" (*Psicopatología...*, pp. 343 y 349). Cuando dichas reformas no se cumplimentan, "los hechos violan el derecho, y es la repetición, utilísima, de esas violencias, lo que prueba la necesidad de reformas en un sentido determinado".[46] "La clase gobernante de la República Argentina debiera comprender que la mejor medida contra el anarquismo consiste en educar a la clase obrera y mejorar sus condiciones de vida [...] La verdadera ley contra el anarquismo sería cualquier ley contra la ignorancia y la miseria", y conviene re-

---

[46] Sobre *La ciudad indiana*, de Juan A. García, publicado en 1900 en la *Revista de Derecho, Historia y Letras*, en *Sociología argentina, op. cit.*, pp. 82ss.

cordar que "la retórica antiburguesa y dinamitera es el plato favorito de las multitudes descontentas" (*Socialismo*..., pp. 186 y 158).

Por el contrario, a mayor desarrollo de la civilización se corresponde un mayor incremento de la solidaridad, que hace retroceder la lucha violenta entre los hombres, hasta que llegue el momento en que sea remplazada "por la competencia en el mercado de la producción y por nuevas normas jurídicas de las relaciones internacionales" (*Simulación*... *vida*, pp. 140-141). Consiguientemente, los problemas sociales de las formaciones contemporáneas "se caracterizan por francas tendencias hacia una reforma progresiva del orden económico vigente" (*Socialismo*..., p. 139). Para implementar dichas reformas hay que promover un acercamiento de las minorías pensantes hacia los grupos que, desde el Estado, se hallan en condiciones de aplicarlas. En este caso, se trata de una aproximación hacia los partidos burgueses progresistas, circunstancia posible dado que, por sobre las clases sociales, existen intereses comunes a toda la humanidad y a toda la nacionalidad. Por ejemplo, "un aumento en el precio de los cereales beneficia a todos los argentinos [...]" (*ibid.*, p. 151). De ahí que los intereses proletarios "pueden concordar en mil casos con los de una u otra fracción de la burguesía", sin renunciar por ello a sus objetivos específicos como clase. Capitalistas y proletarios tienen entre sí conflictos de intereses, pero que en definitiva resultan integrables mediante una política reformista, ya que "son dos polos de una misma esfera —la producción—". "Los intereses comunes entre un estanciero y un peón de la Pampa son más reales que los existentes entre un peón argentino y un peón de Java, o entre un estanciero argentino y otro de Australia." "Hay [...] intereses colectivos que son comunes a toda la nacionalidad."[47]

En la medida en que la ley González se inscribe dentro de esos marcos, su autor se convierte en uno de los "más osados reformadores del presente siglo", a pesar de algunas críticas que deben señalársele al proyecto en cuestión. Suprimida su parte coactiva contra el movimiento obrero —título XXI del proyecto, "concebido *contra* el movimiento anarquista y de criterio policial"—, "es el ensayo más importante de legislación socialista intentado hasta la fecha en los países civilizados", y "realiza el desiderátum de las aspiraciones reclamadas por los obreros durante el último siglo" (*Socialismo*..., pp. 186 y 189). Más concretamente, "realizaría casi todo el actual programa mínimo del partido socialista argentino", a pesar de lo cual —y de que socialistas como Manuel Ugarte, Enrique del Valle Iberlucea y Augusto Bunge colaboraron en su redacción— aquel partido terminó oponién-

---

[47] "La función de la nacionalidad argentina...", *op. cit.*

dose al mismo. De todos modos, los méritos de esta ley no se mini-
mizan —sigue Ingenieros— por resistencias de una "burguesía impre-
visora y una clase obrera ignorante".

Este replanteo político produce una reformulación del proyecto
socialista y un acercamiento, "por muchos conceptos, al llamado socialismo de la cátedra" (*ibid.*, p. 158). La teoría socialista —según Ingenieros— habría atravesado por tres etapas, que remedan los tres esta-
dios comteanos. La segunda de ellas —el marxismo o etapa dialéctica—
planteó en forma accesible los problemas, aun cuando lo hiciera en
un contexto metafísico. Debido a esto último, cometió algunos errores,
entre los cuales destaca el hecho de haber absolutizado la lucha de
clases y formulado "concepciones catastróficas de la evolución social,
risueñas teorías sobre la concentración de la riqueza y el empobrecimiento cada vez mayor de los pobres" (*ibid.*, p. 146). Por fin, en el
tercer período, evolucionista y determinista, el socialismo se concentró
adecuadamente en los "programas mínimos" y en la "lucha dentro
de la legalidad". En esta línea se ubican los partidos más evolucionados, como los de Australia, Francia, Italia, Bélgica, países en los
que se colabora con gobiernos burgueses, aceptando —en lugar de "la
pesadilla marxista de la 'lucha de clases' absoluta"— "la 'cooperación
de clases' ". "En esta última tendencia —agrega— estuvimos decididamente enrolados durante las postrimerías de nuestra actuación en
el partido socialista argentino (1894 a 1902)." (*Ibid.*, p. 149.) Y al
anarquista que desde *La Protesta* le reprochaba no haber sido nunca
revolucionario, Ingenieros le respondió: "Los inteligentes de tus filas
se vuelven poco a poco [...] reformistas, nada más que reformistas
por ahora, lo mismo que nosotros [...]"[48]

Y sin embargo, un hecho aparentemente trivial, una circunstancia
para otros secundaria, desencadena una serie de efectos profundos de
diversa índole en la vida de Ingenieros. En 1911 se presenta para ocupar la cátedra de medicina legal en la facultad de medicina de Buenos
Aires. Sus antecedentes intelectuales, su prestigio docente, sus producciones sobre el tema, determinan que el consejo directivo de la facultad
ubique su nombre en el primer término de la terna presentada al poder
ejecutivo. Pero he aquí que éste desconoce la jerarquía propuesta y
designa a otro postulante en su lugar. La reacción de Ingenieros fue
casi espectacular. Renunció al Instituto de Criminología, cerró su
consultorio, repartió buena parte de su biblioteca y abandonó el país.
En una carta pública dirigida al presidente de la nación denunciaba
el agravio cometido contra su dignidad intelectual, y renunciaba a

    [48] Citado por D. Cúneo, en *Juan B. Justo y las luchas sociales en la Argen-
tina*, Buenos Aires, Alpe, 1956, p. 245.

seguir viviendo en el país mientras estuviese presidido por el entonces titular del poder ejecutivo.

Es cierto, el intelectual puede ver negada su inserción institucional por los poderes del Príncipe. Le resta empero —al menos ésa parece ser la convicción de Ingenieros— una suprema defensa de "alma bella": retirarse. En septiembre de 1911 inicia así un autoexilio que se prolongará hasta mediados de 1914. Al embarcarse, dejaba a sus espaldas centenares de artículos —de psicopatología, criminológicos y sociológicos— que merecieron reconocimientos y distinciones de academias argentinas y del extranjero.

Topografía gris de la ciudad de Buenos Aires, donde es importante saber quién habla, pero también *desde dónde* habla. Facultad de Medicina, Servicio de Alienados, Instituto de Criminología...

Queremos decir que resulta poco menos que imposible determinar la especificidad de la penetración de los discursos "positivistas" —en el sistema de Ingenieros y en la estructura ideológica general de la Argentina— si se prescinde de su articulación concreta en determinados espacios institucionales de poder. Debería ser algo más que un dato anecdótico considerar la incorporación del cientificismo a los análisis sociales a través de una mediación biologista, jurídica y médica. Después de todo —como se ha señalado—, "el mito lombrosiano fue resultado de una 'toma del poder', por así decirlo, por parte de los médicos".[49] Y ya mucho antes el joven Marx había señalado la articulación de las ciencias sociales con la criminología y la psicopatología: "La economía política [...] como ser humano no lo considera cuando no trabaja, sino que traspasa el problema a la ley criminal, a los médicos, a la religión, a las tablas estadísticas, a los políticos y al administrador del albergue."[50]

Experiencia de la locura, la enfermedad y el delito; proyecto de la nación en ciernes. Discursos que conjuran a los unos y diagraman lo segundo llegaron a enlazar sus categorías y a colonizarse mutuamente para configurar un solo universo bidimensional, donde se bifurcan las furias inmemoriales de la locura, el crimen, la violencia y el parasitismo, separándose de aquellos otros, diáfanos y productivos, donde sólo resta la escisión fructífera entre las muchedumbres laboriosas y las minorías productoras del saber y el ideal.

Rumbo a Europa, Ingenieros no sólo abandonaba su país. También iniciaba el difícil alejamiento de un mundo conceptual.

49 I. Taylor y otros, *La nueva criminología*, Buenos Aires, Amorrortu, 1977, p. 57.
50 K. Marx, *Manuscritos económico-filosóficos de 1844*, México, Ed. de Cultura Popular, 1976, p. 22.

3. EL SEGUNDO INTERMEDIO EUROPEO

Luego del mencionado conflicto con el poder ejecutivo —sobre cuyo significado volveremos—, y durante los casi tres años de su segunda permanencia en Europa, se percibe un doble movimiento discursivo básico, registrado en *El hombre mediocre* (1913), el texto fundamental de dicho período.

En general, podría decirse que *una* de esas líneas de desarrollo actúa como relativo punto de fisura del sistema anterior, pero no mediante la inclusión de nuevos conceptos, sino por el "crecimiento" de la noción de *ideal*. Este pasaje resulta paralelo a un progresivo abandono de los escritos criminológicos y psiquiátricos, remplazados por el tratamiento de temas filosóficos. "Desde 1911 —dirá años más tarde— he procurado entender la historia de la filosofía."[1]

El *segundo* hilo discursivo fundamental mantiene como invariante la caracterización del papel rector adjudicado a *las minorías*, y con ello bloquea nuevamente la emergencia de connotaciones democratistas en su sistema. Este último elemento adquiere un significado específico al articularse con las circunstancias políticas argentinas centradas en la reforma electoral de 1912.

En el primer aspecto señalado, ya en *Principios de psicología* (1910-1911) el rígido determinismo había experimentado una brecha mediante el papel anticipatorio adjudicado a la imaginación en cuanto función *creadora* y constructiva. "De esta *formación natural de la imaginación* depende la posibilidad de exceder los datos de la experiencia y anticiparse al conocimiento fundado directamente en ellos."[2] Este papel de la imaginación resquebraja —como es fácilmente comprensible— el esquema de una gnoseología empirista, y por esta fisura la concepción ingenieriana permitirá la penetración posterior de la metafísica y la relativización consiguiente de su "positivismo". El proyecto de una *filosofía científica* deviene así pensable, definida como el conjunto sistemático de aquellas hipótesis legítimas, concordantes con lo empírico pero que proyectan su esfera —a través de lo imaginario— *más allá* de la experiencia sensible. De esa manera se torna decible la palabra reprimida: "La filosofía científica se elevará a la categoría de una verdadera *metafísica* de la experiencia."[3]

[1] *Proposiciones relativas al porvenir de la filosofía*, en *Obras completas*, Buenos Aires, Mar Océano, 1961-1962, t. 7, p. 301.
[2] *Principios de psicología*, en oc, *op. cit.*, t. 3, p. 14.
[3] *Ibid.*, p. 28. Subrayados nuestros.

En otro registro de análisis, sin duda estas afirmaciones dan cuenta de la presión que por entonces ejercía sobre la filosofía argentina —como en el resto de América Latina— el espiritualismo bergsoniano. Ingenieros inclusive da cuenta explícita de esta presencia, pero condena el dualismo que conlleva y el connatural reforzamiento de "la reacción mística contra las ciencias". Este rechazo del idealismo bergsoniano merecería un desarrollo que aquí no podemos permitirnos. De todos modos, baste con señalar la incorrección de una interpretación que arroja al campo de lo "reaccionario" toda incorporación del bergsonismo en América Latina. Lejos de ello, la adhesión a algunos de sus postulados centrales contribuyó a potenciar una serie de discursos que utilizaron la inspiración voluntarista para oponerse al determinismo positivista que —como hemos señalado— también penetraba los mensajes del marxismo revisionista.

Sea como fuere, en el texto ingenieriano citado, la imaginación como función anticipadora y las hipótesis en cuanto desbordamiento de la experiencia puntual se proyectan inmediatamente sobre el terreno de *la moral*, y la articulación de estos conceptos define al *ideal*: "Un ideal es una hipótesis [...] La imaginación, fundándose en la experiencia, elabora creencias acerca de futuros perfeccionamientos [...]"[4]

EL HOMBRE MEDIOCRE: MORALISMO Y ELITISMO

El tema del ideal será precisamente uno de los pivotes teóricos de *El hombre mediocre*. Esquemáticamente, podríamos decir que este texto se estructura en torno de la siguiente secuencia teórica: la definición del ideal y su función social; la determinación del sujeto social portador del mismo; la contrapartida representada por la mediocridad, y los momentos históricos donde la misma impera, hasta desembocar en los efectos políticos que estas nociones implican.

Junto con la definición del ideal aparece un concepto que configura aquí su opuesto binario: la imitación, que organiza los hábitos colectivos pero que, sobre todo, registra una connotación valorativa utilizada como rasgo distintivo de la mediocridad: "La función capital del hombre mediocre es la paciencia imitativa; la del hombre superior es la imaginación creadora."[5] Anclado en costumbres cristalizadas y en domesticidades cotidianas, el hombre mediocre se caracteriza por su "incapacidad de ideales" y además porque "es por esencia imitativo y está perfectamente adaptado para vivir en rebaño, reflejando

[4] *Ibid.*, p. 176.
[5] *El hombre mediocre*, en oc, *op. cit.*, t. 7, p. 105. En el resto de este capítulo, y salvo indicación en contrario, las citas pertenecen a esta obra. (Véase la antología, pp. 273-291.)

las rutinas, prejuicios y dogmatismos reconocidamente útiles para la domesticidad".

Frente a él surge, nítido, el sujeto portador del ideal, como núcleo recurrente de toda la producción ingenieriana. Esos elegidos, "predispuestos a emanciparse de su rebaño [...] son los 'idealistas' ", y su esencia se constituye en el entrecruzamiento de cuatro variables: elitismo, juventud, moralidad y saber.

Elitismo, ya que, siendo "de pocos esa inquietud de perseguir ávidamente alguna quimera", el ideal "suele ser patrimonio de una selecta minoría". Al principio, dicho ideal se encarnaría en un genio —los arquetipos del texto son Sarmiento y Ameghino—, que en los inicios "sólo es comprendido por el pequeño núcleo de espíritus sensibles al ritmo de la nueva creencia".

Su edad es la de la *juventud,* y el avance hacia el ideal sólo puede esperarse de ella. Como contrapartida, "vejez y mediocridad suelen ser desdichas paralelas", aunque el juvenilismo ingenieriano no es meramente biológico sino espiritual: "Hay hombres que nunca han sido jóvenes; en sus corazones, prematuramente agostados, no encontraron calor las opiniones extremas ni aliento las exageraciones románticas."

Su patrimonio, por fin, es el *saber* y la conducta *moral* que desdeña toda materialidad. Son los mediocres, sintomáticamente, quienes "ignoran que el hombre vale por su saber [y] niegan que la cultura es la más honda fuente de la virtud". Así concebido, el miembro de la minoría destinado a liderar el progreso no es ya meramente el cientificista poseedor del saber, sino *además* de la virtud. "Toda moral futura es un producto de esfuerzos individuales, obra de caracteres excelentes que conciben y practican perfecciones inaccesibles al hombre común."

Todo lo anterior no significa que se postule el aniquilamiento de la mediocridad, táctica teórica que el *organicismo* social ingenieriano prohíbe. Sobre todo, porque la diferenciación es un fenómeno útil y, en última instancia, ineludible, ya que "no concebimos el perfeccionamiento social como un producto de la uniformidad de todos los individuos". La prueba reside en que la misma "naturaleza se opone a toda nivelación, viendo en la igualdad la muerte", y nuestra propia especie ha surgido de la selección de las variaciones más aptas de los individuos. El darwinismo social sigue haciendo su trabajo: si la función de las élites idealistas es garantizar la evolución social, "igualar todos los hombres sería negar el progreso de la especie humana. Negar la civilización misma." Por eso los igualitaristas son enemigos del progreso, que surge de la dialéctica entre el impulso de los idealistas y el lastre de los mediocres, y que a su vez actúa como seguro contrapeso conservador y dique contra los extremismos que pueden disgregar el cuerpo social. "Sin los mediocres no habría estabilidad en las sociedades; pero sin los superiores no puede concebirse el progreso [...]" Factor de equilibrio social, hay empero un momento en que los mediocres pueden tornarse peligrosos. Es cuando la mediocridad se vuelve sistema de vida y de gobierno, dando origen al imperio de la mediocracia.

Se conocen las circunstancias en que Ingenieros dio término a este escrito, luego de su enfrentamiento con Sáenz Peña, titular de la presidencia argentina. En 1913, desde Heidelberg, envió una nota al decano de Filosofía y Letras donde daba cuenta de su autoexilio a partir de "un acto que considero de inmoralidad gubernativa, e irrespetuoso para mi dignidad de universitario". En tales circunstancias —proseguía—, "el estudioso se aparta". "Donde el favor, la privanza y la venalidad se sobreponen al mérito, al trabajo y a la altivez, pueden florecer generaciones de domésticos, pero no se multiplican los hombres dignos [...] Esa crisis moral de la intelectualidad argentina sólo puede combatirse con ejemplos de dignidad y de renunciamiento." [6] Antes, inmediatamente después de su postergación en la terna académica, había dirigido una carta abierta al presidente argentino donde decía, entre otras cosas, que la grandeza argentina no se medía sólo por el número de cabezas de ganado, y le anunciaba que desde Europa haría la autopsia moral del culpable. [7] Y, efectivamente, el texto que consideramos está atravesado por referencias tácitas y explícitas a la figura del entonces presidente y al clima que, según Ingenieros, envolvía la gestión de su gobierno. "Épocas hay en que el equilibrio social se rompe en su favor [de la mediocridad] [...] Los ideales se agostan y la dignidad se ausenta [...] Los estados conviértense en mediocracias." Estaríamos frente a una de esas sociedades en decadencia, en las que "a los jóvenes originales se les cierra el acceso al gobierno hasta que hayan perdido su arista propia". Entonces, "la nación se aduerme dentro del país. El organismo vegeta; el espíritu se amodorra". En los climas que ellas fomentan, los intelectuales están de más, mientras los apetitos materiales y bastardos proliferan en el caldo propicio de "las burguesías sin ideales", embotadas por "la obsesión de acumular tesoros materiales", o el torpe afán de usufructuarlos en la holganza, ya que, por supuesto, el parasitismo connota a la mediocridad.

Se revitaliza entonces en el discurso de Ingenieros —con un signo que habrá que determinar— la lucha "rubendariana" entre el ideal

[6] Citado por A. Ponce, *José Ingenieros, su vida y su obra*, Buenos Aires, Axioma, 1977, p. 37. (Véase el texto completo de esta carta en la recopilación, pp. 271-272.)

[7] S. Bagú, *Vida ejemplar de José Ingenieros*, Buenos Aires, Claridad, 1936, p. 139.

y los burdos intereses materiales; entre la cultura y la barbarie; entre el
éxito del lucro y los intereses creados, por una parte, y la gloria solitaria del genio y la aristocracia del talento por la otra. "Frente a la
ciencia hecha oficio, la Verdad como un culto; frente a la honestidad
de la conveniencia, la Virtud desinteresada; frente al arte lucrativo de
los funcionarios, la Armonía inmarcesible de la línea, de la forma y
del color; frente a las complicidades de la política mediocrática, las
máximas expansiones del individuo dentro de cada sociedad."

Esta protesta devela un aspecto esencial: nuevamente Ingenieros
experimentaba la inorganicidad de su proyecto intelectual, la dificultad para ensamblarlo con el derrotero de la nación y, como contrapartida, esta desinserción desnudaba la figura recurrente del intelectual segregado de la totalidad por un momento político preciso. Desde
esta perspectiva, no resultan extraños sus retornos a las fuentes de aquel
modernismo de la década del 90, ni la reactivación del típico movimiento hegeliano del "alma bella": alejarse, apartarse, "simplemente
esperar la posible hora de hacer, apresurándola con la predicación o
con el ejemplo".

Porque más acá de la maraña de los intereses políticos creados que
lo marginaron de la cultura argentina oficial, puede aún ejercerse el
rescate de un reducto esencial e incontaminable: el del individuo.
El hombre superior, precisamente, "es original e imaginativo, desadaptándose del medio social en la medida de su propia variación. [Es un]
alma individual." Y "todo individualismo [...] es una revuelta contra
los dogmas y los valores falsos respetados en las mediocracias".

Con la fuerza de una invariante estructural —que ya hemos señalado en los dos momentos ideológicos anteriores—, a este individualismo se opone la categoría de la multitud entendida como descentra-
miento alienante de la pura subjetividad. Si en la década anterior un
elemento disfuncional al sistema social programado residía en la conjunción de la multitud con la miseria, ahora ese riesgo también se
ubica en el cruce de la multitud con la mediocridad. Cuando los mediocres "se arrebañan son peligrosos. La fuerza del número suple a la
febledad individual". La estructura amorfa de los caracteres mediocres
"los obliga a borrarse en una raza, en un pueblo, en un partido, en
una secta, en una bandería [...]"

Una lectura apresurada podría suponer, a esta altura, que estamos
solamente ante una mera reactivación de ciertas categorías del modernismo finisecular, tal como ya hemos señalado. Pero si bien es verdad
que el discurso muestra la irrupción de conceptos reprimidos durante
la etapa anterior y abren así un espacio a tendencias moralistas, lo
más importante sin embargo residiría en la articulación de estas nociones con la realidad política argentina en ambos momentos dispares.

Si en la primera etapa hemos podido afirmar que la actitud "anarco-modernista" se ubicaba dentro de coordenadas contestatarias hacia el régimen "burgués" definido por la generación oligárquica del 80, en el momento en que Ingenieros produce *El hombre mediocre* —ese texto de vastas resonancias sobre varias generaciones argentinas y latinoamericanas— en el país se había llevado a un extremo crucial la contradicción entre la dominación política y el desarrollo de la sociedad civil. Así, mientras en el terreno económico el proyecto oligárquico celebraba sus mejores triunfos, por diversos frentes irrumpían las amenazas alimentadas por el marginamiento político de las mayorías.

Hasta entonces, el liberalismo oligárquico había estructurado un sistema donde la sociedad civil posibilitaba un amplio margen de movilidad, pero en el cual se mantenía autoritariamente centralizado el control del aparato político. Se había asentado así ese modelo de "república restrictiva" cuyo "afuera" dibujábase con la exclusión de "los nuevos inmigrantes y de los viejos criollos".[8] La programación de una sociedad políticamente elitista y económicamente abierta generaba, en este nivel, la alienación entre habitante y ciudadano, es decir, la escisión del individuo económico respecto del sujeto político. La siguiente frase fue escrita casi contemporáneamente con *El hombre mediocre*: "El oficialismo tiene una teoría que rara vez confiesa pero que es su idea-fuerza, la teoría de la función tutelar del gobierno o de los gobernantes respecto del pueblo."[9]

Este esquema había funcionado no sin contradicciones pero sí con eficacia, desde el 80, y el roquismo había sido uno de sus momentos paradigmáticos, legalizando ese universo político de dos dimensiones: minorías dirigentes que imponen su dominación sobre masas políticamente pasivas y subalternizadas. Este modelo era el que venía soportando la oposición del radicalismo —abstencionismo electoral acompañado de alzamientos cívico-militares—, que reclutaba cada vez más su base social entre las crecientes clases medias. Oposición que se combinaba de hecho con un movimiento obrero liderado por los anarquistas y cuyos ataques —huelgas y atentados personales— llegarían a su punto culminante —e iniciarían su declinación— en el mismo año del Centenario en que Sáenz Peña asumía la presidencia de la república.

Los riesgos de esta situación eran percibidos ya desde fines del siglo XIX por parte de una fracción de la misma oligarquía, que tendría en el propio Sáenz Peña la cabeza más visible de un proyecto de

---

[8] N. R. Botana, *El orden conservador*, Buenos Aires, Sudamericana, 1977, p. 53.
[9] R. Rivarola, "Filosofía de la elección reciente", citado por D. Rock, *El radicalismo argentino, 1880-1930*, Buenos Aires, Amorrortu, 1977, p. 40.

reforma electoral tendiente a abrir controladamente una mayor participación política.

De todos modos —y tratando de hacer inteligible el significado político y teórico del movimiento de Ingenieros en su ruptura con el entonces presidente—, no podía ser la esencia del sistema de dominación política lo que aquél impugnaba. Por el contrario, hemos visto en el parágrafo anterior que, sobre la base de dicho esquema, Ingenieros llegó a alentar expectativas en una reforma "desde arriba" de las condiciones sociales hacia principios del siglo. Esas expectativas han sido ahora quebrantadas, y la activa presencia de Joaquín V. González dentro del sector saenzpeñista —cuyo proyecto de código laboral había reclutado la adhesión de Ingenieros durante el segundo período roquista— no hace más que confirmar el distanciamiento de Ingenieros respecto del ala "reformista" de la élite conservadora.

No siendo, entonces, el modelo de dominación política el impugnado, resultaría legítimo postular que el significado profundo de la ruptura debería buscarse en el cuestionamiento del *sistema de valores y creencias* tanto del propio equipo gobernante como del que mediaba sus relaciones con los sectores sociales cuya participación se proyectaba a través de la reforma electoral. Es sabido, por ejemplo, que el presidente Sáenz Peña mantenía claras filiaciones con el catolicismo activo, y uno de los biógrafos de Ingenieros se ha referido a las "oscuras fuerzas de sacristía" movilizadas para determinar el veto presidencial.[10]

Pero, más allá de especulaciones cuyos riesgos son conocidos —y a cuya decisión podrá contribuir eventualmente el conocimiento de su correspondencia cuando ésta se publique—, disponemos de las formulaciones de *El hombre mediocre* donde Ingenieros identificaba el ambiente político imperante en su país con "el clima de la mediocracia". Dicha caracterización viene comandada en ese texto por una denuncia del tradicionalismo desde el punto de vista de la individualidad: "las fuerzas conservadoras que componen el subsuelo social pretenden amalgamar a los individuos, decapitándolos; detestan las diferencias, aborrecen las excepciones, anatematizan al que se aparta en busca de su propia personalidad [...]" A esta represión del individuo contribuye en gran medida "la degeneración del sistema parlamentario", ya que si antes se suponía que la función de gobernar exigía cierto saber, ahora se cree que la mediocridad no es óbice para asumirla. Entonces la política se convierte en profesión, y "el gobierno va a manos de gentualla abocada al presupuesto [...] Nadie piensa, todos lucran; nadie sueña, donde todos tragan". Frente a esto, de nada sirve la

<hr>

[10] S. Bagú, *Vida ejemplar de José Ingenieros, op. cit.,* p. 133.

fuerza del voto, porque "las jornadas electorales conviértense en burdos enjuagues de mercenarios o en pugilatos de aventureros". De ahí que "ciertos hombres inservibles se adaptan maravillosamente a los *desiderata* del sufragio universal", y que "desde que se inventaron los *Derechos del hombre* todo imbécil los sabe de memoria para explotarlos, como si la igualdad ante la ley implicara una equivalencia de aptitudes". No escapan a este anatema, todo lo contrario, quienes adulan a las multitudes para cubrir sus designios demagógicos. "Para obtener el favor cuantitativo de las turbas puede mentírseles bajo alabanzas disfrazadas de ideal; más cobardes porque se dirigen a plebes que no saben descubrir el embuste."

Por momentos el poder, *todo poder,* parece resultar la antítesis del ideal. Ello explicaría que, más allá de los regímenes imperantes, "el idealista es inmolado en los imperios absolutos lo mismo que en las monarquías constitucionales y en las repúblicas burguesas". Inclusive, "la civilización parece concurrir a este lento y progresivo destierro del hombre extraordinario, ensanchando e iluminando las medianías." Referencias a Nietszche y a Stirner vienen a alimentar esta crítica aristocratizante. Sabemos, en este último sentido, que el contacto de Ingenieros con las obras de Nietzsche se verificó muy tempranamente. En 1919 reconocerá en sus entonces viejas *Crónicas de viaje,* y refiriéndose al nietzschismo, "algunos rastros de la única moda intelectual a que fui sensible en mi juventud [...]"[11] Y parece cierto que al menos tres aspectos de su pensamiento íntimamente ligados entre sí debieron ser recogidos por el intelectual argentino. Aun si se acepta con Eugen Fink que los elementos que Nietzsche adopta de Darwin "no debemos tomarlos en serio", no puede empero desconocerse que el nietzschismo fue interpretado en parte y durante mucho tiempo como la extensión de un biologismo vulgar al terreno filosófico. Sobre dichas bases, a toda una generación "fin de siècle" habría de impresionarle la crítica antiburguesa del pensador alemán y, conectado con ello, la afirmación de la jerarquización de un yo aristocrático por sobre la mediocridad imperante. Ciertos valores —decía Nietzsche en *La voluntad de poder* refiriéndose, entre otros, a la "comprensión" y a la "piedad"— "tienen desde luego un valor superficial, en tanto que debilitan y suavizan determinados instintos peligrosos y fuertes; pero al final no hacen más que disminuir el tipo humano, que *mediocrificarlo,* si se me permite esta palabra desesperada en una circunstancia desesperada".

En *El hombre mediocre,* si esta vertiente no desemboca en una abierta condena de la democracia es porque, en realidad, ella habría sido una ficción hasta el presente, dado que "las pretendidas demo-

cracias de todos los tiempos han sido confabulaciones de profesionales
para aprovecharse de las masas y excluir a los hombres eminentes. Han
sido siempre mediocracias". El error ha residido en postular que se
gobernaba sobre un pueblo soberano, cuando en verdad "las masas
de pobres e ignorantes no han tenido, hasta hoy, aptitud para gobernarse: cambiaron de pastores". Y es que la miseria y la ignorancia
también conspiran contra la auténtica soberanía. "La miseria es mor-
daza que traba la lengua y paraliza el corazón. Hay que escapar de
sus garras para elegirse el Ideal más alto [...]" Mucho antes Alberdi,
uno de los diagramadores del país futuro, refiriéndose al sufragio había
escrito que "elegir es discernir y deliberar. La ignorancia no discierne [...] La miseria no delibera, se vende. Alejar el sufragio de las
manos de la ignorancia y de la indigencia es asegurar la pureza y
acierto de su ejercicio".[12]

Una serie de factores se conjuntaban así para vaciar de ideales a
los individuos, condenando a las masas a permanecer en el estado de la
turba, sin alcanzar la dignidad de *pueblo*. "Depositarios del alma de
las naciones, los Pueblos son entidades espirituales, inconfundibles
con los partidos. No basta ser multitud para ser Pueblo." Lo que define
la emergencia del pueblo no es un dato cuantitativo sino la presencia
de un *ideal* en el seno de los países. "El pueblo —antítesis de todos
los partidos— no se cuenta por números. Está donde un solo hombre
no se complica con el abellacamiento común; frente a las huestes
domesticadas o fanáticas ese único hombre libre, él solo, es todo: Pueblo y Nación y Raza y Humanidad."

Nótese, de todos modos, que ante la incapacidad de la mediocracia
del número, tampoco se trata de legalizar la presencia de la aristocracia del dinero, del poder o de la sangre. "La cuna dorada no da
aptitudes; tampoco las da la urna electoral." Este ideal de la nación
—obsérvese la referencia demasiado directa para resultar casual—
no se logra "nunca por reformas legislativas, que es absurdo esperar de
los propios beneficiarios".

Estamos parcialmente alejados de aquel discurso de 1906 en que,
a su retorno de Europa, Ingenieros convocaba a la realización de un
proyecto de país que aceptaba globalmente los parámetros del 80. Lejos
de su escrito de 1901 en el que reconocía el "gran sentido de las realidades prácticas" de Julio A. Roca.[13] Pero este alejamiento de aquella
perspectiva coincide —de ahí lo contradictorio de su despliegue—
con el rechazo simultáneo de propuestas democratizadoras, en el mismo
momento en que el régimen oligárquico implementaba la reforma elec-

---

[12] Citado en N. Botana, *op. cit.*, p. 52.
[13] J. Ingenieros, "La evolución sociológica argentina", en *Sociología argentina*, oc, *op. cit.*, t. 6, p. 41.

toral. Entre ambos rechazos se inaugura el espacio de *la meritocracia*, que, por fin, "excluiría cualquier influencia numérica u oligárquica [...] El voto anónimo tendría tan exiguo valor como el blasón fortuito". Conviene citar *in extenso* el modelo de poder político producido por este "idealismo fundado en la experiencia": "Se opone a la democracia cuantitativa que busca la justicia en la igualdad: afirmando el privilegio en favor del mérito. Y a la aristocracia oligárquica, que asienta el privilegio en los intereses creados, se opone también: afirmando el mérito como base natural del privilegio. La aristocracia del mérito es el régimen ideal, frente a las dos mediocracias que ensombrecen la historia. Tiene su fórmula absoluta: 'la justicia es la desigualdad'."

Ingenieros construía así una utopía política que en el mismo gesto rechazaba el proyecto conservador y desconfiaba del ascenso político de sectores sociales más amplios. Así, desde diversos extremos, el conservadorismo mediocrático y las multitudes turbulentas confluían en un universo político vacío de ideales y sólo permitían al discurso ingenieriano una fuga hacia *el individualismo moralizador*. Dicho de otro modo: en la medida en que el esquema de control político oligárquico sólo es criticado cuando se entiende que su funcionalidad no se pliega solamente al arbitrio de las minorías ilustradas, sino que puede ser ocupado por mediocres minorías, esa crítica —que acepta el modelo pero rechaza su implementación— debía devenir la protesta individualista y moralizante de un intelectual "inorgánico".

Cuando apareció *El hombre mediocre*, la reforma electoral no sólo había sido aprobada legalmente un año antes, sino que producía sus primeras consecuencias sobre el reacomodamiento de las fuerzas políticas en pugna en la sociedad argentina. "Este país —confesaba Joaquín V. González— no ha votado nunca", y, tratando de paliar esta carencia para equilibrar la sociedad política con la civil, se pretendía inaugurar una participación controlada hacia sectores hasta entonces marginados de la vida política. La obligatoriedad y el secreto del sufragio aparecían como los instrumentos diseñados para tal finalidad.

El 7 de abril de 1912, las primeras elecciones legislativas con el nuevo sistema dieron el triunfo a los radicales en la Capital Federal, y el oficialismo se vio igualmente derrotado en Santa Fe. De ahí en más la fracción oligárquica partidaria del mantenimiento de la dominación por vía fundamentalmente coercitiva intentó bloquear la continuidad del proceso. En 1913, el viejo Julio A. Roca alertaba: "La anarquía no es planta que desaparezca en el espacio de medio siglo, ni de un siglo, en sociedades mal cimentadas como la nuestra. Vean ustedes lo que ocurre en México: allí ha resurgido con todos sus caracteres de violencia, en cuanto cayó el gobierno fuerte que la sofrenó

durante treinta años. Y aquí puede suceder lo mismo [...] Ya veremos
en qué se convierte el sufragio libre, cuando la violencia vuelva a
amagar."[14]
El proceso, empero, no seguiría los cauces violentos pronosticados
por Roca, sino los de la participación electoral que en 1916 llevaría
a Hipólito Yrigoyen a la presidencia de la república. Dos años atrás
Sáenz Peña, poco antes de morir, había cedido el cargo a Victorino
de la Plaza, con lo cual Ingenieros podía cumplir la promesa de retornar al país sólo cuando quien lo había postergado en la terna académica ya no fuese primer magistrado del país. "Cuando se produjo una
acefalía del gobierno, que yo esperaba para volver al país, me decidí
de prisa [...]"[15]
    Llegó a Buenos Aires el 22 de julio de 1914, y sobre él descendió
el pesado silencio de la prensa oficial.

LÍMITES DEL SABER Y PODER DEL IDEAL

Respecto de este período de la producción de Ingenieros, se ha dicho
que "su segundo viaje al continente señala un vuelco en su alma".[16]
Incluso, ciertos testimonios personales parecen abonar este criterio:
"Estoy —le escribía a su amigo Monteavaro— en el camino de Da-
masco. Atravieso por una crisis de idealismo romántico cuyo desenlace para mi personalidad intelectual no sé prever."[17]
    El análisis del principal de los textos de la época verificaría estas
apreciaciones en cuanto a la enfatización de una preocupación moralista, motorizada posiblemente en el terreno extradiscursivo por el distanciamiento y ruptura con el poder político imperante. Para comprender esta apertura relativa es preciso retomar brevemente el espacio
ideológico que, en este aspecto, dotaba de significación al anterior proyecto ingenieriano. Vimos así que dicha problemática se había reen-
contrado con algunas conceptualizaciones básicas del proyecto del 80.
Sobre estos supuestos, la minoría poseedora del saber —conectada
mediatizadamente con el poder— podía planificar las reformas sociales integradoras, con el socialismo como horizonte. De este modo se
configuraba una coordenada teórica elitista que, al enfrentar el ordenamiento social con la democratización política, incorporaba un vasto

[14] N. Botana, op. cit., pp. 337-338.
[15] J. Ingenieros, "La personalidad intelectual de José María Ramos Mejía",
en oc, op. cit., t. 6, p. 449.
[16] S. Bagú, Vida de José Ingenieros, Buenos Aires, Eudeba, 1963, p. 61.
[17] Citado por A. Ponce, José Ingenieros, su vida y su obra, op. cit., p. 36.

sector de los discursos ingenierianos al universo conceptual del liberalismo argentino.[18] Pero hacia 1910 dos de las premisas sobre las que reposaba este proyecto —reforma social "desde arriba" y participación en ella de las minorías ilustradas progresistas— revelaban cierta precariedad. Sin ir más lejos, en el clima agitado del Centenario, junto con la implementación una vez más del estado de sitio, bandas armadas de derecha habían desatado acciones terroristas en la ciudad de Buenos Aires, como respuesta a los hechos políticos promovidos básicamente por los anarquistas. Imprentas de esta tendencia y socialista, así como locales sindicales, fueron incendiados y saqueados, sin que faltara un brote antisemita. Como consecuencia de la acción represiva, "por más de dos años las direcciones sindicales quedaron desmanteladas".[19]

En el otro terreno, la estructura universitaria misma seguía revelando un marcado limitacionismo para las aspiraciones de las capas medias. Ya en 1904, un representante de puntos de vista oficialistas defendía explícitamente la necesidad de levantar barreras ante "la invasión de alumnos" agravada por la inmigración.[20] Pero, además, en su seno se desarrollaba una lucha que enfrentaba a los grupos católicos con quienes, como Ingenieros, hacían de su anticlericalismo un elemento ideológico fundamental, debilitando con ello la posible influencia de estos últimos sectores sobre las decisiones gubernamentales.

La conferencia que poco antes de regresar a su país pronunció Ingenieros en Barcelona resulta útil para marcar las contradicciones que entonces percibía y para arrojar una última luz sobre el significado de *El hombre mediocre*. En aquélla, si bien se mantienen expresamente invariantes el naturalismo biologista y evolucionista, así como la adhesión al positivismo criminológico, también irrumpen una serie de nociones *eticistas* que se engarzan rápidamente con consideraciones sobre la relación de los intelectuales con el poder político. Así, "el esfuerzo de los innovadores encaminado durante siglos a constituir una filosofía de la experiencia sobre la base de la cultura científica se vio siempre resistido por intereses creados al amparo del Estado [. . .]", apoyado sin duda por "ciertos dogmas de la filosofía medieval, que está en pugna constante con los resultados más generales de las ciencias". Por el contrario, la verdad reafirma su incontaminación frente a las componendas entre los intereses teológicos y políticos: las ciencias "son cultivadas 'independientemente' de las aplicaciones

[18] Véase Ernesto Laclau (h.), "Hacia una teoría del populismo", en *Política e ideología en la teoría marxista*, Madrid, Siglo XXI, 1978, *passim*.
[19] R. Puiggrós, *El yrigoyenismo*, Buenos Aires, J. Álvarez, 1965, p. 201.
[20] T. Halperin Donghi, *Historia de la Universidad de Buenos Aires*, Buenos Aires, Eudeba, 1961, p. 118.

políticas que pueden tener sus resultados; la verdad no tiene partido [...]" Por ese motivo la universidad, como centro productor de saberes, no debe someterse "a los políticos profesionales".
La garantía de esa independencia del saber frente al poder revela, más que nunca, *las insuficiencias del cientificismo*. La ilustración de las minorías ya no basta para cimentar el progreso, puesto que, *sin* la fuerza del *ideal* —tema recurrente de *El hombre mediocre*—, "el más ingenioso de los hombres sería detestable cuando pusiera su ingenio al servicio de causas injustas o inmorales". Por todo ello, "en la lucha del progreso contra la rutina, *todo* estriba en el desenvolvimiento de las fuerzas *morales* de la sociedad [...]"[21]
Consiguientemente, en la producción del período 1911-1914 es preciso dar cuenta del doble movimiento discursivo conformado tanto por el elitismo cuanto por el moralismo que la definen. Y si en el primer aspecto el sistema bloqueaba variantes democratizadoras, con lo cual el despliegue de sus proposiciones permanecía adherido al universo de discurso que se pretendía impugnar, el *eticismo* que impregna progresivamente los textos ingenierianos será reconocido como un factor *movilizador* por amplios sectores de las capas intelectuales en toda América Latina. Desde extremos opuestos del continente, los ejemplos no escasean: "El impacto [de *El hombre mediocre*] en nuestros medios [se refiere a Cuba] fue inmediato, y sobre él se cimentó la gran popularidad que acompañó su nombre durante décadas en la etapa prerrevolucionaria; la obra se convirtió en lectura obligada de los jóvenes; sólo podía compararse con *Ariel* de José Enrique Rodó como índice de preferencia mantenido en el período."[22] "Habíamos aprendido a deletrear —escribirá Aníbal Ponce en la Argentina—, declamándonos los unos a los otros, desde los bancos del colegio, los primeros sermones laicos de Ingenieros, y el fervor idealista en que nos inflamara encontraba, por fin, la realidad propicia."
Estos mensajes de Ingenieros —variante "cientificista" del *voluntarismo* espiritualista de otros pensadores contemporáneos— se articularían así con la tendencia "espontánea" de la pequeña burguesía al moralismo y se encarnarían con mayor vigor donde el proceso de ascenso social y político estaba fuertemente bloqueado por las clases dominantes.[23] Limitación del moralismo, entonces, como movimiento

---

[21] J. Ingenieros, "Las ciencias nuevas y las leyes viejas", conferencia pronunciada en el Colegio de Médicos, Barcelona, junio de 1914. Tomado de *La universidad del porvenir*, en OC, *op. cit.*, t. 6, pp. 395 y ss. Subrayados nuestros.
[22] Ana Cairo, "José Ingenieros y la generación del 30", en *Bohemia*, La Habana, 29 de abril de 1977, p. 88.
[23] La noción de "moralismo" que utilizamos debe entenderse en un sentido análogo al que le adjudicaba Marx al criticar a los jóvenes hegelianos:

clásico de búsqueda de reconocimiento e inserción en una estructura
económica cuya materialidad básica no se cuestiona; *pero también
gesto contestatario,* en la medida en que atacaba a través del "ideal"
bastiones culturales y políticos de las oligarquías gobernantes, el eticismo ingenieriano vivirá un momento privilegiado en el desarrollo de la
Reforma Universitaria.

El elitismo, en cambio —y como dijimos—, seguía aplastando estos
discursos sobre el mismo suelo teórico de las formulaciones del liberalismo argentino. La tesis complementaria de esta afirmación —cuyo
tratamiento ingresa en el siguiente parágrafo— sostendrá que las premisas para una nueva variación teórica sólo emergerán *de hecho*
cuando otra de las constantes del sistema ingenieriano —*el europeísmo*— comience a ser relativizada. Completando esta figura, en el cierre
de la subetapa que hemos considerado, comprimido entre una minoría oligárquica y un movimiento popular igualmente condenados como
mediocráticos, la ruptura de Ingenieros con el primero y su desinserción del segundo realimentarían la autoidentidad del intelectual independiente. Movimiento contradictorio, sin duda, porque si bien lo
aislaba entonces de todo proyecto orgánico, iba a constituir un espacio
sobre el cual fundar sus despliegues teóricos posteriores.

como entre éstos "las ideas, los pensamientos, los conceptos y, en general, los
productos de la conciencia [...] eran considerados como las verdaderas atadu-
ras del hombre [...], formulan consecuentemente el postulado *moral* de que
deben trocar su conciencia actual por la conciencia humana, crítica o egoísta,
derribando con ello sus barreras." (K. Marx y F. Engels, *La ideología alemana*,
México, Ed. Cultura Popular, 1974, p. 18. Subrayamos nosotros.)

4. 1914-1917: EUROPEÍSMO Y PROBLEMÁTICA NACIONAL

En el terreno económico, el año 1914 está caracterizado en la Argentina por una crisis que, iniciada con la guerra de los Balcanes, se profundizaría hasta 1917 como consecuencia de la primera guerra mundial. En este plano, "la época de la guerra y la posguerra se dividió en dos etapas principales: la primera, que se extiende de 1913 a 1917, fue un período de depresión; la segunda, entre 1918 y el comienzo de la depresión de posguerra en 1921, un período de auge, originado fundamentalmente en la creciente demanda externa de exportaciones argentinas."[1] Este último elemento recuerda el hecho de que la guerra actúa sobre una economía básicamente agroexportadora, que había conducido al país de los 150 millones de pesos de exportaciones en 1900 a los 500 millones en 1913, convirtiéndolo en uno de los primeros proveedores mundiales de productos agropecuarios. Para ello, el número de hectáreas cultivadas se había elevado de 2 400 000 en 1888 a 14 300 000 en ese año de 1914. Junto con ese crecimiento económico notable, se había consolidado igualmente una fuerte dependencia del mercado exterior, que a título meramente ejemplificativo surge de la siguiente comparación: mientras la Argentina exportaba un 75% de su producción, para el mismo período los Estados Unidos de América sólo ubicaban poco más del 5% de la misma en el extranjero.

Además, si se tiene presente que Europa absorbía la mayor proporción de las exportaciones argentinas, se entenderá que el conflicto bélico iniciado en 1914 haya afectado coyunturalmente al conjunto de la economía nacional: caída de las exportaciones y consiguiente disminución de importaciones, corte del flujo migratorio y de inversiones extranjeras, receso industrial. Así, de 116 000 desocupados en 1912, se pasó a 445 000 en 1917. Este último efecto se produjo en momentos en que la corriente "sindicalista" disputaba con creciente éxito la hegemonía sobre el movimiento obrero al anarquismo, preponderancia que implicaba una modificación cierta de las relaciones de los trabajadores organizados con el Estado y que, como tal, engarzaba con el ascenso del radicalismo al gobierno.

---

[1] D. Rock, *El radicalismo argentino*, Buenos Aires, Amorrortu, 1977, p. 119.

"EL SUICIDIO DE LOS BÁRBAROS"

Sobre este complejo horizonte político y económico, existen además razones discursivas para recortar el período 1914-1917 como una sub-etapa dentro de la lenta y amplia curva de variación ideológica descrita por Ingenieros entre 1911 y 1925. Aquéllas se centran en la relación de sus textos con un objeto teórico fundamental en la estructuración de su sistema general —el europeísmo— y, por otro lado, en el privilegiamiento acordado a una problemática nacional.

Apoyado sobre un trasfondo filosófico donde la invariancia de las categorías cientificistas y biológico-evolutivas es sólo relativizada por el progresivo relevamiento del "solidarismo", en general los escritos de esa época pueden agruparse básicamente alrededor de esos dos aspectos: consideraciones sobre el europeísmo ("El suicidio de los bárbaros"), cuyo contradictorio y sui géneris debilitamiento permite la reafirmación de una temática nacional ("La formación de una raza argentina", "Para una filosofía argentina"). Este último punto se despliega a su vez en una serie de áreas, tales como un profundo buceo en la historia política y cultural argentina ("El contenido filosófico de la cultura argentina", "Los sansimonianos argentinos", "Dos filosofías políticas", escritos sobre Alberdi y Echeverría, así como la revitalización del eticismo (Hacia una moral sin dogmas) y del papel adjudicado a la enseñanza superior (La filosofía científica en la organización de las universidades) como momentos fundantes de un replanteo del proyecto nacional. A este respecto, debe considerarse que dicho programa se encarna en una amplia y perdurable tarea de "organización de la cultura", cuyas máximas expresiones durante esos años serán la aparición de la Revista de Filosofía y la fundación de la editorial La Cultura Argentina.

La importancia de "El suicidio de los bárbaros" (1914) reside en que en este breve texto la relativización del europeísmo alcanza uno de los momentos más elevados de toda la producción de Ingenieros. Escrito pocas semanas después de la declaración de la guerra europea, se inicia con una proposición altamente significativa: "La civilización feudal —dice—, imperante en las naciones bárbaras de Europa, ha resuelto suicidarse, arrojándose en el abismo de la guerra."[2] Nótese en esta proposición la acumulación de tres nociones básicas del "archivo" ideológico ingenieriano para caracterizar un estado de cosas negativo: feudalismo, barbarie, belicismo. La novedad absoluta reside en que ahora son utilizados para calificar un objeto teórico que hasta

[2] J. Ingenieros, "El suicidio de los bárbaros", incluido en Los tiempos nuevos, Obras completas, Buenos Aires, Mar Océano, 1961-1962, t. 6, p. 455. El subrayado es nuestro. (Incluido en la siguiente recopilación, pp. 406-408.)

entonces habíase ubicado en las antípodas de los mismos: *"Europa."*
Ninguna salvedad explícita permite interpretar, además, que se excep-
tuase de esta crisis a Inglaterra o, sobre todo, a Francia, que, junto
con verse activamente involucradas en el conflicto, constituían históricamente los parámetros ejemplares del europeísmo de gran parte de
la intelectualidad argentina. Por consiguiente, en el juicio de Ingenieros asoma una quiebra —luego reabsorbida— de este modelo histórico-cultural, hasta el punto de llegar a afirmar el agotamiento del
impulso idealista europeo: "Tuvo sus ideales; se cumplieron."

Pero si el concepto de "barbarie" connota ahora en parte a la cultura europea, obsérvese igualmente que la caracterización de la misma
como "feudal" impide que —según el modelo de los textos juveniles—
la crisis bélica del 14 sea definida como producto de la "barbarie
capitalista".

Sólo cuando estos objetos teóricos vuelvan a acercarse, los discursos
de Ingenieros podrán *tender* a ubicarse en otro universo conceptual,
pero para eso será menester no sólo una crisis negativa del modelo
europeo, sino la *nueva alternativa* visualizada en la revolución rusa
de 1917. Precisamente, una de las vías de análisis del pensamiento
ingenieriano del período consistiría en describir el modo como se va
articulando y alterando el *triángulo* conceptual limitado en sus vértices
por la valoración del *capitalismo,* la adhesión al *europeísmo* y su justificación del *elitismo.* Podría entonces concluirse que en ningún momento sus proposiciones teóricas rompen *simultáneamente* con estas
tres categorías básicas, con lo cual todas las modificaciones de sus
textos permanecen adheridas a ciertas invariantes que retienen cautivo su sistema, así sea en parte, de un universo de discurso que no
alcanza a quebrar algunos moldes clásicos del pensamiento liberal
argentino. En el escrito que comentamos es como si, imposibilitado
este sistema conceptual para concebir la Barbarie *dentro* de la moderna
cultura *capitalista,* sólo le resultara formulable aquel juicio con la condición de incluir dicha crisis europea dentro de la categoría del feudalismo, que no mienta sólo una noción económica sino un concepto
que impugna a una cultura global, y que incluye entre sus componentes la negación del saber y del protagonismo de las minorías intelectuales. En definitiva, en ella han triunfado los violentos, opuestos
a "la minoría pensante e innovadora", a los filósofos, a los sabios y a
los trabajadores. En síntesis, "las fuerzas malsanas oprimieron a las
fuerzas morales".

Sobre las ruinas de esta crisis, Ingenieros saluda un futuro regido
por nuevas reglas morales que superará a "la carroña del imperialismo". Distancia de dos viajes, que es al mismo tiempo la cancelación

de aquel círculo abierto en las *Crónicas* de 1906, donde se saludaba el carácter inexorable, progresivo y *pacífico* del imperialismo. La crisis de "la vieja Europa" ingresa así en el texto como una *posibilidad* de ruptura con el europeísmo, que había constituido un núcleo importante de su producción anterior. Acontecimiento histórico sin duda relevante, y que lo llevará a afirmar más tarde que "el mundo ha entrado a una era de renovación más importante que el Cristianismo, el Renacimiento y la Revolución Francesa".[3] Pero este movimiento teórico o bien permanece en la abstracción, o bien —mediante una peculiar táctica teórica— resultará absorbido por antiguas categorías, ya que el futuro alternativo ideado concretamente se aleja *geográficamente* de Europa, pero mantiene intocados sus valores de *paradigma ético-cultural*. El curso de este desarrollo es el siguiente: América, sociedad nueva y abierta, liberada del lastre medieval europeo, está mejor preparada como suelo propicio de nuevos ideales que sustituyan a los que caducan en los campos de batalla europeos. Mejor dicho, *ciertas* regiones de América: aquéllas aptas para que en su "medio" se asiente una *raza* de características europeas. Quedan así excluidos *ipso facto* los territorios "desde el norte argentino hasta el norte mejicano" por revelarse poco habitables para la raza blanca, constituyendo aparentemente una región "esquiva al progreso y poco europeizable".[4] Por el contrario, contamos ya con una encarnación real y con otra potencial del espíritu europeo: "la civilización que ya nos asombra en la región templada del Norte y la que se inicia en la región templada del Sur". Circunstancia validada por el hecho de que en los últimos veinte o treinta siglos la raza blanca ha mostrado su "superioridad para la organización social del trabajo y de la cultura",[5] es decir, para instalar los cimientos mismos de la civilización. Al llegar a América, las razas blancas debieron luchar por desplazar a las autóctonas, y en el caso de la colonización de Norteamérica resultó ventajoso que la misma se realizara por mero desplazamiento, o sea, sin mestización. Análogamente, la "raza argentina" aparece como "una variedad nueva de las razas europeas inmigradas a un territorio propicio para su aclimatación".

3 *La universidad del porvenir*, en OC, *op. cit.*, t. 6, p. 289. Este trabajo es la primitiva ponencia presentada en el II Congreso Panamericano con el título de "La filosofía científica en la organización de las universidades". (Véase una parte del mismo en la antología, pp. 338-354.)

4 *Las doctrinas sociológicas de Alberdi*, escrito hacia 1916 y tomado de OC, *op. cit.*, p. 197. Reténgase que el límite de la exclusión *abarca*, hasta este período, *a México*.

5 "La formación de una raza argentina", leído en el Instituto Popular de Conferencias el 2 de septiembre de 1915. Tomado de *Sociología argentina*, en OC, t. 6, p. 248.

Despliegue, entonces, de una doble estrategia ante la crisis europea: desplazamiento del modelo de civilización hacia *los Estados Unidos* y, por otra parte, proyecto de realización del mismo en su propio país. Por lo primero, Ingenieros reiteraba un movimiento clásico descrito por el liberalismo argentino en la figura dominante de Sarmiento, quien "señaló una ruta a los que viven recelosos de la grandeza yankee, prefiriendo odiarla a imitarla: constituir con todas las pobres y disímiles naciones de Sud América una grande y fuerte nación moderna, sobre el tipo de la del Norte, su constante modelo".[6] Cuando Sarmiento lanzaba la consigna de "ser como los Estados Unidos", además, "expresaba que esa nacionalidad era 'un gajo del árbol europeo retoñando en el suelo de América' ".

Como contrapartida de este movimiento contradictorio, surge la necesidad de generar una alternativa nacional: "La hora se acerca en que podamos poner un sello propio, nacional, a esta civilización que se va formando" (*ibid.*). Este modelo de desarrollo nacional va a resultar fuertemente comprometido por la cancelación de la ruptura con el europeísmo —ruptura que queda "congelada" en "El suicidio de los bárbaros"—, dado que luego de este texto excepcional retornan los conceptos que identifican a la civilización con la cultura europea. "Ésa es la palabra, europeizable, que en el caso equivale a civilizable, como europeización significa civilización".[7] Más aún: una política antieuropea es propia de mentalidades bárbaras y feudales. La actitud de todos los dictadores y restauradores sudamericanos "ha sido siempre antieuropea e indigenista, exaltando en las masas autóctonas la creencia de que ellos eran lo esencial de la nacionalidad; al titularse 'protectores de las razas indígenas', hasta ayer (Piérola, en el Perú), hasta hoy (Villa, en Méjico), han conspirado contra la civilización de sus patrias, abiertamente" (*ibid.*).

En la historia cultural española Ingenieros encuentra igualmente de modo extremo esta lucha entre los principios europeístas progresivos y el aislacionismo antieuropeo y feudal. "Todo esfuerzo por salir de la escolástica católica implica un anhelo de adaptación a la cultura científica y filosófica europea."[8] Por cierto, no se trata de copiar o de traducir servilmente esta experiencia, sino de apropiársela para luego expresarla fundida "en lo nuestro y a nuestro modo". Nutrirse de Europa implica, empero, tener los ojos abiertos a la influencia

---

[6] *Las ideas sociológicas de Sarmiento*, oc, t. 6, p. 242. (Véase en la recopilación, pp. 292-337.)

[7] *Las doctrinas sociológicas de Alberdi, ibid.*, p. 197.

[8] *La cultura filosófica en España, ibid.*, t. 8, p. 77. Escrito sobre la base de clases dictadas en la Facultad de Filosofía y Letras de Buenos Aires durante el año 1916.

extranjera. Por el contrario, "la psicología restauradora [...] fomenta la xenofobia en las masas incultas contra las ideas de progreso de las clases ilustradas, que son necesariamente xenófilas en los países de civilización inferior".[9] La España de "la leyenda negra" ingresa así en el registro de Ingenieros como antítesis del principio civilizador "europeo". "Los brazos de España no nos oprimen —había escrito Echeverría en frase que Ingenieros comenta—; pero sus tradiciones nos abruman."[10] Entre la segunda escolástica importada por España a América y la mentalidad colonial existe igualmente una perfecta correspondencia, que converge en tres rasgos constantes: absolutismo político, absolutismo económico, absolutismo religioso.

LA NACIÓN Y LA ORGANIZACIÓN DE LA CULTURA

La profunda quiebra cultural abierta por la guerra europea parece tener todo que ver con el abordaje, por parte de Ingenieros, de una *temática nacional*. En este terreno, su práctica se dirige a dotar al país de un par de órganos culturales donde se expresen las nuevas preocupaciones. En el mismo año de 1915, encara dos empresas que definen su actividad como un vital organizador de la cultura argentina. En enero aparece la *Revista de Filosofía*, que contará con su dirección —bastante más tarde compartida con Aníbal Ponce— hasta su muerte, y en mayo ve la luz el primero de una larga serie de libros editados por La Cultura Argentina, de cuya constitución nos ha dejado un pormenorizado relato.[11] A través de ambas líneas editoriales, durante años fue sentando una dirección teórica y bibliográfica de amplias repercusiones no sólo en su país, sino en otras latitudes latinoamericanas.

Además, dentro de su producción de entonces hay tres textos de ese mismo año que delimitan la búsqueda de una temática nacional: "La formación de una raza argentina", "Para una filosofía argentina" y "El contenido filosófico de la cultura argentina", que ya se inscriben en la indagación del subsuelo histórico del país, en una tarea que culminará hacia 1918 con *La evolución de las ideas argentinas*.

El replanteo de la problemática nacional se centra en la definición de la noción de "argentinidad", deslindando los dos elementos básicos: la herencia histórico-cultural europea que el país debe res-

---

[9] *La evolución de las ideas argentinas*, oc, *op. cit.*, t. 5, p. 64.
[10] "Los sansimonianos argentinos", en *La evolución...*, *op. cit.*, t. 5, pp. 235 y 249.
[11] Véase "Historia de una biblioteca", oc, *op. cit.*, t. 6, pp. 290-293.

catar, y el aporte original que puede arrojar sobre el curso de la historia universal. Para empezar, una nación es definida como una conjunción de funciones vegetativas (trabajo) y mentales (cultura) —obsérvese el esquema organicista—, cuyos habitantes, *empero*, están unidos por lazos de *solidaridad* generados por la organización del trabajo social, y donde la conciencia moral se desenvuelve proporcionalmente al desarrollo de la cultura colectiva. "Por eso concebimos la argentinidad —agrega en "Para una filosofía argentina"— como el sentido nuevo que la raza naciente en esta parte del mundo podrá imprimir a la experiencia y a los ideales humanos." Ahora bien: esta nación tiene una *historia*, en cuya constitución hay' que buscar las fuentes de los fenómenos actuales, y a partir de esta convicción elemental Ingenieros se lanza a una reconstrucción del pasado argentino que, más acá de sus coordenadas ideológicas y de la masiva utilización de fuentes secundarias, alcanza una seriedad y hasta cierta superación de los esquematismos anteriores que en algunos aspectos sigue confiriéndole una marcada actualidad.

Esta visión historiográfica se ubica dentro de los cánones del liberalismo argentino, recuperando una serie de categorías sarmientinas y alberdianas, en un intento por sintetizar ambos proyectos independientemente de los choques polémicos protagonizados por ambos clásicos del pensamiento político argentino.

Desde los orígenes, dos modelos de conquista inauguran dos tipos de civilización: la española —ávida de oro, despreciadora de las libertades política y religiosa, y que se mestiza con las razas indígenas— constituye el símbolo del atraso feudal en lo económico y de la reacción cultural encarnada en su religión, y se opone a la Inglaterra ilustrada del progreso. Así fue como en el Norte —prosigue Ingenieros— se instalaron europeos puros, puritanos, trabajadores y colonos ejercitados en la práctica de la democracia.

En la América del Sur templada se formó una raza mestizada *pero que* fue sustituyendo el componente indígena y acentuando el predominio de la raza blanca, sin poder dejar de recrear en el seno de la propia nación argentina un dualismo de inmediatas referencias sarmientinas: "una exigua variedad blanca, urbana y europea" que promueve la independencia política e inicia la formación social de la nacionalidad, y otra "mestizada, numerosa, dispersa en la campaña (mestizos) y en los suburbios (mulatos)".[12] Se trata de "dos civilizaciones distintas: la rioplatense o 'euro-argentina' y la hispano-indígena o 'gaucha' ". Fue la primera, con su adhesión a la cultura europea de fisiócratas y enciclopedistas, y con una práctica de cultura, trabajo

12 "La formación de una raza argentina", *op. cit.*, p. 257.

y democracia, la que estructuró la nacionalidad argentina: "ella la pensó hasta 1827, y la ejecutó después de 1852". La segunda, por el contrario, representa "la sociedad 'gaucha' con espíritu 'colonial' e hispano-americano [. . .] al servicio de la restauración hispano-colonial". Esta impronta *racial* es tan fuerte que a las razas mestizadas, por fin, "el título de civilizadas sólo puede discernírseles en la justa medida en que a la mestización inicial ha sucedido el predominio de la sangre aria".[13]

Rosas, inevitablemente, debía tornarse ante esta mirada historiográfica en el ejemplar más representativo del neohispanismo colonial y del americanismo antieuropeo. Con él, "en vez de la nación europea y democrática que querían los argentinos al fundar la nacionalidad, se organizó una federación feudal de caudillos de las masas mestizas". En él se concentraron los atributos clericales, oscurantistas, coloniales, hispanizantes, xenófobos, antieuropeos; en una palabra, "la extinción de las fuerzas morales". Carencia esta última que revela hasta qué punto el eticismo se ha tornado una de las vías analíticas de la historiografía de Ingenieros, desplazando así relativamente el economicismo de escritos anteriores. Afirmaciones análogamente moralistas pueden encontrarse en su valoración de la presencia de España en América: "Lo que faltó en la conquista española fue moralidad, aunque abundaron frailes y sobraron catecismos." Eran los dos principios que animan la historia argentina y universal en acción. Restauración *versus* Revolución. Esta última, idéntica a la civilización, está además íntimamente ligada, nuevamente, con el europeísmo. Desde Moreno hasta Ameghino —dice— este proyecto subtiende el ala progresista de la historia argentina: todos pidieron a Europa maestros, capitales y brazos.

Por eso, el hecho más trascendental de los países que ocupan la zona templada de América ha sido la segunda inmigración europea, que consumó la sustitución de las razas mestizadas por las blancas. Ya para el Centenario, la Argentina contemplaba cómo "a los gauchos se sustituyeron los colonos; a las carretas, los ferrocarriles; a los comandantes de campaña, los maestros de escuela; una población alfabeta, laboriosa y democrática fue creciendo en reemplazo de la analfabeta, anarquista y feudal". Para concluir, celebra que el censo de 1914 señale un incremento ya abrumador de la raza blanca, que los indígenas apenas hayan dejado restos exiguos y que "en Buenos Aires un negro argentino constituya un objeto de curiosidad". Todo esto hasta tal punto que, "asistiendo a un desfile de tropas, creemos mirar un ejército europeo".[14]

[13] *La evolución...*, *op. cit.*, t. 4, "La mentalidad colonial", p. 19.
[14] "La formación de una raza argentina", *op. cit.*, p. 263.

Toda una geografía racial que se extiende a la política: "Los partidos democráticos, de izquierda, tienen su mayor influencia en las zonas europeizadas del país, que lindan con Europa por el camino de los mares; en cambio, los partidos oligárquicos, de derecha, tienen su base en las zonas menos europeizadas, que lindan con la América tropical por el camino de las montañas." Una profunda tradición cultural argentina seguía instalando, mediante categorías biologistas, sus vecindades más en París que en Santiago de Chile o Lima. "Ésa era la tesis de Alberdi; somos europeos adaptados a vivir en América y no indígenas amenazados por el contacto europeo."[15] Y este pensamiento alberdiano habría sido seguido por Urquiza y Mitre, Avellaneda y Roca, que crearon una nacionalidad argentina en la zona templada de Sudamérica según los principios de las *Bases* de Alberdi. Fueron estas ideas, precisamente, las que —dice citando a J. A. García— "inspiraron a uno de los más ilustres presidentes argentinos, el general Roca".

Trasladada al terreno historiográfico, esta adhesión europeísta se expresará en una concepción paralelista entre los grandes acontecimientos europeos, especialmente franceses, y las diversas fases de la revolución americana y argentina. Este homomorfismo de raíz echeverriana aparecerá a todo lo largo de *La evolución de las ideas argentinas* y se habría puesto de manifiesto desde el inicio mismo de los sucesos independentistas de 1810, equivalente paralelo de la revolución francesa del 89. Luego de lo cual, en el interior de aquélla se manifestaría la escisión entre jacobinos y conservadores —representados por José M. Moreno y el deán Funes, respectivamente— que "reflejaba los dos regímenes que la Revolución Francesa acababa de mostrar en dramática lucha, y que, en pequeño, renovarían su conflicto en el territorio nacional".[16]

Este reflejo especular empequeñecido y tardío sería más notorio aún en relación con las corrientes culturales. En este aspecto, "todo lo que ocurría en Europa se reflejaba aquí, diminutamente, con retrasada fidelidad".[17] El europeísmo que produce esta lectura de la historia argentina hallará incluso una correspondencia notable entre hechos y figuras históricas de ambas realidades. Rosas es "nuestro Fernando VII", y el ciclo revolucionario se expresa a veces con escaso retraso: "en Europa el 48, en la Argentina el 52". No otra cosa sucedió con la escuela saintsimoniana en tierras del Plata, para lo cual "Francia dio otra bandera filosófica a la nueva generación argentina, como antes

---

[15] *Las doctrinas sociológicas de Alberdi, op. cit.,* p. 194.
[16] *La evolución...,* "Dos filosofías políticas", *op. cit.,* t. 4, p. 95. (Véase pp. 355-403 de la recopilación.)
[17] *Ibid.,* "Otras influencias sansimonianas", t. 5, p. 309.

a la de Moreno el enciclopedismo y a la de Rivadavia la ideología [...]"
Y así como la Ideología fue la expresión del liberalismo guberna-
mental, que en Europa culminó con Napoleón y en la Argentina con
Rivadavia, la creencia básica que anima estas proposiciones es que
"en Buenos Aires las cosas educacionales siguieron el mismísimo curso
que en París, en períodos homólogos".

Además, esta escisión entre la revolución europeizada y la contrarrevolución antieuropea se manifiesta ya desde el proceso de mayo
alrededor de dos tendencias: "La primera francamente *democrática
y liberal* [...]; la segunda, continuadora de la mentalidad española."[18]
Esta forzada identificación entre liberalismo y democracia —cuyos
efectos teóricos cubren toda una vertiente historiográfica liberal—
posiblemente resulte, en Ingenieros, discursivamente subsidiaria del
papel siempre protagónico y privilegiado otorgado a las *minorías* ilustradas y moralizadas. Conviene citar extensamente: "¿Qué derecho
tiene una minoría pensante y activa para imponer revolucionariamente
sus ideales a una mayoría pasiva que los ignora, los teme o los repudia? [...] Los argentinos que aceptamos como legítima la situación
creada por la Revolución, no podemos desconocer el derecho de la
exigua minoría que en 1810 la inició desde Buenos Aires, fracasando
en su intento de extenderla a todo el Virreinato." (*Ibid.*) En la época
colonial, estas minorías pensaron y programaron la insurrección contra
la autoridad política y el dogmatismo religioso, ocultándolo únicamente "frente a las masas ignorantes, sugestionadas por tres siglos de
fanatismo". Fueron las minorías, y más específicamente las *minorías
europeizadas*, los sostenes de la evolución argentina. Coherente con
ello, si la fundación de la nacionalidad argentina debía reconocer uno
de sus pilares en la inmigración europea, también para Ingenieros
—siguiendo el ideal sarmientino— dicho proyecto debía apoyarse sólidamente en *la educación*.

Por cierto, esta lucha ya no tendría por escenario la escuela primaria, sino aquella institución productora de saber donde las capas
medias reclamaban un mayor espacio y una reforma del gobierno y
del contenido de la enseñanza: *la universidad*. En la línea de este
objetivo, Ingenieros presentó en 1916, ante el II Congreso Científico
Panamericano, su ponencia sobre "La filosofía científica en la organización de las universidades".[19] En este escrito —auténtico precursor
teórico de la Reforma Universitaria— se expresa nítidamente de qué
modo la universidad es concebida como un engranaje vital dentro del
proyecto nacional, dado que es nada menos que el ámbito donde "se

---

[18] *Ibid.*, "Dos filosofías políticas", *op. cit.*, t. 4, p. 103. La cursiva es
nuestra.
[19] *La universidad del porvenir, op. cit.*, pp. 277 y *ss.*

plasma la ideología social", y como tal debe ser una escuela de acción comunitaria, adaptada a su medio y a su tiempo. Esa función le está siendo escamoteada en América por rémoras educativas medievales, en cuyo lugar se requiere una universidad "actual (es decir, científica) y social (es decir, americana)".

Mientras los pueblos han permanecido gobernados por clases privilegiadas, se explica que las universidades estén enclaustradas y ajenas a la suerte de la sociedad global. Pero en nuestros días —piensa Ingenieros— la universidad debe "extenderse" hacia la sociedad, revelando una preocupación más democrática que "exclaustre" a aquella institución para elevar la cultura "de todo el pueblo". Para ello habrá que implementar una reforma tanto en su gobierno cuanto en su estructura académica. Sus órganos resolutivos deben dar cabida a los estudiantes, y la nueva universidad tiene que articularse alrededor de la facultad de filosofía y letras, con lo cual de paso el proyecto objetivamente tiende a desplazar a la tradicional facultad de derecho como centro formador de cuadros intelectuales.

Junto con la cultura universitaria, la moralidad es otro componente necesario del nuevo ideal de nacionalidad. Pero en el escrito del período donde la impronta eticista es más definida —Hacia una moral sin dogmas—[20] se opera un claro desplazamiento desde una moral individualista —como la anotada en El hombre mediocre— hacia una ética social, cuyo modelo se halla en las referencias a Emerson y a las iglesias liberales norteamericanas, con lo cual "la noción del 'deber' se convierte en una noción social" (ibid.). Con ello se recurre en rigor a un concepto —el de solidaridad— que había desempeñado un papel nítido en la etapa juvenil y luego, sin desaparecer, había pasado a un estado latente en el período posterior. Lo importante, en la etapa que ahora nos ocupa, es que para que la noción del solidarismo se afirme es preciso que se debiliten concomitantemente las categorías darwinianas de "lucha por la vida" y "supervivencia del más fuerte". Sólo entonces puede escribirse: "Solidaridad, pues; la asociación en la lucha por la vida reemplazando al pesimista individualismo de Hobbes."

Tampoco debería resultar casual que este solidarismo en ascenso resulte fuente de afirmaciones democráticas. Entre las virtudes admiradas tanto en Emerson como en el argentino Agustín Álvarez, Ingenieros les reconoce "un sincero sentimiento de la democracia".[21] Pero

[20] Serie de lecciones dictadas en la cátedra de Ética de la Facultad de Filosofía y Letras en junio de 1917 y luego publicadas por el Centro de Estudiantes de Filosofía y Letras (CEFYL). Tomado de OC, op. cit., t. 7, pp. 205-296.
[21] "La ética social de Agustín Álvarez", escrito en 1916 y tomado de Sociología argentina, op. cit., pp. 158-172.

sobre todo es la *fuente* de los ideales la que se ubica en "la experiencia social misma", desde donde la *toman* los grandes hombres, razón
por la cual la propia universidad debe establecer "contacto con el
pueblo, sirviendo sus intereses, reflejando sus aspiraciones, comprendiendo sus problemas vitales", y "la educación superior no debe verse
como un privilegio para crear diferencias en favor de pocos elegidos,
sino como el instrumento colectivo más apropiado para aumentar la
capacidad humana frente a la naturaleza, contribuyendo al bienestar
de todos los hombres".[22] No resulta difícil percibir la tensión que deberá
instalarse en los textos ingenierianos del período entre este tipo de
proposiciones y aquellas otras donde se justifica el elitismo. Este último
debe resultar afectado en la medida en que el *ideal* ya no parece ser
un patrimonio exclusivo de las minorías, sino que, al menos parcialmente, estaría generándose en el horizonte de una *moralidad social*.
Más aún: en el escrito sobre Emerson existe una expresa condena de
aquellos sistemas éticos racionalistas que, pese a apartarse del dogmatismo religioso, no obtuvieron ningún tipo de representatividad *orgánica* dentro de la sociedad, limitándose a reclutar a "sus partidarios
entre una *minoría ilustrada*", con lo que derivaron en morales esencialmente individualistas. Y, como síntoma sumamente significativo
del desplazamiento, cita a Nietzsche mencionando los estragos que
habría provocado "su individualismo superhombrista".[23]

Moralidad social y laica van definiendo así un terreno que en parte
va desprendiéndose de la ética individualista y afirmando ciertas tendencias democráticas. Y, sin embargo, estas nociones seguirán desem-
peñando un papel contradictorio con la valoración, más matizada pero
permanente, del elitismo y del papel rector de las minorías, que reaparecen especialmente cuando se trata de analizar el pasado argentino:
"Reitero mi comunidad de ideas y de ideales con la selecta minoría
'argentina' que Rosas proscribió del país 'colonial' ".[24]

No hay, entonces, en el período 1914-1917 un corte teórico abrupto,
como no lo ha habido desde el año 1911, cuando Ingenieros comienza
un lento proceso de variación ideológica. Pero es indudable que se
han ido produciendo una serie de modificaciones en su sistema y la
emergencia de ciertos puntos de fuga que, al acumularse, van revelando cambios significativos. En estos últimos años, en efecto, sus discursos han enunciado una transferencia —indirecta, tenue mas insoslayable— del europeísmo, pasando a sancionar un nuevo modelo

[22] *La universidad del porvenir, op. cit.,* p. 289.
[23] *Hacia una moral sin dogmas, op. cit.,* p. 216.
[24] "La personalidad intelectual de José María Ramos Mejía", publicado en
1915 y tomado de oc, *op. cit.,* t. 6, p. 445.

europeizado pero instalado en América. Además, ha surgido el deseo
de replantear la fundación de la nacionalidad, que aunque se inscribe dentro de los marcos de un proyecto siempre mediado por categorías transformistas y raciales, no deja de asentar dos elementos
"superestructurales" que deben retenerse: la cultura y la moral. La
cultura, que se encarna en espacios o aparatos ideológicos que deben
movilizarse para la obtención de la hegemonía: hay que publicar
libros accesibles y con tiradas generosas, hay que ilustrar a las capas
intelectuales mediante una revista teórica, pero además hay que ocupar el corazón cultural de las clases privilegiadas: la universidad. Consiguientemente, en el terreno moral se debe abandonar el eticismo individualista del "alma bella" para remitirse a las fuentes sociales donde
se constituyen así sea parcialmente las consignas morales. Es entonces,
precisamente entonces, cuando más notoria resulta la represión de estos
puntos de fuga democratistas por parte de las categorías que alimentan el elitismo final.

Este cambio lento, a veces casi imperceptible, de objetos teóricos
que no llegan a alterar súbitamente el universo de discurso general,
va a ser puesto a prueba en el siguiente período de la producción
ingenieriana. Experiencia sin duda fascinante entre la lógica del discurso, por un lado, y las razones de la realidad y de la toma de posiciones políticas por el otro. Porque uno se pregunta cómo, mediante
qué pactos, con qué alteraciones y posibles violencias un sistema que
aún celebraba al darwinismo social, al elitismo y al proyecto liberal
podía soportar la adhesión a las nuevas realidades de la reforma universitaria y, sobre todo, de la revolución rusa y de los planteos latinoamericanos antimperialistas. Ya que cuando dicho período se abra en 1918,
sabemos que su *background* filosófico general permanece prácticamente intocado: una filosofía cientificista de la experiencia, con una
fisura abierta a través del "ideal" pero asentada sobre categorías naturalistas, biologistas y evolucionistas de las cuales a veces se sigue nu-
triendo con cierta aparente renuncia mas cuya fortaleza es posible reencontrar en una serie de conferencias pronunciadas en julio de 1917.[25]
Éste era el sistema subyacente, el código básico que, cuestionado a
través de otros discursos filosóficamente laterales, iba a ser sometido
a su última prueba en el período 1918-1925 que pasamos a describir.

25 *Le Dantec, biólogo y filósofo*, OC, *op. cit.*, pp. 301-345.

5. ENTRE LA REVOLUCIÓN RUSA, LA REFORMA UNIVERSITARIA Y EL ANTIMPERIALISMO LATINOAMERICANO

1918 marca un año de extrema tensión en los textos de Ingenieros. Entre "Ideales viejos e ideales nuevos" (mayo) y "Significación histórica del maximalismo" (noviembre) se despliegan experiencias y categorías cuyo nuevo equilibrio implicará la inauguración de hecho de un sistema relativamente alterado.

En el plano internacional, los años 1918-1921 se presentan preñados de acontecimientos históricos de profunda repercusión sobre la conciencia de los contemporáneos. Las consecuencias de la guerra mundial, los avatares de la revolución mexicana y de la insurrección rusa, las esperanzas en el wilsonismo y la desilusión provocada por los tratados de Versalles —sobre un trasfondo de protesta que a veces desemboca en alzamientos populares— denotan nítidamente la inquietud de años realmente críticos para el ordenamiento y la cultura de un mundo que hasta 1914 se había soñado como destinado a una evolución más o menos pacífica hacia el bienestar general.

En la advertencia que precede a la edición de *Los tiempos nuevos*, Ingenieros explica que, luego de haber definido su actitud en "El suicidio de los bárbaros" frente a "los imperialismos beligerantes", "cuando el presidente Wilson dio una bandera idealista a los aliados, el autor expresó su adhesión a los nuevos principios, en mayo de 1917, con reservas explícitas sobre la poca fe que suelen merecer las palabras de la diplomacia oficial".

"Ideales viejos e ideales nuevos" es el texto donde aquella experiencia se constituye. El mundo que decae —piensa entonces— es el *ordo* feudal, con su corte de supersticiones y de dogmas anticientíficos, que se sobrevivió en América a través de la conquista hispana. Al Renacimiento le correspondió romper ese universo petrificado, inaugurando el conflicto aún perdurable entre lo medieval y lo moderno. Aquel progreso —concebido en los términos clásicos de la historiografía ilustrada— se profundizó con las revoluciones francesa y norteamericana, al calor de cuyos ideales se incubó la independencia latinoamericana. A partir de entonces, dos distintas filosofías políticas, con sus respectivos y antitéticos principios, se enfrentan en distintas batallas de una guerra que cubre el planeta. Precisamente, expresando el costado positivo del proceso, "con esos ideales de confianza ética y de responsabilidad personal, tan elocuentemente predicados por Emerson, se ha constituido en el siglo XIX la nación más poderosa de la otra América".[1] Continuando la reiteración casi fantástica de un nuevo viaje sarmientino, Ingenieros desplazaba ya taxativamente su modelo desde la Europa en crisis hacia el vital coloso norteamericano.

Se marca entonces un claro punto de diferenciación con "El suicidio de los bárbaros". "Mis simpatías —dice ahora— acompañan al presidente Wilson, que ha intervenido en la guerra en nombre del derecho y la justicia, no para extender en el mundo el dominio de su pueblo, sino para sembrar en todos los pueblos los ideales que han cimentado la grandeza del propio" (ibid.). El universo denunciado masivamente en 1914 como irremediablemente "feudal" resulta de esa manera limitado centralmente al área germana.

Dos elementos son, en síntesis, los que actúan como impedimentos para una caracterización de la guerra como un fenómeno interimperialista: la participación en la misma de Francia —paradigma cultural que retorna— y la de Estados Unidos —encarnación del idealismo wilsoniano. "Si Francia no hubiera estado en lucha, ninguna conciencia democrática habría vacilado un minuto en desear el inmediato exterminio de los cuatro combatientes, sin distinción", dado que existe una perfecta equivalencia entre Alemania, Inglaterra, Austria y Rusia.[2] "Mis simpatías —podía entonces proclamar —están con Francia, con Bélgica, con Italia, con Estados Unidos, porque esas naciones están más cerca de los ideales nuevos [...]"[3] Con ello Ingenieros se inscribía de hecho en la polémica que por entonces polarizaba a la opinión pública argentina, cuyo presidente Yrigoyen mantenía una posición neutralista frente al conflicto; neutralidad que sectores de la izquierda no vacilaron en motejar de germanofilia reaccionaria.

No obstante, dentro del mismo movimiento discursivo que definía aquella posición de Ingenieros a comienzos de 1918, se instala un postulado que debía, al poco tiempo, hacer estallar la connivencia con los enunciados anteriores: "Mis simpatías, en fin —concluía—, están con la revolución rusa, ayer con la de Kerensky, hoy con la de Lenin y de Trotsky; con ella, a pesar de sus errores; con ella aunque sus consecuencias hayan parecido por un momento favorables al imperialismo teutón [...]"

Esta compleja toma de posiciones no se apoya en un enfoque economista —del tipo de los que, a principios del siglo, habían servido

---

[1] "Ideales viejos e ideales nuevos", en Los tiempos nuevos, Obras completas, Buenos Aires, Mar Océano, 1961-1962, t. 6, p. 462.
[2] "Significación histórica del movimiento maximalista", en Los tiempos nuevos, op. cit., pp. 469-470. (Texto incluido en la antología, pp. 408-421.)
[3] "Ideales viejos e ideales nuevos", op. cit., p. 463.

como legalizadores del imperialismo—, sino en una lectura fundamentalmente *moral* del enfrentamiento bélico. Puesto que se trata de una guerra de principios e ideales sobre cuyas ruinas —más allá de sus resultados materiales— los pueblos iniciarán una lucha redentora contra el imperialismo político y el privilegio económico. Con ese objetivo, deberán combatir aquellas rémoras por las cuales se infiltran los viejos ideales en la conciencia popular: los sentimientos religioso y *nacionalista*. Por esto último, el objeto "nación" va a ser leído a través de una serie de categorías ecuménicas cuyos resultados más notables resaltan en aquella particularidad —que hemos referido— de poder tematizar la realidad histórica argentina solamente cuando se han reducido sus diversos momentos a instancias paralelas y retardadas de análogos fenómenos europeos.

DEFENSA DE LA REVOLUCIÓN RUSA

Pero he aquí que, hacia fines de ese mismo año, Ingenieros pronuncia su célebre conferencia sobre la "Significación histórica del movimiento maximalista". Él mismo ha descrito, en una carta a su padre, el clima que presentaba el Teatro Nuevo aquel día de noviembre de 1918: "Socialistas (de los tres partidos enemistados entre sí), anarquistas, liberales, amigos personales, invadieron el teatro y las adyacencias ya desde la tarde, con el tumulto que puedes imaginarte. A las 9 p. m., como un domador en una jaula de fieras, comencé [...]"[4] Esta exposición iba a revelar *el fin de la ilusión wilsoniana*: he seguido "con repulsión —dice— las negociaciones mercantiles de los aliados en Versalles, mientras el presidente Wilson renegaba de los principios con que había engañado a los espíritus independientes". En varios textos posteriores, se describe recurrentemente esta misma experiencia, que era en verdad la de una buena parte de la intelectualidad progresista latinoamericana. "¿Comparar a Wilson con Lincoln? —se pregunta en febrero de 1924, refiriéndose a la tradición vastamente intervencionista de los Estados Unidos. Contesten nuestros hermanos de la República Dominicana."[5] Y poco antes de morir reiteraría en Cuba

[4] Citada por D. Kamia, *Entre Yrigoyen e Ingenieros,* Buenos Aires, Meridión, 1957, p. 121.

[5] "Wilson", sin firma, en *Renovación,* Buenos Aires, febrero de 1924. Exactamente en esta misma fecha el peruano Mariátegui escribía que Wilson "ha sido un representante genuino de la mentalidad democrática, pacifista y evolucionista", pero concluía que "no ha sido [...] el creador de una ideología nueva, sino el frustrado renovador de una ideología vieja." (J. C. Mariátegui, "Wilson", en *La escena contemporánea,* Lima, Amauta, 6ª ed., 1975, pp. 42 y 45.)

que "lo único que puedo decir es que me ha extrañado grandemente que una ciudad como La Habana, en que existe una avenida Presidente Wilson, no haya otra que se llame Rubén Darío, ya que este último fue una gran figura hispanoamericana que nos dio gloria; en cambio, el otro engañó a nuestra América con los catorce puntos que no intentó cumplir. Así pensaré mientras exista la Enmienda Platt."[6]

Puede afirmarse, entonces, que hacia fines de 1918 el pensamiento político de Ingenieros aparece sostenido por tres variables de la política internacional: la experiencia de la primera guerra mundial, el distanciamiento de las expectativas wilsonianas y, por fin, la inclusión de una nueva realidad positiva exterior al capitalismo: la revolución rusa. Al condensarse estos elementos con la experiencia de la Reforma Universitaria en sus efectos latinoamericanos y antimperialistas —y sobre la base de una vertiente moral solidarista— *nuevamente* se modificaría la visión *global* del *capitalismo*. La situación ya no será caracterizada, consiguientemente, como la lucha entre los principios feudales y los de una modernidad que se identificaba en los hechos con el desarrollo del capitalismo liberal, sino que la antinomia se ubicará ahora —con un nuevo retorno al espíritu del joven Ingenieros— entre el capitalismo y la lucha de los pueblos por una vida más justa: "Los hombres libres que han puesto en Wilson una esperanza, grande o pequeña, aprenden que nada puede esperarse de gobernantes esclavos de sus *capitalismos* respectivos."[7] En tanto, su "arqueológica" categoría del "parasitismo" vuelve a ser la estructura gnoseológica mediante la cual se constituye nuevamente el objeto "capitalismo": "entre los productores y los consumidores se ha formado una clase parásita cada vez más numerosa y voraz, que posee los resortes políticos del Estado, dispone de la complicidad moral de las iglesias dogmáticas y se apuntala en la violencia de ejércitos y policías [...]" Conjuntamente, el criterio tecnocrático y economicista es remplazado, en la lectura sociológica, por el de la "justicia social": "La paz social es irrealizable sin satisfacer la justicia económica reclamada hoy por las clases productoras."[8] Sólo esta justicia es capaz de garantizar *la solidaridad social*, un valor que va ocupando progresivamente una de las máximas dignidades axiológicas en el sistema. Y precisamente, la

[6] Declaraciones a *El Heraldo*, de La Habana, del 4 de agosto de 1925. Citado en Ana Cairo, "José Ingenieros y la generación del 30", en *Bohemia*, La Habana, 29 de abril de 1977.

[7] "Las fuerzas morales de la revolución rusa", en *Los tiempos nuevos, op. cit.*, p. 549. Subrayado por nosotros.

[8] "Enseñanzas económicas de la revolución rusa", en *Los tiempos nuevos, op. cit.*, p. 539.

realización de este principio constituye uno de los elementos fundamentales que rescata en el proceso revolucionario de los soviets.

Dicha defensa de la revolución bolchevique —que no decaerá en
ningún momento— se funda en una valoración que designa como
elementos positivos la socialización de los medios de producción y de
cambio, la nacionalización de la tierra y de las grandes fuentes productivas, la supresión de la división en clases y, con ello, la eliminación
del parasitismo. Políticamente, la adhesión al principio directo de la
soberanía popular se vincula en cierto aspecto con el antiparlamentarismo que configura una de las tendencias constantes del pensamiento
político de Ingenieros, y que en parte se nutre de la visualización de la
sociedad como un organismo. Es por ello que el tipo de representación
política más conveniente deberá ser aquel donde cada parte desempeñe
la *función* simultáneamente diferenciada y armoniosa para contribuir al
desenvolvimiento del todo social. El parlamentarismo, empero, habría
tenido la virtud —ahora sí— de extender la soberanía popular, pero
habría fallado al sustituir el criterio funcional por otro meramente
cuantitativo y topográfico. En lugar de esta abstracción, la representatividad debe apoyarse en las funciones sociales naturales, lo cual
supone a su vez una previa organización y diferenciación dentro del
mismo "pueblo". "La solidaridad consiste en equilibrar [las partes
heterogéneas], creando la igualdad ante el derecho, para que todas
las desigualdades puedan desenvolverse íntegramente en beneficio de la
sociedad."[9] Se sostiene entonces —nótese la heterogeneidad de estos
objetos— que las "funciones" sociales efectivas son las actividades de
producción, distribución y consumo; los sectores agrícola, industrial,
comercial y bancario; los nucleamientos capitalistas y de trabajadores;
las tareas educativas, morales, culturales, etc. De este modo, los partidos políticos resultan descalificados como órganos intermedios de
organización de la sociedad, con lo cual el sistema funcionalista propuesto se torna coherente con la identificación ingenieriana de la política con los intereses artificiales y "creados". Esta decisión debe tener
su correspondencia con el pasaje del sufragio indiferenciado al voto
igualmente universal pero funcionalmente determinado. La Revolución rusa en este aspecto, para la mirada de Ingenieros, no es "otra
cosa que una primera experiencia del sistema representativo funcional".[10]

Quizás por todo lo anterior no resulte casual la reactivación de

[9] "Simpatía, Justicia, Solidaridad", escrito en 1922 y luego integrado en
Las fuerzas morales, en OC, *op. cit.*, t. 7, p. 36.
[10] "La democracia funcional en Rusia", en *Los tiempos nuevos, op. cit.*,
p. 495.

ciertas nociones del archivo ingenieriano vinculadas con una mirada
eticista del proceso social. En la revolución bolchevique, contra la inmoralidad del parasitismo, los medios de producción han sido puestos
allí en manos de los productores; contra la inmoralidad parlamentaria, la representación ha asumido formas sociales, y contra la inmoralidad de la ignorancia supersticiosa, se ha afirmado la práctica de la
educación extensiva. Por ello debe ser saludada como "el símbolo
de la nueva conciencia de la humanidad", que al igual que en las fases
heroicas del cristianismo, de la Reforma y de la Revolución francesa,
"ha asumido ciertos caracteres de verdadero misticismo, indispensables para servir con eficacia a un ideal".[11]

HACIA UNA METAFÍSICA DE LA EXPERIENCIA

Paralelamente con estas definiciones políticas, Ingenieros producía
una serie de escritos filosóficos en donde puede detectarse la variación
operada en algunas de las categorías cientificistas de su concepción,
dentro de un movimiento conceptual con no pocas ambigüedades.

La relación de Ingenieros con el positivismo siguió siendo una
determinación ideológica central, particularmente visible en la valoración del significado político-cultural del mismo. En un acto de homenaje a Vasconcelos en 1922, por ejemplo, al par que denuncia el
carácter dependiente y coercitivo del régimen que había instaurado
Porfirio Díaz en México antes de la revolución, se refiere al positivismo —que, como se sabe, fue uno de los pilares ideológicos del porfirismo— como aquel sistema que "influyó benéficamente sobre la
cultura mexicana".[12] Y criticando a Croce dirá que, al desplazarse
desde el positivismo hacia el idealismo, la evolución del filósofo italiano coincidía con su posición política, y así fue como "deslizándose
hacia la derecha política, se deslizó también hacia la derecha filosófica".[13] Finalmente, aún en 1923 afirmaba complacido que "las corrientes místicas y filosóficas que se insinuaban antes de la guerra en reem-

[11] "Las fuerzas morales de la revolución rusa", op. cit., p. 547.
[12] Discurso pronunciado en el homenaje a Vasconcelos, entonces ministro
de Educación Pública de México, el 11 de octubre de 1922 en Buenos Aires.
(Incluido en la antología, pp. 434-444.) Sobre el papel del positivismo durante
el porfirismo, véase L. Zea, El positivismo en México. Nacimiento, apogeo y
decadencia, México, FCE, 1968; A. Villegas, Positivismo y porfirismo, México,
Sep-Setentas, 1972, y W. D. Raat, El positivismo durante el Porfiriato, México, Sep-Setentas, 1975.
[13] "Croce y Gentile, fariseos del idealismo", en Revista de Filosofía, marzo
de 1923, firmado con el seudónimo de Julio Barreda Lynch, tomado de oc,
op. cit., t. 6, p. 357.

plazo del positivismo sufren actualmente una visible declinación",[14] y los ecos de este cientificismo pueden hallarse incluso en sus trabajos sobre Kant de una fecha tan avanzada como mayo de 1924.[15]

Parece evidente, entonces, que Ingenieros equipara al positivismo con el progresismo y al idealismo con la reacción, que para él asumía siempre formas velada o manifiestamente teológicas, anticientíficas y reaccionarias. Ciencia y democracia, por el contrario, son constituidas como objetos sistemáticamente ligados. Y mientras este binomio no experimente fracturas, la función democratizadora puede llegar a transferirse a la ciencia como instrumento político, en definitiva portado siempre por un núcleo reducido de profesionales del saber. "El radicalismo en política —escribe en su estudio sobre Boutroux—, el naturalismo en literatura, el positivismo en filosofía, habían actuado como fuerzas convergentes; llegados a su madurez, en manos de hombres superiores, poca tarea dejaban a la nueva generación [...]" Entonces se produjo la reacción, "la moda de los políticos 'moderados', de los filósofos 'místicos' y de la literatura 'decadente' ".[16]

Esta favorable valoración política del positivismo no impide que el mismo resulte severamente atacado en las formulaciones *éticas y filosóficas*. Sus conocidas *Proposiciones relativas al porvenir de la filosofía*, de mediados de 1918, señalan una expresa apertura —cuyos orígenes hemos presenciado en *Principios de psicología*— hacia una temática de lo "inexperiencial". En aquella obra el objeto mismo de la filosofía se define como la formulación de hipótesis legítimas acerca de los problemas que *exceden* a la experiencia. Se trata pues de no englobar a toda la metafísica dentro del reino del error, sino de afirmar una metafísica válida que, apoyada en los datos presentes de la experiencia, debe necesariamente desbordarla. Nótese que, desde este punto de vista y a pesar de su reiterado desdén y rechazo por la filosofía bergsoniana, no estaba demasiado lejos del filósofo francés cuando éste afirmaba que la metafísica debe avanzar por medio de hipótesis probables. "Si se entiende por misticismo —dirá Bergson— una reacción contra la ciencia positiva, la doctrina que yo defiendo no es de punta a punta sino una protesta contra el misticismo [...]"[17] No debe desconocerse, empero, que esta variable ya era admitida por Spencer, para quien el saber positivo no puede agotar la esfera de lo cognoscible. A partir de esa convicción derivaba su agnosticismo, al verificar que "la substancia y el origen tanto de las cosas objetivas como

[14] "Encuesta sobre cooperación intelectual", en oc, *op. cit.*, t. 6, p. 300.
[15] Véase "Kant", en oc, *op. cit.*, t. 6.
[16] *Emilio Boutroux y la filosofía universitaria en Francia*, escrito publicado en 1922 y tomado de oc, *op. cit.*, t. 7, p. 400.
[17] En *Écrits et paroles*, París, puf, t. i, pp. 159-160.

de las subjetivas son impenetrables". Como consecuencia inevitable de
esto, reconocía igualmente "que no podríamos avanzar un paso sin
formular una hipótesis".[18]
Ingenieros parte igualmente de lo que considera una evidencia:
la metafísica ha fracasado en el siglo XIX, pero este hecho no es sólo
imputable al espiritualismo sino *también al positivismo*, que "llegó a
presentarse como un deliberado renunciamiento a toda explicación
de lo inexperiencial".[19] Por eso, cuando afirme allí mismo que "la
generación anterior a la mía ha pasado por las dos modas: la positivista y la mística. Mi generación ha sufrido más especialmente la segunda. Yo no alcancé la primera ni me he entregado a la actual [...]",
por discutibles que nos parezcan estos enunciados, escritos en 1918
revelan el intento por distanciarse del positivismo al menos en algunas
de sus consecuencias filosóficas. Este alejamiento también es expreso en
su valoración de Ferri, a quien —y esto es un síntoma significativo—
califica de partidario de "un positivismo barato que se limitaba a
poner los pelos de punta cuando se pronunciaba la palabra metafísica".[20]
En su importante obra sobre Boutroux, de 1922, esta crítica al positivismo se liga con la quiebra de confianza en la razón científica expe-
rimentada en la crisis promovida por la guerra mundial. Fue entonces
cuando, luego de la ruptura de los viejos moldes metafísicos por parte
del positivismo, la crítica del mismo "por las escuelas *espiritualistas*
evidenció la *legitimidad* de formular hipótesis metafísicas sobre los
problemas que no son accesibles a la experiencia [...]" También en
ese año —y dentro del mismo movimiento de toma de distancias—
en carta a Zérega Fombona rechaza el papel "de portavoz del positivismo, que estuvo de moda cuando yo era niño y que siempre he
considerado filosóficamente insuficiente".
Como síntesis, puede pensarse que en uno de los artículos sobre
Croce y Gentile, y aunque en él "coquetee" ambiguamente con el idealismo, se revelaría el espíritu de sus escritos filosóficos de la época: el
intento consistiría en superar simultáneamente al idealismo y al positi-

---

[18] H. Spencer, *Les prémiers principes*, París, Germer Baillière et Co., 1870,
pp. 58 y 493.
[19] *Proposiciones relativas al porvenir de la filosofía*, OC, *op. cit.*, t. 7,
p. 307.
[20] "Croce y Gentile, fariseos del idealismo", *op. cit.*, p. 355. Para medir la
distancia recorrida, recordemos algunas de las palabras pronunciadas en el congreso de psicología de 1905 en Italia: "Enrico Ferri, a quien el amor por la
justicia y la libertad preocupa tanto como el amor a la ciencia, viene a aportar
la contribución de su palabra elocuente y de su ingenio preclaro." Citado por
S. Bagú, *Vida ejemplar de José Ingenieros*, Buenos Aires, Claridad, 1936, p. 101.
En italiano en el original.

vismo, "en busca de nuevas doctrinas que satisfagan mejor que las precedentes la eterna inquietud humana de encontrar hipótesis legítimas que expliquen los problemas inaccesibles a la experiencia". Quizás en esta perspectiva —y con las prevenciones del caso— pueda detectarse la presión sobre la producción filosófica ingenieriana ejercida por los escritos que desde fines del siglo XIX —incluyendo el *Ensayo sobre los datos inmediatos de la conciencia,* de Bergson— se inclinaban hacia lo que Gouhier denominó "positivismo espiritualista".

Junto con semejante olvido de la legitimidad de ciertas cuestiones metafísicas, el positivismo habría dejado igualmente sin respuesta las demandas *morales,* dado que dentro de los problemas "inexperienciales" —dice Ingenieros— se encuentran los referidos a la divinidad, el alma y *la libertad.* En 1917, en su estudio sobre Le Dantec y refiriéndose a este mismo concepto, había expresado en cambio que la libertad sólo podía ser afirmada "a precio de todas las ciencias actuales y posibles, que sólo permiten considerarla como una ilusión que en nada altera el absoluto determinismo del universo".

Conociendo la casi permanente impregnación moral del discurso de Ingenieros, no resulta difícil suponer que por este costado ético se habría de introducir un "tono" igualmente relativizador del positivismo. Los ideales morales —refirma—, mediante la función imaginaria, formarán parte de la clase de hipótesis metafísicas, convirtiéndose en arquetipos de perfección o "hipótesis metamorales". Estos ideales no son universales, sino que se determinan específicamente según individuos, clases, naciones, razas, aun cuando se tienda a su progresiva universalización. Tampoco son entidades abstractas, sino que pueden convertirse en *fuerzas morales,* denominación con la cual se editarán póstumamente sus "sermones laicos" de los años 1918-1923. Para devenir "fuerzas", aquellos ideales deben encarnarse en núcleos sociales concretos, uno de cuyos componentes privilegiados son *las juventudes.* Ellas constituyen un sector generacional incontaminado del "pasado que hundió al mundo en la maldad y en la sangre".[21] La verdad moral, que es el ideal, halla así su lugar propicio "en el corazón de los jóvenes".

Junto con esta penetración de la teoría de las generaciones —¿con directas influencias orteguianas?— en el discurso ingenieriano se mantiene la concepción de las *"minorías ilustradas"* como factor preponderante del progreso. El entrelazamiento del juvenilismo con el elitismo debía producir ciertas consecuencias teóricas fácilmente engarzables con las componentes ideológicas más "estudiantilistas" de la Reforma

[21] "Juventud, Energía, Entusiasmo", en *Las fuerzas morales,* OC, *op. cit.,* t. 7, p. 23.

universitaria. No obstante, el cuadro de la ética de Ingenieros en el período se completa con el vigor adquirido por una tercera variable ya mencionada —el "solidarismo"—, cuya inclusión generará el debilitamiento natural de las categorías elitistas y raciales. De ahí que el idealismo moral que impregna estos textos asuma notas voluntaristas en donde los ecos nietzscheanos van perdiendo sus aristas aristocratizantes. Esta última línea, implícita y expresa —como vimos— en *El hombre mediocre*, cede paso ahora sí nítidamente a aquella concepción *solidarista* que se venía afirmando desde la subetapa anterior. Igualmente, esta "socialización" de la moral involucra al producto del saber —la verdad—, que pasa a ser comprendida como un bien colectivo, abandonando el cerrado receptáculo de las minorías: "las ciencias son resultados de una milenaria colaboración social".[22] Y en la medida en que dicha solidaridad se construye sobre una comunidad de ideales, y no de estructuras biológicas, el racismo de textos anteriores se repliega, abriendo un espacio discursivo que será colmado por categorías ético-sociales.

EL ANTIMPERIALISMO LATINOAMERICANISTA

Estas variaciones conceptuales adquieren su significado cabal cuando se articulan con dos líneas centrales de reflexión y de práctica del último Ingenieros: la Reforma universitaria y la prédica antimperialista. Pero antes de ingresar en ello, debemos referir algunos elementos que nos permitan intuir la posición de Ingenieros frente a la estructura gobernante argentina y ante los nucleamientos partidarios de izquierda, que pueden arrojar cierta luz sobre los primeros aspectos.

A partir de la Semana Trágica de enero de 1919 —donde una huelga metalúrgica en Buenos Aires desembocó en violentos enfrentamientos entre sectores obreros y las fuerzas represivas con un elevado saldo de muertos y heridos—, se desató una oleada de terror blanco que derivó en ataques contra la numerosa colectividad judía argentina. Consultado al respecto, Ingenieros puso de relieve la contradicción entre los obreros argentinos y las empresas extranjeras, en defensa de las cuales habríase ejercido la violencia oficial. De ese modo adhiere a "la justa protesta de la clase trabajadora ante el asesinato de algunos obreros metalúrgicos [...]"[23] "Los sucesos de enero —escribió en marzo de ese mismo año— han puesto en evidencia tres hechos: la justa inquietud de las clases trabajadoras, la desorganización de los

---

[22] "Verdad, Ciencia, Ideal", en *Las fuerzas morales, op. cit.*, p. 62.
[23] Respuesta a la revista *Vida Nuestra*, de febrero de 1919. Tomado de *Revista de Filosofía*, IX, núm. 1, 1919.

poderes públicos y la subrepticia desviación antisemita de la reacción conservadora."

Fue con ocasión de esos mismos sucesos que el presidente Yrigoyen habría sugerido la posibilidad de una entrevista con una serie de intelectuales, entre los cuales se citó a Ingenieros. En las reuniones preliminares al encuentro —que no llegó a concretarse— se acordaron las siguientes propuestas económico-sociales que el propio Ingenieros redactó: ley de salario mínimo, jornada semanal máxima, leyes de retiro y seguro obrero, y otras del mismo tenor, así como impuesto directo y progresivo sobre la renta, aumento del impuesto sobre la herencia y expropiación gradual de latifundios al precio establecido para el pago de la contribución directa, y adjudicación enfitéutica de las tierras a las familias de colonos. En otro memorial donde vuelve sobre el tema, en enero de 1920, enuncia un programa donde se propugna la "nacionalización progresiva de los medios de transporte y de producción, bajo el contralor de las más altas capacidades técnicas", así como la reanudación de las relaciones diplomáticas con la URSS y el abandono de la Liga de las Naciones.[24] También a raíz de este episodio dirige una carta al periódico *La Vanguardia* donde recuerda dos hechos: que acompaña al Partido Socialista con su voto y que él mismo perteneció a dicho partido, "en una época en que teníamos más representación en los calabozos que en el parlamento".

Esta posición particular acentuará la tendencia "inorgánica" de la figura política de Ingenieros, situación que describió por entonces en los siguientes términos: "Mis antiguas simpatías por el socialismo —reforzadas por la situación presente— y mi firme y larga lucha por la ciencia positiva, y por lo tanto anticlerical, me vuelven más temido y odiado que los socialistas [...] De ahí una implacable persecución de los católicos y de los radicales, sin la compensación de la simpatía de los socialistas, que me la niegan porque no adhiero al partido [...]"[25]

Sus convicciones sobre el curso del proceso social latinoamericano, por fin, habrían de alejarlo del sector que por entonces desembocaba en la constitución del Partido Comunista Argentino. Para Ingenieros, la Revolución rusa no constituye un nuevo paradigma abstracto a imitar, sino que en rigor el "maximalismo" expresa "la aspiración a realizar el máximo de reformas posibles dentro de cada sociedad, teniendo en cuenta sus condiciones particulares". Esta afirmación de la no importabilidad del modelo soviético a América Latina representa una

---

[24] "Memorial sobre las orientaciones sociales del presidente Yrigoyen (1919-1920)", en D. Kamia, *Entre Yrigoyen e Ingenieros, op. cit.* (Incluido en la recopilación, pp. 422-429.)

[25] Carta al padre, cit. por D. Kamia, *ibid.*, p. 117.

firme convicción que se reitera en diversos textos del período. "La
América Latina no puede pensar hoy en experimentos comunistas, por
mucha admiración que merezca la Revolución rusa y los heroicos
bolcheviques que han salvado a su patria de veinte agresiones del
capitalismo extranjero [. . .]"[26] Y él mismo recuerda haberle recomendado a Carrillo Puerto que, aun manteniéndose moralmente solidarios
con la revolución rusa, no resultaba conveniente adherir a la III Internacional ni ligarse al partido comunista, descartando igualmente "toda
vinculación con la Segunda Internacional y con los socialistas amarillos
que servían los intereses de las potencias aliadas, esencialmente reaccionarias en esa época".[27]
    Este conjunto de características políticas e ideológicas esclarecen
el sentido del nucleamiento de Ingenieros en torno del grupo *Clarté!*, al
que dedica un artículo de *Los tiempos nuevos* con el epígrafe de "La
Internacional del Pensamiento". Fundado en París en 1919 y con sec-
ciones en numerosos países, *¡Claridad!* agrupaba a intelectuales que
compartían la repulsa por la reciente guerra mundial y que, en los
primeros años posteriores a 1917, presenciaron con simpatía el desarrollo de la revolución soviética. Barbusse —que luego ingresaría al Partido Comunista Francés— fue posiblemente el más claro representante
del grupo, cuya dirección compartió, entre otros, con Anatole France,
Vicente Blasco Ibáñez, Jules Romain, Upton Sinclair, H. G. Wells,
Stefan Zweig. . .[28] Un agrupamiento de tales características debía
resultar atractivo para quien había expresado que, "más alto que los
ideales de grupo o nación, están los ideales éticos comunes a los hombres
más cultos de todas las naciones; éstos forman ya una sociedad sin
fronteras [. . .]"[29] Pero por significativas que resulten estas actitudes
en cuanto síntomas intelectualistas, los elementos fundamentales de los
movimientos prácticos e ideológicos del último Ingenieros deben buscarse en su adhesión al movimiento de la Reforma Universitaria y,
especialmente, del antimperialismo latinoamericano.
    En junio de 1918, mediante la ocupación por parte de los estu-
diantes de la universidad clásicamente reaccionaria de Córdoba, se
desencadenaba el proceso de la Reforma Universitaria, que prontamente se extenderá por el resto del país y de América Latina, protagonizado básicamente por capas medias que pugnaban por participar
en las estructuras institucionales de la educación superior y del consi-

---

[26] "Juventud", sin firma, en *Renovación*, Buenos Aires, enero de 1924.
[27] "En memoria de Felipe Carrillo", en *Nosotros*, Buenos Aires, junio
de 1924. (Véase el texto completo en la antología, pp. 478-490.)
[28] Véase D. Caute, *El comunismo y los intelectuales franceses (1914-1966)*,
Barcelona, Tau, 1968, *passim*.
[29] *Proposiciones. . .*, *op. cit.*, p. 337.

guiente poder.[30] Sobre el trasfondo internacional de la guerra europea y de las revoluciones rusa y mexicana, la reforma adoptaría distintas peculiaridades acorde con las condiciones político-sociales de cada país. De esta manera, en la Argentina el movimiento quedó tendencialmente reducido a un fenómeno específicamente universitario, dentro del cual se elaboró, en consonancia con el recortamiento del poder oligárquico intentado por el yrigoyenismo, una corriente universitaria juvenilista y antioligárquica. Todas estas características resultan notorias ya en el "Manifiesto liminar" del 21 de junio de 1918, dirigido "a los hombres libres de Sudamérica", donde —en términos notablemente ingenierianos— se afirma el derecho de las fuerzas morales contra "los intereses creados en torno de los mediocres".

En un artículo de marzo de 1923, Ingenieros resumía los deseos de la nueva generación en "el triple anhelo de una renovación ética, política y social de los pueblos latinoamericanos".[31] Allí mismo el movimiento estudiantil es considerado como una alternativa frente al desastre en que se hundió el mundo civilizado en la guerra mundial, al mismo tiempo que predice lo benéfico de su acción si logra mantenerse inmune de las filtraciones políticas y confesionales "que en todas partes utilizan los renovadores 'amarillos' ".

Pero además de su carácter meramente estudiantil, la Reforma proyectaría —articulándose con otra serie de fenómenos ya señalados— un *élan* continentalista prontamente acotado con posiciones antimperialistas. Naturalmente, estos lineamientos debían conducir a la relativización del europeísmo, y sobre este entramado político-cultural debe tornarse inteligible el antimperialismo latinoamericanista del último Ingenieros.

La presencia del imperialismo, en principio, es tomada como fuente de un nucleamiento defensivo: es preciso marchar hacia "una leal cooperación e interdependencia de todos los pueblos latinoamericanos para resistir conjuntamente a las amenazas de los imperialismos extranjeros".[32] De ese modo se abre camino una noción de "patria continental", y casi estaría de más decir que con esta unificación del objeto "Latinoamérica" se debilitaban *de hecho* aquellas proposiciones ingenierianas que escindían al subcontinente latinoamericano —según el criterio sociodarwiniano de "raza y medio"— en porciones tropicales

---

[30] Véase J. C. Portantiero, *Estudiantes y política en América Latina. El proceso de la Reforma Universitaria (1918-1938)*, México, Siglo XXI, 1978, *passim*.

[31] "La revolución universitaria se extiende ya por toda la América Latina", firmado con el seudónimo de Raúl H. Cisneros, en *Renovación*, marzo de 1924. (Véase recopilación, pp. 471-472.)

[32] "¿Qué somos?", sin firma, en *Renovación*, febrero de 1923.

condenadas al atraso y en regiones pobladas por razas blancas propensas al progreso según un modelo europeo o norteamericano. Y aun cuando estas nuevas concepciones no hayan alcanzado el nivel del discurso explícito, lo cierto es que *para que* aquellas afirmaciones hayan podido ser pronunciadas, se imponía de hecho el cuestionamiento del esquema biologista como una de sus condiciones discursivas de posibilidad.

Obviamente, sobre este camino Ingenieros debía encontrarse con las formulaciones bolivarianas: "esperamos contribuir a que surja en el continente un gran pueblo capaz de realizar el sueño de Bolívar: la confederación de los estados latinoamericanos en una patria continental [...]"[33] Igualmente, en sus recuerdos sobre el líder socialista mexicano Carrillo Puerto, manifiesta que no le ocultó la ventaja de otorgar un carácter latinoamericano al movimiento, en la medida en que nuestros países guardan con respecto a Estados Unidos el lugar de "naciones proletarias".

En esta misma línea, debía rechazarse el panamericanismo, como instrumento de dominación norteamericana sobre el resto del continente. "No somos, no queremos ser, no podríamos seguir siendo panamericanistas." Como alternativa orgánica, se plantea la fundación de la Unión Latinoamericana, que se llevará a efecto en marzo de 1925. En el acta fundacional de la misma —que habría sido redactada íntegramente por Ingenieros— se fija entre sus objetivos el de "orientar las naciones de la América Latina hacia una confederación que garantice su independencia y libertad contra el imperialismo de los estados capitalistas extranjeros, uniformando los principios fundamentales del derecho, público y privado, y promoviendo la creación sucesiva de entidades jurídicas, económicas e intelectuales de carácter continental".[34]

En esta actividad de difusión del antimperialismo latinoamericano Ingenieros invirtió las mayores energías hasta el fin de su vida. Fue en el mismo año 1925, y durante su tercera y última estadía europea, cuando participó en un acto antimperialista en el salón parisiense de las Sociétés Savantes: "La casualidad —le escribía entonces a Aníbal Ponce— me ha permitido contar con el concurso de hombres tan distintos y tan distantes como Unamuno y Vasconcelos, Eduardo Ortega y Gasset y Ugarte, Haya de la Torre y Quijano, etcétera."[35]

Frente a habituales y erróneas afirmaciones que tratan de reducir esta corriente a un mero juego de oposición al imperialismo norteame-

[33] "Juventud", sin firma, en *Renovación*, enero de 1924.
[34] Acta fundacional de la Unión Latinoamericana, fechada en Buenos Aires el 21 de marzo de 1925. Véase J. C. Portantiero, *op. cit.*, pp. 297-298.
[35] Carta a Aníbal Ponce del 21 de junio de 1925, en H. P. Agosti, "Ingenieros y el antimperialismo latinoamericano", en *Clarín* de Buenos Aires.

ricano, que ocultaría y aun legalizaría la presencia de la dominación inglesa —preponderante en ese entonces en la Argentina—, debe remarcarse que no resulta difícil presentar denuncias de Ingenieros que engloban igualmente al imperialismo europeo. En el discurso pronunciado en la Sorbona resuena nítidamente esta impugnación: "Aunque amigos de todas las grandes naciones que aún puedan cooperar a nuestro desenvolvimiento, somos abiertamente contrarios a todo imperialismo que aspire a convertirnos en colonias políticas, económicas o espirituales con mengua de nuestra soberanía y de nuestra dignidad nacional." [36] Este rechazo ya había incluido —como vimos— explícitamente al imperialismo inglés, que tiene —decía— "las mismas aspiraciones con relación al resto de la humanidad: imponer su hegemonía sobre el mundo entero". [37] Pero tal vez lo más significativo de esta actitud resulte su alabanza del ejemplo soviético, *extensivo* "al pueblo de Turquía contra las intervenciones armadas por el capitalismo imperialista inglés".

Al final de este complejo proceso, ciertas categorías analíticas, algunos objetos teóricos y reglas a través de las cuales se ordenaba el mundo se hallaban inmersos en un proceso de variación. Si una ideología no es simplemente un sistema armonioso, sino también un campo de múltiples fuerzas en tensión, necesariamente en estos momentos de mutación surgen recurrencias y se acude a las viejas categorías del archivo ideológico. Una de las experiencias recomendables en la lectura de Ingenieros es, precisamente, atender a la recurrencia de ciertas categorías juveniles —y a la consiguiente relativización del cientificismo evolucionista y determinista— en el momento mismo en que sus discursos se abren a espacios políticos de corte antiimperialista. Es como si, además, las categorías positivistas hubiesen impedido la percepción de la específica realidad nacional, que resultaba entonces incluida en un proceso cuyas connotaciones se leían a través de lentes ecuménicas. Quisiéramos reiterar que ha sido precisamente una interpretación cientificista la que ha condenado todo tipo de pensamiento espiritualista y voluntarista al ámbito de lo "reaccionario", sin percibir que en ciertas circunstancias de "inversión de significado ideológico" —de las cuales el peruano Mariátegui configurará un caso paradigmático— las concepciones de Bergson o de sus epígonos —como Sorel— valían en esas condiciones como elementos disolventes de situaciones presentadas como positividades inmutables.

En el caso de Ingenieros, indicaremos igualmente algunas de estas

---

[36] "Ante la Sociedad de las Naciones", en *Revista de Filosofía,* septiembre de 1925.

[37] "Ideales viejos...", *op. cit.,* p. 464.

categorías y el esbozo del juego que inauguraron o mantuvieron. Dentro de los viejos conceptos que pasan a formar parte de la constitución del latinoamericanismo resaltan dos de estos elementos fácilmente localizables: el modernismo "arielista" y el antiparasitismo. "Poseemos —escribe en *Renovación* en 1925— un tesoro espiritual que no cambiamos por ninguna cantidad de dólares", y un año antes había descrito los primeros pasos "hacia un orden de cosas en que el Trabajo y la Justicia suplanten al parasitismo y al privilegio". El binomio de opuestos "parasitismo-productivismo" se ha mantenido así incólume a lo largo de los escritos de Ingenieros, operando muchas veces como concepto de pasaje entre diversas configuraciones teóricas, aun cuando, naturalmente, se articulaba con ellas según las variaciones impuestas por las estructuras teóricas dominantes.

Mucho más contradictorio es el proceso de relativización del *elitismo*. Dos años antes de su muerte, las minorías ilustradas siguen siendo vistas como el sujeto histórico decisivo: "la variación social es obra activa de minorías pensantes. El progreso no resulta del querer de las masas, casi siempre conformistas, sino del esfuerzo de grupos ilustrados que las orientan [...]"[38] Las minorías, siempre las minorías, diagramando un mundo por venir a espaldas de las masas resistentes al cambio, y extrayendo de ese papel su derecho al autoritarismo: "Negar a minorías activas y pensantes el derecho de imponer sus ideales a mayorías que los ignoran, los temen o los rechazan, es ignorar toda la historia pasada y proscribir todo progreso futuro." (*Ibid.*, p. 74.) Incluso en su defensa del proceso revolucionario ruso, al referirse a este aspecto había expresado que la conciencia revolucionaria sólo puede formarse en una porción particular de la sociedad. Y aun cuando a veces incluya dentro del núcleo renovador a "los oprimidos", este sector contestatario prontamente resulta recapturado por "la minoría pensante y actuante de toda sociedad, los únicos capaces de comprender y amar el porvenir".

Dentro del suelo pasivo conformado por las multitudes, las clases trabajadoras sin embargo son concebidas como "la más robusta esperanza para la regeneración moral de la humanidad". Este sustrato popular requiere, empero, y por esa especie de inercia que lo caracteriza, del paternalismo ejercido desde las minorías activas y educadas: "La minoría ilustrada del pueblo ruso [...] arrancó el mecanismo del Estado a las clases parásitas y lo puso al servicio de las clases trabajadoras."[39]

De todas maneras, puede pensarse que tal vez el cuestionamiento

[38] "Historia, Progreso, Porvenir", publicado en 1923 y luego incorporado en *Las fuerzas morales, op. cit.*, pp. 72-73.
[39] "Las fuerzas morales de la revolución rusa", *op. cit.*, pp. 543-544.

de la impronta europeísta haya actuado por vías indirectas para producir cierto debilitamiento del elitismo. Aún en "Significación histórica del movimiento maximalista" se afirmaba que "todos los movimientos políticos y sociales europeos han repercutido en América, en proporción exacta de ese grado de europeización que suele llamarse civilización. Es indudable —agregaba— que los indios residentes entre los Andes y las fuentes del Amazonas no sentirán los resultados de la guerra; probablemente ignoran que ha existido una guerra europea, en el supuesto improbable de que conozcan la existencia de Europa [...]" También —refiriéndose a los hechos de la Semana Trágica— había expresado que "la nacionalidad argentina no está formada por indios, sino por descendientes de europeos, y la experiencia enseña que las únicas regiones que merecen el nombre de civilizadas cuentan en su población un noventa por ciento de sangre europea".

Pero estas categorías elitistas, europeístas y —como se ve— en cierto modo aun racistas comienzan a ser cuestionadas de hecho en ciertas consideraciones políticas del mismo período. Este repliegue del elitismo resulta especialmente llamativo en el tratamiento de temas vinculados con el antimperialismo latinoamericano. "Los gobiernos latinoamericanos —escribe en 1923— pueden oficialmente adular al gobierno de Estados Unidos; pero los pueblos, cuya conciencia *se refleja* en la minoría ilustrada, profesan ya sentimientos opuestos al panamericanismo diplomático [...]"[40] La constitución del nivel de conciencia no queda, pues, reducida a la actividad pura de las minorías, sino que admite una relación al menos especular entre éstas y la conciencia popular. La emergencia de este punto de ruptura no debe minimizarse, dado que manifiesta explícitamente la tensión que de hecho se introduce contemporáneamente en los discursos de Ingenieros. Pero también debe tenerse presente que dicha aparición sólo inaugura un punto de ruptura que no fue articulado sistemáticamente en un nuevo universo de discurso, sino que se incrustó fácticamente en una estructura configurada por otros parámetros teóricos —organicismo social, cientificismo, evolucionismo, europeísmo, etc.— "productores" a su vez de conceptos elitistas.

En cuanto al repliegue del modelo europeo, el mismo está —como hemos visto— directamente vinculado con la crisis bélica, e implica igualmente una nueva mirada crítica sobre el sistema capitalista en su conjunto: "Al terminar la guerra se puso de manifiesto, en torpe desnudez, la degradación moral de la sociedad capitalista, denunciando la decadencia histórica de su régimen económico."[41] A este elemento

---

[40] "La farsa panamericana de Santiago", firmado con el seudónimo de Julio Barreda Lynch, en *Renovación*, abril de 1923, subrayado nuestro.
[41] "Las fuerzas morales de la revolución rusa", *op. cit.*, p. 542.

se le suma un punto de inflexión importante, vinculado con la actitud
de Francia ante la Revolución rusa. "De todos los gobiernos aliados
—escribe en 1923— ninguno se mostró tan implacable con Rusia como
el francés. Su prensa, sus cables, sus políticos y sus hombres de negocios no descansaron un momento en la vil tarea de difamar al sovietismo ruso, que durante varios años fue mostrado como una horda
de bandidos y asesinos." [42]

La atenuación del modelo europeo debía producir la visualización
del fenómeno nacional en términos menos cosmopolitas. Señala así que
"la fuerza más grande de los revolucionarios rusos ha sido el profundo
carácter nacionalista de su obra [...]" y celebra que "la inclinación
hacia el socialismo agrario no es, en México, el resultado de una ideología doctrinaria que intenta violar la realidad social, sino que emerge
de las condiciones mismas de esa realidad [...] Así se comprende que
casi todos los líderes del movimiento sean hombres salidos de las mismas
filas populares [...]" ("En memoria de Felipe Carrillo"). Nada casual-
mente, estas reflexiones surgían vinculadas con aquel otro parámetro
respecto del cual se configuraban ideológicamente los sectores intelectuales progresistas latinoamericanos: la Revolución mexicana. Refi-
fiéndose a la experiencia del socialismo de Yucatán, podía entonces
escribir que, siendo un "país esencialmente agrario, como muchos de
nuestra América Latina, su socialismo ha brotado como una reivindicación de la tierra por la masa nativa [...]" Y repárese, entonces, que
hablar de *México* significaba mentar uno de aquellos países —agrario,
indígena y mestizo, con escasa población europea— que deberían haber
caído dentro del universo semitropical y bárbaro de *sus enunciados
anteriores*. Sin embargo, es con ocasión de la visita de Vasconcelos a
la Argentina cuando Ingenieros proclama la necesidad de constituir la
Unión Latinoamericana; es la ausencia de México la que lamenta
en la conferencia panamericana de Santiago para que hubiese podido
alzarse una voz de denuncia antimperialista; es con el líder yucateco
Carrillo Puerto con quien entabla una correspondencia política que
sólo habría de interrumpir el fusilamiento de éste; y es, por fin, a ese
país al que visita, por invitación del presidente Calles, asistiendo a
la inauguración de un monumento a Felipe Carrillo "a cuyo alrededor
hacían guardia doce indios mayas con cuchillos desenvainados". [43] Como
en un viaje a través del tiempo y del espacio latinoamericanos, Aníbal
Ponce —que tanto debió a la influencia de su maestro Ingenieros—
iba a descubrir años más tarde el mismo fenómeno de la América

---

[42] "Cereales para Francia", con el seudónimo de Julio Barreda Lynch, en
Renovación, septiembre de 1923. (Véase antología, pp. 467-469.)
[43] S. Bagú, *op. cit.*, p. 239.

penetrada por el indigenismo y las tradiciones populares preeuropeas
en el preciso momento de su exilio mexicano.

En el mismo año de su muerte, estas posiciones de Ingenieros se
refirman en la defensa del líder marroquí Abd-El Krim, a quien no
vacila en comparar con San Martín, Bolívar y Artigas. Según un relato
de Miguel Ángel Asturias, la última vez que vio a Ingenieros, un diplomático latinoamericano le preguntó al intelectual argentino su opinión
sobre la guerra del Rif, a lo cual éste contestó: "La revolución francesa, la americana y la rusa significan lo mismo que la rifeña. Todo
latinoamericano que no sea partidario de Abd-El Krim me parece
contagiado e inoculado de imperialismo."[44] No sólo estamos muy lejos
ahora de las civilizadas tierras templadas, sino que nos acercamos a
sitios análogos a aquellos que veinte años atrás había descrito —en las
Crónicas de viaje— como reinos del atraso y la barbarie, y condenados
de derecho a la sujeción imperialista.

Hay, finalmente, un punto en donde *la cuestión nacional* se entre-
cruza con *la ética*, y ambas remiten al problema social. Porque una
nación no es sólo una cierta unidad territorial y económica, sino que
requiere de un *plus* configurado por las "fuerzas morales". Por eso no
es posible constituir una nación donde conviven núcleos con proyectos
morales opuestos; no es posible articular la nacionalidad, por ejemplo,
donde conviven productores con parásitos. Lo que equivale a decir,
en suma, que la cuestión nacional *también* es una cuestión *social*.
A estas variables se sumará la de la justicia social, que al consolidarse
en torno del ya mentado "solidarismo" conformará un concepto
opuesto al darwiniano de "la lucha por la vida". Significativamente,
las nuevas ediciones de la *Sociología argentina* habían sustituido la
descripción de un proceso histórico condenado a marchar desde
"el coloniaje hasta *el imperialismo*" por otro que avanzaría desde "el
feudalismo colonial hasta *el solidarismo democrático*". Sobre estas premisas, todo proyecto de continentalización efectiva de América Latina
debe contener como condición de posibilidad la desaparición de los
privilegios económicos. Por todo ello, dentro de la tarea de construir
"una federación [. . .] desde el río Bravo hasta el estrecho de Magallanes", la gran obra del futuro finca en "desenvolver la justicia social
en la nacionalidad continental".[45]

[44] En *Repertorio Americano*, San José, Costa Rica, 30 de noviembre
de 1925. Obsérvese, de paso, que a Ingenieros puede aplicársele la misma observación que se formuló respecto de Ponce: para ambos, entonces, "hay *más
continuidad que inversión* de la revolución francesa a la revolución rusa".
(E. Giúdice, "Un científico con ideales", en *Crisis*, Buenos Aires, febrero
de 1976.)
[45] "Terruño, Nación, Humanidad", en *Las fuerzas morales, op. cit.*, p. 82.

Lo dicho no pretende sino describir las afirmaciones realmente contenidas en los escritos del último Ingenieros, sin ingresar en la disputa de qué "jerarquía" ocuparía dentro de los eventuales "precursores" del antimperialismo latinoamericano. Y esto especialmente porque no bastaría con detectar ciertos significantes referidos al mismo, sino que se debería indagar el sentido que ellos asumían en su articulación con la realidad latinoamericana del momento. O sea, que no resulta suficiente con encontrar el *deseo* de un antimperialismo latinoamericano sino que —como se sabe— sería imprescindible revelar su *modo de realización efectivo* en conexión con fuerzas sociales objetivamente existentes. Porque si es cierto que "no es suficiente con que el pensamiento tienda hacia la realidad, sino que la misma realidad debe tender hacia el pensamiento" —como quería Marx—, una verificación más de este aserto residiría en que cuando aquel "deseo antimperialista" no ha hallado las vías correctas de una propuesta económico-política apta, se ha solido derivar en una resolución "alucinada" de la demanda insatisfecha. Esta satisfacción en lo imaginario determina buena parte de las dificultades de valoración de ese objeto ambivalente constituido por el fenómeno "arielista", sin que ello implique desconocer su aporte a la formulación de un antimperialismo defensivo.

No sabemos, no podemos saber, hasta qué punto un despliegue más cabal de sus discursos habría incluido en o exceptuado de dichas coordenadas al pensamiento político de Ingenieros. En todo caso, se trata de una pregunta que carece de sentido. Porque el 31 de octubre de 1925, la muerte cancelaba los numerosos proyectos intelectuales que, desde su mesa de trabajo, seguían dando cuenta del afán comprensivo de José Ingenieros. "El telégrafo —dirá Aníbal Ponce— desparramaría por la América entera la noticia fulminante, y yo sabía muy bien que, al conocerla, sentirían los jóvenes de América la misma angustia horrible que me veló los ojos."

Producto de aquel afán, en las páginas que siguen el lector podrá observar el despliegue de textos que si nos siguen devolviendo —argentinos, latinoamericanos— un rostro comprensible aunque lejano, es porque esos tejidos conceptuales, cuya trama hiende el espacio de la cultura argentina durante treinta años, constituyen una especie de subsuelo intelectual desde el que aún hoy estamos condenados a pensarnos.

Quizás dentro de un tiempo, otros hombres podrán contemplar el conjunto de estos discursos con la comprensión benevolente que se tiene hacia lo Extraño, hacia aquello que ha clausurado su figura, arrastrando posiblemente en su retirada el misterio de los códigos que lo tornaban inteligible. Porque aquella experiencia de la cuestión social, aquellos pronunciamientos contestatarios que trataban de exorcizar la imagen de la barbarie explotadora, o de diagramar un proyecto de nación moderna catapultando hacia el reino de la morbilidad el rostro ambiguo y fascinante de la delincuencia y la locura, o de trazar el bosquejo antimperialista de una historia poblada de juventudes idealistas, tal vez sean para ellos apenas el espejo en que unos hombres que seremos nosotros habrán buscado la esfinge perdida de sus propios destinos. Cuando eso ocurra, aquellos hombres lanzarán una mirada que, súbitamente, aplastará el espacio histórico para remitirnos al mismo suelo común desde donde, entre otros, José Ingenieros trató de hacer pensable y decible un mundo.

He aquí por qué también la antología es un género urgente.

OSCAR TERÁN

México, abril de 1979

ANTIMPERIALISMO Y NACIÓN

JOSÉ INGENIEROS

ADVERTENCIA DEL COMPILADOR

Un ordenamiento exclusivamente cronológico de la producción de Ingenieros resultaría —además de complejo debido a la costumbre del autor de retocar casi permanentemente los textos en cada nueva edición— un obstáculo para una comprensión más fluida de los mismos por parte del lector. Por ese motivo, en la presentación de los siguientes escritos se ha tratado de combinar el criterio cronológico con el temático, con lo cual se persigue conservar en lo posible el tipo de lectura genético-estructural propuesto en el *Estudio preliminar*.

Para facilitar la ubicación de cada escrito seleccionado, en todos los casos se aclaran al pie las referencias bibliográficas correspondientes, indicando su primera edición y la fuente de la cual ha sido tomado. En la Bibliografía de Ingenieros incluida al final podrán hallarse datos ampliatorios sobre aquellas referencias.

En cuanto a los textos en sí, sólo nos hemos permitido introducir pequeñas modificaciones en las escasísimas situaciones en que ello nos pareció atinado con el objeto de modernizar la grafía. Cuando se reproducen fragmentos de un escrito, esto se indica, como es usual, con el signo [...]. Si ello no ocurre, debe sobrentenderse que el texto se reproduce integralmente.

Nuestras notas van señaladas con asterisco [*]. Las restantes corresponden al autor o a los editores de las *Obras completas*. Al igual que en la presentación, la referencia a estas últimas remite a la citada edición de Mar Océano, Buenos Aires, 1961-1962.

O. T.

¿QUÉ ES EL SOCIALISMO?*

PRÓLOGO

Nueva para muchos, aparece en medio de nuestros estudios, y nos obliga por su importancia a dedicarle nuestros mejores instantes de sensata y fecunda reflexión, una cuestión antigua como la humanidad, pero que por los rumbos de la actual evolución económica es el gran problema que agita a los sociólogos europeos y comienza por efecto reflejo a agitar a nuestros mejores economistas: *la cuestión social*.

Su múltiple desarrollo y las fases numerosas que presenta hacen imposible una dilucidación amplia de tan importante y discutido problema en el reducido espacio de un folleto de propaganda; limitaremos pues nuestro rol a condensar y exponer las causas que la engendran, y la doctrina que el socialismo científico propone como solución a esa desigualdad de condiciones que surge como lógica consecuencia de una errónea organización económica, y al mismo tiempo a demostrar la necesidad de que los estudiosos se preocupen en dedicarle su atención.

Cuando por vez primera se anunció la fundación del Centro Socialista Universitario y se conocieron sus nobles propósitos inspirados en la justicia de estudiar y resolver los grandes problemas que agitan al organismo social, cierta clase de estudiantes acogió con la sonrisa irónica y el franco sarcasmo la iniciativa leal y espontánea, que debió recibirse cual nueva aureola de progreso sociológico y cual nueva vindicadora de las falseadas libertades de los pueblos.

Muchos supieron apreciar la conveniencia y la necesidad de que tales problemas se estudiaran, pero pocos fueron aquellos que, sacrificando ficticios intereses, desechando falsas conveniencias y repudiando absurdos sociales y económicos, se alistaron en las filas de la gran legión de los proletarios de todo el universo, para esgrimir las armas de la ciencia y de la razón contra los defensores de la opresión, de la fe y de la injusticia.

El presente folleto, que por su carácter de propaganda no debe ni puede tener tintes literarios, es el producto primero de esa labor constante y de ese estudio sereno y preciso, siendo la esencia de lo que debe conocerse al iniciar un estudio sensato de las modernas doctrinas,

* Publicado por la Biblioteca del Centro Socialista Universitario, Buenos Aires, Imprenta Industrial, 1895. En esta obra —así como en las del primer período— el autor firma con su apellido originario: Ingegnieros.

[121]

sin contener las exageraciones entusiastas que, si son posibles en los
discursos de barricada, no pueden tener cabida en el terreno positivista de la razón.

Aparece, modesto y breve, para incitar a los inteligentes al estudio
de lo que llamamos *socialismo científico*, y para demostrarles que sus
aspiraciones no son ni la *República* de Platón, ni el *comunismo religioso* de Münzer, ni la *Utopía* de Tomás Moore, ni la *Oceana* de
Harrington, ni los ideales organismos sociales soñados por Fourier,
Saint-Simon y sus escuelas de utopistas.

Quiere demostrar que el socialismo, más que una organización
social impuesta, es una consecuencia lógica y necesaria de la evolución
económica que se ha iniciado, y que por la fuerza de los hechos debe
implantarse como regulador de las producciones y consumos, y como
nivelador de las condiciones individuales ante los medios de producción.

Quiere descorrer el velo de la ignorancia que los interesados se
empeñan en mantener ante los verdaderos principios del socialismo
científico, y demostrar que si la calumnia y la ira han sido los argumentos empleados para combatir a lo desconocido, no todos los calum-
niados dejan pasar sin respuesta las insulsas prédicas del obscurantis-
mo moral, político y económico.

Maliciosas insinuaciones han precedido la publicación de este folleto: el interés y la ambición han sido designados como sus únicos
propósitos. Nosotros no pretendemos ocultarlo: el uno y la otra han
sido nuestra guía.

Interés de hacer propaganda entre nuestros compañeros de aulas
contribuyendo, incitándolos al estudio, a la solución de los grandes
problemas sociales que al través de cinco lustros vienen siendo la meta
de las inteligencias privilegiadas y el espantajo de la timidez característica de los ignorantes. Ambición de que la clase oprimida, semejante
al inmenso océano que tiene a su alcance la ruina de quienes lo sur-
can, se agite y envuelva en sus oleajes poderosos a los detentores del
producto de su trabajo.

El nuevo ideal del porvenir marcha erguido y tranquilo en el sendero de la justicia social con la firme convicción de llegar con el lauro
del triunfo a su meta: la redención económica. Originado para ser
el estandarte libertador en cuyos pliegues se cobija la pléyade de los
oprimidos, afrenta con intrepidez la ira de los tiranuelos y afirma su
convicción en las persecuciones; no vacila, ni teme ante las cadenas
y los patíbulos, pues combate precisamente a los unos y a los otros;
desprecia el misticismo pues a él atribuye el decaimiento y la depresión de la intelectualidad en las masas; y por fin no vacila ante la
fuerza autoritaria, teológica y económica, pues su triple destrucción

es su anhelo más sincero en que deposita sus esperanzas de fraternidad universal. Su triunfo es nuestro fin y en él se simbolizan nuestras más elevadas
aspiraciones.

I

Hace apenas un siglo, Francia primero y más tarde toda Europa vieron
sus campos y sus villas, sus montañas y sus arroyos enrojecer, bañados
por la sangre a torrentes derramada en aras de la gran Revolución
del pueblo contra la aristocracia, de los oprimidos contra la nobleza.
El orbe entero, sediento de libertad e igualdad, fijaba en Francia
su mirada y, harto de despotismo, de opresión, de esclavitud, anhelaba
ansioso conocer el resultado de la gran lid que se empeñaba, y contemplaba mixto de admiración y de respeto a los que con su ingenio y con
su pluma habían sabido instilar en los corazones de los oprimidos el
amor a la libertad, que había de manifestarse en la gran revuelta
de la democracia.

La plebe de todo el universo admiraba estática los progresos del
movimiento, gozaba en sus triunfos, sufría en sus derrotas, y en él ci-
fraba las esperanzas más positivas de una verdadera regeneración, esperando la sanción de sus derechos como parte constitutiva del organismo social.

Largos años de lucha se agitaron las huestes revolucionarias en el
terreno de la discusión y de la sangre, sin que el verdadero ideal revolucionario llegara jamás a imponerse, produciendo como final resultado
la derrota de la democracia y de sus defensores: Gregoire, Petion,
Considerant, Rittinghausen, Gerárdin, Ledru Rollin, etc. Medio siglo
había presenciado la fantasmagoría burguesa, que tras haberse servido
de las masas populares para derrotar a la nobleza, las encadena de
nuevo al yugo de la explotación económica agradeciendo así a sus
inconscientes defensores.

Pocos fueron los que en el vendaval revolucionario quisieron encarrilar el movimiento en el recto sendero; habían grabado en su bandera
el lema: "Abolición del dominio del hombre sobre el hombre; Abolición de la explotación del hombre por el hombre", pero no convenía
a los que habían aferrado el poder de la nobleza sentar en sus verdaderas bases la emancipación política y económica de la humanidad,
y los mejores defensores de la verdadera revolución pagaron la nobleza
de sus intenciones en el patíbulo o el destierro.

Se habla desde entonces con singular empeño de *libertad, igualdad* y *fraternidad*, y se inculca en las multitudes la convicción de que la Revolución francesa había implantado esos tres grandes principios, que constituyen el eje en cuyo torno gira la humanidad en su incesante evolución. Mas corto ha sido el engaño; cuando las desigualdades ante los medios de producción se fueron acentuando y cuando por la posesión aparente de ciertos derechos las clases productoras comprendieron la injusticia de los privilegios económicos, no tardó un instante en entrar en el ánimo de los explotados la certeza de la mistificación sacrílega cumplida ante los altares de la revolución.

Desde ese triunfo de la burguesía, la preocupación de los gobiernos es grandísima, e inmenso su afán de sancionar leyes y tomar acuerdos, que, acentuando rápidamente el decaimiento económico, colocan a la clase productora en una condición cada vez más esclavizada respecto a la clase que posee y dispone de los medios de producción o instrumentos de trabajo.

El paria, el ilota, el esclavo, el siervo, el vasallo y el *sans-coulotte*, formas sucesivas de la evolución de una clase explotada y despreciada, hoy tienen su representante en el asalariado, individuo productor, como aquéllos obligado a ceder una parte del producto de su trabajo al parasitario burgués que injustamente lo consume.

Por eso se ha venido repitiendo con frecuencia que la cuestión social es tan antigua como la humanidad misma; y sin embargo muy escaso ha sido el número de aquellos que hasta hace pocos años se habían preocupado de darle racional solución, cortando de una vez por todas el nudo gordiano de la sociología.

Siempre ilusionados por las frases edulcoradas de las clases opresoras, y sobre todo obligados por la ignorancia en que interesadamente los mantenía el monstruo de la autoritaria explotación, nunca cruzó la mente de los oprimidos una ráfaga brillante de emancipación económica, ni jamás rozó su cara, encallecida por la continua bofetada, un soplo vivificador de revolución, que, despertando a esa máquina humana de su oprobioso letargo, la arrancara a la esclavicie y la servidumbre para entregarla libre y consciente a la sociedad entera.

Así de yugo en yugo, de cadena en cadena, de tiranía en tiranía, vemos desfilar ante nuestra vista las castas de la India, donde la más ignominiosa de las desigualdades, y la más inicua de las injusticias, forman las bases de una sociedad que bien podemos considerar como el prototipo de las organizaciones opresoras.

Muerto el Oriente, aparece rodeada de oropeles la civilización helénica, sin castas y sin privilegios. La humanidad es libre, es igual, es solidaria...; por una parte Esparta con su nobleza y su estudiada constitución oligárquica, por otra Atenas y Tebas con ficticias democracias, con teóricos plebiscitos y con aclamados demagogos, frente a la legión innumerable de los esclavos que sin formar casta vivían en la abyección y la miseria que sus tiranos le imponían.

Ni el noble cuan utópico clamoreo de Platón, Pitágoras, Hipodomus de Mileto, Empédocles, y sus discípulos, que predicaban doctrinas eminentemente emancipadoras y económicamente igualitarias, pudo encontrar suficiente apoyo para restablecer el reinado de la justicia social: los opresores jamás escuchan el quejido de los oprimidos.

Roma, con sus luchas entre la plebe y el patriciado, entre romanos y samnitas, entre los aliados y los bárbaros, continúa la serie de las sociedades que van a aumentar la historia de la opresión violenta y del dominio del más fuerte. La señora del mundo y la maestra de la humanidad tuvo bajo la planta de sus *civis* a millones de esclavos, que envidiaban a aquellos plebeyos que el hambre hacía huelgar en las faldas del Aventino.

Espartaco, Salvio, Atenion y Euno son los héroes de la gran revuelta que hizo temblar al templo de los césares; los Gracos, S. Licinio, T. Arsa y Tiberio Pontificius pertenecen a la selecta fracción de los que sacrificaron su vida en defensa de los derechos de la plebe.

Caídas las esperanzas, tras haber sucumbido en repetidas revueltas, los oprimidos de Roma la entregan a la tiranía de los césares y éstos caen, sin su apoyo, al ímpetu rebelde de las hordas bárbaras.

La Edad Media crea al siervo sujeto a nuevas cadenas; nacen a su amparo las leyes divinas, y una nueva y más indigna esclavitud impone obediencia a los representantes de seres imaginarios; la doctrina de un filósofo se pervierte y es transformada en fundamento de una *clase* de parásitos.

Revueltas parciales, insurrecciones aisladas, ya teniendo el hambre ya la opresión por incentivo, hacen en vano crujir las cadenas y las cárceles, hasta que la Edad moderna, con su relativo progreso, crea la aristocracia de la sangre tomando por factores a los señores feudales de la Edad media y a los comerciantes afortunados de las expediciones al Oriente y América.

Surgen entonces los genios poderosos de la revolución del 89 y el siervo de la gleba, transformado en *sans-coulotte*, toma parte con entusiasmo a la gran lucha contra la aristocracia de la sangre, dejando sin embargo que escale las gradas del poder la aristocracia del dinero.

¡Libertad! grita doquier la burguesía, y obliga con la fuerza de los hechos al proletario a ser esclavo de los detentores de los medios de producción. ¡Igualdad! y el antagónico espectáculo del lujo y la miseria, del derroche y el hambre, del lucro y la expoliación, divide a la humanidad en clases sociales, en burguesía y proletariado. ¡Fraternidad! y en cada cumbre se erige una fortaleza, en cada río una frontera sembrada de arsenales, y en cada frase patriótica se incita al odio entre pueblos separados por un Andes, un Reno, un Alpes o un Pirineos, a la par que no se vacila en subyugar a sangre y fuego un Madagascar o una India, una Abisinia o una Cuba.

Tal a grandes rasgos es la evolución de la clase oprimida, que hoy subyugada por la clase poseedora de los medios de producción halla en el salario cadenas tan férreas como en otro tiempo bajo yugos más aparentes.

Veinte años ha Malon, uno de los más modestos y más meritorios propagandistas del socialismo científico, escribía: "Si la palabra *socialismo* es reciente, el ideal que su doctrina encierra es tan antiguo como la civilización",[1] y en verdad desde que un hombre se apropió indebidamente de lo que otros hombres necesitaban, sin más derecho que su arbitrario albedrío, nació el antagonismo y con él se dividió la humanidad en clases. El pacto social surgió junto con el interés individual, como lógica resultante de la apropiación, por parte de unos pocos, de lo que todos necesitaban.

De Amicis, dirigiéndose a nuestros compañeros de la Universidad de Turín, exclama: "¡Que la cuestión social es tan antigua como el mundo! Concedámoslo. Pero lo que no es tan antiguo como el mundo es el grado a que ha llegado el desarrollo del principio de igualdad, que es el hecho más general, más constante que se conoce en la historia. Lo que no es tan antiguo como el mundo es la conciencia adquirida de esa misma igualdad de naturaleza civil y política, que hace sentir más que nunca las desigualdades económicas."[2]

En las frases que traducimos deja claramente traslucir el distinguido socialista italiano las verdaderas causas de la actual agitación económica y, aunque simula no plantear ni entrar de lleno en el tema que aborda, indica que las desigualdades económicas, en una época en que la humanidad vanidosamente se enorgullece con ficticias igualdades políticas y civiles, son el último baluarte de las civilizaciones medievales que deben palmo a palmo ceder sus privilegios a la evolución incesante de la humanidad.

"¿Por qué hay gentes que siempre trabajan y otras que sin cesar gozan? El capital ¿por qué va a manos de los que nada producen? Siempre contradicción y anomalía. Los economistas han escrito que es necesario respetar el trabajo y los productos del trabajo. ¿Y no son acaso esos productos del trabajo que nosotros estamos obligados a mirar de lejos sin tener, siendo los productores, participación en ellos?

"¡Ése es el resultado de la explotación!... ¿Quién goza los frutos de la tierra? ¿Es el labrador encorvado sobre el surco, o el burgués

---

[1] *Histoire du Socialisme*, t. I, p. 1.
[2] *Observaciones sobre la cuestión social*, p. 6.

ocioso que en los casinos prodiga su oro y su salud? ¿Por qué pues esos productos van en manos de los que en nada cooperan a su producción? ¿Por qué unos están siempre subyugados y los otros les están siempre con la planta al cuello y en la miseria los sujetan?"[3] Las palabras del orador parisiense son tan tenaces como significativas: *Explotación y dominio del hombre sobre el hombre*. Declamen a su antojo los denigradores del socialismo: *Suprimir la una y el otro son nuestros ideales*.

Por eso no titubeamos en plantear en forma clara y concreta el gran problema que los utopistas enmarañaron con las creaciones de su imaginación, desviando del sendero de la ciencia y la razón a la cuestión social.

Desigualdad de condiciones existente ante los medios de producción entre dos clases sociales; la una de trabajadores que produce y no consume más que una parte de sus productos, y la otra de parásitos que, dueña de la actual organización política y económica, nada produce y consume lo producido por la de trabajadores.

En consecuencia, división de la sociedad en dos grandes clases que luchan en defensa de opuestos intereses: proletariado y burguesía.

Suprimir esa diferencia de clases y erigir una sola de productores instruidos, libres, iguales y dueños del producto íntegro de su trabajo, es la fórmula que deben buscar los sociólogos de todas las escuelas, y es la aspiración justiciera y noble del Socialismo.

II

Las grandes crisis que a través de las diversas épocas históricas han afligido a pueblos o naciones determinadas han tenido su razón de ser en las condiciones de forzoso aislamiento en que los pueblos han debido vivir, ya por causa de dificultades en los medios internacionales de comunicación, ya por la diversidad de intereses y tendencias religiosas o políticas, ya por la existencia de instituciones que imposibilitaban una solidaridad que sin mirar fronteras y sin respetar tradiciones hiciera el bienestar de los pueblos por los beneficios de la compensación internacional de los productos.

Lógico nos parece pues que haya sido posible la creación de la fábula de las doce vacas gruesas y las doce delgadas, representando a los doce años de abundancia y los doce de carestía en los cuales su-

[3] Paul Minck, *Discours à la Redonde*, París.

cumbió por hambre parte de la población de Egipto. No había medios suficientes de comunicación y transporte, existía latente ese gran antagonismo de razas que aislaba al pueblo egipcio de sus vecinos, y natural consecuencia debía ser que los no previsores sucumbieran por falta absoluta de medios de subsistencia. Eran pues las crisis antiguas, crisis por *carencia* de productos, engendradas no por falta absoluta del producto sino por la imposibilidad relativa de establecer un intercambio internacional del producto escaso.

Esas formas de crisis han podido existir en consecuencia como resultado del grado de civilización de los pueblos, y han sido el producto del estado a que la evolución social y económica había llegado en ese entonces.

Siglos más tarde encontramos a la Italia pagana estableciendo a la perfección el sistema del intercambio internacional; Sicilia fue durante ocho siglos su granero, en los años en que la carestía de cereales amenazaba con el espectro del hambre a sus pobladores. El progreso había conseguido derribar fronteras y los tiranuelos sículos no se negaban a comerciar con los césares romanos y con sus aliados.

Siempre, sin embargo, las probabilidades de una crisis eran debidas a posible *carencia* de productos, pues los medios casi embrionarios de producción permitían apenas alcanzar a subvenir a las necesidades generales del consumo.

Hoy el problema ha cambiado de aspecto y la crisis moderna, que no excluye a pueblo alguno, tiene causas diametralmente opuestas a las que antiguamente las producían. La crisis actual en sus formas múltiples reconoce por causas la exuberancia de productos y la sed de especulación.

Es el fenómeno más extraño que puede haberse producido en el campo económico, y ninguno de los economistas que no tuvieron ocasión de presenciarlo en sus comienzos o en su desenvolvimiento llegó jamás a preverlo ni a dudar siquiera de su posibilidad.

"Si en una visión de lo futuro, un hombre del último siglo hubiese contemplado los vapores sustituyendo a los buques de vela, el tren a la galera, la máquina para segar a la guadaña, la trilladora al mayal; si hubiese oído las pulsaciones de las máquinas que, obedientes a la voluntad del hombre y para satisfacción de sus deseos, ejercen un poder mayor que el de todos los hombres y todas las bestias de carga de la tierra juntas; si hubiese podido ver los árboles del bosque transformarse en maderaje acabado, en puertas, marcos, tablas, cajas o barriles, sin que la mano del hombre interviniese apenas para nada; los grandes talleres en los cuales botas y zapatos se hacen con menos fatiga de la que el viejo remendón empleara antaño en poner una suela; las fábricas donde, bajo la vigilancia de una muchacha, el algodón se convierte en tela con más presteza de que lo hicieran centenares de hilanderas diligentes y robustos tejedores con sus telares movidos a mano; si hubiere visto martillos a vapor dando forma a capiteles inmensos y a enormes áncoras, y maquinaria delicada haciendo relojes diminutos; el taladro de diamante cortando las duras rocas, y el aceite mineral sustituyendo los productos de la ballena; si hubiese calculado la enorme economía en el trabajo que resulta de las mayores facilidades en el cambio y de las comunicaciones perfeccionadas: ovejas muertas en Australia y comidas frescas en Inglaterra, y la orden dada por un banquero de Londres por la tarde ejecutada en San Francisco por la mañana del mismo día; si hubiese podido concebir el sinnúmero de mejoras que estos espectáculos sugieren, ¿qué consecuencias habría deducido sobre las condiciones sociales de la humanidad?

"No una deducción, sino la visión de una realidad maravillosa y grande, hubiera surgido ante sus ojos.

"Con la fuerza de la imaginación hubiera visto que estas nuevas fuerzas elevaban la sociedad desde sus cimientos, sacando de la posibilidad de la miseria a los más pobres, y arrebatando de la ansiedad de las necesidades materiales a los más bajos; hubiera visto a esos esclavos de la ciencia emancipando la humanidad de la maldición tradicional, a esos músculos de hierro y nervios de acero convirtiendo la vida del más pobre jornalero en un día de fiesta, en el cual toda alta cualidad y noble impulso hallaría espacio en que crecer.

"Y de esta espléndida situación material habría visto salir, como sus naturales consecuencias, condiciones morales realizando la edad de oro que siempre ha soñado la humanidad. ¡La juventud ya no raquítica y hambrienta; la vejez no maltratada ya por la avaricia; el niño dominando al tigre; el hombre de condición más humilde embriagándose en la esplendidez de las estrellas! ¡Desaparecida la suciedad, la fiereza trocándose en mansedumbre, la discordia en armonía! ¿Cómo sería posible la codicia donde todos tuvieran lo suficiente? ¿Cómo existir el vicio, el crimen, la ignorancia y la brutalidad que provienen de la miseria y del temor de ella, donde ésta hubiese desaparecido? ¿Quién adularía donde todos fuesen libres? ¿Quién oprimiría donde todos fueran iguales?"[4]

Sin embargo la realidad dista mucho de responder a las justas predicciones que pudieron hacerse; no hay continente, país, provincia, ciudad o aldea donde un clamoreo general de descontento no anuncie claramente que las condiciones económicas de todas las clases sociales empeoran rápidamente, sin que sea posible en apariencia detener la ola gigantesca que todo lo amenaza.

[4] Enrique Georges, *Progreso y Miseria*, p. 3.

Desde el propietario de inmuebles, víctima por un lado de la desvalorización efectiva de su propiedad y por el otro de los crecientes impuestos que el estado le inflige, hasta el miserable peón que ve disminuir su salario y aumentar el costo de los artículos de primera necesidad, todos son o creen ser víctimas de la hecatombe económica.

El estado, el mayor de los grandes propietarios y el más gigantesco de todos los capitalistas, ha emprendido su obra de absorción y continuamente concentra todas las grandes fuentes de la productividad. A las empresas privadas, incansables perseguidoras de un *interés* cada vez menor, se sustituye la gran empresa oficial; el banco, el ferrocarril, los canales, las aduanas, los telégrafos, las industrias lucrativas, pasan a ser exclusivo privilegio del estado, y la acción individual se esteriliza por ser incapaz a resistir su competencia.

Y lo que pasa con el estado respecto a los grandes capitales, sucede con éstos respecto a los pequeños, con éstos respecto al industrial, y con éste respecto al obrero independiente.

De esa gradual lucha de competencia favorecida en especial manera por el perfeccionamiento de la maquinaria, por la introducción del vapor y la electricidad, por la aplicación colectiva de la acción manual, ha resultado el campo de agramante actual, en que, no la lucha por la existencia, sino la lucha por la destrucción del competidor, lleva la cuestión económica al terreno de la miseria.

El triunfo de los grandes capitales en su lucha contra los pequeños es fuera de toda duda el fenómeno más positivo que nos revela el gran conflicto económico universal; la superioridad, en clase y cantidad, de los medios de producción pone al más fuerte en condiciones de destruir al pequeño capitalista sin pérdidas que le sean sensibles: el perfeccionamiento de las maquinarias y la disminución de los salarios de los obreros le permiten, junto con la mayor división del trabajo, obtener el producto a un precio menos elevado cuanto mayor es el capital.[5]

Obtenido en esas condiciones el producto a menor precio, puede sin disminuir su interés ofrecerlo por menor valor a los consumidores, quienes encontrando en ello un beneficio lo consumen, disminuyendo o suprimiendo la demanda del pequeño capitalista que sucumbe por inanición.

De ese sistema de competencia resulta un desarrollo industrial aparentemente beneficioso; pero junto con la disminución del valor intrínseco del producto, debido a que el perfeccionamiento de las maqui-

---

[5] Dedúzcase siguiendo esa proporción con qué disminución de actividad y esfuerzo podrá la humanidad producir más de lo que necesita para su consumo cuando, desapareciendo los capitales individuales, exista un solo capital social igual a la suma de todos ellos y que pertenezca a los productores mismos.

narias requiere menos tiempo de trabajo para la producción, no viene
el aumento de consumo proporcional, resultando que las máquinas y
en general todos los medios de producción quedan sin funcionar, este-
rilizándose todos los productos que en ese tiempo de inmovilidad
pudieran producirse en beneficio social.

En esas condiciones desaparece por completo la figura de industrial, y la industria queda incluida en el capital siendo hoy exclusivo
privilegio de la clase capitalista; los que forman esta clase sujetan y
limitan las fuerzas industriales a su propia conveniencia, es decir a la
conservación y aumento de su interés, limitando la productividad de
las fuerzas de producción con sujeción a la demanda y no con arreglo
a las necesidades sociales. Este hecho constituye lo que los juristas de
oriente llamaron delito contra la sociedad, constituyendo los delincuentes al amparo de la legislación burguesa lo que Fourier acertadamente
llamó *feudalismo industrial*.

Bajo su dominio ha desaparecido también el comerciante, desdo-
blándose en capitalista o en proletario. Pudo en efecto existir el comerciante en épocas en que la actividad y el riesgo personal hallaban ancho
campo a la transacción altamente beneficiosa de los productos ajenos;
el riesgo de trasladarse a las Indias orientales u occidentales en busca
de un mercado era recompensado por un extraordinario interés en la
operación; hoy faltan mercados para extender el consumo y la acción
personal no puede lógicamente conseguir lo que los gobiernos burgueses
no obtienen a sangre y fuego en el corazón del África: la creación de
nuevos mercados de consumo.

El comerciante, hemos dicho, que en la actualidad puede ser solamente capitalista o proletario. El alto comercio es tal y subsiste en
ese carácter mientras está provisto de capital o de su equivalente el
crédito; el pequeño comerciante es un proletario que desempeña el rol
de facilitador de la venta del producto, distinguiéndose del corredor
circulante asalariado en que tiene cierto pequeño capital empleado
en la instalación de un local fijo para sus transacciones; sus utilidades
representan un *salario proporcional* regulado por la cantidad de productos que expende. Está muy lejos de ser, como se ha dicho, un
simple explotador que exige un *interés* por su intervención en las transacciones; es un obrero cuyo trabajo está representado por las manipulaciones, atenciones y trabajo material que suelen requerir las ventas
al menudeo.

Junto al gran fenómeno de la concentración económica, manifes-
tada por el continuo y abrumador engrandecimiento de los grandes y
la ruina cada vez mayor de los pequeños, aparece la gigantesca sombra de los caídos en la lid más positiva entre los poseedores de los
medios de producción y los que sólo disponen de su esfuerzo intelec-

tual o material: la lucha de clases entre la burguesía y el proletariado. Las clases intermedias y las medias tintas sociales desaparecen rápidamente, e introduciendo la metáfora en la economía podremos sin vacilaciones afirmar que siendo el proletario intelectual o manual el ahorcado, el pequeño propietario y el pequeño comerciante son los candidatos para la horca.

Esa lucha de clases, que la actitud de la burguesía justifica, representa no el odio de una fracción de la especie humana contra la otra, sino el antagonismo de dos factores de la producción universal que pretenden mutuamente sobreponerse; el uno quiere perpetuar el sistema de la explotación, el otro quiere implantar el reinado de la Justicia. ¿Cuáles son las causas de ese mal que en el interés de todos está subsanar? ¿Cuáles los medios de suprimirlas?

En la mala organización económica actual de la sociedad debemos buscar ese origen, pues vano sería pretender llevar a cabo una evolución con sólo abolir los efectos, dejando las causas que los engendrarían infaliblemente y nos volverían a colocar en las condiciones precedentes. Siendo los factores que regulan la producción universal[6] el capital y el trabajo, en sus relaciones es necesario encontrarlas.

De esos dos factores el uno (capital) representa los medios de producción o instrumentos de trabajo, de que *necesariamente* debe valerse el otro (trabajo) para originar los productos, resultando el vasallaje del trabajo que debe estar sometido, ante su impotencia para producir aisladamente, a la conveniencia del capital.

La introducción de la maquinaria, como propiedad individual, ha modificado con el aumento en la producción las condiciones mutuas de ambos factores. Aumento de producción permaneciendo constante el consumo[7] significa aumento en la oferta y lógicamente disminución

---

[6] Numerosos economistas burgueses suelen admitir tres factores de producción: tierra, trabajo y capital, reconociendo la repartición del producto en tres partes: renta, salario y una tercera, interés, que algunos llaman beneficio o utilidad, cometiendo una *sinécdoque*.

Nosotros consideramos que solamente existen dos grandes factores de producción comprendiendo el uno los medios de producción y el otro las fuerzas de aplicación: capital y trabajo. La tierra, siendo un medio de producción (el más importante), entra en la acepción de capital, y la renta no es más que una forma de interés.

[7] El descrédito en que ha caído por su propia incoherencia la conocida ley de Malthus nos ahorra el insistir sobre este punto. Recordamos solamente que esa ley es falsa en primer término porque la población no aumenta en proporción geométrica según nos demuestra la historia; y, en segundo lugar, porque la cantidad de productos no aumenta en proporción aritmética, y prueba de ello los descubrimientos de maquinarias que permiten elaborar en un minuto lo que ha pocos años requería días de trabajo. Finalmente porque aún siendo cierto que la población aumentara en dicha proporción, en la misma aumentaría

en la demanda, de lo cual se origina una primera disminución de los salarios. Enseguida la superabundancia de productos y la perfección de las maquinarias, con disminución del número de obreros empleados, origina una oferta de brazos que imprime un descenso más poderoso aún al termómetro del salario.

Y no se crea que allí se detiene la catástrofe de este último; la entrada de la mujer a cooperar en la producción no significa más que un aumento en el número de competidores con desastrosas consecuencias para el proletariado en general, aparte de que la explotación económica ha sentado también sus reales entre la infancia, realizando el hecho más indecoroso que pudo cumplir jamás sociedad alguna: se arranca el libro al niño para hacerle empuñar la herramienta y colocarle frente a su padre en la gran lucha sin cuartel de la competencia en el trabajo.

Hallándose acumulada la propiedad de los instrumentos de trabajo en manos de la clase burguesa, ésta se encuentra con los medios que necesita la clase productora, quien no pudiendo adquirirlos los utiliza dejando a la clase capitalista una parte de lo que ella exclusivamente produce (interés).

¿Cuál es en este caso el trabajo efectuado por un capitalista para tener derecho a esa parte de productos? Ese trabajo, en el caso de existir, ¿por qué producto está representado? Indiscutiblemente por ninguno; luego, no ha habido trabajo, pues no puede racionalmente admitirse un trabajo improductivo.[8] En esa forma el capital reduce su misión a apropiarse indebidamente de una parte de los productos del trabajo de la clase obrera.

Suele objetarse que el interés no es más que una compensación por los riesgos del capital, pero si los medios de producción que él representa fueran de propiedad colectiva, serían colectivos los riesgos y nadie individualmente podría ser por ellos perjudicado.

Por otra parte, actualmente el interés suele en todos los casos ser mayor que los riesgos y por consiguiente hay de igual manera apropiación del producto del trabajo ajeno.

Para justificarla se ha inventado el seductor sistema de los salarios por dirección, que son una relativa recompensa cuando existe ese trabajo. Pero ocurre aquí preguntar: ¿Cuál es el trabajo de dirección que efectúan los accionistas londinenses de las grandes empresas de la Argentina y de la India? Téngase presente que entre los accionistas de las sociedades anónimas es corriente no saber dónde ni cómo están

el número de productores y consiguientemente (prescindiendo del perfeccionamiento de los medios de producción) la cantidad de productos.

[8] El dedicarse a trabajos improductivos es una prueba característica de la demencia. Véase Lombroso, en Genio e Follia.

vinculados sus capitales; suele bastarles conocer a cuánto ascienden los dividendos.

Desconceptuados pues los riesgos y los salarios de dirección, debemos aceptar la definición del interés que dan otros economistas también de la burguesía: interés es la ganancia por el *uso* del capital. Háganse colectivos los medios de producción y se habrá evitado de pagar ese moderno *diezmo* que representa el latrocinio de unos pocos en los productos de la clase trabajadora.

Suprimir pues ese *interés* es el problema que encierra la solución de la cuestión social, dejando a los productores el producto de su trabajo.

Para suprimirlo, una sola vía se ofrece a los economistas: la transformación de la propiedad individual de todos los medios de producción en propiedad colectiva o social. Con esta sola fórmula es posible evitar la apropiación de un interés, y por tanto a su realización deben cooperar todos los hombres amantes de la justicia y de la igualdad.

La crisis avanza mientras tanto con vertiginosa rapidez, envolviendo en su luctuoso manto a toda la especie humana sin respetar nacionalidades ni fronteras; arrojando sus dardos contra el capitalista arruinado por la quiebra de la sociedad anónima o por la fluctuación rápida de los títulos en la bolsa, y contra el obrero que en las puertas del taller espera que crujan las ruedas de la máquina cuando la demanda exija un aumento de la producción.

En presencia de esa gran crisis, verdadera *debâcle* económica, debemos calcular cuáles beneficios nos reportaría un organismo social en el cual no permanecieran grandes almacenes repletos de productos que no encuentran comprador a precios remunerativos, frente a ejércitos de hambrientos desocupados que levantan su pendón rojo con la insignia: *pan y trabajo*; en cuyo seno no se anidaran millares de seres prostituidos por el ocio y la ignorancia, frente a minas que no funcionan, campos que nadie siembra y talleres que disminuyen el número de sus obreros; un organismo social en fin en que nadie se arruinara por tener un exceso de productos almacenados sin encontrar quién pueda consumirlos, y en que nadie tuviera que ceder una parte de su trabajo al poseedor de los medios de producción y que sacrificarse en aras de una competencia industrial que no tiene absolutamente razón de ser.

III

>   Propiedad colectiva de los medios de producción.
>   Libre disposición individual de los productos
>   del trabajo.
>   Manutención de los inhábiles por la colectividad.

Lastimera confusión reina en el campo económico respecto a los sistemas que pudieran en el porvenir evitar las grandes incongruencias que afean el decrépito edificio de la organización burguesa.

Se ha pretendido combatir al socialismo con artificiosos argumentos, y lo único que se hace es combatir al monacal socialismo de estado o a los falansterios y utopías de los Fourier y los Moore; ni han faltado tampoco anarquistas de salón que, sin ruborizarse de ser al propio tiempo individualistas y comunistas, han tenido el ardid, en su ignorancia de lo que es colectivismo, de razonar con mucho aplomo de "salariado colectivista" formando una escuela de *soi-disant* anarquistas que, conquistando el pan, usan de tales el nombre sin poseer en ningún caso las ideas.

Consta la suma del *haber social* de dos grandes factores de que la humanidad puede disponer: 1] Medios productivos naturales y sociales (materias primas del globo, fuerzas naturales, maquinarias, etc.) o capital (suma de los valores de esos medios de producción) ; 2] Trabajo (acción de la especie humana para conocer, apropiarse y utilizar esos medios) o producto (suma de los valores de lo originado por la acción del trabajo). En las condiciones económicas presentes, y más aún en las futuras, la acción humana para ser suficientemente productiva debe además utilizar las llamadas fuerzas económicas (división, asociación, cooperación del trabajo, etc.) que requieren para ser eficazmente aplicadas la acumulación de ambos factores, siendo la acción individual cada día más suplantada por la acción colectiva.

La posesión de los medios de producción o capital, que el factor trabajo necesita para producir, puede revestir ante la sana economía solamente tres formas, constituyendo sus defensores tres distintas escuelas netamente deslindadas entre sí, y que deben ser necesariamente intransigentes porque son antagonistas.

Propiedad individual, propiedad corporativa, y propiedad colectiva o social.

La primera de ellas cuyos perjudiciales efectos palpamos en la actual crisis universal puede, sin embargo, revestir otra forma según que se acepte el hecho consumado o se pretenda nivelar las condiciones sociales antes de adoptarla. En el primer caso tendríamos sin modificación la actual burguesía (véase capítulo anterior); en el segundo... *risum teneatis*... tendríamos la repartición de la riqueza.

Admitamos por un momento la posibilidad de practicar este segundo expediente y de efectuar con equidad el bienaventurado reparto; los inhábiles al trabajo estarían imposibilitados a aplicar en ninguna forma una acción personal que por causas congénitas o adquiridas no poseen, viéndose así obligados a ceder los medios de producción que en el reparto les correspondieran en cambio de una cantidad de productos elaborados por otros y que ellos deberían consumir para conservar su existencia. Andando el tiempo los más hábiles y los más fuertes habrían acumulado todos los medios de producción que los inhábiles les hubieran cedido, quedando de hecho erigidos en nueva burguesía con iguales atribuciones, autoridad y derechos que la actual.

Eso sucedería infaliblemente colocándonos en el mejor de los casos; es decir que el reparto fuese equitativo, que todos los individuos hábiles al trabajo se dedicaran a él no prefiriendo el ocio al esfuerzo, y que no predominaran la violencia y la fuerza brutal trayendo la expropiación de los débiles.

Volviendo pues al estado actual no cabe duda de que idénticos defectos debería tener la sociedad nacida del reparto; no vendría a satisfacer el primer requisito que debe llenar toda reforma que pretenda solucionar la cuestión social, pues no suprimiría en manera alguna la división de la sociedad en clases.

La propiedad corporativa de los medios de producción puede también revestir dos formas distintas, pero igualmente deficientes.

Una de ellas consistiría en la organización de las corporaciones de oficios bajo la protección del estado quien les aseguraría la propiedad de los medios de producción. Éstos serían inalienables y sustituibles (por intermedio del estado) previo pago de su valor, y el estado vigilaría que nadie pudiera individualmente poseer o usar medios de producción semejantes, ni ejercer semejante oficio, sin estar inscrito en la corporación correspondiente.

Este sistema es en un todo idéntico al de las corporaciones que tan en voga estuvieron entre los pueblos anglo-sajones desde el siglo XII al XV y que eran el refinamiento de un sistema de esclavitud colectiva fundado en la supresión absoluta de la libertad del trabajo.

Admitiendo que una o varias corporaciones implantaran este sistema, ningún beneficio reportaría a la humanidad, y la solución de la cuestión social no habría adelantado un paso, pues semejante absurdo económico presupone la existencia de un estado con una autoridad, y de una imposición, admitiendo en suma dos clases sociales tal como hoy las admite la burguesía.

La segunda forma, un tanto más racional que la anterior, y en alto grado fascinadora para los profanos de la ciencia económica, tiene el gran inconveniente de adolecer de todos los defectos que caracterizan el sistema individual.

Consiste en la substitución de la propiedad individual de los medios de producción por la corporativa, con abolición de estado y autoridad y la organización y administración de la sociedad por los delegados o representantes de las corporaciones, quienes establecerían el canje de productos de acuerdo con la oferta y demanda sociales.

En este sistema se sustituye la competencia entre individuo e individuo, por la guerra entre corporación y corporación; se transformaría la transacción universal en campal batalla en que las corporaciones poderosas subyugarían a las débiles, gracias a la mayor acumulación de ambos factores de producción, y se engendrarían desigualdades que habrían de ser sin duda cuna de clases sociales con opuestos intereses y encontradas aspiraciones.

Dada la insuficiencia de esas formas de propiedad de medios de producción, sostiene el socialismo científico que esa propiedad debe revestir la forma colectiva, es decir que todo lo que todos necesiten para producir debe pertenecer a la colectividad humana, teniendo sus miembros derecho al *uso* de esos medios de producción y sin que ningún individuo o agrupación pueda adquirirlos en propiedad y por consiguiente enajenarlos.

Generalizados los medios de producción y siendo su uso accesible a todos los individuos de la especie, nadie se verá obligado a dejarse apropiar un *interés,* desapareciendo por consiguiente toda explotación.

Lógica consecuencia de la transformación del sistema propietario, la desaparición de las clases sociales, y la transformación de la humanidad en una sola de individuos con iguales derechos ante los medios de producción y con iguales deberes respecto a los demás individuos.

Teniendo libremente a su disposición los instrumentos de trabajo, los hombres tendrán la libre disposición de lo que produzcan, que representará trabajo y que será individual con el fin de garantir la acción y la libertad personales. Estos productos individuales con cuya libre disposición se deja al productor la libertad para obrar de acuerdo con su voluntad y su conveniencia, no pueden en manera alguna perjudicar a la colectividad pues no pudiendo producir interés no pueden engendrar una desigualdad real entre los individuos, ni ser base de una explotación agrícola o industrial.

Su acumulación en manos de un individuo sería un beneficio para la colectividad entera, que a su muerte sería beneficiada por un aumento extraordinario en la cantidad de productos a consumir.[9] Puede solamente objetarse que alguien acumularía con trabajos extraordinarios una cantidad de productos (o de algún equivalente que los representara) tal que le permitiera pasar largos años de holganza; sin embargo es de advertir que la suma de lo acumulado no sería ni más ni menos que la suma de lo producido por el individuo, y en consecuencia lo que en la época de inactividad pudiese consumir sería exactamente igual a lo que hubiese producido.

No puede haber como pretenden nuestros enemigos, los individualistas, creación de nuevos capitales por acumulación de productos, pues el capital representa la acumulación de los medios de producción y en ningún caso de los productos. Sólo por ignorancia o por afán de engañar puede formularse semejante objeción. Además es necesario considerar que si actualmente el trabajo es una tortura, por la expoliación que entraña y porque engendra una relativa inferioridad, ese deseo de holgazanear es justificado; mas no podrá existir en una sociedad más justa donde el trabajo intelectual y material será generalizado, atrayente, honroso, de escasa duración, bien recompensado, y donde por la fuerza de los hechos la holgazanería será aburridora y deshonrosa.

Habrá indudablemente entidades, individuales o corporativas, que acumularán productos o su equivalente para luego dedicarse por completo a estudios filosóficos, sociales, literarios, económicos, científicos, etc.; a ellas corresponderá el agradecimiento social pues serán las propulsoras de la humanidad en el sendero del progreso y la ciencia con beneficios indiscutibles para la sociedad entera.

El estímulo que hoy aguza los talentos con fines puramente especulativos, mañana revestirá la forma de competencia en beneficiar a todo el organismo social; será mayor el número de aquellos que se dedicarán a investigaciones altamente útiles cuando nadie deba circunscribir sus aptitudes por falta de instrucción o por falta de medios de subsistencia.

¿Quién puede concebir hoy el desarrollo de las ciencias en una época en que todos los aptos podrán dedicarse a ellas? Y como las ciencias, todas las ramas de la intelectualidad humana alcanzarán un desarrollo que hoy es utópico calcular.

Dos escuelas opuestas, la individualista y la comunista (burguesía y anarquía), sostienen que el colectivismo está en disidencia con las modernas doctrinas sobre la evolución de las especies y sobre su selección por supervivencia de los más aptos.

---

[9] Es lógico que en un organismo social en que la colectividad diera a todos los individuos hábiles los medios para desenvolver sus aptitudes, la herencia no tendría en ninguna de sus formas razón de ser.

Examinando las condiciones de desenvolvimiento que la actual organización (individualista) ofrece al individuo, tendremos demostrada la incoherencia de la primera escuela al formular la objeción. Una parte de los seres humanos nacen rodeados de atenciones, higiene, medios de subsistencia e instrucción que le son necesarios para su perfecto desenvolvimiento, y al ingresar en la especie encuentran que otros han acumulado lo que ellos necesitan para subsistir; ya por herencia, ya por astucia en la apropiación de los productos del trabajo ajeno. Otra parte, la más numerosa, quizás el 80%, inicia su existencia como factor social con lactancias escasas por extenuación del ser madre, con el mayor descuido en lo que a la higiene y educación se refiere, y como consecuencia con esa falange de enfermedades que engendradas por la no observancia de los preceptos higiénicos hace sucumbir una parte muy sensible de la infancia, que no viene a tener participación en la constitución y selección de la especie.

En tales condiciones ¿quién puede imaginar una verdadera selección natural con *supervivencia de los más aptos?* Nadie pretenderá sostener que la primera fracción de individuos se encuentra en igualdad de condiciones que la segunda; aquéllos nacen con el triunfo anticipado por las condiciones en que la lucha se les presenta. Es indiscutible que no puede desarrollar sus facultades intelectuales el que debe desde la infancia someterse al salario y no puede costear los estudios valiosos que son hoy el privilegio de unos pocos; las fuerzas físicas no pueden encontrar medios de desenvolverse cuando se carece de alimentación suficiente, vestidos, gimnasios, y tiempo para cultivarlas; finalmente no pueden educar el sentimiento moral los que se inician en la existencia entre miserias y vilezas que, desde la promiscuidad en la habitación hasta la humillación en la servidumbre doméstica o industrial, prostituyen el sentimiento de lo noble y de lo bello.

Lo que actualmente se realiza es única y exclusivamente una *selección artificial* con supervivencia de los más provistos de medios de lucha, como resultante de la desigualdad en las condiciones económicas. La *selección natural* puede solamente efectuarse entre individuos que tengan iguales medios de acción; de dos contendientes, uno desarmado y el otro provisto de un arsenal bélico, este último triunfará indefectiblemente.

La escuela *comunista* olvida, al estrechar la mano al individualismo burgués, que no puede haber *selección natural,* ni siquiera *artificial,* en un organismo donde la actividad común se confunde y en que las aptitudes individuales caen víctimas de la comunidad de los productos engendrados por la acción personal o asociada.

Quitando al individuo productor la *libre disposición* del producto de su trabajo se comete el más vergonzoso de los atentados contra la libertad individual, base granítica del edificio de la solidaridad colectiva. A la opresión del burgués o del capitalista se sustituye la opresión de la comunidad.

Ejerciendo esa coacción sobre la libertad del individuo, que es tal libertad desde el momento que no perjudica la libertad ajena, se impide el libre y completo desenvolvimiento de las aptitudes, y no puede admitirse que existan individuos que sostengan concienzudamente ideas que encierran una imposición, y una contradicción respecto a las leyes naturales que la ciencia ha comprobado.

Sostener que la comunidad debe usar y disponer de los productos engendrados por la colectividad social con el fin de no crear desigualdades, es un absurdo evidente si se considera que esos productos no pueden convertirse en medios de producción, ni producir un interés. No hay pues causa alguna que justifique semejante atentado contra la libertad de cada productor.[10]

Suele creerse, especialmente entre la burguesía, que la escuela comunista es más adelantada sociológicamente que la colectivista; no puede ni debe perpetuarse esa creencia, que es un monstruoso absurdo social.

El comunismo es la escuela que veinte años ha prevaleció entre el proletariado a causa de que los estudios sociales se hallaban en estado embrionario y que no había podido aún encontrarse un sistema económico que, asegurando la libertad de cada uno en la disposición del producto de su trabajo, asegurase al propio tiempo la imposibilidad de cualquier explotación agrícola e industrial impidiendo la formación de clases sociales desiguales ante los medios de producción.

El socialismo científico, defensor de la escuela colectivista, da a todos los individuos de la especie humana la propiedad colectiva de los medios de producción que, con la asociación libre en el trabajo, asegura la solidaridad humana, excluye la explotación del hombre por el hombre, y coloca a todos los individuos en condiciones igualmente favorables para desarrollar libremente sus aptitudes; con la libre disposición de los productos del trabajo la independencia y el albedrío personales quedan asegurados, el libre desenvolvimiento hará sobresalir *en beneficio común* a los que estén provistos de mayores aptitudes, y se realizará una vez para siempre la fórmula de los más nobles economistas: A los productores, el producto de su trabajo.[11]

[10] Suele objetarse que con la libre disposición de los productos del trabajo se podría engendrar una clase inferior, formada por aquellos que se hallasen en la imposibilidad de producir lo que para su existencia necesitan. El colectivismo instituye como deber social la manutención de los inhábiles al trabajo, por parte de la colectividad.

[11] Todos los defensores del proletariado, sin distinción de escuelas, son víc-

IV

La *autoridad política* creada y sostenida por las clases explotadoras de todas las edades y hoy por la burguesía, está destinada a desaparecer para ser sustituida por una organización social que en sus detalles es imposible prever, pero que nacerá de la conveniencia de todos los hombres, por general consentimiento, y que probablemente afectará de un modo especial los servicios públicos y la regularización de los trabajos que requieren el empleo de las fuerzas de asociación y cooperación con el fin de aumentar y mejorar la producción en beneficio de los mismos productores.

Ciertos doctores, dice Graham Summer, de la sociología se hallan bajo el imperio de la superstición del gobierno, y olvidando que un gobierno nada produce, pierden de vista un hecho que siempre debe recordarse: que el estado no puede dar un céntimo a un hombre sin sacar ese céntimo a otro, y que este último es el hombre que ha producido y que ha ahorrado el céntimo.

Consecuentemente el estado político no productor bajo el punto de vista económico puede solamente crear una estirpe de estériles consumidores, y debe necesariamente ser sustituido por una organización que si no será directamente productora, aumentará indirectamente la producción regularizándola, y mejorándola.

Aunque no militamos en las filas más avanzadas del socialismo, hacemos constar nuestra protesta contra algunos comités que en sus declaraciones de principios afirman que el Partido socialista aspira (como *fin*) a la "posesión del poder político por la clase trabajadora". Convencidos de que la organización como partido político es el *medio* más racional y positivo para arribar al triunfo de los ideales de nuestra escuela, creemos también que cuando el socialismo se haya impuesto, por la fuerza que emana de la convicción, y de la evolución del orden social (que puede alcanzar su período álgido en la revolución), será su obra la destrucción de toda autoridad política coronando así su obra emancipadora.

Entendemos que esa declaración es una ligereza imperdonable,

timas de un error que les hace incurrir en manifiesta contradicción con sus propias doctrinas; pretenden dar a los productores el producto *íntegro* de su trabajo. ¿Y de dónde sacarán los productos necesarios para la manutención e instrucción de los niños, de los inhábiles al trabajo y de los ancianos?... O no existirán esos deberes sociales o no podrá darse a los productores el producto *íntegro* de su trabajo. Adóptese consiguientemente en el porvenir una fórmula que exprese la deducción debida a los cargos sociales, para impedir en todos los socialistas una posible autosugestión, que luego los burgueses nos echan con frecuencia en cara.

pues está en contradicción con el principio socialista que proclama la abolición del dominio del hombre sobre el hombre. Si sostenemos la abolición de la autoridad política ¿cuál será el poder político que poseerá la clase trabajadora? Esperamos la respuesta de todos los pseudosocialistas que tienen esa aspiración.

Suele por desgracia, y como efecto de un error habilidosamente inculcado en las masas, confundirse en la noción de gobierno dos ramas distintas en su fin y en sus formas, que la burguesía ha unido para hacer más racional su tiranía: autoridad y organización. La primera de ellas es la negación de la libertad, de la igualdad, del derecho, de la razón y del libre albedrío. La segunda es necesaria, pues sin ella, en las actuales condiciones de progreso, es imposible no desperdiciar gran parte de fuerzas productivas, que con su aplicación regular pueden beneficiar colectivamente a todos los productores.

Por eso somos partidarios de la supresión de la autoridad erigida con fines políticos y con tendencias de dominio (aunque los pseudo-anarquistas nos llamen autoritarios y mistificadores), al mismo tiempo que en toda forma y manera predicamos y auspiciamos la organización sin la cual no puede haber instituciones estables.

Bajo otro concepto se ataca al socialismo levantando la calumniosa acusación de que es partidario del parlamentarismo y que perpetuará por consiguiente la existencia de clases dominantes y dominadas; remitimos a los que padecen de un exceso de excitabilidad al capítulo v, donde trataremos de explicar la conveniencia para el proletariado de usar ese *medio* que la burguesía pone por obligación a nuestro alcance.

Partidarios decididos de la legislación directa, no debemos ni podemos sin perjudicarnos abandonar ese medio de propaganda y de mejoramiento social, que hoy tenemos a nuestra disposición, sin dejar por eso de luchar en pro de todo sistema u organización que consideremos más perfecto o avanzado.

Las *religiones* seguirán el curso invariable que la ciencia les ha señalado con matemática precisión.

Si llegan a existir, en la sociedad futura serán completamente independientes y la libertad de cultos será amplia, sin privilegios para religiones determinadas.

La razón y el albedrío individual deben ser los únicos mentores en materia religiosa y toda propaganda que en cualquier sentido puedan hoy hacer los socialistas es en nombre personal; es un mistificador todo el que la haga en nombre del partido, tratándose de una cuestión puramente individual.

En virtud pues de esa misma libertad de pensar que los socialistas proclamamos en alto grado, debe protestarse contra el ridículo socialismo católico que bajo el manto de la redención es el obstáculo que, junto al socialismo de estado, aleja el día de la emancipación social con sus regresivas contemporizaciones.

Si fuera admitido a figurar como verdadero socialismo en el campo de las investigaciones sociológicas, nos veríamos mañana con un probable socialismo protestante, uno judío, uno espiritista, uno mahometano, etc. Reivindiquemos pues con la ciencia y la razón el extravío de la conciencia humana, que llega a ser vil sierva de inquisidores y monomaníacos invocantes el nombre de seres cuya existencia está en la conciencia individual analizar.

En esos conceptos debe informarse la propaganda socialista, y como socialistas tenemos el deber de combatir todo lo que encierre una mistificación o entrañe un absurdo, demostrando o no los fundamentos ridículos de las religiones y las creencias que se perpetúan por ignorancia hereditaria entre los apóstoles elaborados en la escuela de la inconsciencia.

Ser socialista significa anhelar conocer la verdad pura y sin ambages, y por eso la discusión religiosa debe ser en nuestra época tomada en gran consideración, sin tener sin embargo derecho alguno de objetar en pro o en contra en nombre de la escuela o del partido.

La *instrucción* en la futura organización de la sociedad partirá del sano principio de su proporción con la capacidad del individuo y no de su limitación de acuerdo con los elementos pecuniarios de cada uno.

Hoy nos simulamos una enseñanza gratuita falsísima, porque es mirada de un punto de vista erróneo y fundada sobre bases inexactas. Se dice constantemente: "No estudia el que no quiere, pues las escuelas primarias son gratuitas y el alumno pobre recibe los libros y útiles de estudio." Pero observemos quiénes son los padres de los niños pobres y veremos cuáles son las causas que esterilizan esa enseñanza gratuita. Por regla general el obrero suele tener a su cargo numerosa familia, y el escaso salario que recibe no le permite vestir bien a sus niños (sin cuyo requisito no son admitidos en las escuelas primarias) ni apenas alimentarlos, viéndose en consecuencia obligado a emplearlos con el objeto de que ganen su alimento y un reducido salario para vestirse.

Estos niños que hasta hace 15 años no habían entre nosotros sentado plaza en las industrias, hoy comienzan a intoxicarse, corromperse y extenuarse en los grandes talleres, al propio tiempo que en el servicio doméstico se instila en ellos el servilismo y se deprime el sentimiento de la dignidad humana.

Esos pequeños obreros que por su corta edad son menos retribuidos que sus padres, inician contra ellos una competencia desastrosa cuyos efectos suelen siempre manifestarse por la baja de los salarios;[12] resulta un empeoramiento de las condiciones obreras que dificulta aún más la manutención por parte de los padres y que acentúa la ignorancia, que se transforma gradualmente en idiotismo hereditario.

Varios años ha Varlin, el heroico mártir de la insurrección proletaria del 71, arrojaba su anatema contra la actual instrucción primaria *gratuita*.

¿Hay, decía, suficiente número de escuelas para que todos los niños puedan recibir la instrucción primaria?[13] No.

¿Y recibida esa instrucción primaria, que sus padres no poseen, pueden recibir la instrucción secundaria? No. La familia es impotente para proporcionársela.

¡Entrégame tu niño!, clama la competencia industrial a la familia; y los pseudo-obreros de ocho años agotan su vitalidad en las minas y en los talleres.

Los derechos del niño son más sagrados, si es posible, que los derechos del hombre. Habitación, vestidos, nutrición sana, educación proporcionada a sus facultades, y la instrucción creadora del sentido de lo bello, ¡todo se le debe! Y si la familia no tiene suficientes medios para llenar ese deber, la sociedad tiene que acudir en su ayuda invirtiendo el equivalente de lo que el niño pudiera producir. Tan sólo cuando así sea la sociedad tendrá el derecho de castigar, pues recién podrá decir al culpable: tu libre albedrío no ha sido pervertido desde tu cuna.

Entendemos que la instrucción debe ser el eje sobre el cual debe evolucionar el niño para llegar a ser un hombre con decoro y amor propio, y que sólo por su intermedio podremos transformar a la especie humana en manera de hacerla digna del bienestar que la evolución económica le ha señalado.

A la enseñanza primaria sucederá la instrucción profesional o científica, según las aptitudes. El joven instruido y educado tendrá a su disposición ya el útil de trabajo para ser un consciente obrero, ya el caudal científico con que beneficiará a la sociedad por los frutos de su perfeccionamiento intelectual, el descubrimiento de las leyes naturales, y la creación de nuevas fuerzas de producción.

---

[12] Los salarios en la actualidad representan el mínimum necesario para la subsistencia del individuo-productor. Por consiguiente el descenso del salario debe necesariamente manifestarse por una reducción progresiva de ese *mínimum de subsistencia*, que en ciertas regiones de Italia, Hungría y España está hoy representado por cantidades escasísimas de cereales y algunas otras clases de vegetales que no tienen aceptación en los mercados de consumo.

[13] En las escuelas primarias de la parroquia de San Juan Evangelista han sido rechazados este año unos 150 niños. Lo mismo en las otras.

La *familia* entendemos los socialistas que debe tener por base la *unión libre* que no debe confundirse por ningún concepto con el *amor libre*.[14] La familia es la asociación de dos personas de sexo diferente, impelidos por esa ley natural que hace del hombre y de la mujer dos seres destinados a unirse para la propagación y el perfeccionamiento de la especie.[15] Atraídos por un mutuo afecto los dos seres se asocian para pasar toda su vida unidos, consagrarse el uno al otro y educar los nuevos seres nacidos de su unión.

La familia como las demás instituciones humanas tiene un *principio* inalterable, que consiste en la necesidad de la unión del hombre y de la mujer para la propagación y el perfeccionamiento de la especie humana, y en segundo término una *forma* que ha variado infinitamente a través de los siglos.

Diderot dice que han existido más de tres mil formas distintas de matrimonio, desde el amor libre (promiscuidad) hasta el matrimonio forzado entre desconocidos para conservar la pureza de la sangre aristocrática.

La forma que los socialistas tendemos a implantar tiene su racional fundamento en la emancipación social de la mujer y su igual nivelamiento bajo el punto de vista de los derechos con el hombre. Nosotros no queremos unión sin amor; las uniones forzadas son hechos inmorales que traen consigo consecuencias más inmorales aún. Creemos que el ideal de unión entre dos seres debe ser la indisolubilidad (*no impuesta*) con un fin social, hecha natural y lógica por fuertes garantías, de las cuales quedarían excluidas las conveniencias financieras para ceder su lugar a los afectos y sentimientos engendrados por el amor mutuo.

Asegurada la *unión libre*, con el máximum de libertad en la elección de los individuos, el cariño recíproco primero, y luego el crecimiento de los hijos serían los lazos naturales que asegurarían la indisolubilidad del matrimonio. De tal manera quedarían suprimidas las actuales *garantías legales* que sólo sirven para sancionar inmoralidades.

Podría presentarse el caso que las garantías naturales no fueran suficientes por razones de carácter o sentimientos divergentes; en ese caso será conveniente para la sociedad que esos dos seres se separen, pues su progenie iría a aumentar, como hoy lo hace el número de degenerados morales que fluctúa desde la enajenación mental hasta el idiotismo.

---

[14] La frase *amor libre* suele desgraciadamente ser usada sin comprender su significado. No es extraño ver designar con ese nombre a la unión libre, dando tela que cortar a los sicofantes de la sociologomanía burguesa.

[15] Benoit Malon, *Questioni Ardenti*, Milán, 1877, p. 144.

Con la unión libre sin intervención legal sanciona el socialismo el encumbramiento moral de la familia como base de la sociedad.

Deberes Sociales serán la manutención de los imposibilitados al trabajo (ancianos, enfermos e inválidos del trabajo) llevando así a la práctica los sentimientos de humanitaria fraternidad que nuestra escuela propaga.

Pretendemos que la *caridad* no exista como hoy con apariencia de hacer *favor* a los desgraciados, los cuales contraen en esa forma el deber de *agradecer* los beneficios que le aseguran aparentemente la existencia. Los socialistas sostenemos que es un *deber* de la sociedad mantener a aquellos que no por culpa propia, sino por un capricho de la naturaleza o por causas atavísticas, se encuentran desprovistos de elementos individuales para cooperar a la producción social.

Finalmente en el régimen socialista cada templo cederá sus altares a los bancos de una escuela; cada cuartel sus armas a los lechos de un asilo; cada convento sus misterios a la difusión científica de una biblioteca; cada cárcel sus cadenas y cerrojos a la asistencia de un hospital; y cada hombre con derechos será al propio tiempo un productor con deberes.

V

Justificada era la vulgar objeción que "el socialismo es imposible de llevar a la práctica", cuando Marx y los secuaces de su escuela no habían aún dado bases sólidas y concretas a la doctrina socialista, y cuando el campo sociológico se hallaba ocupado exclusivamente por utopistas, que más provistos de filantropía que de argumentos querían dar a la sociedad bases verdaderamente humanitarias, sin salir por eso de la árida estepa del idealismo social.

Mas hoy una numerosa estirpe de economistas ha entrado en el debate y, guiados solamente por la convicción nacida de la justicia de la idea, han demostrado que el colectivismo debe ser el producto necesario de la evolución económica a través de los siglos; por eso atribuimos solamente a ignorancia o interés el afán aún subsistente de formular esa objeción.

Hemos ya presentado una síntesis de lo que constituye la aspiración del socialismo científico y cuáles son los motivos que con vigoroso impulso lo impelen a la lucha. Vamos ahora a observar cuáles son los medios de que sus partidarios se valen o podrán valerse para hacer más próxima su implantación.

En primer término la posibilidad de una sociedad organizada de acuerdo con las doctrinas socialistas es innegable en una época en que se comienza con rapidísima marcha a sustituir la actividad y los medios de producción individuales por la organización colectiva del trabajo y por la acumulación de grandes capitales en forma de sociedades anónimas o sindicatos monopolizadores.

Las grandes máquinas que multiplican la producción requieren cada día más el trabajo asociado de muchos individuos, entre los cuales se sienta el principio de la división del trabajo. Ya no es posible al artesano trabajar aisladamente, como no es posible al pequeño capitalista obrar individualmente y sin buscar la cooperación de los demás capitales, y en esas vías en que se ha encarrilado la producción la evolución manifiesta sus primeros efectos.

Ésos son los grandes factores que podríamos llamar imprescindibles en la evolución económica y que aun por sí solos deben necesariamente cambiar la organización actual; pero a su lado encontramos los medios de lucha con que los proletarios pueden coadyuvar a la evolución y que se conocen en conjunto con el nombre de coalición de los trabajadores.

La *evolución* es pues la transformación lenta y natural de un orden de cosas dado en otro, que es el resultado de su organización y que suele ser a su vez causa de una evolución posterior.[16]

La revolución representa el período final o crítico de la evolución ya realizada, y la coalición de los trabajadores no es más que su primera manifestación.

Platónico es suponer que un cambio radical en las instituciones pueda realizarse por una rebelión localizada, por un movimiento prematuro o por un golpe de estado. Ni el grado exagerado de posibilismo que anima a los anarquistas que arrojando bombas o sembrando puñaladas pretenden con la violencia personal implantar un régimen comunista, ni un golpe de estado que pueda destruir al estado mismo, como sostienen los socialistas de estado, son capaces de cumplir esa evolución.

Los movimientos prematuros, como la insurrección gloriosa del 71 en París, son siempre estériles, pues no preparados los ánimos para recibir la simiente revolucionaria la esterilizan y revelan su impotencia esparciendo inútil sangre en jornadas luctuosas cual lo fueron las de la Semana sangrienta.

Cartagena en 1872 que en medio de la confusión republicana deja

---

16 Toda evolución social es causa y efecto de otra evolución. No es un ciclo finito como sostienen algunos positivistas; es tan sólo un período de la evolución infinita que ha existido y siempre existirá.

claramente brillar el sol de la emancipación económica, y Sicilia y
Lunigiana que en 93 se rebelan contra la condena al hambre que
la monarquía sabauda les inflige, son los eslabones de la gran cadena
revolucionaria que se inició el 48 en las calles ensangrentadas de París.
Esas revueltas fueron de todo punto estériles porque aún la evolución no se había efectuado, y en muy escasa proporción han sido
apreciados sus propósitos emancipadores por las masas proletarias que
todo ven tras el cristal que colocan ante su vista los escritores burgueses. Y más estériles aún, y casi diría perjudiciales, para la causa
de la emancipación son los atentados contra las personas, no bastando
el martirologio de los Ravachol, Vaillant, Henry o Caserio, para mejorar en un átomo la condición de la clase trabajadora, sirviendo por el
contrario a la burguesía para reprimir junto con los autores de atentados a los que buscamos la lucha en un terreno más racional y más
provechoso para el proletariado.

A esos perjuicios debe agregarse que los partidarios de tales ideas
cada día se sumerjen más en la fosa del descrédito y el odio, pues si
algunos los compadecían como utopistas, hoy todos los trabajadores
conscientes los repelen como criminales.

En el campo de los medios actuales no hay ni pueden haber divergencias ni escuelas; todos los medios racionales y lícitos deben utilizarse
para derrocar al monstruo de la opresión.

Sin embargo hay cierta diferencia de apreciaciones en lo que res-
pecta al momento crítico de la evolución, que acentuándose cada día
más tiende indiscutiblemente a formar dos escuelas que llamaremos
del período álgido del movimiento. La una, la *anglosajona*, tiene su
predominio entre los socialistas de esa raza y es pacífica en todo lo que
al cambio del organismo social se refiere. La otra, predominante entre
los pueblos del Mediterráneo, *latina*, cree necesario un movimiento
armado del proletariado universal para poder terminar la evolución.

Ambas son reflejo fiel del carácter respectivo de los pueblos en
que prosperan, y deben considerarse como simples diferencias de apreciación de los fenómenos sociológicos, sin mayor importancia ni trascendencia. Los medios comunes respecto a la lucha actual contra los
usurpadores de los medios de producción se condensan en el calificativo
de "*lucha de clases*".

Su significado es altamente explicativo: con los explotados o contra
los explotados, con los explotadores o contra los explotadores. Lejos de
todas las organizaciones burguesas que aparentando defender los derechos de la clase trabajadora se valen de ella para suplantar a partidos
con programas análogos, los proletarios y los explotados, sin distinción
de razas, orígenes, tradiciones, ni fronteras, se unen por separado y
constituyen un partido propio, un partido de clase en el cual deben

militar todos los asalariados, desde el ingeniero empleado de la compañía anónima hasta el obrero que vende su existencia por el salario del taller.

Constituidos en poderosa legión, organizada bajo los auspicios de la libertad individual indisolublemente vinculada a la solidaridad colectiva, la misión de los oprimidos es usar de todos los medios lícitos para luchar contra la burguesía y todos sus acólitos, acercando el día en que fuertes y unidos puedan restablecer el dominio de la justicia universal.

La propaganda es para nuestra causa lo que los rayos solares para la endeble yerba y la frondosa encina; sin ellos no se desarrolla ni evoluciona la clorofila, como sin propaganda permanecerían estacionarias nuestras ideas.

Por su intermedio debemos inculcar en los obreros la conciencia de sus derechos y de sus deberes, debemos demostrarle la injusticia de su estado, la explotación de que son víctimas, y finalmente convencerlos de que en su mano está terminar con el yugo que se les impone, y que hasta el presente no han sabido derribar sepultando entre sus ruinas a sus mismos institutores.

En su eficacia está nuestro adelanto, y para tenerla debe ser hecha con la palabra y con la pluma, con el ejemplo y con el sacrificio; en el taller y en el aula, en la oficina y en el seminario, en el cuartel y en la plaza; en las autocracias como en las federaciones y en las monarquías como en las repúblicas; en los consejos, en los tribunales y en los parlamentos; pública y secretamente; a las multitudes y al individuo, a las agrupaciones y a las familias, sin temores y sin vacilaciones, sin interrupción y sin tregua, multiplicando los argumentos y creciendo de intensidad.

Debemos hacerla en nombre de la libertad y de la justicia, de la ciencia y de la igualdad; hablando ya al sentimiento ya a la razón, con frase clara y sencilla, comprensibles argumentos, y fundados en las más elementales verdades.

Así solamente podremos hacer comprender a todos los asalariados que deben empeñarse en la gran lucha de clases y anudarnos en la invicta lid contra las injusticias sociales; así, y tan sólo así, podremos inducir a la clase proletaria a que se *coaligue* contra los expoliadores de su trabajo.

Bajo ese aspecto la lucha reviste nuevas faces; la clase productora se une, estrecha sus vínculos, y fuerte de su *derecho* se dispone a sostener una guerra de montoneras contra la clase que sólo posee el derecho de su *fuerza*. La huelga, las cooperativas y, últimamente, los *boicot* son las formas más comunes que suele revestir la desigual campaña.

La *huelga*, medio eficaz de propaganda, de resistencia y de ataque, merece ser estudiada, aunque sea ligeramente, por el falso concepto en que es tenida por sus mismos defensores.

Partidarios de ella porque la creemos de benéfica propaganda, tenemos la convicción de que no puede en nada mejorar la condición de la clase trabajadora en general, pues aunque la disminución de horas de trabajo y el aumento de los salarios fuesen reales, si un gremio llegase a elevar su salario sobre el nivel general de los salarios de los otros oficios, se tendría que sería mayor el número de individuos que a ese oficio se dedicaran aumentando la oferta de brazos en proporción igual o mayor al aumento que se hubiera producido en el salario.[17]

Es un hecho comprobado que durante las huelgas los obreros llevan a su máximum el grado de tensión de sus relaciones con los que abusivamente les expolian de una parte de sus productos, ofreciendo un campo eminentemente propicio para inculcar las modernas ideas de emancipación económica.

En esas condiciones el espíritu de solidaridad y de interés común se consolida y suelen echarse durante la agitación las bases de las sociedades gremiales de resistencia que son o debieran ser los baluartes de la clase expoliada en su lucha contra la clase expoliadora.

En las huelgas los obreros se hallan en mutuo contacto, y discutiendo sus intereses deben necesariamente llegar a la conclusión de que su estado actual es de los menos atrayentes; allí también la exposición de las múltiples doctrinas que como regeneradoras del organismo social se impugnan, incitan a los obreros al estudio de los problemas sociales y entre los inteligentes suele en tesis general ganar prosélitos la escuela socialista.

En cuanto a sus consecuencias económicas lo único que puede conseguirse es un aumento temporáneo de salario que no puede tardar en desaparecer para restablecer el abrumador equilibrio de los salarios, equivalente al mínimo necesario para la conservación del individuo productor.

En la huelga no se trata de una lucha entre el trabajo y el capital como por error sostienen la mayoría de los escritores; se trata de una lucha tenaz entre el trabajo y el interés o renta.[18] Ese error generali-

---

[17] Está pasando hoy con las llamadas profesiones y artes liberales. Mientras subsista la diferencia de sus salarios respecto a los demás gremios, mayor será el número de los que a ellas se dediquen.

[18] Marx, al desenvolver con insuperable precisión su concepción materialista de la historia, dio vida al nuevo vocablo *más valor* para representar con más exactitud lo que los economistas burgueses llamaban y llaman *interés*. Nos ha parecido más práctico emplear en el presente folleto este término, que es el más divulgado, con lo cual hacemos más comprensible la demostración de que el actual sistema, que por el *interés* se caracteriza, da vida a la apropiación de

zado proviene de creer que es el capital quien paga los salarios, mientras que el salario es producido por el trabajo y pagado por el consumidor de los productos, quien a título de coima abona un *supersalario* al capitalista que es solamente un interventor en el pago de los salarios. El rol del capitalista es sencillo: si abona al obrero el producto íntegro de su trabajo, debe expoliar al consumidor para originar el *interés*; si a éste le entrega el producto por su verdadero equivalente, debe deducir del salario el *interés* de su capital. En ambos casos hay apropiación indebida de *supersalario*, o de *supertrabajo*.

Pero en la clase obrera se confunden el productor y el consumidor, siendo en los dos casos la víctima necesaria de la apropiación conocida por *interés*.

Luego, no se quiere en la huelga expropiar una parte del capital, se quiere disminuir una parte del *interés* pasándolo a aumentar el *salario*. En suma se quiere disminuir la cantidad de producto indebidamente apropiada.

Suponiendo, en el mejor caso, que por medio de la huelga se produjera un aumento estable en los salarios del obrero-productor tendríamos que el capital bajo ningún punto de vista estaría dispuesto a disminuir la suma de su interés, y aumentando el precio del producto exigiría al obrero consumidor un *supersalario* equivalente al *supertrabajo* devuelto al obrero-productor. Y aquí nos hallaríamos al comienzo del problema, pues con el aumento del salario vendría aparejado el aumento de los artículos de consumo y el obrero quedaría en iguales condiciones que antes.

Al declararnos sus partidarios insistimos en que la huelga de los trabajadores es beneficiosa por su propaganda y por su influencia agitadora del ánimo de los obreros, no trayendo ningún beneficio positivo en la suba de los salarios. Los aparentes beneficios de un gremio son reales perjuicios para toda la clase obrera.

La verdadera mejoría de condiciones que puede obtenerse con la huelga es la disminución de horas de trabajo. En este caso el trabajo que no efectúa el obrero es compensado por el perfeccionamiento en la maquinaria, que permite al capitalista tener igual interés gracias al aumento de producción en igual tiempo de trabajo.

Las consecuencias de la disminución de horario son ventajosísimas para la clase obrera; se emplean los trabajadores desocupados (exceptuados los casos en que las maquinarias sustituyen la acción de éstos), aumenta la demanda de brazos y como consecuencia viene una suba *aparente* de los salarios que desaparece,por las circunstancias ya

una parte del producto del trabajo ajeno, o más bien dicho de cierto *valor* representado por el tiempo de trabajo que el capitalista expropia al productor.

expuestas. Lo estable es el aumento en la demanda de brazos que
ocupa a cierto número de obreros que de otro modo permanecerían
en el ocio que los conduce a la desesperación y al abatimiento.

Además teniendo horas libres puede el obrero dedicarse al estudio
de las cuestiones económico-sociales que lo afectan, y cultivando su
inteligencia y educando su razón le es más fácil adquirir la convicción
sensata de que el actual organismo social debe ser reformado.

Agítase actualmente entre los socialistas europeos, y más especialmente entre los franceses, la idea de llevar al terreno de la práctica
la actuación de la huelga general; nadie puede desconocer su eficacia
y sin duda sería el acto más imponente de solidaridad universal de la
clase trabajadora. Sin embargo su realización es hoy utópica, pues si en
la actualidad semejante movimiento se produjera abortaría por no hallarse aún preparado para ello el proletariado.

Las *sociedades cooperativas* son otras formas de la mistificación
económica, que ven los proletarios en el perfeccionado caleidoscopio
de la sociología burguesa.

Pueden las cooperativas ser de *consumo* o de *producción*. Las
cooperativas de consumo consisten en la compra por mayor de los artículos de consumo efectuada por un sindicato que los revende por
menor o igual precio a sus asociados.

Las cooperativas de consumo revisten dos formas: 1] consiste en
revender los artículos al precio de compra al por mayor, recibiendo
el socio la utilidad bajo la forma de ahorro en la compra; 2] se caracteriza por la venta al menudeo a los precios corrientes en plaza y la
repartición del beneficio en forma de dividendo. En el primer caso
se percibe la utilidad inmediatamente; en el segundo mediatamente.

Indiscutible es su conveniencia para la clase obrera pues se evita
la intervención del pequeño comerciante que al revender las merca-
derías exige un alto interés. (Bueno es hacer notar que el mayorista
no es afectado en nada por las cooperativas de consumo, pues solamente arruinan a los minoristas que suelen ser simples intermediarios
en la venta.)

Las cooperativas de producción son uno de los tantos productos
inútiles de la economía política, por la imposibilidad de su realización en condiciones efectivamente ventajosas, o por la imposibilidad
de su vida sin la cooperación del capital.

¿Por cooperativa de producción (entre obreros) qué se entiende?

La unión de cierto número de ellos para repartirse el producto
de su trabajo.

Consideremos cierto número de trabajadores que quieran organizar
una cooperativa y tendremos ante nosotros planteado el siguiente
problema:

Los obreros no están provistos de todos los medios de producción; deben abonar por su arrendamiento una cantidad dada que será el *interés* del capitalista que los poseía.

En tal caso ¿cuál será el beneficio que sacarán los trabajadores de su cooperativa? No evitan el *interés* del capitalista y por consiguiente no sacan más provecho que la independencia en el trabajo.

Por otra parte sus medios de producción o capital deben necesariamente ser muy limitados y la cooperativa sería destinada a representar al pequeño capitalista condenado a desaparecer ante la gran producción del que posee más medios de productividad.

Una sola clase de cooperativa puede ser útil (pero no a la clase trabajadora) en la actualidad: la cooperación entre el capital y el trabajo, el propietario y el productor. Esto equivale a pagar el interés o renta en especies o en producto, es decir a la contratación de la entrega del *supertrabajo*.

Hoy es una de las cuestiones palpitantes en Italia y ciertas regiones de los Estados Unidos; el gobierno o los grandes propietarios rurales ceden a los agricultores la tierra con obligación de cultivarla y las simientes necesarias, y éstos se obligan a entregar después de la cosecha la mitad de los productos. De éstos se descuenta primero el importe de las simientes y máquinas o instrumentos empleados, y del resto la mitad pasa a manos del propietario.

Es este sistema de mediería (*mezzadria*) el más lucrativo y más rápido para explotar a los trabajadores, a pesar de lo cual su gran miseria en ciertos países los obliga a inclinarse ante ese ignominioso yugo económico.

Resumiendo, tenemos que las únicas cooperativas útiles para los trabajadores son las de consumo, que sin embargo no se oponen en nada a la especulación de los grandes capitales, ni adelantan un paso en la solución de los problemas sociales; las de producción están destinadas a sucumbir si son formadas por obreros (talleres sociales) a la par que prosperan si son formadas por capitalistas (sociedades anónimas), pues en este caso se sigue la ley de que cuanto mayor es el capital mayores son las utilidades y las anónimas representan un gran capital como suma de varios capitales menores; por fin las cooperativas entre ambos redundan en exclusivo beneficio de estos últimos pues aumentan únicamente la renta o el interés sin modificar el salario.

El *boicot* es un nuevo sistema de coalición negativa que ha dado recientemente brillantes resultados en Alemania. Y decimos negativa porque sin beneficiar a los proletarios, perjudica inmensamente a aquellos contra quienes se organiza.

Consiste en el acuerdo general de no consumir los productos de una fábrica determinada, la cual por falta de consumidores tiene que caer en la ruina por inanición.

Los socialistas y en general los proletarios alemanes han conseguido con este sistema clausurar una fábrica de cerveza de Berlín que se negó a aumentar los salarios a sus trabajadores. Las paredes, las veredas, las estaciones, los periódicos obreros y demás medios posibles de propaganda fueron llenados de letreros y carteles con la inscripción: "Obreros, no bebáis cerveza de la fábrica xxx que explota a sus trabajadores." En pocas semanas la cervecería cayó víctima de su propia avaricia.

Si el boicot es posible y seguro en casos aislados, no tendría resultado alguno si se hiciera a todos los fabricantes de igual producto (en esas condiciones podría declararse en las huelgas) pues no se puede en ningún caso suprimir un consumo determinado.

La *lucha política* es el medio más racional y el que mejores frutos pueda dar a la causa proletaria.

Constituidos los socialistas en partido con organización eminentemente democrática, con una disciplina que es la resultante de la conciencia del deber y no de la imposición, su acción en las urnas debe ser de las más benéficas, pues al mismo tiempo que se conquistan bancas en los congresos, se demuestra con la irreprochabilidad de los medios que el Partido socialista sabe sostener con dignidad y altura sus nobles propósitos.

Si será posible transformar la organización burguesa por intermedio del sufragio universal no puede afirmarse; suponemos que no lo es. Sin embargo a primera vista se discierne en él un arma poderosa, a cuyos golpes tarde o temprano deberá la burguesía responder con la violencia, que siempre es el argumento de los que sustentan su poder en el derecho de la fuerza.

Los trabajadores alemanes han prestado a su causa un servicio mayor que el de presentarse como los más fuertes y los más disciplinados. Han enseñado a sus compañeros de todos los países el manejo de una nueva y preciosísima arma: el sufragio universal.

Ellos transformaron el sufragio —según la frase del programa de los socialistas marxistas de Francia— de instrumento de engaño, como era hasta aquí, en instrumento de emancipación.

Y si el sufragio universal no nos hubiese dado otra ventaja que la de podernos contar cada tres años; que la de darnos con el patente, inesperado y continuo aumento de votos la garantía de la victoria, siendo al mismo tiempo para nuestros enemigos un fantasma cada vez más terrible; que la de proporcionarnos la manera de conocer nuestra fuerza y librarnos lo mismo de injustificados temores que de intempestivas audacias; aunque ésta fuese la única ventaja obtenida por el sufragio, representaría para el proletariado una importante adquisición. Así se explica que la burguesía y el gobierno comprendieran inmediatamente que más debían temer la acción legal que la ilegal, el éxito de las elecciones que el de las rebeliones.[19]

En un principio las minorías socialistas suelen ser las defensoras constantes y tenaces de los derechos del proletariado; censuran toda ley contraria a su libertad o que proteja a la clase burguesa, proponiendo otras que mejoren sus condiciones económicas y que lo coloquen en mejor situación para instruirse y perfeccionarse moral e intelectualmente.

Es muy lógico que dado su carácter de minorías no pueden imponer siquiera el programa mínimum del partido que constituye un gran paso hacia la emancipación del proletariado; pero en cambio encuentran un magnífico campo para hacer la propaganda de nuestras ideas, y aunque la acción política no nos sirviera más que bajo ese punto de vista, su utilidad es indiscutible.

En Bélgica una de las mejores fuentes de difusión ha sido la cámara de diputados, siendo el boletín oficial de ellas un nuevo agente de eficaz propaganda que leído con interés ha traído a las filas del partido a los hombres más distinguidos en las ciencias y en las letras.

El aumento de esas minorías las pone luego en condiciones de influir directamente sobre la marcha de los gobiernos poniendo en jaque a los conservadores de todas las escuelas, que ya se unen en ciertos países prescindiendo de sus tradicionales rencillas, para combatir al enemigo común, al titán socialista. Si la conquista del poder por las clases trabajadoras tiene ardientes enemigos entre los trabajadores mismos, esto ocurre por efecto del estado de ignorancia en que la burguesía los mantiene, consiguiendo con su abstención en las acciones electorales la posesión exclusiva del poder político por medio del cual pretende hacer más inconmovible el yugo económico.

Las dos escuelas que predominan en el campo de los medios de acción se separan al transformarse en mayorías para continuar por distintas vías la emancipación de los trabajadores. Una de ellas, la escuela anglo-sajona, continuaría ejerciendo la acción del partido por las vías pacíficas procediendo a transformar la propiedad individual de los medios de producción en colectiva. Al efecto podría poner a los poseedores de esos medios en condiciones tales que la conservación de ellos fuera más bien un perjuicio que una utilidad, ya por medio de fuertes impuestos, ya por la creación de medios de producción colectivos, que independizando a los productores dejarán inmovilizados los medios de producción individuales. No cabe la menor duda que en

---

[19] Federico Engels, *Cómo se hace hoy la revolución*.

el caso posible de que la conservación de la propiedad individual de los medios de producción fuese perjudicial, estaría en la conveniencia de cada uno el abandonarla en beneficio común.

Transformada ya la propiedad individual en colectiva, los productores mismos se darían la *organización* que mejor les conviniera y que hoy no puede ni debe pronosticarse pues la humanidad se desenvolverá de acuerdo únicamente con sus tendencias y aptitudes colectivas y naturales.

La escuela *latina*, revolucionaria por excelencia, considera que entrado en las mayorías el convencimiento de la bondad de nuestras doctrinas debiera procederse a un movimiento violento que, reintegrando a los trabajadores sus usurpados derechos, ponga a todos los individuos de la especie en iguales condiciones ante los medios de existencia.

Es fuerza reconocer que un exceso de optimismo es la base exclusiva de las dos tendencias expuestas; los grandes movimientos evolucionistas de la humanidad, sin excepción de uno solo, han sido realizados tras una acción revolucionaria que ha siempre representado su momento crítico. Pretender que el movimiento tenga una distinta conclusión, es negar las doctrinas modernas respecto a las evoluciones, que tienen en este caso en su apoyo el valioso testimonio de la historia. La acción revolucionaria debe venir, y quienes la provocarán no serán los socialistas sino los actuales detentadores de los bienes sociales que se opondrán enérgicamente a la transformación de la propiedad individual de los medios de producción en propiedad colectiva.

Cuando se trata de realizar una completa transformación en el organismo social, es necesario tener consigo la masa, y tenerla conocedora de aquello que se pretende realizar y del motivo por que presta su concurso.

Esto nos enseña la historia de los últimos cincuenta años.

Mas a fin de que la masa comprenda lo que debe hacer es necesario un largo e incesante trabajo, el trabajo precisamente que hacemos hoy con un resultado que llena de espanto a nuestros adversarios.

Los dos millones de electores que en Alemania han acudido a las urnas, prescindiendo de los jóvenes y de las mujeres, que carecen de derecho electoral, y que están al lado de aquéllos, representan la más rica, la más compacta masa de la "fuerza" ya poderosa que posee hoy el ejército proletario.

Esta masa representa ya más de la cuarta parte de los votos emitidos, y según indican las elecciones parciales para el Reichstag, y muy especialmente las elecciones provinciales, comunales y administrativas, aumenta continuamente.

Su desarrollo es tan espontáneo, tan incesante y al mismo tiempo tan tranquilo, como un proceso natural.

A pesar de haber empleado el gobierno contra nosotros toda clase de armas, contamos hoy con la cuarta parte de los electores.

Sigamos avanzando de esta manera, y antes que se extinga el presente siglo tendremos con nosotros toda la clase media, todos los pequeños industriales y todos los pequeños propietarios; convirtiéndonos en una potencia tal que ante ella, quieran o no, tendrán que inclinarse todas las demás. Continuar el ininterrumpido aumento de las fuerzas socialistas debe ser nuestra obra, hasta que la organización social dominante sucumba.

En Alemania una sola cosa puede momentáneamente dificultar el constante avance de la fuerza socialista y también obligarle a retroceder por algún tiempo: un choque en masa con el ejército; una sangría como la de París en 1871. Verdad es que con el tiempo salvaríamos también esa crisis, ya que no bastan todos los arsenales de Europa y América para acabar con un partido que cuenta millones de adeptos; pero la evolución normal sufriría alguna paralización, y el momento decisivo, retardándose, exigiría grandes sacrificios.

La ironía de la historia lo trastorna todo. Nosotros, los "revolucionarios", los "subversivos", nos encontramos mucho mejor con los medios legales que con los ilegales. En cambio los partidos de orden, como ellos se llaman, van buscando la muerte en virtud de la organización legal que ellos mismos han creado. Sabedores de lo que les espera, gritan con Odilón Barrot: la legalidad nos mata.

A nosotros, por el contrario, esa legalidad nos da músculos de acero y sangre joven, y nos asegura una vida eterna.

No seremos, pues, tan insensatos que vayamos a darles el gusto de dejarnos arrastrar a una guerra en las calles, que no daría otro resultado sino el que ellos mismos rompieran esa legalidad, tan fatal para su causa.[20]

Los hechos demostrarán que la revolución se producirá, si debe producirse; la forma y las condiciones en que se realizará no pueden ser previstas sin entrar en el campo especulativo de las utopías sociales.

VI

Que no hay verdadera cuestión social en la República Argentina oímos repetir a cada instante, como poderoso e irrefutable argumento contra nuestra propaganda. Un compañero de estudios, días pasados, nos citaba en su apoyo un artículo del Sr. Dimas Helguera en que se relataba que hay una clase de inmigrantes que vienen a la república en octubre o noviembre en época de la cosecha y se vuelven a las playas europeas en marzo llevando consigo una vistosa suma. No hemos visto la fecha de ese número del *Boletín Industrial*, pero creemos que debió

---

[20] Federico Engels, *op. cit.*

aparecer el 28 de diciembre, día de los santos inocentes. Así solamente nos explicamos que el Sr. Helguera haya podido decir tal cosa, llevando su fingido optimismo al punto de hacer creer, con una inocentada, que en la República Argentina se encuentra el famoso Eldorado que tanto se afanaron los ibéricos conquistadores en hallar en el continente sudamericano.

En los países de vida joven, en que el progreso industrial no ha cundido aún y en que los medios de producción casi diríamos naturales no han sido suplantados por la maquinaria, manteniéndose la producción escasa e ineficaz, no hay ni puede haber riquezas bastante grandes para permitir a una clase determinada vivir en el ocio y el lujo, a la par que no podrán encontrarse individuos desprovistos de lo suficiente para la conservación de sí mismos y de la especie, pues quien tenga aptitud y voluntad para trabajar tiene asegurada su inmunidad contra el virus de la miseria.

Pero cuando la industria se desarrolla y la maquinaria se generaliza, comienza ese período de desequilibrio originado por el exceso de producción y la menor demanda de la mano de obra, que nos lleva, como necesaria consecuencia, a la concentración industrial primero y a los monopolios después, poniendo en manos de reducido número de individuos o accionistas todos los medios de producción o instrumentos de trabajo.

Desde que la actividad productora se manifiesta, comienzan a acentuarse las grandes desigualdades que engendran esas dos pléyades antagonistas, los parásitos y los proletarios, fluctuando entre ambas la gran multitud de las medianías industriales que, según la invariable ley económica, no pudiendo resistir la competencia de los grandes productores pasan a aumentar la legión de los asalariados.

Bien decían pues los que hasta 20 o 10 años ha sostenían que entre nosotros no había verdadera cuestión social; pero pretenderlo negar hoy en que todos somos espectadores de la gran catástrofe económica, que algún *homme d'esprit* se complació en llamar crisis de progreso, que envuelve a la Argentina, sería no ya un rasgo de optimismo patriótico, pero sí un modelo de refinamiento en la mistificación

Negar que aquí, como en todos los países civilizados que el sol del progreso ha bañado con sus fecundos rayos, existe una cuestión social, sería negar la civilización y el progreso mismo del país; negar que aquí se irradia la universal lucha de clases, es negar el adelanto de la industria y de la producción.

¿Acaso podemos ocultarnos las condiciones económicas en que versa la clase obrera? Las huelgas producidas en 6 meses, de enero a julio de 1895, en número de veinte y una (21) son la prueba evidente de que 50 000 obreros de la capital aspiran a vivir en condiciones más humanas.

Y esa lucha poderosa que se manifiesta por la actual agitación de la clase obrera, no es solamente como afirma en su mensaje el presidente de la República un efecto de la propaganda socialista; es también la manifestación espontánea de que el hombre flagela ya a los trabajadores de muchos gremios.

Las organizaciones socialistas que invaden vertiginosamente el país, sin respetar siquiera a la docta Córdoba, cuna y foco de la aberración religiosa nacional, son al lado de las innumerables sociedades de resistencia la prueba palpable de que el malestar es general, y que las clases trabajadoras despiertan, estimuladas por la necesidad, a la lucha por las reivindicaciones sociales.

Y más que en ello, encontramos una evidente prueba de desorganización en las estadísticas oficiales que nos muestran claramente el extraordinario aumento de la mendicidad, de los atentados contra la propiedad y las personas, de los suicidios, de la filiación ilegítima y sobre todo de la mortalidad de los niños por enfermedades causadas por falta absoluta de higiene y en ciertos casos de nutrición.

Comprendemos que nuestra palabra puede ser tachada de parcial, y en homenaje a la susceptibilidad ajena la cedemos a distinguidos escritores a quienes no podrán hacérsele semejantes imputaciones.

La concentración de la tierra en pocas manos progresa con movimiento acelerado e implica la degradación de los pequeños propietarios al papel de arrendatarios o peones. Esta misma tendencia de concentración de capitales reduce al artesano independiente a jornalero, al bolichero a peón, al pequeño comerciante a empleado de un negocio grande, y a las personas que han sido independientes en el régimen antiguo a la dependencia de las grandes empresas. La grande fábrica aniquila a la pequeña, el grande negocio quita al pequeño la posibilidad de la existencia, y de día en día aumenta la dificultad para que el pequeño capital pueda subsistir al lado del grande.

Así como el feudalismo medioeval, o sea el vasallaje de la tierra y de sus habitantes, precedió al capitalismo, así también precede el feudalismo moderno, ese vasallaje de los pequeños capitales y de sus mísceros poseedores, a un nuevo orden social, que no está todavía bien definido, pero que no tardará en apoderarse de todas las sociedades.

(*La Nación*, 17 de mayo de 1895.)

F. LATZINA

¿Quién se atreverá a negarme que la inmensa mayoría si no la totalidad de los que salen a la campaña como colonos, alucinados por la idea hábilmente sugerida de hacerse propietarios, llevan una vida miserable, pasando a la conclusión de la cosecha todo el producto de su trabajo a manos del propietario colonizador quien lo arrebata por pagos de intereses de su capital, de arrendamiento o amortización del valor de la tierra? [...] Quien dude de esto que recorra esas tituladas colonias y se convencerá del estado miserable de la gente allí ocupada: la mayor parte están endeudados, no alcanzando el producto de su trabajo de un año o aun de dos, para pagar los intereses por adelantos, el arrendamiento, o la amortización del valor de la tierra por ellos trabajada. [...] ¡Que bello es el progreso! ¡Cómo hermosea y transforma la pampa antes solitaria! ¡Cómo ha aumentado la riqueza nacional y el poder de las clases que detentan esta riqueza!

¡Sólo el *criollo*, ese honrado campesino que antes fue rico porque era libre y feliz, no participa de tanto bienestar y de tanta riqueza! Sin hogar, sin fortuna, sin medios para producir; su presente es el salario, su porvenir la miseria. Cómo ha cambiado su personalidad; el hombre viril y altivo de otros tiempos, lujoso en el traje y honrado en sus acciones, hoy es el tipo degenerado de una raza, miserable en el vestir, y para quien los gobiernos disminuyen las escuelas pero aumentan las policías.

(Fragmentos de publicaciones en *La Agricultura*.)

ANTONINO PIÑERO

Dicha población minera se compone de una parte estable domiciliada aquí, y de otra ambulante que los empresarios suelen traer de la cordillera de San Juan y Mendoza, a donde vuelve cuando los trabajos se paran y quiebran las empresas.

La domiciliada aquí la componen principalmente mujeres que sacan el oro por medio de la fuente y la poruña de las arenas de los ríos y los arroyos. Son muy hábiles en su oficio y por poco, poquísimo que sea el contenido del oro en las arenas ellas lo sacan y lo venden en las pulperías, recibiendo por él las mercancías que necesitan para su vida por demás pobre y miserable.

Muchas de esas mujeres viven en cuevas formadas en las barrancas de arcilla de los arroyos, otras en las cuevas de la roca y otras en míseros ranchos. Viven amancebadas, con peones de las estancias vecinas o con mineros, y tienen muchísimos hijos que desde chicos suelen *dar* a estancieros y otra gente, para que cuiden las majadas, de cabras y ovejas.

Da lástima ver a esas pobres mujeres casi desnudas y muertas de hambre, paradas en el agua tan fría en estas alturas, lavando el *llampo* todo el día, [...] y cuando han conseguido reunir algunos centígramos de polvos de oro lo llevan a la pulpería, en donde el pulpero las engaña y roba con el mayor desparpajo, estafándolas primeramente en el peso y precio del oro, y después en el peso y la medida de los artículos que las pobres les compran.

La población minera ambulante consta de hombres que habitan generalmente los altos valles de la cordillera, en el Paramillo de Uspallata, Calingasta, Fontal, Castaño, Moliman, etcétera.

Casi siempre ganan muy poco, y prefieren trabajar por un salario en el laboreo de una empresa capitalista, transportándose con este fin junto con sus familias a parajes lejanos donde esperan encontrar ocupación, a menudo llevando el tifus, la viruela, el sarampión y otras enfermedades infecciosas a los lugares por donde pasan en grupos más o menos numerosos.

Naturalmente no saben leer ni escribir. Los administradores de las compañías mineras suelen explotar terriblemente a estos bárbaros, cuyo trabajo les resulta tan barato que no pueden competir con ellos los obreros inmigrados de Europa.

Los periódicos rechazan todos los informes que dicen la verdad sobre las minas y la mentida y supuesta riqueza minera. [...] Declaran que es *antiargentino* y *antipatriótico* decir la verdad sobre las minas, y denuncian a los que no mienten en este sentido a las iras de los fanáticos patrioteros, del gobierno y de los especuladores de bolsa, como *opositores al engrandecimiento del país.*

La anarquía sostenida por el fraude patriótico forma la base sobre que se funda el capitalismo [...]

En San Luis son los peones criollos los que trabajan en las estancias. Por toda herramienta tienen el lazo, la bola, el cuchillo y el arado de madera de quebracho blanco. Suelen también utilizar el hacha hábilmente. Viven al raso. Visten míseros harapos. Comen menos que los perros. Nada poseen, ni familia. Trabajan por un salario ínfimo, mal y poco. No se les enseña nada.

(Correspondencias de las Minas de las Carolinas. Prov. San Luis.)

ING. G. A. LALLEMANT

En la histórica Tucumán "cuna de la libertad y sepulcro de los tiranos" existe una ley, llamada de conchavos, que autoriza en una forma más o menos disimulada la esclavitud.

Las clases desheredadas de fortuna sirven de tributarias a los ricos, y jamás pueden romper las cadenas que los ligan cuando al entrar al servicio de uno de éstos se les exije la libreta de conchavo para llenarla de cifras que representan el salario anticipado de toda la vida de un hombre.

La Nación, 23 de mayo de 1895, p. 4, col. 7, lin. 54.

Tucumán y Salta tienen como principales industrias la ganadería, el cultivo y la elaboración de la caña de azúcar, y la explotación de los bosques, que se hace en grande escala.

Los patrones para asegurarse la mano de obra que necesitan, sin verse obligados a tratar bien a los trabajadores, han inventado allí un sistema especial de conchavo con intervención de la policía.

La libertad de contrato que, al decir de los explotadores, es capaz de hacer la felicidad de todo el mundo, a pesar de lo cual los obreros conscientes tratan de restringirla porque saben que es en realidad libertad de explotación, presenta en las provincias indicadas una de sus formas más genuinas.

El patrón lleva a sus futuros peones a la policía, compra allí una libreta para cada uno, por la que paga un peso, que no es más que un impuesto sobre los salarios, y en seguida se conviene allí mismo el tiempo del conchavo, y el monto del salario.

Cumplidas esas formalidades el trabajador *pertenece* al patrón que le ha contratado durante el tiempo convenido, escrito en la libreta policial. Ya no puede cambiar de patrón, aunque éste lo azote, o no le dé de comer; ya no puede cambiar de trabajo, aunque el que le manden hacer no convenga a sus gustos ni a su salud; ya no puede disponer de su persona ni de su tiempo, sino con el beneplácito del patrón.

¡Ay del jornalero que, por necesidad o por gusto, abandona al amo que lo ha comprado!

¡La policía lo busca, lo castiga, y lo entrega al patrón, que si ya lo trataba a látigo antes de escaparse, cómo lo tratará después!

Tampoco puede el infeliz peón conchavarse en otra parte, porque está prohibido tomarlo si no ha cumplido su tiempo con el anterior patrón.

Es tal la apropiación que los patrones se hacen del trabajador, que cuando no lo necesitan por todo el tiempo convenido, lo venden a otro, pasándole la libreta de conchavo.

Allí, *liquidar la peonada* es una operación comercial como otra cualquiera; como la del cochero que vende sus caballos, o del chacarero que vende sus bueyes.

Para disimular en algo la crueldad y la infamia de este sistema de conchavo, los patrones adelantan a los trabajadores el salario de algún tiempo, con lo que consiguen también probablemente contratarlos por un precio irrisorio.

(*La Vanguardia,* año I, núm. 9, col. 1ª)

No son falsos idealismos ni ficticias opiniones las que reproducimos; son la manifestación, imprudente pero sincera, del verdadero estado económico en que se encuentra la población obrera en el territorio argentino.

El doctor Latzina, que por su condición de jefe de las oficinas nacionales de estadística se encuentra en favorable situación para apreciar ciertos fenómenos económicos, nos revela que el fenómeno de la concentración agrícola e industrial se acentúa cada vez más y que los pequeños industriales o agricultores pasan paulatinamente a aumentar la clase proletaria; reconoce además, como efecto de la evolución económica, que llegaremos a un nuevo orden social organizado sobre bases sólidas que no permita la reproducción de las actuales injusticias sociales y cuyos detalles no es posible prever.

El distinguido escritor Antonino Piñero nos muestra el estado miserable de los colonos y agricultores que engañosamente son llevados a las provincias del litoral para encontrar el Edén y en cambio son indecorosamente explotados por sus arrendatarios; al criollo despreciado

y humillado por su patrón, nos lo presenta como el tipo del ignorante y del degenerado moral.

El ingeniero Lallemant, al cual debe ya numerosos servicios el proletariado y especialmente el de la Argentina, nos hace palpar el estado
de la población obrera en la región minera del Andes, y nos muestra el
grado de aberración en que yacen los mineros de ambos sexos y los
peones de las estancias, que sufren con indecorosa resignación el yugo
que sus amos les imponen.

La Nación en un arrebato de imprudente patriotismo revela lo
que tanto suele empeñarse en ocultar la prensa burguesa, y con frase
sincera nos señala la *esclavitud* de los obreros de las provincias centrales.

La forma y la intensidad de ese yugo nos las revela *La Vanguardia*
que siempre firme en la brecha no deja de poner en relieve todas las
injusticias y las tiranías que oprimen a la clase trabajadora.

Preguntamos:

¿En un país donde, por confesión de la misma burguesía, la concentración económica es un hecho; donde los obreros son engañados
y explotados; donde hay abyección y esclavitud; existe una verdadera cuestión social?

Olvídese la conveniencia y el patriotismo, y cada hombre honrado
dé su fallo imparcial en este punto de especial importancia, y ese fallo
se compendiará en la frase del distinguido jurisconsulto rosarino doctor
Serafín Álvarez:

Para nosotros, el socialismo, es decir, la organización de la vida colectiva no
es dolor de viejo que va a morir, sino dolor de alumbramiento. Herzen pudo
decir a Europa y acertar: *tendréis socialismo o guerra perpetua.* Respecto a
Sudamérica podremos parodiar aquella frase con esta otra: *tendréis socialismo o no viviréis.*

VII

Estudiantes: el socialismo, acabáis de verlo, no es el espectro rojo que
sanguinario y destructor os hacían soñar en vuestra infancia los que os
han educado en la escuela de la opresión y los que os enseñaron a leer
en el libro de la vergonzosa calumnia. Por el contrario, es el más
noble de los ideales que han agitado a la humanidad, y el más justo
de los pabellones que los oprimidos enarbolan, flameando al impulso del aura voluptuosa de la libertad, bajo los rayos regeneradores
de la ciencia y del progreso.

Nosotros que consagramos nuestros mejores instantes de actividad y potencia intelectual al estudio, perdemos también el derecho a la existencia en la organización burguesa, que nos priva de la libertad individual para condenarnos a ser víctimas de las leyes inflexibles del salario; por eso debemos ser los campeones más esforzados de la agitación socialista en pro de la emancipación económica de la humanidad.

No participar en ese movimiento del proletariado universal nosotros que constituimos su fracción más importante, sería hacernos cómplices, con nuestra indiferencia, de las injusticias que hoy oprimen a las clases trabajadoras, sería negar que la humanidad está destinada a mejores y más nobles destinos.

Apartarnos de la agitación redentora que propaga sin respetar fronteras y sin encontrar límites el generoso ideal del porvenir, es hacernos indignos de pertenecer a la especie que contados tiranuelos oprimen y deprimen con su egoísmo, dando ejemplo viviente de la corrupción entronizada en los altares del poder, y de la injusticia elevada a sistema de gobierno.

Para nosotros desaparece rápidamente la era de las doradas ilusiones que concretaban un porvenir de holganza en la posesión de un título doctoral o universitario, transformándose tras las nieblas del salario el concepto del libre profesionista en la figura poco atrayente del empleado a sueldo en las oficinas del Estado o en las grandes empresas de los detentadores de los bienes sociales.

El adelanto científico le está limitado al inteligente y al estudioso por la cantidad de medios de instrucción que sus condiciones económicas le permiten adquirir, produciéndose consecuentemente un perjuicio social por la limitación del progreso científico e industrial en general.

Desde el umbral de la escuela primaria, de que se rechaza a los que no tienen suficientes medios para estudiar, se inicia la artificiosa selección de los más pudientes, quedando condenados a la reclusión en el taller y la usina los que aún siendo inteligentes no tienen suficiente dinero para usufructuar la enseñanza gratuita.

Los colegios nacionales determinan la filtración de los necesitados gracias al sistema vergonzoso de los textos escritos por los profesores; la explotación y el mercantilismo no vacilan siquiera en presencia del aula, que debería ser el templo de la ciencia y de la virtud.

En general la instrucción es deficiente y restringida; las libertades de enseñanza secundaria y superior son proyectos; las bibliotecas son tales en el campo de la ideología, pues en los colegios nacionales han sido siempre inaccesibles a los alumnos y entre las universitarias la de la facultad de ciencias médicas de la capital permaneció clausurada ¡diez y ocho meses sin interrupción!

Los buenos catedráticos no pueden desarrollar el estudio de sus programas por falta de laboratorios para las enseñanzas prácticas y por incompetencia de los alumnos en muchos casos. Otros profesores aun disponiendo de lo uno y de lo otro...

Existe una asociación que por sus fines se hace altamente simpática, la Unión Universitaria. Sin embargo se reúne pocas veces al año en los meses de junio y principios de julio; solicita del gobierno nacional una subvención de 100 pasajes con el fin de hacer una peregrinación patriótica a Tucumán y Salta, los obtiene, y la realiza entre alocuciones entusiastas en homenaje a la solidaridad, la patria, las instituciones, la religión, y otras quimeras deprimentes del espíritu verdadero de los intereses sociales. Terminado el paseo recreativo la asociación desaparece, para brotar por generación espontánea en igual fecha del año siguiente y solicitar nuevos pasajes con que efectuar una nueva romería a expensas del estado.

Esas dolorosas verdades sobre el estado de la instrucción científica en la Argentina nadie puede ocultarlas y antes que nosotros decía un joven y distinguido profesor de nuestra universidad:

Confieso que nuestra juventud recibe desde los bancos de la escuela una educación frívola, superficial y engañosa. Los alumnos que ingresan a nuestras facultades están, en su inmensa mayoría, muy lejos de poseer la preparación necesaria para seguir los cursos universitarios. El plan de estudios del Colegio nacional es una farsa. El estudiante no trata de saber sino de pasar en los exámenes.

* Ingresa luego a las facultades, se sacrifica largos años y al llegar al final de su carrera se encuentra con que los ancianos académicos manejan las facultades con sistemas patriarcales.

* El estudioso y el inteligente pretenden con justicia aspirar a la cátedra, pero el concurso cuando lo hay es, ficticio, las ternas son productos de manipulaciones académicas, y en ciertos casos es el ministro de Instrucción pública quien impone los candidatos y entre ellos los que deben ser los preferidos.

* Los altos puestos se dan por favor y en ciertos casos a las personas menos aptas para desempeñarlos.[21]

Considerados como gremios independientes los estudiantes de las tres facultades nos hallamos en parecidas condiciones.

Once o trece años de sacrificios intelectuales que conjuntamente nos acarrean un derroche financiero y un retraimiento de la sociedad para dedicar nuestro tiempo al estudio, *necesariamente* nos brindan al terminar el yugo del salario o el sacrificio de la inanición.

Imprimid en vuestro cerebro rebosante de actividad intelectual pandectas, códigos y tablas, y tendréis al diplomaros el derecho de

---

[21] Los párrafos que llevan asteriscos, por extravío de los originales, han sido rehechos con distintas palabras, conservando el pensamiento de su autor.

inclinaros cabizbajos y humildes ante unos pocos potentados, para conseguir un empleo en la oficina o en el tribunal, deprimiendo con vuestra humillación el sentimiento más noble y más elevado del ser humano: la dignidad personal.

En cambio otros al terminar la fatigosa carrera reciben de esos pseudogobiernos provinciales, que son más bien consejuelos de familia, puestos públicos de que suelen ser disfrutadores incapaces, con perjuicio de los que por sus estudios y su inteligencia tendrían por justicia el derecho de desempeñarlos.

A los estudiantes de medicina sería hasta innecesario indicarles el porvenir que les espera, si aún no hubiese pobres de espíritu que restringiendo su raciocinio al *siempre hay enfermos*, no pueden darse cuenta del burocratismo que ha invadido todas las ramas de la actividad de los proletarios de la ciencia.

El médico actual merced a la centralización del estado atiende más enfermos en el consultorio de un hospital o desde las gradas del empleo público, que hace veinte años visitando individualmente sus enfermos a domicilio; para igual número de enfermos se requiere una cantidad mucho menor de médicos. Sucede en cambio que el número de éstos aumenta de una manera pasmosa, y que cada vez es mayor el número de los que no pueden encontrar ese mismo salario que les arrebata la libertad.

Sin embargo, como hemos dicho, esa deprimente situación tiene un remedio tradicional: la asistencia pública, el departamento de higiene, los hospitales secundarios, la sanidad militar, etc. Allí acude siempre el que ha cursado *doce años* entre libros, enfermos y cadáveres, para pasar a desempeñar el rol, bien mezquino por cierto, de *asalariado*.

El ingeniero mal puede florecer en un pueblo donde cualquier capataz enriquecido a costa de sus compañeros de trabajo tiene el derecho de proyectar y construir, compitiendo contra la ciencia con el arma poderosa del dinero. Agréguese la ruina económica universal con su consiguiente disminución en la retribución de los trabajos intelectuales, y el ingeniero cargado de esperanzas e ilusiones va directamente a mendigar un salario en alguna empresa u oficina pública.

Junto al estudiante universitario, y en más dolorosas condiciones económicas, la numerosa pléyade de artistas y literatos clama justicia impulsada por el espectro amenazador de la miseria.

Ya no es el simple murmullo que, atribuyendo a una crisis pasajera el actual indiferentismo por las sublimes creaciones de la estética, dejaba esperar una modificación en las condiciones económico-sociales de la humanidad; es quizás el lamento del cultor de lo bello obligado para siempre a sacrificar su genio y su sentimiento a la demanda del pudiente, que trueca su oro por el fruto de su trabajo y que a las expansiones de su talento pone por límites las perversiones de su gusto. Las letras están en decadencia. El mercantilismo industrial, reflejando la corrupción que caracteriza los estertores agónicos de la burguesía, prostituye el arte en aras de la lujuriosa licencia, dando alas al romance pornográfico para sobreponerlo a las notas sinceras de las literaturas filosóficas. Y el literato que no sacie la incoherente y frívola avidez que caracteriza al moderno crítico de salón, será la víctima inmolada en aras de la degeneración intelectual de la inmensa mayoría de los lectores.

El burgués no exige la belleza pues sus cavilaciones económicas no le permiten apreciarla; se contenta con el frívolo deleite que le hace olvidar por unos instantes las temerarias oscilaciones bursátiles o los incontables tropiezos en la lucha por la existencia.

El proletario no lee; la burguesía se cuida muy bien de no enseñarlo. Cuando lo hace, excepcionalmente, Marx y sus discípulos constituyen su evangelio y su biblioteca.

La revolución liberal ha producido, pues, el resultado de suprimir las clases científicas, para sustituirlas por la otra clase, de los empleados públicos. Algunos años más y los individuos de estas clases, que todavía trabajan libremente, se habrán convencido de que la lucha es imposible, y que lo único que hay que hacer, cuando se obtiene un diploma profesional, es presentarse al gobierno y pedir el empleo correspondiente, o guardar el diploma con los pergaminos nobiliarios.

Si sólo se tratara de cambio de nombre la transformación no tendría trascendencia económica, los que vivían de profesión vivirían de sueldo. Pero, es que al organizar científicamente los servicios públicos, se obtiene una economía de personal enorme. Un médico y un farmacéutico en un hospital atienden mejor diez veces el número de enfermos, que podrían atender ejerciendo libremente. Un juez, que puede estar al día en el movimiento de los pleitos, suprime el trabajo de muchos abogados. El ingeniero a sueldo atiende dependencias, que aisladas darían ocupación a muchos. Un pedagogo educa cien alumnos a la vez.

Así, aun cuando aumente la población y se haga el servicio más esmerado, no se necesita aumentar el personal facultativo. El mismo caso de la fábrica de fierros o de la administración de ferrocarril.

Respecto al sueldo la cuestión es más grave. Ha de mantenerse el empleado, que va a prestar servicio gratuito al pueblo, con las rentas del estado, que proceden de la contribución de la tierra y de las industrias libres. Si no hay medio de hacer crecer estas rentas, los sueldos deben ser tasados rigurosamente. Es insufrible el clamor de los contribuyentes por la disminución de los gastos públicos, mientras millares de aspirantes a empleos exigen al poder público que aumente los servicios, para tener ocupación. Ante esta competencia severa, los sueldos no pueden ser crecidos; y la inmensa mayoría de los empleados no ganan más que lo que ganarían de obreros, o en otra ocupación libre, si tuvieran trabajo.

Añádase a esto que la vida del empleado no es agradable, por tener que girar en un círculo reducido, como un mecanismo inconsciente; que el empleo está sometido a las alteraciones políticas y a la humillación jerárquica, y se comprenderá cómo las clases profesionales han llegado también a renegar del liberalismo, y a desear un movimiento en el orden social, que los coloque en posición más holgada.[22]

VIII

Admitamos sin embargo por un momento que la sociedad que nos condena irremisiblemente a jugar el rol de asalariados, nos brindara un porvenir más o menos holgado asegurándonos el derecho a la existencia para el día en que dejemos de ser estudiantes.

¿Bastaría acaso esa razón para que nosotros, dejándonos arrastrar por el egoísmo, pusiéramos de un lado las condiciones misérrimas de la gran mayoría de los seres humanos? ¿Tendríamos acaso derecho para mostrarnos indiferentes ante una sociedad que condena a la más noble de las legiones, a la legión de los trabajadores, al ocio forzado y a la indigencia más embrutecedora? ¿Tendríamos acaso derecho de contemplar impávidos una organización que reduciendo a la mujer a la expresión de cosa o de ornamento, la empuja en el vertiginoso abismo del lujo y del artificio, que constituyen la vanguardia de la prostitución? ¿Tendríamos, por fin, el derecho de fomentar con nuestra despreocupación las tiránicas instituciones que roban el niño a la escuela y lo entregan a la explotación industrial; que quitan el joven al hogar y lo entregan al ejército; que expropian la mujer a la familia y la sumen en el confesionario?

Un instante de sensato raciocinio creo que basta para convenceros que la juventud estudiosa tiene el deber sagrado de dedicar parte de su actividad intelectual y material a la gran causa del proletariado universal.

Nosotros aunque *en apariencia* libres, al defender los derechos y las libertades del obrero que trabaja en la usina y en el taller, defendemos también los nuestros, los de todos aquellos que trabajamos con la mente y con el libro.

Al esfuerzo muscular que imprime al martillo su fuerza percutoria para arrancar del férreo yunque una luminosa chispa, nosotros susti-

[22] Serafín Álvarez, *Propaganda Socialista. Las crisis en la República Argentina*, pp. 26 y 27.

tuimos el esfuerzo vibratorio de la masa encefálica que del cerebro arranca una idea o un pensamiento; al movimiento perceptible que agita, transforma y utiliza la materia bruta, nosotros sustituimos la actividad intelectual que por el estudio encuentra, inventa o crea las leyes invariables que rigen las fuerzas musculares y atómicas; a la llana sustituimos el nivel, a la tenaza el compás, a la lima el análisis, y a la plomada el criterio filosófico.

Obreros de la ciencia, al sufrir las consecuencias económicas y morales de una sociedad fundada sobre principios erróneos, nosotros debemos buscar con afán incansable, con alacritud pasmosa, las causas de tantos males y de tantas injusticias; debemos ver si el socialismo responde satisfactoriamente a las necesidades de una sociedad libre, cuyos fundamentos sean tomados en las fuentes más puras de la justicia, la igualdad, la fraternidad y la libertad.

Y cuando ya convencidos de la bondad de la doctrina, de la precisión del sistema, de la justicia del ideal dudéis un instante de la firmeza de vuestra resolución, tomadla sin vacilaciones, sin temor y sin restricciones, y habréis dado el paso más noble de vuestra existencia, el paso que os lleve del egoísmo a la fraternidad, del desprecio al amor, de la envidia a la dignidad, de la corrupción a la virtud y del martirio a la redención moral.

La lucha que en vosotros se entablará a no dudarlo será titánica; por un lado la familia con sus anticuadas pretensiones y con sus resistencias congénitas a todo lo que es libertad y progreso; la sociedad con sus exigencias fútiles y sus invariables cerviflexiones, ciertos amigos apaga candiles de sacristía que os amenazarán con las iras celestiales, los futuros suegros incitados por sus directores espirituales que intentarán licenciaros, vuestro egoísmo individual en todos los casos, y en algunos las ambiciones presidenciales o ministeriales que deberían lógicamente desaparecer al soplo de los nuevos ideales y al impulso de las justicieras doctrinas.

En el bando opuesto vuestro amor propio, vuestra dignidad personal, vuestra cultura intelectual, vuestro amor al progreso y a la libertad, y sobre todo ese sentimiento de justicia y de fraternidad, que es el único legado que recibimos intacto de las doctrinas que Cristo sostuvo con su verbo y con su vida, allá en su epopeya redentora, prostituida después por los explotadores de su sacrificio.

En esa lucha vencerán entre vosotros solamente aquellos en quienes el sentimiento de la individualidad consciente triunfe sobre las interesadas influencias extrañas; y a esos nuevos luchadores que vienen a alistarse en las filas del ejército del trabajo sírvanles de ejemplo y de guía todos aquellos que, al precederlos, no han traído solamente a las clases explotadas el contingente de un soldado, pero sí el de una inteligencia culta y pensadora capaz de trazar nuevas sendas a la emancipación proletaria.

A ésos también los aliente el pensamiento del distinguido economista doctor A. Labriola en que realza su nuevo rol en las filas del pueblo:

Un estudioso, un profesor, un burgués, un capitalista, que entre convencido en el sendero del socialismo, vale más hoy que no cien o mil proletarios, como documento vivo del decrecimiento del egoísmo en los más interesados, como prueba del triunfo ideal y anticipado de una causa, que en los desgraciados y en los abatidos se revela por los ímpetus apasionados de la revuelta.

A todos los que malintencionalmente os digan que no sabéis dónde vais, ni a qué, respondedle que vais a enrolaros en el ejército del progreso, en cuyas filas han luchado y luchan los Marx, Bebel, Adler, De Amicis, Engels, Ferri, Tolstoi, Guesde, Singer, Malon, Chernichevski, De Felice, Liebcknecht, Loria, Say, Turati, Testut, Asturaro, Owen, Barbato, Lassalle, Smith, Laveleye, Vandervelde, Schäffle, De Päepe, Oberwinder, Becker, Blanc, Englebert, Büchner, Lombroso, Rapisardi, Ranvier, Georges, Dupont, Steppney, Lecomte, Lafargue, Piat, Clemence, Gauthier y demás economistas, filósofos, sabios y pensadores que han desplegado su actividad y su inteligencia en beneficio de la emancipación de los trabajadores.

Su actitud nos demuestra que las leyes inviolables de la evolución comienzan a oscurecer los horizontes de la política burguesa y que en el elemento inteligente está el deber de encarrilar a la humanidad en el sendero de la justicia y de la razón, para evitar mañana que la gigantesca avalancha del progreso y de la libertad, cuyo paso apresuran, se vea obligada a derribar con la fuerza incontrastable de su empuje los restos del actual organismo económico y social que pretendan oponerse a su necesario triunfo.

Su ingreso en las filas del proletariado no es tan sólo la tácita adhesión a su lucha contra la moribunda sociedad burguesa; es también la sincera expresión de un mal reprimido sentimiento de conservación, que no puede acallar por más tiempo su impetuosa indignación contra la condena al salario. Es el rugido poderoso del titán intelectual, que emitido por el filósofo y el sabio cruza el aula y el libro, protestando contra la opresión del pensamiento y contra la limitación del campo vastísimo de la ciencia racional.

A su lado, nuestra acción debe ser tan tenaz como sincera; sin preocupaciones, sin dudas y sin ambición, debemos sacrificar nuestros mejores días a la emancipación social, que también al proletariado intelectual deberá emancipar.

La lucha se acalora; entran en ella todos, sin excepción, los genios del saber humano, y las armas por ambas partes se perfeccionan, asegurando que de esa lucha de la fe contra la ciencia, del egoísmo contra la fraternidad, surgirá radiante de paz y de progreso el Ideal que para siempre asegure el triunfo de la justicia.

Venid pues a nuestras filas, jóvenes estudiosos; venid a prestarnos el tributo de vuestra labor, mientras el partido de los trabajadores saluda su triunfo en las urnas, desde la fría Dinamarca hasta la ardiente Italia; desde la calculadora Germania hasta la impetuosa Francia; del Vístula al Ródano, de Bretaña a Prusia, de Jutlandia a Sicilia, reuniendo en un clamor poderoso y universal la unánime protesta de los proletarios de todo el universo.

LA MONTAÑA

SOMOS SOCIALISTAS*

a] Porque luchamos por la implantación de un sistema social en que todos los medios de producción estén socializados; en que la producción y el consumo se organicen libremente de acuerdo con las necesidades colectivas, por los productores mismos para asegurar a cada individuo la mayor suma de bienestar, adecuado en cada época al desenvolvimiento progresivo de la humanidad;

b] porque consideramos que la autoridad política representada por el estado es un fenómeno resultante de la apropiación privada de los medios de producción, cuya transformación en propiedad social implica, necesariamente, la supresión del estado y la negación de todo principio de autoridad;

c] porque creemos que a la supresión de todo yugo económico y político seguirá necesariamente la de la opresión moral, caracterizada por la religión, la caridad, la prostitución, la ignorancia, la delincuencia, etcétera;

d] porque, en resumen, queremos al individuo libre de toda imposición o restricción económica, política y moral, sin más límite a su libertad que la libertad igual de los demás.

Así, solamente así, concebimos la misión que el socialismo ha de realizar para la libertad por la revolución social.

SOCIALISMO Y REVOLUCIÓN**

La bondad o superioridad de ciertas condiciones, aptitudes o cosas, está evidenciada por la costumbre hereditaria de imitarlas y por la moderna de falsificarlas.

La una no perjudica al imitado; en muchos casos —y la selección natural lo demuestra— la imitación (homocromía, mimetismo, etc.) es condición esencial del triunfo en la lucha por la vida. Y tarde llega hasta creer que la combinación —consciente o inconsciente— de imita-

---

* En *La Montaña*, Buenos Aires, núm. 1, 1º de abril de 1897. Sin firma.
** En *La Montaña*, Buenos Aires, núm. 7, 1 de julio de 1897.

ciones es el móvil que determina las modalidades de toda la vida humana. La falsificación, en cuya génesis tiene participación el ambiente del momento histórico en que se produce, se caracteriza por la conciencia del perjuicio al falsificado en beneficio propio. Algunas especies de insectos han sobrevivido en la selección natural porque tienen un aspecto semejante a ramitas verdes (*acanthoderus*) o a hojas (*Kallima paradecta*); son, por naturaleza, imitadores, pues se defienden de los pájaros insectívoros que los confunden con los objetos imitados y no las destruyen. En cambio los pájaros que depositan sus huevos en nidos de otros, destruyendo los huevos de éstos, son falsificadores pues perjudican la especie a que pertenecían. Existen también tipos combinados de *imitador-falsificador*. Por ejemplo los individuos que simulan un defecto orgánico con el objeto de vivir de limosna, son imitadores porque su simulación no entraña un perjuicio para los verdaderos desgraciados, y son falsificadores si se descubre su mistificación pues en este caso los perjudican desacreditándolos.

En sociología no hay sistemas o escuelas de imitadores porque se trata de factores o elementos teóricos que cada individuo puede adoptar en totalidad o en parte. No se concibe más que creación o falsificación; y esta última se produce toda vez que se exponen o sistematizan ideas bajo nombres o atributos que a otras corresponden, con el objeto de sofisticar a estas últimas en beneficio propio.

Es lo que ha sucedido con el socialismo; lo que fatalmente debía suceder.

La clase opresora no pudiendo domar la hidra roja de tantos millones de cabezas como no podrían tronchar las siervas filosas de todos los Deibler, ha disfrazado con mantos rojos a muchos de sus fieles y los ha rotulado con el mote: socialismo.

¡¡Todos socialistas!!

—Es verdad hay una cuestión social. Es necesario que reine la armonía entre patrones y obreros. Ganando más el patrón pagará mejores salarios. —Es indispensable mancomunar los intereses del capital y del trabajo, en vez de establecer antagonismos. —Debe difundirse la instrucción para que todos los hombres estén en iguales condiciones en la lucha por la vida. —Las clases ricas deben hacer más intensa la acción de la caridad; sus generosidades aplacarán el furor de los hambrientos. —Debe asegurarse al obrero la libertad más absoluta de trabajo pues tiene derecho a ella. —Es menester fundar bancos de crédito popular para emancipar al obrero del yugo de los capitalistas. —Deben organizarse cooperativas de consumo y de producción, y el obrero será libre y feliz. —El estado debe acaparar todos los medios de producción y regimentar a los individuos, sirviéndoles de padre y protector en todas las peripecias de su existencia. —En el seno de la Santa Madre Iglesia encontrarán los ricos las virtudes que les faltan y los pobres el consuelo que necesitan. Esto basta para esta vida; en la otra los primeros serán los últimos, y serán bienaventurados los pobres de espíritu.

Y mil clases más de socialismo, que prueban por otra parte la bondad evidente del genuino, pues si todos se adornan con sus atributos es porque dan un prestigio de verdad y de justicia.

Sin embargo, como advertimos anteriormente, en sociología no hay imitación sino falsificación; y ésta presupone la idea de perjuicio para el falsificado.

En efecto, nada ha perjudicado tanto al socialismo como los sociólogos hermafroditas que asalariando su mediocridad al oro burgués han producido esa serie de monstruosidades que tuvieron la imprudencia de clasificar como socialismos. Dignos, todos, el uno del otro; el del estado, el católico, el cooperativista, el pequeñoburgués, etcétera, etcétera.

Para no vernos confundidos con esos socialistoides —*confusión que es la base de todas las críticas al socialismo*— los socialistas verdaderos hemos tenido que hacer esfuerzos gigantescos; y mucha labor nos cuesta aún diferenciarnos de esos polichinelas bajo cuyo manto rojo se adivinan la tiara de León papa, el sable de Guillermo emperador, el bastón de Faure presidente, y los tres pelos de Bismarck canciller.

El socialismo se caracteriza porque aspira a la socialización de todos los medios de producción y a la supresión de la existencia de clases sociales dentro de la sociedad humana; siendo consecuencias lógicas de esto la desaparición del estado y de la falsa moral burguesa.

Realizar esa gran transformación es, en el sentido verdadero de la palabra, realizar una *revolución*;[1] luego los socialistas que aspiramos a realizarla somos indiscutiblemente revolucionarios.

Esa aspiración es lo que nos distingue de todos los socialistoides; "el partido socialista es revolucionario en su esencia y el único que lo es", dice Filippo Turati en *Rivolta e rivoluzione*.

Ese carácter es el único que puede servirnos para no ser confundidos con los falsificadores que tanto nos perjudican.

Debe notarse que no basta llamarse revolucionario para serlo. Solamente lo es aquel que aspira a realizar la revolución, es decir aquel que aspira a sustituir el actual sistema de producción capitalista, que trae consigo la miseria y la opresión para la inmensa mayoría de los

---

[1] Véase actualmente Deville, Reclus, Lafargue, Ferri, Plejánov, Turati, Engels.

individuos, por el sistema de producción social, que será la fuente del bienestar y la libertad para todos y cada uno de los individuos.

En conclusión: para ser socialistas es indispensable ser revolucionarios.

Sin embargo, con la buena intención de atraer al partido a los pequeñoburgueses e industriales, algunos socialistas creen oportuno renunciar al calificativo de revolucionarios, observando que el traje no hace el monje, y que es más interesante serlo que decirlo.

Sin discutir esta última verdad axiomática, observaremos que el motivo en que se funda esa renunciación —y, desgraciadamente, muchas otras renunciaciones— implica un error fundamental cuyas consecuencias resentirá algún día el movimiento socialista. Los ejemplos son útiles; recuerdo que el programa y la táctica rural de Liebknecht, que implicaba una renunciación con el objeto de atraer a los campesinos, mereció de Karl Kautsky y de Zetkin las más acerbas críticas; las atenuaciones poco decorosas de Vollmar, hechas con el objeto de atraer a los pequeños industriales, fueron fustigadas por Bebel, el programa agrícola del Partido obrero francés, redactado por Guesde con igual objeto y entonación que el primero, fue censurado por Friedrich Engels con estas palabras: "por ese sendero se llegará insensiblemente a la negación de los principios científicamente revolucionarios del socialismo"; y mil casos más podrían citarse, análogos, en que las concesiones y las tibiezas han encarrilado en vías funestas la propaganda socialista.

Nada pues de aminoramientos, de restricciones, ni de inútiles e inmotivadas templanzas aparentes, que fundadas en conveniencias discutibles nos alejen de nuestro objetivo revolucionario: la socialización de los medios de producción.

Ser o no ser. Socialistas y revolucionarios son dos cualidades inseparables; proclamémoslo bien alto, desechando falsos pudores y mezquinas conveniencias. Y con eso evitaremos confusiones perjudiciales, poniendo en evidencia que sólo son socialistas los que aceptan la revolución tal como la ha definido la sociología moderna.

LOS REPTILES BURGUESES
[IV. LOS PADRES DE LA PATRIA] *

> Psicológicamente la Cámara es una hembra, y con
> frecuencia una hembra histérica.
>
> SCIPIO SIGHELE

Las mediocres calvas untuosas, abrillantadas por venerables secreciones, que guardan los cerebros inmaculados en que se incuban las quin-
taesenciales sabidurías, están sesionando; la cámara está en número.
En los polos opuestos de las calvas crujen los elásticos suaves y atercio-
pelados de las cómodas poltronas, saturados de pudor y de vengüenza
al sentirse deprimidos por las tibias adiposidades de las sudorientas
nalgas burguesas.

La ley de la selección servil ha congregado a los burgueses más
mediocres, a los más reptiles, en ese antro de manejos infamantes;
la moral y el decoro se han asfixiado al trasponer los dinteles de sus
puertas; si algún inteligente pudo llegar al foco de la infección legislativa ha sido envuelto y ahogado por la espuma gris de las olas de la
corrupción ambiente.

El sentido común, dice Nordau, prima en todas las corporaciones
sobre el buen sentido de cada uno de los asociados.

En cada diputado o senador burgués hay una mala cualidad, x, que
es común a todos: la de ser burgués; y puede haber, en cada uno,
una buena cualidad, a, b, c, etc., que le es propia.

En toda cámara de 100 burgueses —aun en el caso de que cada
uno de ellos posea una condición buena— habrá una suma de 100 x
y sólo 1 a, 1 b, 1 c, etc. De esto resultará que los 100 x —suma de
la mala condición común— prevalecerán siempre sobre 1 a, 1 b, 1 c,
que son las buenas condiciones individuales. Este raciocinio, análogo
al de Nardau en *Paradojas,* es suficiente para poner en evidencia que
en una cámara de diputados o senadores burgueses triunfa por regla
general todo lo malo, todo lo bajo, todo lo abyecto; por ser esto lo que
tienen de común.

¿Y cómo dudar de que el parlamento argentino es un templo de
los mediocres? ¿Son hombres de talento? ¿Son economistas, filósofos,
hombres de ciencia, literatos o siquiera esa mezquina cosa que se llama hombres políticos? No. Son advenedizos sin más mérito que haber
sabido flotar en la marea política burguesa a fuerza de incondicionales
sumisiones y de pasivas obediencias, a los empresarios del gran teatro

---

* En *La Montaña,* Buenos Aires, núm. 10, 15 de agosto de 1897.

parlamentario nacional. De la misma manera que flotan las sustancias fecales en la superficie de los líquidos de un orinal.

Se titulan "representantes del pueblo". ¡¡Demasiado sabe el pueblo que esos reptiles no son sus representantes!!

Representan a la clase burguesa contra la clase proletaria; a los que no trabajan contra los que trabajan; a los que sufren indigestiones contra los que mueren de hambre; a los que roban en las arcas del estado las riquezas producidas a precio de mil sudores y mil lágrimas por los que son miserablemente despojados. Representan al estanciero caudillo contra el peón obligado a votar por su amo; al propietario contra el inquilino; al patrón contra el dependiente; al jefe de repartición contra el tinterillo; al industrial contra el obrero y, en general, al verdugo contra la víctima. La víctima es el pueblo.

La sesión es comedia y tragedia al mismo tiempo; para los actores es una representación jocosa de Goldoni, intercalada con aburrimientos de Calderón; para el pueblo —que paga— es una tragedia sombría de Shakespeare, con ferocidades de Pietro Cossa.

Las aprobaciones se suceden a las aprobaciones. Ninguna aberración presupuestívora encuentra resistencias. Por el contrario, la suprema preocupación de esos castrados de conciencia es votar, votar mucho, porque quien más vota trabaja más en beneficio de sus representados.

En las cámaras argentinas la degeneración aprobatoria ha llegado a tal punto que los votantes ya no se ponen de pie, ni alzan la mano; una ligera cerviflexión, casi siempre unánime, sanciona con fuerza de ley todos los proyectos equivalentes a una succión lujuriosa en el pezón de esa inagotable glándula mamaria que se llama presupuesto.

Mientras los representantes desempeñan su papel en el infame escenario, en antesalas se pasean los representados; caudillejos políticos, burgueses del alto comercio, banqueros, contratistas, y toda la turba de vampiros que en levita y guantes roba impunemente al amparo de la ley y en complicidad con las instituciones. Han "hablado" al miembro informante de la comisión correspondiente, de quien han tenido formal promesa de aprobación del proyecto que asegura extraordinarias delicuescencias a sus preocupaciones mandibulares.

No puede asegurarse que en todos los casos esas promesas de aprobación se acompañan con participaciones en los dividendos; ni que la prostitución moral es la resultante del contubernio entre los grandes bribones de las antesalas y los grandes serviles que vegetan en las poltronas.

Pero no hay motivos para suponer que rehúyan de la inmoralidad individuos que, como casi todos los representantes argentinos, han saqueado pública e impunemente los catorce bancos provinciales, echando luego sus garras sobre las rentas de la nación.

Tanta bajeza colectiva se explica si se piensa que la diputación y la senaturía son actualmente, en este país, el ideal de los abogadillos y literatos fracasados; ningún hombre de talento, ni siquiera relativo, ve en el parlamento actual otra cosa que un parto monstruoso de este sistema republicano federal, fundado sobre los caudillajes locales, que pone la administración de lo que a todos interesa en manos de los más ineptos.

Para explicarse el mecanismo de ciertos fenómenos bastaría estudiar un poco lo que llama Sighele (¿o Novicow?) *Fisiología del éxito*; y leer *El hombre mediocre* de Ernesto Hello.

Sinceramente, mientras no se pudiera prescindir de estas gentes encargadas de oprimir y explotar, debemos declarar en voz alta que preferiríamos serlo por un tirano de talentos que fuera capaz de sobreponerse a los demás hombres de su época, por un Juan Manuel de Rozas; y no por esta legión de reptiles ignorantes que vomitan periódicamente las catorce provincias de la república en la cloaca parlamentaria nacional.

Las ventajas del gobierno de muchos son una simple cuestión de aritmética.

¿Y por qué comprendiendo la gran corrupción de los parlamentos los socialistas pretenden invadirlos? objetarán los enemigos.

Porque el estiércol parlamentario es un abono excelente para hacer vegetar con vigor y rapidez la propaganda socialista.

LA PARADOJA DEL PAN CARO [DIVAGACIÓN]*

Una legión de harapos hambrientos es más épica y más formidable que una legión de arrastrasables uniformados. Y estamos en vísperas de tener una legión de harapos hambrientos.

El precio del pan ha subido; ha subido tan alto que ya no pueden alcanzar hasta él las manos de los trabajadores; las manos que ostentan, orgullosas, las deformaciones y los callos del trabajo implantados como piezas de un mosaico de sufrimientos sobre las mugres honrosamente elaboradas ante la fragua o el yunque.

Pero, ¿qué importa que los trabajadores no coman pan? De esta manera le parecerá más sabroso a la canalla burguesa pensando que comerlo es un privilegio.

Lo extraño, lo único extraño, es que el pueblo está mudo. Se creería

* En *La Montaña*, Buenos Aires, núm. 12, 15 de septiembre de 1897.

que le han cortado la lengua; o que solamente la tiene para lamer las manos perfumadas del amo que lo azota y lo hambrea.

¿Cómo no protesta? ¿Por qué escucha impasible la siniestra condena? ¿Donde están las voces? ¿Donde los corazones?

(Y por qué no: ¿Donde están los puños?)

La lengua es un superórgano que no sirve solamente para lamer y rumiar apologías; es también el arma de la protesta y de la invectiva. Son abyectos los que lamen; son viriles los que hieren.

No se trataría de malgastar las contracciones linguo-labiales en discutir quién tuvo razón, si Grecia o Roma, atribuyendo a Ceres o Saturno el descubrimiento de la panificación; la mitología y las leyendas son manjares muy insípidos para los estómagos ayunos de los proletarios. Lo que urge es exigir; exigir con energía para evitar que en la bohardilla miserable los hijos lloren pidiendo ¡pan! Y conste que urge *exigir*, no pedir, porque pide el débil, el que no tiene derecho; pues el derecho y la fuerza se confunden en las fundamentales idiosincrasias de la moral burguesa.

¿Quién duda de que los trabajadores tienen el derecho? ¿Acaso no podrían ser los fuertes? Sus cabezas agrupadas tras un harapo rojo serían tantas que un siglo no bastaría para contarlas. ¡¡Y, sin embargo, no se aperciben los trabajadores de que por cada una de las innumerables cabezas hay cuatro extremidades vigorosas con excelentes aptitudes para lesionar!!...

Es verdad que las cabezas del pueblo están saturadas de esos hediondos miasmas morales que se llaman prejuicios.

El sacerdote les ha enseñado que poco importa no tener pan en esta vida; en la otra lo tendrán tan abundante que podrán, si lo desean, suicidarse por indigestión.

¡Oh! el cielo... el cielo... ¿qué importa en esta tierra un miserable pan de harina y levadura?

(Las bocas, en vez de protestar, murmuran oraciones.)

Los mercaderes del patrioterismo se preocupan de llenarles el estómago suministrándoles suculentas raciones de tela azul y blanca condimentadas con salsas chilenófobas de inescrutable composición.

(Las bocas, en vez de protestar, cantan himnos nacionales.)

Los desvergonzados polichinelas de los partidos políticos burgueses, con el fin de impedir el clamor de esos millones de tripas desesperadas, les muestran en su acreditada linterna mágica republicana la moralidad política y administrativa, la reforma constitucional, el todos-contra-Roca, los principios democráticos, la actitud patriótica, las acciones paralelas.

(Las bocas, en vez de protestar, aclaman a los polichinelas políticos.)

No hay vicio más estúpido que mirar a los que están más abajo para formarse la ilusión de que se está arriba. Ese vicio es la apoteosis de la parábola de los carneros resignados.

Se equivoca el señor Quetienehambre cuando toma como término de comparación al finado señor Quehamuertodehambre. No hay derecho más sagrado que el derecho a hartarse, puesto que las estadísticas demuestran que para todos hay suficientes materiales de hartura. Además, ¿cómo explicarían los fisiólogos oficiales con su alta sabiduría la existencia de la mucosa estomacal y de sus secreciones pépticas y clorhídricas si no existiera el derecho a hartarse hasta completa saturación?

¡Qué ridículo país es éste que produciendo anualmente muchos millones de bolsas de trigo, priva a los que lo han cultivado del pequeño placer de entretener sus fauces haciendo ejercicios en los tres tiempos de la deglución sobre algunos gramos de migas!...

Aquí está. Aquí está la paradoja.

Un poetastro burgués, que mientras he escrito las líneas precedentes las ha leído por sobre mi hombro, me interrumpe diciendo:

—"¿Qué nos importa a los burgueses de las declamaciones de los trabajadores? Ellas no nos privarán de ninguno de nuestros placeres y no influirán sobre nuestra línea de conducta. Con tal de que haya pan para nosotros, no nos importa que no puedan comerlo los obreros."

—"Pero olvidas, le contesté, que los que fabrican el pan son trabajadores. Y si llega el caso de que solamente los burgueses puedan comer pan, nada más fácil para los obreros panaderos que negarse a fabricarlo."

(Y por no aterrorizarlo no le contesté que en ese caso también les sería muy fácil amasar el pan con aceite de croton... o con estrignina... Pero, felizmente para los intestinos burgueses, el caso no puede presentarse.)

Con ese diálogo se interrumpió esta deshilvanada divagación.

DE LA BARBARIE AL CAPITALISMO*

[EL DETERMINISMO ECONÓMICO EN LA HISTORIA AMERICANA]

I. Todos los pueblos en su desenvolvimiento histórico atraviesan fases evolutivas determinadas por las condiciones intrínsecas y extrínsecas del doble ambiente natural-económico en que se desarrollan, el cual es el molde que engendra cada una de las formas de organización revestidas por cada sociedad humana, y constituye el sustrato en que se arraigan y sustentan las diversas instituciones políticas, jurídicas, morales, etc., que constituyen la superestructura de la sociedad en cada momento histórico.

Esta interpretación objetiva de la historia, que en el terreno de la sociología científica ha venido a sustituir a las diversas interpretaciones teológicas e idealistas, hace que se la considere como un conjunto de fenómenos encadenados por inevitables relaciones de causalidad, y no por finalidades independientes del mundo y de la vida; cada fenómeno histórico tiene sus razones determinantes que no podrían haber dejado de producirlo y, a su vez, tiene que determinar fatalmente otros fenómenos históricos. Este criterio, al que ha arribado la ciencia contemporánea en sus más recientes interpretaciones, evidencia que esos fenómenos deben ser estudiados y analizados en sus manifestaciones, sin pretender investigar sus trascendentalidades metafísicas y sin dar participación alguna al hado, al acaso o a un fin incognoscible que hubiese presidido a la creación de la materia y de la vida. Para la ciencia éstos no tienen ninguna importancia positiva; ya De Roberty (*De la Sociologie*, p. 124) demostró que "es un error el que deja suponer que en los fenómenos existen propiedades no manifiestas, borradas por la presencia de otras propiedades; en realidad no tenemos el derecho de suponer que esas propiedades existen desde que no se manifiestan".

La historia no necesita admitir, apriorísticamente, respecto del origen de las sociedades humanas la hipótesis monogenista de Spencer, que, admitiendo la multiplicidad de las sociedades primitivas, les atribuye un mismo carácter de homogeneidad relativa o imperfecta diferenciación, ni la hipótesis poligenista, hoy sostenida por Tarde y Gumplowics, que supone una absoluta diversidad de formas sociales

* En *Revista de Derecho, Historia y Letras*, Buenos Aires, enero de 1898.

desde el primitivo origen de las sociedades; a la historia le basta con saber que, en general, todos los pueblos para llegar al estado de civilización han debido atravesar, en su proceso de sucesivas integraciones y desintegraciones —que diría Saint-Simon períodos críticos y períodos orgánicos—, por las diversas etapas del salvajismo y la barbarie, cuya sucesión está determinada por los diferentes sistemas que caracterizan la producción en cada forma de organización social. (Marx, Engels, Loria.) Este factor económico es el que, en último análisis, determina, principalmente, la morfología de todas las instituciones sociales, desde las sencillísimas de la horda depredatriz hasta las complicadas del capitalismo industrial.

Sin embargo, aunque las fases del proceso evolutivo son, en general, las mismas para todos los grupos sociales, la fase en que cada uno se encuentra es completamente variable en el tiempo y en el espacio, pues las condiciones cósmicas y artificiales ambientes no son las mismas, contemporáneamente, en toda la parte habitable de la superficie terrestre.

II. A fines del siglo xv casi todos los pueblos europeos habían pasado, hacía ya mucho tiempo, del primero al segundo período de la civilización, respectivamente caracterizados por el sistema de producción con trabajo de esclavos (Grecia, Roma, y pueblos de igual desarrollo) y con trabajo de siervos (feudalismo), preparando y desenvolviendo las fuerzas económicas que determinarían su advenimiento a la tercera faz, el capitalismo industrial caracterizado por el trabajo de asalariados. En cambio los pueblos de América se encontraban en los diversos períodos de las épocas salvaje y bárbara, desde los charrúas antropófagos hasta los incas y los aztecas que llegaron a los períodos superiores de la barbarie. (Letourneau, Morgan, Prescott.)

El aumento de la capacidad productiva de los pueblos europeos determinó la extensión del cambio internacional de los productos y, por consiguiente, la aparición del comercio junto con la necesidad de buscar nuevos mercados para su producción que constituyeran nuevas fuentes de riqueza. Solamente podían reunir estas condiciones aquellos pueblos que estuvieran en fases menos avanzadas de su desenvolvimiento y que habitaran comarcas en que las riquezas naturales fueran abundantes y de fácil explotación; en tales circunstancias era lógico, por uno de esos fenómenos llamados de darwinismo social, que los pueblos más civilizados emprendieran la conquista y la explotación de aquellos que, siéndolo menos, poseían riquezas mayores.

Aparecieron entonces los pueblos casi exclusivamente comerciales (Venecia, Holanda, Génova, Liga anseática, etc.) resurgiendo en ellos las modalidades que en otros momentos históricos determinaron la acción de los fenicios y de los cartagineses.

Dadas esas condiciones económicas de Europa, eran inevitables el descubrimiento de América y el del camino de Buena Esperanza para llegar a las Indias orientales, cuyos productos eran tan codiciados y cuya conquista era la más dorada de las perspectivas después de las deslumbradoras narraciones de Marco Polo y otros viajeros.

Colón y Vasco de Gama, pese a Carlyle y a todos los que tienen de la historia una concepción individualista heroico-genial, no fueron más que dos productos de su momento histórico; Macaulay, en su espléndido estudio sobre Dryden, afirmó con exactitud que, sin Colón, América habría sido descubierta lo mismo; y esta verdad es extensiva a Vasco de Gama.

Causas de orden exclusivamente cósmico fueron las que hicieron de España y Portugal los países necesariamente destinados a auspiciar esos descubrimientos; explicándose de la misma manera que fueran los países marítimos del noroeste de Europa los que auspiciaran el descubrimiento y la conquista de Groenlandia primero y más tarde del continente norteamericano.

III. Descubierta América encontráronse en presencia la una de la otra dos grandes fuerzas que representaban dos momentos distintos de la evolución de las sociedades humanas, correspondientes a dos diversas formas de capacidad y organización económica: Europa feudal, en vías de transformarse en Europa industrial, y América salvaje o bárbara.

De esta presencia de dos distintos exponentes de civilización era inevitable la lucha de conquista y también el triunfo de aquella raza que hubiera alcanzado un grado más alto de desenvolvimiento. Ninguna sociedad civilizada ha sido en realidad vencida por otras que lo fueron menos; ella ha triunfado, en último análisis, imponiéndose a sus propios dominadores, obligándolos a aceptar cuanto ella tenía de bueno, de superior. Bagehot, sociólogo distinguido, ya constató en un mal libro (*Lois scientifiques du developpement des nations*, p. 66) que una de las condiciones más importantes para que un pueblo domine a otro u otros es que él se encuentre en un período más elevado de desarrollo.

Y, efectivamente, la civilización, con todos los males que Edward Charpenter ha demostrado le son inherentes, venció y se impuso a las razas americanas. Dominó con suma facilidad a las tribus salvajes que aún no formaban estados y con alguna dificultad a los pueblos que vivían en las formas superiores de la barbarie, casi en el dintel de la civilización: a mayor diferencia entre los índices de desenvolmiento correspondió una menor resistencia a la dominación, y viceversa. En menos de cuatro siglos han desaparecido del continente americano la casi totalidad de los pueblos aborígenes que no pudieron adaptarse a la nueva modalidad de existencia introducida por los conquistadores. De las sociedades azteca e incásica organizadas sobre el sistema de la propiedad de clase, y no sobre el de la propiedad común, como erróneamente afirman Prescott y otros historiadores que ignoran la diferencia que existe entre la una y la otra, no quedan sino los riquísimos materiales de estudio que apenas han sido deflorados por la sociología, la etnografía, la antropología, y ciencias afines. Esas constituciones sociales muestran una serie de fases de evolución caracterizadas por formas de producción, de propiedad, de estado, de familia que serán de fecunda cosecha para la sociología.

IV. Dominados y destruidos los americanos, los civilizadores no pensaron sino en repartirse el territorio de América para explotar sus enormes riquezas naturales. Por las razones ya apuntadas la América del norte —menos México— cayó bajo el dominio de Inglaterra, y la del sur en manos de España; esto en líneas generales, prescindiendo de las pequeñas colonizaciones francesa y holandesa, y considerando a la portuguesa como semejante a la española.

Esta diferencia en el origen de la colonización ha determinado la diversa modalidad con que evolucionaron y se desenvolvieron los países del norte y los del sur, pues contribuyó a que se formaran dos ambientes esencialmente distintos por el distinto grado de desarrollo alcanzado por las fuerzas económicas.

Inglaterra, económicamente, ha marchado a la cabeza de Europa alcanzando antes que cualquier otro país del mundo las formas superiores de producción y de cambio que caracterizan el sistema capitalista; al conquistar la América del norte trasplantó allí —no por abstractos sentimientos altruistas sino por la clara conciencia de su propia conveniencia económica— todos los elementos y los factores de su propio adelanto, todos sus métodos productivos; inoculó el virus de su fuerza y su superioridad y sembró gérmenes que se traducen, en la actualidad, en la supremacía económica de ese país sobre el continente americano, de la misma manera que Inglaterra la ha tenido sobre el continente europeo.

España, por el contrario, al emprender la conquista de América estaba agotada por una larga guerra de reconquista que habían durado siglos. El xvi señaló para ella el comienzo de la época de decadencia que la ha conducido a ocupar uno de los grados inferiores en la escala de los pueblos civilizados. El agotamiento de sus gobiernos era tan grande que, no atreviéndose a gastar su escasa vitalidad en conquistas ultramarinas, concedieron completa libertad a los aventureros que quisieron venir a este continente para intentar por su esfuerzo personal la conquista de sus inmensos territorios y riquezas; los Cortés, Pizarro, Almagro, Mendoza, vinieron en esas condiciones a explotar el continente y a repartir tierras e indios.

Esa forma de conquista, determinada por la situación económica de España, fue de resultados desastrosos para el porvenir de la América del Sur; el sistema que permitió la lucha entre los mismos colonizadores por el derecho de apropiación y explotación, se ha continuado hasta nuestros días revistiendo la forma del caudillaje —forma de gobierno despoticorregional, semejante al de los jefes de las hordas primitivas de tipo militar— que aún encuentra causas para existir en muchos países sudamericanos.

El desorden económico que resultaba de ese sistema produjo una reacción que hizo necesaria, por parte del gobierno español, la organización administrativa de sus colonias americanas. Entonces, divididas en virreinatos y capitanías, fueron sometidas a un régimen de triple explotación: una primera en favor del gobierno de España, la segunda en favor del gobierno colonial, y la tercera en favor de los mismos colonizadores.

En cambio de todo eso España nada podía dar a sus súbditos de América, pues cada día su decadencia económica y política era mayor. Desde que la América Latina fue descubierta hasta que se emancipó fueron, para la península, tres siglos de empobrecimiento económico e intelectual, durante los cuales se nutrió con las riquezas de América, inicuamente sometida a la acción perniciosa de esa forma transoceánica del parasitismo colectivo, que podría completar en el terreno de la biología social la concepción del parasitismo orgánico, ya ampliada por Massart y Vandervelde con sus estudios sobre el parasitismo de clase, y que tiene en esta forma nacional del parasitismo una mayor ampliación e intensificación que representa un grado de degeneración mayor. Una nación parásita está, colectivamente, más degenerada que una clase parásita, que a su vez lo está más que un individuo parásito, ya pertenezca al tipo propietario o al político, al sexual o al depredador.

España no dio nada a su América. Durante todo el período del coloniaje no introdujo ninguno de los descubrimientos científicos o industriales que las demás naciones europeas aplicaron a la producción. En cambio Inglaterra se apresuró siempre a introducirlos en la América del Norte. Fue así que al clarear la aurora del siglo XIX las colonias españolas fueron sorprendidas en una situación muy poco diferente de la que había encontrado Juan Díaz de Solís, en 1516.

Inglaterra sometió el Norte a un sistema de explotación inteligente y progresista, mientras que España explotó el sur con sistemas retrógrados y brutales: verdad es que dadas las condiciones económicas de ambas metrópolis no podía suceder de otra manera.

V. Es regla general que, en todos los países conquistados, los conquistadores tengan un absoluto predominio sobre los nativos y que, si se trata de una raza inferior, acaben por destruirla. Así sucedió también en América.

Pero cuando los hijos de los conquistadores nacidos en el país conquistado se ven privados de ciertos derechos que determinan su inferioridad económica, constatan la degeneración que fatalmente sobreviene en la raza conquistadora por el goce del poder y de los privilegios que le son inherentes, y al mismo tiempo se forman una conciencia de la capacidad productiva del país en que han nacido y en el que viven desposeídos, tienden a rebelarse a sus propios padres formándose una conciencia de clase política y económicamente inferior que los induce a esa rebelión.

Así nacen todas las luchas por la independencia nacional; la necesidad de la emancipación económica determinó a los americanos a luchar por su emancipación política, para dejar de ser una clase social económicamente inferior respecto de la constituida por los dominadores extranjeros.

Observando el curso de los fenómenos históricos en la América del Sur, española, se constata que la Independencia fue el resultado lógico de la decadencia económica y política de España y del deseo arraigado en los americanos de librarse de la odiosa tiranía de los monopolios de la metrópoli que encarrilaban toda la vida comercial de estos pueblos en beneficio exclusivo de España; la invasión de José Bonaparte a ese país no influyó muy esencialmente en la emancipación política de América: fue un factor ocasional pero de ninguna manera un factor determinante.

El sistema de monopolios con que España desgobernaba a América ya había despertado una reacción de parte de los americanos, que habíase traducido en la agitación económica que precedió en Buenos Aires a la revolución de 1810, y en la que participaron Moreno, Belgrano, Vieytes y otros, en la prensa y en algunas instituciones de carácter económico que con ese objeto se fundaron.[1]

La revolución surgía pues de las "condiciones de hecho" por que atravesaban las colonias. Llegado su momento histórico la emancipación política se impuso y fue un hecho.

[1] Posteriormente ha tratado este punto el doctor Juan B. Justo, en una brillantísima conferencia: *La teoría científica de la historia y la política argentina*.

VI. El siglo que desde entonces ha transcurrido ha sido para la América Latina un siglo de organización y de educación para la vida colectiva. Estos pueblos han debido improvisar las instituciones políticas y económicas que España no supo legarles. La tarea ha sido larga e ímproba, pues se ha chocado con la suma dificultad de obtener que las instituciones fueran un reflejo real de las condiciones de hecho en que se encontraban, sobre todo porque esas condiciones de hecho fueron hasta hace poco tiempo sumamente variables y mal determinadas. Las guerras civiles, el caudillaje, las revoluciones de los bandos políticos, la inmoralidad económica y política de los gobiernos, han sido la suprema ley que ha regido, casi siempre, su vida; todo ello interrumpido por períodos de saludables tiranías durante las cuales un progreso real ha compensado, generalmente, la poca libertad perdida.

Así como las condiciones geográficas predeterminaban que España, Portugal e Inglaterra fueran los países que debían colonizar y civilizar el Nuevo Mundo, condiciones geográficas semejantes determinaron en los diversos pueblos americanos, y muy especialmente en la República Argentina, la dirección que siguieron los elementos de civilización, al incorporarse a su vida política y económica. En la Argentina comenzó necesariamente por las provincias más orientales que están en comunicación con el inmenso estuario del Plata; esta circunstancia del ambiente natural determinó, a su vez, una gran diferencia en el grado de desenvolvimiento del ambiente económico alcanzado por las provincias del litoral y las del interior que fue causa de largas guerras civiles que aún en la actualidad persisten, manifestándose, aunque en formas menos brutales, en todos los actos de la vida política del país.

Esas luchas han sido, en último análisis, debidas al desequilibrio económico entre dos regiones contiguas que se encuentran en diferentes grados de desenvolvimiento y de las cuales la una —la que produce de una manera más primitiva— se ha rebelado constantemente contra la supremacía política y económica de la otra —que entra de lleno en el sistema de producción capitalista— y que la ejerce porque es una consecuencia lógica de su mayor desarrollo económico.

VII. En las últimas décadas ha comenzado en la América Latina la evolución hacia las formas de producción que caracterizan la faz superior de la civilización: el capitalismo.

El desarrollo rápido y gigantesco de las fuerzas productivas, que implica la necesidad de la intensificación de esas mismas fuerzas, hace que el ambiente económico de las naciones se transforme rápidamente para dar lugar a nuevas combinaciones de las relaciones económicas entre los individuos y entre las colectividades.

En la industria es la máquina la encargada de realizar la más grande de las revoluciones que ha presenciado la historia: la revolución que emancipará al hombre del trabajo haciéndole posible una cantidad de satisfacciones de sus necesidades cada vez mayor con un esfuerzo cada vez menor. Actualmente la revolución industrial se traduce por una tendencia progresiva a la centralización de los capitales requerida por el desarrollo de la gran industria que, fatalmente, tiende a suplantar a la pequeña; el artesano libre y el pequeño industrial son devorados por la grande industria que, disponiendo de fuerzas productivas más intensas, produce a un precio más reducido y compite ventajosamente con la pequeña hasta reducirla a la impotencia. La gran producción industrial trae, como consecuencia del perfeccionamiento cada día mayor de los medios de producción, un exceso de ésta que conduce a la competencia desenfrenada entre los mismos industriales americanos y entre éstos y los industriales europeos; el número de industrias poco explotadas que dan al capital un interés más elevado que el corriente en plaza es cada día menor.

Inglaterra ha venido a sembrar sus millones en la América del Sur, fomentando así el desenvolvimiento de las industrias; pero, en cambio, cada año se lleva enormes intereses que hacen de estos pueblos verdaderos estados tributarios de aquel país. Casi todas las grandes empresas y compañías de producción y de transporte pertenecen a sindicatos ingleses, que cada día se enriquecen más y más en virtud de las condiciones mismas de la producción capitalista.

Como ya ha sido observado por muchos sociólogos, ese trabajo de eliminación de los más débiles por los más fuertes, de concentración de las fuerzas productivas, de intensificación de su capacidad productora, de concentración de todas las riquezas económicas, ese trabajo es precedido, acompañado y seguido por crisis, periódicas en algunos casos, continuas en otros, que mantienen en constante desorden la producción. Y de esas crisis no resulta más que el continuo engrandecimiento de las más grandes industrias a expensas del continuo fracaso o empequeñecimiento de las más pequeñas. La estadística lo evidencia en todos los países en que el capitalismo ha llegado a su completo desarrollo; y promete evidenciarlo en estos países que siguen las mismas huellas.

La propiedad territorial comienza a concentrarse más o menos rápidamente; las únicas tierras que se fraccionan son las tierras no ocupadas aún y que tienen un reducido valor real. La gran producción agrícola hace estériles los esfuerzos de los pequeños agricultores que están obligados a enfeudarse con los grandes propietarios.

La situación del comercio es exactamente la misma que la de la industria y la propiedad territorial, pues está vinculada y subordinada a ellas: el gran comerciante triunfa en la competencia, anonadando al pequeño. Y a ese fenómeno universal se agrega como grave complicación el epifenómeno de la especial inmoralidad del comercio latinoamericano que solamente encuentra un correlativo en la refinada inmoralidad política concomitante.

Este advenimiento del sistema capitalista implica necesariamente, y ésa es su característica, la generalización del trabajo asalariado y, por consiguiente, la formación de un proletariado cuyos intereses como clase social son antagonistas con los de la clase capitalista. La extensión del trabajo a salario ha alcanzado ya, en América, a las mujeres y los niños.

La situación de ese proletariado no es, y no puede ser, tan holgada como se cree. Lejos de ser así: los salarios tienden en general a aproximarse al mínimum necesario para mantener y reproducir la fuerza de trabajo, encarnada en la persona del obrero, en las proporciones requeridas por las necesidades de la producción, sobrentendiéndose que ese mínimum es variable en el tiempo y en el espacio. A esa tendencia general, que tomada en el sentido de ley absoluta no resulta cierta, no puede sustraerse el naciente capitalismo sudamericano.

De estadísticas cien veces publicadas —y que esta vez pueden, por tanto, suprimirse— resulta que los salarios en estos países no son, en manera alguna, más elevados que en Inglaterra, Francia, Bélgica o Alemania; el precio de los medios de subsistencia es, en proporción, un poco más elevado. Dedúcese que la capacidad de consumo de un proletario, es decir la cantidad de objetos que puede usar o consumir y que representa su bienestar material, no es mayor que la del obrero de aquellos países europeos.

El paro es un fenómeno ya conocido por nuestro proletariado industrial; se ha demostrado (Marx) la necesidad, vital para el sistema de producción capitalista, de engendrar un exceso sistemático de población. —Este exceso es relativo a las necesidades de la producción y no a la capacidad de población de un país dado.

Esos importantísimos fenómenos económicos prueban que el capitalismo está en Sudamérica en vísperas de alcanzar su completo desarrollo, y que todos los problemas que ha planteado en Europa están en vías de ser planteados en este continente, como ya lo están en Norteamérica y el Japón, países cuyo desarrollo industrial ha sido algo más rápido que el nuestro.

Tal es, a grandes rasgos, la influencia de los factores cósmico y económico en el desenvolvimiento de la civilización americana; tales los problemas de cuya inteligente comprensión depende la grandeza futura de la América Latina. De su análisis y del estudio detenido de su presente potencialidad de producción y de consumo, subordinada a las condiciones del ambiente natural, surgirá el exacto conocimiento de las leyes sociológicas que podrán señalarle un derrotero luminoso en sus venideras evoluciones económicas, políticas y jurídicas. Los pueblos más grandes serán, en el porvenir, los que tengan una conciencia más clara de las leyes que presiden a su propio engrandecimiento.

LA MENTIRA PATRIÓTICA,
EL MILITARISMO Y LA GUERRA*

VI

> La guerra é, normalmente, prodotta da cause
> economiche.
>
> Loria, *Le basi economiche della constituzione
> sociale*

> La guerre a éte necessaire pendant les premières
> stades du progres humain, mais elle est destinée
> à être remplacée, nuisible o inutile a present,
> par d'autres formes de lutte.
>
> NOVICOW, *Les luttes des societés humaines*

En las condiciones naturales de existencia se encuentra la causa principal, sino única, del fenómeno de la lucha que domina toda la escala de los seres orgánicos: vegetales y animales. Hay lucha entre las especies, entre los grupos, entre los individuos; la lucha es una ley biológica y es el factor preponderante en la selección.

Hay, en la naturaleza, una notable desproporción entre la capacidad reproductiva de todos los seres vivos y los medios de subsistencia que proporciona el ambiente cósmico o natural. Esta desproporción engendra una competencia para procurarse los medios de vida, la llamada "lucha por la existencia". El número de individuos posibles, es decir, el número que podría resultar de todos los huevos puestos y fecundados, es mucho mayor que el número de individuos que pueden realmente vivir en un momento determinado.

De allí nace la necesidad social de la destrucción de innumerables huevos antes de su desarrollo y de la muerte, antes de reproducirse, de la mayoría de los seres que llegan a vivir.

Por consiguiente, la competencia vital es continua. Cada ser orgánico debe luchar para pertenecer al pequeño grupo de los que viven, y al menor aún de los que se reproducen y perpetúan.

Los individuos de una misma especie no son iguales entre sí; unos poseen mejor desarrolladas las cualidades útiles en la lucha por la

---

* Conferencia pronunciada el 12 de febrero de 1898 en el Centro Socialista Obrero. [Se reproducen los parágrafos VI, VII y IX.]

vida que otros. Ellos son los que llegan a procurarse los medios de subsistencia y a reproducirse, mientras que los otros, pronto o tarde, sucumben. Esta lucha que se produce en la especie, se produce también entre las especies, en condiciones semejantes.

Todas las especies se alimentan a expensas de las demás, del mismo reino o del otro. Un árbol impide el crecimiento de otros donde echa sus raíces; una planta carnívora suxa los jugos de alguna especie de insectos; los animales herbívoros y frugívoros se nutren de especies vegetales y sirven, a su vez, de nutrición a los carnívoros. La lucha y la destrucción es necesaria y perpetua para todas las especies animales y vegetales que sacan su nutrición del ambiente natural.

En su primera época tal fue la condición de la especie humana. Podía tomar de la naturaleza los vegetales y animales que le servían para su nutrición; podía extender la esfera de sus subsistencias destruyendo las especies que se nutrían con sus mismos alimentos; pero debía limitarse a los medios de nutrición que la naturaleza le ofrecía espontáneamente.

Nacía de eso, con un carácter de necesidad, la lucha por la vida entre los individuos de la especie, dada la incapacidad del ambiente natural para nutrir a todos los individuos que entraban a disputarse una cantidad limitada de subsistencias. Esta lucha tuvo, junto con el carácter de necesidad, el carácter de utilidad, pues favorecía la supervivencia y reproducción de los más aptos, es decir, de aquellos que por sus condiciones orgánicas se adaptaban mejor a las condiciones y circunstancias del ambiente.

La tendencia de todos los seres organizados a hacer fáciles las condiciones de la lucha por la vida produjo la asociación entre los individuos de la especie humana. (Ley de la economía social de las fuerzas, de G. de Molinari; Ley del menor esfuerzo, de Guillermo Ferrero.) Ya asociados, los hombres, gracias a su superioridad física e intelectual sobre las otras especies, a su carácter de consumidores de los productos de la naturaleza agregaron el de productores.

Ya el hombre no dependió exclusivamente del ambiente natural, ni sus subsistencias fueron limitadas por su capacidad productiva espontánea; el hombre, transformado en productor, adquirió la capacidad de aumentar artificialmente sus subsistencias engendrando un ambiente económico artificial con el que lo vincularon leyes de adaptación y variación semejantes a las del ambiente natural.

Así modificadas las relaciones entre el individuo y el medio, modificáronse también las condiciones y las modalidades de la lucha por la vida; ésta fue presidida por factores de orden económico que surgían de la acción del doble ambiente natural y artificial, y que resultaron para el hombre distintos que para las demás especies animales.

La guerra es una forma colectiva de la lucha por la vida. En las especies animales es determinada por la conquista de los medios de subsistencia producidos espontáneamente por la naturaleza; en la especie humana su objetivo puede ser el aumento de las fuerzas productivas creadas artificialmente.

El análisis científico a que ha sido sometida en este último siglo la guerra entre las sociedades humanas ha enseñado que su razón de ser, su causa determinante, está en las necesidades de la vida material, en la situación económica, en el desequilibrio entre las formas de producción de los diversos pueblos.

La historia estudiada con un criterio objetivo revela que en última instancia son las condiciones del ambiente económico las que determinan los fenómenos y las instituciones de orden político, religioso o moral que se producen en un momento histórico determinado; sin que esto signifique en manera alguna que esas instituciones y fenómenos no sean a su vez causa de otros e influyan más o menos intensamente sobre las condiciones económicas.

En las guerras médicas Persia disputa a Grecia la supremacía económica de la civilización Oriental sobre la Occidental; Grecia venció; Alejandro el Grande al invadir la Persia y la India conquistó como primer laurel de su victoria un tesoro avaluado por el historiador inglés Clarmont Daniel en 1 250 millones de francos. En las guerras púnicas, Roma y Cartago hicieron también una guerra económica: en primer término por la hegemonía mediterránea y, en segundo, por el deseo de Roma de conquistar las enormes riquezas que Cartago sacaba de España, Córcega, Cerdeña y Sicilia. Las invasiones de los bárbaros al Imperio romano de Occidente tuvieron por objetivo el saqueo; lo mismo que todas las invasiones de pueblos bárbaros, cuyas fuerzas productivas son mínimas, a pueblos más civilizados cuyas fuerzas productivas están más desarrolladas. Las cruzadas, bajo el aspecto de guerras religiosas, tuvieron como causa la necesidad de expansión comercial propia de la economía feudal, al mismo tiempo que facilitar un camino para ir en busca de las riquezas de Oriente. Esto aparte del interés inmediato del robo y el saqueo. Dice Loria que, "para la cuarta cruzada, los venecianos consintieron en transportar sobre sus bajeles los soldados de la fe, a condición de que se les pagara una rica remuneración y de repartir el botín por mitad con los cruzados". El descubrimiento y la conquista de América fueron determinados por el deseo de las riquezas que Colón iba a buscar en las Indias, deseo que indujo a Isabel la Católica a vender sus joyas para costear la expedición. Los Cortés, los Pizarro y los Mendoza no se preocupaban de civilizar a América sino de explotarla. Las guerras de expansión colonial contemporáneas tienden a buscar nuevos mercados a la producción excesiva de los países en que rige el sistema capitalista.

La estadística ha constatado que de 286 guerras, 258 son debidas a causas económicas (Ferrara), mientras que en las 28 restantes, determinadas aparentemente por una causa religiosa, la causa económica, aunque está disimulada, puede entreverse (Loria).

Así como el ambiente económico, han evolucionado las condiciones de la lucha por la vida y, por consiguiente, la guerra que es una de sus formas. Tarde afirma en *L'Opposition universelle*, su última obra, que ha evolucionado tanto como el trabajo, más que el amor y las bellas artes y mucho más que el crimen.

En sus primeras manifestaciones la guerra no pudo tener sino un carácter ofensivo, aunque entre los sociólogos contemporáneos domine la idea contraria. La defensiva no puede, en efecto, existir si no es precedida por la ofensiva; la defensa es una acción consecutiva a la ofensa. Para que una tribu defendiera sus productos era indispensable que alguna otra se los disputase atacándola.

Luego es falsa la idea de Letourneau, y de todos sus repetidores y *snobs* sociológicos, de que "los primeros guerreros se limitaron a defender su territorio, su pesca, su caza y sus personas"; los primeros guerreros fueron los que quisieron privar a otros de sus bienes, obligándolos así a defenderse.

La ley más general que a ese respecto podría establecerse es que en los tiempos primitivos, entre las tribus menos civilizadas, la guerra era ofensiva, y entre las más civilizadas, agricultoras y pastoras, era defensiva.

Sea de ello lo que fuere, lo concreto es que en las guerras primitivas el objeto de la disputa era el alimento y que eran emprendidas, generalmente, por tribus muy pobres contra otras que lo eran menos. (Se sabe muy bien que no hay regla sin excepciones.)

Cuando algunas de ellas se dedicaron al pastoreo o a la agricultura desarrollando sus fuerzas productivas, la guerra se hizo más frecuente, pues dio al vencedor la posesión de rebaños, cereales, útiles de trabajo, etc. La depredación fue desde entonces el objetivo principal de las hordas nómades.

El desarrollo cada vez mayor del ambiente económico artificial hizo llegar el perfeccionamiento de los medios de producción hasta un grado en que se hizo posible la explotación del hombre por el hombre, puesto que un individuo pudo, además de mantenerse a sí mismo, trabajar para mantener a otros. Nació la esclavitud y el objetivo de la guerra fue, entonces, someter al pueblo enemigo y explotarlo en el yugo del trabajo esclavo. Éste fue el origen de todos los grandes imperios de la antigüedad: Persia, Asiria, Egipto, Grecia, Roma, México, Perú, etcétera.

En la Edad media las guerras entre los señores feudales fueron todas de expansión y tendían a poner bajo la dependencia de un señor el mayor número de siervos que fuera posible. Al mismo tiempo la creciente contradicción entre el desarrollo de las fuerzas de producción y el sistema productivo aumentó la necesidad del cambio y preparó las guerras de conquista exterior que caracterizaron toda la Edad moderna.

Durante este siglo xix, el sistema de producción capitalista revolucionó tan profundamente las relaciones económicas que las guerras han asumido una nueva faz, que será también la última de su evolución.

La guerra en la actualidad no surge de la necesidad social de apoderarse de las riquezas del enemigo, depredando su territorio y reduciendo a la esclavitud o la servidumbre a sus habitantes. Por el contrario: la aplicación de métodos científicos a la industria y la agricultura hace que las crisis actuales sean por exceso y no por insuficiencia de producción, y que cada país en vez de necesitar esclavos para el trabajo tiene un ejército de proletarios tan exuberante que hay una reserva permanente de desocupados que constituye lo que Carlos Marx ha llamado superpoblación relativa.

En estas condiciones la guerra ha dejado de ser una necesidad histórica para pasar a ser un resultado de la mala organización social. El sistema capitalista está fundado en la competencia del obrero con el obrero, del industrial con el industrial, del comerciante con el comerciante, del banquero con el banquero, del sindicato con el sindicato y de la nación con otra nación.

Este conflicto económico hace que la clase dominante de los diversos países se dispute una supremacía económica, o un mercado para los productos nacionales.

La causa principal de todos los antagonismos internacionales es ésta, y contiene los gérmenes de todas las guerras posibles en nuestros días. En una guerra entre Chile y la Argentina habría dos objetivos económicos que impulsarían a la clase gobernante de los dos países: la hegemonía económica, y, por consiguiente, política, de Sudamérica, y la atracción de los capitales europeos, necesarios para el más rápido desarrollo de las fuerzas productivas de estos países.

La guerra ha sido, indiscutiblemente, una forma necesaria y útil de la lucha por la vida entre los diversos grupos sociales; solamente por espíritu de contradicción puede habérsele ocurrido a Tarde afirmar que el progreso humano pudo haberse realizado sin necesidad de la guerra.

Ella fue para las primeras sociedades civilizadas una fuerza protectora contra la barbarie. En esa época fue útil a todo el grupo social como un agente de conservación necesario, y para la especie fue un factor de progreso asegurando el triunfo de aquellas sociedades cuya organización y cuyas fuerzas productivas estaban más desarrolladas, pues, paralelamente al progreso de éstas, progresaban las fuerzas destructivas en que se fundaba el poder guerrero.

Como ya se ha visto, las tribus, pueblos o razas más bárbaras fueron las que atacaron a las más civilizadas, para depredarlas, y éstas se aseguraron contra aquéllas mediante la superioridad del material y del personal de sus ejércitos. Esta superioridad hizo disminuir cada vez más los beneficios económicos de la guerra, pues las pocas probabilidades de triunfo no correspondían a los excesivos gastos que requería, haciéndose cada vez más raras las invasiones de los bárbaros contra los civilizados. El sitio de Viena, en 1683, por los turcos, derrotados gracias a la intervención de Juan Sobiesky, señala el fin de la era de las invasiones de los pueblos menos civilizados sobre los que habían llegado a fases superiores del desenvolvimiento de las fuerzas productivas.

Llegados a esta faz histórica, el análisis de la guerra nos demuestra que ella pierde su doble carácter de necesidad y de utilidad, y que deja de ser la forma de la lucha por la vida necesaria para el progreso de la especie.

Desde las primeras fases de la civilización hasta el fin de la época moderna la guerra fue una industria productiva. En la época contemporánea no lo es. La historia enseña que mientras los beneficios de las guerras son cada vez menores, sus gastos siguen una progresión inversa, hasta llegar al fenómeno contemporáneo de que una guerra entre dos pueblos civilizados es perjudicial para ambos, y cuesta al vencedor mucho más que las utilidades que puede producirle, aun en el mejor de los casos.

Desde que los pueblos bárbaros han dejado de amenazar la estabilidad de los civilizados, la guerra ha dejado de ser productiva de seguridad, y su única productividad está representada por los beneficios económicos directos que puede producir.

Estos beneficios en una guerra contemporánea podrían estar representados por la anexión de territorios, que extendieran el mercado de consumo, o por el pago de indemnizaciones o tributos. Escuchemos a este respecto la palabra de un economista inteligente, aunque conservador, en cuyos estudios sobre las relaciones de la guerra y el progreso en la historia pueden aprenderse muchas y sabias nociones.

"Las anexiones de territorios —dice— no aumentan la riqueza de las clases numerosas, consagradas a la agricultura y a las otras industrias, sino extendiendo sus mercados de consumo; esta extensión puede ser obtenida con menores gastos por medio de un descenso de las tarifas aduaneras y por la creación de vías de comunicación suplementarias. En cuanto a las indemnizaciones, una buena parte de ellas es absorbida por las recompensas acordadas a los artífices notables de la victoria. Además, por elevadas que sean, y aun suponiendo que fueran aumentadas por un tributo anual, no bastarían para cubrir los gastos de guerra y la gran intensificación de los armamentos requerida por el aumento de peligro creado por las pasiones antagónicas sobreexcitadas por la guerra. Solamente los miembros del personal de gobierno y administración y de la jerarquía de los militares profesionales obtienen provecho de una guerra victoriosa. Los unos encuentran una extensión temporal de su campo de acción en el territorio anexado, temporal porque este territorio no tarda en dar su contingente de competidores para los empleos oficiales; los otros reciben un ascenso más rápido, sin olvidar el de sus haberes durante la guerra, y finalmente un aumento de su influencia y poderío, causado por la agravación del peligro de la guerra. Pero si la perspectiva de esos beneficios basta para alimentar las pasiones belicosas de la clase social en que se reclutan principalmente los funcionarios civiles y militares, eso es bien poco comparado con las pérdidas que causa la guerra al conjunto de la nación, ya por los gastos directos que ocasiona en todo tiempo como por los perjuicios indirectos inflijidos por la crisis que la sigue a la generalidad de las naciones solidarizadas por vínculos comerciales. Toda guerra entre pueblos civilizados se cierra, pues, con un déficit y este déficit aumenta a medida que ella exige una producción más considerable de fuerzas destructivas." (G. de Molinari: "L'economie de l'Histoire", en *Journal des Economistes*, París, febrero de 1895, pp. 11 y 12.)

Demostrado que la guerra después de haber sido un factor de progreso para la especie humana, mientras la influencia del ambiente natural sobre el hombre fue mayor que la del ambiente económico artificial, se ha transformado, desde que la proporción de esas influencias se invirtió gracias al creciente desarrollo de las fuerzas productivas, en una causa de gasto inútil de energías sociales y en fuerza que impide su aplicación socialmente útil; demostrado, además, que simultáneamente con la pérdida del carácter de utilidad se ha producido la del carácter de necesidad, nos queda por examinar cuáles formas está llamada a revestir en el presente y en el porvenir la lucha entre los individuos y las colectividades humanas.

Debe tenerse presente que no se trata de saber cuáles formas revestirá la guerra sino cuáles revestirá la lucha; la guerra no se identifica con la lucha, es simplemente una de sus formas; ésta es necesaria para el progreso individual y colectivo del hombre, mientras que aquélla es una de sus modalidades surgida de condiciones históricas determinadas y susceptible de ser sustituida por otras toda vez que desaparezcan esas condiciones.

Enrique Ferri, en su *Socialismo y ciencia positiva*, sostiene que la lucha por la vida es ley inseparable de la existencia y, por lo mismo, de la humanidad; pero que, siendo siempre ley inmanente y continua, va transformándose en su contenido y atenuándose en sus formas. De la lucha brutal por el alimento o la hembra la humanidad primitiva pasó a la lucha por la supremacía política; en el período histórico se lucha primero por la igualdad *civil*, luego *religiosa*, más tarde *política* y actualmente *económica*, no en el sentido de igualdad material y absoluta, sino como igualdad en el punto de partida y en las condiciones de lucha. Y con ese cambio ha continuado la progresiva atenuación de los métodos de lucha que, de violenta y brutal, se transforma en pacífica e intelectual.

Esta misma concepción, prevista por muchos, ampliada y demostrada en *Les luttes entre sociétés humaines* por Novicow, tiende a ser aceptada como una de las verdades fundamentales de la sociología.

Las nuevas formas de la lucha por la vida están subordinadas a las condiciones del ambiente en que la especie humana se desenvuelve. El inmenso desarrollo de las fuerzas productivas hace necesaria una transformación del ambiente artificial que ponga como base de la vida económica de las sociedades la propiedad colectiva de esas fuerzas. Esta nueva forma de apropiación y producción nace de los hechos mismos; la humanidad ha aumentado de una manera constante sus fuerzas productivas, mientras la forma de producción se ha conservado la misma; entre el aumento de aquéllas y la persistencia de ésta nace necesariamente una contradicción de hecho. Si se planta un árbol en una maceta llegará un momento en que será necesario cambiar la maceta, pues de otra manera el árbol que habrá crecido romperá la maceta que permanece en sus dimensiones primitivas. De la misma manera la forma de producción capitalista debe ser cambiada por la forma de producción social a causa del desarrollo creciente de las fuerzas productivas.

En esas nuevas condiciones de ambiente la lucha por la vida se presentará en una forma más natural, más humana. La igualdad en el punto de partida hará que entre los hombres sea un hecho la selección natural, puesto que solamente es posible en una sociedad que coloque a todos los individuos en condiciones igualmente propicias para alcanzar el máximum de su posible desarrollo físico e intelectual.

En el sistema social de producción, siendo comunes las fuerzas productivas, los productos del trabajo pertenecerán a los productores mismos y no a los numerosos parásitos e intermediarios sustentados por el sistema capitalista. La planta vigorosa llamada maquinismo, cuyas raíces no caben en la presente maceta capitalista y amenazan romperla engendrando la desocupación y la miseria, crecerá y florecerá en la nueva maceta y será un factor de bienestar y de felicidad para todos los hombres.

Suprimida la miseria y garantizada una instrucción integral, determinada cualitativa y cuantitativamente por la capacidad de cada individuo, la lucha por la vida asumirá formas superiores y dará de una manera efectiva, y no nominal como actualmente, el triunfo a los más aptos.

Esas formas superiores consistirán en una emulación entre los individuos que desarrollan su actividad en un sentido semejante, emulación que resultará beneficiosa para toda la especie; y por otra parte se establecerán corrientes cada vez más intensas de armonía entre los miembros de la colectividad social que se exterioricen de una manera diferente, gracias al mayor desarrollo del principio de solidaridad social paralelo a la mayor facilitación de las condiciones de la lucha y al creciente bienestar material.

Accesibles a todas las diversas formas del desarrrollo intelectual, ninguna actividad quedará latente o estéril, y la ciencia y el arte recibirán impulsiones más enérgicas y benéficas que en la presente organización social.

En ese terreno lucharán los hombres del porvenir; no como enemigos, sino como cooperadores de una gran obra común: su propio perfeccionamiento individual y colectivo.

VII

> La guerre est comme le grandissement sinistre
> de tous les delits du code penal.
>
> MICHEL REVON, *Philosophie de la guerre*

La guerra ha tenido, y tiene, sus ardientes defensores entre los que han desconocido las leyes y condiciones sociológicas que rigen y determinan sus modalidades genésicas y evolutivas.

Lealmente debe reconocerse que entre ellos figuran algunos de los más altos talentos que ha producido la humanidad. Entre otros muchos, recuerdo a Aristóteles, Heráclito, Maquiavelo, de Maistre, Hegel, Proudhon, Cousin. La consideran como condición necesaria de la lucha entre las sociedades humanas y como uno de los factores determinantes del progreso y la selección. Esto, que es hoy un error, fue una verdad indiscutible hasta un determinado momento histórico que ya hemos fijado.

Afírmase, además, que la guerra es la manifestación superior de la Justicia, y que es hermosa, pues contiene elementos estéticos en sus actores y en su acción.

Los defensores de la guerra parten, siempre, de una abstracción. Unos la atribuyen a Dios; otros a una idea superior que rige el curso de las cosas, a la manera de Hegel.

Joseph de Maistre hace en estos términos su apología:

"La guerra es divina porque es la ley del mundo. La guerra es divina en la gloria misteriosa que la rodea y en la atracción no menos inexplicable que ejerce sobre nosotros. Es divina en la protección acordada a los grandes capitanes, aun a los más audaces, que rara vez son heridos en los combates, y solamente cuando su gloria no puede aumentar y su misión ha terminado ya. La guerra es divina por sus resultados, que escapan a las previsiones de los hombres."

Tanto absurdo acumulado en tan pocas líneas demuestra que es difícil oponer apologías metafísicas a las nociones científicas nacidas de la constatación de los hechos.

La pretendida divinidad de la guerra —dice Michel Revon, en su *Tratado del arbitraje internacional*— no es más que un mito; la titulada filosofía que lo afirma no es más que una teosofía infantil; ya es hora de poner un término a esa veneración primitiva de los hombres por todo lo que su cerebro no alcanza a comprender.

Los pueblos han rodeado la guerra de nebulosidades; la han envuelto con todas las vagas seducciones concebidas por su imaginación; la han colocado en los arcanos más impenetrablemente misteriosos. Es necesario arrancarla de ese claroscuro favorable y mostrarla bajo los rayos luminosos de la razón y de la ciencia. Entonces ella aparecerá en su desnudez fría y abyecta, y se dejará de admirarla, pues lejos de tener nada sobrehumano es bajamente humana.

Antiguamente creíase que Dios presidía las suertes de la guerra; entre los pueblos primitivos una de las costumbres más difundidas era la de invocar la ayuda de los dioses para obtener el triunfo. Otros pueblos, aquellos en que los sacerdotes sabían de magia y cábala, de oráculos y pitonisas, consultaban a los dioses antes de declarar una guerra. Esa misma ignorancia que hacía intervenir a seres sobrenaturales en las contiendas humanas, probablemente como una disculpa instintiva de los delitos de la guerra, podía determinar la creencia de que el triunfo o la derrota obedecía a una voluntad sobrehumana, cuyo fallo era siempre un acto de justicia.

Este mismo prejuicio dominó durante la Edad media, creyendo los caballeros que la suerte de las armas correspondía a la suprema justicia, pues el combate era presidido directamente por Dios. El candor quijotesco de estos caballeros llegó hasta confiar a sus espadas la prueba del honor de sus damas.

Semejantes absurdos no podían eternizarse. Un día Lucrecio, renovando las doctrinas de Epicuro, había mirado al cielo anunciando al mundo que el Olimpo estaba desierto y que los dioses no podían ocuparse de las miserias humanas. Desde entonces se comenzó a comprender, aunque lentamente, que de la guerra no nacía el triunfo de la justicia sino el triunfo de la fuerza, constatándose más tarde que ésta es el único derecho entre las diversas razas y pueblos. Uno de sus más ilustres partidarios, el creador del método dialéctico, Hegel, llega hasta afirmar que "el triunfo de una nación es la prueba más evidente de su derecho".

Proclamar que la fuerza es el derecho es negar, de la manera más absoluta, que el derecho tenga vinculaciones con la justicia. La guerra es imposición; imposición cruel y brutal; fuente necesaria de opresión y esclavitud. Los pueblos no la quieren para hacer justicia; la quieren los gobiernos de las naciones que se creen más fuertes contra los de las naciones más débiles.

Defender la guerra es defender el imperio de la fuerza brutal, defender el crimen colectivo como instrumento de justicia. Premiar a un militar es dar una recompensa al delito, honrar el asesinato premeditado y refinado que los códigos penales condenan con la muerte o el presidio indeterminado. Considerar como héroe al que mata endosando una chaqueta militar es la paradoja del patriotismo; es llegar a las más altas cumbres... de la estupidez y establecer el divorcio... no de las aguas, sino con el buen sentido.

Ante las leyes naturales, únicas superiores al antojo de los hombres y a sus pasiones, individuales y colectivas, matar a un hombre es siempre matar a un hombre; encuentra explicación y justificación el que lo mata para robar los medios necesarios para comprar un pan a sus hijos, pero nunca el hombre que manda a otro matar a un tercero a quien no conoce, que jamás le ha ofendido, que tiene hogar, esposa e hijos que morirán de hambre si no vuelve de la guerra, o que tendrán que pedir limosna por él si queda inválido.

Ante tanto absurdo y tanta adyección ocurre preguntar: ¿Con qué derecho condenan los gobernantes al anarquista que obcecado por la desesperación de su miseria y su esclavitud asesina a un jefe de estado o arroja una bomba, si ellos mismos en una guerra enseñan y condenan a miles de hombres a asesinar y ser asesinados? ¿Y si para aquel

fanático de un ideal que cree justo, la sociedad levanta una guillotina,
a la que él llega cantando un himno a la Libertad, qué castigo debería
esperar a los gobernantes que declaran una guerra y mandan al pueblo trabajador a las batallas quedándose en sus casas para disfrutar
luego los honores del triunfo y las pensiones militares?
La guerra es el asesinato; la guerra es el robo —dice E. Girardín.
¡ Sí! es el asesinato y el robo enseñados y ordenados al pueblo por
sus gobernantes. Es el robo y el asesinato aclamados, blasonados, dignificados, coronados. Es el robo y el asesinato, menos la vergüenza y el
castigo, más la impunidad y la gloria. El asesinato y el robo substraídos
al patíbulo para el Arco del Triunfo. Es la inconsecuencia legal, pues
presenta a la sociedad ordenando lo que prohíbe y prohibiendo lo que
ordena; recompensando lo que castiga y castigando lo que recompensa; glorificando lo que censura y censurando lo que glorifica:
siendo el hecho uno mismo y diferente el nombre.
La guerra es la negación de la justicia [...].

IX

Guerra al regno della guerra;
Morte al regno della morte;
Contro il dritto del piu forte
Forza amici, é giunto il di.

FILIPPO TURATI, Inno dei Lavoratori

Mientras el sable se entroniza y crece parasitariamente a expensas del
pueblo trabajador, se incuba la guerra, con todo el cortejo de sus
funestas consecuencias. Se preparan las fichas destructoras que servirán para jugar la más perjudicial de las partidas. En la guerra pierden
siempre ambos jugadores; la única satisfacción de los patrioteros es
constatar cuál pierde primero.
Cuando florece el militarismo y amenaza la guerra, la estabilidad
de las instituciones es forzosamente ficticia. Lamartine, con su triple
talento de poeta, de estadista y de orador, sintetizó esa idea en una frase
menos célebre que verdadera: "No es la patria lo que más peligra en
una guerra, es la libertad."
Y es porque peligra la libertad que los hombres libres, los que no
mercantilizan sus conciencias, los que no se postran en el templo
de Mamón, los que no son serviles ante los que disponen del poder, los
que son capaces de oponerse a la corriente de prejuicios y mentiras
convencionales que arrastra a la inmensa mayoría de los hombres,

todos unidos en una aspiración común, a la sombra de una misma bandera, inspirados por un mismo ideal, deben levantar el oriflama inmaculado de la paz y emprender una cruzada contra la guerra y contra sus interesados defensores.

Su análisis frío y desapasionado, en sus causas, en sus modalidades, en sus fines y en sus consecuencias, lleva a esta evidencia: La guerra contemporánea no es necesidad histórica, no es factor de progreso, no es justa, no es hermosa.

La guerra en nuestros días es, simplemente, un brutal artificio destinado a oprimir la justicia en nombre de la fuerza; es la reacción atávica de la animalidad sobre el humanismo.

Camilo Flammarion, el artista sabio y el sabio artista, calcula en mil doscientos millones (1 200 000 000) el número de víctimas de la guerra desde el comienzo del período histórico asiático-europeo hasta nuestros días. Esta cifra representa cuarenta millones (40 000 000) de hombres cada siglo, cuatrocientos mil (400 000) cada año, mil cien (1 100) diario, y casi uno (1) por minuto.

Calcúlase que si estallara una guerra universal podrían morir, en menos de un mes, en los campos de batalla, dos millones seiscientos mil (2 600 000) hombres, y ser heridos, contemporáneamente, otros doce millones (12 000 000). ¡Para obtener estos fines se malgastan en fomentar el militarismo los miles de millones robados a la instrucción pública y a la solidaridad social!...

El paño de las banderas patrióticas, ese sugestivo iris de colores brillantes que ciega a los pueblos y los hace esclavos de su obsesión perniciosa y fatal, cubre esa llaga de infinita maldición, la guerra, alimentada por los mercaderes del patriotismo.

Sobradas razones tuvo Voltaire para indignarse elocuentemente y hasta decir a su lira, que ya había vibrado el *Edipo* y la *Henriade*:

Exterminez, gran Dieu, de la terre où nous sommes.
Quiconque avec plaisir repand le sang des hommes.

Es necesario y urgente declarar la guerra a los partidarios de la guerra; es necesario y urgente preguntar a los pueblos con los hermosos ritmos de Teodore Jean, el poeta revolucionario:

Repondez, nations! Seres vous les arénes
Où toujours rougiront les guerres et les haines?
Terre, tu est l'abattoire; et l'homme l'assasin?

Es necesario y urgente enseñar a los patrioteros ignorantes que la grandeza de un pueblo no se mide por el número de leguas que

se extiende su territorio entre los valles de una cordillera, como el
talento de un hombre no se determina por los centímetros de su
estatura.

Los pueblos grandes son aquellos que saben comprender y adaptarse mejor al momento histórico en que viven; los que saben que la
evolución es ley suprema de la vida y siguen a los ideales nuevos en
lugar de oprimirlos y reprimirlos; los que luchan contra todas las esclavitudes; ya política, representada por el principio de autoridad, que
engendra el servilismo y la obediencia pasiva; ya económica, representada por el sistema de producción capitalista, que produce la miseria y la degeneración; ya religiosa, representada por creencias científicamente absurdas, que produce el fanatismo o la inercia.

Los pueblos grandes son los que tienen más escuelas y menos cuar-
teles, más maestros y menos soldados; los que fomentan la ciencia y
combaten el fanatismo; los que odian el sable y aman el trabajo. Ellos
realizarán la revolución más grande y más humana y destruirán el
armatoste de las viejas instituciones, costumbres y prejuicios que han
servido para cimentar todas las tiranías del pasado, pero que están
en contradicción con el porvenir.

Ellos dirán al mundo que en los viejos moldes de la patria no cabe
la solidaridad social; dirán que no basta ser la democracia, es necesario
ser la libertad; dirán que no basta ser la república, es necesario ser la
humanidad.

Trabajadores argentinos:

Quiero que sean para vosotros mis palabras finales.

Como argentino os digo lo que como chileno diría a los trabajadores chilenos: Vuestra patria es el mundo, porque así lo quieren la
ciencia, el arte y el trabajo; vuestra única bandera es la roja, porque
el rojo es presagio de la aurora y es símbolo de la vida.

Si os llaman vuestros amos para ir a conquistarles algunas leguas
de tierra en la cordillera, respondedles que vayan ellos a conquistár-
selas; ellos que serán los propietarios de ese nuevo pedazo de la patria.
Respondedles que estáis cansados de ser carne de máquina en los
talleres y no queréis ser carne de cañón en las batallas.

No cambiéis la blusa harapienta, manchada por el trabajo, por el
vistoso uniforme que se manchará con sangre. Las manchas del trabajo son honrosas; las manchas de la sangre son infamantes.

Si algún día os exigen que expongáis vuestras vidas para extinguir
otras vidas en los campos de batalla, responded que el pueblo trabajador argentino es hermano del chileno, y que vuestras manos no se ensan-
grentarán jamás en el fratricidio; agregad que el enemigo común es

quien oprime y quien explota al pueblo y el sistema social que lo permite.

Y mientras la humanidad se aproxima a las inevitables transformaciones que la conducen a una organización socialista, verdaderamente fraternal, verdaderamente libre y verdaderamente humana, exijamos la paz en nombre de la ciencia, de la libertad, de la justicia, de la humanidad.

LAS MULTITUDES ARGENTINAS*

4. SU APLICACIÓN EN LA HISTORIA ARGENTINA

Además de ser susceptible de una crítica científica general, *Las multitudes argentinas* lo es por los métodos que sigue como obra histórica. O, más bien dicho, por la ausencia absoluta de método: más tiene de fantasía que de ensayo sociológico.

La evolución del pensamiento científico no ha sido uniforme. Los progresos de las disciplinas históricas —que cuando llegan a ser científicas tienden a confundirse con la sociología— no han corrido parejos con el desenvolvimiento de las ciencias físicas y biológicas. La razón es obvia: en la evolución universal los fenómenos sociales ocupan un sitio posterior a los fenómenos de orden cósmico, geológico y biológico. El estudio del hombre en sus fenómenos más evolucionados, es decir, en su psicología individual y social, es necesariamente posterior al estudio de los fenómenos físicos y biológicos que producen su génesis y sus transformaciones.

El devenir de la historia ha sido progresivo, como el de todos los ramos del conocimiento humano. Bernheim ha resumido la cuestión, distinguiendo en ella tres fases principales. La primera, narrativa o expositiva, trata simplemente de exponer los hechos ocurridos. La segunda, instructiva o pragmática, coordina la narración de los hechos de tal manera que converjan a la demostración de una tesis determinada; a menudo es unilateral. La tercera, evolutiva o genética, intenta explicar el determinismo del fenómeno histórico, su significación y sus relaciones con los otros fenómenos antecedentes, concomitantes o consecutivos. La primera sólo se ocupa de los datos y relaciones extrínsecas de los hechos; la segunda, de las intrínsecas; la tercera de ambos por igual. La *historia* evolutiva o genética es ya una sociología; pero es necesario que ésta se convierta en una *historia natural*.

Las concepciones de la historia han sido falsas durante muchos siglos, no advirtiéndose que ella debía consignar simplemente *la evolución de una especie animal en un ambiente propicio a su existencia y reproducción*.

* En *Revista de Derecho, Historia y Letras*, Buenos Aires, diciembre de 1899. Luego incorporado a la *Sociología argentina, Obras completas*, t. 6, pp. 7-265.

De las interpretaciones mitológicas, propias de todos los pueblos primitivos, se cayó en sistemas teológicos o místicos, igualmente absurdos; Bossuet fue su más genuino representante. Más tarde florecieron las teorías individualistas de la historia, pretendiendo que ella era simple resultado de la inteligencia y la voluntad de pocos hombres geniales, ese criterio fue fomentado por Carlyle y Macaulay, generando otro error: la historia biográfica. Contra ella surgieron historiadores y filósofos de valer, considerando erróneo atribuir demasiada influencia a los héroes y hombres representativos no siendo éstos más que el producto natural del ambiente en que aparecen, condensadores de necesidades y aspiraciones que están en todo el pueblo; Buckle y Taine pusieron cimientos sólidos a esta nueva escuela. Pronto se observó que todas estas teorías eran excluyentes o aprioristas. La historia no podía enquistarse en ninguna de esas concepciones ni debía permanecer ajena a la canalización de la ciencia contemporánea en el amplio cauce del evolucionismo determinista. Después de la aplicación genial hecha por Laplace a los fenómenos cósmicos, por Lyell a los fenómenos geológicos, por Lamarck y Darwin a los fenómenos biológicos, Comte y Spencer ensayaron su aplicación a los fenómenos sociales. Ya en las intuiciones de Schelling, Hildebrand, Guizot, Thierry, Quételet, Thomson, Morgan, Buckle, Taine y otros, se había comenzado a comprender que el hombre era, ante todo, un animal vivo, con necesidades materiales que debía satisfacer tomando su subsistencia en el ambiente donde vivía. Este criterio puso de relieve el aspecto económico de la evolución histórica, formulado en algunos ensayos de Marx y Engels, hasta adquirir caracteres de sistema en las obras de Loria.

El autor de *Las multitudes argentinas* no puede ignorar que algo se ha marchado hacia la síntesis interpretativa de la evolución de la especie humana, antes objeto de la filosofía de la historia y hoy de la sociología. Un progreso innegable nos separa de las primeras interpretaciones teológicas, y de todos los sistemas puramente metafísicos que las siguieron; entre ellos incluimos por igual las concepciones idealistas o intelectualistas, a la manera de Hegel o Comte, y las teorías caratuladas de materialistas, como las difundidas por Buchner, Moleschott o Vogt. Todas ellas fueron concebidas fuera del método científico, todas fueron abstractas; iban de la inteligencia al fenómeno y no del fenómeno a la inteligencia. En esto la filosofía positiva y la sociología naciente no pudieron substraerse del todo a la influencia de los métodos y tendencias filosóficas que las precedieron.

Pero la sociología no se detuvo allí. El estudio de la evolución humana se ha iniciado con métodos seguros, aunque desde puntos de vista parciales. Cada escuela, cada autor, ve una faceta de su prisma complejo y se inclina a subordinarle todas las demás. Así, Buckle, sin desprenderse de cierto intelectualismo, subordina la evolución histórica a las influencias del medio físico; otros, como Kidd, y en parte Le Bon, consideran fundamentalmente el fenómeno religioso y sus transformaciones; Demoulins da influencia máxima a la topografía, creando la sociología geográfica y viendo en los grandes caminos sociales las causas de los tipos sociológicos; Ardigó entiende que lo esencial en la historia humana es la evolución del fenómeno jurídico; otros lo subordinan todo a la raza y a la lucha por la vida, como Lapouge o Gumplowicz, o bien el factor antropológico, en diversos sentidos, como Simmel o Folkmar, etc. En fin, dos vastas escuelas disputan en la sociología moderna. Por una parte los organicistas, cual Spencer, Worms, Lilienfeld, Schaeffle y Novicow, empeñados en considerar las sociedades humanas como organismos y pretendiendo aplicarles analógicamente las leyes de la biología; por otra parte los economistas, como Rodgers, Marx, Loria y De Molinari, que intentan reducir la sociología a problemas de economía política.

¿Se equivocan todos? Probablemente, aunque algunos más que otros. Pero cada uno ha aportado materiales serios a la obra total: éste un grano de arena, aquél un sólido bloque de granito o una columna poderosa. Por esto la ciencia de la historia, sin ser aún como la química o la cosmografía, es mucho más que una alquimia o una astrología. Sus leyes más generales convergen a demostrar la concurrencia del medio y la raza en la evolución de los pueblos, sometida siempre a un riguroso determinismo.

En esta concepción científica de la Historia, cada fenómeno social es un producto determinado por múltiples condiciones ambientes; lo cual implica la necesidad de reconstruir en torno suyo las circunstancias determinantes que le rodearon, si se quiere llegar a hacer su historia genética. Para ello es necesario estudiar los tres medios que normalmente influyen sobre el desenvolvimiento de las sociedades humanas, determinando su historia: medio cósmico (geología, geografía, meteorología, riquezas naturales, etc.), medio social (instituciones económicas, políticas, jurídicas, religiosas, educación, arte, etc.) y medio individual (raza, cultura, creencias, inadaptabilidad del carácter individual a las instituciones, etc.): factores naturales, sociales y psicológicos. Es sabido que en la evolución social, los primeros son modificados por los segundos, que influyen también poderosamente sobre los últimos. Tales son las conclusiones sociológicas más armónicas con los hechos.

Hacer historia de las sociedades humanas —y en el caso especial de Ramos Mejía, de cierta modalidad y época de la sociedad argentina— sin tomar en cuenta esos tres grupos de factores, no es posible. Ellos han influido en la génesis, las modalidades y la evolución de las multitudes argentinas; si no han sido debidamente estudiados, su estudio resulta incompleto, desde su punto de vista especial, al mismo tiempo que la unilateralidad de criterios generales limita el valor de la obra histórica.

Al través de ese prisma, *Las multitudes argentinas*, de Ramos Mejía, resulta una reconstrucción grande y hermosa, pero incompleta; el talento y la ilustración no han podido compensar la deficiencia original: tesis forzada y falta de método científico.

a] En esta obra la historia argentina aparece en ciertos momentos como la resultante de un vasto proceso de combinación y descomposición de factores psicológicos que, conglutinados en la entidad "multitud" —en sentido ora psicológico, ora vulgar—, serían los resortes exclusivos de la formación y evolución de la nacionalidad argentina. Las modernas tendencias científicas de la historia tienden, en cambio, a demostrar que las condiciones del ambiente económico, determinado por la capacidad productiva de los grupos sociales en armonía con las condiciones preexistentes del ambiente natural, moldean los caracteres morfológicos de la sociedad e influyen de manera primordial sobre la psicología de los individuos y de las colectividades, lo mismo que sobre la de las multitudes.

b] No puede hacerse historia teniendo como objetivo la demostración de una tesis apriorista: es, como hemos dicho, ir de la idea a los hechos, y no de los hechos a la idea. La hipótesis es de utilidad en historia, pero no está exenta de peligros; y, admitiéndola, debe tratarse de aplicarla sin olvidar que es una hipótesis y no una verdad comprobada.

En la obra de Ramos Mejía la historia está desarticulada y mutilada con el propósito de subordinarla al fenómeno multitud; el autor la ha fundido en su crisol intelectual para volcarla luego en el molde que permitiría presentarla con los caracteres deseados.

El apego a su tesis le ha deformado la visión, haciéndole ver macroscópicamente el papel de las multitudes en la historia argentina; por eso, en muchos casos, le atribuye hechos y misiones transcendentales que, en rigor, no le corresponden.

c] No es posible hacer historia con criterios científicos cuando los sentimientos entran a participar de las tareas que solamente corresponden a la inteligencia; para los fines de la integración del conocimiento, el proceso debe ser exclusivamente intelectivo, pues los elementos sentimentales son una niebla interpuesta entre el ojo que mira y el objeto mirado. Ramos Mejía, en muchas páginas de su obra, abandona la serena imparcialidad del estudioso, unas veces para entregarse a los entusiasmos que sus multitudes le inspiran, y otras para juzgar con indudable parcialidad hechos y fenómenos que le son personalmente antipáticos.

d] *Las multitudes argentinas,* aunque resulta una obra principalmente narrativa —y en este género tiene páginas admirables que difícilmente serán sobrepujadas—, pudiera haber sido una obra de carácter pragmático, dado su esfuerzo de convergencia histórica hacia la
intensificación del papel de la multitud; pero su mismo carácter de introducción a un extenso estudio sobre *Rosas y su tiempo,* le impide
inducir enseñanzas para la vida de este u otros países. Es superfluo insistir en que no es una obra genética, porque siendo unilateral —*(a)*—
no basta para dar la clave del origen y evolución de los fenómenos de
nuestra historia. Por eso, algunos de los que se han ocupado de esta
obra señalan como una inmensa laguna la omisión de los factores económicos en la génesis, la acción y la evolución de las multitudes
argentinas.

¿Cómo han nacido nuestras multitudes? Acaso la influencia de los
frailes insubordinados, de los brujos y herejes de toda índole, sea importante; pero ¿puede serlo tanto como lo cree Ramos Mejía? En
tales insubordinaciones y rebeliones hay algo más que esa influencia:
es la angustiosa situación en que las autoridades españolas mantenían
a la población nativa; muchos de esos disturbios populares se inician como protestas contra impuestos o contra los encargados de percibirlos, y el espíritu de rebelión nace como producto de reacción contra
la explicación económica que pesaba sobre el pueblo. "La idea de la
independencia no nace de repente ni *cae* como un aerolito", observa
justamente el autor, limitándose a señalar el desarrollo paralelo de esa
idea con la aparición de las primeras multitudes. Sin embargo, los dos
fenómenos paralelos no son sino resultantes de un hecho de otra índole
—el desarrollo económico de las colonias— que, por una parte, tiene
su representación en la mente de los criollos y da vida a la idea de la
posible emancipación y, por otra, se presenta en la vida social como
exteriorización de esa idea naciente, en el terreno de los hechos. Esta
importancia de la situación económico-social de los nativos la encuentra muchas veces el autor, sin detenerse a estudiarla, cegado por el
resplandor de su multitud; el levantamiento de Tupac-Amaru se proponía, entre otras cosas, "la regularización de un gobierno rapaz"; el
cabildo es una entidad eminentemente económica (p. 51); y, si no
fuera inoportuno, nada más fácil que demostrar la base económica
de la evolución de la idea de la independencia, evolución que el autor
se complace en clasificar como teosófica (?), municipal y política.

Ramos Mejía sabe que en la colonia se acentuaba el antagonismo
entre nativos y españoles, pero no nos dice que el antagonismo era
un resultado de la conciencia de su desigualdad económica; y más

adelante señala, sin atribuirle mayor importancia, que "la clase baja se desenvuelve en una lucha tenaz contra las más elementales necesidades de la vida, y combate contra el mismo señor del poblado que la persigue y le toma las tres cuartas partes del producto de su trabajo"; y, más adelante aún, advierte que la revolución no germina en las clases superiores, sino "en el seno de las clases medias y menesterosas". Todo ello sugiere que las primeras rebeliones populares fueron resultantes de la situación económica, en primer término, aunque no exclusivamente.

La masa popular anónima tuvo un papel de primer orden en las invasiones inglesas: éste es uno de los puntos verdaderamente demostrativos de la obra de Ramos, aunque un aserto de que entonces el pueblo no tuvo "meneurs" está desmentido por el otro de que tres hombres del pueblo se pusieron al habla para organizar la reconquista. Esos tres hombres son "meneurs" y característicos: salidos de la multitud, interpretan sus sentimientos y viven su vida, desapareciendo con ella. Esta página abunda en sugestivas bellezas.

La figura histórica de Liniers está muy bien presentada y tratada; quizá pudiera haber sido un poco más verdadera. Y —aunque fuera el propósito de este artículo— no es posible dejar de aplaudir con efusión las condiciones literarias de la preciosa reconstrucción de las invasiones inglesas.

Las multitudes de la emancipación tienen también un papel importante, pero obedeciendo siempre su acción a los poderosos factores señalados. La revolución era fatal, es verdad; pero no porque persistiera la multitud a pesar de la caída de los "meneurs", sino porque persistían las causas económico-sociales que eran el substratum de "la idea de la emancipación política y *económica*".

La participación de las masas populares en la acción de los primeros ejercicios es inmensa; eso, sin embargo, es psicología social en un sentido amplio, psicología nacional más bien que psicología de la multitud. La "rabia" de esos ejércitos amorfos es, en muchos casos, apetito; ¿y no es ése el refugio de todos los aberrantes de la sociedad, de todos los inadaptables, en las horas de sacudimientos populares? El que vive en mala situación material —porque no le está permitido o no es capaz de vivir en una mejor— es el elemento principal de todas las revueltas y revoluciones. ¿No presenta la historia un desfile interminable de ejemplos que comprueban esta verdad?

Ramos Mejía establece "diferencias biológicas" entre las multitudes de la ciudad y de la campaña; mejor pudo haberlas llamado "diferencias psicológicas" entre la población comercial y la población pastora. Pero más útil, sin duda, hubiera sido estudiar las bases de esas diferencias que residen, sobre todo, en las diferencias de evolución sociológica por la distinta acción de los factores cósmicos y sociales. En esa lucha memorable de la civilización y la barbarie, se ve la resistencia de un régimen feudal contra otro régimen en formación; las diferencias psicológicas pertenecen a la superestructura del organismo social y dependen de las situaciones que le sirven de base, de la misma manera que las funciones psicológicas del individuo dependen de las condiciones de su organismo.

La tiranía de Rosas tiene, sin duda, una génesis económica; eso, con el tiempo, parecerá una verdad perogrullesca, aunque hasta ahora no se ha estudiado ese momento histórico de tal manera que permita su comprobación incontrovertible. El propósito económico que animó a los pobladores de las campañas pastoras al iniciar sus correrías, primero, y sus montoneras más tarde, está incidental e involuntariamente señalado en algunas frases del capítulo sexto.

La filogenia del *caudillo* es una página admirable por su verdad psicológica; difícilmente pudiera habérsela sintetizado mejor. El episodio de los unitarios que "han manchado la historia" está muy en su sitio; es de un intenso poder sugestivo para evocar el estado de ánimo popular en aquella época.

Por otra parte, la controvertida época de la tiranía no ha sido aún sometida a serio e imparcial análisis; aún está esperando su historiador. Acaso lo sea Ramos Mejía en la obra que promete; por lo menos es de esperarlo, dado su indiscutible talento e ilustración, si no se encarrila por sendas resbaladizas, como la que lo ha atraído a estudiar las multitudes con resultados tan inferiores a los que de su reputación podían esperarse.

Respecto de las multitudes en los tiempos modernos, el criterio del autor es vago. Página excelente y de mucha verdad es la que pinta la asimilación del inmigrante italiano a la sociedad argentina; bien observada la fabricación del sentimiento patriótico mediante artificios de educación; sabias muchas consideraciones sobre la psicología del porteño. Es erróneo, sin embargo, considerar suficiente el estudio de las multitudes que en ciertas circunstancias se forman en la capital, como si fueran el tipo de la multitud argentina moderna: basta haber veraneado en una estancia para conocer el abismo que existe entre la psicología del porteño blanco y la del criollo rural; con unidades psicológicas de diversa naturaleza no se tendrán multitudes iguales.

Sin insistir sobre las lamentaciones por la falta de multitudes contemporáneas, no es posible dejar de observar lo inoportuno de cierta laudatoria política en el último capítulo: Ramos Mejía se ha propuesto hacer una obra científica y esas cosas no caben en las de tal índole.

Mucho más pudiera decirse de esta obra; el elogio tendría vasto campo de aplicación si se quisiera penetrar en el estudio de muchas y muy buenas observaciones de detalle.

Si se desprende de ciertas equívocas doctrinas importadas y emprende, con la guía única de su talento y sus conocimientos, la tarea de estudiar la época de Rosas, la historia nacional contará con una obra sólida y completa de aplicación del criterio científico, que sería la primera. *Las multitudes argentinas* ha resultado una tentativa inteligente y hermosa, pero deficiente.

LA SIMULACIÓN EN LA LUCHA POR LA VIDA*

I. LA LUCHA POR LA VIDA

En el progresivo desarrollo del pensamiento humano pocas nociones han sido tan fecundas para el conocimiento del hombre y de la sociedad como las derivadas de las ciencias naturales. De crasos errores primitivos, fundados sobre una observación superficial o una escasa experiencia, se ha marchado, gradualmente, a través de errores cada vez más cercanos de la verdad, hacia una comprensión, lenta pero inevitable, de la realidad que impresiona nuestros sentidos. Así lo observamos en todas las ciencias.

Ocurre eso mismo en biología. Cuando Linneo osa afirmar: *Nulla species novae, species tot sunt diversae quot diversas ab initio creavit infinitum ens,* encuentra favorable acogida entre los naturalistas, surgiendo en apoyo de su doctrina los trabajos respetables de Cuvier y de Agassiz. No se podría, ante la doctrina linneana, negar o desconocer que ella señaló una etapa de aproximación a la verdad; baste pensar en las absurdas divagaciones de los antiguos naturalistas, cuya concepción del origen de los seres orgánicos reducíase a la *generatio exputri- dini,* y cuyas nociones sobre la diversidad de las formas se exteriorizaban en la suposición de incongruentes metamorfosis.

Mas las ciencias naturales, después de la teoría linneana, tenían un largo sendero que recorrer; antes que el conocimiento del mundo biológico alcanzase la comprensión exacta de la evolución de las formas vivas Lamarck formuló, por vez primera, la doctrina de la variabilidad de las especies, mostrando la influencia del medio sobre la variación de las formas. Medio siglo más tarde, Darwin cimentó la teoría, incorporándole el fundamental concepto de la lucha por la vida y la consiguiente selección natural. Las obras del segundo, por ser más documentadas, lograron despertar ardientes discusiones entre los estudiosos, y el resultado final fue, en breve transcurso de años, la aceptación del núcleo fundamental de la teoría. De entonces acá, la doctrina de la variabilidad de las especies, o transformismo, ha sido confirmada por todas las ciencias biológicas, sin que la afecten en lo fundamental todas las

* Introducción a la tesis *Simulación de la locura,* presentada en 1900 a la Facultad de Medicina de la Universidad de Buenos Aires. En *Obras completas,* t. 1, pp. 17-116, donde se retoma, con ligeras variantes formales, el texto de la 3ª edición (Valencia, Sempere, 1904).

disputas que le han promovido sus adversarios sobre cuestiones de detalle.

Limitándonos a consignar los hechos e ideas que reputamos base indispensable para nuestra *teoría de la simulación, considerada como medio fraudulento de lucha por la vida*, diremos, brevemente, las líneas generales de la doctrina darwiniana en lo que a esta última se refiere. Siendo ella la premisa que sustenta todo el desenvolvimiento de este ensayo, no será superfluo sintetizarla con claridad, definiendo de manera precisa el punto de partida de nuestras aplicaciones ulteriores.

Los naturalistas admiten, concordemente, que las causas principales de la evolución son tres: la variación, la selección y la herencia. La variación es un resultado de la adaptación al medio que varía a su vez más o menos lentamente; la selección natural es un resultado de la lucha por la vida y determina la supervivencia de los mejor adaptados; la herencia transmite los caracteres adquiridos y sin ella es inconcebible la evolución de las especies. Aunque sería fácil repetir, de segunda mano, los fundamentos de la teoría de Darwin sobre la lucha por la vida y la selección natural conviene, para mejor fidelidad, remontar a la fuente de origen, resumiendo en un párrafo las propias expresiones del gran naturalista.

La lucha por la existencia resulta inevitablemente de la rapidez con que todos los seres vivos tienden a multiplicarse. Nace un número de individuos mayor del que puede vivir, y de ello proviene, en cada caso, la lucha por la existencia, ya sea con los individuos de la misma especie, ya con los de especies diferentes, y sometida, en ambos casos, a las condiciones físicas del medio ambiente en que ellos viven. Es la doctrina de Malthus aplicada, en toda su intensidad, a los seres de los reinos animal y vegetal, por no existir entre ellos la aptitud de producir a voluntad los medios de subsistencias, ni otros factores éticos que pueden atenuarla entre los hombres. Obsérvese que la frase "lucha por la existencia" está empleada en sentido general y *metafórico*, involucrando las relaciones de recíproca dependencia entre los seres organizados, y dos hechos, aún más importantes: la supervivencia de los individuos mejor adaptados y su capacidad para dejar descendientes. Puede afirmarse con seguridad que los animales carnívoros en tiempo de escasez luchan entre sí, disputándose los alimentos necesarios para su existencia; también podrá decirse que una planta, en el borde del desierto, lucha por la existencia contra la sequedad, aun cuando fuera más exacto decir que su existencia depende de la humedad; con mayor exactitud diríamos que una planta, al producir anualmente un millón de semillas, de las cuales solamente una consigue desarrollarse y madurar a su vez, lucha con las plantas de la misma especie, o de otras, que ya cubren el suelo. El musgo depende del manzano y de algunos otros árboles; solamente de una manera figurada podrá decirse en este caso que el manzano lucha contra los otros árboles, por hospedar al musgo, pues si un gran número de parásitos se radica sobre un mismo árbol, éste languidece y acaba por morir; pero de muchos musgos que crecen juntos sobre una misma rama y producen esporos, puede decirse que luchan el uno contra el otro. Siendo los pájaros los diseminadores de las semillas de un árbol dado, la existencia de esta especie depende de ellos y, *figuradamente,* puede decirse que ese árbol lucha con los demás frutales, pues interesa a cada uno de ellos atraer los pájaros para que coman sus frutos y diseminen de esa manera sus semillas. Empléase, pues, para mayor comodidad, el término "lucha por la existencia" en los diferentes sentidos apuntados, confundiéndose los unos con los otros. (*El origen de las especies,* cap. III.) En esa lucha por la vida, en que se multiplican y se destruyen las más diversas manifestaciones de la existencia orgánica, desde el bacterio y la amiba hasta la encina y el hombre, sucumbe la inmensa mayoría de los gérmenes capaces de generar nuevos individuos. A pocos reserva la Naturaleza el derecho de alcanzar la plenitud del desenvolvimiento biológico y de transmitir sus caracteres a sus descendientes.

Para completar el concepto expuesto por Darwin, acudamos a Wallace, que es fuente autorizada, para comprender de qué manera las diferencias individuales determinan la selección de la especie y la supervivencia de los más aptos, o mejor adaptados. Si todos los individuos de cada especie —dice— fueran completamente semejantes entre sí, podríamos afirmar que la supervivencia sería una cuestión de azar; pero esos individuos no son semejantes. Los vemos diferenciarse, distinguirse de muchas maneras. Algunos son más fuertes, otros más rápidos, otros más astutos, otros de constitución más robusta. Un color oscuro permite a algunos ocultarse fácilmente; una vista penetrante permite a otros descubrir su presa a mayor distancia, o escapar de sus enemigos con más facilidad que sus compañeros. Entre las plantas, las más pequeñas diferencias pueden ser útiles o perjudiciales. No podemos dudar de que, tomando en cuenta lo apuntado, cualquier variación bienhechora dará a quienes la poseen mayor probabilidad de sobrevivir a la terrible prueba porque deben pasar, alguna parte puede quedar en manos del azar, pero al fin y al cabo, *el más apto sobrevivirá* (*El darwinismo,* capítulo I).

La selección natural se continúa en la especie por la conservación y la transmisión de los caracteres útiles a cada individuo, según las condiciones del medio que actúa sobre él en los varios períodos de la vida. Todo ser —y éste es el sentido natural de lo que podemos llamar progreso biológico— tiende a perfeccionarse en su adaptación al medio; este perfeccionamiento conduce de una manera natural al progreso de la organización del mayor número de los seres vivientes en el mundo entero. (*Darwin* cit., cap. iv.)

El origen de las variaciones individuales que permiten la mejor adaptación ha sido objeto de explicaciones diversas, así como el mecanismo de su transmisión hereditaria. La reseña crítica de las doctrinas respectivas sería, por cierto, interesante; mas no son estas páginas la oportunidad para hacerla, no siendo ello indispensable para el objeto especial de nuestra investigación. Baste mencionar, entre otras hipótesis dignas de consideración, las formuladas por los propios Lamarck y Darwin, por Kolliker, Warner, Naegeli, Weissmann, Mantegazza y otros defensores de las modernas escuelas neolamarckiana y neodarwiniana.

En la naturaleza, la variabilidad individual, la herencia de las variaciones mejor adaptadas y la selección en la lucha por la vida se combinan para determinar la evolución de las especies vivas, según la mayor o menor adaptación de sus caracteres al medio en que viven.

La *variación* fue certeramente definida como el elemento "activo" de la evolución, en cualquier época de la vida que actúe, embrión o ser vivo, y de cualquier causa dependa, cósmica o fisiológica. La *herencia*, en cambio, es el elemento "conservador", que permite la acumulación de las variaciones útiles, transmitiendo los caracteres ya probados en la lucha por la vida, de individuos que decaen a otros individuos nuevos. La vida de una especie podría compararse a la de un individuo perpetuamente joven, como si el desgaste orgánico por la incesante actividad de la vida se compensara por un proceso de renovación total que le mantuviese capaz de sostener nuevas luchas y de adquirir nuevas variaciones útiles. La selección, elemento "perfeccionador", es un principio de primordial importancia por su universalidad; actúa, de manera constante, para la conservación de las formas y funciones útiles, sean cuales fueren las causas a que se atribuyan las variaciones. Se ha insistido, justamente, en que es erróneo considerar a la selección como causa determinante de la variación; ella sería "el timón de la evolución, mas no su fuerza propulsora".

De lo expuesto recogemos un concepto fundamental: todos los seres vivos luchan por la vida. El hombre, lo mismo que las otras especies, está sometido a ella; las sociedades humanas, lo mismo que las otras sociedades animales. Individuos y naciones, partidos y razas, sectas y escuelas, luchan por la vida entre sí, para conservarse y crecer. La lucha por la existencia en las sociedades humanas es un hecho innegado, manifestándose con caracteres semejantes a los que reviste en el mundo biológico; tal verdad es igualmente admisible por los creyentes de la doctrina biosociológica de Spencer, para quienes las sociedades humanas son simples superorganismos, como por los que aceptan la primacía de los fenómenos económicos en la constitución social, con o sin la teoría de la lucha de clases, que es uno de los fundamentos del mal llamado "materialismo histórico". En verdad —y oportunamente volveremos sobre ello— la lucha por la vida se modifica en la especie humana, porque ésta tiene la posibilidad de producir sus propios medios de subsistencia, subordinando la lucha al incremento de su capacidad productiva; aptitud que, en última instancia, determinará la transformación o atenuación de ciertas formas de lucha por la vida en el porvenir.

No comentaremos, por ahora, la extensión que ha dado De Lanessan al concepto darwiniano de la lucha por la existencia; en el mundo inorgánico, entre los minerales encuentra que esa lucha existe, entendida, naturalmente, en el *sentido figurado*, atribuídole por el mismo Darwin. Bástenos señalar la evidencia del hecho en el mundo orgánico, en los reinos vegetal y animal.

Sintentizados así, rápidamente, los principios del evolucionismo biológico, dejamos planteado el que nos servirá como punto de partida para el desarrollo de nuestras observaciones: *la lucha por la vida es un fenómeno general en todos los seres vivos.* [...]

CONCLUSIONES SINTÉTICAS

I. Donde hay vida hay "lucha por la vida", concepto que debe entenderse en el sentido amplio y figurado que le atribuyó Darwin. Para esa lucha todas las especies vivientes poseen medios especiales de protección o de ofensa, que adquieren un valor psicológico cada vez más explícito desde las especies inferiores hasta el hombre. Los primitivos medios de lucha son violentos y se complementan progresivamente con medios fraudulentos; entre éstos, uno de los más importantes en la especie humana es la simulación. En todas sus manifestaciones la simulación es útil en la lucha por la vida y se presenta como un resultado de la adaptación a condiciones propias del medio en que la lucha se desenvuelve.

II. En el mundo biológico, la simulación y la disimulación están representadas por los fenómenos de homocromía y de mimetismo. Son generalmente ajenos a la voluntad del animal mimante, y resultan de la selección natural o de la acción del miedo; en ciertos casos sin embargo, son activos y voluntarios. A medida que progresa el desenvolvimiento mental de las especies, aumenta la posibilidad de las simulaciones individuales y es mayor la conciencia que de ellas tiene el simulador. Sean activos o pasivos, conscientes o inconscientes, voluntarios o accidentales, los fenómenos de simulación son útiles al animal en que se observan y le sirven para la mejor adaptación a las condiciones de la lucha por la vida.

III. En las sociedades humanas, la lucha por la vida reviste múltiples aspectos individuales y colectivos; a cada forma de lucha el hombre adapta maneras especiales de simulación y disimulación. Existe un franco paralelismo entre las formas de lucha y las simulaciones correspondientes. Para el común de los hombres, "saber vivir" equivale a "saber simular"; sólo algunos individuos superiores, dotados de especiales condiciones para la lucha por la vida, pueden imponer su personalidad al ambiente, sin someterse a simular o disimular para adaptarse. Los hombres en general adáptanse tanto mejor al medio en que luchan por la vida cuando más desarrollada tienen la aptitud para simular.

IV. El carácter humano, como instrumento de adaptación de la conducta al medio, es una expresión sintética de la personalidad. El estudio de la psicología de los simuladores se refiere a una modalidad sintética del carácter, caracterizada por el predominio de la simulación. En la composición del carácter intervienen diversos elementos de la personalidad: el predominio de algunos produce tipos que pueden clasificarse como sensitivos, intelectuales y volitivos. Sobre esos tipos las cualidades predominantes constituyen los diversos "caracteres humanos".

Los "hombres de carácter" luchan intensamente por la vida y están diferenciados de la masa compuesta por los "sin carácter". La mayor intensidad en la lucha por la vida implica intensificación de los medios de lucha.

Todos los hombres son simuladores, en mayor o menor grado, siendo ello indispensable para la adaptación de la conducta a las condiciones del medio. Pero la simulación es la nota dominante en el "simulador característico", en quien la simulación es el medio preferido en la lucha por la vida.

Existen dos grupos de simuladores: los congénitos y los adquiridos. En los primeros predomina el temperamento individual: en los segundos la influencia del medio social. En otros casos la tendencia a simular surge sobre fondo patológico.

Por la combinación de su carácter fundamental con otros secundarios, los simuladores pueden clasificarse en tres grupos y seis tipos principales: los simuladores mesológicos ("astutos" y "serviles"); los simuladores por temperamento ("fumistas" y "refractarios"); los simuladores patológicos ("psicópatas" y "sugestionados").

Los simuladores mesológicos, determinados por el ambiente, exageran una forma normal de la lucha por la vida; los astutos y los serviles son harto numerosos. Los simuladores por temperamento y los patológicos constituyen una minoría; la simulación no es para éstos un medio de adaptación a las condiciones de la lucha por la vida, sino el exponente de una modalidad psíquica especial.

V. Las simulaciones de estados patológicos se encuadran en el principio común a los demás fenómenos de simulación siendo, como todos ellos, simples medios adaptativos a las condiciones de la lucha por la vida. Sus móviles más comunes son tres: la explotación de la beneficencia, eludir el servicio militar y la simulación de la locura para obtener la irresponsabilidad penal. Son casos particulares de la ley general que comprende a todos los fenómenos de simulación.

VI. De la animalidad primitiva hasta la civilización presente, han disminuido entre los hombres los medios violentos de lucha por la vida y han aumentado los medios fraudulentos. En formas venideras de organización social, y dada la creciente tendencia de los hombres a asociarse contra la naturaleza, la simulación parece destinada a disminuir en la medida en que se atenúe la lucha por la vida.

CRIMINOLOGÍA*

PREFACIO

Nuestros primeros ensayos sobre estas materias (1899 a 1901) contenían en germen las conclusiones de los trabajos ulteriores: bases para el estudio de los alienados delincuentes, predominio de la psicología criminal sobre la morfología criminal, clasificación psicopatológica de los delincuentes, programa de la criminología y organización sistemática de la defensa social. Sobre esas cuestiones divergía nuestro criterio del reinante, por entonces, en la "escuela positiva"; posteriormente sus partidarios han evolucionado, en casi todos los puntos, en consonancia con nuestras disidencias.

Como director del Servicio de observación de alienados, primero, y dirigiendo más tarde el Instituto de criminología, hemos podido, durante doce años, ampliar, corregir y consolidar nuestras primeras orientaciones; los numerosos escritos que intentamos resumir en este volumen parecen haber tenido alguna influencia en la evolución de las doctrinas criminológicas europeas, como lo advertirán los lectores competentes.

En concordancia con los principios de filosofía científica a que se ajustan nuestras últimas obras, comenzaremos señalando las influencias de la moderna filosofía del derecho sobre el derecho penal, buscaremos una nueva definición natural del delito, distinguiremos la delincuencia natural de la delincuencia jurídica y estableceremos las bases bio-sociológicas en que se funda la función social del derecho penal.

Cuando las leyes no cumplen su función, el derecho está en crisis; los hechos nos dicen que la legislación penal vigente es ineficaz y peligrosa, por sus mismos fundamentos.

Su reforma básica no se presenta como el resultado de premisas teóricas o filosóficas, sino como una necesidad práctica bien probada.

Eso mismo, por otros caminos, presintió la criminología, iniciada por la "escuela positiva". Hoy es posible fijar un plan sistemático a esa ciencia, transformando la primitiva antropología criminal en una psico-

---

* Escritos reunidos por primera vez en *Dos páginas de psiquiatría criminal,* Buenos Aires, Imprenta Galileo, 1900. Con numerosas correcciones y algunas adiciones, se llega a la 6ª edición (Buenos Aires, Imprenta de L. J. Rosso y Cía., 1916), que así se incorpora a las *Obras completas,* t. 2, pp. 259-474.

patología criminal y precisando el valor social de la conducta delictuosa. Sobre esas premisas hemos intentado una nueva clasificación de los delincuentes, ilustrando sus diversos grupos con observaciones clínicas y señalando su concordancia práctica con el derecho penal en formación y las nuevas tendencias penitenciarias.

Existe, en efecto, un "derecho penal en formación" que tiende a incorporar en las leyes ciertas conclusiones menos inseguras de la criminología. Y existen, también, nuevas "tendencias penitenciarias", encaminadas a la aplicación práctica de esos principios, con prescindencia de toda preocupación doctrinaria o filosófica. Italia *pensó* el nuevo derecho; Estados Unidos *lo hace*. De esa manera, señalando los unos la meta y tanteando los otros las asperezas del camino, concurren teorizadores y pragmáticos a la realización progresiva de un vasto programa de defensa social contra el delito: prevención profiláctica, reforma reeducativa, readaptación social de los reformados y secuestración definitiva de los inadaptables.

Sin muchas ilusiones sobre la inmediata eficacia de los estudios científicos sobre la reforma de las leyes —pues la "rutina" estorba a los que las hacen y los "intereses creados" maniatan a los que las aplican— hemos acentuado en esta exposición sistemática todo lo que tiene un valor práctico: los peligros de las leyes vigentes y la ventaja de los nuevos sistemas para la defensa social. Ello no impedirá que las personas ignorantes sigan creyendo que el naciente derecho penal tiende a abrir las cárceles, fundándose en que jueces semicultos, abogados astutos y médicos inexpertos aplican sus doctrinas a destiempo, contribuyendo a complicar las deficiencias intrínsecas de las leyes vigentes.

La fórmula del derecho penal en formación es otra. Y es sencilla: asegurar la máxima defensa contra los individuos peligrosos, permitiendo la máxima rehabilitación de los readaptables a la vida social.

Ningún ideal jurídico ha sido más oportuno. Asistimos a su realización. Sobre lo que debe hacerse hay un solo criterio, aunque expresado todavía con vocabularios diferentes. Los que siguen resistiéndolo con vanas palabras, contribuyen a su advenimiento con intenciones y con hechos excelentes, inspirados en lo mismo que creen combatir. [...]

CONCLUSIONES SINTÉTICAS

I. La evolución de las instituciones jurídicas es la conclusión fundamental de la moderna filosofía del derecho. No existen principios inmutables y absolutos, anteriores a la experiencia o independientes de sus nuevas adquisiciones; todas las ramas del derecho —y, por ende, el penal— deben considerarse como funciones evolutivas de sociedades que incesantemente evolucionan.

El delito es una transgresión de las limitaciones impuestas por la sociedad al individuo en la lucha por la existencia. Lesiona directa o indirectamente el ajeno derecho a la vida, cuyas condiciones son establecidas por la ética social y tienden a fijarse en fórmulas jurídicas, variables según las circunstancias de tiempo, modo y lugar.

La moral y el derecho son resultados naturales de la experiencia social, y están siempre en formación continua. Su evolución es paralela, pero no concomitante; las diferencias entre el delito natural y el delito jurídico, relativos a la moral y a la ley escrita, dependen del desequilibrio entre las sanciones éticas y legales, en el curso de la evolución social. Dada la continua ampliación de la experiencia social, el concepto ético de bien y mal, y el concepto jurídico de honestidad y delincuencia, no son realidades estables, sino representaciones colectivas incesantemente renovadas.

El derecho penal es el resultado de una formación natural; en cada momento de su evolución tiende a reflejar el criterio ético predominante en la sociedad. En él se coordinan, bajo el amparo político del estado, las funciones defensivas contra los individuos antisociales, cuya conducta compromete la vida o los medios de vida de sus semejantes. Constituye una garantía recíproca para el libre desenvolvimiento de la actividad individual en la lucha por la vida.

II. La legislación penal vigente, por la circunstancia de fundar la pena en la "responsabilidad" del delincuente, no asegura una eficaz defensa social, resulta con frecuencia peligrosa, estimula su propia violación y motiva numerosos errores judiciales: no llena sus funciones de defensa contra los delincuentes.

Además de su insuficiencia práctica, se encuentra en discordancia teórica con los postulados fundamentales de la ciencia contemporánea. Es imposible conciliar el criterio básico de las leyes penales vigentes con los datos científicos de la criminología; son peligrosas las aplicaciones de los nuevos criterios dentro de las viejas fórmulas jurídicas.

Las ineficacias del derecho penal contemporáneo, debidas a su criterio fundamental, revisten tres aspectos principales:

1º En los delincuentes más degenerados, cuyo sentido moral los hace menos adaptables a vivir en sociedad, permite que se aleguen sus anomalías psíquicas como causas eximentes de pena, tendiéndose a identificar esos estados anómalos con la "locura" que el código declara irresponsable y libre de penalidad.

2º En presencia de delincuentes alienados, cuya temibilidad está probada por sus actos peligrosos, la justicia penal los declara irresponsables y no impide que recuperen su libertad, colocándoles en situación de poder continuar una conducta antisocial ya traducida por actos delictuosos.

3º El reconocimiento de la locura como causa de irresponsabilidad y eximente de pena es el motivo principal de la simulación de la locura, considerada como un recurso defensivo del delincuente en su lucha contra el ambiente jurídico.

Se impone una reforma penal sustantiva y no puramente formal: es necesario renunciar al concepto anticientífico y peligroso de la responsabilidad penal y poner otras bases a la función social de defensa contra los delincuentes.

La eficacia de esta reforma sustantiva del código penal exige una reforma esencial de la ley de procedimientos y la reorganización de los actuales sistemas penitenciarios.

III. La aplicación de criterios científicos al estudio del delito tiende a reemplazar el derecho penal clásico por otro fundado en los datos de la criminología.

Salida ya de su fase empírica e intuitiva —iniciada por los estudios de Lombroso— la criminología comienza a definir algunos principios generales. Un programa completo para el estudio del delito, presenta tres aspectos fundamentales: 1º Sus causas (*etiología criminal*). 2º Los caracteres de los delincuentes (*clínica criminológica*). 3º La profilaxia y represión de la criminalidad (*terapéutica criminal*).

La *etiología criminal* debe estudiar: 1º Los factores propios de la constitución fisiopsíquica del delincuente (*antropología criminal*). 2º Los factores propios del ambiente en que actúa (*mesología criminal*).

La *antropología criminal* comprende: 1º La *morfología criminal* (estudia los caracteres morfológicos de los delincuentes). 2º La *psicopatología criminal* (estudia sus anormalidades psicológicas).

La *mesología criminal* comprende: 1º La *sociología criminal* (estudia los factores sociales del delito). 2º La *meteorología criminal* (estudia sus factores meteorológicos).

Estos factores pueden combinarse en proporciones muy variables, pero son siempre concurrentes en la determinación del delito.

IV. El estudio de las causas determinantes del delito evidencia que junto a los factores sociales y físicos existen siempre factores antropológicos del delito, representados por anormalidades de los delincuentes.

El estudio de sus anomalías morfológicas basta para referir esa anormalidad a la degeneración en general; no tiene valor específico como exponente de criminalidad.

El estudio *específico* de los delincuentes —y, por lo tanto, el más fundamental— es el de las anormalidades de su funcionamiento psicológico.

Si se pudiera hablar de escuelas para designar las tendencias científicas, la nueva debería llamarse *escuela psicopatológica.*

V. Los hombres forman su personalidad dentro de la sociedad en que viven; la educación es un proceso continuo de adaptación del individuo a la sociedad. La herencia biológica constituye el temperamento y se traduce por tendencias; la educación constituye la experiencia individual. La personalidad es el resultado de las variaciones de la herencia mediante la educación, y es siempre un producto social; está representada por el carácter y se manifiesta por la conducta. La adaptación de la conducta individual al medio social depende del equilibrio entre los elementos constitutivos del carácter. Cuando falta ese equilibrio, la conducta es inadaptada, y el individuo comete actos antisociales. Las diferencias de aptitudes y de educación determinan la desigualdad de los caracteres. La anormalidad del carácter se traduce por la anormalidad de la conducta.

Cuando los actos que exteriorizan el carácter individual no se adaptan a las condiciones sociales de lucha por la vida (representadas por la moral y concretadas en el derecho) los actos son, socialmente, inmorales o delictuosos. Por eso la psicopatología de los delincuentes debe estudiar el valor de sus actos con respecto a la sociedad.

La inadaptación social de los actos es el resultado de desequilibrios diversos entre la personalidad y el medio en que actúa. Esos desequilibrios son originarios de alguna de las funciones psíquicas que componen el carácter; en los diversos delincuentes se observa un predominio de las anomalías morales, intelectuales o volitivas, lo mismo que en los caracteres normales. En ciertos casos todas las funciones psíquicas están intensamente perturbadas y la conducta antisocial es el producto de un carácter patológico completo.

VI. La psicopatología criminal, confirmando los datos sobre la psicología de los caracteres normales y patológicos, demuestra clínicamente la existencia de varios tipos de delincuentes en los que predominan las anomalías afectivas, intelectuales y volitivas (*tipos puros*). Esa diferenciación sirve de fundamento clínico para clasificar a los delincuentes. Dentro de cada uno de esos tipos se observan grupos con anomalías congénitas, adquiridas o accidentales, cuya reforma y temibilidad es sustancialmente distinta.

También se observan sujetos en los cuales predominan simultáneamente diversos modos de desequilibrio funcional (*tipos combinados*): los delincuentes morales-intelectuales, morales-volitivos, intelectuales-volitivos. En ciertos individuos profundamente degenerados coexisten la impulsividad, la ausencia de sentido moral y la perturbación de las funciones intelectuales (*tipo completo*).

En esta nueva clasificación no se confunden, en ningún caso, tipos o categorías que estén separadas en otras clasificaciones; en cambio, están aislados varios tipos heterogéneos confundidos hasta hoy en uno solo.

La clasificación psicopatológica permite, mejor que otra cualquiera, una apreciación aproximativa de la reformabilidad y temibilidad de los delincuentes; cada grupo de sus tres categorías corresponde a anomalías diversamente profundas del carácter antisocial. En este sentido se adapta mejor a los nuevos principios de derecho penal y a las modernas tendencias penintenciarias.

VII. Existe un "derecho penal en formación" caracterizado por la adopción progresiva de dos de los principios fundamentales del positivismo: indeterminación e individualización de la pena. Más que al castigo del delincuente por el delito cometido, se atiende ahora a asegurar la defensa social según la temibilidad individual.

La doctrina del nuevo derecho es genuinamente italiana; la práctica del mismo ha tenido sus más amplios ensayos en los Estados Unidos. Las resistencias a la nueva doctrina han cedido ante los resultados de la práctica que se ha resuelto en un positivismo sin teorías.

Las expresiones características del derecho penal en formación son tres: la condena condicional, la indeterminación del tiempo de la pena y la liberación condicional. Las tres se apartan del derecho penal clásico, convergiendo a posponer el castigo del delito a la defensa social, con el agregado de un optimismo creciente en favor de la reforma y reeducación social de los delincuentes.

Los progresos de la psiquiatría forense, de la policía científica y de la identificación, la creación de cátedras especiales y la penetración de la criminología en las antiguas, la fundación de institutos para estudios criminológicos y las resoluciones de los últimos congresos penitenciarios, contribuyeron poderosamente al desarrollo del presente "derecho penal en formación", que puede considerarse como la etapa necesaria entre el derecho clásico y el positivismo jurídico.

VIII. La negación de las bases teóricas del derecho penal clásico no implica desconocer a la sociedad el derecho de prevenir o reprimir la actividad antisocial de los delincuentes; tiende, más bien, a asegurar la eficacia de esa defensa, actualmente comprometida por las leyes.

La profilaxia y prevención de la delincuencia tiene mayor importancia que la represión misma. Sus medios son, principalmente, cuatro: legislación social en la más generosa acepción, profilaxia de la inmigración, educación social de la infancia y readaptación social de los malvivientes.

Frente a los delitos ya cometidos, la defensa social no se limita a castigar a sus autores; se propone la readaptación social de los reformables y la secuestración de los irreformables. La experiencia de los últimos años ha resuelto el problema en sentido optimista, decidiéndose la organización carcelaria en favor de los reformatorios, que en ciertos países y regiones pueden revestir el tipo de colonias. Sea cual fuere el régimen de delitos y penas vigente, es indispensable la organización sistemática de los establecimientos carcelarios, conforme a un plan de conjunto. Sus condiciones de reforma y seguridad deben adaptarse a las categorías de los sujetos con las variantes sugeridas por el estudio psicológico individual. El concepto de la desigualdad de los delincuentes conduce a una desigualdad de las penas; toda reforma penitenciaria debe tender hacia una marcada clasificación en grupos, ya que no es posible una absoluta individualización práctica de la pena.

Las penas de prisión, penitenciaria y presidio deben corresponder a los delincuentes de temibilidad mínima, mediana y máxima, descontándose en establecimientos apropiados para la reforma o la seguridad, según los casos.

La posición legal de los delincuentes se modifica si la represión se funda sobre su temibilidad y no sobre su responsabilidad. Una represión más severa corresponde a los delincuentes cuyo delito es una resultante de factores permanentes, expresión de tendencias irreparables del carácter. La represión debe ser medianamente severa para aquellos cuyo delito es consecuencia de la combinación mixta de factores biológicos y sociales, siendo la expresión de anomalías psicológicas más o menos transitorias y reparables. Debe ser mínima la represión contra los delincuentes accidentales y los criminaloides, en cuyos delitos prevalecen los factores mesológicos y son poco importantes los orgánicos. La correlación entre este criterio penal y nuestra clasificación de los delincuentes facilita las aplicaciones prácticas de la criminología, conciliando el criterio clínico y el criterio jurídico para transformar la justicia penal en una institución de profilaxia y defensa social.

En torno de los tres tipos carcelarios fundamentales deben existir establecimientos especiales: los asilos de contraventores y para bebedores, los asilos de menores, las prisiones de procesados, los manicomios criminales, las cárceles de mujeres, etcétera.

La readaptación social de los excarcelados complementa el programa de lucha contra la delincuencia, comprendiendo los patronatos de excarcelados y la tutela de los inadaptables.

CRÓNICAS DE VIAJE*

IMPERIALISMO

Berlín, 1906

Tendidas las alas serenas, el vuelo pujante, severa en su gesto que honrara los frisos de un palacio asirio, el Águila de Prusia afirma su fuerza magnífica en cada golpe de ala que la remonta hacia la cumbre de la dominación imperialista. Su garra es prudente y robusta; su firme pupila mira alto y lejos. En todas las cosas del mundo europeo se percibe la gravitación de su influencia, como si la hora de la hegemonía hubiera sonado en su cuadrante.

Los grupos germánicos y anglosajón —Inglaterra ayer, Alemania hoy, Estados Unidos mañana— llegan ya a su momento. Su rol histórico actual, por la acción intensa y fecunda, vale el de los grandes imperios que han llenado algún capítulo de la crónica humana.

El imperialismo existe. No nos proponemos manifestar simpatía o aversión hacia él, rendirle homenaje o cubrirlo de invectivas. La evolución histórica es sorda a las loas y a las diatribas; sólo entreabre su secreto a los observadores despreocupados. Con ánimo sereno conviene investigar el proceso histórico de su formación, determinar sus caracteres generales, observar sus medios de consolidación en la mentalidad colectiva y ensayar inducciones sobre las consecuencias venideras.

Es preocupación ingenua la de juzgar los fenómenos históricos a través del lente empequeñecedor de nuestras afinidades y antipatías; ese criterio suele convenir a los políticos y es útil para arrastrar a las muchedumbres alucinantes. Los sociólogos tienen un criterio distinto. La actividad universal constituye un proceso de formación continua, de integración progresiva; uno de sus modos particulares es la historia humana, cuya mayor complejidad suele atribuirse a que el hombre representa una manera superior de la evolución de la materia viva. Los hechos sociales y las transformaciones políticas no son buenas ni malas en sí mismas; resultan inevitablemente de las fuerzas que concurren a determinarlas, fuerzas propias del ambiente en que los hombres viven y de las tendencias que éstos heredan, debidas a la acción del medio sobre sus antecesores. Los fenómenos políticos nunca son el resul-

---

* Del conjunto de escritos elaborados con ocasión de su primer viaje a Europa, y reunidos primeramente con los títulos de *Italia* y *Al margen de la ciencia.* De *Obras completas,* t. 8, *Crónicas de viaje,* pp. 79-222.

tado de una libre elección de medios y de fines por parte de los pueblos o de los gobiernos. La ley de la lucha por la vida, y la consiguiente selección de los mejor adaptados a sus condiciones, domina ampliamente en la evolución biológica. En el mundo social las condiciones de esa lucha son modificadas por el incremento de un factor propio de la especie humana: la capacidad de producir artificialmente sus medios de subsistencia. Ese hecho engendra otro principio general: la asociación de los hombres para la lucha por la vida. Su exponente psicológico es el sentimiento de solidaridad social.

La asociación de los hombres en grandes colectividades no es un hecho improvisado. De la familia a la tribu, de ésta a la raza, de ésta a la nacionalidad, se observa un proceso de expansión y unificación progresiva, que acaso pueda algún día agrupar en una fraternal unión a todos los pueblos civilizados. Mientras tanto, cada agregado social tiene que luchar por la vida con los que coexisten en el tiempo y lo limitan en el espacio. Los más fuertes vencen a los débiles, los asimilan como provincias y los explotan como colonias. La potencia de un imperio se cimenta en su riqueza y se apuntala en su fuerza; la riqueza depende de la población y de la cantidad de territorio explotable, la fuerza sirve para defender la riqueza y acrecentarla.

Los pueblos más fuertes, en cada momento histórico, ejercitan una política imperialista y la encarnan en un hombre representativo: Grecia, en Alejandro; Roma, en César; Francia, en Napoleón. Después del apogeo viene la decadencia, el imperio se desorganiza y otros grupos sociales más jóvenes reemplazan al caído. La hegemonía de la civilización no es patrimonio eterno de ningún pueblo.

Uno de los hechos más significativos de la vida política contemporánea es el predominio de los grupos étnicos germánicos y anglosajón; las "virtudes latinas", que emocionan a tantos retóricos de la sociología sentimental, pesan menos en la balanza política que la "capacidad de energía" de sus actuales concurrentes. Adviértase que la superioridad no es antropológica, sino histórico-político-económica. Esa formación de vigorosos organismos políticos amengua o anula el rol social de los pequeños estados, cuya actividad queda enteramente subordinada a la que desenvuelven las grandes potencias.

Las condiciones presentes de la vida económica tienden a acentuar esa absorción o subordinación de los estados pequeños; la producción y el cambio han creado condiciones favorables a ese fenómeno, de acuerdo con el proceso de centralización propio del régimen económico capitalista.

Esa situación de hecho, ajena a las intenciones y deseos de pueblos y gobiernos, engendra en ellos sentimientos colectivos que le corres-

ponden rigurosamente, como la sombra al cuerpo que la proyecta. Por
eso la grandeza material de un pueblo lleva en sí los factores que
orientan su conducta hacia la política expansiva, su inteligencia hacia
la elaboración de doctrinas imperialistas y su efectividad hacia el
sentimiento colectivo del predominio.

El imperialismo —que tiene por exponentes una doctrina, una política y un sentimiento— se personifica en grandes tipos representativos
de sus pueblos. Guillermo, Chamberlain y Roosevelt hablan en nombre de su raza; por eso su voz resuena a la distancia. Cada uno de
ellos interpreta el pensar de muchos millones que están a su espalda.

A pesar de sus apariencias, el ideal del imperialismo no es de
guerra, sino de paz. Inglaterra, Alemania y Estados Unidos, los pueblos fuertes, se creen encargados de tutelar a los otros extendiendo
a ellos los beneficios de su civilización más evolucionada. Los débiles
suelen protestar, oponiendo el "derecho" a la fuerza del "hecho"; por
eso los medios necesarios para ejercitar la tutela pueden asumir caracteres violentos y resultar injustos. La historia se burla de los débiles
y es cómplice de los fuertes. Sin fuerza no hay derecho; quien quiera
reivindicar un derecho —sea un individuo, una nación o una raza—
debe trabajar para ser el más fuerte. Eso basta.

El proceso de formación del imperialismo alemán ha sido claro.
Prusia comenzó por extender su zona de influencia y de conquista sobre
los estados alemanes, tendiendo a confederarlos bajo el imperio. Grande
ya, es decir, rica y numerosa, impuso toda la gravitación de su masa
a los estados vecinos del continente; para ello necesitó acogotar a
Francia, unciendo a su carro de triunfo dos provincias y coronando
a su emperador en la más histórica sala de Versalles. Después fue la
hora del inolvidable Bismarck, la energía en forma de hombre, inicián-
dose la política de expansión que ha dado a Alemania una influencia
exterior y un poder colonial equivalente al de Inglaterra. Ahora tiene
el káiser las riendas del carro político europeo, las más importantes
por lo menos.

Este proceso, que observamos hoy en Alemania, ha sido ayer el de
Inglaterra, y se prepara a ser mañana el de los Estados Unidos. Estas
condiciones de hecho se acompañan necesariamente por una orientación paralela del sentimiento nacional, imprimiendo caracteres bien
definidos a la mentalidad de los componentes de esos grupos sociales.

El tipo medio del hombre alemán, inglés o yanqui posee rasgos
psicológicos comunes, propios del sentimiento imperialista colectivo.
Ante todo cree en la superioridad étnica de su raza y en la inevitable
preponderancia política de su país; sabe que tal grandeza presente y
futura se funda en condiciones de prosperidad económica por todos
reconocida; supone que la nación a que pertenece marcha a la cabeza

de la civilización y del progreso; deduce que su pueblo tiene actualmente una misión directiva y tutelar sobre la humanidad entera, misión que debe ejercitar por todos los medios concurrentes a la realización del objetivo providencial.

Semejante estado de espíritu es común a sujetos de diversa clase social, religión, intelectualidad, credo político, etc. Es la zona de concordancia entre mentalidades individuales infinitamente heterogéneas, que se agitan en el agregado social: es un verdadero fenómeno de psicología colectiva. Por eso el imperialismo, antes que la expresión de un principio político abstracto, es el exponente de un sentimiento nacional. La doctrina se formula después y se encarna en los hombres representativos; Guillermo, Chamberlain y Roosevelt son los voceros del imperialismo en acción, sus ejecutores políticos.

Alemania puede envanecerse del suyo. Tiene garra, despliega una actividad asombrosa y reúne personalmente las virtudes que constituyen la fuerza de su pueblo. Dentro de su mentalidad feudal, es un fuerte; por eso no supo tolerar a Bismarck, que también lo era; dos energías no caben sobre un mismo escenario. Es prudente en su osadía y sabe "hacer la parada". La hace con gallarda apostura y oportunamente, como todo el que tiene con qué sostenerla. Vive siempre en su papel de dux de un gran pueblo y firma *Imperatorex*, en su doble carácter de emperador de Alemania y rey de Prusia. Sus enemigos le llaman *poseur*, sin advertir que en su caso el vocablo es laudatorio: un hombre representativo debe vivir en su rol. Guillermo aspira a ser un emperador de verdad y es, sin duda, el único monarca de Europa.

Las causas que concurren a la formación histórica del imperialismo son múltiples. Un escritor italiano, F. Amadori Virgili, sostuvo recientemente en un hermoso libro que la esencia del fenómeno imperialista está en el sentimiento colectivo de todo un grupo, pueblo o raza; ese criterio le lleva a buscar su interpretación en la psicología social. Nosotros creemos, en cambio, que la formación del sentimiento imperialista es secundario y que sus factores genéticos y evolutivos deben buscarse en la economía. Un estado psicológico colectivo es siempre una resultante compleja; sus raíces descienden hasta los últimos factores que propulsan el agregado social, convergiendo todos ellos a orientarlo y estableciendo entre sí relaciones de recíproca dependencia y subordinación.

Pero así como el esqueleto da la forma al cuerpo, así como la frondosidad de una selva depende de los materiales nutritivos que los árboles puedan recoger del suelo en que viven y de las condiciones climatéricas de la atmósfera que respiran, los modos de pensar y de sentir de un pueblo son en primer término el resultado de sus modos de vivir, es decir de las condiciones de su desenvolvimiento económico.

Las tres naciones imperialistas son ricas, trabajan más que las otras y se enriquecen más; las cifras de sus presupuestos, el monto de su producción y la cuantía de sus cambios comerciales dan la medida de su potencia y la razón de su primado. Son los países en que se trabaja con mayor tesón. Los empleados de un ministerio de Berlín están ocupados diez horas por día; para cualquier inglés el tiempo es dinero; el yanqui cree en "la vida intensa", predicada por su presidente, como en la Biblia. Las más grandes empresas del mundo manejan capitales ingleses, alemanes y yanquis; la política financiera y colonial de esos pueblos es la más gigantesca. Y para custodiar tan valiosos intereses, encontramos la pletórica organización del militarismo, sólo apreciable en su verdadero valor después de ver una gran revista del ejército alemán y otra de la escuadra inglesa. En cuanto al militarismo yanqui sabemos que la política imperialista ha coincidido con la organización de una flota poderosísima.

En el proceso constitutivo del régimen imperialista contemporáneo pueden, pues, distinguirse tres fases. El crecimiento de la potencialidad económica corre parejo con el aumento de la población y la expansión territorial, determinando un estado de espíritu que es su reflejo; ese estado psicológico se concreta en una doctrina, encuentra sus hombres representativos y orienta una política; la organización poderosa del militarismo sirve para guardar la espalda a todo el sistema.

A medida que se agiganta la grandeza material de un pueblo, se opera en el pensamiento de sus intelectuales una polarización favorable al imperialismo. Dejemos de lado a Walt Whitman y a Rudyard Kipling; miremos hacia el Rhin.

Los poetas de la joven Alemania, celebrando la gloria de los antepasados y saludando el magnífico esplendor de una aurora nueva, iluminaron y preludiaron el sueño "en que la Walkyria llamaba a su Sigfrido". Las letras fueron el espejo en que se retrató el alma del resurgimiento alemán; cuando Prusia comenzó a trabajar y organizarse, después de Jena, sus primeras revanchas fueron visibles en el campo literario, poético y filosófico. Antes de Bismarck, Moltke y Roon, los Arndt y los Koerner trabajaron y combatieron por salvar la nacionalidad alemana. Sería absurdo negar que esa larga sugestión de ideales mantenida por los Lessing, los Herder, los Kant, los Schiller, los Fichte, los Humboldt, ha concurrido eficazmente a formar en la mentalidad colectiva el sentimiento imperialista, dándole expresión tangible. Cuando la mentalidad está formada llega un Bismarck, comprende que las circunstancias son propicias para el gran designio nacional y distiende las velas; ése es el secreto del éxito, saber aprovechar oportunamente el buen viento y la marejada vigorosa. Los Hegel y los Delbrück fueron los clarines de batalla; los Moltke y los Roon colaboraron con eficacia de artillería.

Los pensadores evocan la visión de esos claros de las selvas germánicas donde un cazador —tan repetido en los lieds y las baladas de los poetas locales— encontraba algún mago encantador o escuchaba el eco misterioso de un coro invisible. El rudo caballero se detenía a escuchar las voces o las canciones; a su frente el camino obscuro se iluminaba con un resplandor ideal; el cazador suspendía la persecución de su presa, obedecía a la influencia ignota de un sortilegio más fuerte que su voluntad y marchaba ciegamente hacia el fin que le señalara el destino, cuyo intérprete se perdía en la bruma y la distancia, entre los perfumes embriagadores de la selva infinita.

La leyenda simbólica del cazador se realiza con el viejo Guillermo y remata en la consagración de Versalles. Después sigue Bismarck. Ahora el nuevo Guillermo.

El imperialismo requiere una educación especialmente adaptada a sus fines.

La vida en Berlín es una incesante acumulación de sugestiones convergentes a fomentar el sentimiento imperialista, cuya constitución gira sobre cuatro elementos principales: el culto de la gloria nacional, la noción de la jerarquía, el hábito de la disciplina y la intensificación del esfuerzo individual.

El culto de la gloria está en todas las cosas, en todas partes, en todos los momentos. La escuela enseña a idolatrar los grandes factores del nacionalismo alemán. El ejército es una segunda escuela de nacionalismo. La vida civil es la tercera escuela, más eficaz porque es permanente. El alemán vive en un medio favorable al arraigo de los atributos que son las bases de su mentalidad. Las plazas, las avenidas, los parques, llevan nombres evocadores; por todas partes se ven monumentos triunfales y estatuas conmemorativas; en el ornato de los edificios públicos priman águilas, leones, coronas, bustos de guerreros, trofeos de armas: todas las insignias de la combatividad y de la gloria. Para completar esa sugestión de las cosas sobre los espíritus, se ha dispuesto que la más hermosa avenida del *Tiergarten* sea flanqueada por una doble fila de estatuas de todos los reyes de la casa de Hohenzollern, cuyas blancas hileras evocan la consabida escena de Don Juan.

La noción de la jerarquía no es menos intensa en el alma alemana. Toda relación entre los individuos está protocolizada y nadie osa violar el respeto del riguroso escalafón. El Káiser está en la cumbre, naturalmente. Es, para todos, un semidiós: para todos, sin excepción; el mismo Bebel, que suele tronar en el Reichstag (sus truenos oratorios, escandalosos en Berlín, serían infantiles en boca de un Ferri y de un Jaurés), tiene íntima admiración por el emperador, si hemos de creer las confidencias oídas de sus propios labios. Descendiendo la escala, todo alemán posee una psicología de funcionario y tiene profundo respeto por la estratificación social. En un ministerio, en un banco, en un hotel, en un taller, en un ateneo, en la vía pública, la jerarquía es sagrada: todos saben cuál es su propio sitio y respetan el sitio ajeno. El "arrivismo" es allí imposible; todos marchan al mismo paso, sin atropellarse. Los mejores llegan más lejos, pero no más pronto.

Contribuye a ello el servicio de los ciudadanos en el ejército, que educa otro sentimiento general: la disciplina. Un joven alemán espera con ansiedad el momento de la conscripción y se enorgullece bajo el uniforme; ser soldado es casi un título, como en otras partes poseer la Legión de Honor. El regimiento da uniformidad a los espíritus, descoyunta los caracteres originales y vierte en cada soldado la gota de tósigo que paraliza hasta los gérmenes de todo sentimiento de rebeldía; los ciudadanos son conformados bajo el torniquete y salen de las filas como plomo de un molde. El sentimiento antimilitarista, que mina a Francia, no existe en Alemania, a pesar de los discursos semielocuentes de los diputados democráticos y de los millones de votos que reúne el partido socialista. Esos mismos electores rojos llevan dentro, y a pesar suyo, el sentimiento irresistible del imperialismo; sus protestas verbales parecen quejas de amante celosa: gritan más fuerte cuando aman más. La disciplina está en todo. Una gran fábrica funciona como un gran regimiento, los clubs jacobinos se agitan con precisión, orden y automatismo, como un cuerpo de ejército en campo de maniobras. En el gobierno o en la oposición, en la cátedra o en la tribuna, católico o judío, militar o anarquista, el "hombre alemán", en su tipo medio, es ante todo un ser disciplinado.

El sentimiento imperialista colectivo imprime al individuo un carácter sumamente útil para el conjunto y del cual depende la acción eficaz de todo el agregado: el esfuerzo individual. Para la grandeza del conjunto es indispensable la cooperación de las partes con su máxima intensidad. Todo alemán trabaja mucho y con pertinacia, creyendo cumplir así deberes de solidaridad colectiva y coadyuvar a la obra de toda la nación; la magnitud de un gran pueblo es proporcional a la suma de esfuerzos acumulados por el trabajo. Este paralelismo no es perfectible en la época de formación: basta mirar la fiebre de actividad que enloquece a los yanquis y la hipertrofia de su nacionalismo político.

Una estada en Berlín nos ha valido más para interpretar la mentalidad de Nietzsche que la lectura de treinta volúmenes de crítica sobre su personalidad y su obra. Los elementos constitutivos de su espíritu son los mismos que componen el alma nacional de su pueblo en nuestro momento histórico; sólo cambian las proporciones, por la doble influencia del genio o de la enfermedad, según los casos. El emperador

Guillermo es el exponente normal del estado psicológico imperialista en su forma colectiva; Max Stirner es el exponente del imperialismo en su forma individualista, el gran enfermo de Weimar es el exponente del mismo estado de espíritu, pero en forma patológica, asociando la idea de la super-raza con la idea del super-hombre. Nietzsche es la copa que rebalsa; es el sentimiento imperialista que rompe su propio molde. El "sentimiento de potencia" es una concreción patológica del común "sentimiento imperialista". Es la exaltación mórbida de la raza y del individuo por el culto de los héroes y del esfuerzo personal, es la aspiración al "más alto y más lejos" en favor de la selección y de la jerarquía, remachando la disciplina para los débiles y los siervos, al par que instituyendo una moral de fuerza para los pueblos y los hombres dominadores.

El problema de la política imperialista afecta, y muy de cerca, los destinos inmediatos de los países sudamericanos. Su actual independencia es cuestión de forma antes que de hecho; han salido de la dominación ibérica para convertirse en colonias económicas de las naciones europeas y estar amenazadas por la inminente tutela yanqui. Las repúblicas de la América Latina sólo existen para las grandes potencias en el mismo concepto de buenos clientes que los territorios coloniales de Asia, África y Oceanía.

¿El porvenir podría plantear problemas que modificaran esa situación?

La política de los grandes estados, que hoy asienta sus focos imperialistas en Inglaterra y Alemania, se ha dislocado ya hacia los Estados Unidos y parece que llegará a tener un nuevo centro de energía en el Japón. Si la Argentina y la Australia continúan su rápido desarrollo, cuya doble condición está en el aumento populativo y en la intensidad de su trabajo, podrán llegar a pesar en la balanza mundial.

No hay motivos sociológicos para creer que el continente europeo conservará eternamente el primer puesto en la civilización humana; se ha desplazado muchas veces en la historia. Acaso, en algún remoto porvenir, los grandes núcleos de civilización no sean la Inglaterra que envejece, ni la Alemania que vemos en plena virilidad. Después de Estados Unidos joven y del Japón adolescente ¿la Argentina y la Australia, orientándose por nuevos ideales, incesantemente renovados, no llegarán a adquirir una influencia cardinal en la civilización del mundo entero?

SOCIALISMO Y LEGISLACIÓN DEL TRABAJO[1]

1. EL PROBLEMA SOCIAL Y LA POLÍTICA CIENTÍFICA

Eludir el problema social contemporáneo no significa suprimirlo; cerrar los ojos ante sus postulados, no basta para resolverlo. Es necesario plantear equilibradamente los términos de su ecuación, ponderarlos, balancearlos, para entrever soluciones eficientes, acaso nunca certeras, pero cada vez menos inexactas. Si alguna parte del carro social, siempre en marcha, amenaza desvencijarse, es fuerza que los hombres dirigentes se decidan a ser su brújula previsora; la política moderna requiere brazos vigorosos para ser potencia en acción, dirigidos por cerebros ilustrados y serenos, capaces de conciliar la estabilidad de lo bueno existente con las ineludibles necesidades de lo mejor por venir. Los tiempos exigen que la política sea algo más que un hábil apuntalamiento de intereses, instituciones y costumbres, respetables porque han sido el exponente natural e irreemplazable de su época, pero no menos naturalmente destinadas a ceder su puesto a nuevas condiciones de hecho y de derecho, más concordes con las realidades del progresivo devenir social. La historia humana, como la historia del universo entero, ofrece una sola enseñanza indiscutible: todo pasa, todo evoluciona. La muerte es el único estacionamiento en la evolución de los seres vivos; y lo es sólo en un sentido aparente y convencional. Vivir es transformarse, para los pueblos como para los individuos: los organismos muertos son los que interrumpen su evolución, magüer sirvan sus residuos para iniciar evoluciones ulteriores.

Refiriéndose a agrupaciones sociales que viven en perpetua evolución, la política debe ser esencialmente evolutiva. El astrónomo necesita mover su telescopio si desea seguir el curso de una constelación que peregrina por el espacio; las sociedades humanas son también constelaciones peregrinas en el espacio infinito de la historia.

La sociología contemporánea, orientada por los criterios y métodos propios de las ciencias experimentales, ha desconceptuado los dogmatismos políticos y jurídicos del siglo pasado. Las adolescentes naciones de ambos mundos están a punto de iniciar su juventud, transformándose. A la breve distancia de una generación, los sociólogos sonríen

[1] José Ingenieros, *La législation du travail dans le République Argentine*, París, editor Cornély, 1906. (Resumen en *Sociología argentina, Obras completas*, pp. 113-157.)

ante la simpleza bien intencionada de los utopistas y de los reaccionarios que les precedieron en la interpretación de los fenómenos sociales; un solo motivo basta para justificar a los nuevos críticos: cada generación aprovecha la experiencia de las anteriores. Pensando modernamente, nada más, los estudios contemporáneos pueden ver la sociedad y los problemas sociales bajo nueva luz, como no lo sospecharon los estadistas de hace medio siglo. Los tiempos nuevos corrigen las viejas ideologías políticas; la experiencia, como un simún, borra las fórmulas trazadas sobre la arena inestable de la vasta llanura metafísica, propicia a los espejismos; frente a las ruinas de cada vasto ensueño, frente a cada magnífica ilusión que se disipa, la realidad levanta un hito, modesto pero definitivo. Un bloque sereno permanece en pie, conquistado para el porvenir, en el sitio mismo donde una vasta esfinge de arena desaparece cuando los hechos soplan su irresistible vendaval.

La evolución de las sociedades humanas no puede impedirse ni precipitarse. Son igualmente ineficaces las tímidas resistencias de los misoneístas y las exuberantes retóricas de los ilusos. Las reformas sociales son la consecuencia de nuevas condiciones de hecho, nunca de sentimientos o teorías, aunque los unos y las otras coexisten con ellas, como su producto natural. Los espantajos demagógicos, legados al siglo XIX por los enciclopedistas, han influido menos sobre la evolución social que el aprovechamiento del vapor o de la electricidad. Las disertaciones sobre la trilogía republicana, "Libertad, Igualdad, Fraternidad" (científicamente absurda: el determinismo niega la libertad, la biología niega la igualdad y el principio de lucha por la vida, universal entre los seres vivos, niega la fraternidad), preocupan cada vez menos a los sociólogos, procurando abstraerse de todo ilusorio sentimentalismo conservador o revolucionario.

Frente a la antigua política subalterna que baraja dogmas y sentimientos, comienza a definirse otra, fundada en el estudio de los fenómenos sociales; ella es necesariamente impopular, como todas las concepciones científicas: la política sociológica.

Los estudios que señalan su orientación, revisten dos fases bien distintas; y, por ende, la sociología tiene dos funciones.

En un caso es puramente general, abstracta; se propone determinar la manera de producirse y sucederse los fenómenos sociológicos en el tiempo y en el espacio; su finalidad consiste en definir los caracteres que el determinismo y la evolución —principios universales— revisten en el orden propio de los hechos sociales.

En su segunda fase tiene funciones de aplicación a la vida, es particular, concreta. Sus conocimientos sirven para adaptar la acción a la evolución misma, orientando las actividades políticas en el sentido más favorable para el progreso de las sociedades. En este sentido puede afirmarse que la política científica no es más que una sociología aplicada.

Los hombres no orientan la evolución social. El curso de la historia poco se modifica por ideas o sentimientos, que suelen ser efectos, aunque pueden ser causas de fenómenos secundarios. La corriente de un río no se invierte porque lo deseen los tripulantes de una embarcación, ni su capricho puede cambiar la dirección del viento; conviene, empero, conocer ambas cosas para utilizarlas durante la navegación. La política empírica ignora las tendencias naturales de los hechos que pretende manejar; la política científica las conoce y se adapta a ellas. Por eso le corresponde señalar solución a los problemas que se agitan en las sociedades modernas, revistiendo en los distintos pueblos caracteres especiales, debidos a condiciones diversas de modo, tiempo y lugar.

En nuestro siglo, esos problemas se caracterizan por francas tendencias hacia una reforma progresiva del orden económico vigente. Ella no es antojadiza, ni es la consecuencia de huecas retóricas que pretenden fundarla sobre ideales de justicia o de igualdad; es simplemente el producto natural de nuevas condiciones de hecho creadas por el desenvolvimiento de la moderna economía industrial y capitalista. Entre las cuestiones sociales, de suyo multiformes y complejas, destácase actualmente el problema obrero; en sus formas actuales no ha podido presentarse en otras épocas, siendo en nuestros días uno de los que esperan inminente solución. El sistema productivo capitalista (en el sentido que da a este término la escuela marxista, y que ha sido ampliamente analizado por Loria) ha creado nuevas relaciones entre los poseedores de los medios de producción y los trabajadores sometidos al régimen del salario; ese hecho determina la necesidad de modificar las instituciones jurídicas que establecen las relaciones recíprocas entre las fuerzas concurrentes a la actividad económica de la sociedad entera.

La legislación civil contemporánea está en vísperas de ser modificada en sus mismos fundamentos. No puede persistir en su forma actual, pues no corresponde a condiciones reales: el hecho viola al derecho. En la época de formularla se desconocían las fuerzas económicas surgidas posteriormente en las sociedades civilizadas; esas fuerzas han creado nuevos intereses, nuevas relaciones, nuevos conflictos, nuevos derechos, nuevas obligaciones.

La posición sociológica del problema es clara. Junto con las modernas condiciones económicas surge la necesidad de adaptar a ellas las instituciones jurídicas. Desde que las premisas de la estática social —sus bases económicas— han variado, se impone la transformación de la superestructura social. Estas afirmaciones implican, evidentemente, otras doctrinas más generales, cuya demostración huelga aquí por demasiado extensa; las hemos expuesto en otros ensayos, arribando a confirmar en la evolución argentina la siguiente conclusión: las instituciones de cada país se arraigan, florecen y evolucionan sobre sus instituciones económicas, cuyas transformaciones constituyen la causa principal (no siempre directa ni exclusiva) de la evolución social. El extraordinario desarrollo de las fuerzas productivas en el siglo xix ha creado estos dos términos en el problema de las relaciones económicas: capitalismo y proletariado. Ellos son nuevos en su forma actual y por sus relaciones de recíproca dependencia; amos y siervos los hubo siempre, así como habrá eternamente desigualdades sociales por razones de orden biológico que ninguna legislación podrá evitar. Esas fuerzas económicas plantean conflictos de intereses; son dos polos de una misma esfera —la producción— y polarizan energías aparentemente opuestas, pero que, en definitiva, son concurrentes a una misma acción común y tienden a equilibrarse dentro de cualquier régimen económico. Ese fenómeno implica transformaciones jurídicas paralelas a él, pues toda nueva condición de hecho tiende a crear su correspondiente condición de derecho. Así ha surgido la necesidad de legislar acerca de las relaciones entre el capital y el trabajo, instituyendo derechos y deberes recíprocos, mitigando asperezas, restringiendo los excesos abusivos. En definitiva, sin embargo, la legislación del trabajo resulta protectora del obrero: su situación inferior en el conflicto hácele soportar el peso de numerosas desventajas.

La economía y el derecho clásicos no pueden permanecer cristalizados en fórmulas ya inaceptables. Fuerza es confesar que algunos utopistas y reformadores sociales han contribuido eficazmente a su drenaje saludable. La subversión de las doctrinas económicas, iniciada por algunos socialistas ilustrados, tuvo como feliz consecuencia una benéfica lucha entre los economistas puros (preocupados en hacer doctrina) y los socialistas militantes (preocupados en poner la economía al servicio de su política), con resultados bilaterales. Por una parte se produjo un sacudimiento y modificación de la economía, anquilosada por aforismos inconmovibles; por otra una saludable evolución de los socialistas ilustrados, que se acercan, cada vez más, a la economía y acabarán por cimentar sobre ella sus previsiones sociológicas. "Los economistas han estudiado más de cerca 'los males que afligen a la clase más numerosa y más pobre', para servirnos de la frase de Saint-Simon, y nos han hecho conocer sus verdaderas causas. Los socialistas, por su parte, después de haber comenzado haciendo tabla rasa de la economía política, y aun de todas las ciencias morales, acabaron por comprender la necesidad de estudiarlas. Aunque aportaron a ese estudio hábitos de mediocre disciplina científica, han liberado al socialismo de algunos de sus errores más groseros: en muchos de ellos la idea primitiva de confiar al estado la tarea de reconstruir, y aun de absorber a la sociedad, ha perdido parte de su crédito. El estudio más profundo y más completo de las leyes naturales que gobiernan a la actividad humana acercará poco a poco la 'élite' del socialismo a la economía política." [2]

Esta previsión del economista francés tiende a realizarse. En pequeña escala, es verdad; pero esto no puede sorprender si se tiene en cuenta la proporción mínima que representan los socialistas ilustrados frente a la masa de proletarios que da fuerza a la política militante de su partido. Con razón pues, insiste sobre su pronóstico G. de Molinari cincuenta años más tarde. [3]

La legislación del trabajo es uno de los puntos más importantes en que se muestran concordes la economía y el socialismo, demostrando la necesidad de incorporarla a todo programa de política verdaderamente científica; esa legislación es una de las fases más importantes del nuevo derecho que está en formación.

El doctor Joaquín V. González, ministro en la República Argentina, con un atrevimiento que honra doblemente al intelectual y al estudioso, ha concebido y ordenado un vasto plan de legislación social, presentado al Congreso de la Nación, en 1904, con el título de *Proyecto de ley nacional del trabajo*. Es obra de elevado concepto político. Como simple proyecto del poder ejecutivo, aunque no llegue a convertirse en ley, merece vincular el nombre de su autor al de los más osados reformadores del presente siglo; sin que esto signifique desconocer que el proyecto adolece de algunos defectos e instituye disposiciones coactivas del movimiento obrero, según lo señalaremos al hacer su análisis. Ignoramos que ministro alguno, en ningún país civilizado, haya remitido a su parlamento un proyecto que pueda compararse en su conjunto al que vamos a estudiar. Las mejores leyes de Australia, Nueva Zelandia, Estados Unidos, etc., palidecen ante este verdadero "Código del trabajo" proyectado para la República Argentina.

Su importancia, como ensayo de sociología aplicada, es vasta. Sus imperfecciones son las inherentes a toda obra humana; máxime que, en este caso, atendido el criterio de legislar en conjunto, haciendo un código completo, el ensayo es de primera mano. Ha sido imposible imitar códigos análogos, puesto que ningún país los posee todavía; han debido coordinarse leyes sueltas de otros países, adaptándolas a condiciones de modo, tiempo y lugar, propias del ambiente argentino.

Plantearemos su estudio en un terreno jurídico y práctico, independiente de preocupaciones de partido o de clase, desligándonos de las

[2] G. de Molinari: *Journal des Economistes*, junio de 1848, París.
[3] G. de Molinari: *Esquisse de l'organisation politique et economique de la société future*, París, 1899, p. 237.

fórmulas hechas que maniatan por igual a los conservadores y a los revolucionarios. "Salgamos resueltamente —ha escrito un diputado argentino— de los dominios de la metafísica, de la divagación especulativa, y tratemos de acercarnos al terreno de la ciencia experimental; habremos adelantado una jornada que puede ser fecunda en bienes. Busquemos enseñanza en los hechos, no en las ideas abstractas. Busquemos la causa que produce o determina los fenómenos en el fondo de los acontecimientos, no para encontrar argumentos en favor de una tesis *a priori*, sino para encontrar, si es posible, la verdad. No nos limitemos por sistemas o escuelas, ni nos amarremos voluntariamente a tradiciones o disputas históricas, que perturban la razón o extravían el juicio."[4]

Con amplitud de miras y con criterio puramente sociológico, libres de perniciosas influencias propias del medio político y de los intereses del momento, abordaremos la exposición y crítica de este proyecto de "Ley nacional del trabajo". Digamos, desde luego, que su presentación al Congreso por el poder ejecutivo es un exponente de cultura y de civilización que honra al país, lo enaltece en el concepto de los sociólogos y lo presenta como ejemplo a las demás naciones civilizadas.

2. LA EVOLUCIÓN DEL SOCIALISMO

El proyecto de "Ley del trabajo", que por comodidad designaremos en las páginas siguientes con el nombre de *Ley González*, constituye un ensayo serio y amplio del socialismo de estado, superior a cuantos le han precedido.

Para los que desconocen la evolución operada en las doctrinas y en la acción política del socialismo, éste sigue siendo la revolución lírica de los pobres contra los ricos, de los infelices contra los dichosos, de los desequilibrados contra los normales. Nació, es verdad, indefinido y caótico; sigue siéndolo en el cerebro de muchos sectarios ignorantes. Pero ha evolucionado ya, constituyendo en nuestros días una doctrina política digna de discusión y de respeto. Antes de alcanzar su forma actual ha pasado por varios períodos evolutivos; si en sus comienzos fue una insurrección de necesidades apremiantes y de altruismos filantrópicos, ahora merece estudiarse como una simple manifestación de política económica.

El socialismo debe mirarse como un resultado de condiciones econó-

---

[4] Juan Ángel Martínez: "Un proyecto de ley del trabajo", en la *Revista Nacional*, 1904.

micas propias de los países más civilizados. Es un fenómeno independiente de la "voluntad social" y de toda política sectaria o partidista. Así como es ilusión el libre albedrío individual, lo es también el sociológico o político. Los hombres no hacen la historia; los socialistas no hacen el socialismo. Existe una política socialista porque los fenómenos sociales se reflejan en los cerebros humanos y determinan su orientación en cierto sentido, que les corresponde naturalmente. Los medios de pensar no son la causa, sino el producto de los modos de vivir y del momento histórico-social en que aparecen. El socialismo, por ende, no debe considerarse como un proyecto, un deseo, un ideal, un programa o un objetivo: es una orientación de la evolución social. En este sentido, adquiere caracteres de realidad sociológica, superiores a los menudos intereses de cualquier facción política militante.

El pensamiento humano, para llegar a una interpretación exacta de la realidad, suele atravesar distintas etapas, verdaderos períodos. Antes de arribar a la intelección científica de un fenómeno, pasa por interpretaciones teológicas y dialécticas. Ésta es una de las pocas nociones esenciales que nos ha legado Augusto Comte, cuyas mejores intenciones sociológicas naufragaron en el caos de sus postreras divagaciones. Todos los modos del conocimiento atraviesan por tres períodos progresivos.

El desarrollo económico de la civilización europea determinó una nueva tendencia de la evolución social, cuya interpretación constituye el núcleo de las doctrinas socialistas. Esa interpretación ha pasado por tres etapas. La primera, utópica, corresponde al período teológico; la segunda, empírica (pretendida "científica"), corresponde al período dialéctico; la tercera, crítica y práctica, es propia del período verdaderamente científico.

a] *La interpretación utópica del socialismo.* Existe un grupo de tendencias y aspiraciones sentimentales asociadas actualmente al socialismo, las cuales han existido en toda época; aunque ejercen influencia en la política militante, nada tienen que ver con la teoría científica del socialismo. Antes bien, son una maraña perjudicial y perturbadora; las concesiones a ese sentimentalismo son nocivas al estudio de los problemas sociales, debilitan o anulan sus conclusiones ante la crítica científica. Son la expresión de esa eterna tendencia de la humanidad hacia el mejoramiento sucesivo de sus condiciones materiales de vida. Junto a cada progreso realizado, a cada aumento de bienestar, surge la aspiración hacia un nuevo mejoramiento. Es la perpetua quimera, el "más allá" siempre soñado, que más se aleja cuando creemos aproximarnos más a él. El problema de la desigualdad social de los hombres, y el deseo lírico de obviarla, ha preocupado a muchos soñadores de todos los tiempos. No será menester que remontemos hasta Confucio y Platón, ni habrá que escudriñar las intenciones o los proyectos de

Marco Aurelio y San Agustín, Campanella y Bacon, Tomás Moro y Harrington. Huelga también recordar que una de las fases del cristianismo primitivo, con su moral caritativa y fraternizadora, protectora de los siervos y de los humildes, podría llenar algunas páginas en la historia de las utopías precursoras del socialismo sentimental.

Al evolucionar la sociedad feudal hacia la sociedad moderna, surgen las condiciones materiales que determinan la evolución económica capitalista; ella, a su vez, prepara la evolución posterior en sentido socialista. Pues, digámoslo desde luego, su rasgo esencial, característico, es la tendencia a socializar los sistemas productivos y los medios de producción.

El movimiento intelectual que tuvo su más acabada expresión en los enciclopedistas fue el reflejo ideológico de la gran transformación social que se operaba; tomando por causa el efecto más aparente y ponderable, se le consideró como el propulsor de la Revolución francesa. Se ve la hélice que gira y se le atribuye la marcha de la nave; nadie advierte la presión del vapor en las calderas. Las ideas se mueven en el mundo como hélices y agitan a las masas como paletas de hierro que baten el agua inerte; pero, en rigor, el mundo social marcha gracias a la presión de invisibles calderas: las mismas fuerzas físico-naturales que mueven a las nebulosas y a los cristales, a la encina robusta y a la hormiga. Ésa es la conclusión que nos impone la filosofía científica en sus más recientes concepciones del universo.

La realización de la república burguesa es el exponente de ciertas condiciones económicas. El predominio de la economía burguesa sobre la feudal implica el advenimiento de la república burguesa sobre la monarquía feudal. Dentro de esa realización palpitaba ya el problema venidero: todo fruto maduro contiene la semilla de otra nueva planta. Morelly —y no Diderot, como se creyó al principio y aún repiten muchos socialistas— expuso e intentó difundir un sistema encaminado a legislar el "estado social perfecto", con el nombre de *Código de la Naturaleza*: era una especie de comunismo coercitivo, draconiano. Al mismo tiempo, aunque por otro camino, Rousseau formulaba el *Contrato social*, verdadero *vademecum* de los revolucionarios, quienes sancionaron su triunfo en la noche del 4 de agosto en la Asamblea de Versailles; pues, como dice Taine en *Los orígenes de la Francia contemporánea,* la Revolución francesa fue algo así como el "Contrato social" en acción.

Poco después, sobre las huellas de Morelly, Babeuf pretendió completar la obra revolucionaria, organizando su célebre conspiración comunista que le condujo a la guillotina.

Cerrado ese ciclo embrionario, el socialismo utópico comienza a formularse en sistemas definidos. Aparece Saint-Simon, cuyas teorías, de suma importancia, no es posible mencionar sin respeto, pues fue un observador y un vidente; sabido es que en el Río de la Plata el sansimonismo hizo escuela, de 1835 a 1850. Poco después, Fourier enunció sus teorías económico-sociales, vislumbrando, como entre sueños, su sistema basado en la organización falansteriana. Más tarde cúpole el turno a los ensayos de Roberto Owen, quien creyó posible la organización de colonias obreras ideales perdidas como islotes en el Océano de la civilización capitalista; se arruinó y quebró su proyecto. Cabet siguió huellas análogas, fracasando como él, ruidosamente. Pero conviene reconocerles un mérito grande, aunque indirecto. Ellos fueron los instigadores de ese género de estudios que poco a poco, con Adam Smith y Ricardo, constituyó una ciencia nueva: la economía política. Ese origen explica las singulares aplicaciones que se exigieron a esa ciencia en sus comienzos. En su nombre se intentaba justificar o demoler todos los planes de utopías sociales. Era, alternativamente, el torpedo y la red metálica de los conservadores y de los revolucionarios. El 48 dio su consagración de sangre a todo el movimiento de los utopistas. Luis Blanc, subido al poder en los albores de aquella República demagogizada, enunció oficialmente el derecho al trabajo e intentó la organización de sus infortunados talleres nacionales. Es conocido el desastre de tan extemporáneo y absurdo socialismo de estado, que tanta sangre costó en las siniestras jornadas de Junio.

Durante todo ese primer período, el socialismo es una simple teología humanitaria y sentimental, un culto por principios abstractos, que nada significan en la política de un país, pues no corresponden a realidades tangibles, ni expresan condiciones de hecho. El sentimiento, rebelde a toda injusticia, no somete la reacción al contralor de la inteligencia; siempre es desbordante, excesivo. Desde Babeuf hasta Luis Blanc, encontramos una concepción del socialismo como reacción sentimental, en nombre de principios abstractos; en su honor florece el lirismo y se idolatra la utopía. Pero hay en toda utopía, como en toda paradoja, un núcleo exacto, alguna parte de verdad objetiva cuya realización es imposible evitar; ella sobrevive a las bien intencionadas imprudencias de sus amigos y a las absurdas represalias de sus adversarios.

En suma: cuando los países más evolucionados entraron a la economía capitalista, aparecieron y se intensificaron ciertos males que son inherentes a nuestra civilización misma, según demostró Charpenter en su libro agudo y paradojal, surgiendo el socialismo utópico como vigorosa expresión de agravios contra los males propios de la organización económica capitalista: mezcla de rencores y de filantropías, de rebeliones y de ensueños.

En la utopía no se diseñaba, sin embargo, el núcleo de realidad posible.

b] *La interpretación marxista del socialismo.* Ese primer período es pobre, en cuanto a su parte positiva; se caracteriza por negaciones antes que por afirmaciones. Éstas se formulan en el segundo período. Todo no era fronda en la selva del utopismo idealista. Los leñadores descubrieron algunos troncos resistentes y seguros; desdeñando la fronda, que sólo podía durar una estación, el socialismo comenzó a definirse en algunos principios sociológicos verdaderos o verosímiles, poniéndolos como armazón de su vestidura doctrinaria.

Después del vendaval revolucionario del 48, floreció el movimiento socialista de la Asociación internacional de los trabajadores. En noviembre del año anterior se había reunido en Londres un congreso iniciado por la Liga de los comunistas; Marx y Engels habían sido encargados de redactar un programa, que fue el célebre *Manifiesto del Partido Comunista,* cuya aparición coincidió con los movimientos revoltosos del 48. De allí arranca el "marxismo". Comparado con el socialismo de los utopistas, señala un notable progreso en la interpretación del movimiento social. No obstante ser en gran parte metafísico, planteó los problemas sociales en forma accesible y facilitó su análisis crítico, preparando lentamente una transformación. A partir de esa época se formuló una interpretación realista de la historia, completando el concepto materialista de la escuela de Feuerbach, constituida por la extrema izquierda del heychianismo demón; se determinó la importancia de los factores económicos en la evolución social, incurriendo en exageraciones impuestas por los objetivos políticos que la doctrina estaba llamada a apuntalar; se enunció en sentido absoluto una teoría de la lucha de clases, que sólo resultó exacta en sentido relativo y como una de tantas formas de la lucha por la vida entre los hombres; una teoría del valor, ampliación generosa de la enunciada por Ricardo, y menos inexacta que las demás teorías corrientes sobre este punto; una ley "de bronce" de los salarios, inexacta como ley absoluta, pero indiscutible como tendencia general del precio de los salarios; etc. Al lado de esos ensayos de doctrina verdadera florecían concepciones catastróficas de la revolución social, risueñas teorías sobre la concentración de la riqueza y el empobrecimiento cada vez mayor de los pobres, presagios apocalípticos sobre la inminente desorganización del estado o de la familia, eglógicas demostraciones de la imposibilidad de las guerras, proyectos de bonos de trabajo para reemplazar a la moneda, dictadura de la clase obrera, etc. A ese conjunto de cosas verosímiles y de fantasías ilógicas, de ilusiones y de realidades, se pretendió con precipitación adjudicarle el nombre de "socialismo científico", como antítesis del "utópico", calificativos consagrados por

246 JOSÉ INGENIEROS

Engels en un capítulo de su *Anti-Dühring* que circula profusamente como folleto de propaganda. En rigor, sólo fue un sistema dialéctico, menos inexacto que la teología de los utopistas, precursor inmediato del socialismo que se forma a sus expensas, aprovechando los buenos muros que están de pie entre sus escombros. El pomposo calificativo de "científico" sólo pudo significar que algunos afiliados al socialismo —pongamos veinte intelectuales por cada millón de proletarios— trataban de substituir la retórica sentimental de los demagogos por fundamentos pedidos a las ciencias modernas, particularmente a la economía política y a la sociología.

Toda la crítica del marxismo —como interpretación del movimiento socialista— puede limitarse a poner de relieve un absurdo fundamental que anula su valor en cuanto él pretende ser un sistema de política científica. W. Sombart, el ilustre profesor de Breslau, en un libro afortunado, señaló claramente esta contradicción entre el pensamiento y la acción de Marx, entre sus teorías y su política. Mientras su doctrina histórico-social es determinista y evolucionista, en el mejor sentido sociológico de la palabra, él no ha cesado jamás de predicar la agitación revolucionaria y de anunciar la inminencia de una revolución violenta.[5] A este hecho real suelen oponerse sofismas de justificación, más dignos de leguleyos que de sociólogos, pretendiendo explicar lo que significan los términos evolución y revolución, para deducir que la segunda es el período terminal o crítico de un ciclo de la primera, en el mismo sentido en que lo afirma Eliseo Reclus, no en sus obras de sabio, sino en cierto socorrido folleto de propaganda. Para obviar ese confusionismo, propio de los que no tienen ideas claras o encuentran ventajas en las oscuras, especificaremos en qué consiste esta contradicción del marxismo. Al decir que su teoría histórico-social puede referirse a la corriente del evolucionismo determinista, queda implícitamente sentado que acepta la evolución como un hecho progresivo, inevitable e independiente del deseo y la voluntad de los hombres; en cambio, la revolución, en el concepto político de Marx —todavía compartido por los anarquistas militantes contemporáneos—, está entendida como un movimiento de violencia colectiva, organizado por los revolucionarios con el objeto de operar un cambio repentino en el manejo de los intereses sociales, mediante la dictadura del proletariado, según los unos, o la expropiación revolucionaria, según los otros.

Esta contradicción fundamental entre la teoría y la política de Marx, que hemos enunciado desde hace muchos años, a la larga se im-

---

[5] W. Sombart: *Le socialisme et le mouvement social au XIX siècle*. Traducción francesa, pp. 108-110.

puso a la atención de todos los críticos del socialismo, amigos y adversarios, determinando una nueva fase de su interpretación. Sin embargo, durante medio siglo ése ha sido el criterio general del socialismo político internacional; en él persiste aún la masa socialista de todos los países.

En esa etapa, el núcleo de realidad posible comenzó a delinearse entre las nebulosas de la utopía.

c] *La interpretación pragmática del socialismo.* Mientras el socialismo prosperaba en la política militante y esparcía sus aforismos, sumando votos por millares y escalando las bancas de los parlamentos, los estudiosos pusieron sus doctrinas en el alambique y las sometieron a la prueba purificadora. De allí van saliendo poco a poco, transformadas sustancialmente. Sus atenuaciones son esenciales las más de las veces, pero gana con ellas. Se está separando toda la escoria sentimental y dialéctica, inconciliable con los datos de la sociología.

Los críticos adversarios fueron numerosos: Spencer, en Inglaterra; Richter y Haeckel, en Alemania; Garófalo, Negri, Fiorentini, Massarani, Morasso, Pareto, Vitelleschi, Ferraris y Longoni, en Italia; Guyau, Leroy Beaulieu y Picot, en Francia, y cien más. Pero fueron, sin duda, más eficaces los críticos salidos del propio socialismo, como el idealista Malon, el político Bernstein y el anarquista Merlino; y más bien partidarios: Schäffle, Sorel, Loria, Cunow, Hugo, Masarik, Croce, Labriola, Posada, etcétera.

Así, a los dos períodos de negaciones radicales y de afirmaciones precipitadas, sucede el tercero, caracterizado por la crítica del socialismo y su adaptación a las necesidades de una política positiva. Watson, Bernstein, Vandervelde, Briand, Turati, Millerand, Merlino, Jaurès, Bissolati, Deville, representan políticamente esta tercera etapa del socialismo.[6] Ciertos "principios" del período utópico son olvidados o repudiados por los socialistas inteligentes; quedan, por lo menos, relegados a un plano muy secundario, como simple recordación sentimental de un pasado de estériles luchas y sacrificios; otras veces significan una forzosa concesión a las preocupaciones de las masas. Esa concesión, por supuesto, sólo existe tratándose de jefes ilustrados; muchos siguen creyendo de buena fe en las panaceas revolucionarias. Sueñan subvertir el orden social en el momento oportuno, con la misma facilidad con que se cambian las bambalinas en un entreacto de espectáculo teatral.

En este período, eminentemente crítico y positivo del socialismo, sus objetivos políticos se especifican y concretan en los titulados "programas mínimos"; sus procedimientos de realización se traducen por

[6] Después de 1906, fecha en que apareció el presente estudio, muchos de ellos han cambiado repetidamente de "actitud" para acomodarse a las variaciones de sus intereses políticos personales. (Nota de 1913.)

diversas formas de "lucha dentro de la legalidad". Las reformas comunes a todos los programas mínimos socialistas pueden enunciarse en pocos acápites fundamentales: extensión del republicanismo democrático, legislación protectora del trabajo, estado laico, nación armada; las reformas particulares varían con las condiciones de cada país, consultando su régimen monetario, su forma de gobierno, su sistema agrario, educativo, judicial, etc., según las circunstancias. Ese programa se limita a trasuntar la finalidad completa del Progreso en nuestro momento histórico: la política evolucionista.

Ésa tiende a ser la política de los partidos socialistas más prósperos y evolucionados. La política que organiza un ministerio socialista en Australia, presidido por Watson; la que en Francia ocupa ministerios en un gabinete republicano, con Millerand; la que en Italia apoya al ministerio monárquico de Zanardelli con Turati; la que en Bélgica persigue la educación y organización de las masas, sin hacer hincapié en la forma monárquica de gobierno; la que pone un ministerio en manos de Briand; la que en todos los países comienza a librarse de la pesadilla marxista de la "lucha de clases" absoluta, y concibe a su lado la "cooperación de clases", que suele ser eficaz contrapeso y correctivo en la vida real.[7]

El núcleo de realidad posible se desvincula definitivamente de la utopía y tiende a realizarse.

3. LA POLÍTICA SOCIALISTA

Mientras el socialismo se limitó a ejercitar una acción opositora, puramente negativa en el orden político (como la erigida en sistema por los anarquistas), pudo mantenerse en la intransigencia, libre de tocamientos con las fracciones progresistas de la burguesía más evolucionada, consecuente con la teoría de la "lucha de clases". Pero cuando un partido acepta la acción política dentro del orden legal existente, interviene en la vida electoral y parlamentaria, y formula un programa realizable dentro del sistema económico actual, su actitud política se modifica forzosamente. Cuando entra a ejercitar una acción positiva —ya no de simples negaciones antiburguesas, sino persiguiendo la realización de un programa—, surge la necesidad de coincidir y concordar con otros partidos, toda vez que éstos emprendan reformas de carácter socialista. Esa cooperación de los partidos a los fines del progreso, superiores a los propósitos de cada partido, es una ley general en polí-

_____

[7] En los años siguientes la tendencia se ha acentuado. (Nota de 1913.)

tica; Roberto Peel, el más proficuo de los reformadores ingleses, fue un conservador que, por la fuerza de las cosas, adoptó una gran parte del programa de los progresistas.

Aunque algunos de sus jefes no lo reconozcan abiertamente, la política de los partidos socialistas comienza a adaptarse a ese criterio. Al concretar su acción presente a los programas mínimos, ha relegado al porvenir las reivindicaciones trascendentales y ha roto el yugo de muchas preocupaciones. La inflexible antítesis entre el socialismo y la economía presente ha cedido su puesto a cooperaciones cada vez más racionales.

En Francia hemos visto a Millerand coadyuvando provechosamente a la política de un ministerio republicano, con una eficacia que sólo niegan o desconocen otros socialistas que no llegaron a ministros; y más tarde, los socialistas de casi todas las fracciones, con Jaurés a la cabeza, entraron en el "bloc" republicano e hicieron política ministerialista para aniquilar a la reacción clérico-militar. En las elecciones de 1906 los votos socialistas aseguraron el triunfo del presidente Falliéres, y los representantes del partido entraron al senado francés, relegando al olvido los programas en que pocos años antes reclamaban la supresión del senado y de la presidencia de la república.

En Australia, desde hace varios años, el partido socialista vota en el Congreso junto con los progresistas o los liberales, alternativamente, según que unos u otros estén en el poder y le ofrezcan realizar alguna parte de su programa; y cuando ellos organizan el primer gabinete socialista del mundo, presidido por el propio jefe Watson, pueden mantenerse pocos meses en el gobierno, gracias a los votos de alguna de las fracciones burguesas. En Alemania, Wollmar demostró ser un excelente táctico cuando se alió con los católicos en las elecciones de Baviera para conquistar el sufragio universal. En Italia, cuando el ministerio Zanardelli ofrecía garantizar las más fundamentales libertades democráticas y era fuerza apoyarlo para evitar la reacción que estaba en acecho, el grupo parlamentario socialista votaba en masa por el ministerio, día a día; allí se manifestó abiertamente la disidencia entre los socialistas moderados dirigidos por Turati, llamados "ministerialistas", y la fracción jacobina y semianarquista, que tuvo a Ferri por abanderado, aunque más tarde apoyó al ministerio Sonnino.

Las últimas elecciones inglesas de 1906 nos mostraron al Partido obrero en contacto con el Partido liberal, conquistando más de treinta bancas en el parlamento, que le servirán para exigir de los liberales importantes reformas sociales, sin hacer hincapié en remotas cuestiones de principio, ni siquiera en la forma monárquica de gobierno.

En Bélgica y en Alemania el partido socialista ha dado su voto en cien cuestiones que implicaban renunciar a algunas de las premisas de principio, en homenaje a las necesidades de la práctica y a la oportunidad del voto. Por fin, en Buenos Aires, el partido socialista se ha asociado en varias circunstancias a otros partidos o asociaciones, con fines determinados y contingentes; su único diputado al parlamento (1904) fue elegido por pocos electores socialistas y muchísimos de varias fracciones burguesas opositoras al gobierno.

Todo este cambio en la acción política del partido, esta evolución de una intransigencia obstinada hacia una armonización fácil, implica desestimar o amenguar la más rígida de las premisas sentadas por Carlos Marx: la "lucha de clases" y el "antagonismo absoluto de los intereses entre el proletariado y cualquier fracción de la burguesía".

Primero fue la crítica sentimental de Malon, que hizo sonreír a los marxistas empedernidos. Después la heterodoxia fue más firme con Bernstein,[8] cuyo libro alborotó el cotarro a punto de que Kautsky[9] tuvo que escribir otro para contestarle; ambos volúmenes fueron ponderados con ecuanimidad por el propio Sorel.[10] Bernstein tuvo de su lado en el Congreso de Hannover (1899) a Wollmar, David, Auer y otros conocidos jefes del socialismo alemán. Sus vistas fueron bien acogidas en el extranjero; Jaurés en Francia y Turati en Italia proclamaron que junto con la "lucha de clases" existía la "cooperación de clases", y que esto debía modificar la sistemática intransigencia seguida hasta entonces por el partido.

La teoría marxista, unilateral y sencilla, era por eso mismo accesible a los propagandistas y simpática a las masas. Engels (en el *Anti-Dühring*) estableció que toda la historia humana es una historia de la lucha de clases; esas clases son el producto de los métodos y las relaciones de la producción o, en otras palabras, de las condiciones económicas de su época. En la sociedad moderna hay lucha de clases entre capitalistas detentores de los medios de producción y los productores despojados de ellos, los asalariados. El perpetuo e inevitable antagonismo entre esas dos clases, la una explotadora y la otra explotada, señala el punto de partida de la lucha de clases.

Se ha objetado, por los mismos socialistas, que esa teoría parte de premisas falsas. No hay *una* burguesía y *un* proletariado, ni existen *dos* intereses, ni éstos son siempre y necesariamente antagonistas. La actividad económica de un país crea *varios* intereses diversos, propios de los terratenientes, los industriales, los comerciantes, los especuladores, y crea *varios* intereses diversos correspondientes a los obreros industriales, a los agricultores, a los medianeros, a los pequeños propietarios.

---

[8] Bernstein: *Socialisme théorique et social-democratie pratique*, París, edit. Stock.

[9] Kautsky: *Le marxisme et son critique Bernstein*, París, edit. Stock.

[10] Sorel, en la *Revue internationale de Sociologie*, París, mayo de 1900

De allí el error fundamental de la división empírica y absoluta entre burgueses y proletarios, capitalistas y asalariados. La teoría de la lucha de clases sólo es cierta como caso particular de la lucha por la vida, que abarca otras fases menos complejas e importantes: la lucha de razas, la lucha entre naciones, la lucha entre los capitalistas, la lucha entre sexos, la lucha entre los profesionales, la lucha entre los individuos. Y el antagonismo o la concordancia de intereses no son tan simples como los formulan los marxistas. En definitiva; hay intereses comunes a toda la humanidad, intereses comunes a toda una raza, a toda una nación, a toda una clase, a todo un sexo, a todo un gremio, a toda una familia o a un solo individuo.[11]

En esas condiciones, las fuerzas que actúan en la vida social no pueden siempre dividirse en capitalistas y proletarias. En mil circunstancias hay intereses de raza o de nación que son comunes al millonario y al hambriento. Un aumento en el precio de cereales beneficia a todos los argentinos, y una invasión de langosta los perjudica a todos. Una reacción monárquica o clerical en Francia perjudicaría por igual a los republicanos, a los radicales y a los socialistas; en cambio, el ministerio monárquico de Zanardelli favorecía a todos esos partidos en Italia con sólo garantizar las libertades más primordiales.

En un orden más concreto, a la vez que más general, los intereses de la clase obrera pueden concordar en mil casos con los de una u otra fracción de la burguesía, o ser menos perjudicados por una que por otra. Existen, pues, varias formas de acción accesibles al proletariado que pueden convenirle según las circunstancias.

La cooperación de todas las clases es una necesidad para los fines de utilidad común: el aumento de la riqueza y del bienestar nacional, que a todos beneficia. La cooperación del proletariado con fracciones evolucionadas de la burguesía es posible; en cuanto puede tener intereses paralelos o sinérgicos es lógico su apoyo a la fracción que menos lo perjudica contra la que más lo perjudica. La acción independiente del proletariado sólo se impone para gestionar aquellos intereses que le son exclusivos y que pueden ser antagonistas con los de todas las demás clases sociales; en este caso, y sólo en éste, hay verdadera lucha de clases y política de clase en el sentido marxista.

Con esto no negamos que haya intereses de clase propios del proletariado; pero afirmamos que además de ésos pueden existir otros, comunes con la burguesía o con alguna de sus fracciones. Adviértase que la cooperación de clase presupone la existencia de dos clases distintas, por lo menos, y que para distinguirlas en economía y en política es necesario casi siempre que exista entre ellas una divergencia

[11] Véase S. Faure: *La douleur universelle.*

o lucha de intereses. "La cooperación de clase —como ha mostrado con brillo Felipe Turati— coexiste con la lucha de clases. Se concilian —en determinados casos y circunstancias— los intereses opuestos."[12] Estas ideas no son, indudablemente, cómodas para hacer política; la verdad sociológica es independiente de las conveniencias accidentales de cualquier partido. Los obreros conciben el socialismo en su forma simple y pasional; están dispuestos a usar de la política como de un instrumento de lucha antiburguesa. Su móvil es el hambre o el descontento, no la sociología. Su "fe" no implica una "convicción" ni equivale a ella. Pero todo espíritu estudioso se ve obligado a consignar ciertos errores, máxime cuando hace —como en nuestro caso— sociología y no política de partido. Felipe Turati, en cuya compañía mental se nos encontrará con frecuencia, es decisivo a este respecto. Considera que el socialismo, como doctrina sociológica, es inaccesible a los obreros; llega hasta repudiar su adhesión, si ella tiene por precio las ilusiones y por causa la inconsciencia. "No es esto, me parece, lo que debemos perseguir; no son estas adhesiones tumultuarias, a las cuales no sabemos qué concepto exacto corresponde en la mente de las multitudes arrastradas a la causa. Nada, en efecto —se ha escrito muchas veces—, es más difícil para el adulto que rehacer en sí mismo la psicología del niño, a pesar de que todos hemos pasado por ella; y con mayor razón nos es difícil representarnos la mentalidad del campesino. Lo que para nosotros es una convicción, fruto de un proceso mental laborioso, de luchas combatidas interiormente, de dudas vencidas, consolidada y templada al mismo tiempo por toda una serie compleja de conceptos acerca de la morfología y la evolución de las sociedades, en aquellos cerebros vírgenes —demasiado vírgenes— todavía, bien puede ser la expresión exclusiva de un deseo, la ilusión subjetiva de una inminente y peligrosa palingenesia social, para la cual sólo bastaría la fuerza del número, sin ver los obstáculos que hacen largo y áspero el camino, sin suponer los inevitables coeficientes de reducción que acompañan su aplicación gradual. De eso pueden nacer peligros insospechables para la vida misma del partido y para el progreso del movimiento emancipador. La conciencia socialista de las masas, que es el objeto de nuestra propaganda, no puede ser una improvisación; en el campo de la actividad política, lo mismo que en el de la investigación científica, para nada sirve precipitar las conclusiones. Si se requieren años para transformar por completo el hombre físico, substituyendo células nuevas a las viejas y gastadas, se requiere aún más tiempo para transformar al hombre intelectual y moral, dada la predisposición natural

[12] Turati: *La crisis del movimiento socialista,* en *Biblioteca della Crítica Sociale,* Milán, 1904, p. 9.

del plasma renovado para asumir cada día las mismas actitudes, las mismas vibraciones del que acaba de ser reemplazado poco a poco. Los milagros de la gracia son buenos para la religión, que se ocupa de los asuntos del más allá; pero no pueden tener aplicación en las cosas de este mundo. La fe puede ser una fuerza formidable cuando viene a coronar una convicción madurada y positiva; pero mientras la preceda o la reemplace, sólo puede ser una debilidad y un obstáculo a la formación de esa conciencia, cuyos aspectos extremos simula: en ese caso, ella no hace convencidos, sino fanáticos que se agitan al tanteo en plena obscuridad. Esta concepción de la inevitable lentitud de todo movimiento histórico ampliamente humano, debe aplicarse a toda la acción socialista."[13]

Conviene, pues, al socialismo abandonar ciertas exageraciones violentas, otrora exigidas por las masas como condición de su aplauso y de sus votos. Se advierte entre sus elementos pensantes la necesidad de adaptarse al régimen económico actual, y perseguir dentro de él reformas reales; los sociólogos socialistas conocen y afirman la necesidad de favorecer, en general, el advenimiento y la realización completa del régimen económico capitalista, como condición previa e indispensable para toda evolución ulterior.

En las fases parciales de la acción socialista encontramos evoluciones semejantes. El antimilitarismo sistemático cede terreno; los más violentos tribunos callan ante la inminencia de cuestiones internacionales que ponen en jaque graves intereses económicos de todo un país, inclusive los del proletariado. El internacionalismo se convierte en bonito penacho, siempre que no contraste con los sentimientos y conveniencias de la nación; en París, a Gabriel Deville, al rendir cuenta de su mandato ante sus electores del cuarto distrito, pocos días después de la cuestión de Marruecos, le hemos oído terminar con estas palabras: "Soy francés primero, y después internacionalista." Carlos Marx le habría lapidado; los electores de su partido le aplaudieron. La religión se declara materia privada, aunque en rigor el partido es anticlerical. La abolición de la familia y el amor libre se han convertido modestamente en unión libre; y muchos admiten ya que hay ventajas administrativas en mantener la ley de matrimonio civil, con las atenuantes de un divorcio amplio y fácil.

Por fin los socialistas franceses, otrora partidarios de la supresión de la presidencia de la república y del senado, presentan ahora su candidatura para senadores y toman parte en las elecciones presidenciales; sin sus votos no habría sido electo el presidente Falliéres.

---

[13] Turati: "Misticismo socialista", en *Le leghe di resistenza e il partito socialista, Bibl. Crítica Sociale*, Milán, 1902, pp. 43-44.

No insistiremos sobre las condescendencias a que se ha visto obligado el socialismo, toda vez que le ha sido menester ocuparse de política socialista agraria. Destrée y Vandervelde[14] nos dicen que en Bélgica los votos socialistas agrarios suelen obtenerse como simples votos de oposición. Kautsky[15] se ve en serios aprietos para conciliar el programa socialista agrario y la teoría marxista de la lucha de clases, acabando por afirmar la imposibilidad de formular un programa idéntico para todos los países y en todos los momentos, sin contar con otras divergencias que minan el socialismo alemán respecto del problema agrario. Engels[16] decía que si los poderes públicos vinieran a manos de los socialistas, éstos no pensarían en expropiar a los pequeños propietarios, planteando así el debatido problema de la pequeña propiedad rural. Ese reconocimiento implícito de su legitimidad es la causa de graves discordias; refleja, en parte, el antagonismo entre la teoría y los intereses políticos militantes. Jaurès[17] se pliega a ese modo de ver con razones más hábiles que lógicas. Por eso Galli[18] puede argumentar en su contra: "Obligados los socialistas franceses a conciliar su doctrina con las exigencias prácticas de la lucha política diaria, armonizan términos teóricamente opuestos, gracias a un 'colectivismo' en el cual, a falta de un capitalismo agrícola, creador de masas asalariadas, se deja un puesto para la pequeña propiedad privada, disfrazándola como propiedad de 'instrumento de trabajo'. Este problema agrario ha impuesto modificar lo más esencial de las doctrinas, la parte relativa a la socialización de la propiedad misma."

En presencia de esta evolución de las doctrinas y de la política del socialismo —incontrastable, no obstante las dificultades accidentales que el encubierto anarquismo de ciertas fracciones pueda atravesar en su camino—, podría suponérsele destinado a una próxima decadencia o desintegración. ¿Qué queda de él?

Queda, ciertamente, lo mejor: el núcleo realizable, libre de utopías. Esa depuración no es la muerte, como pueden creer los partidarios ilusos o los adversarios obcecados; es la salvación del socialismo. Si la política del partido se ha transformado, es porque progresar implica transformarse. Las doctrinas y los hombres necesitan rejuvenecerse continuamente; los estudiosos deben rendir homenaje incondicional a las lecciones de las cosas y de los acontecimientos, abandonando todos sus prejuicios doctrinarios y todos sus apriorismos. Turati, como

---

[14] Destrée y Vandervelde: *Le socialisme en Belgique*. Segunda edición, 1903.
[15] Kautsky: *La politique agraire du parti socialiste*. Traducción francesa, 1903.
[16] Engels en *Die Neue Zeit*, 1894, núm. 10.
[17] Jaurés: *Socialisme et Paysants*, París, 1897.
[18] Galli: *Le socialisme et l'agriculture*, París, 1902.

sociólogo y no como tribuno, lo reconoce abiertamente. "El partido socialista se ha transformado; es un partido de reformas progresivas. Su acción es eminentemente reformadora, tornándose cada vez más legalitario. ¿Debería rebelarse al orden legal que le permite vivir y desarrollarse?"[19] Turati, y cien como él, se alejan cada día más de la vieja ortodoxia marxista, como ya se han alejado Bernstein y Jaurès. Por eso pudo objetarle con toda razón el sociólogo de Marinis, diputado que emigró del partido socialista al radical: "Tú, mi querido Turati, sufres una ilusión mental; continúas creyéndote marxista, pero ya no lo eres, ni puedes serlo. Cuando crees defender el pensamiento científico y sociológico de Marx, lo derrumbas o lo modificas."[20] La misma objeción puede repetirse a la mayoría de los militantes, que aparentan seguir pensando a la manera de hace veinte años, como si ello fuese un mérito o una prueba de coherencia mental.

La transformación del socialismo y de los socialistas es, como decíamos, su mejor garantía de vitalidad: los seres vivos se transforman continuamente, asimilan, desasimilan, crecen, se enferman, *viven*, en una palabra. La materia inorgánica es la única inerte; dejar de transformarse es negar la vida, es morir. La crítica del marxismo ha servido para depurarlo; si sólo quedara de él una nueva orientación para el estudio genético de la Historia, ello compensaría de los muchos errores que en su nombre se han difundido entre las masas ignorantes. La política socialista puede agradecer a Sorel, a Labriola, a Loria, a Croce, a Bernstein y a cien más la crítica desmenuzadora operada sobre las teorías de su apóstol.

Libre de sus primitivas inflexibilidades y de sus aforismos apodícticos, el movimiento socialista se impone ahora como una de las fuerzas más conscientes de la política contemporánea. Para la sociología determinista no es bueno ni malo: es una tendencia inevitable de la evolución. El movimiento obrero y los partidos socialistas no son sino manifestaciones actuales de una palingenesia secular, iniciada antes de la Revolución francesa, que reordenará la humanidad sobre cimientos democráticos y liberales, levantados sobre las ruinas del absolutismo teológico.

Así comprendido, el socialismo no puede identificarse con ninguna acción política sectaria, ni puede monopolizarlo ningún partido. No es un invento filantrópico de los ricos en favor de los pobres, ni es un invento de los pobres que anhelan vivir mejor: es una tendencia de la evolución social, que los ricos combaten sin comprenderla y los pobres

[19] F. Turati: *Socialismo e Radicalismo* (*Biblioteca della Crítica Sociale*), Milán, 1902.
[20] E. de Marinis: *Socialismo e Radicalismo* (*Biblioteca della Crítica Sociale*), Milán, 1902.

defienden comprendiéndola menos. Y así debe ser. Si es una verdad
sociológica, una demostración científica, claro está que no puede
saberla el ingenuo rentista ahogado en millones ni el escuálido proletario iletrado.

Sería fácil, sin embargo, demostrar la lógica de esa evolución a los
hombres estudiosos, a los que gustan de escudriñar los problemas sociológicos. Las conclusiones mejor sentadas de la filosofía científica concuerdan con el núcleo de realidad posible contenido en la tercera fase
del socialismo, que podría clasificarse de reformista, "pragmática y
legataria". La simple enunciación de las siguientes proposiciones basta
para evidenciar su lógica rigurosa.

Las sociedades civilizadas evolucionan hacia una creciente generación del bienestar medio de los individuos que componen los grupos
sociales. Esa evolución está subordinada al incremento de la actividad
económica productiva. La organización y división del trabajo social
tiende a crear instituciones en que el principio de solidaridad atenúa
el principio de antagonismo en la lucha por la vida con beneficio para
todos los componentes del agregado social. En el momento histórico
presente, el fenómeno económico fundamental es la formación del
sistema productivo capitalista, que modifica substancialmente las bases
económicas de todo el orden social. Esa modificación determina, a su
vez, cambios profundos en las demás instituciones sociales, en concordancia con las nuevas relaciones económicas. La expresión "actual y
posible" de todos esos cambios constituye un programa de reformas
económico-sociales a cuya actuación se encaminan los países civilizados.

Esos rasgos generales bastan para caracterizar la "acción socialista"
dentro de la política contemporánea. Figuran en diversa proporción
en las tres maneras de interpretar el socialismo.

Para los creyentes que se han detenido en el primer período —siguen
siendo el mayor número entre los sectarios ignorantes—, el programa
mínimo es una concesión hecha a la realidad presente, de importancia
secundaria; el socialismo es "lo otro": la fraternidad universal, la
igualdad, la supresión de la propiedad privada, de la nacionalidad,
de la familia, etcétera.

Ésa es todavía la forma popular del socialismo; en rigor, tales
socialistas son simples anarquistas, no obstante diferenciarse de ellos
en que aceptan la acción electoral y parlamentaria. Desde que el
socialismo se ha fundado sobre bases científicas serias, ha dejado de ser
accesible a la inteligencia infantil de las muchedumbres. Otro de
los más ilustres críticos del marxismo lo afirma explícitamente. En
su conjunto —dice— la doctrina del materialismo económico, entendido como filosofía, o sea "como una concepción general de la vida
y del mundo, no me parece que pueda entrar entre los artículos acce-

sibles a la cultura popular".[21] Por eso caen en el abuso los políticos militantes que suelen desbarrar en su nombre, llevados por su criterio simplista y unilateral.

En los que profesan el socialismo en su segundo período, hay una concepción menos errónea del asunto: reconociendo que los "ideales" y los "principios" no son realizables actualmente, se limitan a afirmarlos como desiderátum remoto; pero luchan en el campo político y económico por el conseguimiento de lo realizable, por las reformas enunciadas en el "programa mínimo". Éste es el criterio general del socialismo de Bebel y sus similares.

Para los del tercer período, el socialismo relega la utopía a la utopía, se ocupa de la vida actual, de los problemas actuales, propone leyes, ocupa ministerios: es el socialismo de Millerand y de Watson. Es un socialismo que está "en los hechos", no en las palabras o en las preocupaciones sectarias, ya vengan los hechos de la plaza o del ministerio.

En esta última tendencia estuvimos decididamente enrolados durante las postrimerías de nuestra actuación en el partido socialista argentino (1894 a 1902). En el mismo orden de ideas escribía Juan B. Justo: "Es el caso de rebatir cierto modo de ver, cierta manía de trascendentalismo todavía demasiado común entre los socialistas. Absortos ante la perspectiva de la futura forma social que anhelamos y prevemos, todo lo refieren a la inmediata realización del ideal, y desprecian u olvidan las necesidades y las ventajas 'actuales' de la clase trabajadora."

Y confirmando su concepto real y objetivo de la acción socialista, terminaba una conferencia sobre la cooperación obrera diciendo: "Por eso yo quedaría muy contento si de esta conferencia algunos de ustedes salieran resueltos a asociarse nada más que para consumir, por ejemplo, el pan y el jabón mejores y más baratos."

Lejos están, pues, los socialistas ilustrados, de pretender subvertir, con un decreto dado en la convención o sobre la barricada, la propiedad individual, la nacionalidad, la familia, la constitución...

En su nueva forma es menos *sentido* por las masas. Pero el progreso de las ideas innovadoras nunca fue obra de las mayorías populares, ya se titulen reaccionarias o revolucionarias. Es siempre un pequeño núcleo de hombres ilustrados o activos el que piensa, dirige y realiza las innovaciones. Aciertan en ello Reclus, Kropotkin y Faure, cuando afirman la eficacia de las minorías revolucionarias y las resistencias de las masas populares, por incapacidad de comprenderlas. Pero

---

[21] Antonio Labriola: *Discorrendo di Socialismo e di Filosofia*, Roma, 1899; p. 11.

olvidan que esa misma teoría es aplicable también dentro del movimiento socialista y anarquista: la multitud, allí como doquiera, es rutinaria. Sólo es inteligente una pequeña minoría estudiosa, que viene a ser levadura de la masa inerte; ésta sigue lo mismo a un fraile que a un anarquista, a un ateo que a un salvacionista. En último caso, la acción política innovadora resultará de que la grey prefiera buenos pastores a los malos, como hemos sostenido en el órgano oficial del socialismo argentino.[22]

Confirma ese criterio la opinión del ilustre revolucionario ruso Pierre Lavroff.[23] En su teoría del progreso atribuye toda la evolución histórica a una pequeña minoría de "intelectuales", es decir, de individuos capaces de desenvolverse mentalmente y de sentir la necesidad de ese desenvolvimiento. Es esa minoría la que realiza el progreso *contra* la inercia o los desvaríos de la multitud rutinaria o enfurecida. La masa inculta es tan funesta al progreso cuando es reaccionaria como cuando magnifica ideales que halagan sus sentimientos. Su entusiasmo no es robustez mental, sino hipertrofia degenerativa; no es músculo vigoroso para la acción, sino tumor de grasa que dificulta el movimiento.

De allí una sencilla diferenciación. La retórica antiburguesa y dinamitera es el plato favorito de las multitudes descontentas, mientras que el socialismo positivo, la política que lo realiza, sólo comprensible y practicable por hombres ilustrados. Estas conclusiones nos acercan por muchos conceptos al llamado socialismo de la cátedra.

Loria, el ilustre economista, ha podido afirmar con razón en su último libro[24] que las ideas extremas jamás han triunfado en la historia; el triunfo ha correspondido siempre a las ideas medias, cualesquiera fuesen las condiciones de tiempo, modo y lugar. Cada idea extrema que fracasa tiene su idea media correspondiente que triunfa. La historia del desenvolvimiento *ideológico* de la humanidad sería simplemente la historia de sus ideas extremas; pero la historia del desenvolvimiento *sociológico* de la humanidad —de las "realizaciones" sociales— sólo sería la historia de la actuación de sus ideas medias correspondientes. [...]

[22] Ingenieros: *Comentario a Max Nordau* en *La Vanguardia*, 1 de mayo de 1902.
[23] Lavroff: *Lettres historiques*. Traducción de Goldsmith, París, 1903.
[24] A. Loria, *Verso la Giustizia Sociale*, Milán, 1904, pp. 435 y *ss.*

SOCIOLOGÍA ARGENTINA
[DE LA SOCIOLOGÍA COMO CIENCIA NATURAL][1]

1. LAS SOCIEDADES HUMANAS

La sociología es una ciencia natural que estudia la evolución general de la humanidad y la evolución particular de los grupos que la componen. Las "sociedades" humanas pueden estudiarse con el mismo criterio que los naturalistas aplican al estudio de otras "sociedades" animales; numerosas especies viven en grupos o colonias, no siendo imposible que los "hominidios" vivieran de esa manera antes de transformarse en "hombres", lo que excluiría todo hipotético contrato social. Las razas, naciones, tribus y todos los agregados humanos, son colonias animales organizadas de acuerdo con las condiciones de subsistencia propias de la especie; su evolución en la superficie de la tierra es un hecho tan natural como la evolución de una colonia microbiana en un medio propicio a su cultivo. El bacteriólogo describe esta última por los fenómenos que observa y se propone determinar sus leyes más generales; el naturalista investiga la vida colonial de las abejas, los castores o las hormigas; el sociólogo tiene igual campo de experiencia en las sociedades de hombres.

La humanidad nos ofrece, simplemente, el caso de una especie animal luchando por la vida con otras y procurando adaptarse, en grupos, a un medio físico limitado: la corteza de la tierra. Como este medio físico no es homogéneo, los grupos de la especie presentan variedades resultantes de sus heterogéneas condiciones de adaptación, reflejadas en sus instituciones y en sus creencias colectivas. Esas causas naturales determinan la desigualdad de las razas; por la interferencia de otros factores innumerables, esos grupos evolucionan y constituyen las nacionalidades, que son agregados sociales transitorios en el tiempo infinito.

Prescindiendo de la *estructura social* no podría comprenderse la *experiencia social*. Los resultados de la *sociología* ilustran el estudio de la *psicología social*. Son ciencias estrechamente vinculadas, como la anatomía y la fisiología. La una estudia la estructura de los grupos

[1] Publicado en 1908 y antepuesto al estudio "La evolución sociológica argentina", en la edición de 1910, Librería de J. Menéndez, Buenos Aires. [De *Sociología argentina, Obras completas*, t. 6, pp. 15-23.]

sociales y el desenvolvimiento de sus instituciones; la otra estudia sus funciones psíquicas de adaptación colectiva y el desarrollo de la experiencia social.

La evolución humana es una continua variación de la especie bajo la influencia del medio en que vive. Por ser una especie viviente, está sometida a leyes biológicas; por ser capaz de vivir en agregados sociales, se subordina a las leyes sociológicas, que dependen de aquéllas; por ser apta para transformar y utilizar las energías naturales existentes en el medio, evoluciona según leyes económicas, especializadas dentro de las precedentes. Esta concepción no es la corriente en las disertaciones de los sociólogos. Y se explica.

La moderna evolución de los estudios históricos permite apreciar la importancia fragmentaria de la vasta labor realizada por los sociólogos contemporáneos, aunque se los considere unilaterales e incompletos. Sus doctrinas, sin dar una pauta definitiva para estudiar la evolución humana, ofrecen algunas conclusiones fundamentales y útiles criterios normativos; su aplicación permite sacar de las narraciones históricas algunos principios generales, cada vez menos inexactos.

Ninguno de los criterios corrientes muestra la amplitud necesaria para abarcar toda la evolución de los agregados sociales. El "organicismo" y el "economismo" históricos, exactos si se los considera relativamente, son falsos si se los acepta en términos excluyentes y absolutos. Una sociedad es un agregado biológico, pero no es un organismo; los procesos económicos, a su vez, son manifestaciones evolucionadas de simples fenómenos biológicos.

Los diversos grupos sociales necesitan adaptarse a su medio y están sometidos al principio biológico de la lucha por la vida, lo mismo que los grupos de otras especies gregarias. Esa condición de vivir en grupos determina modificaciones colectivas, subordinadas al cambio incesante de sus condiciones de adaptación y selección natural.

El fenómeno de la asociación para la lucha por la vida no es exclusivo de las sociedades humanas.

Los bacteriólogos observan bajo el microscopio la evolución de agregados microbianos que tratan de adaptarse a su medio y luchan por la vida dentro de condiciones comunes a toda la colonia. Cada una de éstas es un grupo de determinada especie y evoluciona de acuerdo con las condiciones del medio nutritivo en que se desarrolla; cuando varias colonias viven circunstancialmente en el mismo medio nutritivo, cada grupo lucha por la vida con grupos de otras especies; ello no excluye que los individuos de un mismo grupo luchen por la vida entre sí, sobreviviendo los más adaptables a las variaciones del medio nutritivo.

Los naturalistas observan el mismo fenómeno en todas las especies animales y vegetales, con las variaciones inherentes a sus particulares condiciones de existencia; las faunas y las floras viven, prosperan, emigran, se aclimatan o desaparecen de acuerdo con las condiciones del medio físico, lo mismo que las sociedades humanas. Esta verdad, aunque rigurosa e importantísima, es ignorada por todos los que se atreven a estudiar sociología sin poseer nociones rudimentarias de historia natural.

Un carácter importante para ciertas especies es la posibilidad de vivir en *colonias organizadas*, es decir, en agregados cuyos individuos sean capaces de *división del trabajo*, especializándose en el desempeño de funciones útiles a todo el grupo. Este perfeccionamiento para la adaptación colectiva produce variaciones individuales apropiadas a las condiciones sociales de existencia.

Ese fenómeno, observado en otras especies, no varía en la humana. Ella evoluciona en un medio del cual toma sus alimentos, disputándolos a las demás especies vivas que con ella coexisten en el tiempo y en el espacio. Teniendo que satisfacer necesidades materiales para conservar y reproducir su vida, la existencia de la humanidad está subordinada a contingencias semejantes a las que influyen sobre las demás especies gregarias. Sus variaciones están condicionadas por las del ambiente natural en que sus grupos luchan por la vida y dentro del cual se seleccionan. Las funciones de adaptación revisten en cada sociedad el carácter de hábitos colectivos (*ética y costumbres*), determinando más tarde variaciones de su organización (*derecho e instituciones*). Las primeras representan directamente la experiencia social; las segundas son el reflejo de ésta sobre la estructura de las sociedades. La variación de las costumbres e instituciones es un resultado natural de la experiencia social.

Las sociedades humanas evolucionan, pues, dentro de leyes biológicas. Están condicionadas, en primer término, por el medio en que viven, del cual toman sus subsistencias. Dentro de su medio, cualquier agregado social —raza, nación, tribu, etc.— es un conjunto de individuos que luchan por la vida para conservar ciertas funciones (costumbres) y cierta organización (instituciones), que representan una variación colectivamente adquirida dentro de la unidad biológica de la especie.

El principio de la lucha por la vida sigue rigiendo en ellos, aunque sufre modificaciones especiales. La humanidad, como especie, lucha por la vida contra el reino vegetal y contra las otras especies animales. Eso es evidente. Además, como animal susceptible de asociarse en agregados o colonias, el hombre está sujeto a nuevas formas de lucha: sea como miembro de un agregado social, sea como individuo.

Tres formas de lucha son posibles en la especie humana: 1ª entre agregados sociales; 2ª entre agregados e individuos; 3ª entre individuos aislados. Dos naciones que se arruinan recíprocamente en una guerra de supremacía económica encuéntranse en el primer caso. Un delincuente que comete acciones antisociales, representa el segundo. Dos salvajes que se disputan una raíz alimenticia, se encuentran en el tercero.

Las formas de lucha por la vida entre los agregados sociales —así como entre los grupos colectivos que viven dentro de cada agregado— varían al infinito; sus relaciones recíprocas son constantemente diversas, debido a la persistente heterogeneidad de intereses. Una primera causa de antagonismo nace de las desigualdades étnicas; hay luchas entre razas, estudiadas por Gumplowicz, Ammond, Lapouge, Winiarsky; en la evolución histórica se atenúan los conflictos, tendiendo a unificarse bajo la hegemonía de las mejor adaptadas para la lucha por la vida, como demostraron Colaianni, Finot, Nordau y otros. Dentro de una misma raza, la diversidad de condiciones económicas, debida a la influencia del ambiente natural, determina la formación de diversos agregados políticos; se constituyen estados distintos, apareciendo entre ellos antagonismos de intereses que son causa de las luchas entre las naciones; basta recordar los estudios de Novicow. La diversa función social de cada sexo y las necesidades superiores de la conservación de la especie, determinan la lucha entre los sexos, analizada por Viazzi, procurando cada uno ejercer mayor autoridad sobre el otro y conquistando el derecho al amor al precio del menor esfuerzo posible. Dentro de cada agregado social, la división del trabajo determina la aparición de clases sociales que pueden llegar a tener intereses antagónicos o divergentes: aparecen así las luchas de clases, estudiadas por los sociólogos marxistas. Desde otro punto de vista, más estrecho, la solidaridad de intereses entre los que ejercitan una función particular engendra una lucha entre ellos y el resto de la sociedad, en formas que oscilan desde el espíritu de cuerpo hasta la solidaridad económica de capitalistas o proletarios, y desde el politiquismo profesional hasta la explotación de las supersticiones. Podrían señalarse cien formas de lucha por la vida, propias de colectividades: siempre que existe una solidaridad de intereses, permanente o transitoria, hay lucha colectiva contra el resto de la especie o contra alguna de sus partes. El principio darwiniano se repite, bajo mil formas, en el mundo social.

La aplicación de este criterio al estudio de la evolución sociológica permite plantear en términos inequívocos algunos problemas tratados hasta hoy empíricamente.

En los agregados sociales constituidos en naciones, todas estas formas de lucha por la vida se polarizan en torno de dos grandes manifestaciones: 1ª lucha de necesidades vitales entre los diversos grupos componentes de una misma "sociedad" (política interna); 2ª lucha de necesidades vitales entre las diversas "sociedades", que coexisten en el tiempo y se limitan en el espacio (política internacional). Podemos formular las proposiciones siguientes:

a] La política nacional es la expresión de la lucha por la vida entre diversos grupos que tienen necesidades y aspiraciones heterogéneas dentro de las que son comunes a toda la nacionalidad.

b] La política internacional es la expresión de la lucha por la vida entre diversas sociedades que constituyen nacionalidades diferentes, por la heterogeneidad del medio físico, de la raza, etcétera.

Cada una de estas formas particulares de "lucha por la vida" determina variaciones especiales de la "asociación para la lucha", implicando adaptaciones apropiadas de la mentalidad colectiva: supersticiones, creencias, doctrinas, ideales; otros tantos aspectos de la psicología social.

2. LA ECONOMÍA SOCIAL ESTÁ CONDICIONADA POR LEYES BIOLÓGICAS

En el terreno de la filosofía científica, cuya elaboración progresiva está reservada al porvenir, la interpretación biológica de la evolución humana es más legítima que las diversas interpretaciones teológicas y literarias de la historia; lleva a considerarla como un conjunto de fenómenos encadenados por inevitables relaciones de causalidad y no por finalidades independientes de la vida social misma. Cada hecho tiene factores determinantes que no podrían haber dejado de producirlo, y a su vez determina inevitablemente otros hechos sociales, que deben ser estudiados como manifestaciones de la evolución biológica que se opera en la superficie del planeta que habitamos; las especies vivas, entre otras funciones, han adquirido las indispensables para la adaptación del medio, alcanzando en la especie humana su mayor desenvolvimiento colectivo. Es tan vano pretender investigar trascendentalidades metafísicas en la evolución humana, como dar participación al azar o a un fin en la formación de las sociedades.

Para estudiar su evolución conviene prescindir de todo prejuicio en favor de cualquier principio o dogmatismo. Sus leyes deben buscarse con los métodos comunes a todas las ciencias naturales, pues el estudio de los fenómenos sociológicos sólo permite ver en ellos el último resultado de una serie de hechos similares a los estudiados por las demás ciencias. En este sentido podrían concretarse las fórmulas siguientes, que sintetizan una vasta experiencia.

El hombre no es un aerolito caído sobre el planeta por capricho de fuerzas naturales; es una manifestación evolutiva de la vida, como ésta lo es de la materia y de la energía universal. El hombre es un ser viviente, nada más; la vida asume en él manifestaciones intrincadas, pero sin escapar a las leyes generales de la biología. Lo mismo que los demás seres vivientes, lucha por la vida para satisfacer necesidades elementales e indispensables: la conservación del individuo y la reproducción de la especie. La humanidad, considerada como especie biológica, no tiene misión alguna que desempeñar en el universo, como no la tienen los peces o la mala hierba.

El resorte que pone en juego la actividad social del hombre —su conducta— es la suma de sus necesidades; el conocimiento de éstas —sometido a un determinismo riguroso— es el móvil de toda acción individual o colectiva.

Este primer punto de partida concuerda con las ideas comunes a todos los partidarios del economismo histórico, entendido en su más amplia acepción: las necesidades materiales determinan la evolución de las sociedades humanas.

Fuerza es reconocer que los factores económicos representan necesidades puramente biológicas, semejantes en cualquier especie viviente; las de cada agregado o grupo sociológico equivalen a las de toda agrupación estable de seres vivos, ya sea una colonia de microbios, una colmena de abejas, una manada de potros o una tribu de hombres.

Las condiciones propias de la evolución humana desarrollan algunas funciones útiles, entre las cuales prima la capacidad de producir los medios de subsistencia; pero esto —que algunos consideran característico de la especie animal a que pertenecemos— sólo es una forma superior, muy evolucionada, de tendencias comunes a todos los seres vivos.

Partiendo de esos hechos —claros y metódicos, no obstante lo sintético de su enunciado— puede resolverse uno de los conflictos doctrinarios que perturban estos estudios. La sociología biológica se propone explicar genéticamente la evolución de las sociedades humanas; el economismo histórico, lejos de ser una concepción antagónica, es un modo particular de abordar esos problemas generales.

La sociología biológica, ciencia natural de mayor amplitud que el organicismo spenceriano, afirma que las necesidades comunes a todas las especies se transforman progresivamente en la humana, por el incremento de la asociación en la lucha por la vida; desarrollan su organización económica y crean nuevas relaciones entre las razas que componen la especie, entre los grupos que componen la raza, entre las clases que componen el grupo y entre los individuos que componen la clase. Este criterio engloba al economismo histórico.

La formación natural de las sociedades humanas se comprende

mejor reemplazando el clásico "organicismo" spenceriano por una
interpretación biológica de la evolución social; las sociedades son simples "colonias organizadas por la división de las funciones sociales"
y no "superorganismos", palabra tan exenta de sentido como el "epifenómeno" con que algunos psicólogos evitan explicar la conciencia cuya
realidad afirman.

La sociología biológica remonta el problema a su fase general, biológica. En cambio, los sociólogos economistas lo encaran bajo el aspecto
particular de la división del trabajo humano y los sociólogos organicistas
se limitan a una explicación por analogía. Pero el fenómeno esencial
que preside toda la evolución social es uno: las necesidades que los
agregados humanos tienen que satisfacer para conservar la unidad del
grupo en el espacio y su continuidad en el tiempo. La actividad económica es, simplemente, su resultado. Por eso podríamos formular esta
definición: *la economía política es una aplicación a la especie humana de leyes biológicas que rigen la lucha por la vida en todas las sociedades animales.*

En este sentido el economicismo histórico puede interpretarse como
una aplicación de la sociología biológica; las sociedades humanas
evolucionan dentro de las leyes biológicas especiales, que son las leyes
económicas.

3. LA PSICOLOGÍA SOCIAL ESTÁ CONDICIONADA
   POR LEYES BIOLÓGICAS

Otra aplicación fundamental: la sociología biológica permite establecer que no hay discordancia entre las conclusiones de la *psicología
social* y las del *economismo histórico*.

Una especie que sigue viviendo en un medio que evoluciona no
puede permanecer invariable; las variaciones del ambiente natural
determinan su variación en el tiempo. Los grupos que viven en medios
heterogéneos no pueden variar de idéntica manera; las diferencias de
ambiente determinan en una misma época su diferencia en el espacio.

Ambas condiciones biológicas se realizan para la especie humana.
Las variaciones de la organización y la mentalidad social son numerosas, y son siempre correlativas.

La existencia de caracteres mentales colectivos puede observarse en
otras sociedades animales, antes que en las humanas. Todos los grupos
de especies que forman sociedades poseen ya una mentalidad social
representada por costumbres (hábitos colectivos hereditarios: instintos) anteriores a la experiencia de cada individuo; los nuevos compo-

nentes del grupo forman sobre ellas su experiencia individual. Espinas ha estudiado las formas elementales de las funciones psíquicas colectivas en las sociedades animales; se cuentan por decenas las monografías literarias, desde las obras de los clásicos hasta *La vida de las abejas*, de Maeterlinck.

En la evolución de las "sociedades humanas" —en la expresión más general del término—, los diversos grados de mentalidad se traducen por diferentes creencias o costumbres. Actualmente es imposible el estudio genético de sus formas iniciales. Debería remontarse a los primitivos "hominidios" y a sus sucesores, reconstruyendo la formación natural de sus hábitos colectivos, tarea que escapa a la experiencia actual y posible. Las etapas de la primitiva asociación de nuestros ascendientes pueden presumirse dentro de vínculos familiares, según se desprende del origen de las instituciones domésticas; pero todo lo que se diga al respecto es forzosamente hipotético. Los pueblos salvajes actualmente observables están ya muy evolucionados y nadie podría afirmar que no han tenido contactos con otros más civilizados. Ello no obsta para que —en principio— el método a seguir sea rigurosamente genético, colmando con hipótesis legítimas las inevitables lagunas de la experiencia.

Sin detenernos a comentar las diferencias que existen entre una raza, un pueblo, una nación y una "sociedad", nos limitaremos a afirmar dos premisas generales, suficientes para nuestro objeto: 1ª, todo grupo de hombres que vive adaptado a condiciones similares de vida presenta ciertos caracteres psíquicos similares que constituyen su psicología social; 2ª, esa mentalidad colectiva evoluciona a medida que la estructura social se modifica.

Lazarus y Steinthal entrevieron claramente esos principios; ellos consideran que algunas razas o pueblos mantienen bien definidos ciertas aptitudes y caracteres mentales a través de las variaciones de su historia política. La observación es exacta si se hacen dos reservas. En primer lugar, las diferencias entre las razas o pueblos oscilan dentro de los límites propios de la mentalidad de la especie; en segundo lugar, la mentalidad de cada uno es evolutiva y sus características varían si las condiciones a que debe adaptarse son variables.

La psicología étnica es ya una rama bien desarrollada de la psicología social. Darwin (*The descent of Man,* cap. v y vi) dejó páginas magistrales sobre el desarrollo mental de las sociedades primitivas y salvajes, señalando la correlación entre la estructura rudimentaria de esos grupos sociales y sus representaciones psíquicas colectivas. La diferencia entre los actuales pueblos salvajes y los pueblos civilizados debe ser menor que la existente entre éstos y los pueblos primitivos; a pesar de eso, es evidente la enorme desigualdad mental colectiva que existe entre cualquier tribu de negros centroafricanos y un club de caballeros londinenses.

La evidencia de esos hechos ha impreso un vigoroso impulso, durante el último siglo, a los estudios de etnología genética y comparada, especializándose algunos autores en el estudio comparativo del desarrollo mental. Las sociedades humanas se han sucedido en el tiempo lo mismo que las especies biológicas, desarrollando sus funciones mentales colectivas para adaptarse a las condiciones del ambiente natural. Y así como coexisten en la superficie de la tierra diversas especies, coexisten al mismo tiempo en las distintas partes habitables del planeta sociedades humanas diversamente evolucionadas. Todo ello hace posible una *psico-sociología comparada*, estudiando los restos dejados por las razas primitivas desaparecidas o los caracteres de las que aún persisten, en relación con las sociedades civilizadas. Sus primeros resultados convergen hacia una ley general: las variaciones estructurales de las sociedades corresponden a las variaciones de la mentalidad colectiva.

Entre las restauraciones de la psicología social merecen indicarse especialmente las de Wundt y Levy-Bruhl.

El primero, desde sus estudios iniciales, había indicado la necesidad de completar los resultados de la psico-fisiología con los del método histórico y comparativo. Tras una reposada elaboración, su obra ocupa ya un sitio preeminente en la psicología étnica (*Volkerpsychologie*, 2ª edición. Cinco volúmenes 1900 a 1909. Falta el volumen sexto). Estudia las funciones mentales colectivas que se van formando en el curso de la evolución social; el "lenguaje", instrumento de comunicación entre los miembros de una sociedad; el "arte" y el "mito", representaciones empíricas del mundo y de la vida; la "costumbre", forma colectiva de la conducta. Esas cuatro funciones constituirán los dominios propios de la psicología étnica. Concuerda con Tarde en que la explicación de los fenómenos sociales debe ser psicológica, pero tiene de la psicología una concepción enteramente distinta.

Sus ideas han tenido un desarrollo particular en los estudios de Lamprecht, que ha ensayado aplicarlas a la interpretación de las sociedades modernas, afirmando que la historia es, en primer término, una psicología social (*Moderne Geschichtswissenschaft*); coincide con Tarde en relacionar las diversas etapas de la evolución mental con formas especiales de la organización económica. Esta circunstancia es legítima para la sociología biológica, por cuanto la estructura económica y la mentalidad colectiva son expresiones naturales de las mismas causas biológicas que determinan, por una parte, la variación estructural, y, por otra, la funcional.

Los resultados de la experiencia social son estudiados por Levy-

Bruhl con el nombre de *representaciones colectivas* (*Les fonctions mentales dans les societés inferieures*); sus leyes pueden encontrarse comparando las representaciones propias de las sociedades primitivas con las observadas en las más evolucionadas. Las reconoce por los siguientes caracteres: son comunes a los miembros de un grupo social dado, se transmiten de generación en generación, se imponen a los individuos despertando en ellos determinados sentimientos. Su existencia es independiente del individuo; no porque impliquen un sujeto colectivo distinto de los individuos que componen el grupo social, sino porque ellas serían inexplicables considerando a los individuos aisladamente. Así un idioma, aunque en rigor sólo existe en la mente de los individuos que lo hablan, no deja de ser una indudable realidad social, fundada sobre un conjunto de representaciones colectivas; ella se impone a cada uno de esos individuos, preexiste a ellos y les sobrevive.

Comte ya había señalado la necesidad de estudiar las funciones mentales superiores mediante el método comparativo; su célebre fórmula "no hay que definir a la humanidad por el hombre, sino al hombre por la humanidad", daba a entender que las más altas funciones mentales quedan ininteligibles mientras se estudia al individuo aisladamente. En la vida mental de un hombre, todo lo que no equivale a una simple reacción del organismo, a las excitaciones que recibe, es necesariamente de naturaleza social. Ese estudio, que Comte planteó sin realizarlo, fue paciente y minuciosamente emprendido por los antropólogos y etnógrafos, especialmente en Inglaterra; la obra capital de Taylor señala una época en este orden de investigaciones. A medida que se enriquecían las colecciones de documentos, fue señalándose una marcada uniformidad de hechos; en sociedades de tipo inferior, descubiertas o mejor estudiadas en los puntos más remotos de la tierra, se notaron analogías extraordinarias y aun ciertas semejanzas en los detalles: instituciones, ceremonias religiosas o mágicas, creencias, mitos, etcétera, a punto de imponerse espontáneamente el método comparativo.

Las series de hechos sociales son solidarias entre sí y se condicionan recíprocamente. Un tipo de sociedad definido, que tiene sus instituciones y sus costumbres propias, tendrá, pues, necesariamente, su mentalidad propia. A tipos sociales diferentes corresponderán mentalidades diferentes, pues las instituciones y las costumbres coinciden, en lo esencial, con las representaciones colectivas; así se llega a comprender que el estudio comparativo de los diferentes tipos de sociedades humanas es inseparable de su grado de evolución mental.

Partiendo de esas manifestaciones sociales de la mentalidad primitiva, es menos difícil reconstruir la evolución psíquica de las razas y de los pueblos. Letorneau ha tomado de la sociología etnográfica todos los datos sobre el valor mental de las colectividades humanas, clasificando a éstas según su jerarquía psíquica y proponiéndose dar una idea aproximada de la evolución mental de la especie humana. Recientes publicaciones sobre las diferencias mentales entre ciertas razas civilizadas (Desmoulins, Colaianni, Finot, Nordau, Sergi, Morselli, etc.) han puesto sobre el tapete la evolución mental en las sociedades más evolucionadas. De esos estudios contradictorios parece desprenderse una conclusión general: la mentalidad colectiva de las sociedades llegadas a un mismo grado de desenvolvimiento tiende a homogeneizarse por la imitación de las costumbres e instituciones sociales.

La selección natural favorece a las sociedades mejor adaptadas; ellas sobreviven en la lucha. Las que se organizan en mayor consonancia con las condiciones del medio, prosperan, se acrecientan y duran hasta que son absorbidas o destruidas por otras mejor adaptadas a nuevas condiciones.

El resultado de esa selección natural es el *progreso,* que podemos definir como el perfeccionamiento adaptativo de la estructura y las funciones de las condiciones de lucha por la vida propias del medio en que viven.

4. EL MÉTODO GENÉTICO EN SOCIOLOGÍA

Esta manera de plantear los problemas de la sociología importa definir un nuevo método para estudiar la evolución de las sociedades humanas. ¿Cómo coordinar sistemáticamente los hechos, para conocer las leyes de las variaciones que ocurren en la historia de la especie?

Observar los hechos es la base de toda ciencia natural; pero los hechos no constituyen la ciencia. La sociología no puede interesarse en la crónica de los hechos particulares sino para determinar sus leyes; el sociólogo no es un coleccionista de datos, sino un interpretador. Mientras la abstracción y la generalización no permitan diferenciarlos y agruparlos después según sus semejanzas, una crónica constituye un inventario empírico y no un conocimiento científico; el análisis de los hechos y la síntesis de ese análisis son dos procesos necesarios para sistematizar los datos de esa experiencia. Los analistas escrutan y preparan los materiales que más tarde unifican los sintetizadores.

Ése es el camino seguido en la formación natural de todas las ciencias. Hay bacteriólogos y naturalistas que observan la realidad en sus detalles; y también los hay que buscan las leyes y principios generales de lo observado. De igual manera la historia natural de la humanidad tiene cultores analíticos, que son los cronistas e historiadores, y tiene intérpretes sintéticos, que son los sociólogos.

La aplicación de principios biológicos generales al estudio de la evolución social permitirá desentrañar sus leyes. La sociología biológica es esencialmente *genética*[2] y estudia la evolución de las costumbres e instituciones sociales desde puntos de vista netamente definidos.

1º En la filogenia social se estudiarán las variaciones de organización y mentalidad de las sociedades humanas, partiendo de los pueblos primitivos hasta llegar a las sociedades civilizadas. Será una historia de las instituciones y creencias, de las razas y de los pueblos, considerados como eslabones de una serie continua, que es la evolución natural de la especie. (*Sociología general.*)

2º En la ontogenia social se observará aisladamente la formación natural de cada grupo o agregado (familia, tribu, nación, etc.), desde su organización como sociedad diferenciada de las restantes hasta su disolución histórica. Será una historia particular de las instituciones y creencias de cada unidad caracterizada dentro de la especie por determinada estructura y mentalidad (*sociologías nacionales*).

3º El estudio comparativo de la filogenia y la ontogenia sociales permitirá confirmar —en general— la ley de correlación biogenética que rige en toda la evolución biológica. En cada sociedad, si no difieren las condiciones del medio y de la raza, las instituciones y creencias resumen las de otras sociedades que la han precedido en la evolución social, en las diversas clases sociales, coexistentes en una sociedad, permanecen estratificadas las etapas recorridas en la formación natural de su experiencia (*sociología comparada*) [...]

---

[2] Designación que le hemos dado desde 1901, con anterioridad a los estudios homónimos de Baldwin y Consentini.

CARTA-RENUNCIA A LOS CARGOS DOCENTES EN LA FACULTAD DE FILOSOFÍA Y LETRAS*

Heidelberg, agosto 28 de 1913

Señor Decano de la Facultad de Filosofía y Letras, doctor don Rodolfo Rivarola.

De mi consideración y respeto:

Acuso recibo de su amable comunicación, en la que me pide, en nombre del Consejo directivo, me sirva expresar mis propósitos en cuanto al desempeño de mi cátedra de psicología en esa facultad.

A raíz de un acto que considero de inmoralidad gubernativa, e irrespetuoso para mi dignidad de universitario, me ausenté del país en 1911, con el propósito de no regresar a él mientras persista en su empleo la persona que desempeña el Poder Ejecutivo de la Nación.

Entendiendo que la Facultad de filosofía no debe perturbar su régimen docente concediendo licencias por largos plazos, en abril del corriente año envié al Poder ejecutivo la renuncia de mi cátedra, por ser él y no la universidad quien nombra a los profesores. Supongo que por deficiencia de procedimiento ella no ha sido comunicada a la universidad; en tal caso, ruego a usted se sirva darla por recibida.

Deseo que en el archivo de la facultad quede constancia de los motivos de mi retiro de la enseñanza. Creo, con ello, ofrecer un ejemplo de dignidad a la universidad y a mi generación, sin pretender que, por ahora, sea comprendido.

Conviene establecer que el vejamen inferido a un hombre estudioso ofende a toda la cultura intelectual de su tiempo. Debe ser así; es indispensable que así sea. Cuando en un país no existe quien comparta los esfuerzos, goce en los triunfos y sufra por las injusticias de que uno solo puede ser objeto, el estudioso se aparta; la ausencia es la única protesta posible donde se usa vivir acechando una prebenda o un destino y cuando no se puede olvidar que es el Poder ejecutivo el único que las dispensa. Donde el favor, la privanza y la venalidad se sobreponen al mérito, el trabajo y la altivez, pueden florecer generaciones de domésticos pero no se multiplican los hombres dignos. La injusticia de los que dan es una simple consecuencia del envilecimiento de los que solicitan.

* Tomado de Sergio Bagú, *Vida ejemplar de José Ingenieros*, Buenos Aires, Claridad, 1936, pp. 138-139.

[271]

Esa crisis moral de la intelectualidad argentina sólo puede combatirse con ejemplos de dignidad y de renunciamiento, no rebajándose al juego de las recomendaciones y estigmatizando abiertamente sus consecuencias inmorales. Expuestos a parecer inoportunos en el ambiente que los recibe, ellos pueden, con el tiempo, adquirir distinta significación y ser medidos en otra escala de valores; en mi caso particular ello dependerá de los veinte años de trabajo intelectual que tengo al frente, escudados por mi salud y mi laboriosidad ya probadas. Si logro realizar el programa que me he trazado —y advierta el señor decano que escribo desde Heidelberg y no desde Montmartre—, mi actual resolución adquiriría un valor más tangible.

Frente a esa situación de hecho, impuesta a mi dignidad por los sentimientos enunciados, sólo puedo expresar a usted mis propósitos ulteriores respecto de la facultad. Como yo no sirvo sino para estudiar, estoy ampliando mi cultura científica y filosófica en las universidades que frecuento; a mi regreso, tendré mucho honor en reincorporarme a esa facultad en que aprendí a enseñar, presentándome a concurso para merecer una suplencia de la misma cátedra que he desempeñado como titular. Por ahora sólo puedo reiterar mi renuncia, pues pedir una prolongación de mi licencia implicaría pretender que la facultad encarase el asunto como una cuestión moral y no como un simple caso administrativo.

Ruego al señor decano quiera expresar al Consejo directivo mis sentimientos de consideración y respeto.

JOSÉ INGENIEROS

EL HOMBRE MEDIOCRE
[LA MORAL DE LOS IDEALISTAS]*

I. LA EMOCIÓN DEL IDEAL

Cuando pones la proa visionaria hacia una estrella y tiendes el ala hacia tal excelsitud inasible, afanoso de perfección y rebelde a la mediocridad, llevas en ti el resorte misterioso de un ideal. Es ascua sagrada, capaz de templarte para grandes acciones. Custódiala; si la dejas apagar no se reenciende jamás. Y si ella muere en ti, quedas inerte: fría bazofia humana. Sólo vives por esa partícula de ensueño que te sobrepone a lo real. Ella es el lis de tu blasón, el penacho de tu temperamento. Innumerables signos la revelan; —cuando se te anuda la garganta al recordar la cicuta impuesta a Sócrates, la cruz izada para Cristo o la hoguera encendida a Bruno —cuando te abstraes en lo infinito leyendo un diálogo de Platón, un ensayo de Montaigne o un discurso de Helvecio; cuando el corazón se te estremece pensando en la desigual fortuna de esas pasiones en que fuiste, alternativamente, el Romeo de tal Julieta y el Werther de tal Carlota; —cuando tus sienes se hielan de emoción al declamar una estrofa de Musset que rima acorde con tu sentir; —y cuando, en suma, admiras la mente preclara de los genios, la sublime virtud de los santos, la magna gesta de los héroes, inclinándote con igual veneración ante los creadores de Verdad o de Belleza.

Todos no se extasían, como tú, ante un crepúsculo, no sueñan frente a una aurora o cimbran en una tempestad; ni gustan de pasear con Dante, reír con Molière, temblar con Shakespeare, crujir con Wagner; ni enmudecen ante David, la Cena o el Partenón. Es de pocos esa inquietud de perseguir ávidamente alguna quimera, venerando a filósofos, artistas y pensadores que fundieron en síntesis supremas sus visiones del ser y de la eternidad, volando más allá de lo real. Los seres de tu estirpe, cuya imaginación se puebla de ideales y cuyo sentimiento polariza hacia ellos la personalidad entera, forman raza aparte en la humanidad: son idealistas.

Definiendo su propia emoción, podría decir quien se sintiera poeta: el Ideal es un gesto del espíritu hacia alguna perfección.

* De *El hombre mediocre*, editado en 1913. *Obras completas*, t. 7, pp. 83-203.

II. DE UN IDEALISMO FUNDADO EN LA EXPERIENCIA

Los filósofos del porvenir, para aproximarse a formas de expresión cada vez menos inexactas, dejarán a los poetas el hermoso privilegio del lenguaje figurado; y los sistemas futuros, desprendiéndose de añejos residuos místicos y dialécticos, irán poniendo la experiencia como fundamento de toda hipótesis legítima.

No es arriesgado pensar que en la ética venidera florecerá un *idealismo moral*, independiente de dogmas religiosos y de apriorismos metafísicos: los ideales de perfección, fundados en la experiencia social y evolutivos como ella misma, constituirán la íntima trabazón de una doctrina de la perfectibilidad indefinida, propicia a todas las posibilidades de enaltecimiento humano.

Un ideal no es una fórmula muerta, sino una hipótesis perfectible; para que sirva, debe ser concebida así, actuante en función de la vida social que incesantemente deviene. La imaginación, partiendo de la experiencia, anticipa juicios acerca de futuros perfeccionamientos: los ideales, entre todas las creencias, representan el resultado más alto de la función de pensar.

La evolución humana es un esfuerzo continuo del hombre para adaptarse a la naturaleza, que evoluciona a su vez. Para ello necesita conocer la realidad ambiente y prever el sentido de las propias adaptaciones: los caminos de su perfección. Sus etapas refléjanse en la mente humana como ideales. Un hombre, un grupo o una raza son idealistas porque circunstancias propicias determinan su imaginación a concebir perfeccionamientos posibles.

Los ideales son formaciones naturales. Aparecen cuando la función de pensar alcanza tal desarrollo que la imaginación puede anticiparse a la experiencia. No son entidades misteriosamente infundidas en los hombres, ni nacen del azar. Se forman como todos los fenómenos accesibles a nuestra observación. Son efectos de causas, accidentes en la evolución universal investigada por las ciencias y resumidas por las filosofías. Y es fácil explicarlo, si se comprende. Nuestro sistema solar es un punto en el cosmos; en ese punto es un simple detalle del planeta que habitamos; en ese detalle la vida es un transitorio equilibrio químico de la superficie; entre las complicaciones de ese equilibrio viviente la especie humana data de un período brevísimo; en el hombre se desarrolla la función de pensar como un perfeccionamiento de la adaptación al medio; uno de sus modos es la imaginación que permite generalizar los datos de la experiencia, anticipando sus resultados posibles y abstrayendo de ella ideales de perfección.

Así la historia del porvenir, en vez de negarlos, permitirá afirmar su realidad como aspectos legítimos de la función de pensar y los reintegrará en la concepción natural del universo. Un ideal es un punto y un momento entre los infinitos posibles que pueblan el espacio y el tiempo.

Evolucionar es variar. En la evolución humana el pensamiento varía incesantemente. Toda variación es adquirida por temperamentos predispuestos; las variaciones útiles tienden a conservarse. La experiencia determina la formación natural de conceptos genéricos, cada vez más sintéticos; la imaginación abstrae de éstos ciertos caracteres comunes, elaborando ideas generales que pueden ser hipótesis acerca del incesante devenir; así se forman los ideales que para el hombre son normativos de la conducta en consonancia con sus hipótesis. Ellos no son apriorísticos, sino inducidos de una vasta experiencia; sobre ella se empina la imaginación para prever el sentido en que varía la humanidad. Todo ideal representa un nuevo estado de equilibrio entre el pasado y el porvenir.

Los ideales pueden no ser verdades; son creencias. Su fuerza estriba en sus elementos afectivos; influyen sobre nuestra conducta en la medida en que los creemos. Por eso la representación abstracta de las variaciones futuras adquiere un valor moral: las más provechosas a la especie son concebidas como perfeccionamientos. Lo futuro se identifica con lo perfecto. Y los ideales, por ser visiones anticipadas de lo venidero, influyen sobre la conducta y son el instrumento natural de todo progreso humano.

Mientras la instrucción se limita a extender las nociones que la experiencia actual considera más exactas, la educación consiste en sugerir los ideales que se presumen propicios a la perfección.

El concepto de lo mejor es un resultado natural de la evolución misma. La vida tiende naturalmente a perfeccionarse. Aristóteles enseñaba que la actividad es un movimiento del ser hacia la propia "entelequia": su estado de perfección. Todo lo que existe persigue su entelequia, y esa tendencia se refleja en la mente de los seres imaginativos. Lo mismo que todas las otras funciones del espíritu, la formación de ideales está sometida a un determinismo, que, por ser complejo, no es menos absoluto. No son obra de una libertad que escapa a las leyes de todo lo universal, ni productos de una razón pura que nadie conoce. Son creencias aproximativas acerca de la perfección venidera. Lo futuro es lo mejor de lo presente, puesto que sobrevive en la selección natural; los ideales son un *élan* hacia lo mejor, en cuanto simples anticipaciones del devenir.

A medida que la experiencia humana se amplía, observando la realidad, los ideales son modificados por la imaginación, que es plástica y no reposa jamás. Experiencia e imaginación siguen vías paralelas, aunque va muy retardada aquélla respecto de ésta. La hipótesis vuela, el hecho camina; a veces el ala rumbea mal, el pie pisa siempre en firme; pero el vuelo puede rectificarse, mientras el paso no puede volar nunca.

La imaginación es madre de toda originalidad; deformando lo real hacia su perfección, ella crea los ideales y les da impulso con el ilusorio sentimiento de la libertad: el libre albedrío es un error útil para la gestación de los ideales. Por eso tiene prácticamente el valor de una realidad. Demostrar que es una simple ilusión debida a la ignorancia de causas innúmeras no implica negar su eficacia. Las ilusiones tienen tanto valor para dirigir la conducta como las verdades más exactas; pueden tener más que ellas, si son intensamente pensadas o sentidas. El deseo de ser libre nace del contraste entre dos móviles irreductibles: la tendencia a perseverar en el ser, implicada en la herencia, y la tendencia a aumentar el ser, implicada en la variación. La una es principio de estabilidad, la otra de progreso.

En todo ideal, sea cual fuere el orden a cuyo perfeccionamiento tienda, hay un principio de síntesis y de continuidad: "es una idea fija o una emoción fija". Como propulsores de la actividad humana, se equivalen y se implican recíprocamente, aunque en la primera predomina el razonamiento y en la segunda la pasión. "Ese principio de unidad, centro de atracción y punto de apoyo de todo trabajo de la imaginación creadora, es decir, de una síntesis subjetiva que tiende a objetivarse, es el ideal", dijo Ribot. La imaginación despoja a la realidad de todo lo malo y la adorna con todo lo bueno, depurando la experiencia, cristalizándola en los moldes de perfección que concibe más puros. Los ideales son, por ende, reconstrucciones imaginativas de la realidad que deviene.

Son siempre individuales. Un ideal colectivo es la coincidencia de muchos individuos en un mismo afán de perfección. No es que una "idea" los acomune, sino que análoga manera de sentir y de pensar convergen hacia un "ideal" común a todos ellos. Cada era, siglo o generación, puede tener su ideal; suele ser patrimonio de una selecta minoría, cuyo esfuerzo consigue imponerlo a las generaciones siguientes. Cada ideal puede encarnarse en un genio; al principio, mientras él lo define o lo plasma, sólo es comprendido por el pequeño núcleo de espíritus sensibles al ritmo de la nueva creencia.

El concepto abstracto de una perfección posible toma su fuerza de la verdad que los hombres le atribuyen: todo ideal es una fe en la posibilidad misma de la perfección. En su protesta involuntaria contra lo malo se revela siempre una indestructible esperanza de lo mejor; en su agresión al pasado fermenta una sana levadura de porvenir.

No es un fin, sino un camino. Es *relativo* siempre, como toda creencia. La intensidad con que tiende a realizarse no depende de su verdad efectiva, sino de la que se le atribuye. Aun cuando interpreta erróneamente la perfección venidera, es ideal para quien cree sinceramente en su verdad o en su excelsitud.

Reducir el idealismo a un dogma de escuela metafísica equivale a castrarlo; llamar idealismo a las fantasías de mentes enfermizas o ignorantes, que creen sublimizar así su incapacidad de vivir y de ilustrarse, es una de tantas ligerezas alentadas por los espíritus palabristas. Los más vulgares diccionarios filosóficos sospechan este embrollo deliberado: "Idealismo: palabra muy vaga que no debe emplearse sin explicarla."

Hay tantos idealismos como ideales; y tantos ideales como idealistas; y tantos idealistas como hombres aptos para concebir perfecciones y capaces de vivir hacia ellas. Debe rehusarse el monopolio de los ideales a cuantos lo reclaman en nombre de escuelas filosóficas, sistemas de moral, credos de religión, fanatismos de secta o dogma de estética.

El "idealismo" no es privilegio de las doctrinas espiritualistas que desearían oponerlo al "materialismo", llamando así, despectivamente, a todas las demás; ese equívoco, tan explotado por los enemigos de las Ciencias —temidas justamente como hontanares de Verdad y de Libertad—, se duplica al sugerir que la materia es la antítesis de la idea, después de confundir al ideal con la idea y a ésta con el espíritu, como entidad trascendente y ajena al mundo real. Se trata, visiblemente, de un juego de palabras, secularmente repetido por sus beneficiarios, que transportan a las doctrinas filosóficas el sentido que tienen los vocablos idealismo y materialismo en el orden moral. El anhelo de perfección en el conocimiento de la Verdad puede animar con igual ímpetu al filósofo monista y al dualista, al teólogo y al ateo, al estoico y al pragmatista. El particular ideal de cada uno concurre al ritmo total de la perfección posible, antes que obstar al esfuerzo similar de los demás.

Y es más estrecha, aún, la tendencia a confundir el idealismo, que se refiere a los ideales, con las tendencias metafísicas que así se denominan porque consideran a las "ideas" más reales que la realidad misma, o presuponen que ellas son la realidad única, forjada por nuestra mente, como en el sistema hegeliano. "Ideólogos" no puede ser sinónimo de "idealistas", aunque el mal uso induzca a creerlo.

No podríamos restringirlo al pretendido idealismo de ciertas escuelas estéticas, porque todas las maneras del naturalismo y del realismo pueden constituir un ideal de arte, cuando sus sacerdotes son Miguel Ángel, Ticiano, Flaubert o Wagner; el esfuerzo imaginativo de los que persiguen una ideal armonía de ritmos, de colores, de líneas o de sonidos, se equivale, siempre que su obra transparente un modo de belleza o una original personalidad.

No le confundiremos, en fin, con cierto idealismo ético que tiende a monopolizar el culto de la perfección en favor de alguno de los fanatismos religiosos predominantes en cada época, pues sobre no existir un único e inevitable Bien ideal, difícilmente cabría en los catecismos para mentes obtusas. El esfuerzo individual hacia la virtud puede ser tan magníficamente concebido y realizado por el peripatético como por el cirenaico, por el cristiano como por el anarquista, por el filántropo como por el epicúreo, pues todas las teorías filosóficas son igualmente compatibles con la aspiración individual hacia el perfeccionamiento humano. Todos ellos pueden ser idealistas, si saben iluminarse en su doctrina: y en todas las doctrinas pueden cobijarse dignos y buscavidas, virtuosos y sin vergüenzas. El anhelo y la posibilidad de la perfección no es patrimonio de ningún credo; recuerda el agua de aquella fuente, citada por Platón, que no podía contenerse en ningún vaso.

La experiencia, sólo ella, decide sobre la legitimidad de los ideales, en cada tiempo y lugar. En el curso de la vida social se seleccionan naturalmente; sobreviven los más adaptados, los que mejor prevén el sentido de la evolución; es decir, los coincidentes con el perfeccionamiento efectivo. Mientras la experiencia no da su fallo, todo ideal es respetable, aunque parezca absurdo. Y es útil por su fuerza de contraste; si es falso muere solo, no daña. Todo ideal, por ser una creencia, puede contener una parte de error, o serlo totalmente; es una visión remota y por lo tanto expuesta a ser inexacta. Lo único malo es carecer de ideales y esclavizarse a las contingencias de la vida práctica inmediata, renunciando a la posibilidad de la perfección moral.

Cuando un filósofo enuncia ideales, para el hombre o para la sociedad, su comprensión inmediata es tanto más difícil cuanto más se elevan sobre los prejuicios y palabrismos convencionales en el ambiente que le rodea; lo mismo ocurre con la verdad del sabio y con el estilo del poeta. La sanción ajena es fácil para lo que concuerda con rutinas secularmente practicadas; es difícil cuando la imaginación pone mayor originalidad en el concepto o en la forma.

Ese desequilibrio entre la perfección concebible y la realidad practicable estriba en la naturaleza misma de la imaginación, rebelde al tiempo y al espacio. De ese contraste legítimo no se infiere que los ideales lógicos, estéticos o morales deban ser contradictorios entre sí, aunque sean heterogéneos y marquen el paso a desigual compás, según los tiempos; no hay una verdad amoral o fea, ni fue nunca la belleza, absurda o nociva, ni tuvo el bien sus raíces en el error o la desarmonía. De otro modo concebiríamos perfecciones imperfectas.

Los caminos de perfección son convergentes. Las formas infinitas del ideal son complementarias; jamás contradictorias, aunque lo parezcan. Si el ideal de la ciencia es la verdad, de la moral el bien y del arte la belleza, formas preeminentes de toda excelsitud, no se concibe que puedan ser antagonistas. Los ideales están en perpetuo devenir, como las formas de la realidad a que se anticipan. La imaginación los construye observando la naturaleza, como un resultado de la experiencia; pero una vez formados ya no están en ella, son anticipaciones de ella, viven sobre ella para señalar su futuro. Y cuando la realidad evoluciona hacia un ideal antes previsto, la imaginación se aparta nuevamente de la realidad, aleja de ella al ideal, proporcionalmente. La realidad nunca puede igualar al ensueño en esa perpetua persecución de la quimera. El ideal es un "límite": toda realidad es una "dimensión variable" que puede acercársele indefinidamente, sin alcanzarlo nunca. Por mucho que lo "variable" se acerque a su "límite", se concibe que podría acercársele más; sólo se confunden en el infinito.

Todo ideal es siempre relativo a una imperfecta realidad presente. No los hay absolutos. Afirmarlo implicaría abjurar de su esencia misma, negando la posibilidad infinita de la perfección. Erraban los viejos moralistas al creer que en el punto donde estaba su espíritu en ese momento, convergían todo el espacio y todo el tiempo; para la ética moderna, libre de esa grave falacia, la relatividad de los ideales es un postulado fundamental. Sólo poseen un carácter común: su permanente transformación hacia perfeccionamientos ilimitados.

Es propia de mentes primitivas toda moral cimentada en supersticiones y dogmatismos. Y es contraria a todo idealismo, excluyente de todo ideal. En cada momento y lugar la realidad varía; con esa variación se desplaza el punto de referencia de los ideales. Nacen y mueren, convergen o se excluyen, palidecen o se acentúan; son, también ellos, vivientes como los cerebros en que germinan o arraigan, en un proceso sin fin. No habiendo un esquema final e insuperable de perfección, tampoco lo hay de los ideales humanos. Se forman por cambio incesante; evolucionan siempre; su palingenesia es eterna.

Esa evolución de los ideales no sigue un ritmo uniforme en el curso de la vida social o individual. Hay climas morales, horas, momentos, en que toda una raza, un pueblo, una clase, un partido, una secta, concibe un ideal y se esfuerza por realizarlo. Y los hay en la evolución de cada hombre, aisladamente considerado.

Hay también climas, horas y momentos en que los ideales se murmuran apenas o se callan: la realidad ofrece inmediatas satisfacciones a los apetitos y la tentación del hartazgo ahoga todo afán de perfección. Cada época tiene ciertos ideales que presienten mejor el porvenir, entrevistos por pocos, seguidos por el pueblo o ahogados por su indiferencia, ora predestinados a orientarlo como polos magnéticos, ora a quedar latentes hasta encontrar la gloria en momento y clima propicio. Y otros ideales mueren, porque son creencias falsas; ilusiones que el hombre se forja acerca de sí mismo o quimeras verbales que los ignorantes persiguen dando manotadas en la sombra.

Sin ideales sería inexplicable la evolución humana. Los hubo y los habrá siempre. Palpitan detrás de todo esfuerzo magnífico realizado por un hombre o por un pueblo. Son faros sucesivos en la evolución mental de los individuos y de las razas. La imaginación los enciende sobrepasando continuamente a la experiencia, anticipándose a sus resultados. Ésa es la ley del devenir humano; los acontecimientos, yermos de suyo para la mente humana, reciben vida y calor de los ideales, sin cuya influencia yacerían inertes y los siglos serían mudos. Los hechos son puntos de partida; los ideales son faros luminosos que de trecho en trecho alumbran la ruta. La historia de la civilización muestra una infinita inquietud de perfecciones, que grandes hombres presienten, anuncian o simbolizan. Frente a esos heraldos, en cada momento de la peregrinación humana se advierte una fuerza que obstruye todos los senderos: la mediocridad, que es una incapacidad de ideales.

Así concebido, conviene reintegrar el idealismo en toda futura filosofía científica. Acaso parezca extraño a los que usan palabras sin definir sus sentidos y a los que temen complicarse en las logomaquias de los verbalistas.

Definido con claridad, separado de sus malezas seculares, será siempre el privilegio de cuantos hombres honran, por sus virtudes, a la especie humana. Como doctrina de la perfectibilidad, superior a toda afirmación dogmática, el idealismo ganará, ciertamente. Tergiversado por los miopes y los fanáticos, se rebaja. Yerran los que miran al pasado, poniendo el rumbo hacia prejuicios muertos y vistiendo al idealismo con andrajos que son su mortaja; los ideales viven de la verdad, que se va haciendo; ni puede ser vital ninguno que la contradiga en su punto del tiempo. Es ceguera oponer la imaginación de lo futuro a la experiencia de lo presente, el Ideal a la verdad, como si conviniera apagar las luces del camino para no desviarse de la meta. Es falso: la imaginación y la experiencia van de la mano. Solas no andan.

Al idealismo dogmático que los antiguos metafísicos pusieron en las "ideas" absolutas y aprioristicas, oponemos un idealismo experimental que se refiere a los "ideales" de perfección, incesantemente renovados, plásticos, evolutivos como la vida misma.

III. LOS TEMPERAMENTOS IDEALISTAS

Ningún Dante podría elevar a Gil Blas, Sancho y Tartufo hasta el
rincón de su paraíso donde moran Cyrano, Quijote y Stockmann. Son
dos mundos morales, dos razas, dos temperamentos: Sombras y Hombres. Seres desiguales no pueden pensar de igual manera. Siempre
habrá evidente contraste entre el servilismo y la dignidad, la torpeza
y el ingenio, la hipocresía y la virtud. La imaginación dará a unos el
impulso original hacia lo perfecto; la imitación organizará en otros
los hábitos colectivos. Siempre habrá, por fuerza, idealistas y mediocres.
   El perfeccionamiento humano se efectúa con ritmo diverso en las
sociedades y en los individuos. Los más poseen una experiencia sumisa
al pasado; rutinas, prejuicios, domesticidades. Pocos elegidos varían,
avanzando sobre el porvenir; al revés de Anteo, que tocando el suelo
cobrara alientos nuevos, los toman clavando sus pupilas en las constelaciones lejanas y de apariencia inaccesible. Esos hombres, predispuestos a emanciparse de su rebaño, buscando alguna perfección más allá
de lo actual, son los "idealistas". La unidad del género no depende del
contenido intrínseco de sus ideales, sino de su temperamento; se es
idealista persiguiendo las quimeras más contradictorias, siempre que
ellas impliquen un sincero afán de enaltecimiento. Cualquiera. Los
espíritus afiebrados por algún ideal son adversarios de la mediocridad:
soñadores contra los utilitarios, entusiastas contra los apáticos, generosos contra los calculistas, indisciplinados contra los dogmáticos. Son
alguien o algo contra los que no son nadie ni nada. Todo idealista
es un hombre cualitativo; posee un sentido de las diferencias que le
permite distinguir entre lo malo que observa y lo mejor que imagina.
Los hombres sin ideales son cuantitativos: pueden apreciar el más y el
menos, pero nunca distinguen lo mejor de lo peor.
   Sin idealistas sería inconcebible el progreso. El culto del "hombre
práctico", limitado a las contingencias del presente, importa un renunciamiento a toda perfección. El hábito organiza la rutina y nada crea
hacia el porvenir; sólo de los imaginativos espera la ciencia sus hipótesis, el arte su vuelo, la moral sus ejemplos, la historia sus páginas
luminosas. Son la parte viva y dinámica de la humanidad; los prácticos no han hecho más que aprovechar de su esfuerzo, vegetando en
la sombra. Todo porvenir ha sido una creación de los hombres capaces
de presentirlo, concretándolo en infinita sucesión de ideales. Más ha
hecho la imaginación construyendo sin tregua que el cálculo destruyendo sin descanso. La excesiva prudencia de los mediocres ha parali-
zado siempre las iniciativas más fecundas. Y no quiere esto decir que
la imaginación excluya la experiencia; ésta es útil, pero sin aquélla es

estéril. Los idealistas aspiran a conjugar en su mente la inspiración y la sabiduría; por eso, con frecuencia, viven trabados por su espíritu crítico cuando los caldea una emoción lírica y ésta les nubla la vista cuando observan la realidad. Del equilibrio entre la inspiración y la sabiduría nace el genio. En las grandes horas, de una raza o de un hombre, la inspiración es indispensable para crear; esa chispa se enciende en la imaginación y la experiencia la convierte en hoguera. Todo idealismo es, por eso, un afán de cultura intensa; cuenta entre sus enemigos más audaces a la ignorancia, madrastra de obstinadas rutinas.

La humanidad no llega hasta donde quieren los idealistas en cada perfección particular; pero siempre llega más allá de donde habría ido sin su esfuerzo. Un objetivo que huye ante ellos conviértese en estímulo para perseguir nuevas quimeras. Lo poco que pueden todos, depende de lo mucho que algunos anhelan. La humanidad no poseería sus bienes presentes si algunos idealistas no los hubieran conquistado viviendo con la obsesiva aspiración de otros mejores.

En la evolución humana los ideales mantiénense en equilibrio inestable. Todo mejoramiento real es precedido por conatos y tanteos de pensadores audaces, puestos en tensión hacia él, rebeldes al pasado, aunque sin la intensidad necesaria para violentarlo; esa lucha es un reflujo perpetuo entre lo más concebido y lo menos realizado. Por eso los idealistas son forzosamente inquietos, como todo lo que vive, como la vida misma; contra la tendencia apacible de los rutinarios, cuya estabilidad parece inercia de muerte. Esa inquietud se exacerba en los grandes hombres, en los genios mismos si el medio es hostil a sus quimeras, como es frecuente. No agita a los hombres sin ideales, informe argamasa de humanidad.

Toda juventud es inquieta. El impulso hacia lo mejor sólo puede esperarse de ella; jamás de los enmohecidos y de los seniles. Y sólo es juventud la sana e iluminada, la que mira al frente y no a la espalda; nunca los decrépitos de pocos años, prematuramente domesticados por las supersticiones del pasado; lo que en ellos parece primavera es tibieza otoñal, ilusión de aurora que es ya un apagamiento de crepúsculo. Sólo hay juventud en los que trabajan con entusiasmo para el porvenir; por eso en los caracteres excelentes puede persistir sobre el apeñuscarse de los años.

Nada cabe esperar de los hombres que entran a la vida sin afiebrarse por algún ideal; a los que nunca fueron jóvenes, paréceles descarriado todo ensueño. Y no se nace joven: hay que adquirir la juventud. Y sin un ideal no se adquiere.

Los idealistas suelen ser esquivos o rebeldes a los dogmatismos sociales que los oprimen. Resisten la tiranía del engranaje nivelador, aborrecen toda coacción, sienten el peso de los honores con que se intenta domesticarlos y hacerlos cómplices de los intereses creados, dóciles, maleables, solidarios, uniformes en la común mediocridad. Las fuerzas conservadoras que componen el subsuelo social pretenden amalgamar a los individuos, decapitándolos; detestan las diferencias, aborrecen las excepciones, anatematizan al que se aparta en busca de su propia personalidad. El original, el imaginativo, el creador no teme sus odios: los desafía, aun sabiéndolos terribles porque son irresponsables. Por eso todo idealista es una viviente afirmación del individualismo, aunque persiga una quimera social: puede vivir para los demás, nunca de los demás. Su independencia es una reacción hostil a todos los dogmáticos. Concibiéndose incesantemente perfectibles, los temperamentos idealistas quieren decir en todos los momentos de su vida, como Quijote: "yo sé quién soy". Viven animados de este afán afirmativo. En sus ideales cifran su ventura suprema y su perpetua desdicha. En ellos caldean la pasión que anima su fe; ésta, al estrellarse contra la realidad social, puede parecer desprecio, aislamiento, misantropía; la clásica "torre de marfil" reprochada a cuantos se erizan al contacto de los obtusos. Diríase que de ellos dejó escrita una eterna imagen Teresa de Ávila: "Gusanos de seda somos, gusanillos que hilamos la seda de nuestras vidas y en el capullito de la seda nos encerramos para que el gusano muera y del capullo salga volando la mariposa."

Todo idealismo es exagerado, necesita serlo. Y debe ser cálido su idioma, como si desbordara la personalidad sobre lo impersonal; el pensamiento sin calor es muerto, frío, carece de estilo, no tiene firma. Jamás fueron tibios los genios, los santos y los héroes. Para crear una partícula de verdad, de virtud o de belleza, requiérese un esfuerzo original y violento contra alguna rutina o prejuicio; como para dar una lección de dignidad hay que desgoznar algún servilismo. Todo ideal es, instintivamente, extremoso; debe serlo a sabiendas, si es menester, pues pronto se rebaja al refractarse en la mediocridad de los demás. Frente a los hipócritas que mienten con viles objetivos, la exageración de los idealistas es apenas una verdad apasionada. La pasión es su atributo necesario, aun cuando parezca desviar de la verdad; lleva a la hipérbole, al error mismo; a la mentira nunca. Ningún ideal es falso para quien lo profesa: lo cree verdadero y coopera a su advenimiento, con fe, con desinterés. El sabio busca la verdad por buscarla y goza arrancando a la naturaleza secretos para él inútiles o peligrosos. Y el artista busca también la suya, porque la belleza es una verdad animada por la imaginación, más que por la experiencia. Y el moralista la persigue en el bien, que es una recta lealtad de la conducta para consigo mismo y para con los demás. Tener un ideal es servir a su propia verdad. Siempre.

Algunos ideales se revelan como pasión combativa y otros como pertinaz obsesión; de igual manera distínguense dos tipos de idealistas, según predomine en ellos el corazón o el cerebro. El idealismo sentimental es romántico: la imaginación no es inhibida por la crítica y los ideales viven de sentimiento. En el idealismo experimental los ritmos afectivos son encarrilados por la experiencia y la crítica coordina la imaginación; los ideales tórnanse reflexivos y serenos. Corresponde el uno a la juventud y el otro a la madurez. El primero es adolescente, crece, puja y lucha; el segundo es adulto, se fija, resiste, vence. El idealista perfecto sería romántico a los veinte años y estoico a los cincuenta; es tan anormal el estoicismo en la juventud como el romanticismo en la edad madura. Lo que al principio enciende su pasión, debe cristalizarse después en suprema dignidad: ésa es la lógica de su temperamento.

IV. EL IDEALISMO ROMÁNTICO

Los idealistas románticos son exagerados porque son insaciables. Sueñan lo más para realizar lo menos; comprenden que todos los ideales contienen una partícula de utopía y pierden algo al realizarse: de razas o de individuos, nunca se integran como se piensan. En pocas cosas el hombre puede llegar al Ideal que la imaginación señala: su gloria está en marchar hacia él, siempre inalcanzado e inalcanzable. Después de iluminar su espíritu con todos los resplandores de la cultura humana, Goethe muere pidiendo más luz; y Musset quiere amar incesantemente después de haber amado, ofreciendo su vida por una caricia y su genio por un beso. Todos los románticos parecen preguntarse, con el poeta: "¿Por qué no es infinito el poder humano, como el deseo?" Tienen una curiosidad de mil ojos, siempre atenta para no perder la más imperceptible titilación del mundo que la solicita. Su sensibilidad es aguda, plural, caprichosa, artista, como si los nervios hubieran centuplicado su impresionabilidad. Su gesto sigue prontamente el camino de las nativas inclinaciones: entre diez partidos adoptan aquel subrayado por el latir más intenso de su corazón. Son dionisíacos. Sus aspiraciones se traducen por esfuerzos activos sobre el medio social o por una hostilidad contra todo lo que se opone a sus corazonadas y ensueños. Construyen sus ideales sin conceder nada a la realidad, rehusándose al contralor de la experiencia, agrediéndola si ella los contraría. Son ingenuos y sensibles, fáciles de conmoverse, accesibles al entusiasmo y a la ternura; con esa ingenuidad sin doblez que los hombres prácticos ignoran. Un minuto les basta para decidir de toda una vida. Su ideal cristaliza en firmezas inequívocas cuando la realidad los hiere con más saña.

Todo romántico está por Quijote contra Sancho, por Cyrano contra Tartufo, por Stockmann contra Gil Blas: por cualquier ideal contra toda mediocridad. Prefiere la flor al fruto, presintiendo que éste no podría existir jamás sin aquélla. Los temperamentos acomodaticios saben que la vida guiada por el interés brinda provechos materiales; los románticos creen que la suprema dignidad se incuba en el ensueño y la pasión. Para ellos un beso de tal mujer vale más que cien tesoros de Golconda. Su elocuencia está en su corazón: disponen de esas "razones que la razón ignora", que decía Pascal. En ellas estriba el encanto irresistible de los Musset y los Byron; su estuosidad apasionada nos estremece, ahoga como si una garra apretara el cuello, sobresalta las venas, humedece los párpados, entrecorta el aliento. Sus heroínas y sus protagonistas pueblan los insomnios juveniles, como si los describieran con una vara mágica entintada en el cáliz de una poetisa griega: Safo, por caso, la más lírica. Su estilo es de luz y de color, siempre encendido, ardiente a veces. Escriben como hablan los temperamentos apasionados, con esa elocuencia de las voces enronquecidas por un deseo o por un exceso, esa "voce calda" que enloquece a las mujeres finas y hace un Don Juan de cada amador romántico. Son ellos los aristócratas del amor, con ellos sueñan todas las Julietas e Isoldas. En vano se confabulan en su contra las embozadas hipocresías mundanas; los espíritus zafios desearían inventar una balanza para pesar la utilidad inmediata de sus inclinaciones. Como no la poseen, renuncian a seguirlas.

El hombre incapaz de alentar nobles pasiones esquiva el amor como si fuera un abismo: ignora que él acrisola todas las virtudes y es el más eficaz de los moralistas. Vive y muere sin haber aprendido a amar. Caricatura a este sentimiento guiándose por las sugestiones de sórdidas conveniencias. Los demás le eligen primero las queridas y le imponen después la esposa. Poco le importa la fidelidad de las primeras, mientras le sirvan de adorno; nunca exige inteligencia en la otra, si es un escalón en su mundo. Su amor se incuba en la tibieza del criterio ajeno. Musset le parece poco serio y encuentra infernal a Byron; habría quemado a Jorge Sand y la misma Teresa de Ávila resúltale un poco exagerada. Se persigna si alguien sospecha que Cristo pudo amar a la pecadora de Magdalena. Cree firmemente que Werther, Jocelyn, Mimí, Rolla y Manón son símbolos del mal, creados por la imaginación de artistas enfermos. Aborrece la pasión honda y sentida; detesta los romanticismos sentimentales. Prefiere la compra tranquila a la conquista comprometedora. Ignora las supremas virtudes del amor, que es ensueño, anhelo, peligro, toda la imaginación, convergiendo al embellecimiento del instinto, y no simple vértigo brutal de los sentidos.

En las eras de rebajamiento, cuando está en su apogeo la mediocridad, los idealistas se alinean contra los dogmatismos sociales, sea cual fuere el régimen dominante. Algunas veces, en nombre del romanticismo político, agitan un ideal democrático y humano. Su amor a todos los que sufren es justo encono contra los que oprimen su propia individualidad. Diríase que llegan hasta amar a las víctimas para protestar contra el verdugo indigno; pero siempre quedan fuera de toda hueste, sabiendo que en ella puede incubarse una coyunda para el porvenir.

En todo lo perfectible cabe un romanticismo; su orientación varía con los tiempos y con las inclinaciones. Hay épocas en que más florece, como en las horas de reacción que siguieron al sacudimiento libertario de la revolución francesa. Algunos románticos se creen providenciales y su imaginación se revela por un misticismo constructivo, como en Fourier y Lamennais, precedidos por Rousseau, que fue un Marx calvinista, y seguidos por Marx, que fue un Rousseau judío. En otros, el lirismo tiende, como en Byron y Ruskin, a convertirse en religión estética. En Mazzini y Kossuth toma color político. Habla en tono profético y trascendente por boca de Lamartine y de Hugo. En Stendhal acosa con ironía los dogmatismos sociales y en Vigny los desdeña amargamente. Se duele en Musset y se desespera en Amiel. Fustiga a la mediocridad con Flaubert y Barbey d'Aurevilly. Y en otros conviértese en rebelión abierta contra todo lo que amengua y domestica al individuo, como en Emerson, Stirner, Guyau, Ibsen o Nietzsche.

V. EL IDEALISMO ESTOICO

Las rebeldías románticas son embotadas por la experiencia: ella enfrena muchas impetuosidades falaces y da a los ideales más sólida firmeza. Las lecciones de la realidad no matan al idealista: lo educan. Su afán de perfección tórnase más centrípeto y digno, busca los caminos propicios, aprende a salvar las acechanzas que la mediocridad le tiende. Cuando la fuerza de las cosas se sobrepone a su personal inquietud y los dogmatismos sociales cohíben sus esfuerzos por enderezarlos, su idealismo tórnase experimental. No puede doblar la realidad a sus ideales, pero los defiende de ella, procurando salvarlos de toda mengua o envilecimiento. Lo que antes se proyectaba hacia fuera, polarízase en el propio esfuerzo, se interioriza. "Una gran vida, escribió Vigny,

es un ideal de la juventud realizado en la edad madura." Es inherente
a la primera la ilusión de imponer sus ensueños, rompiendo las barreras
que les opone la realidad; cuando la experiencia advierte que la mole
no cae, el idealista atrinchérase en virtudes intrínsecas, custodiando
sus ideales, realizándolos en alguna medida, sin que la solidaridad
pueda conducirle nunca a torpes complicidades. El idealismo sentimental y romántico se transforma en idealismo experimental y estoico;
la experiencia regula la imaginación haciéndolo ponderado y re-
flexivo. La serena armonía clásica reemplaza a la pujanza impetuosa:
el idealismo dionisíaco se convierte en idealismo apolíneo.

Es natural que así sea. Los romanticismos no resisten a la experiencia crítica: si duran hasta pasados los límites de la juventud, su ardor
no equivale a su eficiencia. Fue error de Cervantes la avanzada
edad en que Don Quijote emprende la persecución de su quimera...
Es más lógico Don Juan, casándose a la misma altura en que Cristo
muere; los personajes que Mürger creó en la vida bohemia, detiénense
en ese limbo de la madurez. No puede ser de otra manera. La acumulación de los contrastes acaba por coordinar la imaginación, orien-
tándola sin rebajarla.

Y si el idealista es una mente superior, su ideal asume formas
definitivas: plasma la verdad, la belleza o la virtud en crisoles más perennes, tiende a fijarse y durar en obras. El tiempo lo consagra y su
esfuerzo tórnase ejemplar. La posteridad lo juzga clásico. Toda clasi-
cidad proviene de una selección natural entre ideales que fueron en su
tiempo románticos y que han sobrevivido a través de los siglos.

Pocos soñadores encuentran tal clima y tal ocasión que les encum-
bre a la genialidad. Los más resultan exóticos e inoportunos; los sucesos
cuyo determinismo no pueden modificar, esterilizan sus esfuerzos. De
allí cierta aquiescencia a las cosas que no dependen del propio mérito,
la tolerancia de toda indesviable fatalidad. Al sentir la coerción exterior no se abajan ni contaminan: se apartan, se refugian en sí mismos
para encumbrarse en la orilla desde donde miran el fangoso arroyo
que corre murmurando, sin que en su murmullo se oiga un grito. Son
los jueces de su época: ven de dónde viene y cómo corre el turbión
encenegado. Descubren a los omisos que se dejan opacar por el limo,
a los que persiguen esos encumbramientos falaces reñidos con el mérito y con la justicia.

El idealista estoico mantiénese hostil a su medio, lo mismo que el
romántico. Su actitud es de abierta resistencia a la mediocridad organizada, resignación desdeñosa o renunciamiento altivo, sin compromisos. Impórtale poco agredir el mal que consienten los otros; más le
sirve estar libre para realizar toda perfección que sólo dependa de su
propio esfuerzo. Adquiere una "sensibilidad individualista" que no

es egoísmo vulgar ni desinterés por los ideales que agitan a la sociedad en que vive. Son notorias las diferencias entre el individualismo doctrinario y el sentimiento individualista; el uno es teoría y el otro es actitud. En Spencer, la doctrina individualista se acompaña de sensibilidad social; en Bakunin, la doctrina social coexiste con una sensibilidad individualista. Es cuestión de temperamento y no de ideas; aquél es la base del carácter. Todo individualismo, como actitud, es una revuelta contra los dogmas y los valores falsos respetados en las mediocracias; revela energías anhelosas de esparcirse, contenidas por mil obstáculos opuestos por el espíritu gregario. El temperamento individualista llega a negar el principio de autoridad, se substrae a los prejuicios, desacata cualquiera imposición, desdeña las jerarquías independientes del mérito. Los partidos, sectas y facciones le son indiferentes por igual, mientras no descubre en ellos ideales consonantes con los suyos propios. Cree más en las virtudes firmes de los hombres que en la mentira escrita de los principios teóricos; mientras no se reflejan en las costumbres, las mejores leyes de papel no modifican la tontería de quienes las admiran ni el sufrimiento de quienes las aguantan.

La ética del idealista estoico difiere radicalmente de esos individualismos sórdidos que reclutan las simpatías de los egoístas. Dos morales esencialmente distintas pueden nacer de la estimación de sí mismo. El digno elige la elevada, la de Zenón o la de Epicuro; el mediocre opta siempre por la inferior y se encuentra con Aristipo. Aquél se refugia en sí para acrisolarse; éste se ausenta de los demás para zambullirse en la sombra. El individualismo es noble si un ideal lo alienta y lo eleva; sin ideal, es una caída a más bajo nivel que la mediocridad misma.

En la Cirenaica griega, cuatro siglos antes del evo cristiano, Aristipo anunció que la única regla de la vida era el placer máximo, buscado por todos los medios, como si la naturaleza dictara al hombre el hartazgo de los sentidos y la ausencia de ideal. La sensualidad erigida en sistema llevaba al placer tumultuoso, sin seleccionarlo. Llegaron los cirenaicos a despreciar la vida misma; sus últimos pregoneros encomiaron el suicidio. Tal ética, practicada instintivamente por los escépticos y los depravados de todos los tiempos, no fue lealmente erigida en sistema después de entonces. El placer —como simple sensualidad cuantitativa— es absurdo e imprevisor; no puede sustentar una moral. Sería erigir a los sentidos en jueces. Deben ser otros. ¿Estaría la felicidad en perseguir un interés bien ponderado? Un egoísmo prudente y cualitativo, que elija y calcule, reemplazaría a los apetitos ciegos. En vez del placer basto tendríase el deleite refinado, que prevé, coordina, prepara, goza antes e infinitamente más, pues la inteligencia gusta de centuplicar los goces futuros con sabias alquimias de preparación. Los epicúreos se´ apartan ya del cirenaísmo. Aristipo refugiaba la dicha en los burdos goces materiales: Epicuro la encumbra en la mente, la idealiza por la imaginación. Para aquél valen todos los placeres y se buscan de cualquier manera, desatados sin freno; para éste, deben ser elegidos y dignificados por un sello de armonía. La originaria moral de Epicuro es todo refinamiento: su creador vivió una vida honorable y pura. Su ley fue buscar la dicha y huir del dolor, prefiriendo las cosas que dejan un saldo a favor de la primera. Esa aritmética de las emociones no es incompatible con la dignidad, el ingenio y la virtud, que son perfecciones ideales; permite cultivarlas, si en ellas puede encontrarse una fuente de placer.

Es en otra´ moral helénica, sin embargo, donde encuentra sus moldes perfectos el idealismo experimental. Zenón dio a la humanidad una suprema doctrina de virtud heroica. La dignidad se identifica con el ideal: no conoce la historia más bellos ejemplos de conducta. Séneca, digno en la corte del propio Nerón, además de predicar con arte exquisito su doctrina, la aplicó con bello coraje en la hora extrema. Solamente Sócrates murió mejor que él, y ambos más dignamente que Jesús. Son las tres grandes muertes de la historia.

La dignidad heroica tuvo su apóstol en Epicteto. Una convincente elocuencia de sofista caldeaba su palabra de liberto. Vivió como el más humilde, satisfecho con lo que tenía, durmiendo en casa sin puertas, entregado a meditar y educar, hasta el decreto que proscribió de Roma a los filósofos. Enseñó a distinguir, en toda cosa, lo que depende y lo que no depende de nosotros. Lo primero nadie puede cohibirlo, lo demás está subordinado a fuerzas extrañas. Colocar el ideal en lo que depende de nosotros y ser indiferentes a los demás: he ahí una fórmula para el idealismo experimental.

Es desdeñable todo lo que suele desear o temer el egoísta. Si las resistencias en el camino de la perfección dependen de otros, conviene hacer de ellas caso omiso, como si no existiesen, y redoblar el esfuerzo enaltecedor. Ningún contratiempo material desvía al idealista. Si deseara influir de inmediato sobre cosas que de él dependen, encontraría obstáculos en todas partes; contra esa hostilidad de su ambiente sólo puede rebelarse con la imaginación, mirando cada vez más hacia su interior. El que sirve a un ideal, vive de él; nadie le forzará a soñar lo que no quiere ni le impedirá ascender hacia su sueño.

Esta moral no es una contemplación pasiva; renuncia solamente a participar del mal. Su asentimiento a lo inevitable no es apatía ni inercia. Apartarse no es morir; es, simplemente, esperar la posible hora de hacer, apresurándola con la predicación o con el ejemplo. Si la hora llega, puede ser afirmación sublime, como lo fue en Marco

Aurelio, nunca igualado en regir destinos de pueblos: sólo él pudo inspirar las páginas más hondas de Renán y las más líricas de Paul de Saint Victor. Delicado y penetrante, su estoicismo fue más propicio para templar caracteres que para consolar corazones. Con él alcanzó el pensamiento antiguo su más tranquila nobleza. Entre perversos e ingratos que le circuían, enseñó a dar sus racimos, como la viña, sin reclamar precio alguno, preparándose para cargar otros en la vendimia futura. Los idealistas estoicos son hombres de su estirpe: diríase que ignoran el bien que hacen a sus propios enemigos. Cuando arrecia el encanallamiento de los domesticados, cuando más sofocante tórnase el clima de las mediocracias, ellos crean un nuevo ambiente moral, sembrando ideales: una nueva generación, aprendiendo a amarlos, se ennoblece. Frente a las burguesías afiebradas por remontar el nivel del bienestar material —ignorando que su mayor miseria es la falta de cultura—, ellos concentran sus esfuerzos para aquilatar el respeto de las cosas del espíritu y el culto de todas las originalidades descollantes. Mientras la vulgaridad obstruye las vías del genio, de la santidad y del heroísmo, ellos concurren a restituirlas, mediante la sugestión de ideales, preparando el advenimiento de esas horas fecundas que caracterizan la resurrección de las razas: el clima del genio.

Toda ética idealista trasmuta los valores y eleva el rango del mérito: las virtudes y los vicios trocan sus matices, en más o en menos, creando equilibrios nuevos. Ésa es, en el fondo, la obra de los moralistas: su originalidad está en cambios de tono que modifican las perspectivas de un cuadro cuyo fondo es casi impermutable. Frente a la chatura común, que empuja a ser vulgar, los caracteres dignos afirman con vehemencia su ideal. Una mediocracia sin ideales —como un individuo o un grupo— es vil y escéptica, cobarde: contra ella cultivan hondos anhelos de perfección. Frente a la ciencia hecha oficio, la verdad como un culto; frente a la honestidad de conveniencia, la virtud desinteresada; frente al arte lucrativo de los funcionarios, la armonía inmarcesible de la línea, de la forma y del color; frente a las complicidades de la política mediocrática, las máximas expansiones del individuo dentro de cada sociedad.

Cuando los pueblos se domestican y callan, los grandes forjadores de ideales levantan su voz. Una ciencia, un arte, un país, una raza, estremecidos por su eco, pueden salir de su cauce habitual. El genio es un guión que pone el destino entre dos párrafos de la historia. Si aparece en los orígenes, crea o funda; si en los resurgimientos, transmuta o desorbita. En ese instante remontan su vuelo todos los espíritus superiores, templándose en pensamientos altos y para obras perennes.

VI. símbolo

En el vaivén eterno de las eras, el porvenir es siempre de los visionarios. La interminable contienda entre el idealismo y la mediocridad tiene su símbolo; no pudo Cellini clavarlo en más digno sitio que la maravillosa plaza de Florencia. Nunca mano de orfebre plasmó un concepto más sublime: Perseo exhibiendo la cabeza de Medusa, cuyo cuerpo agítase en contorsiones de reptil bajo sus pies alados. Cuando los temperamentos idealistas se detienen ante el prodigio de Benvenuto, anímase el metal, revive su fisonomía, sus labios parecen articular palabras perceptibles.

Y dice a los jóvenes que toda brega por un Ideal es santa, aunque sea ilusorio el resultado; que es loable seguir su temperamento y pensar con el corazón, si ello contribuirá a crear una personalidad firme; que todo germen de romanticismo debe alentarse, para enguirnaldar de aurora la única primavera que no vuelve jamás.

Y a los maduros, cuyas primeras canas salpican de otoño sus más vehementes quimeras, instígalos a custodiar sus ideales bajo el palio de la más severa dignidad, frente a las tentaciones que conspiran para encenagarlos en la Estigia donde se abisman los mediocres.

Y en el gesto del bronce parece que el idealismo decapitara a la mediocridad, entregando su cabeza al juicio de los siglos. [...]

LAS IDEAS SOCIOLÓGICAS DE SARMIENTO*

INTRODUCCIÓN [1]

Sus pensamientos fueron tajos de luz en la penumbra de la barbarie americana, entreabriendo la visión de cosas futuras. Pensaba en tan alto estilo que parecía tener, como Sócrates, algún demonio familiar que alucinara su inspiración. Cíclope en su faena, vivía obsesionado por el afán de educar; esa idea gravitaba en su espíritu como las grandes moles incandescentes en el equilibrio celeste, subordinando a su influencia todas las masas menores de su sistema cósmico.

Tenía la clarividencia del ideal y había elegido sus medios: organizar civilizando, elevar educando. Todas las fuentes fueron escasas para saciar su sed de aprender; todas las inquinas fueron exiguas para cohibir su inquietud de enseñar. Erguido y viril siempre, asta-bandera de sus propios ideales, siguió las rutas por donde le guiara el destino, previendo que la gloria se incuba en auroras fecundadas por los sueños de los que miran más lejos. América le esperaba. Cuando urge construir, o transmutar, fórmase el clima del genio: su hora suena como fatídica invitación a llenar una página de luz. El hombre extraordinario se revela auroralmente, como si obedeciera a una predestinación irrevocable.

Facundo es el clamor de la cultura moderna contra el crepúsculo feudal. Crear una doctrina justa vale ganar una batalla para la verdad; más cuesta presentir un ritmo de civilización que acometer una conquista. Un libro es más que una intención: es un gesto. Todo ideal puede servirse con el verbo profético. La palabra de Sarmiento parece bajar de Sinaí. Proscrito en Chile, el hombre extraordinario encuadra, por entonces, su espíritu en el doble marco de la cordillera muda y del mar clamoroso.

Llegan hasta él gemidos de pueblos que hinchan de angustia su

---

* Publicado en 1916, e integrado a *Sociología argentina*, *Obras completas*, t. 6, pp. 212-243.
[1] En el presente ensayo se estudia una sola de las fases innumerables que ofrece la obra de Sarmiento: sus ideas sociológicas. Sería incompleto, sin embargo, si no lo iniciara una impresión de conjunto; por ello no hemos vacilado en precederlo, a guisa de *Introducción*, con estas páginas escritas en 1911, con motivo de su centenario, aunque ya están incluidas en el capítulo final de *El hombre mediocre*.

corazón; parecen ensombrecer el cielo taciturno de su frente, inquietada por un relampagueo de profecías. La pasión enciende las dantescas hornallas en que forja sus páginas y ellas retumban con sonoridad plutoniana en todos los ámbitos de su patria. Para medirse busca al mayor enemigo, Rosas, que era grande también en la barbarie de su medio y de su tiempo: por eso hay ritmos apocalípticos en los apóstrofes de Facundo, asombroso enquiridión que parece un reto de águila a águila, lanzado por sobre las cumbres más conspicuas del planeta.

Su verbo es anatema: tan fuerte es el grito que, por momentos, la prosa se enronquece. La vehemencia crea su estilo, tan suyo que, siendo castizo, no parece español. Sacude a todo un continente con la sola fuerza de su pluma, adiamantada por la santificación del peligro y del destierro. Cuando un ideal se plasma en un alto espíritu, bastan gotas de tinta para fijarlo en páginas decisivas; y ellas, como si en cada línea llevasen una chispa de incendio devastador, llegan al corazón de miles de hombres, desorbitan sus rutinas, encienden sus pasiones, polarizan su actitud hacia el ensueño naciente. La prosa del visionario vive, palpita, agrede, conmueve, derrumba, aniquila. En sus frases diríase que se vuelca el alma de la nación entera, como un alud. Un libro, fruto de imperceptibles vibraciones cerebrales del genio, tórnase tan decisivo para la civilización de una raza como la irrupción tumultuosa de infinitos ejércitos.

Y su verbo es sentencia: queda herida mortalmente una era de barbarie, simbolizada en un nombre propio. El genio se encumbra así para hablar, intérprete de la historia. Sus palabras no admiten rectificación y escapan a la crítica. Los poetas debieran pedir sus ritmos a las mareas del océano para loar líricamente la perennidad del gesto magnífico: ¡Facundo!

Dijo primero. Hizo después...

La política puso a prueba su firmeza: gran hora fue aquella en que su Ideal se convirtió en acción. Presidió la república contra la intención de todos: obra de un hado benéfico. Arriba vivió batallando como abajo, siempre agresor y agredido. Cumplía una función histórica. Por eso, como el héroe del romance, su trabajo fue la lucha, su descanso pelear. Se mantuvo ajeno y superior a todos los partidos, incapaces de contenerlo. Todos lo reclamaban y lo repudiaban alternativamente: ninguno, grande o pequeño, podía ser toda una generación, todo un pueblo, toda una raza, y Sarmiento sintetizaba una era en nuestra latinidad americana. Su acercamiento a las facciones, compuestas por amalgamas de subalternos, tenía reservas y reticencias, eran simples tanteos hacia un fin claramente previsto, para cuya consecución necesitó ensayar todos los medios. Genio ejecutor, el mundo parecíale pequeño para abarcarle entre sus brazos; sólo pudo ser suyo el lema inequívoco: "las cosas hay que hacerlas; mal, pero hacerlas". Ninguna empresa le pareció indigna de su esfuerzo; en todas llevó como única antorcha su ideal. Habría preferido morir de sed antes que abrevarse en el manantial de la rutina. Miguelangelesco escultor de una nueva civilización, tuvo siempre libres las manos para modelar instituciones e ideas, libres de cenáculos y de partidos, libres para golpear tiranías, para aplaudir virtudes, para sembrar verdades a puñados. Entusiasta por la patria, cuya grandeza supo mirar como la de una propia hija, fue también despiadado con sus vicios, cauterizándolos con la benéfica crueldad de un cirujano.

La mitad de su obra es profunda y absoluta, no obstante las múltiples contradicciones nacidas por el contraste de su conducta con las oscilaciones circunstanciales de su medio. Entre alternativas extremas, Sarmiento conservó la línea de su carácter hasta la muerte. Su madurez siguió la orientación de su juventud; llegó a los ochenta años perfeccionando las originalidades que había adquirido a los treinta. Se equivocó innumerables veces, tantas como sólo puede concebirse en un hombre que vivió pensando siempre. Cambió mil veces de opinión en los detalles, porque nunca dejó de vivir; pero jamás desvió la pupila de lo que era esencial en su función. Su espíritu salvaje y divino parpadeaba como un faro, con alternativas perturbadoras. Era un mundo que se obscurecía y se alumbraba sin sosiego: incesante sucesión de amaneceres y de crepúsculos fundidos en el todo uniforme del tiempo, En ciertas épocas pareció nacer de nuevo con cada aurora; pero supo oscilar hasta lo infinito sin dejar nunca de ser el mismo.

Miró siempre hacia el porvenir, como si el pasado hubiera muerto a su espalda; el ayer no existía, para él, frente al mañana. Los hombres y pueblos en decadencia viven acordándose de dónde vienen; los hombres geniales y los pueblos fuertes sólo necesitan saber adónde van. Vivió inventando doctrinas o forjando instituciones, creando siempre, en continuo derroche de imaginación creadora. Nunca tuvo paciencias resignadas, ni esa imitativa mansedumbre del que se acomoda a las circunstancias para vegetar tranquilamente. La adaptación social depende del equilibrio entre lo que se inventa y lo que se imita; mientras el hombre vulgar es imitativo y se adapta perfectamente, el hombre de genio es creador y con frecuencia inadaptado. La adaptación es mediocrizadora; rebaja al individuo a los modos de pensar y sentir que son comunes a la masa, borrando sus rasgos propiamente personales. Pocos hombres, al finalizar su vida, se libran de ella; muchos suelen ceder cuando los resortes del espíritu sienten la herrumbre de la vejez. Sarmiento fue una excepción. Había nacido "así" y quiso vivir como era, sin desteñirse en el semitono de los demás.

A los setenta años tocóle ser abanderado en la última guerra civil movida por el espíritu colonial contra la afirmación de los ideales argentinos; en *La escuela ultrapampeana*, escrita a zarpazos, se cierra el ciclo del pensamiento civilizador iniciado con *Facundo*. En esas horas crueles, cuando los fanáticos y los mercaderes le agredían para desbaratar sus ideas de cultura laica y científica, en vano habría intentado Sarmiento rebelarse a su destino. Una fatalidad incontrastable lo había elegido portavoz de su tiempo hostigándole a perseverar sin tregua hasta el borde mismo de la tumba. En pleno arreciar de la vejez siguió pensando en sí mismo, siempre alerta para avalancharse contra los que desplumaban el ala de sus grandes ensueños: habría osado desmantelar la tumba más gloriosa si hubiera entrevisto la esperanza de que algo resucitaría de entre las cenizas. ·

Había gestos de águila prisionera en los desequilibrios de Sarmiento. Fue "inactual" en su medio; el genio importa siempre una anticipación. Su originalidad pareció rayana en desvarío. Hubo, ciertamente, en él un desequilibrio: mas no era intrínseco en su personalidad, sino extrínseco, entre ella y su medio. Su inquietud no era inconstancia, su labor no era agitación. Su genio era una suprema cordura en todo lo que a sus ideales tocaba; parecía lo contrario por contraste con la niebla de mediocridad que le circuía.

Tenía los descompaginamientos que la vida moderna hace sufrir a todos los caracteres militantes; pero la revelación más ineludible de su genialidad está en la eficacia de su obra, a pesar de los aparentes desequilibrios. Personificó la más grande lucha entre el pasado y el porvenir del continente, asumiendo con exceso la responsabilidad de su destino. Nada le perdonaron los enemigos del ideal que él representaba; todo le exigieron los partidarios. El mayor equilibrio posible en el hombre común es exiguo comparado con el que necesita tener el genio: aquél soporta un trabajo igual a uno y éste lo emprende equivalente a mil. Para ello necesita una rara firmeza y una absoluta precisión ejecutiva. Donde los otros se apunan, los genios trepan; cobran mayor pujanza cuando arrecian las borrascas: parecen águilas planeantes en su atmósfera natural.

La incomprensión de estos detalles ha hecho que en todo tiempo se atribuyera a insania la genialidad de tales hombres concretándose al fin la consabida hipótesis de su parentesco con la locura, cómoda de aplicar a cuantos se elevan sobre los comunes procesos del raciocinio rutinario y de la actividad doméstica. Pero se olvida que inadaptado no quiere decir alienado: el genio no podría consistir en adaptarse a la mediocridad.

Los hombres como Sarmiento pueden caldearse por la excesiva función que desempeñan; los ignorantes confunden su pasión con la locura. Pero juzgados en la evolución de las razas y de los grupos sociales, ellos culminan como casos de perfeccionamiento activo, en beneficio de la civilización y de la especie. El devenir humano sólo aprovecha de los originales. El desenvolvimiento de una personalidad genial importa una variación sobre los caracteres adquiridos por el grupo; ella incuba nuevas y distintas energías, que son el comienzo de líneas de divergencia, fuerzas de selección natural. La desarmonía de un Sarmiento es un progreso; sus discordancias son rebeliones a las rutinas, a los prejuicios, a las domesticidades.

La ingenuidad de los ignorantes tiene parte decisiva en la confusión. Ellos acogen con facilidad la insidia de los envidiosos y proclaman locos a los hombres mejores de su tiempo. Algunos se libran de este marbete: son aquellos cuya genialidad es discutible, concediéndoseles apenas algún talento especial en grado excelso. No así los indiscutidos, que viven en brega perpetua, como Sarmiento. Cuando empezó a envejecer, sus propios adversarios aprendieron a tolerarlo, aunque sin el gesto magnánimo de una admiración agradecida. Lo siguieron llamando "el loco Sarmiento".

¡El loco Sarmiento! Esas palabras enseñan más que cien libros sobre la fragilidad del juicio social. Cabe desconfiar de los diagnósticos formulados por los contemporáneos sobre los hombres que no se avienen a marcar el paso en las filas; las medianas, sorprendidas por resplandores inusitados, sólo atinan a justificarse, frente a ellos, recurriendo a epítetos despectivos. Conviene confesar esa gran culpa: ningún americano ilustre sufrió más burla de sus conciudadanos. No hay vocablo injurioso que no haya sido empleado contra él; era tan grande que no bastó el diccionario entero para difamarle ante la posteridad. Las retortas de la envidia destilaron las más exquisitas quintaesencias; conoció todas las oblicuidades de los astutos y todos los soslayos de los impotentes. La caricatura le mordió hasta sangrar, como a ningún otro; el lápiz tuvo, vuelta a vuelta, firmezas de estilete y matices de ponzoña. Como las serpientes que estrangulan a Laocoonte en la obra maestra del Belvedere, mil tentáculos subalternos y anónimos acosaron su titánica personalidad, robustecida por la brega.

Los espíritus vulgares ceñían a Sarmiento por todas partes, con la fuerza del número, irresponsables ante el porvenir. Y él marchaba sin continuar los enemigos, desbordante y hostil, ebrio de batallar en una atmósfera grávida de tempestades, sembrando a todos los vientos en todas las horas, en todos los surcos. Despreciaba el motejo de los que no le comprendían; la videncia del juicio póstumo era el único lenitivo a las heridas que sus contemporáneos le prodigaban. Su vida fue un perpetuo florecimiento de esperanzas en un matorral de espinas.

Para conservar intactos sus atributos, el genio necesita períodos de recogimiento; el contacto prolongado con la mediocridad despunta las ideas originales y corroe los caracteres más adamantinos. Por eso, con frecuencia, toda superioridad es un destierro. Los grandes pensadores tórnanse solitarios; parecen proscriptos en su propio medio. Se mezclan a él para combatir o predicar, un tanto excéntricos cuando no hostiles, sin entregarse nunca totalmente a gobernantes ni a multitudes. Muchos ingenios eminentes, arrollados por la marea colectiva, pierden o atenúan su originalidad, empeñados por la sugestión del medio; los prejuicios más arraigados en el individuo subsisten y prosperan; las ideas nuevas, por ser adquisiciones personales de reciente formación, se marchitan. Para defender sus frondas más tiernas el genio busca aislamientos parciales en sus invernáculos propios. Si no quiere nivelarse demasiado, necesita de tiempo en tiempo mirarse por dentro, sin que esta defensa de su originalidad equivalga a una misantropía. Lleva consigo las palpitaciones de una época o de una generación que son su finalidad y su fuerza; cuando se retira se encumbra. Desde su cima formula con firme claridad aquel sentimiento, doctrina y esperanza que en todos se incuba sordamente. En él adquieren claridad meridiana los confusos rumores que serpentean en la inconsciencia de sus contemporáneos. Tal, más que en ningún otro genio de la historia, se plasmó en Sarmiento el concepto de la civilización de su raza, en la hora que preludiaba el surgir de nacionalidades nuevas entre el caos de la barbarie. Para pensar mejor, Sarmiento vivió solo entre muchos, ora expatriado, ora proscripto dentro de su país, europeo entre argentinos y argentino en el extranjero, provinciano entre porteños y porteño entre provincianos. Dijo Leonardo que es destino de los hombres de genio estar ausentes en todas partes.

Viven más alto y fuera del torbellino común, desconcertando a sus contemporáneos. Son inquietos: la gloria y el reposo nunca fueron compatibles. Son apasionados: disipan los obstáculos como los primeros rayos del sol licúan la nieve caída en una noche primaveral. En la adversidad no flaquean: redoblan su pujanza, se seleccionan. Y siguen tras su Ideal, afligiendo a unos, compadeciendo a otros, adelantándose a todos, sin rendirse, tenaces, como si fuera lema suyo el viejo adagio: sólo está vencido el que confiesa estarlo. En eso finca su genialidad. Ésa es la locura divina que Erasmo elogió en páginas imperecederas y que la mediocridad enrostró al gran varón que honra a todo un continente. Sarmiento parecía agigantarse bajo el filo de las hachas...

1. INFLUENCIA DEL MEDIO SOBRE LA SOCIEDAD ARGENTINA

Concibe la historia de la Argentina, y, en general, de Hispanoamérica, como el resultado del conflicto entre dos etapas distintas de su evolución social; la una representada por las ciudades civilizadas y la otra por las campañas bárbaras. Ambas dependen de condiciones geográficas y sociales distintas; las ciudades se "europeízan" mientras las campañas, por su organización social y por la mentalidad de sus habitantes, se conservan "coloniales", es decir, hispano-indígenas. Es, en suma, "una lucha ingenua, franca y primitiva entre los últimos progresos del espíritu humano y los rudimentos de la vida salvaje, entre las ciudades populosas y los bosques sombríos". Su criterio de interpretación es claro. Un sociólogo —dice Sarmiento— que hubiese llegado a penetrar en el interior de nuestra vida política, premunido del conocimiento de las teorías sociales, "hubiérase explicado el misterio de la lucha obstinada que despedaza a la república; habría clasificado los elementos contrarios, invencibles, que se chocan; hubiera asignado su parte a la configuración del terreno y a los hábitos que ella engendra; su parte a las tradiciones españolas y a la conciencia nacional íntima, plebeya, que ha dejado la Inquisición y el absolutismo hispano; su parte a la influencia de las ideas opuestas que han trastornado el mundo político; su parte a la barbarie indígena; su parte a la civilización europea; su parte, en fin, a la democracia consagrada por la revolución de 1810, a la igualdad, cuyo dogma ha penetrado hasta las capas inferiores de la sociedad".[2] Después de este plan soberbio nos ofrece el estudio de la anarquía argentina y el caudillismo, *en su ambiente cósmico y social,* que intentaremos resumir, sin la ilusión de conservar la belleza profunda de sus páginas inmortales.

El aspecto físico de la república determina en sus habitantes ciertos caracteres, hábitos e ideas inconfundibles. La inmensa extensión del país que está en sus extremos, es enteramente solitaria. El mal que aqueja a la República Argentina es la extensión; el desierto la rodea por todas partes; la soledad, el despoblado sin una habitación humana, son por lo general los límites entre unas y otras provincias. "Allí, la inmensidad por todas partes; inmensa la llanura, inmensos los bosques, inmensos los ríos, el horizonte siempre incierto, siempre confundiéndose con la tierra entre celajes y vapores tenues que no dejan en la lejana perspectiva señalar el punto en que la tierra acaba y principia el cielo. Al Sur y al Norte acéchanla los salvajes, que aguardan las noche de luna para caer, cual enjambre de hienas, sobre los ganados que pacen en los campos y en las indefensas poblaciones." Estamos, naturalmente, en el año 1840.

La parte habitada del país ofrece tres fisonomías distintas, que imprimen a la población caracteres diversos, según su manera de adaptarse a la naturaleza que la rodea.

---

[2] Sarmiento: *Facundo,* "Introducción".

Al Norte, confundiéndose con el Chaco, un espeso bosque cubre con su impenetrable ramaje extensiones inmensas; al centro y en una zona paralela, se disputan largo tiempo el terreno la pampa y la selva; en partes domina el bosque, se degrada en matorrales espinosos, hasta que de nuevo se presenta la selva a merced de algún río que la favorece. Al Sur, triunfa la pampa y ostenta su lisa y velluda frente, infinita, sin límite conocido, sin accidente notable. Es la imagen del mar en la tierra; la tierra como en el mapa; la tierra aguardando todavía que se le mande producir las plantas y toda clase de simiente. Al Este ríos navegables se dan cita de todos los rumbos del horizonte, para reunirse en el Plata; esos inmensos caminos naturales no modifican las costumbres, pues no se practica la navegación, renunciando al más grande beneficio que la naturaleza puede ofrecer a un pueblo. En la embocadura del gran río, dos ciudades: Montevideo y Buenos Aires, llamada, esta última, a ser un día la más importante de América. Su posición geográfica es la causa única de su privilegio; está en contacto con Europa, aprovecha del comercio exterior, tiene las rentas y el poder.

Esa configuración del suelo, así como su llanura y continuidad, impone la unidad nacional. La extensión de esos llanos trae a la memoria las soledades asiáticas: algún parentesco podría verse entre la solitaria tropa de carretas que cruza nuestras soledades para llegar a Buenos Aires al fin de una marcha de meses, y la caravana de camellos que se dirige hacia Bagdad o Esmirna. "Nuestras carretas viajeras son una especie de escuadra de pequeños bajeles, cuya gente tiene costumbres, idiomas y vestidos peculiares que la distinguen de los otros habitantes, como el marino se distingue de los hombres de tierra." El capataz es ya un caudillo, como en Asia el jefe de la caravana. Las contingencias del viaje, los asaltos de los indios, las costumbres agrestes, hacen que "en estos largos viajes, el proletario argentino adquiera el hábito de vivir lejos de la sociedad y de luchar individualmente con la naturaleza, endurecido en las privaciones y sin contar· con otros recursos que su capacidad y maña personal para precaverse de todos los riesgos que le cercan de continuo".

En la extensión sin límites están esparcidas catorce ciudades de provincia. Es inútil enumerarlas topográficamente. "La clasificación que hace a mi objeto es la que resulta de los medios de vivir del pueblo de las campañas, que es lo que influye en su carácter y espíritu. Ya he dicho que la vecindad de los ríos no imprime modificación alguna, puesto que no son navegables sino en una escala insignificante y sin influencia. Ahora, todos los pueblos argentinos, salvo San Juan y Mendoza, viven de los productos del pastoreo: Tucumán explota, además, la agricultura, y Buenos Aires, a más de un pastoreo de millones de cabezas de ganado, se entrega a las múltiples y variadas ocupaciones de la vida civilizada."

Las ciudades tienden a imitar el tipo civilizado europeo. Las capitales de las provincias pastoras están aisladas; el desierto las circunda a más o menos distancia, las cerca, las oprime; la naturaleza salvaje las reduce a estrechos oasis de civilización enclavados en un llano inculto de centenares de millas cuadradas, apenas interrumpidos por una que otra villa de consideración.

El habitante de las ciudades viste a la europea; el de las campañas lleva otro traje, que puede llamarse americano por ser común a todos los pueblos. Sus hábitos de vida son diversos, sus necesidades peculiares y limitadas; parecen dos sociedades distintas, dos pueblos extraños uno de otro. Hay más: el hombre de la campaña, lejos de aspirar a semejarse al de la ciudad, rechaza con desdén sus modales y su educación; ningún signo europeo puede presentarse impunemente en las campañas, sin que atraigan las burlas y las agresiones brutales de los campesinos.

Con pocas excepciones, en que la población está diseminada en las campañas, el límite forzoso de las provincias es el desierto intermedio y sin agua. Donde abundan los pastos, la cría de ganados no es la ocupación de los habitantes, sino su medio de subsistencia. Para diseminarse en el vasto territorio, ha sido necesario derramar las familias sobre una vasta superficie y disolver la sociedad: dos mil leguas cuadradas cubiertas de población, pero colocadas las habitaciones a cuatro leguas de distancia unas de otras, a ocho a veces, a dos las más cercanas. El hábito de las provincias justifica la pereza natural; la frugalidad en los goces trae consigo las exterioridades de la barbarie. La sociedad ha desaparecido completamente: sólo queda la familia feudal, aislada, reconcentrada. No habiendo sociedad reunida, toda clase de gobierno se hace imposible; el municipio no existe; la policía no es eficaz; la justicia no tiene medios de alcanzar a los delincuentes. "Es, en fin, un género de asociación parecido a la feudalidad de la Edad Media, en que los bárbaros residían en el campo, y desde allí hostilizaban las ciudades y asolaban las campañas; pero aquí falta el barón y el castillo feudal. Si el poder se levanta en el campo, es momentáneamente, es democrático: ni se hereda, ni puede conservarse, por falta de montañas y de posiciones fuertes. De aquí resulta que aun la tribu salvaje está mejor organizada que nuestras campañas, para el desarrollo moral."

El ganado desempeña en nuestras campañas pastoras la misma función que el antiguo ilota. La procreación espontánea forma y acrece indefinidamente la fortuna; la mano del hombre está de más; su trabajo, su inteligencia, su tiempo, no son necesarios para la conservación y aumento de los medios de vivir. Pero si nada de esto necesita para lo material de la vida, las fuerzas que economiza no puede emplearlas en la actividad social; fáltale la ciudad, el municipio, la asociación íntima, y por tanto fáltale la base de todo desarrollo social. No estando reunidos, los estancieros no tienen necesidades públicas que satisfacer: en una palabra, no hay *res publica*.

El progreso moral, la cultura, no sólo es descuidada, sino imposible. ¿Dónde colocar la escuela para que asistan a recibir lecciones los niños diseminados a diez leguas de distancia en todas direcciones? La civilización es del todo irrealizable, la barbarie es normal; las costumbres domésticas conservan un corto depósito de moral, que es el único, pues la religión sufre las consecuencias de la disolución de la sociedad; el curato es nominal, el púlpito no tiene auditorio, el sacerdote huye de la capilla solitaria, o se desmoraliza en la inacción y en la soledad; los vicios, el simoniaquismo, la barbarie moral, penetran en sus hábitos, y convierten su prestigio en elemento de fortuna y de ambición, porque al fin concluye por hacerse caudillo de partido.

Los trabajos necesarios, que se refieren a la alimentación y al vestido, están a cargo de las mujeres; algunos hombres cultivan un poco de maíz, pues el pan de trigo es inusitado como manutención ordinaria. Los niños se ejercitan desde temprano en las habilidades campestres; con la juventud viene la independencia y la desocupación. Es preciso ver a estos hombres "para saber apreciar los caracteres indómitos y altivos que nacen de esta lucha del hombre aislado con la naturaleza salvaje, del racional con el bruto; es preciso ver estas caras cerradas de barba, estos semblantes graves y serios, como los de los árabes asiáticos, para juzgar del compasivo desdén que les inspira la vida del hombre sedentario de las ciudades, que puede haber leído muchos libros, pero que no sabe aterrar un toro bravío y darle muerte, que no sabrá proveerse de caballo a campo abierto, a pie y sin auxilio de nadie, que nunca ha parado un tigre, recibiéndolo con el puñal en la mano y el poncho envuelto en la otra, para metérselo en la boca mientras le traspasa el corazón y le deja tendido a sus pies".

Tal es el cuadro de la vida ordinaria en las campañas pastoras. El medio "ha desenvuelto en el gaucho las facultades físicas, sin ninguna de las de la inteligencia. Su carácter moral se resiente de su hábito de triunfar de los obstáculos y del poder de la naturaleza; es fuerte, altivo y enérgico. Sin ninguna instrucción, sin necesitarla tampoco, sin medios de subsistencia como sin necesidades, es feliz en medio de su pobreza y de sus privaciones, que no son tales para el que nunca conoció mayores goces, ni extendió más alto sus deseos, de manera que, si esta disolución de la sociedad radica hondamente la barbarie por la imposibilidad y la inutilidad de la educación moral e intelectual, no deja, por otra parte, de tener sus atractivos. El gaucho no trabaja; el alimento y el vestido lo encuentra preparado en su casa; uno y otro se lo proporcionan sus ganados, si es propietario; la casa del patrón o del pariente, si nada posee. Las atenciones que el ganado exige se reducen a correrías y partidas de placer". El medio físico ha determinado la estructura de la sociedad y la psicología de sus miembros.

"¿Qué impresiones ha de dejar en el habitante de la República Argentina el simple acto de clavar los ojos en el horizontes, y ver... no ver nada? Porque cuanto más hunde los ojos en aquel horizonte incierto, vaporoso, indefinido, más se aleja, más lo fascina, lo confunde y lo sume en la contemplación y la duda. ¿Dónde termina aquel mundo que quiere en vano penetrar? ¡No lo sabe! ¿Qué hay más allá de lo que ve? La soledad, el peligro, el salvaje, la muerte." El hombre que se mueve en estas escenas, se siente asaltado de temores e incertidumbres fantásticas, de sueños que lo preocupan despierto. De allí nace la poesía popular del gaucho, candorosa y desaliñada; de allí sus cantares propios, generalmente impregnados de melancolía; de allí la música de sus bailes, trasunto de los españoles.

De esas costumbres y gustos generales surgen tipos especializados, que un día embellecieran el drama y la novela nacional: el rastreador, el baqueano, el gaucho malo, el cantor. Es imposible resumir las admirables aguafuertes que de ellos grabó Sarmiento; un rasgo del traje, una palabra, un gesto, una anécdota oportuna, una superstición, le bastan para caracterizarlos. Su paleta es rica de innumerables colores. Describe con vivacidad y con emoción, evocando cuadros típicos de la naturaleza y episodios pintorescos de las costumbres. El lector se adentra en los sucesos, vive en su escenario, se familiariza con los personajes.

Sarmiento habla de los pueblos esencialmente pastores; muestra su fisonomía fundamental, dejando las modificaciones accidentales. También las campañas agrícolas diseminan la sociedad, pero en menor escala, conservando relaciones de vecindad; hombres, animales e instrumentos son indispensables para la labranza y la cosecha, de donde proviene cierta necesidad de una villa que les sirva de centro. Todo lo contrario sucede en las campañas pastoras. "Los límites de la propiedad no están marcados; la mujer se encarga de todas las faenas domésticas y fabriles; el hombre queda desocupado, sin goces, sin ideas, sin atenciones forzosas; el hogar doméstico le fastidia, lo expele, digámoslo así. Hay necesidad, pues, de una sociedad ficticia para remediar esta desasociación normal. El hábito contraído desde la infancia de andar a caballo, es un nuevo estímulo para dejar la casa. Los niños tienen el deber de echar caballos al corral apenas sale el sol; y todos los varones, hasta los pequeñuelos, ensillan su caballo, aunque no sepan qué hacer. El caballo es parte integrante del argentino de los campos; es para él lo que la corbata para los que viven en el seno de las ciudades."

El gaucho es un vagabundo a caballo. Su falta de ocupación en la casa le hace largo el día, interminable; "salen, pues, los varones sin saber fijamente adónde. Una vuelta a los ganados, una visita a una cría o a la querencia de un caballo predilecto, invierte una pequeña parte del día; el resto lo absorbe la reunión en una venta o *pulpería*. Allí concurre cierto número de parroquianos de los alrededores; allí se dan y adquieren noticias sobre los animales extraviados; trázanse en el suelo las marcas del ganado; sábese dónde caza el tigre, dónde se han visto los rastros del león; en fin, está el cantor; allí se fraterniza por el circular de la copa y las prodigalidades de los que poseen. En esta vida tan sin emociones el juego sacude los espíritus enervados, el licor enciende las imaginaciones adormecidas. Esta asociación accidental de todos los días viene, por su repetición, a formar una sociedad más estrecha que la de donde partió cada individuo; y en esta asamblea sin objeto público, sin interés social, empiezan a echarse los rudimentos de las reputaciones que más tarde y andando los años van a aparecer en la escena política".

Observa Sarmiento, y es indudable, que el gaucho estima sobre todas las cosas las fuerzas físicas, la destreza en el manejo del caballo y el valor. "Esta reunión, este club diario es un verdadero circo olímpico en que se ensayan y comprueban los quilates del mérito de cada uno."

Esas habilidades, la destreza y la audacia en el manejo del caballo, son la base de las grandes reputaciones que han llenado con su nombre la República Argentina, y cambiado la faz del país. "No es mi ánimo persuadir que el asesinato y el crimen hayan sido siempre una escala de ascensos. Millares son los valientes que han parado en bandidos oscuros; pero pasan de centenares los que a estos hechos han debido su posición." Con esta sociedad, en que la cultura del espíritu es inútil e imposible, donde los negocios municipales no existen, donde el bien público es una palabra sin sentido, porque no hay interés ni ideales comunes, los hombres más hábiles se esfuerzan por destacarse, y adoptan para ello los medios y los caminos que encuentran. El gaucho será un malhechor o un caudillo, según el rumbo que las cosas tomen en el momento en que ha llegado a hacerse notable.

Costumbres de este género requieren medios vigorosos de represión; para reprimir desalmados se necesitan jueces más desalmados aún. Ante toda otra cosa, el juez necesita valor; el terror de su nombre es más poderoso que los castigos que aplica; la justicia que administra es de todo punto arbitraria; su conciencia o sus pasiones le guían, y sus sentencias son inapelables; se hace obedecer por su reputación de audacia temible, su autoridad, su juicio sin formas, su sentencia, sus castigos, inventados por él mismo. En este desorden, el caudillo que llega a elevarse posee, sin contradicción y sin que sus secuaces duden de ello, un poder amplio y terrible: es un verdadero señor feudal. Lo que se dice del juez puede aplicarse al comandante de campaña, personaje de más alta categoría, en quien han de reunirse en más alto grado las mismas cualidades y reputación. Una circunstancia nueva ahonda el mal. "El gobierno de las ciudades es el que da el título de comandante de campaña; pero como la ciudad es débil en el campo, sin influencia y sin adictos, el gobierno echa mano de los hombres que más temor le inspiran, para encomendarles este empleo, a fin de tenerlos en su obediencia; manera muy conocida de proceder de todos los gobiernos débiles, y que alejan el mal del momento presente, para que se produzca más tarde en dimensiones colosales... Es singular que todos los caudillos de la revolución argentina han sido comandantes de campaña: López e Ibarra, Artigas y Güemes, Facundo y Rosas. Es el punto de partida para todas las ambiciones."

Sarmiento da tanta importancia a estos pormenores porque ellos "le servirán para explicar todos nuestros fenómenos sociales y la revolución que se ha estado obrando en la República Argentina, revolución que está desfigurada por las palabras del diccionario civil, que la disfrazan y ocultan, creando ideas erróneas". Por deleznables e innobles que parezcan estos fundamentos de la guerra civil, la evidencia vendrá luego a mostrar cuán sólidos e indestructibles son. La vida de los campos argentinos, tal como la ha mostrado, no es un accidente vulgar; es un orden de cosas, un sistema de asociación característico, normal, único a su juicio en el mundo, y él sólo basta para explicar toda nuestra revolución. "Había antes de 1810 en la República Argentina dos sociedades distintas, rivales e incompatibles; dos civilizaciones diversas; la una española, europea, civilizada, y la otra bárbara, americana, casi indígena; y la revolución de las ciudades sólo iba a servir de causa, de móvil, para que estas dos maneras distintas de ser un pueblo se pusiesen en presencia una de otra, se acometiesen, y después de largos años de lucha, la una absorbiese a la otra." Ha indicado la asociación normal de la campaña, equivalente a una desasociación peor mil veces que la tribu nómada; ha mostrado la asociación ficticia en la desocupación; la formación de las reputaciones gauchas: valor, arrojo, destreza, violencia y oposición a la justicia regular, a la justicia civil de la ciudad. Este fenómeno de organización social existía en 1810; estos focos de reunión de gauchaje valiente, ignorante, libre y desocupado, estaban diseminados en la campaña. La revolución de 1910 llevó a todas partes el movimiento y el rumor de las armas. La vida pública, que hasta entonces había faltado a esta asociación, entró en todas las pulperías, y el movimiento revolucionario trajo al fin la asociación bélica en la *montonera* provincial, hija legítima de la pulpería y de la estancia, enemiga de la ciudad y del ejército patriota revolucionario. "Desenvolviéndose los acontecimientos, veremos las montoneras provinciales con sus caudillos a la cabeza; en Facundo Quiroga, últimamente triunfante en todas partes, la campaña sobre las ciudades; y dominadas éstas en su espíritu, gobierno, civilización, veremos formarse al fin el gobierno central unitario, despótico, del estanciero don Juan Manuel de Rosas, que clava en la culta Buenos Aires el cuchillo del gaucho y destruye la obra de los siglos, la civilización, las leyes y la libertad."

Es así como de una página en otra va surgiendo la figura del protagonista, después de haber brotado del medio físico la sociedad pastora en que actuó. Juan Facundo Quiroga está explicado *en función del medio*; Sarmiento lo concibió como un hombre representativo y lo estudió como arquetipo de una determinada sociedad. No fue por casualidad feliz, sino reflexivamente. "En Facundo Quiroga no veo un caudillo simplemente, sino una manifestación de la vida argentina tal como la han hecho la colonización y las peculiaridades del terreno, a lo cual creo necesario consagrar una seria atención, porque sin esto la vida y hechos de Facundo Quiroga son vulgaridades que no merecerían entrar sino episódicamente en el dominio de la historia. Pero Facundo, en relación con la fisonomía de la naturaleza grandiosamente salvaje que prevalece en la inmensa extensión de la República Argentina; Facundo, en fin, siendo lo que fue, no por un accidente de su carácter, sino por antecedentes inevitables y ajenos de su voluntad, es el personaje histórico más singular, más notable, que puede presentarse a la contemplación de los hombres que comprenden que un caudillo que encabeza un gran movimiento social no es más que el espejo en que se reflejan, en dimensiones colosales, las creencias, las necesidades, preocupaciones y hábitos de una nación en una época dada de su historia."[3]

Son conocidas las páginas que dedicó a demostrarlo; no lo es menos que la inspiración de tal estudio le vino de Montesquieu, leído a la par de los enciclopedistas y de los sansimonianos, y acaso, más tarde, por lecturas de Tocqueville y otros autores que menciona reiteradamente.

El ambiente social le mereció igual interés. Pero el medio social es una consecuencia del medio geográfico, que, a igualdad de condiciones étnicas, contribuye a explicar las diferencias de evolución social. Sarmiento sabe que el mar, la llanura y la montaña concurren a determinar costumbres y sentimientos distintos en las poblaciones. El mar es

---

[3] *Introducción.*

de la humanidad; los puertos abren las naciones al mundo, facilitan el intercambio de ideas y de intereses, estimulan el progreso y la emulación de los países civilizados. La llanura es social; la fácil comunicación concurre a solidarizar los sentimientos de regiones contiguas, engendra la asociación y la simpatía, es eminentemente nacional. En cambio, la montaña es localista: el arraigo al terruño es más firme, todo lo que no entra en el exiguo horizonte que abarca la vista parece extraño, la falta de solidaridad nacional lleva a la anarquía, cimentada por ciegos egoísmos de aldea.

La doctrina, feliz en sus aplicaciones políticas, había tenido ya expresión en algunos escritos de V. F. López, que más tarde volvió a insistir sobre ella;[4] algo después reaparece en Groussac,[5] ponderada con sagacidad; en magníficas páginas de J. M. Ramos Mejía son el mar y la montaña los elementos que caracterizan las memorables luchas de la edad media argentina.[6]

Asoma ya en *Facundo* el conflicto de razas que más tarde solicitó la atención de Sarmiento. La lucha entre las ciudades y las campañas tenía una significación étnica precisa. En las ciudades predominaba el elemento blanco, los descendientes de españoles, que al tiempo de la revolución se embebían de ideas e ideales europeos; en las campañas primaba el elemento mestizo, cuya proporción era considerablemente mayor. El conflicto de las razas en América se manifestó por el distinto grado de civilización alcanzado por dos sociedades que coexistían: la una, de tipo europeo, predominante en el Río de La Plata, y la otra, de tipo acentuadamente indígena, predominante desde Córdoba hasta Bolivia.

Un interesante corolario de la acción del medio físico sobre las poblaciones que en él viven es, sin duda, la determinación de sus caracteres psicológicos colectivos. En esto Sarmiento revélase observador sagaz y describe en rasgos magistrales la psicología de los mestizos de las campañas pastoras: aunque el tipo es uno, sus matices varían en la llanura y en la montaña, por la diversidad de costumbres que el medio físico le impone. Buena es la oportunidad para recordar las diecisiete páginas en que V. F. López analizó más tarde la sociabilidad y la psicología de los gauchos, explicando las causas de su actuación preeminente en los primeros años de nuestra vida nacional.[7]

Cuando Sarmiento ensaya un paralelo entre los Estados Unidos y la Confederación Argentina, el primer elemento que considera es la desigualdad del medio físico y de sus condiciones para el desenvol-

---

[4] Véase V. F. López: *Historia*, vol. i; Manual, 142, 155, etc. (ed. de 1916).
[5] Véase P. Groussac: *Liniers y Mendoza y Garay*.
[6] Véase J. M. Ramos Mejía: *Rosas y su tiempo*.
[7] V. F. López: *Hist. Argentina*, vol. iii, pp. 123 a 140.

vimiento económico. El Oeste argentino tiene cerrada su salida al Pacífico por la gran cordillera; el Norte se desenvuelve entre el desierto chaqueño y la serranía boliviana; el Sud sufre las desviaciones de los salvajes, que han logrado acercar el desierto hasta el río Tercero; queda el Este, enorme y fecundo, incapacitado para desenvolverse por falta de vías de acceso a los grandes ríos, y estos mismos inutilizados por la exclusividad comercial del puerto de Buenos Aires. Sarmiento no se equivoca. "Buenos Aires es el punto de una circunferencia a donde convergen de todos los otros extremos las líneas de comunicación, resultando que los puntos más distantes están, por este solo hecho, condenados a la ruina inevitable que traerá a la larga la diferencia de precios de producción de las mismas materias, causada por el mayor costo de la exportación." En el mercado de Buenos Aires la demanda europea determina el precio de los productos; y deduciendo de él los fletes elevados, "resulta que esta producción condena necesariamente a la pobreza y a la nulidad a las provincias del interior, según la mayor o menor distancia a que se encuentran del único puerto, sin que la provincia de Buenos Aires gane un ápice en su prosperidad, debida al contacto inmediato del comercio europeo; pues las pérdidas que experimentan las provincias en su largo y difícil transporte, no influyen ni en el precio corriente, ni aumentan los provechos de los productores del mismo artículo en Buenos Aires. Estas comparaciones pueden hacerse en todos los ramos que constituyen la riqueza de la actual Confederación". La culpa es de la geografía y no de los porteños, como Sarmiento lo indica expresamente. "No es nuestro ánimo inducir a creer que haya en esta disposición de las relaciones comerciales de las provincias con el puerto, intención de hacerles mal y reducirlas lentamente a la despoblación y a la miseria, como ya se nota en todos los ángulos de la república."

¿El remedio? Cree Sarmiento que esa mala distribución obrada por la configuración geográfica del territorio podría remediarla un Congreso nacional, abriendo puertos sobre el Paraná, canalizando el Bermejo y el Tercero, rehabilitando el antiguo camino carril de Cuyo a Buenos Aires. En fin, para evitar la hegemonía de Buenos Aires, propone establecer en la isla Martín García la capital federal, no atreviéndose a quitar a la provincia privilegiada el puerto y aduana, federalizándolos, como había intentado Rivadavia, como propuso Alberdi, como se efectuó definitivamente en 1880.

Y para lo demás, inmigración, más inmigración, siempre inmigración, para corregir la sangre indígena con sangres europeas.[8] ¿Dónde?

[8] Véase Sarmiento: *Argirópolis,* cap. VII; *Inmigración y colonización,* vol. XXIII de sus *Obras,* etcétera.

En la zona templada, única en que el clima le permite vivir, e irradiando desde el Río de la Plata, centro geográfico natural de la civilización futura.

Tales son las primeras orientaciones político-sociológicas de Sarmiento, en que el doble ambiente, geográfico y social, constituye la premisa de todas sus indicaciones. Sobre ellas volvió cuarenta años más tarde, en *Conflicto*, completándolas con el estudio de las razas, conforme a un programa vasto y sintético que, por desgracia, no pudo llenar totalmente.

2. DE "FACUNDO" A "CONFLICTO"

Por intuición, más bien que por sistema, Sarmiento fue un verdadero filósofo de la historia, desde su *Facundo*, imperecedero por su vigoroso realismo, hasta *Conflicto y armonías de las razas en América*, esbozo inorgánico de una obra profunda y sintética. Esos dos libros, de indudable interés para la sociología argentina, le señalan como un precursor, entre nosotros, de esa disciplina que alcanzó a barruntar en avanzada hora de su vida.

Facundo era la descripción del conflicto entre el pasado, colonial y bárbaro, y el porvenir, argentino y civilizado. *Conflicto* es la explicación de aquellas cosas admirablemente descritas. En el primer caso, el filósofo de la historia lo es sin saberlo; en el segundo, aspira a serlo conscientemente.

Cuando aún no había amanecido el espíritu moderno en nuestras ciencias sociales —que sólo dos grandes mentes habían cultivado con empeño: Echeverría y Alberdi— intentó Sarmiento volcar en los odres nuevos de la sociología el añejo vino de la historia. Tal fue "el plan de *Conflicto* que no hace historia, sino que pretende explicar la historia".[9] Tiene clara visión de su objetivo. "El autor de *Conflicto y armonías de las razas en América* —escribe él mismo— ha querido dar a la realidad histórica su verdadero valor para explicarse los extraños aspectos que presentan en su aplicación (a Sudamérica) las instituciones libres hechas para pueblos civilizados, dirán unos —cristianos, les apellidarán otros—, pero en todo caso europeos, blancos, herederos de las adquisiciones de los siglos."[10]

En otro artículo,[11] conteniendo una carta a Mrs. Mann, hace el

---

[9] Sarmiento: *Obras completas*, vol. XXXVIII, p. 3.

[10] "Las elecciones aztecas y las quichuas", artículo publicado en *El Nacional*, enero de 1883. (*Obras*, vol. XXXVII, p. 347.)

[11] "Una carta a Mrs. Mann", *idem*, 19 de diciembre de 1882. (*Obras*, vol. XXXVII, pp. 318 y *ss.*)

siguiente comentario previo de su primera parte, próxima a publicarse: "El prospecto del librero M. S. Ostwald no le dará idea de la obra, que en verdad no tiene antecedentes en nuestra literatura, y creo que contiene observaciones nuevas sobre ciertos hechos de la historia de la colonización inglesa en América. Para usted, que está tan versada en nuestra historia, le diré que tiene la pretensión este libro de ser el *Facundo* llegado a la vejez... Es o será, si acierta a expresar mi idea, el mismo libro, científico, apoyado en las ciencias sociológicas y etnológicas modernas, y rico de citas, revistiendo mi pensamiento, para hacerlo aceptable, con la autoridad de una gran masa de escritores antiguos sobre las colonias españolas, y modernos sobre la historia contemporánea."

"He querido dar cuerpo a ideas que vengo dejando desparramadas en el camino de mi vida pública y literaria, a medida que el espectáculo del lugar y de la ocasión las provocó, y que pasaron desapercibidas para muchos, arrastrándolas tras sí el torbellino de los acontecimientos, sin que a alguno, por no prestarles atención al paso, ya descoloridas o ajadas, le viniese la idea de que aquellas hojas sueltas pertenecen todas a una vieja encina, dilacerados sus torcidos ramos por la acción del tiempo, y desprendidas del árbol y arrastradas sus hojas por vientos que tras el otoño de la vida anuncian la proximidad de los hielos del invierno."

¿Puede contar Sarmiento entre los verdaderos sociólogos, siquiera en el sentido relativo de la ciencia social aplicada al conocimiento de la evolución sociológica argentina?

Con relación a la sociología general, es evidente que no ha creado una teoría o una doctrina que le pertenezca de manera exclusiva; podría agregarse que no alcanzó a modelar bien su pensamiento sobre las grandes líneas de Spencer, como intentó hacerlo en sus últimos trabajos: "Bien rastrea usted las ideas evolucionistas de Spencer, que he proclamado abiertamente en material social... Con Spencer me entiendo, porque andamos el mismo camino."[12]

Un estudio de sociología argentina puede ser *general* o *particular*. Si es general, cabe exigirle una interpretación sintética del origen, evolución pasada y tendencias evolutivas venideras de la sociedad argentina; debe abarcar las diversas instituciones sociales e indagar cuáles son los factores predominantes en ese devenir. Con ese criterio escribió Sarmiento su *Conflicto y armonías de las razas en América*, feliz tanteo del método sociológico contemporáneo.

Si es particular, se reducirá a estudiar la evolución de una de las instituciones aisladamente, a través de toda nuestra historia o de algu-

[12] Sarmiento: *Obras*, xxxvII, p. 322.

no de sus períodos; o bien tomará un "momento histórico" para indagar sus causas determinadas, sus manifestaciones y sus consecuencias. En este orden será siempre un ejemplo óptimo el *Facundo*.

Ambos tipos de estudios sociológicos —general y particular— pueden estar tarados por el error, la parcialidad o ser unilaterales; lo indispensable es que posean un criterio de interpretación, una visión sintética. Un estudio de sociología puede no ser exacto; pero una crónica desarrollada a través de impresiones subjetivas no puede ser de ninguna manera un libro de sociología.

Las dos obras cardinales de Sarmiento tienen unidad de orientación y dejan una enseñanza precisa. Son, efectivamente, dos loables ensayos de filosofía de la historia; la segunda, *Conflicto y armonías*, tiene, en rigor, pretensiones más propiamente sociológicas.

Su pensamiento muestra dos etapas; en cada una de ellas acentuó el relieve de uno de los dos grandes factores de nuestra evolución sociológica.

Es necesario recordar que Sarmiento se educó en las ideas sansimonianas, lo mismo que Echeverría, Alberdi, López, Mitre y Gutiérrez; en 1840 ése era su credo y juraba por Leroux, lo mismo que toda la joven Generación Argentina. En la escuela socialista adquirió el sentido del realismo histórico, que fue la base de toda su evolución mental ulterior. Sus escritos de Chile trasuntan ese influjo,[13] que también sintió Vicente Fidel López, su compañero de emigración.

Otra corriente de ideas presionó el ánimo de los jóvenes. La filosofía de la historia florecía en Europa, desde la resurrección de Vico; en Francia divagaban Chateaubriand, Michelet, Quinet. Al mismo tiempo, en Estados Unidos obtenían ruidoso éxito algunas novelas de costumbres nacionales, que fueron, sin duda, las que encendieron en Sarmiento el deseo de escribir su *Facundo*. Las discusiones sobre las razas y la influencia del medio estaban de moda; el progreso y la perfectibilidad social inspiraban apasionadas profecías; el proletariado y el dogma de la igualdad estaban en el léxico usual de los partidos radicales. De todo ello se encuentran ecos en *Facundo*, el libro más argentino por su ambiente y sus personajes, pero el más europeo por su espíritu y por su doctrina.

Seguir la evolución de las ideas de Sarmiento desde *Facundo* hasta *Conflicto* es tarea difícil en extremo: lee siempre y sin cesar se renueva, abrevándose en las fuentes más diversas, acomodando lo que sabe a las variables situaciones políticas, corriéndose de uno a otro extremo de su vasto repertorio intelectual de acuerdo con exigencias de la polé-

---

[13] Véase Ingenieros: "Los sansimonianos argentinos", en *Revista de Filosofía*, 1916.

mica militante. Es indudable, sin embargo, que su primer viaje[14] a Europa y Estados Unidos (1845-1847) le entreabrió horizontes nuevos y fijó las dos ideas básicas de su pensamiento social: *educación* e *inmigración*. Así lo reconoce en su violenta polémica con Alberdi, singular duelo entre un elástico esgrimista y un atleta de coliseo. "Mi viaje a Europa tenía por objeto estudiar, bajo mi punto de vista, las cuestiones de interés público que me interesaba conocer. Dos *Bases* había sospechado para la regeneración de mi patria: la educación de los actuales habitantes, para sacarlos de la degradación moral y de raza en que han caído, y la incorporación a la sociedad actual de nuevas razas. Educación popular e inmigración. He seguido estas dos ideas; he viajado para aclararlas, perfeccionarlas y hacerlas prácticas. En prosecución de ambas, me arrastré, debo decirlo, pues el dinero me escaseaba, a los Estados Unidos, y de lo que allí vi y examiné dan cuenta clara todos mis posteriores escritos. Educación popular, economía política, federación argentina, *Monitor,* todo parte de ahí."[15]

¿Qué escribe Sarmiento a su regreso? Léase *Argirópolis.* Hoy hay cien mil europeos —dice— en el Río de la Plata; dentro de cinco años habrá un millón... Los pueblos civilizados se atraen y se buscan por afinidades de costumbres, de creencias, de clima, de idiomas... La emigración al Río de la Plata será, por eso, latina... Francia la representa en el mundo civilizado... y Francia debe pensar que el Río de la Plata será para las razas latinas lo que Estados Unidos para las anglosajonas.[16]

Ha aprendido mucho; para seducir a Urquiza, en quien todos los emigrados han puesto su esperanza, no le habla de la libertad ni del patriotismo. Su idioma es el mismo de Varela en *El Comercio del Plata,* el mismo de Alberdi en todos sus escritos de la época: *la libre navegación de los ríos* y la guerra al gobierno de Buenos Aires que tiene sometidos a los demás porque retiene *la aduana del puerto único.* Con la posible unión del Uruguay y el Paraguay propone formar los "Estados Unidos de la América del Sud", salvando las dificultades de ubicar la capital mediante la formación de una Washington en la isla de Martín García.

¿Cuál era el principal fundamento de todas sus proposiciones? El mismo que domina en *Facundo:* el medio geográfico, como causa primera de todo posible desenvolvimiento económico y cultural.

La contemplación de ese hecho básico, y el espectáculo de la anarquía que devoraba a las naciones de Sudamérica, hízole meditar sobre la influencia que el medio había tenido en la constitución étnica de las

---

[14] Véase Sarmiento: *Obras,* v.
[15] Sarmiento: *Las ciento y una,* en *Obras,* xv, p. 225.
[16] Sarmiento: *Argirópolis,* en *Introducción.*

poblaciones; por una parte el clima había impedido que las razas
blancas se aclimataran en la zona tropical y por otra los fines mismos
de la conquista española habían excluido toda posibilidad de constituir sociedades de tipo europeo. Los sudamericanos no eran blancos,
sino mestizos y mulatos; en esa condición inferior creyó descubrir el
origen de su incapacidad para la democracia civil, cuyas leyes escritas
copiaban en vano de Francia o de Estados Unidos. Para desenvolver
este pensamiento escribió *Conflicto y armonías de las razas en América*.

3. CONFLICTO DE LAS RAZAS EN LA AMÉRICA COLONIAL

El descubrimiento de América puso en contacto dos razas, o grupos de
razas, que representaban etapas distintas de la evolución humana. La
caucásica había alcanzado un desarrollo cultural, político y económico
superior al de la indígena, que sólo en algunos núcleos estaba conden-
sada en imperios relativamente civilizados. Los blancos emigrados de la
Europa feudal, en la hora de transformarse ésta por la Reforma y
el Renacimiento, pisaron como conquistadores el continente poblado
de tribus de color agrupadas en sociedades primitivas.
   Ese contacto de razas desigualmente evolucionadas produjo en la
América del Sud el primer conflicto, cuyo resultado fue el sometimiento de los indígenas. El triunfo de los exiguos elementos étnicos
superiores fue laborioso y durante el coloniaje se limitó a una sumisión
de las razas autóctonas; la promiscuación, en un largo mestizaje de
blancos e indias, nunca fue total, ni tuvo caracteres niveladores. El
predominio étnico de la raza conquistadora fue efectivo por obra de sus
descendientes, que al comenzar el siglo xix vivían en los centros urbanos; ellos concibieron y realizaron la revolución de la independencia.
   Este problema racial dio tema a Sarmiento para su *Conflicto y
armonías de las razas en América*, complementando la doctrina del
medio desarrollada en *Facundo* y generalizando sus estudios a toda la
América española; "en *Facundo* limitaba mis observaciones a mi propio
país; pero la persistencia con que reaparecen los males que creíamos
conjurados al adoptar la Constitución Federal, y la generalidad y
semejanza de los hechos que ocurren en toda la América española,
me hizo sospechar que la raíz del mal estaba a mayor profundidad
que lo que accidentes exteriores del suelo dejaban creer". Los males de
estos países no eran puramente errores políticos, ni dependían en exclusivo de las condiciones de su naturaleza; radicaban más hondamente,
en la mestización "gaucha" de indígenas y españoles.
   Sarmiento comienza preguntándose ¿qué es la América? y ¿qué

somos los americanos? Para llegar a una respuesta, circunscribiéndose a nuestro país, procura "reunir los datos de que podemos disponer para fijar el origen de la actual población de las diversas provincias en que está dividido el territorio argentino, en cuanto baste para darnos una idea de su carácter y estado social, al tiempo de la conquista, y de los efectos que ha debido producir la mezcla de la raza cobriza como base, con la blanca y negra como accidentes, según el número de sus individuos" (cap. I). Conforme a ese plan examina la difusión, adelanto, psicología y mestización de las razas quichuas, guaraní y arauco-pampeana, de acuerdo con las ideas corrientes en su época acerca de la etnografía argentina. Como factor accesorio estudió la importación a América de la raza negra, cuya influencia fue más acentuada en Brasil, Cuba y Estados Unidos.

Los cuatro capítulos siguientes están contraídos a estudiar la colonización española: los cabildos, el derecho y la administración coloniales (cap. II); las ideas retrógradas hispano-coloniales, la inquisición como institución civil y el bagaje intelectual de los colonizadores (cap. III); la situación de España y la psicología de los españoles al emprender la conquista, la degeneración política y moral de la metrópoli por obra de sus gobernantes teocráticos, los resultados de su fanatismo religioso, su política colonial (cap. IV); el virreinato de Buenos Aires y los gérmenes de su disolución (cap. V).

El estudio de la conquista española en Sudamérica adquiere mayor significación mostrando su contraste con la colonización inglesa en Norteamérica. "Hemos analizado el cuerpo social que la colonización española dejó formado de la mezcla de dos razas de color con su propia estirpe, en esta parte del continente únicamente descubierto. Sin embargo, esta parte no es toda América... Antes de entrar, pues, al examen de los cambios políticos y civiles producidos por la independencia y la creación de autonomías y nacionalidades sudamericanas, necesitamos traer a la vista del lector el cuadro general del movimiento y marcha de las ideas en el otro extremo de esta América, a fin de que se vean venir, dirémoslo así, las nuevas corrientes que como los grandes ríos que fluyen de fuentes lejanas, y de opuestos rumbos, llegan al fin a incorporar sus caudales formando en adelante el estuario que recibe nombre nuevo, desaguando majestuosamente en el océano. Tal como el río Uruguay se confunde a cierta altura con el Paraná, para formar El Plata, así ambas Américas, moviéndose con movimiento diverso, pobladas por nacionalidades distintas, acaban por ser una América." Examina, en consecuencia, las costumbres, las ideas y la moral de los puritanos, los quákeros, los caballeros, los padres peregrinos, todos los acarreadores de civilización que se establecen en la Nueva Inglaterra, para fijar en esos elementos el punto de arranque

de su futura constitución política y social. Sarmiento comparte la
opinión de que "un hombre no es el autor del giro que toman sus
ideas; éstas le vienen de la sociedad; cuando más, el autor logra darles
forma sensible, y anunciarla". Por eso no atribuye la Constitución
norteamericana a Washington ni a Hamilton, sino a caracteres de
raza propios de los puritanos y los quákeros.

El resultado de este parangón entre las dos colonizaciones fue, para
Sarmiento, la evidente inferioridad de la raza española, causante de
todos los males sudamericanos, ya fuese por sus propias ineptitudes,
ya por su incapacidad de elevar el nivel social de los indígenas y los
mestizos. Es indudable que en su extraordinaria simpatía por las costumbres y las instituciones norteamericanas tuvo grande influencia
Tocqueville; no fue menor la de Buckle sobre su juicio acerca de la
absoluta inferioridad de todo lo español, que fue una de sus ideas más
firmes, rara vez mitigada por tibios elogios de mera cortesía literaria
o conveniencia diplomática accidental.

La diferencia étnica se resolvió, en suma, en una disparidad de
civilizaciones; la desigual evolución de las metrópolis se reprodujo
en sus colonias de América. Sarmiento no cayó —como es frecuente— en el error de juzgar el coloniaje español ateniéndose a la copiosa
y complicada legislación de Indias, cultivada en España como simple
deporte literario y sin la más remota intención de aplicarla, salvo en
lo que ella tendía a salvaguardar los tesoros amasados con sangre de indígenas. Ni en esto fue totalmente aplicada, sin embargo; la más vasta
empresa comercial de los tiempos modernos, la Compañía de Jesús,
consiguió establecer un imperio autónomo y perfectamente industria-
lizado, derivando hacia sus arcas sendos millones que escapaban a la
vigilancia de la real hacienda. Leyes excelentes y prácticas abomina-
bles; tal fue la realidad. Así la muestra V. F. López en una feliz reconstrucción de la vida colonial;[17] y estuvo en lo cierto Groussac al escribir
su sentencia firme: "nada más ilusorio que el criterio de algunos historiadores, según el cual se describe el estado del virreinato por su legislación escrita".[18]

La diversa finalidad moral y económica de ambas colonizaciones
engendró el problema grave de la mestización hispano-indígena en
Sudamérica, desconocido, o poco menos, en la del Norte, que desalojó
a los indígenas y soportó la vecindad de la raza negra importada, sin
mezclarse con ella. Por eso, mientras en el Norte una raza europea
engendra una sociedad europeizada, en el Sur una raza euro-africana
se mezcla con la indígena para constituir un conglomerado en que se

---

[17] V. F. López: *La novia del hereje.*
[18] Groussac: *Liniers,* p. 40.

suman sus taras. La conquista española, dice Sarmiento en sus conclusiones, se distingue "en que la hizo un monopolio de su propia raza, que no salía de la Edad Media al trasladarse a América, y que absorbió en su sangre una raza prehistórica servil".[19] En su carta a Mr. Noa,[20] pone de relieve la influencia que tuvo la incorporación de los indígenas a la vida nacional. Y en toda la obra esas ideas encuentran desarrollo profundo, dándoles cardinal importancia.

La formación de la sociedad colonial resultaría, por consiguiente, incomprensible sin el conocimiento previo del medio físico y de las razas que en él se refundieron; ése fue el estudio que Sarmiento acometió en sus grandes líneas, aunque no pudo realizarlo en forma completa.

En esa época empiezan a fijarse en la mentalidad criolla algunos caracteres que definen su psicología.

El culto del coraje individual y el sentimiento de la grandeza del país no pudieron escapar a Sarmiento: "Este hábito de triunfar de las resistencias, de demostrarse siempre superior a la naturaleza, de desafiarla y vencerla, desenvuelve prodigiosamente el sentimiento de la importancia personal y de la superioridad. Los argentinos, de cualquier clase que sean, civilizados o ignorantes, tienen una alta conciencia de su valor como nación; todos los demás pueblos americanos le echan en cara esta vanidad y se muestran ofendidos de su presunción y arrogancia." Esta observación, hecha ya en *Facundo* y desenvuelta en escritos posteriores, fue confirmada por Juan A. García en *La ciudad indiana*.

La pereza fue señalada por Sarmiento como otra de las características psicológicas del criollo hispano-indígena; encuentra sus raíces en la indolencia castellana y en el hidalgo desprecio por el trabajo, en cualquiera de sus formas productivas. Alberdi la analiza con igual criterio, en los primeros capítulos de sus *Estudios económicos*; García intenta explicarla en *La ciudad indiana*; Bunge considera, en *Nuestra América*, que ella es la raíz del trinomio psicológico de los hispanoamericanos.

Otro factor psicológico determina la desigualdad entre la colonización inglesa y la conquista española: el religioso. Sarmiento le asigna gran importancia en *Conflicto y armonías*, lo que no es de sorprender si se tiene presente que la obra fue escrita en una época de ruda batalla contra la reacción clerical.

Para Sarmiento había dos Europas: la una medieval y la otra moderna. La primera, con España a la cabeza, había resistido a la

[19] Sarmiento: *Conflicto*, II, p. 415.
[20] Sarmiento: *Conflicto*, I, pp. 333 y ss.

Reforma y el Renacimiento; la otra, con los pueblos anglosajones en primera fila, había escuchado a Lutero, a Galileo, a Bacon, a Descartes, según los países. En la una todo le parecía teocracia, inquisición y feudalismo; en la otra todo le sonaba a progreso, libre examen y democracia. La civilización yanqui fue obra del arado y de la cartilla; la sudamericana la obstruyeron la cruz y la espada. Allí se aprendió a trabajar y leer; aquí a holgar y a rezar.

Del contraste surgen naturalmente sus conclusiones: la desigual influencia de las razas conquistadoras en ambas Américas y el desigual resultado de su actitud frente a las razas indígenas.

Estos modos de ver, aunque comunes a todos los pensadores de América, no tuvieron antes de Sarmiento una expresión más explícita. Acostumbrado a decir toda la verdad que pensaba, y tal como la pensaba, no empleó circunlocuciones al hablar del coloniaje español; su originalidad consistió en no mentir en un asunto en que muchos mentían y mienten en homenaje a la confraternidad hispano-americana del siglo xx, como si los españoles de hoy pudieran ofenderse por lo que hicieron los oprobiosos monarcas e inquisidores de "la España negra".

Recordemos que, bajo este aspecto, Sarmiento engendró un discípulo eminente, Agustín Álvarez: compartió todas sus simpatías y estudió los problemas que Sarmiento había planteado, enriqueciendo nuestra bibliografía sociológica con varios libros de interés desigual, pero todos profundamente educadores.[21]

En general, Sarmiento estaba en lo cierto. Sin embargo, al estudiar la conquista hispano-americana, pudo y debió hacer una pequeña salvedad respecto del Río de la Plata. La habían señalado vagamente Mitre y López, pero es Groussac quien la ha puesto más de relieve, en párrafos que merecen recordarse.

"Evidentemente, los conquistadores rioplatenses no diferían, en bien ni en mal, de los compañeros de Cortés o Pizarro; no debe, por lo tanto, buscarse en los hombres, sino en las cosas, las razones primordiales que, aun antes de las grandes avenidas inmigratorias, imprimieron a esta colonización una forma y un giro tan distintos de los que ella presenta en México y el Perú. Huelga señalar características que son a todos familiares: desde el principio, los metales allá, aquí el pastoreo, marcaron la divergencia de rumbos que con los años se había de acentuar. Empero, la estancia y el laboreo minero no eran sino los indicios hereditarios de dos estados sociológicos preexistentes, correspondiendo el uno a la vida salvaje y nómada de la tribu cazadora, el

---

[21] Especialmente: *South América, ¿Adónde vamos?, Manual de patología política, La transformación de las razas en América,* etcétera.

otro a la estructura relativamente civilizada, de ricos y populosos imperios. De estas semicivilizaciones ya decadentes, la conquista no cambió al pronto sino el gobierno y la religión; mejor dicho, los ritos, pues las antiguas supersticiones sobrevivieron bajo el disfraz y nombres del culto nuevo. Todo lo demás: lengua, tradiciones, industrias, gustos, hábitos, o sea la idiosincrasia de la raza, quedó por mucho tiempo casi intacto. Y siendo así que aquel alma étnica se hallaba difundida, no obstante la espantosa mortandad indígena, en una población nativa mil veces más numerosa —durante el primer siglo, al menos— que el grupo consquistador (éste, por otra parte, casi todo varonil), fue consecuencia fatal de los mestizajes sucesivos a expensas del elemento superior la disolución completa de éste en una masa ambiente que, permaneciendo casi inalterada, vale decir, refractaria a todo progreso innovador, había de constituir el óbice más grave al desarrollo normal de la nación moderna.

"Entretanto, se iniciaba con la conquista argentina un proceso colonial que podría, en sentido nato, calificarse de contrario al anterior, siendo debido no sólo a la ausencia de aquel impedimento étnico, sino también a la presencia de otros elementos físicos propicios. La templada salubridad del clima y la admirable fertilidad del suelo apenas representaban entonces factores virtuales de riqueza, sin valor actual en poder de las tribus errantes que vivían penosamente de la caza o la pesca, no practicando sino por excepción el más elemental cultivo. Míseras y raleadas por el hambre, si bien no envilecidas como los rebaños aztecas o peruanos, por secular esclavitud, esas parcialidades bravías habían de retroceder ante la conquista y ganar el desierto, dejando el campo libre al poblador. Las menos ariscas, sin embargo, aceptaban, poco a poco, la coyunda de la encomienda pastoril y agrícola, aliviada por el caballo compañero; y, rancheando en torno de las poblaciones cristianas, daban origen, por su mezcla gradual con ellas, a esta casta criolla de la llanura argentina: robusta, erguida, vivaz, cuyo tipo morisco, depurado en cada generación por un nuevo aflujo de sangre europea, llegaría a ser, en tres siglos de enriquecimiento selectivo, la más bella variedad americana de la raza latina.

"Puede, por lo tanto, el patriotismo argentino bendecir el primitivo desamparo de esta comarca, que la brindó a los conquistadores pobre y desnuda, pero despejada de la impurgable hipoteca indígena, que había de gravitar perennemente sobre la suerte histórica de otras, al parecer más favorecidas. En esta inmensa *tabula rasa*, similar —por una coincidencia presagiosa— a la de los Estados Unidos, y cuya escasa población nativa era tan prescindible como su fauna, inicióse obscuramente, bajo la doble acción, a la vez plasmadora y plástica, del medio sobre el colono y de este mismo sobre aquél, el experimento de naciona-

lización más vasto y prolongado que entre razas latinas se haya instituido, el cual, después de resistir la prueba azarosa de la Independencia, acaba de celebrar su éxito triunfal y definitivo." [22]

Por análogas razones el núcleo propiamente rioplatense difería étni-
camente del resto de lo que fue más tarde el Virreinato del Río de la
Plata. Buenos Aires y sus alrededores tenían, a fines del siglo XVIII, una
población compuesta por partes iguales de blancos (y criollos-blancos)
y negros (y mulatos), siendo insignificante la proporción de indios;[23] el
Lazarillo de ciegos caminantes y el censo de Vértiz consideran mayor
la población de blancos, acaso porque gustaban de creer que lo eran
los mulatos y mestizos claros. La composición étnica de la ciudad-
puerto ha sido ya bien analizada y basta comparar las fuentes más
conocidas para tener una aproximada impresión del conjunto.[24] Como
de costumbre, las descripciones de V. F. López son las más interesantes
y expresivas, aunque numéricamente resultan las menos aproximadas.

Fuera de la reducida zona rioplatense el cuadro étnico era totalmente distinto. Con excepción de Potosí o Charcas, donde eran más,
los blancos europeos se contaban por docenas en cada "pueblo"; se
llamaba blancos nativos a los mestizos bastante refinados de sangre.
En el Alto Perú, el Tucumán y el Paraguay, eran menos proporcionalmente que en el Río de la Plata; el clima, poco favorable a la
adaptación de los blancos, hacía prevalecer el tipo indígena sobre
el europeo, dando a la gran masa de los mestizos los caracteres de las
razas autóctonas.

Disgregados el Paraguay y el Alto Perú, donde la depuración étnica
no era posible, quedaron las campañas argentinas pobladas por esa
mestización colonial, más blanca en la zona fría, de Mendoza a Montevideo, más cobriza en los lindes de la zona tropical. Todos los habitantes de las campañas que hablaban español se llamaban "criollos"
o "hijos del país", hasta que la Revolución formó con ellos milicias
de a caballo, al servicio de las pequeñas oligarquías blancas. Es tradicional la fama de los "gauchos" y con este nombre merecen pasar a
la historia.

La revolución social argentina, de 1810 a 1850, es un proceso continuo de sobreposición de las campañas pastoras a las minorías urbanas.
La sociedad feudal y gaucha tuvo su personaje representativo en Rosas.

[22] Groussac: *La Expedición de Mendoza* (Anales de la Biblioteca, VIII,
pp. 11 a 13).
[23] Véase *Diario de Aguirre* (Anales de la Biblioteca).
[24] Mitre: *Hist. de Belgrano*, I, cap. 1; López: *Hist. Argentina*, I, cap. XXVI;
Mitre y López: *Controversia histórica*; Groussac: *Liniers*, pp. 35 y *ss.*; Alberto B. Martínez: *Censo Nacional de 1914*.

4. INFLUENCIA DE LAS RAZAS EN LA CONSTITUCIÓN POLÍTICA
   DE AMBAS AMÉRICAS

Los antecedentes étnicos explican, según Sarmiento, la desigual aptitud de ambas Américas para el uso de la libertad política, la práctica de la democracia y el desenvolvimiento de las instituciones libres. Para estudiar la "insurrección americana" de 1810 (cap. VIII), cree necesario comparar previamente el grado de cultura política, es decir, de conciencia nacional, alcanzado por los pobladores de las colonias inglesas y españolas.

El levantamiento de las primeras, que se resolvió muy luego en su emancipación, fue la defensa de un derecho político, bien comprendido y habitualmente practicado por los colonos: Inglaterra quiso imponer contribuciones sin el consentimiento de las asambleas constituidas por los que debían pagarlas. Se discutió, pues, un punto de derecho constitucional: "sostenían los ingleses americanos que el derecho inherente a la raza, inalienable como la sangre del inglés, es no pagar impuestos que no hayan sido sancionados por la asamblea que los representa en virtud de nombramiento y elección del diputado, como habían sido electos y nombrados por cada burgo elector de Inglaterra los miembros de la cámara; y que los ingleses nacidos en este lado de América no habían delegado ni enviado representantes para decretar un impuesto. Éste era, en efecto, el principio inglés; lo es de todos los países, y forma parte de las instituciones o de la conciencia pública. El parlamento se obstinó, el rey y la corte se indignaron, los políticos sostenedores del gobierno (los tories) hicieron suya la demanda, y estando la Asamblea de las trece colonias resuelta a resistir, y habiendo decretado un congreso reunido al efecto, estalló la guerra, siguió con regularidad y vicisitudes varias, hasta que vencidos los ingleses, y aún capitulados sus ejércitos, fuerza fue firmar la paz y reconocer la independencia de los Estados Unidos".

Esto sucedió en 1783; habríase retardado la época de la emancipación norteamericana con sólo no imponer pechos indebidos al Parlamento. Las colonias, al hacerse independientes, eran ya capaces de gobernarse por sí mismas; habían practicado durante dos siglos el régimen representativo y estaban maduras para desenvolver la democracia, mediante instituciones libres.

La emancipación sudamericana, favorecida por el general descontento de los criollos ante el desgobierno español, y estimulada por alguna infiltración de las doctrinas de la Enciclopedia y de la Revolución francesa, tuvo caracteres de improvisación y de sorpresa. Sólo era indudable el deseo de aprovechar una ocasión propicia para substituir la administración peninsular por una administración local. La

caída de Fernando VII despertó iniciativas similares en varios puntos
de la América española, sin que obraran de concierto los colonos de las
diversas regiones. "Casualidad era sin duda que llegase a Buenos Aires
tan retardada la noticia, al mismo tiempo que llegaba igualmente
retardada a Cartagena de Indias; pero el intento de aprovechar de la
coyuntura, como la forma de hacerlo, sin estar los americanos de distintos puntos entendidos entre sí, es el indicio de que el movimiento era
producido por ideas generales, independientes de circunstancias locales,
y sólo explicable por el sucesivo desarrollo de ideas que parten de
orígenes comunes, históricos, lejanos. . ."

"Cada sección americana de las que quedaron divididas en Estados
después de destruida la dominación española en América, se for-
jó, desde luego, para darse aires de nación, una leyenda popular que
hace que sus abuelos, acaso sus deudos, preparasen la revolución y
aún concertasen la manera de llevarla a cabo.

"Con las tentativas frustradas en Charcas, México y otros puntos,
la simultaneidad del movimiento en lugares tan diferentes como Buenos Aires y Cartagena, ciertos como estamos ahora de que no hubo
concierto, tenemos que aceptar una causa más general, más independiente de la voluntad de cada uno; y debe añadirse que esa causa
obraba sin consideración a las ideas prevalentes en los mismos pueblos
que ejecutaban los hechos." La independencia estaba en la atmósfera,
como resultado de la incapacidad política y administrativa del gobierno español; venía señalada en la cronología de los tiempos, porque
ya se había emancipado la del Norte; la estimulaban o la apetecían las
cultas minorías de nativos, porque se consideraban capaces de substituir
con ventaja a los funcionarios españoles en el manejo de los intereses
de la población.

Pero, en verdad, nadie sabía con certeza cómo y cuándo convendría organizar nuevas nacionalidades con la inorgánica población de las
colonias españolas. "Si la idea, pues, de la independencia venía por
inducción y como corolario de los Estados Unidos, los medios de obte-
nerla, la forma de gobierno que habría de suceder al de España, preocu-
paba poco a los ánimos de los que en cada gobernación se preocupaban
de estas cosas que debían venir necesariamente, porque el éxito feliz de
la emancipación de la parte norte de la América, y la fácil expulsión
de los ingleses de Buenos Aires, con sólo intentarlo, no obstante sus
once mil hombres, daban por sentado que hacerse independientes era
serlo, con sólo quererlo.

"De ahí provenía que nadie, o pocos, se apasionasen por la forma
de gobierno; no se profesaban doctrinas muy claras sobre la división de
poderes ni la representación del pueblo, porque el Cabildo abierto sólo
admite los notables de la ciudad, apartando al pueblo del lugar de la

reunión, como lo repiten las actas de la época. En el pueblo vendrían indios, negros, mestizos y mulatos, y no querían abandonar a números tan heterogéneos la elección de los magistrados, si éstos habían de ser blancos, de la clase burguesa y municipal." Los elementos menos quietos, movidos por un ardoroso espíritu innovador, chocaron desde el primer momento con las personas de juicio maduro y sentimientos conservadores. En todas partes un núcleo de jóvenes europeizantes quiso hacer una Revolución francesa en miniatura, mientras una sólida masa de hombres prudentes se limitaba a aprovechar el movimiento, mirándolo como un simple cambio de autoridades administrativas y jurando siempre su devoción al cautivo Fernando VII.

Tal es el cuadro de la revolución en ambas Américas. Allá un selecto núcleo de raza blanca lucha en defensa de un derecho; acá la raza mestiza se agita en un levantamiento desordenado, sin concepto firme de sus aspiraciones. Mientras en el Norte los hombres se inspiran en las "producciones sobrias y racionales" de Thomas Payne, el *sentido común y los derechos del hombre*, en el Sud, el secretario de una junta, "joven doctor de veintidós años", emprendió la traducción del *Contrato social* de Rousseau, que, al decir de un enviado norteamericano, "es difícil saber si fue más benéfica que perjudicial; estaba destinada a crear políticos visionarios y crudos, no teniendo por base la experiencia, con lo que cada hombre tendría su plan propio de gobierno, mientras que su intolerancia por la opinión de su vecino probaba que todavía algunas de las cardas del despotismo estaban adheridas a él".

Mientras en el Norte una gran nación surgía como consecuencia natural de sus antecedentes étnicos y políticos, en el Sud se preparaban la anarquía y el caos, resultado de otros antecedentes no menos naturales.

El feudalismo español se continúa en el caudillismo americano; las masas indígenas y mestizas constituyen la materia política que manejan los caudillos. Los núcleos de población blanca y europeizante descienden a usarlas como instrumento de predominio, o son aplastados y proscriptos cuando no se resignan a hacerlo.

El conflicto de las razas en Sudamérica fue agravado por la participación dada a los indígenas en la vida política de las nacientes nacionalidades; ellos acentuaron la "barbarie" gaucha contra la "civilización" urbana.

La falta de cohesión moral y política en las poblaciones sudamericanas, durante el coloniaje, tuvo, en suma, causas geográficas y causas étnicas, reflejándose naturalmente en la ausencia de intereses económicos comunes, organizados. La anarquía política coexiste con la anar-

quía económica de las sociedades pastoras. Ya, en *Facundo*, lo había
entrevisto Sarmiento: "En las llanuras argentinas no existe la tribu
nómada; el pastor posee el suelo con títulos de propiedad, está fijo
en el punto que le pertenece; mas para ocuparlo ha sido necesario
disolver la asociación y derramar las familias sobre una inmensa superficie. Imagináos una extensión de dos mil leguas cuadradas, cubierta
toda de población, pero colocadas las habitaciones a cuatro leguas de
distancia unas de otras, a ocho a veces, a dos las más cercanas... La
sociedad ha desaparecido completamente; queda sólo la familia feudal,
aislada, reconcentrada; y no habiendo sociedad reunida toda clase de
gobierno se hace imposible."

He ahí, en pocas líneas de Sarmiento, la clave de la anarquía: los
habitantes viven desunidos *y no tienen necesidades públicas que satisfacer*. Ése es el engranaje económico de toda la época: no hay comunidad de intereses. En esas condiciones de ambiente el hombre sólo
está vinculado por sus sentimientos de simpatía, sólo obedece a la
sugestión del coterráneo más prestigioso por sus cualidades personales;
una razón única asocia esas fuerzas dispersas: el vago sentimiento defensivo contra un enemigo común, verdadero o imaginario.

La raza colonizadora de Norteamérica había "organizado" la vida
económica, que siguió prosperando después de la independencia; la
raza que se mezcló con las indígenas del Sur se limitó a "explotar"
las riquezas antisociales que persistieron después de la revolución.
Allá la raza conquistadora introdujo la virtud del trabajo; aquí se
limitó a vegetar en la burocracia y el parasitismo.

Durante el período anárquico, la principal fuente de recursos económicos consiste en la libre reproducción de las haciendas o en un
pastoreo primitivo, a cuyo lado la agricultura es una ocupación poco
extendida y el comercio o las industrias se conservan rudimentarias.
El pastoreo está lejos de ser una industria pecuniaria; es, apenas, una
forma natural de aprovechar la riqueza de los pastos que nadie siembra: "la cría de ganado no es la ocupación de los habitantes, sino
su medio de subsistencia" (*Facundo*, p. 29). El gaucho, en efecto, no
trabaja; la familia rural prepara al hombre para la montonera: en ese
ambiente, con tal naturaleza, criados sobre el caballo, sin obligaciones
de trabajo, no es posible ninguna organización colectiva de la vida
económica política. Cuando un hombre más prestigioso que otros
enarbola su pendón de aventuras y de pelea, le rodean sus amigos y
los amigos de éstos; he ahí la montonera. El mismo engranaje asocia
a los pequeños caudillos montoneros en torno de otro caudillo a su
vez más prestigioso. Así tenemos de nuevo planteada la fórmula: donde
faltan ideas políticas e intereses económicos definidos, los hombres se
agrupan por razones de influencia y de prestigio personal. Sobre esa

base se yergue todo el sistema caudillista. Hay evidente concordancia entre ese estado social y el feudalismo; el caudillo montonero es un señorzuelo sin título, con un rancho o una estancia por castillo, que va rodeado por sus vasallos a defender las armas de su rey: Artigas, Facundo, Ramírez. En cierto momento sobreviene un Rosas, empuña todas las riendas y llena un largo ciclo de nuestra historia.

Este concepto de la organización de la "barbarie" hispano-indígena contra la "civilización" europeizante, reaparece muchas veces, incidentalmente, en *Conflicto y armonías*. En el primer volumen, único publicado por Sarmiento en la forma que conocemos, el problema queda planteado sin resolver.

El último capítulo (IX), "Los indígenas a caballo", examina la formación social de los caudillos y de las montoneras; el caballo adquiere una significación eminente en la historia política de estos países. La raza indígena aprende a montar, el indio se hace jinete, la indiada se reúne en montoneras para seguir a los caudillos, y toma así parte en las desventuras políticas americanas. Los indígenas a caballo conviértense en los enemigos de la civilización; de esa manera, en ciertos momentos del conflicto de las razas, la "barbarie" aparece predominando sobre la "civilización", persiguiéndola, proscribiéndola. La herencia española triunfa con los caudillos que encabezan "ejércitos de indios y mestizos"; en la vida política se ve "la cooperación de la raza blanca suprimida"; y —como en Francia, según Taine— afirma Sarmiento que la revolución "cayó en manos de una conspiración de bandidos". Es la anarquía del año veinte.

Punto este del mayor interés, quedó trunco en el libro de Sarmiento. En toda América se repitió, de tiempo en tiempo, el mismo hecho calamitoso: "Paralela a la Revolución de la independencia principió una revuelta de las razas indígenas, suscitadas por los Coriolanos perversos que se separaron de los propósitos e instintos civiles de su raza, para encabezar en provecho propio las resistencias, los rencores y las ineptitudes civiles de los indígenas, no preparados para la vida civil ni para las instituciones libres, a que aspiraban los blancos entendidos y en contacto con el mundo exterior.

"Esta revuelta no ha creado las instituciones que poseemos, hijas del espíritu liberal de la raza blanca, pero está inutilizándolas en la práctica todavía, después de setenta años, por la misma incapacidad de tomar parte regular y racional en la organización y funcionamiento del gobierno civil, ponderado y responsable" (p. 292).

Los indios habían sido usados como auxiliares bélicos en la época colonial; algunos miles de ellos cooperaron a la reconquista de la colonia, contra los portugueses. Al producirse la revolución, fueron solicitados con igual empeño por los realistas y por los insurrectos, especialmente en las zonas donde constituían la casi totalidad de la población, como el Alto Perú; el mismo congreso de Tucumán, en que predominaban los altoperuanos, creyó de buena política atraerlos a su causa para favorecer las operaciones del ejército del Norte, no desdeñando traducir al quichua y al aymará los documentos fundamentales de la independencia, con el resultado negativo que nadie ignora.

No pudo, felizmente, convertirse la guerra de la independencia en una guerra de razas, levantando a los indios contra los blancos; los únicos que se interesaban en el asunto eran los mestizos, en cuyos labios el amor a los indios significaba cierto odio contra los blancos. A esos mismos mestizos de las campañas pastoras se dirigieron los "Coriolanos" de que habla Sarmiento, cuando intentaron ahogar en sangre el nuevo espíritu civilizador que alentaba a las pequeñas minorías ilustradas.

Eso tenía su lógica en los países tropicales, desde México hasta Bolivia; los indios estaban allí perfectamente adaptados al clima y conservaban los hábitos de trabajo sedentario que habían sido propios de sus sociedades precolombinas. En el Río de la Plata, en cambio, lo mismo que en los Estados Unidos, los indios eran nómadas y guerreros, incapaces de adaptarse a la vida de los colonizadores.

Sin que hubieran sentido el influjo de los blancos, "nuestras tribus, entregadas a sí solas, poco habían mejorado su estado primitivo. Ahí están todavía: han pasado tres siglos, y bien lejos se encuentran del estado social de los quichuas en la época de la conquista".[25] Esos indios, o sus caciques, mantenían relaciones de menudo intercambio con los señores feudales fronterizos, que por el género de vida pastoril se compenetraban de su mismo espíritu antisocial, mirando con torvo ceño a los hombres cultos de las ciudades.

¿Sarmiento había exagerado en *Facundo*? Así lo afirmaba Alberdi, en defensa de las provincias contra Buenos Aires, asegurando que sería ciega toda política que no se apoyara en las campañas, desde que ellas constituían la única palanca de nuestra organización y progreso.[26] La objeción era justa. Sarmiento le hizo notar que ésa había sido la fuerza del partido conservador, aquí y en toda América, siendo este partido el de Rosas y no el de los emigrados; la lucha contra la tiranía había sido hecha por la minoría progresista y liberal contra la mayoría conservadora y clerical. Pensar de otro modo, le parecía abdicar de sus principios. "Desde luego, declaro que me separo del partido conservador. Yo no he buscado jamás el progreso en esa base, ni la organización tampoco. Ya nos la dieron en Rosas; ya el experimento está hecho. Apoyado en los campos, en los caudillos,

[25] A. Lamas: *Rivadavia*, p. 184. (Reedición de 1916.)
[26] Véase Alberdi: *Cartas quillotanas*.

en los bandidos, bandido él mismo, ha dado todo lo que podía dar su base de progreso. ¿Quiere usted que se repita el ensayo? Repítanlo en hora buena, pero, al menos, no me prostituya yo, ni me manche en los crímenes necesarios para dar a esta palanca de progreso mayor acción." [27] Esas masas campesinas, en cuyo nombre se quería quitar a Buenos Aires su aduana, no le merecían a Sarmiento el mismo juicio que a sus adversarios. Para probar que no había exagerado en *Facundo*, reproduce la descripción que hacía Azara, en 1801, de las masas "conservadoras" que Alberdi invocaba como "palanca del progreso". [28]

[27] Sarmiento: *Las ciento y una.* Tercera.
[28] Azara: *Memoria inédita*, encontrada por el doctor don Gabriel Ocampo en una testamentaría de Buenos Aires.

"Tratemos de la segunda clase o de la gente campesina ocupada en la poca agricultura y principalmente en el pastoreo; aunque los más sean españoles, no reparan en servir de jornaleros, a la par con los indios y pardos o esclavos; ya sea por ser gente muy sencilla y de menos ventolera y vanidad, ya porque los trabajadores del campo tienen menos temor que puedan ocasionar vergüenza, ya porque sus tareas son conformes a sus preocupaciones y caprichos, que generalmente repugnan servir a la mano o inmediatamente. Los que son acomodados usan chupa o chamarra, chaleco, calzón, calzoncillo, sombrero, calzado y un poncho. Pero los peones o jornaleros y gente pobre no gastan zapatos; y los más no tienen chaleco, chupa, ni camisa y calzones, ciñéndose a los riñones una faja que llaman chiripá; y si tienen algo de lo otro es sin remuda, andrajoso y puerco, aunque nunca les faltan los calzoncillos blancos, sombrero, poncho para taparse, y unas botas de medio pie, que sacan de las piernas de los caballos y vacas; sus habitaciones se reducen, generalmente, a ranchos y chozas cubiertos de paja, con la puerta de palos verticales hundidos en la tierra, y embarradas las coyunturas sin blanquear, y los más sin puertas ni ventanas, sino, cuando mucho, de cuero. Los muebles son, por lo común, un barril para el agua, un cuerno para beberla y un asador de palo; cuando mucho agregan una olla, una mesita y un banquito sin manteles y nada más, pareciendo imposible que viva el hombre con tan pocos utensilios y comodidades; pero aún faltan camas no obstante la abundancia de lana.

"Por supuesto que las mujeres van descalzas, puercas, andrajosas, a semejanza, en todo, a sus padres y maridos, sin coser ni hilar nada; lo común es dormir toda la familia en el mismo cuarto; y los hijos, que no oyen un reloj, ni ven regla en nada, sino llanos, ríos, desiertos y pocos hombres desnudos y vagos, corriendo tras las fieras y toros, se acostumbran a lo mismo y a la independencia; no conocen medidas y arreglo para nada; no hacen alto en el pudor ni en las comodidades y decencia, criándose sin instrucción ni sujeción; y son tan soeces y bárbaros que se matan entre sí algunas veces con la misma frialdad que si desgollaran a una vaca.

"La experiencia les hace ver que cualquiera ladrón, contrabandista, indio infiel les roba la mujer y las hijas y los mata a ellos mismos quemándoles la casa; sin embargo, son muy raros los que posean una arma de fuego para defenderse, y si la tienen es casi inservible porque la aborrecen, sin más motivo, a mi ver, que el embarazo que les ocasionaría llevarla para correr, que es todo su embeleso. En fin, por lo que hace a instrucción, auxilios temporales y espirituales, en cuanto a vestidos, o, más bien, desnudez, y en cuanto a muebles, habi-

Muy poco había cambiado esa situación en medio siglo; no anduvo desacertado Sarmiento al sostener que *Facundo* era benévolo con "las campañas"; y tuvo el coraje de señalar como un delito la adulación de cuantos se proponían usar a los "gauchos" como instrumento de barbarización y despotismo.

De tiempo en tiempo, y con propósitos políticos militantes, solía hablarse en América de las razas indígenas, invocándose su tradición y sus intereses contra el peligro de la tutela europea o norteamericana. En los países vecinos de Estados Unidos esa bandera ha sido constantemente desplegada y siempre con éxito por los partidos opositores, aunque al llegar al gobierno prefieren mantener relaciones cordiales con el opulento monstruo y pasar la bandera a manos de los nuevos opositores. En el Río de la Plata esa actitud fue imposible; pero, en vez de ella, las clases conservadoras levantaron, con Rosas, la bandera del gauchismo contra el europeísmo, de las masas pastoras contra las minorías urbanas. Los caudillejos feudales tenían que mirar esa causa con simpatía, porque era la propia; su mentalidad difería de la urbana, no sólo en tiempos de Azara, sino más tarde, en los de Rivadavia y de Rosas. El gran caudillo se formaba desadaptándose a la sociedad urbana a que generalmente pertenecía: era un europeo agauchado, un blanco que encabezaba mestizos, un patrón de estancia o comandante de campaña que alzaba sus peones o milicias contra todo gobierno organizado: un señor feudal.

. El blanco de la ciudad se aviene a la organización social; en cambio, dice Lamas, "el hombre que se aleja y se va aislando en el despoblado a medida que va saliendo de la órbita del derecho social, va entrando en los dominios de la naturaleza y el derecho natural recupera su imperio".

Probable es que si Rosas hubiera hecho su educación en Europa y no en las estancias, habría sido un Alvear o un San Martín; y cualquiera de éstos, modelado en la vida de estancia, habría podido resultar un Rosas.

Es un problema de adaptación al medio. "Esto es tan verdadero —agrega Lamas—, que los europeos que salieron de la atmósfera de los centros en que se ejercía la acción directa y continua de la civilización a que pertenecían, continuando la fusión de las razas que prin-

---

taciones y comodidades, no llevan mucha ventaja a los infieles; sus asquerosas habitaciones están siempre rodeadas de montones de huesos y carne podrida, porque desperdician cuadruplicando los que aprovechan.

"La religión corresponde a su estado, y sus vicios capitales son una inclinación a maltratar animales y vacas con enorme desperdicio, repugnar toda ocupación que no se haga a caballo y corriendo, jugar a los naipes, la embriaguez y el robo, bien que estos últimos dominan también en las ciudades."

cipiaron los conquistadores, lejos de imponer los hábitos de su país tomaron los de los indígenas; ahí está el rancho de paja sin puertas que es el toldo; el *poncho* de los quichuas; las *boleadoras*; el idioma mismo, del que no sólo admitieron voces aisladas, sino que lo dejaron preponderante entre sus mismos descendientes en muchas localidades; el guaraní era el general en el Paraguay y en Corrientes; el quichua en Santiago y en los valles de Salta; el chiriguano (dialecto guaraní) y el aymará en los confines de este virreinato con el Perú, etcétera.

"Donde estaban los indios, estaban las ideas y las costumbres de las tribus originarias a que pertenecían; de ahí la falta de respeto a la propiedad; de ahí la crueldad; de ahí la felonía, a que los mestizos llamaron *viveza*; de ahí la antipatía a la sociedad culta en que todo eso era condenado y castigado; de ahí, en fin, el anhelo, por otra parte natural, de sacudir el yugo que, desde las ciudades, les imponían las fuerzas organizadas del poder real, que los mantenían en la abyección."

Siendo Buenos Aires el centro más civilizado, era, a la vez, la metrópoli del poder opresor; sobre ella recaían las antipatías de los atrasados y los odios de los oprimidos. La revolución, al llamarlos a un nuevo escenario, "los levantó de la abyección en que su aislamiento, su atraso moral y las jerarquías coloniales los habían mantenido; les puso las armas en la mano en nombre de la independencia y de los derechos colectivos e individuales del hombre; y los llevó a los campos de batalla, en los que se impone la igualdad humana por la igualdad del sacrificio y por la igualdad de la muerte". Allí se reconocieron realmente hombres, idénticos a los otros que los habían menospreciado; vieron por sí mismos que en esa arena sangrienta era la fuerza bruta, la fuerza numérica la que decidía; y, por último, sintiéndose vigorosos, valientes y con menos necesidades para hacer la guerra que los hombres de las ciudades, se contaron y se encontraron bastantes para no resignarse a ajenas voluntades, y para imponer las suyas. "Así, la revolución, que los había sacado del aislamiento y de la oscuridad, se hizo también, esencialmente, revolución civil. El antagonismo, inevitable desde que se ponían en contacto dos grados de civilización, cuyos ideales y cuyos medios eran tan distintos, salió a la superficie, y el dualismo de la lucha quedó establecido. . ."

El carácter antinacional del caudillismo feudal era absoluto; la federación no interesaba a los caudillos sino como negación de toda autoridad central, de toda unidad de gobierno. En las agrupaciones de hombres atrasados el gobierno unipersonal de los patriarcas o de los caciques es simple y está vinculado a sus dotes personales; con dificultad podía irradiarse a grandes extensiones de territorio y a crecido número de hombres. "Nuestros indígenas, que no eran muchos, estaban divididos en tantas tribus, que aun perteneciendo a una misma

nación, se localizaban y hacían vida separada, en lo que estaba muy
interesado el cacique para conservar su poder personal íntegro, aunque
reducido a pequeño espacio. Esta tendencia localista, así entendida,
es la que nos explica cómo aislándose, se fueron alejando, favorecidos
por el despoblado, del tronco común y de la lengua madre, creando
la multitud de dialectos de que nos dan noticia los historiadores de la
conquista." Los criollos desapartados de la vida urbana se acostum-
braron a imitarlos. "Ha sido en este molde indígena donde se ha
vaciado el poder, el espíritu y la acción de nuestros caudillos populares;
y esto no ha acontecido sólo entre nosotros, porque el hombre se
parece a sí mismo en todas partes y en todos los tiempos." En cuanto
al origen del poder del caudillo, al espíritu local y a las alianzas como
medio de adquirir ocasionalmente la fuerza necesaria para defender
o para agredir, las tradiciones indígenas se armonizaban con las de
los españoles; ésa es su filiación histórica.

"Limitada su acción al radio local a que alcanzaba su influencia,
necesitaban la independencia de la localidad para tener la de su poder
personal. Por eso, eran lógicamente adversos a todo vínculo nacional,
a todo gobierno.

"Aceptaron la bandera de la *federación* porque ella, con el significado práctico que tuvo desde que apareció en el Río de la Plata, satis-
facía su aspiración verdadera y única. Federación era, para ellos, sinónimo de disgregación. Ese significado le dio el tratado celebrado el
12 de octubre de 1811 entre las Juntas gubernativas de Buenos Aires
y del Paraguay. Con este significado aceptaron la bandera del general
don José Artigas; con él se la hizo cruzar el Uruguay y el Paraná, venir
a Corrientes, a Entre Ríos, a Santa Fe, a Córdoba, que, segregada, le
enviaba a Artigas un sable de honor como testimonio de su gratitud
al 'protector de los pueblos libres'. Pero la palabra (federación), aun
con esa significación, no tenía eco en la multitud que no le conocía;
y la propaganda separatista se hizo avivando las antipatías que ya
hemos indicado, avivando y derramando desconfianzas y odios contra
Buenos Aires, el centro más civilizado del país, la metrópoli de su poder,
la residencia tradicional del gobierno nacional." [29]

Basta leer a Lamas, cuyas citas no deseamos prolongar, para ver
que Sarmiento no había exagerado en *Facundo* ni exageró en *Conflicto*. La historia existe y no debe olvidarse, aunque a veces resulte
desagradable para las preocupaciones de un nacionalismo retrospectivo.
Felizmente, entre tantos cronistas que se equivocaron por patriotismo,
algunos hubo que por patriotismo dijeron la verdad. Descuéntese todo
lo que en V. F. López pueda haber de exageración apasionada, suprí-

---

[29] A. Lamas: *Rivadavia,* pp. 211 y *ss.*

manse sus adjetivos urticantes, améngüese lo que pudo ser parcialidad de polemista, pero los hechos que él consigna quedan imperecederos como testimonio de lo que eran los alzamientos gauchos en 1814[30] y después de 1820.[31]

Este punto, cuya discusión se renovó a diario durante la secesión de Buenos Aires, era capital como concepto básico de toda la política argentina. "Se trata —dijo Sarmiento— de ser gaucho o no serlo, de usar poncho o levita, de andar en carreta o en ferrocarril, de caminar descalzo o usar botines, de ir a la pulpería o a la escuela. Hay que decidirse; no podemos seguir adulando a los que están fuera de la civilización, si con este nombre llamamos a la única que nos conviene, a la que hemos aprendido de Europa, como la aprendieron los Estados Unidos." Era el Sarmiento de *Facundo* y de *Argirópolis*, leal consigo mismo.

Tenía derecho de hablar así. Nadie había rendido un homenaje más duradero que el suyo a la raza gaucha cuya influencia combatía. ¿No era *Facundo* el más expresivo documento literario consagrado a inmortalizar su recuerdo?

Sarmiento tuvo mejor que todos la noción de lo que ella representaba como elemento pintoresco y dramático de una literatura nacional: "Si de las condiciones de la vida pastoril, tal como la han construido la colonización y la incuria, nacen graves dificultades para una organización política cualquiera, y muchas más para el triunfo de una civilización europea, de sus instituciones y de la riqueza y libertad, que son sus consecuencias, no puede, por otra parte, negarse que esta situación tiene su costado poético, fases dignas de la pluma del romancista. Si un destello de literatura nacional puede brillar momentáneamente en las nuevas sociedades americanas, es el que resultará de la descripción de las grandiosas escenas naturales, y sobre todo de la lucha entre la civilización europea y la barbarie indígena, entre la inteligencia y la materia; lucha impotente en América, y que da lugar a escenas tan peculiares, tan características y tan fuera del círculo de ideas en que se ha educado el espíritu europeo, porque los resortes dramáticos se vuelven desconocidos fuera del país donde se toman, los usos sorprendentes, y originales los caracteres.

"El único romancista norteamericano que haya logrado hacerse un nombre europeo es Fenimore Cooper, y eso porque transportó la escena de sus descripciones fuera del círculo ocupado por los plantadores al límite entre la vida bárbara y la civilizada, al teatro de la

---

[30] Véase López: *Hist. Argentina*, vol. v, pp. 120 y *ss.*
[31] Véase López: *Hist. Argentina*, vol. viii.

guerra en que las razas indígenas y la raza sajona estaban combatiendo por la posesión del terreno." [32] Antes que él, Echeverría había introducido esos elementos nacionales en *La cautiva*; después de él ellos reaparecieron en obras que durarán en nuestra literatura, en *Martín Fierro* de Hernández, en las *Novelas gauchescas* de Eduardo Gutiérrez, en *La guerra gaucha* de Lugones, en el drama *La gringa* de Florencio Sánchez. Ellas harán persistir a través del tiempo la memoria idealizada de un estado social transitorio en la evolución argentina.

5. LA REGENERACIÓN DE LAS RAZAS Y EL PORVENIR
   DE LA AMÉRICA LATINA

Por sobre todas sus virtudes, tuvo Sarmiento dos que lo caracterizaban: la tenacidad inquebrantable en sus ideas y la falta de solemnidad en su conducta. Era excesivo en todo como es propio de los grandes hombres. No emprendía una cosa o se entregaba sin reserva a realizarla; no aceptaba una doctrina o la desenvolvía hasta sus últimas consecuencias. Y era en todo familiar y espontáneo, enemigo de cualquier hipocresía u ostentación. Decía lo que pensaba, sin buscar remilgos de la frase que disimularan la aspereza de sus sentencias. Presentía que las verdades tibias equivalen a mentiras precavidas. Indomable hasta ser peligroso, no temía decir verdades que fuesen desagradables a sus contemporáneos, confiando en que la posteridad se lo agradecería.

Esas cualidades subrayan el mérito de las ideas sociológicas de Sarmiento. Su horror por las "mentiras convencionales" en su medio, da una autoridad superior a su testimonio; su desprecio por las preocupaciones "actuales" en su tiempo, le permitió profetizar con verbo seguro el porvenir.

¿Qué desarrollo pensó dar a sus ideas en la "segunda parte" de *Conflicto y armonías*? No es imposible reconstruir sus grandes líneas con relativa fidelidad, aunque sólo tengamos de ella fragmentos y apuntes incoordinados, [33] el tiempo le faltó para la empresa tardíamente acometida y no pudo responder a su "buena fama de no haber dejado cosa alguna comenzada".

Sarmiento sostiene la universalidad de la forma republicana en los tiempos modernos, considera que la constitución norteamericana señala su advenimiento histórico y afirma que "el gobierno de los Estados

[32] Sarmiento: *Facundo*, cap. II.
[33] Publicados en el vol. XXXIX de sus *Obras*.

Unidos es la resultante del trabajo humano durante los trascurridos siglos de civilización" (p. 8).

Pone el más firme empeño en inculcar a los argentinos ciertas ideas, que "fortifican la confianza en el presente y en el porvenir próximo".

"Cuando se contempla el asombroso espectáculo de la libertad representativa, republicana, federal en los Estados Unidos, fundada en verdades eternas, comunes a la especie, viene necesariamente la idea de que la América Latina no está destinada a ser la negación práctica de esas mismas verdades eternas, aquí como allá proclamadas, por allá practicadas, aquí mal comprendidas o peor aplicadas.

"Para los sudamericanos es todavía de mayor precio la adopción de aquel padrón constitucional y es que no tienen otro, no suministrándoles su tradición ninguno para guiarse; y contrayéndonos tan sólo a nuestro ensayo de gobierno, recordaremos que ninguna nación de Europa ni de América, si hemos de llamar naciones nuestras agrupaciones, ha recibido y aprendido más lecciones norteamericanas que la República Argentina.

"Es la que más se ha forzado en propagar la instrucción y hacérsela común, en lo que es única en la América del Sud. La inmigración europea ha respondido al llamado que sus leyes y estímulos le han hecho, y en esto es única en tan gran escala en la América del Sud." (II, *Introducción.*)

Insiste en que la desigualdad de los resultados de ambas colonizaciones proviene de la distinta psicología de las razas colonizadoras, coincidiendo en ello con un libro publicado contemporáneamente por Scott.

"Los Estados Unidos son el producto legítimo y directo de aquel gran movimiento intelectual que a falta de mejores nombres los hombres dieron en llamar la Reforma; que la libre investigación despertada con ella pasó de los asuntos religiosos a los políticos y nos dio al fin, como había dado antes a la Inglaterra, un gobierno realmente constitucional establecido sobre la libertad de conciencia y sobre la libertad del ciudadano... Esta obra, concluye Mr. Scott, no es el resultado de un esfuerzo para extraer la verdad de nuestra primitiva historia, sino una contemplación de lo que es conocido como historia. Como tal no pretendo descubrir hechos nuevos, y dejando abierto el camino de la investigación al lector, me limito estrictamente a la obra de deducir de allí el plan histórico del desarrollo."

Este mismo es el plan de *Conflicto* que no hace historia, sino que pretende explicar la historia.

"La colonización norteamericana, dícese en *Conflicto*, se hace bajo la excitación cerebral más aguda por que haya pasado jamás una parte de la especie humana. Es la realización de la idea griega, Minerva que sale del cerebro de Júpiter, ardiendo aquellas cabezas en el volcán de ideas que remueven Moisés y los profetas antiguos, Lutero y Calvino, con sus discusiones teológicas, los Estuardos con sus tentativas de arrancar al pueblo inglés sus libertades, con Rogerio Williams, que proclama la libertad de conciencia."

Esta superioridad moral del mundo protestante sobre el mundo católico, que importa en favor del primero el hábito del libre examen y el mayor cultivo de la dignidad personal, crea los resortes necesarios para la práctica de las instituciones libres, alienta la noción del derecho y enseña a respetar el derecho de los demás como fundamento cardinal del propio. Determina, en una palabra, la capacidad para el régimen representativo y la democracia.

La realización de todo superior ideal político exige cierta elevación intelectual y moral del pueblo a que debe ser aplicado. Mientras existan masas indígenas incultas o mestizos semicultos, la democracia y la libertad serán una ficción, aunque se las proclame en el papel, por la incapacidad de ejercitarlas efectivamente.

"El argumento sin réplica, al parecer, es el que suministra la sociología moderna, con H. Spencer al frente, cuyas afirmaciones constituyen una teoría de gobierno, despotismo o libertad, según el grado de desenvolvimiento intelectual del pueblo, aplicando a la política la ley universal de la evolución: el dicho vulgar, "cada pueblo tiene el gobierno que se merece", convertido en graduación de la cantidad de libertad de que es susceptible; y nosotros aceptamos sin vacilar esta doctrina.

"Vamos a su aplicación. El pueblo argentino se compone de elementos distintos. Hay (*primero*) una mayoría que tiene por antecesores no muy remotos turbas de salvajes reducidos a la vida social en lo que va del siglo presente y del pasado, sin derechos políticos, que no reclaman. Hay (*segundo*) la minoría ilustrada, poseedora de la propiedad, descendiente de europeos y de indígenas ya enteramente conquistados a la civilización y que se viene dando instituciones cada vez más ajustadas al derecho y que las reclama como garantía de sus intereses, de su pensamiento y de su vida. Hay una *tercera* entidad cada vez más poderosa, por su número y fortuna, cuyos miembros, venidos de todas las naciones civilizadas, traen consigo, aunque sea inconscientemente, la tradición o la intuición de las instituciones de sus países respectivos y necesitan aquí garantías para ellos y sus hijos en el uso de sus derechos."

Hace notar Sarmiento que el gobierno, bueno o malo, liberal o despótico, está exclusivamente en manos de la *segunda* clase social; la *primera* suministra elementos pasivos de fuerza; la *tercera* se mantiene fuera de la asociación directa, para su propia ventaja.

¿Cuál de aquellas clases —pregunta— "merece el gobierno que tiene"?

"Si la primera no está aún en aptitud de gozar sus derechos, la segunda, la de los criollos blancos que tanto han luchado un siglo por darse instituciones, ¿tendrá que aceptar el gobierno sin garantías que los otros aceptan?

"Los que se tienen a parte, a fuer de extranjeros, ¿deben también seguir la suerte de los segundos, dominados por los primeros?"

Sarmiento ve claro el propósito de los que propician el gobierno despótico, adaptado a las costumbres de la sociedad gaucha. "Ya se ha aplicado el 'gobierno según lo merecen', dos veces por lo menos en América, con resultados idénticos por lo monstruosos. El doctor Francia ensayó un gobierno indiojesuítico, que lo llevó, de deducción en deducción, a secuestrar el país de todo contacto con el resto de la especie humana y suprimir el comercio. Rosas intentó otro gobierno popular con exclusión de una categoría que llamó *salvajes unitarios,* por no saber qué nombre dar a los que propendían a tener instituciones regulares, como el mundo civilizado. No contamos, entre estos ensayos, los de Santa Cruz en Bolivia, Santos en el Uruguay, por no ser tan marcados los síntomas populares, aunque uno y otro tenían por sanción un crecido número de batallones de indígenas acuartelados en la ciudad capital en que está de ordinario reconcentrado todo el poder intelectual de la nación..."

Advierte Sarmiento, y el dato es sugerente, que los partidarios de los gobiernos "como es posible tenerlos" —es decir, en países atrasados, gobiernos al gusto de las muchedumbres atrasadas o serviles— viven perfectamente bien y pertenecen a la misma clase ilustrada que propenden a avasallar: son civilizados que aprovechan en su beneficio personal los inconvenientes de la barbarie.

Lejos de aceptar ese abajamiento de los quilates del gobierno, el objeto de *Conflicto* era, como lo declara, tomar balance, por decirlo así, de nuestra aptitud para el gobierno democrático que tenemos, cuya forma necesitamos hacer efectiva y conservar. "Aun con las imperfecciones de una práctica irregular, hemos llegado a un grado de cultura, de riqueza, de población que nos coloca en la categoría de los pueblos más adelantados de América. Con nuestros enormes empréstitos, como los Estados Unidos con la guerra de secesión, el mundo empieza a fijarse que hay un rincón del mapa mundi en que está escrita la palabra República Argentina y que esa palabra representa grandes intereses.

"Nuestros antecedentes históricos justificarán, al estudiarlos y ponerlos a la vista, la pretensión de contar entre los pueblos que adelantan, siguiendo buenos principios y apartando de su camino obstáculos que la naturaleza o una mala colonización traía preparados.

"He emitido juicios sobre incidentes históricos de estos países que parecerán aventurados cuando se aparten de la versión recibida. A riesgo de repetirlos, emprendo en este segundo volumen someterlos a prueba, presentando el origen de donde emanaron, el espíritu que les daba vida, acaso el viento del desierto, el pampero que imprimió dirección contraria a la nave que llevaba los destinos del Virreinato." (II, *Introducción.*)

De los apuntes para ese vol. II, los más tienen un simple valor documentario o se contraen a estudiar períodos y sucesos especiales. Su orientación general es, sin embargo, fácil de inferir, por cuanto aparece y se repite en todas las páginas, desenvolviendo conceptos que le son habituales.

Dos ideas básicas obsesionan a Sarmiento como explicación de todos los males que han pesado sobre la América del Sud:

1] la herencia española;
2] la mestización indígena.

Esas circunstancias étnicas se sumaron para engendrar la raza gaucha y los "indígenas a caballo", elemento esencial de toda la anarquía política y almácigo perenne del caudillismo. La lucha de medio siglo para organizar las nacionalidades nuevas, la resume en esta frase, pintoresca como suya: "hasta ahora sólo se ha *desponchado* la América".

Durante medio siglo pregonó el único remedio para obviar a los males de las naciones sudamericanas: asimilar la cultura y el trabajo de las naciones europeas más civilizadas, regenerando la primitiva sangre hispano-indígena con una abundante transfusión de sangre nueva, de raza blanca; tal como la habían anhelado Rivadavia, Echeverría y Alberdi.

Los remedios sociales parecíanle dos:

1] la educación pública;
2] la inmigración europea.

Por medio de la primera debía renovarse la cultura de la población nacional, sembrando orientaciones morales y disciplinando el carácter en la acción; para ello urgía difundir el moderno espíritu científico en reemplazo de las supersticiones medievales que fueron el eje de la cultura colonial. Ningún americano batalló más que él por su lema: "educar al soberano"; tradujo y escribió manuales pedagógicos, sembró escuelas, difundió bibliotecas y trabajó para que afluyeran al país educacionistas norteamericanos y europeos, poniendo los cimientos de nuevas generaciones, cuyo primer fruto fue la del 80.

En este concepto, hizo tanto como predicó: legislador y ejecutor de una nueva cultura.

La regeneración de la raza argentina, por la sustitución progresiva de nuevos elementos étnicos europeos al mestizaje hispano-indígena, enardecía su entusiasta optimismo. Ya en *Facundo* había escrito: "el elemento principal de orden y moralización que la República Argentina cuenta hoy es la inmigración europea... y si hubiera un gobierno capaz de dirigir su movimiento, bastaría por sí sola a sanar, en diez años no más, las heridas que han hecho a la patria los bandidos" (p. 317). Y cuarenta años después, en *Conflicto y armonías*, el mismo pensamiento lo persigue: "¿Qué le queda a esta América para seguir los destinos libres y prósperos de la otra? Nivelarse; y ya lo hace con las otras razas europeas, corrigiendo la sangre indígena con las ideas modernas, acabando con la edad media" (II, p. 414). Su ferviente anhelo implicaba una fácil profecía. En los países y regiones más civilizados de Sudamérica la "europeización" es ya un hecho realizado, sobreponiéndose la cultura y la economía modernas a la herencia medieval que nos legara el coloniaje. Y el fenómeno se irá acentuando, inevitablemente; la más simple observación sociológica permite afirmar esa futura regeneración de la América Latina.

Sarmiento, hablando de España, dijo que el problema de la antigua metrópoli era el mismo que el de sus ex colonias, sin más diferencia, en contra de aquélla, que sus poderosas amarras absolutistas y clericales. Muchos años más tarde, un ilustre pensador español, Joaquín Costa, interpretando el sentir de una entera generación, planteó para España las mismas cuestiones que Sarmiento había planteado para la América española; sus ideas fueron oídas, pero no practicadas, los tradicionalistas resistieron la "europeización" de la península.

Lo que en España es todavía un deseo de pocos pensadores, resistido por la inmensa mayoría de los políticos, en la zona templada de Sudamérica es un hecho en vías de realización; brazos y cerebros vienen de Europa a redimirnos de la pobreza y la incultura, y con Europa procuramos nivelar nuestras industrias y nuestras artes, nuestras ciencias y nuestras letras. La hora se anuncia en que podamos poner un sello propio, nacional, a esta civilización que se va formando.

Sarmiento señaló una ruta a los que viven recelosos de la grandeza yankee, prefiriendo odiarla a imitarla: constituir con todas las pobres y débiles naciones de Sudamérica una grande y fuerte nación moderna, sobre el tipo de la del Norte, su constante modelo.

"Los políticos que quieren llegar a ser en América los representantes de la raza latina, pretenderían dividir el mundo en dos mitades, y, ya que el istmo de Panamá va a ser camino público, decirse: que a este lado está el atraso, el despotismo de régulos ignorantes, cortados a la medida de los que ha producido aquí y allí la raza latina, sin mirar al soldado que la vigila y gobierna, que es cobrizo y tostado: llamando latino al araucano, al azteca, al quichua, al guaraní, al charrúa, amos de la raza de los amos que los oprimen." Ésa es la rebelión al advenimiento necesario de una era nueva. "Lleguemos a enderezar las vías tortuosas en que la civilización europea vino a extraviarse en las soledades de esta América. Reconozcamos el árbol por sus frutos; son malos, amargos a veces, escasos siempre.

"La América del Sud se queda atrás y perderá su misión providencial de sucursal de la civilización moderna. No detengamos a los Estados Unidos en su marcha; es lo que en definitiva proponen algunos. Alcancemos a los Estados Unidos. Seamos la América, como el mar es el Océano." (II, p. 421.)

¡Nunca se apague el eco de esas palabras de Sarmiento! Trabajemos para ser como los Estados Unidos: una raza nueva desprendida del tronco caucásico, plasmada en una naturaleza fecunda y generosa capaz de creer en grandes ideales de porvenir y de marcar una etapa en la historia futura de la civilización humana.

LA UNIVERSIDAD DEL PORVENIR*

I. LA CRISIS DE LAS UNIVERSIDADES CONTEMPORÁNEAS

Los grandes cambios sociológicos suelen coincidir con variaciones fundamentales del pensamiento colectivo. Cada época tiene su ideología. El devenir de nuevas condiciones sociales determina la renovación incesante de las ideas, engendrando orientaciones que corresponden a la realidad que siempre se transforma y excluyendo las rutinas que traban la acción continua del hombre sobre la naturaleza que le rodea. En las naciones civilizadas contemporáneas, la universidad aspira a ser el laboratorio donde se plasma la ideología social, recogiendo todas las experiencias, auscultando todas las aspiraciones, elaborando todos los ideales. Ningún problema vital para la sociedad puede serle indiferente; si pensar bien es la única manera de obrar con eficacia, la universidad debe ser una escuela de acción social adaptada a su medio y a su tiempo.

Las corrientes ideológicas no se forman al azar. Los hombres de genio las comprenden antes que otros o las expresan mejor que los demás, pero no las determinan arbitrariamente; llegan hasta ellos desde la experiencia social misma, encendiéndolos, como la invisible corriente eléctrica se torna luminosa cuando atraviesa el carbón sensible de una lámpara. Cada sociedad, en cada época, engendra "sistemas de ideas generales" que influyen de manera homogénea sobre la conciencia colectiva y son aplicados a la solución de los problemas que más vitalmente la interesan.

Ese conjunto de ideas generales constituye su pensamiento y presenta varios aspectos. En primer lugar es un "cuerpo de doctrinas", en el que se sintetizan las verdades fundadas en la experiencia; en segundo lugar es un "plan normativo", que establece los medios de conducta individual y de acción social; en tercer lugar es una "previsión de ideales", que elabora futuros perfeccionamientos derivándolos de la experiencia.

La ideología de un pueblo, en cada momento de su devenir, compónese de las doctrinas, normas e ideales que se elevan hasta la

* Ponencia ante el II Congreso Científico-Panamericano, demoninada primeramente "La filosofía científica en la organización de las universidades" y publicada en *Revista de Filosofía*, marzo de 1916. De *Obras completas*, t. 6, pp. 277-289.

conciencia social; la función específica de la Universidad consiste
en coordinar esos elementos, organizándolos en disciplinas científicas,
conforme a los métodos más eficaces para cada una.

Reflexionando con amplitud de criterio llegamos a comprender
que las más de las universidades contemporáneas no llenan su función,
por dos causas: 1º, la arquitectura de sus estudios no concuerda con
los resultados menos inseguros de las ciencias; 2º, la finalidad de sus
aplicaciones no está adaptada a las sociedades en que funcionan. Podemos expresar mejor estas ideas diciendo que, en general, *la enseñanza
en las universidades no se ajusta a los modernos sistemas de ideas generales*; y que, *en particular, cada universidad no desempeña las funciones más necesarias en su propia sociedad.*

Atrasadas por su ideología, inadaptadas para su función. Son éstos los
términos precisos del problema. En su casi totalidad las universidades
son inactuales por su espíritu y exóticas por su organización. Las de
nuestra América, en particular, han sido instituidas imitando modelos
viejos y conservan el rastro de la cultura medieval europea.

Justo es reconocer que, en muchas de ellas, las facultades que se
destinan a la formación de profesionales están excelentemente organizadas y producen abogados, ingenieros, médicos, etc., cuya preparación
es muy completa. Pero lo que ha desaparecido, al mismo tiempo que se
han desenvuelto esas excelentes facultades, es la universidad: actualmente no existe una organización de las escuelas especiales de acuerdo
con una ideología que sea actual (es decir, científica) y social (es decir,
americana).

Las ciencias, al renovar ciertos dominios de la enseñanza pública
superior, disgregaron la vieja arquitectura universitaria sin reempla-
zarla por otra nueva. Cada facultad especial, instituto técnico o escuela
profesional, se ha organizado separadamente, prescindiendo de todas
las demás; no existe una dirección sintética del conjunto, según el
nuevo "sistema de ideas generales" que va reemplazando al antiguo.
*El desarrollo de las escuelas profesionales ha muerto a la vieja univer-
sidad, pero no ha creado todavía la universidad nueva*; la agrupación
de altos estudios que conserva ese nombre no responde ya al sistema de
ideas que era propio de la teología medieval, pero aún no ha sido organizada de acuerdo con las nuevas orientaciones ideológicas.

En la actualidad, en casi todo el mundo la universidad es un simple engranaje administrativo, parásito de las escuelas especiales; creemos innecesario insistir sobre la diferencia que existe entre una dirección ideológica y un mecanismo burocrático.

Con excepción de sus relaciones administrativas, las escuelas especiales son autónomas de hecho. Cada facultad aislada se interesa sola-

mente por un aspecto particular de las cosas y de las ciencias, mirando un fragmento del saber o de la vida social, y siempre con el criterio incompleto del especialista. Se desconoce el trabajo ajeno y no se sospecha la posibilidad de una colaboración. Se olvida que cada grupo de ciencias se renueva aprovechando los resultados obtenidos por las ciencias de otros grupos; ignorar el horizonte de los demás importa estrechar considerablemente el propio. La función de la universidad debe consistir en la coordinación del trabajo de los institutos y facultades especiales conforme a un criterio general, procurando la convergencia de todos los esfuerzos hacia determinados fines. Cuanto más se divide el trabajo, más necesario es conservar el espíritu de síntesis. Y si *cada facultad debe dar la competencia necesaria para ejercer dignamente una profesión de utilidad social*, no debe olvidarse que ella debe ser, al mismo tiempo, la parte de un todo más amplio y más alto: *la misión de la universidad consiste en fijar principios, direcciones, ideales, que permitan organizar la cultura superior en servicio de la sociedad.*

El siglo XIX ha introducido en todos los ramos del saber humano un anhelo de renovación incesante, extendido por igual a los fenómenos que son objeto de la experiencia actual y a las hipótesis que sirven de orientación hacia la experiencia futura. En la ideología social domina ese mismo concepto; ideas nuevas rectifican sin cesar a las viejas, permitiendo un mejor conocimiento de la naturaleza en que vive adaptándose la especie humana. Esta continua perfección no ha sido uniforme en el tiempo ni homogénea en el espacio; en determinadas épocas el ritmo innovador se ha acelerado; en ciertas sociedades la renovación ha presentado variaciones especiales.

Desde la sacudida vigorosa del Renacimiento, y con el pujante impulso de la Revolución francesa, dos tipos de civilización se encuentran en lucha: la sociedad feudal y la cultura teológica, frente a la sociedad democrática y la cultura científica. En esa lucha secular, que se prolongará todavía durante muchas décadas, han sido grandes las alternativas entre el misticismo supersticioso y el idealismo experimental; entre esas ideologías opuestas se han inventado, en vano, los más absurdos eclecticismos para conciliar lo viejo con lo nuevo, los dogmas fundados en el absurdo y las hipótesis surgidas de la experiencia.

Los hombres de mayor estudio y de más libre criterio afirman que la humanidad civilizada está en vísperas de una honda renovación social e ideológica; desde hace medio siglo ha sido prevista, como consecuencia de una guerra general entre las naciones europeas. *La crisis contemporánea determinará una aceleración del ritmo innovador durante algunos lustros;* parece justo pensar que en los diez o veinte años que seguirán a esta crisis, la organización democrática de las naciones encontrará nuevas formas de equilibrio y se acentuará definitivamente el predominio de los métodos científicos modernos sobre los dogmatismos dialécticos medievales.

Podemos prever, en general, esa renovación de las instituciones y de las ideas; sería arriesgado definir, en particular, las formas y los límites que le fijará la experiencia social. Partiendo de las orientaciones generales ya definidas podemos, sin embargo, preguntarnos: ¿de qué manera deberían evolucionar las universidades para ser la expresión organizada de la nueva ideología? Pues, entiéndase bien, quien dice ideología nueva, dice nueva universidad: con nueva arquitectura, con nuevos métodos, con nuevas aplicaciones.

II. RENOVACIÓN DE LA IDEOLOGÍA UNIVERSITARIA

Adoptando un punto de vista estrecho —y erróneamente llamado práctico— podría decirse que las naciones democráticas solamente necesitan buenas escuelas técnicas destinadas a preparar profesionales competentes. Según ese modo de ver, la universidad sería inútil; bastarían las escuelas autónomas y habría que trabajar con toda lealtad por la supresión de las universidades.

Creemos que ningún hombre ilustrado se atrevería a sostener ese programa.

La universidad es útil; pero conviene cambiar radicalmente las ideas relativas a su organización y sus funciones. La universidad debe representar el saber organizado y sintetizar las ideas generales de su época: ideas que son producto de la sociedad, derivadas de sus necesidades y aspiraciones. Para ello necesita adaptarse incesantemente a las nuevas orientaciones ideológicas; si no lo hace, deja de ser un instrumento útil para la civilización, es un obstáculo antes que instrumento de progreso.

La ideología contemporánea implica un nuevo modo de plantear, tratar y resolver todos los problemas que interesan al hombre y a la sociedad; la universidad deberá reflejarla, o no tendrá razón de existir como nexo entre las facultades especiales. *La universidad debe ser una entidad viva, pensante, actuante, capaz de imprimir un ritmo homogéneo a la enseñanza de todas sus escuelas.*

Los viejos sistemas de ideas, cuya inexactitud está probada, no pueden servir de esquemas para la reconstrucción ideológica de la universidad; sus síntesis carecen de interés constructivo desde que se ha probado la inexactitud de sus elementos particulares. No hay error más funesto que confundir la cultura actual con la historia de las culturas precedentes, o la filosofía actual con la historia de las precedentes filosofías.

Las ideas sobre la naturaleza, la sociedad y el hombre, profesadas en otros siglos, correspondían a la experiencia de sus épocas respectivas; las ideas actuales, cimentadas en un caudal de experiencia infinitamente mayor, obligan a plantear y resolver de muy distinta manera todos los problemas naturales, sociales y morales.

Los nuevos sistemas de ideas tienden a ser antidogmáticos, críticos, perfectibles; partiendo de ellos será más fecunda la función social de la universidad, como organismo de coordinación y de síntesis. No es de temer que ella obstruya la tarea particular de las escuelas especiales, cuyos dominios podrán anastomosarse, sin confundirse. Las ciencias físicas procurarán conocer cada vez mejor el sitio de la tierra entre los otros cuerpos del universo que sobre ella influyen. El estudio de la configuración geográfica y de los otros seres vivos que habitan cada región será el fundamento para apreciar las condiciones de existencia de la sociedad que la habite: el suelo, la fauna, la flora, elementos esenciales para la adaptación y subsistencia de un pueblo en una zona cualquiera de la superficie terrestre. Las ciencias biológicas permitirán conocer a la humanidad como especie zoológica y al hombre como individuo de esa especie, así como el desarrollo de las funciones psíquicas destinadas a la mejor adaptación de las variedades y razas que componen la especie. Las ciencias sociales, partiendo de las precedentes, mostrarán las causas y resultados de la asociación de los individuos en la lucha por la vida, el crecimiento de la solidaridad social dentro de cada sociedad y entre las diversas sociedades, la formación de una ética en cada agregado social como resultado de su propia experiencia, y el perfeccionamiento indefinido de las hipótesis colectivas sobre el ideal moral, abstractamente representado por la virtud individual y la justicia social.

Cada uno de esos grupos de ciencias será cultivado en escuelas especiales; *la función de la universidad consistirá en mantener la unidad dentro de la variedad y coordinar la síntesis sobre la especialización.*

Nunca se insistirá bastante sobre la conveniencia de la educación integral, más necesaria en los estudios universitarios que en los elementales e intermedios. Las facultades autónomas tienden a formar especialistas, sin preocuparse de formar hombres; esta última tarea debe incumbir a la universidad y es la razón que justifica su existencia.

Lejos estamos, sin embargo, de considerar deseable una regresión a las humanidades clásicas, que todos los misoneístas recomiendan como una defensa del espíritu conservador contra el espíritu de renovación. Esas viejas humanidades tendían a ejercitar el ingenio en una elegante gimnasia espiritual, juego de imaginación y de retórica, que se desarrollaba principalmente en el comentario y la glosa del pensamiento, llamado clásico, de los antiguos. Ese culto de lo que otros hombres pensaron, en otro tiempo y en otro medio, impedía hacer de nuevo lo que ellos habían hecho: construir el saber sobre las ciencias de su época. Y el objeto esencial de ese viejo humanismo no era enseñar a pensar bien, observando y experimentando, sino enseñar a hablar bien sobre lo que otros pensaron, sin pensar por cuenta propia, sin observar ni experimentar.

Los problemas de la naturaleza y de la sociedad, que los humanistas clásicos plantearon con sofismas y resolvieron con palabras evasivas, pueden hoy plantearse con otros criterios y resolverse con otros métodos. Las ciencias físicas, sociales y biológicas siguen renovando toda nuestra concepción del universo, de la sociedad y del hombre; los problemas, planteados ahora de muy distinto modo, exigen ser estudiados por hombres que tengan un sentido de la verdad fundado en la experiencia, que deseen conocerla de manera clara y exacta, y que sepan utilizar los métodos menos inseguros para alcanzarla en cada dominio.

Este nuevo tipo de cultura consolidará necesariamente sistemas ideológicos esencialmente experienciales e imprimirá nuevos caracteres a la universidad, permitiendo *unificar las ideas generales de las ciencias y restaurar sus síntesis de conformidad con los resultados de una experiencia incesantemente perfectible.*

Esa renovación es indispensable para coordinar eficazmente los dominios particulares de la universidad, representados por sus escuelas técnicas y sus facultades. La nueva orientación, el nuevo "sistema de ideas" es lo esencial; de otro modo las partes procurarán en vano ir hacia adelante mientras el conjunto se retrovierte o permanece estacionario.

Al decir que la ideología contemporánea debe ser el armazón de la nueva arquitectura universitaria, afirmamos criterios, métodos e ideales cuyas líneas directrices ya están claramente definidas: *poner la experiencia como fundamento de la investigación y de la enseñanza, extender la aplicación de los métodos científicos, aumentar la utilidad social de los estudios universitarios.*

El nuevo criterio importa la necesidad de que todas las escuelas se desprendan del verbalismo racionalista heredado de los siglos pasados, poniendo sus bases en la observación y en el experimento; las viejas "ciencias de palabras" deben transformarse en "ciencias de experiencia". Es indudable que algo se ha avanzado en esa orientación;

pero se engañaría quien creyese que la renovación es ya completa, pues son muchas las resistencias de la rutina y no escasas las argucias capciosas con que el palabrismo antiguo conspira contra las ideas modernas. Las ciencias abarcan todos los problemas reales que se refieren al universo, al planeta que habitamos, a la vida, a la función de pensar, al desenvolvimiento social; los abarcan, aunque no los resuelvan; indican los caminos menos inseguros para resolverlos; sus resultados, aunque incompletos, son los puntos de partida para imaginar hipótesis legítimas que los exceden, sin contradecirlos. En las universidades del porvenir todas las disciplinas naturales, sociales y morales serán "ciencias de experiencia", antidogmáticas, críticas, incesantemente perfectibles. La ideología de cada época, elaborada por hombres que evolucionan en un ambiente que también evoluciona, representa un equilibrio inestable entre la experiencia que crece y las hipótesis que se rectifican.

El nuevo método implica la conveniencia de aceptar como instrumentos de trabajo los que ofrecen una menor inseguridad condicionada por la experiencia; sólo cuando ésta es inaccesible, podemos partir de sus resultados actuales para explicar lo desconocido mediante hipótesis que no la contradigan. La exclusión de todo criterio dogmático obligará a tener presente que los métodos científicos no pretenden resolver todos los enigmas planteados a nuestra curiosidad, ya que un problema resuelto equivale a cien nuevos problemas planteados; pero el resuelto queda y cada día sabemos más que en el anterior, aunque no podamos agotar el conocimiento de la realidad porque ella sin cesar se transforma.

El nuevo ideal se manifiesta como tendencia a aumentar la función de la cultura, que no debe considerarse como un lujo para entretener ociosos, sino como un instrumento capaz de aumentar el bienestar de los hombres sobre el planeta que habitan. Mientras la enseñanza superior fue un monopolio reservado a las clases privilegiadas, se explicaba que las universidades viviesen enclaustradas y ajenas al ritmo de los problemas vitales que mantenían en perpetua inquietud a la sociedad; las ciencias estaban reservadas a pocos especialistas. La cuestión, en nuestros días, tiende a cambiar sustancialmente; las universidades comienzan a preocuparse de los asuntos de más trascendencia social y las ciencias se conciben como instrumentos aplicables al perfeccionamiento de las diversas técnicas necesarias a la vida de los pueblos.

Fácil es comprender que estos puntos de vista no tienden a propiciar reformas administrativas o burocráticas de las universidades actuales; consideramos más importante renovar el espíritu mismo de los altos instrumentos de cultura, para que puedan seguir el ritmo de la gran palingenesia ideológica que se está operando en la sociedad contemporánea.

Las nuevas posibilidades educacionales han sugerido el pensamiento de la extensión universitaria, que en pocos años se ha ampliado en proporciones imprevistas. Comenzóse por dictar cursos públicos en las universidades del estado y por fundar universidades populares; pero, poco a poco, se ha comprendido que el ideal consiste en *utilizar todos los institutos de cultura superior para la elevación intelectual y técnica de todo el pueblo.* Es evidente el beneficio que significa, para la sociedad, la creciente capacitación técnica de todos los individuos. En este sentido puede afirmarse que todo instituto habilitado para enseñar debe ser accesible a todos los ciudadanos que están en condiciones de aprender; no para expedir, como hoy ocurre, títulos doctorales que autorizan para practicar las llamadas profesiones liberales, sino para que todo estudioso pueda perfeccionar su capacidad técnica de acuerdo con el trabajo de utilidad social que desempeña. La casi totalidad de los oficios y ocupaciones humanas pueden ser beneficiados por enseñanzas impartidas en los institutos universitarios sin necesidad de exigir a los oyentes otra cualidad que el deseo de aprender. Es indudable que al efectuarse esta *exclaustración de la cultura universitaria* el estado obtendría una centuplicada compensación, por el aumento de capacidad moral y técnica en todos los hombres a quienes pueda extenderse su influjo benéfico.

La unidad y la exclaustración de la cultura universitaria no pueden realizarse sin una previa *renovación de un mecanismo administrativo y de su dirección ideológica.* Se comprende —y poco importa— que ella no se podrá ensayar sin hacer frente a grandes resistencias, pues en todas las universidades existen poderosos "intereses creados", opuestos a todo plan de renovación. Pero hay ya síntomas de que el nuevo espíritu universitario reclamará nuevas formas de técnica directiva.

En las antiguas universidades medievales el organismo deliberativo y ejecutivo representaba a la autoridad política o eclesiástica que lo nombraba, sin contralor alguno. Desde la Revolución francesa, en general esos organismos representaron la voluntad nacional, por delegación de las autoridades constitucionales. Más tarde se dio alguna representación al profesorado en los cuerpos deliberativos de las facultades creando consejos académicos privilegiados, que se integraban por sí mismos. Pronto se advirtió la necesidad de extender el derecho de representación a todo el personal de profesores, que al fin constituyó los cuerpos deliberantes y eligió autoridades ejecutivas, alcanzándose la llamada autonomía universitaria. Pronto se advirtió, sin embargo, que este paso de la representación política a la representación técnica era incompleto, desde el punto de vista funcional; y con buen acierto, en algunos países, se ha extendido el derecho de representación en los organismos deliberativos a los profesores suplentes y a los estudiantes. Se marcha, pues, hacia formas de representación cada vez más funcionales, que *permitan dirigir y orientar los estudios universitarios de acuerdo con los intereses e ideales de todos los que enseñan y aprenden.* No sabríamos prever hasta qué límites convendrá extender esa nueva organización interna de las universidades; la experiencia, y sólo ella, enseñará cuáles son los resortes más eficaces para llegar a un nuevo estado de equilibrio que suprima los privilegios y la coacción de cualquiera de las partes interesadas en la vida universitaria.

No es menos importante la necesidad de imprimir a cada universidad una dirección ideológica concordante con las necesidades y los ideales del medio social en que funciona; es forzoso reconocer que ello dependerá del grado de exclaustración que alcancen los estudios universitarios, tomando contacto con el pueblo, sirviendo sus intereses, reflejando sus aspiraciones, comprendiendo sus problemas vitales. No es posible, desgraciadamente, contar siempre con el factor extraordinario y providencial representado por los hombres de genio, cuya función consiste en ver más lejos y adelantarse a su tiempo.

III. ADAPTACIÓN DE LAS UNIVERSIDADES AL MEDIO SOCIAL

No bastará renovar la enseñanza universitaria de acuerdo con la ideología contemporánea; la crisis actual reconoce, además, otra causa fundamental: las universidades no desempeñan las funciones culturales más necesarias en su propia sociedad.

Los ideales comunes a toda la humanidad asumen caracteres propios en cada pueblo, conforme a las variadas condiciones de su medio físico y de su organización social. La especie humana no evoluciona homogéneamente en la superficie habitada del planeta; existen variedades regionales que determinan formas distintas de experiencia social, creando nacionalidades sociológicas que no coinciden con los estados políticos. De estas heterogeneidades naturales dependen legítimas diferencias ideológicas, que conviene sean reflejadas en cada universidad o grupos de universidades; baste pensar que los estudios de minería son tan indispensables en una región minera como superfluos en una región agrícola; la investigación de las enfermedades tropicales será más útil en las universidades de la zona tórrida que en las de climas subpolares; la arqueología incásica se estudiará con mayor provecho

en el continente americano que en el asiático; la oceanografía no
puede estudiarse en regiones que carecen de costas marítimas.

Las diferencias sociológicas naturales permiten, pues, concebir que
las universidades de cada continente y de cada región deben adap-
tarse a las funciones culturales más necesarias en sus respectivos am-
bientes. Comparando las universidades de diversos países europeos, se
advierte que ellas se han diferenciado progresivamente, al adaptarse
a medios sociales que no han evolucionado de manera homogénea; la
constante internacionalización de la cultura artística, científica y filosófica no ha excluido la acentuación de variedades regionales que se han
formado exactamente como las razas diversas, de una especie que se
adapta a medios diferentes. En este sentido, puramente natural y
de ningún modo político, puede asegurarse que existe para las universidades de nuestra América un punto de vista americano, sin que él
excluya un punto de vista regional propio de cada universidad.

Las sociedades americanas se han constituido diversamente de las naciones orientales y europeas, en otro medio y con otra amalgama inicial.
El ambiente, los elementos étnicos en él refundidos, los orígenes de su
cultura, las fuentes de su riqueza, la evolución de sus ideales directivos, todo lo que converge a plasmar una mentalidad propia, difiere en
mucha parte de los modelos conocidos. Por eso —aunque incesante
en la humanidad y distinta en cada punto del espacio o momento del
tiempo— *la renovación de las ideas generales podrá operarse en el con-*
tinente americano con ritmo diverso que en las naciones formadas por
elementos y tradiciones distintas.

No implica ello que nos falte una orientación ideológica; significa
que la existente es pequeña. Y si esto puede ser motivo para no enva-
necernos del pasado, como acostumbran los que no tienen porvenir,
bien podría serlo de regocijo: es de óptimo presagio para un mañana
inminente. Nos faltan las malas rutinas y la herencia medieval, que
tanto pesan sobre las naciones europeas que están por cerrar su ciclo
en la historia humana; tenemos, en cambio, el pie ligero para *encami-*
narnos hacia eras nuevas y ocupar un puesto de avanzada en la cultura
humana, que los siglos renuevan sin descanso.

No tendremos el trabajo de olvidar: lucha agotadora para los que
viven de recuerdos. De la ideología contemporánea tomaremos todo
lo que sirve, desechando cualquiera filtración dogmática que lo contradiga: lo que sea futuro, en el mundo de la experiencia y del ideal,
podremos sembrarlo en nuestra virgen mentalidad, *libre de ideales*
muertos que impiden sembrar ideales vivos.

Cuando esa hora llegue —que llegará, en años o en décadas—, los
nuevos pueblos americanos podrán tener sistemas de ideas generales

propios, que se reflejarán necesariamente en las obras de sus grandes pensadores e influirán sobre la arquitectura ideológica de sus universidades.

Por una mentira convencional muy difundida, cada pueblo se inclina a creer que posee una cultura superior a todos los demás, suponiendo que siempre ha sido así, y deduciendo que no perderá esa hegemonía en el porvenir. Esta absurda ilusión, fomentada por las castas políticas que se atribuyen el mérito de esa excelencia tradicional, tiene su desmentido en la historia humana, cuyo estudio permite corregir los frecuentes espejismos de cada historia lugareña. La cultura de la humanidad, además de variar de siglo en siglo, se intensifica y especializa diversamente en pueblos varios; su centro de mayor irradiación nunca ha sido fijo, emigrando de raza en raza, de nación en nación. *Ninguna sociedad humana ha conservado perennemente la hegemonía de la cultura.* La historia del pensamiento remonta hasta las civilizaciones primitivas, toma grandes nombres en Oriente, se detiene en Grecia, observa en Roma y asiste al crepúsculo transitorio en que se constituyen las teologías medievales; renace con el espíritu y los métodos de las ciencias, ora en Italia, ora en Francia; se desenvuelve con solidez en Inglaterra y se abstrae nebulosamente en Alemania; encuentra al fin un relativo equilibrio en la Europa contemporánea, inquietada por el conflicto entre las ideologías medievales que aún perduran y las modernas que comienzan a consolidarse.

Hay un hecho, sin embargo, que es común en la experiencia de todos los tiempos y lugares. Los intereses creados en cada sociedad madura se han convertido siempre en obstáculo para el florecimiento de ideales nuevos; la verdad imperfecta de ayer se opone a la verdad de hoy, que se opondrá a su vez a la verdad menos imperfecta de mañana. Por eso *las sociedades de más reciente formación son las más propicias al progreso de la cultura y al florecimiento de las nuevas ideologías.*

Los grandes problemas son hablados, por cada época, en un idioma nuevo. Las razas viejas y sus filósofos tienen ya su idioma enmohecido, y siguen pensando en él; las nuevas, que aún no tienen definido uno propio, aprenden a pensar en el de su época. En la continuidad de la reflexión humana sobre los grandes problemas que son el coronamiento de la experiencia, las razas viejas no consiguen pensar con un idioma nuevo, y si lo hacen, no pierden el acento originario; ellas van pasando la antorcha simbólica a las razas jóvenes, que lo adoptan más fácilmente, y en él expresan sus nuevas maneras de pensar, hasta conformarse a otro tipo, más consonante con la ideología de su época.

Estas reflexiones autorizan a creer que las universidades nuevas tienen más posibilidades de renovarse que las viejas, adoptando criterios actuales y adaptándose mejor a su medio; así lo confirman ciertas novedosas universidades de los Estados Unidos, libres del rutinario tradicionalismo que traba el paso a las otrora famosas universidades europeas.

No es aventurado suponer que cuando nuestros pueblos americanos hayan definido su constitución social podrán imprimir algún carácter propio a las corrientes ideológicas que incesantemente se renuevan en la humanidad; y lógico será que sus universidades lo reflejen, con las variantes propias de cada adaptación regional. En las naciones nuevas están menos arraigados los gérmenes seniles, y sus pueblos tienen la mente libre para, en la hora oportuna, seguir las orientaciones de las ideas venideras; es probable que en el porvenir puedan definirse matices particulares según los climas, las regiones, las razas.

Esto no significa que todo será autóctono en el ritmo de sus ideales, en la visión de sus pensadores o en la arquitectura de sus universidades. No hay, sin duda, una ciencia europea y otra americana, una verdad distinta para cada raza, una cultura y una ideología específica de cada continente; el conocimiento relativo de la naturaleza en que vivimos y la elaboración de ideales humanos como resultado último de la experiencia son una obra de progresiva integración, en la que se suma el esfuerzo de todas las razas de todos los tiempos. Pero los aspectos experimentales e ideales de la cultura humana se presentan diversamente según el punto de vista desde donde se los observa; su función difiere en cada medio, e impulsa desigualmente a plantear y resolver problemas que para cada sociedad son distintos; por eso cada una, al constituir su mentalidad, orienta en algún sentido nuevo la ideología de su época. *Concebimos los "ideales americanos" como el sentido propio que los pueblos nacientes en estas partes del mundo podrán imprimir a los ideales de la humanidad.*

Y decimos, por ende, que al adaptarse al medio, las universidades americanas desempeñarán mejor las funciones culturales necesarias en sus sociedades respectivas.

IV. ARQUITECTURA DE LA UNIVERSIDAD

¿Cuál es el camino para acercarse a ese resultado? Sería, sin duda, prácticamente imposible reorganizar fundamentalmente, por decreto, las universidades existentes, pues sus facultades tienen intereses muy difíciles de remover. Por otra parte, además de su función profesional, cada facultad tiene su mentalidad propia, fundada en diferencias naturales que no podrían borrarse, ni convendría hacerlo aunque se pudiera; lo pertinente es infundirles el espíritu común de la época y del medio, haciéndolas converger hacia nuevos métodos y direcciones. Sin necesidad de una subversión brusca, pueden efectuarse cambios graduales, en serie, no sujetos a un plan definitivo o inmutable; a medida que se realicen, la experiencia sugerirá las variaciones convenientes.

En síntesis: *los institutos existentes pueden y deben usarse, para ir dando a las universidades una nueva arquitectura espiritual, conforme a las modernas corrientes de ideas generales.*

Nos parece fácil de explicar. Cada facultad consta actualmente de dos clases de estudios: los técnicos o profesionales, y los generales o científicos.

La distinción es fácil: en las facultades jurídicas es profesional el derecho de minas, y es general la sociología; en las médicas es profesional la anatomía topográfica, y es general la fisiología; en las físico-matemáticas es profesional la resistencia de materiales, y es general la física, etcétera.

Cada facultad especial podría tener dos órdenes consecutivos de estudios y expedir dos clases de títulos: el uno habilitaría para el ejercicio profesional (abogado, ingeniero, médico, etc.), y el otro constituiría el doctorado respectivo (en ciencias jurídicas, biológicas, físico-matemáticas, etcétera).

Para el primero bastaría cursar un plan técnico establecido por cada facultad; para el segundo, además del perfeccionamiento en los estudios científicos de la facultad propia, sería indispensable cursar las materias generales de las otras facultades.

Según este modo de ver, *cada carrera profesional sería organizada por su facultad respectiva, pero los doctorados de altos estudios serían coordinados por la universidad.* Las facultades prepararían técnicos en un dominio especial; la universidad, hombres de ciencia sólidamente preparados por una cultura general en las diversas disciplinas científicas.

Utilizar lo existente, como punto de partida, no importa creer que ello basta. Si la universidad ha de expresar una síntesis armoniosa de la cultura, es conveniente vincular a ella las academias, ateneos, museos, conservatorios que pueden elevar la mentalidad del pueblo, educando los sentimientos estéticos, y también las instituciones de economía social, que representan verdaderos campos de experimentación para las doctrinas.

Las letras y las artes son el complemento necesario de toda educación integral. Enseña la historia que casi todos los grandes renacimientos se han extendido simultáneamente a diversos dominios; y la observación diaria demuestra que los más grandes ingenios son poliédricos, multiformes, aunque su obra culmine en un ramo particular del saber. Llevados por su pequeñez mental, los especialistas de cada arte o ciencia suelen mostrarse reacios a toda iniciativa de coordinación armónica; temen, acaso, que la competencia técnica directiva disminuya por el contacto forzoso con las demás especialidades. La observación sería justa si los instrumentos directivos de la vida universitaria conservaran su forma actual; dejará de serlo, sin embargo, cuando la organización universitaria perfeccione su tipo federativo, respetando la autonomía técnica para lo particular y estableciendo la unidad ideológica para lo general.

Concebida cada escuela como una realidad diferenciada dentro de la unidad del conjunto, parece necesario que ella tenga su representación propia dentro de los consejos superiores universitarios; este principio de la representación funcional, admitido ya en muchas universidades, podría extenderse a las instituciones de índole artística y literaria que se le fueran incorporando.

Se comprende fácilmente que *la dirección universitaria tendría más alto vuelo y más vastos horizontes cuando entraran en su composición elementos de vida intelectual menos estrecha que los actuales especialistas* de tres o cuatros profesiones técnicas. No es admisible que los abogados, médicos, ingenieros o veterinarios representen la ideología de su época; parece evidente que la presencia de representantes de las artes y de las letras elevaría el nivel de la dirección universitaria.

Estos primeros aspectos del problema, cuya practicabilidad no puede ponerse en duda, necesitan complementarse con otro, también fundamental.

El instrumento ideológico de la nueva universidad, adaptada al tipo de cultura moderno, debería coordinarse en torno de una facultad que existe ya en muchas universidades, y que podría organizarse sin erogación sensible en las que aún no la tienen: la facultad llamada de "ciencias morales", de "humanidades" o de "filosofía y letras".

Donde actualmente existe —no lo ocultemos—, es una facultad de lujo. Sus profesores son prestados por otras facultades, sus alumnos escasean, su función es casi nula: con buen propósito algunas universidades han optado por convertirla en instituto superior de pedagogía. Las que aún conservan su vieja estructura se van convirtiendo en organismos inútiles, simples prolongaciones de la cultura medieval entre las otras facultades que procuran difundir la cultura moderna. Prescindiendo de las cátedras literarias y científicas que se le incorporan sucesivamente, rompiendo la unidad de su vieja arquitectura, su función es todavía la antigua: estudiar la filosofía con un concepto retrospectivo, en relación estrecha con las disciplinas históricas y literarias. En este dominio particular de las llamadas "humanidades" puede efectuarse la transubstanciación de la universidad. Las disciplinas filosóficas, como suele estudiárselas actualmente, carecen de vinculación con las corrientes ideológicas contemporáneas. Suelen ser disciplinas muertas, historias, glosas, críticas, comentarios de los sistemas de ideas generales propios de otros siglos y de otros medios, que fueron utilísimos para la cultura de su tiempo, pero que no se han renovado siguiendo el ritmo del pensamiento contemporáneo.

Fácil será *transformar las facultades de filosofía en organismos destinados a la coordinación de las ideas generales que excedan los dominios particulares de cada facultad profesional,* manteniendo en ellas la especialización en las disciplinas propiamente filosóficas.

En esta arquitectura universitaria las facultades de filosofía pasarían a ser los ejes espirituales de las universidades; pero no debe olvidarse que se trataría de organismos nuevos, juveniles, en constante desarrollo, muy distintos de los que actualmente conocemos. Se comprende que al hablar de estudios filosóficos no hacemos referencia a los literarios e históricos, aunque los tres grupos suelen coexistir bajo una misma administración.

Ciertos estudios preliminares, peldaños indispensables de las disciplinas propiamente filosóficas, podrían cursarse en las otras facultades; comprenderían materias de todas ellas, con exclusión de las técnicas o profesionales. El doctorado en filosofía obtendríase cursando previamente las materias generales de las facultades de ciencias físico-matemáticas, jurídico-sociales, médico-biológicas, etc. No se trataría de enseñar todos los detalles particulares de cada ciencia y todos los aspectos técnicos de las distintas profesiones, sino de presentar sistemáticamente los grandes resultados de la experiencia, formando un criterio general y adquiriendo un método que más tarde podría ser aplicado a los campos de investigación filosófica que cada cual desee explorar. Se enseñaría, de esa manera, a mirar la realidad, y a inferir los posibles perfeccionamientos de la adaptación humana a la naturaleza, haciendo trabajar la imaginación sobre la base de la experiencia.

Así se podría dar a la universidad el espíritu de generalización y de síntesis, del que tienden actualmente a apartarse las facultades profesionales, y al mismo tiempo *reemplazar los restos fósiles de la cultura medieval por los resultados ilimitados y siempre renacientes de la cultura contemporánea.*

Los grandes problemas ideológicos serían estudiados con criterios y métodos actuales.

El problema del universo y de la materia se comprendería con el auxilio de las disciplinas físico-matemáticas, únicas que pueden ayudar a resolverlo.

El problema de la vida en general, y de la humana en particular, sería abordado con los métodos de las ciencias biológicas; y las funciones todas del hombre, considerado como un ser vivo que se adapta a un ambiente físico, encontrarían en ellas su punto de partida.

El problema de la vida social, con sus aspectos numerosos y siempre variables en cada particular sociedad humana, sería estudiado con los criterios de las disciplinas sociológicas, cuyos horizontes se renuevan sin cesar.

Con ello se evitará la situación ridícula de ciertas facultades contemporáneas, en que se discute del universo sin saber astronomía, de la materia sin saber física, de la vida sin saber biología, del hombre sin saber antropología, del alma sin saber fisiología, y de lo ideal sin conocer lo real.

Surge, naturalmente, de lo expuesto una conclusión esencialísima: *la interdependencia ideológica de las diversas facultades e institutos de cada universidad*, muy distinta de su actual nexo administrativo o burocrático. Cada estudiante debe seguir algunos cursos en otras facultades que no sean la de su carrera profesional; para los doctorados esa necesidad es mayor. Esto permitiría corregir la inútil repetición de cátedras análogas en institutos diferentes de la misma universidad, despilfarro debido a una falsa interpretación de la autonomía de cada facultad que se resuelve en una disolución de la unidad universitaria.

Conviene atribuir mucha importancia al intercambio de alumnos entre las diversas escuelas; en la actualidad no existen estudiantes universitarios, sino estudiantes de una profesión determinada. Conviene que los jóvenes posean un espíritu integral, que sólo pueden adquirir contemplando variados horizontes ideológicos. Cierta educación literaria mejora los resultados de los estudios científicos, y el conocimiento de los métodos científicos aumenta la eficacia de los estudios literarios. La cultura unilateral es contraria a la amplitud de criterio e impide abarcar los diversos aspectos de cualquier problema. Es seguro que muchos ingenios especializados se malogran por no sospechar siquiera las cuestiones que podrían resolver si tuvieran una cultura general; otros, en cambio, pierden su tiempo en estériles tanteos por ignorar la existencia de otros métodos que multiplicarían el resultado de sus esfuerzos. En cualquier dominio analítico son de inestimable utilidad los conocimientos sintéticos; cada disciplina es auxiliar de las demás, en ciertos casos por la extensión posible de sus propios resultados; en otros, porque sugiere fecundas analogías de principios o de métodos.

La especialización directa, sin una base previa de cultura general, es contraria al desenvolvimiento de la personalidad. Los especialistas son amanuenses perfeccionados, ruedas de un vasto engranaje, piezas de un mosaico; pueden ser utilísimos al servicio de otros, sin tener conciencia de la obra a que contribuyen con su esfuerzo. Es preferible que todos los que cooperan en la investigación o en la enseñanza posean un concepto global de la obra común, para que, además de trabajar, sepan para qué trabajan. Se puede ser especialista sin ignorar que existen más vastos dominios en las ciencias, en las letras y en las artes; se puede tallar una piedra y conocer los planos del edificio a que está destinada.

La ética de los hombres de estudio se ennoblece por la cultura integral, pues enseña a valorar con exactitud los méritos de la obra propia y de la ajena. El especialista cree que su hoja es la principal de todo el árbol, sin sospechar que todas las demás, como la suya, reciben la misma savia desde raíces comunes, por troncos y ramas que viven en armónica interdependencia. La universidad debe readquirir la unidad de espíritu que ha perdido por inadaptación a la época y al medio; y debe, a su vez, infundir en todos los que la frecuenten —profesores, alumnos, oyentes— esa cultura general que refluirá sobre toda la sociedad cuya ideología aspira a representar.

Renovar la universidad es un problema de moral y de acción. Las instituciones se tornan inútiles cuando permanecen invariables en un medio social que se renueva. *La educación superior no debe mirarse como un privilegio para crear diferencias en favor de pocos elegidos, sino como el instrumento colectivo más apropiado para aumentar la capacidad humana frente a la naturaleza, contribuyendo al bienestar de todos los hombres.* Las ciencias no son deportes de lujo, sino técnicas de economía social. La filosofía no es un arte de disputar sobre lo que se ignora, sino un proceso de unificación de ideas generales para ensanchar el horizonte de la experiencia humana. La universidad no debe ser un cónclave misterioso de iniciados, sino el organismo representativo de las más altas funciones ideológicas: elaboración de doctrinas, determinación de normas, previsión de ideales. Hará más dignos a los hombres, aumentando su capacidad para la vida civil; hará más justa a la sociedad, multiplicando los vínculos de la solidaridad humana.

El mundo ha entrado a una era de renovación más importante que el Cristianismo, el Renacimiento y la Revolución francesa. Sería estéril seguir escuchando a sofistas y escépticos, envenenados por la ideología del pasado; en horas como ésta conviene escuchar a los optimistas y a los creyentes, iluminados por la ideología del porvenir.

LA EVOLUCIÓN DE LAS IDEAS ARGENTINAS
[DOS FILOSOFÍAS POLÍTICAS]*

I. CAMBIO DE RÉGIMEN O SECESIÓN ADMINISTRATIVA

1. Las minorías revolucionarias

¿Qué derecho tiene una minoría pensante y activa para imponer revolucionariamente sus ideales a una mayoría pasiva que los ignora, los teme o los repudia?

Toda la filosofía política podría concentrarse en torno a esa pregunta, a la que siempre darán respuestas contradictorias los progresistas y los conservadores. Los argentinos, que aceptamos como legítima la situación creada por la Revolución, no podemos desconocer el derecho de la exigua minoría que en 1810 la inició desde Buenos Aires fracasando en su intento de extenderla a todo el Virreinato.

Rara vez todos los habitantes de un agregado político poseen la homogeneidad de ideas y de sentimientos que constituye un espíritu nacional; causas históricas y geográficas se suman para engendrar sociedades diferentemente evolucionadas, que coexisten en el estado, sin refundirse por la contigüidad. Y dentro de cada una, en apariencia homogénea, la diversa cultura de las clases sociales engendra grupos distintos, cuyos anhelos suelen no concordar en el orden político, económico y moral.

El conocimiento de los ideales comunes —la conciencia social— no es idéntico en todos los componentes de una sociedad: es más claro y seguro en sus núcleos animadores, que en vísperas de mayo, como enseña V. F. López, no eran las clases enriquecidas, esencialmente conservadoras, sino la juventud ilustrada, visiblemente revolucionaria. La voluntad social, o capacidad de realizar ciertos progresos necesarios, suele ser, como aquella conciencia, un privilegio de pequeñas minorías que se anticipan a su tiempo.

Los cambios que éstas piensan y ejecutan suelen ser más tarde aprovechados por los otros grupos que las imitan: la masa tiene por misión conservar lo que antes fue iniciativa de sus núcleos innovadores.

* Publicado en *Revista de Filosofía*, mayo de 1917. De *La evolución de las ideas argentinas, Obras completas*, t. 4, pp. 94-126.

En este sentido, concordante con los resultados de la psicología social, todo progreso histórico ha sido, es y será la obra de minorías revolucionarias.

Frente a esas *fuerzas de variación,* esencialmente genitivas y que empujan hacia el porvenir, existen *fuerzas de herencia* que constituyen la tradición y consolidan el pasado. De su contraste resulta el vaivén continuo que remueve las ideas y las instituciones de la sociedad, siendo su consecuencia la adopción definitiva de aquellas variaciones que por ser más legítimas resultan ineludibles. En ello reside, esencialmente, el progreso.

Toda la evolución histórica, general de la humanidad o particular de un estado, tiene por trama esa lucha de la variación contra la herencia, de los melioristas contra los tradicionalistas; y, en los momentos de crisis, de los revolucionarios contra los reaccionarios.

No siendo uniforme el ritmo del progreso, obsérvese en cada sociedad períodos críticos de atraso y de renovación. Durante los primeros tórnanse rutinarias las ideas y los sentimientos, dominando las costumbres de más vieja raigambre; en los segundos, todo tiende a variar originalmente, ajustándose a los cambios que, sin cesar, modifican la constitución de la sociedad.

En esa alternativa suele concebirse el porvenir como una posible perfección o el pasado como algo perfecto no superado en el presente; en ello consisten los dos ideales primarios de toda la mentalidad social. Uno y otro pueden ser causas igualmente poderosas de sugestión colectiva; su fuerza dinamógena es la misma, aunque en opuestas direcciones, cuando consiguen impulsar la voluntad del conjunto.

Los hombres que actuaron en el largo proceso revolucionario, hasta la disolución del Virreinato, eran de dos clases: educados los unos en las viejas ideas hispano-coloniales, los otros en las nuevas ideas revolucionarias.[1] Tenían de la política un concepto teórico absolutamente diverso, que los llevaba a ejecutarla con medios distintos y hacia objetivos incompatibles. Reflejaban los dos regímenes que la Revolución francesa acababa de mostrar en dramática lucha, y que, en pequeño, renovarían su conflicto en el territorio virreinal.[2]

---

[1] El proceso *revolucionario,* en su primer ciclo, fue la obra de hombres jóvenes. En la *Junta del Año* x, Mariano Moreno (32 años); en el *Primer Triunvirato,* Bernardino Rivadavia (31 años); en la *Sociedad Patriótica,* Bernardo Monteagudo (27 años); el *Año* xiii, Carlos M. de Alvear (23 años) y José de San Martín (34 años); en la resistencia a la concentración conservadora del *Año* xvi, Manuel Dorrego (29 años). El ciclo se clausura el *Año* xxviii con el gobierno de Juan Lavalle (31 años). Si ello tiene alguna significación, adviértase que el *Año* x tenía Liniers 57 años, y el *Año* xi, Saavedra 50 y Funes 62.

[2] Véase en V. F. López: *El nuevo y viejo régimen,* cap. ii del vol. iii de la *Historia Argentina.*

Es ridículo pensar que una revolución la hacen todos los habitantes de un país; también lo es pretender —un siglo después— que todas las facciones o partidos han contribuido a ella por igual. En fin, como enseña la historia de todos los tiempos y lugares, los actores de los sucesos no son movidos por idénticos fines ni la entienden de la misma manera.

El año x puso frente a frente dos filosofías políticas.

2. Sentido histórico de la revolución

Sólo merece el nombre de revolución un cambio de régimen que importe hondas transformaciones de las ideas o radicales desequilibrios entre las clases que coexisten en el estado; por un vicio del lenguaje suelen confundirse con ella los motines y pronunciamientos en que se ajetrea la historia de los pueblos hispano-americanos.

La Revolución argentina no es, por consiguiente, un episodio sino un proceso. Nació de causas económicas bien conocidas, afirmó la soberanía popular como fuente del derecho político, transmutó el organismo administrativo del Virreinato y marcó una orientación ideológica de la minoría ilustrada que la ejecutó. Esa revolución, en su período más estricto, duró no menos de ocho años: desde el 14 de agosto de 1806 hasta la Asamblea del año XIII. Pero en su verdadera gestación histórica, de sus comienzos seguros hasta su realización efectiva, se extendió medio siglo: desde Carlos III y el virreinato de Vértiz (1778) hasta el gobierno presidencial de Rivadavia (1826).

Bajo el llamado antiguo régimen el poder de la monarquía había alcanzado en Francia su culminación, anulando todas las otras fuentes de autoridad e inhibiendo políticamente las fuerzas localistas feudales, conglomeradas ya en la nación, cuyos representantes dejaron de convocarse desde 1614. El poder monárquico conceptuábase de derecho divino, libre de toda coparticipación directa o indirecta con el pueblo, y a nadie sobre la tierra tenía que rendir cuenta de sus actos. La filosofía política de este régimen la concretó Bossuet, el menos original de los grandes pensadores franceses y el más respetuoso de los intereses creados. La teoría católica del poder absoluto encontró su profeta en el violento perseguidor de los cristianos disidentes; concebido el monarca como representante de Dios en la tierra, y gobernando en su nombre, justo le pareció que sólo a Dios tuviese que rendir cuenta de su gobierno. Bossuet no había eludido ninguna de las consecuencias legítimas de esas premisas. Concibiendo todos los cambios que ocurren en el mundo como obra de la voluntad divina, la historia llegó a parecerle constituida por golpes de estado de la providencia. Y siendo el deber esencial de los reyes servir la causa de Dios, deducía que ellos debían estar al servicio de la Iglesia; es decir, de aquel de los dioses en que él creía y de aquella de las iglesias en que él militaba, con exclusión de toda otra.

Absolutismo de derecho divino: era la filosofía política del antiguo régimen. Impuesta por la omnipotencia de la reyecía, no era acatada sin reclamos. En ausencia de constitución o de leyes generales, que determinaran los derechos y deberes recíprocos de las clases y entidades administrativas que convivían en el estado, cada una de ellas —nobleza, clero, municipios, corporaciones— bregaba de hecho contra el absolutismo del poder. En cierto momento, y por la convergencia de factores numerosos, el régimen de la monarquía absoluta vaciló en Francia. Se convocaron los estados generales. El proceso electoral fue un caos, como era natural tras varios siglos de feudalismo militar, eclesiástico y administrativo. Desde su reunión pudo comprenderse que no iba a reformarse un régimen, sino a sustituirse un mundo por otro; se vio el relampagueo de una verdadera revolución en todo el orden social, que importaba el devenir de otra filosofía política.

Desde Grocio el derecho público venía apartándose netamente de la teología, que antes lo involucrara, buscando sus fundamentos en la naturaleza, de acuerdo con la razón humana; a una nueva concepción del gobierno se había llegado cuando escribió Montesquieu, y a poco se difundieron en las minorías ilustradas los principios de soberanía popular incorporados a la realidad legislativa por la revolución de Norteamérica. La Asamblea general francesa los consagró en la memorable "Declaración de los derechos del hombre y del ciudadano". Sus postulados teóricos, difundidos con mayor eficacia por Rousseau, fueron la libertad y la igualdad política de todos los hombres, concebidas, la una y la otra, como bases imprescriptibles de la legitimidad de los gobiernos y de la validez de las leyes.

A la filosofía política de la monarquía feudal, fundada en el absolutismo por *derecho divino* y en la desigualdad de las clases, se opuso la filosofía política de la democracia, radicando en la *soberanía popular* toda autoridad legítima y prescindiendo de cualquier otro fundamento político o religioso. Por la una, sólo podía ejercer autoridad quien la tuviese de Dios; por la otra, sólo quien la recibiese del pueblo soberano.

Era, pues, la revolución del siglo xix el conflicto entre dos órdenes de ideas teóricamente inconciliables. Por otra parte, nuevas condiciones de vida social, incompatibles con el derecho político vigente, hicieron que el hecho nuevo violara el derecho viejo, renovando *ab unis* las relaciones jurídicas entre los gobernantes y los gobernados. Una relación estricta coordinó los nuevos principios de filosofía política a las necesidades más vitales de la sociedad.

El trastorno vecinal ocurrido en Buenos Aires el 25 de mayo de 1810 puso frente a frente esos dos sistemas de filosofía política; fácil es descubrir su antagonismo en todos los sucesos que durante medio siglo precedieron a la organización definitiva de la nacionalidad argentina. La minoría revolucionaria del Virreinato del Río de la Plata tuvo su personaje representativo en Moreno, fuerza genitriz que caracterizó la variación argentina; la masa conservadora, que representó la herencia colonial, encontró su intérprete en Funes.

Dos hombres, dos regímenes, dos filosofías.

3. *Insurrección nacional o autonomías feudales*

En el proceso histórico de la Revolución argentina, coexisten, *ab initio*, dos movimientos absolutamente distintos, por su categoría y por su práctica: un *cambio de régimen político*, nacional, extensivo a todo el Virreinato, y una *secesión* autonómica de las oligarquías municipales mientras durase la acefalía del legítimo poder real.

Para una minoría ilustrada de jóvenes porteños —más tarde vinculada con otras minorías del interior—, la *revolución* anhelaba una palingenesia de todo el régimen colonial. Su programa político era el de la Revolución francesa; su credo, el *Contrato social*, que Moreno se apresuró a reproducir; su doctrina económica, el liberalismo de los fisiócratas difundido por Belgrano; su filosofía, el enciclopedismo que Planes llevó a la cátedra; su método, la convulsiva expansión militar que aplicó Castelli. En su conjunto, eso significaba soberanía popular, libertad de conciencia, igualdad ante la ley, supresión de privilegios, dictadura revolucionaria si fuese menester: todo lo contrario de la filosofía implicada en el régimen hispano-colonial. Son de inmediato origen francés las denominaciones de sus entidades gubernamentales: "Triunvirato", "Asamblea general constituyente", "Directorio".

Para las oligarquías municipales de las poblaciones mediterráneas, y para los hombres maduros que formaban la de Buenos Aires, la *Secesión* significaba una disgregación administrativa de la metrópoli, iniciada por gestos de autonomía semejantes a los habituales en España, indecisa en sus resoluciones, contraída a formar expedientes y a discutir sobre la legalidad de las formas. Sus entidades representativas mantienen denominaciones de raigambre española: "cabildos", "juntas", "congreso".

El concepto político de ambos partidos fue absolutamente diverso, desde sus orígenes.

Los revolucionarios —morenistas— querían que el cambio de régimen fuese extensivo a todo el virreinato, irradiando la revolución desde

Buenos Aires; para insurreccionar las regiones más apartadas se enviaron las expediciones militares de Castelli y Belgrano, con el programa de compeler los cabildos a destituir los funcionarios nombrados por el rey y asumir provisoriamente el gobierno en su jurisdicción local, hasta que reunidos sus diputados constituyeran un gobierno central del Virreinato. Eran, en este sentido, nacionalistas y se proponían dar a la nacionalidad los límites del Virreinato mismo.

Los conservadores —saavedristas porteños, y las oligarquías municipales del territorio entero— entendían asumir los gobiernos locales, constituidos en cabildos autónomos, hasta que se regularizara la situación de la monarquía española; además de ser contrarios a un cambio de régimen, carecían, los más, de espíritu separatista definitivo. Al paso vencedor de la expedición revolucionaria, que desde Córdoba se encontró en territorio enemigo, los esquivos municipios fueron nombrando sus delegados a la Junta de Buenos Aires; no vinieron a reforzar la revolución nacional, sino a impedirla, en defensa de los intereses regionales y municipales. Del alto litoral, donde fracasó la otra expedición militar, no hubo delegados.

La Junta, para Moreno y los revolucionarios, debía instaurar una Asamblea constituyente del Virreinato emancipado; para Saavedra y los conservadores, debía ser un acuerdo de los municipios disgregados hasta que los acontecimientos peninsulares señalasen la conducta a seguir.

Estos dos conceptos correspondían a la mentalidad de dos sociedades diferentes que coexistían sin refundirse. El Virreinato componíase de dos núcleos, el Alto Perú y el Río de la Plata, jurisdiccionalmente representados por las dos audiencias: Charcas y Buenos Aires, creada esta última el 14 de abril de 1783.[3]

Sociológicamente considerada, la *sociedad altoperuana,* en que predominaba la primitiva población indígena sobre los exiguos elementos españoles, extendía su influjo a las cuatro intendencias dependientes de Charcas, y a las de Salta y Córdoba, no adaptadas a su jurisdicción de Buenos Aires; hasta la creación del Virreinato fue mucho más homogénea e importante que la sociedad rioplatense. Durante el período virreinal permaneció estacionaria, creciendo rápidamente la importancia de la otra.

La *sociedad rioplatense,* compuesta de criollos, cada vez más depu-

---

[3] Correspondían a la primera, cuatro intendencias: Cochabamba, La Paz, La Plata y Potosí; la segunda extendía su jurisdicción a otras cuatro: Buenos Aires (compuesta por las actuales, Buenos Aires, Santa Fe, Entre Ríos, Corrientes y Uruguay), Córdoba del Tucumán (Córdoba, Mendoza, San Juan, San Luis y Rioja), Salta (Salta, Jujuy, Tucumán, Santiago del Estero y Catamarca) y Paraguay.

rados por la transfusión incesante de sangre europea, se desenvolvía en la intendencia de Buenos Aires, limitando su área de dispersión a una zona estrecha, por la guerra constante de las tribus indígenas, que no se incorporaban a la nueva sociedad.[4] La sociedad altoperuana fue disputada durante muchos años por los realistas de Lima y los revolucionarios de Buenos Aires, vencidos siempre los primeros cuando descendían a las intendencias de Salta y de Córdoba, derrotados siempre los segundos cuando aventuraban una subida a las del Alto Perú. De acuerdo con la geografía física se dividió, al fin, la sociedad altoperuana, conforme a los límites de las dos audiencias del Virreinato, en la zona misma donde Güemes afirmó con las armas su autonomía feudal contra los ejércitos españoles y argentinos.

Antes de ocurrir esa desmembración del Virreinato, la pequeña sociedad rioplatense y la vasta sociedad altoperuana que lo componían imprimieron muy diverso espíritu al proceso de la evolución interna. En el Río de la Plata se llamó *arribeños* a todos los pueblos de la sierra, desde Córdoba al Norte; en el Alto Perú se llamó *abajeños* a todos los pueblos de la cuenca del Plata, desde Salta al Sur. Y como cada uno de los exiguos núcleos urbanos tenía jurisdicción sobre la campaña contigua, denomináronse *provincias* o *pueblos*, asumiendo las oligarquías municipales la representación de poblaciones indígenas o masas rurales que a veces no tenían noticias de los sucesos, ni voluntaria participación en ellos. Masa popular opinante y actuante sólo hubo en Buenos Aires, muy pronto organizada por la Sociedad patriótica; las demás "multitudes" del Virreinato, durante la guerra de la independencia, eran turbas sin asomo de opinión arrastradas por caudillos o constreñidas a servir en los ejércitos, haciéndolo con igual inconsciencia, y alternativamente, en las filas realistas o en las revolucionarias. El resultado inmediato que se proponían las guerrillas, en el Norte, según el general Paz, consistía en incorporarse uno u otro vencedor algunas tropas del ejército vencido: "quitarle la gente", para engrosar las filas propias.

Los "pueblos" eran las ciudades; sus "cabildos" no eran instituciones democráticas, sino oligarquías feudales. Sólo más tarde, por una

---

[4] La gobernación de la Banda Oriental tuvo su movimiento autonómico en Montevideo, ni revolucionario ni separatista, oponiéndose a la revolución de Buenos Aires, cuyo espíritu comprendió perfectamente.

La intendencia del Paraguay, que estaba en jurisdicción de la Audiencia de Buenos Aires, presentaba una constitución sociológica análoga a la del Alto Perú, por la incorporación de las masas indígenas sometidas.

Enemiga la Banda Oriental y apartado el Paraguay, el movimiento revolucionario de Mayo tuvo por foco a Buenos Aires y su campaña, veinte veces menos extensa que la actual provincia homónima.

evolución natural, el concepto de "pueblos" dejó de ser municipal y correspondió a las que se llamaron "provincias".[5]

II. LA ACCIÓN REVOLUCIONARIA

1. *Mariano Moreno*

Ciertas fechas son simbólicas, de igual manera que los hombres representativos. Pero el sentido histórico de la revolución se empequeñece limitándola al ligero desorden municipal ocurrido en la casi desierta recova del Cabildo,[6] mientras en su interior discutían dos grupos de vecinos que representaban —sin pretenderlo en su ingenua modestia— la agonía del absolutismo teocrático y el advenimiento de la soberanía popular. El 25 de Mayo tiene más valor simbólico que histórico. No fue un grito heroico, no fue una pueblada tumultuaria, no fue el gesto imperativo de una masa sublevada; el pronunciamiento de los batallones de Liniers, y la siguiente victoria sobre el motín de Álzaga, son actos cívicos tan importantes —políticamente mucho más— que la formación de una Junta el 25 de Mayo del año x.

¿Qué fue, pues, lo que vino a diferenciarla de ellos ante la historia? No la independencia, pues todo se hizo en nombre de Fernando VII; no la destitución del Virrey, pues ya se había destituido a Sobremonte cuando se eligió a Liniers; no la soberanía del pueblo, porque ella había sido ya reconocida. ¿Qué fue?

Simplemente: Mariano Moreno.

Sin el breve fusilazo de su genio, aquella Junta hubiera naufragado en un mar de papel, se habría convertido en un expediente más para el proceso de la agonía colonial. Moreno introdujo en ella tres factores revolucionarios: un espíritu nuevo, la acción y el terror. Sumábanse en él, más que en otro alguno de su tiempo, la agudeza de ingenio y la actividad eficaz llevada la primera hasta la desconfianza metódica, y la segunda hasta la temeridad ejecutiva. Era un místico, en suma, que en la hora de doctorarse había cambiado la teología por la democracia, Tomás de Aquino por Rousseau, y el púlpito por la prensa.

---

[5] Véase F. Ramos Mejía: *El federalismo argentino.*

[6] "En aquel momento —dice Mitre—, a causa de la lluvia y de lo avanzado de la hora, solamente constaba de un centenar de hombres" (*Historia de Belgrano*, I, p. 297, Ed. *La Nación*), cifra que otros se inclinan a reducir prudencialmente.

Sus nuevas ideas[7] hiciéronle representativo de la revolución americana, inspirada en todas partes por una misma corriente ideológica: los fisiócratas en lo económico y los enciclopedistas en lo político, términos del binomio revolucionario que había subvertido el mundo europeo. Belgrano importó las doctrinas fisiocráticas, traduciendo máximas económicas de Quesnay y glosando a Campomanes; introdujo Moreno el *Contrato social*, de Rousseau, difundiéndolo como una nueva biblia democrática. De esa manera en el estandarte de la revolución se inscribieron dos credos; el libre desenvolvimiento del trabajo y del comercio —contra el privilegio económico de los monopolistas—, y el gobierno democrático y representativo de origen popular —contra el absolutismo de derecho divino—. Los principios del feudalismo colonial fueron los enemigos que se propuso combatir la revolución argentina, en nombre de la filosofía moderna; por eso el naciente pensamiento se distingue del que había caracterizado al coloniaje español. Una nueva mentalidad surgió con la soberanía de la nación; sus fuentes ideológicas se completan agregando, a Quesnay y Rousseau, la revolución norteamericana y la francesa.[8]

Educado en el San Carlos de Buenos Aires, donde enseñaban clérigos sin mejor empleo, pocas novedades habrían germinado en la mente de Moreno sin la oportunidad de un viaje; en Chuquisaca se encendió de nuevas luces.[9] En esta ciudad existía una verdadera enseñanza jurídica y literaria, en la que se formaban abogados y civi-

---

[7] Véase Groussac: *Escritos de Moreno*, § VI, en *La Biblioteca*, vol. I, pp. 140 y *ss*. Sobre la pretendida religiosidad de Moreno, fundada en una opinión anacrónica de López, que acaso evocó al colegial de San Carlos refiriéndose al redactor de la *Gazeta*, véase la justa nota 4, de la p. 143.

[8] "Es inútil detenerse —dice Sarmiento— en el carácter, objeto y fin de la revolución de la Independencia. En toda la América fueron los mismos, nacidos del mismo origen, a saber: el movimiento de las ideas europeas. La América obraba así, porque así obran todos los pueblos. Los libros, los acontecimientos, todo llevaba a América a asociarse a la impulsión que a la Francia habían dado Norteamérica y sus propios escritores; a la España, la Francia y sus libros." D. F. Sarmiento: *Facundo*, cap. IV.

[9] "En Chuquisaca —dice Piñero—, vivió en medio de la clase más intelectual que allí existía. La biblioteca del canónigo Terrazas no estuvo en vano a su entera disposición. Se instruyó con la lectura de muchos libros, principalmente de algunos de los libros franceses de mayor mérito, escritos en los dos últimos siglos sobre política, derecho, moral, religión, historia y literatura. Leyó a Montesquieu, D'Aguesseau, Locke, Filangieri, Jovellanos, Rousseau, Raynal y varios de los enciclopedistas. Estas lecturas, concienzudamente hechas, lo familiarizaron con las doctrinas económicas y políticas de los filósofos del siglo XVIII. El credo político de los reformadores y revolucionarios de la centuria pasada llegó a ser el credo político suyo". Norberto Piñero: Prólogo a los *Escritos políticos y económicos*, de Mariano Moreno (reedición de 1915). Véase Manuel Moreno, *op. cit.*

listas, llenos de simpatía por las novedades que se anunciaban más allá de los Pirineos. El contagio de las ideas revolucionarias era general en la juventud americana que acudía a la universidad; el viaje era un peligro para las preocupaciones de los padres conservadores. Moreno, Monteagudo, Agrelo, Medina, Pérez, Serrano, Gorriti, Castelli, Paso, López, Patrón y otros muchos encontraron allí abundante acopio de libros modernos y un ambiente estudiantil cargado de ideas liberales.

Mariano Moreno, al concluir sus estudios en Buenos Aires, donde había nacido el 23 de septiembre de 1778, se trasladó a la universidad altoperuana; era designio de sus padres dedicarlo a la carrera eclesiástica. El amor turbó su vocación, si existía; Moreno renunció a llevar sotana, contrajo matrimonio casi en secreto y regresó a Buenos Aires "padre" de verdad, dispuesto a ejercer su profesión de abogado.

Moreno había dejado en Chuquisaca todo apego al dogmatismo teocrático, y, junto con él, su lastre escolástico, del que había aprendido a reírse. En su tesis doctoral, o "último examen de teórica", que dijo en 1802, se leen las siguientes palabras, en el primer párrafo: "Si el ilustrado gusto de nuestro siglo me permitiera hacer uso del escolasticismo, me sería muy fácil presentar una disertación que en la oscuridad de sus voces se acreditase de metafísica y sublime, por más que apareciera desnuda de sólidas reflexiones. Pero lejos de nosotros un abuso, que sólo pudo ser tolerable en el tenebroso siglo que lo produjo."[10]

¿Qué lecturas económicas influyeron en el espíritu de Moreno? Probablemente "leía a Adam Smith, a Quesnay, a Tomás Payne, los memoriales de Colbert, los libros españoles y liberales de su tiempo, la *Balanza comercial* de Snutter, a Condillac sobre todo (*Del gobierno y del comercio*), preconizado hoy por Mac Cleod como superior a todos los modernos... Alguna vez hemos tenido en las manos un ejemplar de Campillo, precursor de Campomanes y repetidor habilidoso de Quesnay, cubierto de notas, de llamadas y de signos arrojados en sus márgenes por don Mariano Moreno, que designaban claramente que sobre esas márgenes y espacios había él echado los primeros elementos de su bellísimo alegato":[11] la *Representación de los hacendados*.

De esas fuentes quedan rastros seguros en varios de sus escritos y más particularmente en la *Representación* misma, que es el documento de más valor sociológico escrito en vísperas de Mayo.[12] En otros, de la *Gazeta,* la influencia es evidente.

[10] M. Moreno: *Escritos,* p. 64.
[11] López: *Historia Argentina,* II, p. 433.
[12] "Esta representación fue escrita el 30 de septiembre de 1809. Ella demuestra la absurdidad del sistema de comercio seguido hasta entonces, y la opresión en que bajo este respecto conservaba la España a sus colonias. La libertad

Tales eran las ideas del hombre en quien iba a encarnarse muy luego la Revolución. En Buenos Aires se mantiene en acecho. Redacta algunos escritos jurídicos y se inmiscuye poco en política, hasta que la ocasión se le presenta propicia, al sobrevenir las grandes jornadas. Conspira en silencio, sin discursos; vigila a los propios amigos, temeroso de que desfallezcan; no cree sino en lo que pasa por sus manos. Cuando el destino le señala su puesto en la secretaría de la Junta de Mayo, conviértese en tirano para servir a la libertad y se transforma de leguleyo aburrido en periodista vehemente para predicar desde la *Gazeta*. Ese evangelio es el único de la Junta; ésta sobra en la historia desde el día que renuncia su secretario.

No es frecuente esa virtud del humano carácter que permite decir toda la verdad que se cree, explícitamente, sin temor a las consecuencias funestas que ella suele acarrear al que la dice. De conveniencias y mentiras viven todos los que medran del asentimiento público, juglares, embaidores o traficantes; la palabra leal y peligrosa, que descoyunta una superstición o quebranta una hipocresía, es el noble y angustioso privilegio de los que ponen sus ideales más altos que sus intereses, sacrificando su personal adelantamiento al *Vitam impendere vero* de Juan Jacobo. Era de esa progenie Mariano Moreno. Por haberlo demostrado el año x merece la veneración de todos los argentinos, que nada valdría si pudiera prodigarse por igual al que se inmoló por la revolución y a los que se esforzaron por impedirla.

Dijo en voz alta los ideales de la nueva era; fue inflexible y entusiasta, como era propio de su temperamento y de su edad. En el breve y sustancial prólogo que antepuso a una traducción del *Contrato* de Rousseau, llamó a éste "hombre inmortal que formó la admiración de su siglo y será el asombro de todas las edades, fue quizá el primero que, disipando completamente las tinieblas con que el despotismo envolvía sus usurpaciones, puso en clara luz los derechos de los pueblos, y, enseñándoles el verdadero origen de sus obligaciones, demostró las que correlativamente contraían los depositarios del gobierno". En siete líneas está su profesión de fe política.

Moreno había aprendido de los liberales el culto de la educación popular: prensa, biblioteca, escuela. A poco de ocurrir los sucesos de

con que se produce el autor en un tiempo en que duraba aún el despotismo de los Virreyes, impidió que pudiese darse a la prensa en Buenos Aires; pero fue traducida en el Janeiro por un escritor que había impugnado con acierto la política de las potencias europeas en la materia. Sólo después de establecida la presente Junta en Buenos Aires, ha sido permitida la publicación de este escrito importante. El plan bajo que se propone el comercio libre no es ciertamente tan extenso como debía ser; esto lo conocía muy bien el doctor Moreno; pero debía contentarse con pedir lo que le podían conceder." Manuel Moreno, *op. cit.*

Mayo, una de sus primeras iniciativas fue crear la Biblioteca pública de Buenos Aires, entrando a ella gran parte de las particulares de Maciel, Rospigliosi y Azamor, amén de otras donaciones menores; la crónica de este acontecimiento puede leerse en el docto prefacio al catálogo de la Biblioteca nacional.[13]

Faltaron la ocasión y el tiempo para que él emprendiese la sustitución del colegio nacional por "un nuevo establecimiento de estudios adecuado a nuestras circunstancias"; sólo sabemos que hubo el propósito de establecer una enseñanza fundada en las ciencias, buscando catedráticos de otro cuño, pues más tarde la *Gazeta* anunció oficialmente que los nuevos cursos se iniciarían "luego que lleguen los profesores de Europa que se han mandado venir con este intento". El criterio de Moreno en el periodismo político, que él inaugura en el país, es todo moderno; asombra su fácil acomodación mental a los asuntos que trata, el tino y la seguridad con que resuelve los problemas, más de inspirado que de estadista. El comentario de sus escritos, de su actuación y de su pensamiento político, se encuentra completo en el libro de su propio hermano, Manuel Moreno,[14] y en la conocida polémica entre Norberto Piñero y Paul Groussac.[15]

El 18 de diciembre de 1810 la Junta fue integrada con elementos contrarios al espíritu de la revolución; Moreno renunció y poco después fue discretamente alejado del país, confiándosele una misión que gustamos considerar diplomática, para no avergonzarnos de su destierro.

Como todo revolucionario verdadero, Moreno era considerado peligroso por los enemigos internos de la revolución, dispuestos a paralizar su curso en cuanto llegara el momento propicio de aprovecharla sin

---

[13] Groussac: vol. I; y en *La Biblioteca*, I, p. 9. Véase en la *Gazeta*, 13 de septiembre de 1810, el artículo *Educación*, reproducido en el Registro Oficial, vol. I, núm. 116; en la *Gazeta* de octubre 15, la *Carta de los comerciantes ingleses residentes en esta ciudad al Protector de la Biblioteca*, que sorprende por el crecido número de los firmantes, en el Registro Oficial núm. 119, una nota al gobernador de Córdoba *"confiscando en pro de la biblioteca pública los libros pertenecientes a los conspiradores de Córdoba"*; idem, núm. 129, dando igual destino a *los libros del Colegio de San Carlos*; idem, núm. 130, reclamando del Obispado *la biblioteca de Azamor*, con igual destino; idem, núm. 164, reclamando del gobernador de Córdoba *los libros de los jesuitas*, que estaban en el Convento de Santo Domingo, con igual destino. Desde noviembre de 1810 hasta entrado el año XIII no encontramos en el Registro Oficial un solo decreto relacionado con la Biblioteca...

[14] Manuel Moreno: *Vida y Memorias del Dr. Don Mariano Moreno*, Londres, 1812.

[15] En la más reciente bibliografía merecen indicarse: la monografía de Diego Luis Molinari (en *Anales de la Facultad de Derecho*, 1914); Ernesto Quesada: *El significado histórico de Moreno* (en *Revista de Ciencias Políticas*, 1916), y la tesis universitaria de Matilde T. Flairoto, Buenos Aires, 1916.

arriesgarse en complicaciones temerarias. Y era temible, en verdad, para los cautos aprovechadores; sobrábale temperamento para convertirse en un Robespierre, si hubiera sido indispensable, y no desperdició la pequeña ocasión en que pudo ensayarlo.

Eso, que los pelucones españoles y nativos le reprochaban, llamándole *jacobino*, constituye su más legítimo título de gloria desde el punto de vista de la revolución. ¿Con qué derecho sería posible juzgarle desde otro? ¿Hay noticia de que los tímidos, los viejos o los rebañegos hayan acometido empresa alguna en favor de la libertad o de la justicia? Las revoluciones se obran siempre fuera de la legalidad, como que es su objeto reemplazar un orden legal vigente por otro que se considera mejor para la patria o la humanidad; los actos revolucionarios sólo pueden triunfar cuando se los ejecuta con firmeza, sin trabarse las manos con expedientes y formalidades; las doctrinas renovadoras son eficaces cuando se despojan de todo exceso de crítica que las empaña como la herrumbre al metal. No se cambia un régimen con discusiones leguleyas, con movimientos irresolutos, con sutilezas dialécticas. Quede para el filósofo la silenciosa elaboración de principios en el gabinete; pero ellos deben ser ideas en acción para el ejecutor, estorbándole todo exceso de raciocinio que inhiba su brazo. ¿Sería justo medir al secretario de una junta de insurrectos con la misma vara que usaríamos para apreciar a un catedrático de derecho constitucional?

Después de él, la marcha de la Junta fue minorativa y a poco andar se infecundó por las jerigonzas con que anduvieron los tartufos coloniales. Moreno, como la pirausta legendaria, necesitaba vivir entre las llamas de la hoguera; cuando le apartaron de ella, languideció rápidamente y murió en alta mar, el 4 de mayo de 1811, como si la distancia hubiera enfriado su corazón, hasta helarlo. En pocos meses había hecho todo el bien que de un hombre podía esperarse, sembrando el germen inextinguible de la Revolución argentina; acaso una actuación más larga le hubiera forzado a excesos y enredado en politiquerías ensombrecedoras de su gloria.

La muerte no intermitió su obra; mientras los reaccionarios piloteaban sin rumbo el desvencijado barco virreinal, llevando en lo alto del tajamar el mascarón de proa de Fernando VII, el partido morenista mantenía ignita la antorcha que muy luego despejó las sombras y permitió dar un seguro timonazo hacia la preclara Asamblea del año XIII.

Lucero de nuestro amanecer, encendido por un nuevo espíritu contra el feudalismo colonial, Moreno es el personaje simbólico y representativo de la Revolución argentina.

2. El jacobinismo político

Al día siguiente de instalarse la Junta nadie ignoraba que reñían en su seno dos tendencias inconciliables: los que actuaban para hacer una verdadera revolución y los que se mezclaban en ella para evitar que se efectuase. Moreno, con los revolucionarios, tomó la delantera; cuando quisieron obstruirle el camino, era tarde. La revolución estaba en marcha.[16]

Saavedra, natural de Potosí, era un "conservador" dentro del movimiento; tenía las flaquezas propias de su cultura sencilla, de su edad madura y de su rango pomposo. Recuérdese que en el Cabildo abierto del 22 de mayo, analizando bien los votos, "no adoptaron literalmente la fórmula de Saavedra sino dieciséis votantes, frailes o burgueses los más, no figurando entre ellos ningún revolucionario acentuado, ni oficial de Patricios".[17] Su partido fue el refugio de todos los que deseaban mantener el viejo régimen y repartirse el nuevo gobierno, "los que reputaban posible vaciar la libertad en el molde envejecido de las formas coloniales".[18]

Las dos tendencias debían llegar a un conflicto. La primera, francamente democrática y liberal, tenía conciencia de la emancipación inminente; la segunda, continuadora de la mentalidad española, sólo acertaba a desear una sustitución de empleados peninsulares por otros americanos. En las filas morenistas se contaban los jóvenes revolucionarios, dispuestos a comprometerlo todo para derribar el desvencijado armatoste de la colonia; en las saavedristas cabían los precavidos y prudentes que, con mucho gusto, se disponían a reemplazar a los godos en los altos cargos y dignidades que hasta entonces les estaban reservados.

---

[16] Antes de un mes terminaba con estas palabras el editorial de la *Gazeta*: "Seamos una vez menos partidarios de nuestras envejecidas opiniones; tengamos menos amor propio; dése acceso a la verdad y a la introducción de las luces y de la ilustración; no se reprima la inocente libertad de pensar en asuntos del interés universal; no creamos que con ella se atacará jamás impunemente al mérito y la virtud, porque hablando por sí mismos en su favor, y teniendo siempre por árbitro imparcial al pueblo, se reducirán a polvo los escritos que indignamente osasen atacarles. La verdad, como la virtud, tienen en sí mismas su más incontestable apología; a fuerza de discutirlas y ventilarlas aparecen en todo su esplendor y brillo; si se oponen restricciones al discurso, vegetará el espíritu como la materia, y el error, la mentira, la preocupación, el fanatismo y el embrutecimiento, harán la divisa de los pueblos, y causarán para siempre su abatimiento, su ruina y su miseria." *Gazeta*, jueves 21 de junio de 1810. (Página 59 de la reimpresión facsimilar.)
[17] Groussac: *Liniers*, p. 346.
[18] J. M. Estrada: *Lecciones de Historia Argentina*, II, p. 24.

Siendo todos, más o menos *separatistas*, solamente los primeros eran *revolucionarios*. La doctrina separatista tomaba pie en el autonomismo peninsular, de origen feudal. Cuando se juró a Fernando VII (agosto 21 de 1808), quedó sobrentendido por los autonomistas de Buenos Aires que ellos no debían acatamiento sino al monarca; de allí que, caducado éste, cesara de hecho la autoridad de quienes la tenían en su representación, volviendo al pueblo la soberanía, para elegir a los que debían velar por sus intereses y seguridad. Esta ambigua doctrina, necesaria para que los separatistas sustituyeran a los españoles (Saavedra a Cisneros), permitió que la minoría revolucionaria suplantara a los separatistas (Moreno a Saavedra).

Los días preliminares del 25 de Mayo se gastaron muchas palabras; Moreno comprendió que el momento de obrar había llegado. Uno que quiere puede más que dos que no quieren: la minoría revolucionaria de la Junta —Moreno, Castelli, Paso— forzó la tímida resistencia de la mayoría y la' complicó en sus propios planes, fuera de toda legalidad y de toda contemporización. ¡Cómo temblaría la mano de Saavedra firmando el destierro para Cisneros y la sentencia de muerte para Liniers![19]

---

[19] Manuel Moreno, *op. cit.*, aún proponiéndose justificar a Mariano, viose obligado a sostener la única teoría legítima desde el punto de vista revolucionario. "El pueblo que la había constituido sin otro objeto que el de mejorar su condición, esperaba entonces de ella su conservación misma y para esto era preciso destruir a los enemigos de la causa del país, lo cual no podía conseguirse dispensándoles beneficios. Claro está que un magistrado, que en tales circunstancias no se hubiese atrevido a salir de la ruina de una constitución apolillada, no habría hecho otra cosa que vender los intereses de su pueblo, y que al ver derramar la sangre inocente de los individuos del estado en los cadalsos, que el despotismo vencedor habría muy pronto erigido, no sería una buena disculpa para un gobierno la moderación observada con los facciosos. Sin duda sería muy feliz para la humanidad que en semejantes casos se inventase otro medio de asegurar la salud pública, que con la ruina de los que obstinadamente la atacan. Pero la experiencia de todos los tiempos comprueba que no hay otro arbitrio, en tal crisis, que el que se ha usado siempre en todas las naciones. No es, pues, más infundada la imputación del jacobinismo, que la injuriosa calificación de partido violento con que se ha pretendido denigrar las operaciones públicas del doctor Moreno. Obsérvese la terrible borrasca que por todos lados amenazaba la causa de la libertad en Buenos Aires; véase la gloria con que sus tropas corrieron el espacio de quinientas leguas hasta los confines del Virreinato, restituyendo la paz a las provincias, y no podrá menos que confesarse que el genio que dirigía entonces la obra estaba ayudado de la sabiduría, vigor, y fortaleza necesaria. No obstante, estos triunfos no servirían de nada si se relajase un punto el azote de la justicia, que la terquedad de los opositores obligaba a tener levantado... Enhorabuena que al doctor Moreno no se le conceda como atributo la clemencia; yo pienso que esta cualidad bajo conspiraciones contra el estado, lejos de ser una virtud es verdaderamente un

Tres actos esenciales para la *Revolución* efectuó la Junta en el orden político y civil. El primero fue la deportación a las islas Canarias del virrey y de cinco miembros de la Real audiencia, embarcados en un cúter inglés, según contrato extendido el 22 de junio de 1810 entre la Junta y el comandante Bayfield.[20] El segundo fue la destitución del Cabildo de Buenos Aires, "por los repetidos ultrajes que ha inferido a los derechos de este pueblo", y su remplazo, el 17 de octubre, por un nuevo cabildo, cuyos miembros fueron designados directamente por la Junta.[21] Eliminados los tres poderes españolizantes —Virrey, Audiencia y Cabildo—, sólo faltaba realizar el tercero y más importante acto revolucionario: desconocer las autoridades peninsulares que se pretendían legítimas. Cuando Elio, desde Montevideo, pidió ser reconocido virrey —en virtud del nombramiento que le otorgaran las Cortes generales— la Junta, la Audiencia y el Cabildo desconocieron uniformemente al Virrey y a las Cortes.[22]

Por esos tres actos se afirmó netamente la revolución, poniéndose de hecho sus iniciadores fuera de todo orden legal, aunque chicanearan para justificar lo contrario. A pesar de la letra "fernandista" de los actos públicos, nadie se equivocaba ya sobre su carácter "antiespañol"; la disolución del Cabildo fue consecutiva a la agitación de los españoles contra la Junta, que el 1 de agosto obligó a ésta a tomar medidas extraordinarias de orden público y a prevenir su emigración a Montevideo, centro de la resistencia.[23] En noviembre no vaciló en destituir a la abadesa de las Capuchinas, que servía de espionaje de los espa-

vicio. Si el aplicar el rigor de la ley a los que la han atropellado osadamente no es una violencia; si en circunstancias tales no es un crimen en un magistrado contener a los sediciosos, y prevenir los delitos con la aplicación del castigo a que son acreedores los díscolos o mal intencionados, creo que el doctor Moreno merece ser considerado ministro justo, celoso, enérgico e incorruptible. Las mismas leyes gobernaban a los descontentos que a los innovadores. ¿Cuál era la pena con que los opositores amenazaban a los de la Junta, y que han dispensado en todas las ocasiones en que han sido vencedores? El último suplicio. Ellos mismos, pues, se echaban sobre sí la sentencia para en caso de ser los vencidos. Ninguno ha sido condenado al suplicio, desterrado o privado de sus bienes por sólo la diferencia de opiniones, sino por atentados formales y notorios contra la pública seguridad. Querer una revolución sin males es tan quimérico como una batalla sin desgracias, y así los culpables de las acaecidas en Buenos Aires, que por fortuna han sido muy raras, son los promotores de la Revolución misma."

[20] Registro Oficial, núm. 216.
[21] *Gazeta*, martes 23 de octubre de 1810 (p. 527 de la reimpresión fassimilar).
[22] Véase *Gazeta*, enero a mayo de 1811: Registro Oficial, núms. 210, 213 y 214. Examen de la cuestión en Del Valle Iberlucea: *Los diputados de Buenos Aires en las Cortes de Cádiz*, pp. 44 y ss.
[23] Registro Oficial, núm. 84.

ñoles[24] y el 3 de diciembre dispuso que "desde la fecha de esta providencia, ningún tribunal, corporación, o jefe civil, militar o eclesiástico, conferirá empleo público a persona que no haya nacido en estas provincias".[25] Y para que no se dudara de su jacobinismo sistemático, Moreno impuso a la Junta, tres días después, la ejemplar orden del día suprimiendo los honores al presidente de la Junta.[26]

Contra la revolución iniciada en Buenos Aires movióse en las provincias altoperuanas la primera contrarrevolución, antiseparatista y española: Concha y Liniers, en Córdoba, quisieron darse la mano con Sanz y Nieto, de Charcas y Potosí. Moreno definió desde el primer momento su actitud, sin contemplaciones.[27]

La intención de los contrarrevolucionarios fue reunirse con las fuerzas altoperuanas y avanzar en armas sobre Buenos Aires, después de pacificar el Norte; el Cabildo de Córdoba comenzó por reconocer la autoridad política del virrey de Lima y la judicial de la Audiencia de Charcas. Apremiados por las circunstancias viéronse en la necesidad de localizar la resistencia en Córdoba, primando el consejo del gobernador Concha y del obispo Orellana; fueron vencidos, pues la Junta desplegó una energía verdaderamente revolucionaria,[28] como se verá.

El pensamiento y la acción de Moreno, en el orden civil, revelaban una misma derechez, inequívoca. No era posible ser más explícito; la *Gazeta*, a título de informar sobre el movimiento de Caracas, comenzó a hablar de "una libertad civil y religiosa, que tenga por base la voluntad general", "América española declarada independiente", "Declaración de independencia", transcribiendo el famoso mensaje de la Suprema Junta de Caracas a la Regencia de España.[29] Si el congreso convocado por la Junta hubiese llegado a funcionar bajo las inspiraciones del secretario, no habría diferido mucho —como orientación— de la Asamblea constituyente francesa. Ése hubiera sido el modelo; como lo fue para las Cortes de Cádiz.

No siempre son los *documentos oficiales*, destinados al público —con más frecuencia para engañarlo que para ilustrarlo—, los que

---

[24] *Idem*, núm. 184.

[25] *Idem*, núm. 189, aclarado por el núm. 195.

[26] *Idem*, p. 194.

[27] *Gazeta: Circular de la Junta a todos los Cabildos*, 27 de junio de 1810 (p. 180 de la reimpresión facsimilar).

[28] Véase Groussac: *Liniers*, pp. 383 y ss.; y en *Anales de la Biblioteca*, tomo III, *Documentos sobre Liniers*.

[29] *Gazeta*, 10 y 13 de septiembre de 1810 (pp. 367 y 379 de la reimpresión facsimilar). Véase en la *Gazeta* del 13 de diciembre (p. 723) la opinión inequívoca que expresa "Un ciudadano" al *Señor Editor*, publicada como editorial.

reflejan la verdadera finalidad de los sucesos y los propósitos de sus actores. Tenemos por fiel trasunto del espíritu morenista el discutido "*Plan* de las operaciones que el gobierno provisional de las Provincias Unidas del Río de la Plata debe poner en práctica para consolidar la grande obra de nuestra libertad e independencia". Atribuido al mismo Moreno y negada con buenas razones la atribución —problema tan importante para la crítica histórica como accesorio para quien examina el espíritu de la época—, ese *documento privado, y aun clandestino,* proyectó luz vivísima sobre lo que bullía detrás del "fernandismo" oficialmente reiterado por los revolucionarios de Buenos Aires, como por todos los de América en el momento inicial.

Los primeros pasos militares de la revolución, iniciados con la derrota de la reacción cordobesa, fueron significativos; ayudan a comprender muchos sucesos ulteriores y permiten descubrir el verdadero sentido de la revolución iniciada por Moreno y de la contrarrevolución emprendida por Saavedra y Funes.

El 25 de mayo se acordó mandar con urgencia una expedición militar sopre las provincias del interior, para promover o apoyar el pronunciamiento de los demás cabildos del Virreinato, y prevenir todo proyecto de resistencia a los sucesos consumados en Buenos Aires.[30] Los partidarios del régimen hispano-colonial no se equivocaron sobre su significación; el ex virrey Cisneros consiguió dar aviso de ello a Liniers, que el 28 por la noche quedó informado, preparando en Córdoba la resistencia; los vecindarios de los pueblos contiguos no apoyaron a Liniers y Concha, simpatizando con la actitud de la Junta de Buenos Aires que les abría un camino para campear después sus respetos.

Los batallones porteños de la división revolucionaria partieron a las órdenes del coronel Ocampo; llevaban un comisionado civil, con instrucciones secretas, como los ejércitos de la Revolución francesa. Lo era Hipólito Vieytes; cuando los cabecillas de la contrarrevolución cordobesa estuvieron en su poder, el comisionado anunció que tenía la instrucción de fusilarlos.

Ése era el *modus operandi* de una revolución de verdad; el coronel Ocampo, faltando a su deber, defirió a la opinión de alguna parte del vecindario y del clero de Córdoba, que, con el deán Funes a la cabeza, solicitó se suspendiera la ejecución, enviándose a Buenos Aires las víctimas. La Junta —revolucionaria todavía— envió a Castelli a su encuentro, reiterando su orden primitiva, que Castelli cumplió; a Ocampo le quitó el mando, que entregó a Balcarce; a Vieytes lo sustituyó Castelli, cuyo temple se ajustaba a las circunstancias. Este

30 Véase *Instrucciones reservadas* del 16 de junio en Registro Oficial, núm 39

último alcanzó al ejército en Suipacha (6 de noviembre) y poco después tuvo oportunidad de aplicar sus instrucciones revolucionarias; el 15 de diciembre, en Potosí, fueron fusilados Nieto, Córdoba y Sanz, por "rebeldes" al gobierno "legítimo" de la Junta.[31]

3. El jacobinismo religioso

Retoño lejano de la filosofía enciclopedista, el pensamiento de los revolucionarios fue decididamente irreligioso; si alguna parte del clero lo compartió, fue sin duda herético o subrepticiamente libelático, tal como lo fuera antes el de París y por el mismo tiempo el de Cádiz. Más

[31] Deseando aumentar los méritos altísimos del Revolucionario, su hermano, don Manuel, procuró acoplarle los del estadista, que no tuvo ni le hicieron falta. Para ello trató de probar que no era un *jacobino,* sin advertir que la necesidad misma de la defensa prueba lo que pretende refutar. Moreno fue el revolucionario; el estadista fue Rivadavia. ¿Alguien ha defendido a éste de la imputación de jacobinismo?

"Después de la revolución de Francia, ha sido muy frecuente atacar las empresas de libertad, denigrándolas con el odioso carácter del *jacobinismo,* que tan justamente ha escarmentado al mundo, y el descrédito que estas máximas han merecido, ha continuado en ser empleado como arma poderosa contra el uso de los derechos sagrados del pueblo. Unas veces se ha buscado una analogía forzada entre los principios exagerados del jacobinismo y las máximas establecidas como base de la libertad; y otras, el horror afectado a las doctrinas de aquella sociedad que ha servido de fundamento para proseguir la devastación y ruina, que a ellas mismas les era atribuida. Este modo de discurrir no es sólo del día. Cuando en 1795 se trataba en el parlamento de Inglaterra de la continuación de la guerra con Francia, uno de los argumentos más poderosos que producía el partido del ministerio, empeñado en su prosecución, era la necesidad de destruir el jacobinismo. Ya hacía algún tiempo que la Convención había mandado disolver esta sociedad, y todavía servía en Inglaterra como de un espantajo para asustar a los que deseaban la paz, con lo cual se pretendía que los principios peligrosos de aquel célebre club se comunicarían al Imperio británico. No es extraño, pues, que los enemigos de la libertad de la América se hayan empeñado en sacar jacobinos a los Abogados distinguidos de los derechos del Nuevo mundo, y que esta injusta clasificación, como la humanidad en otras ocasiones, haya servido de pretexto para sostener las pretensiones del despotismo y los furores de la venganza. El doctor Moreno profesaba principios sólidos de política, y estaba bastante versado en la historia de las naciones, para no haber caído en errores que la experiencia hace en el día inexcusables. Con todo esto, los discursos con que se dirigía en la *Gazeta* a sus conciudadanos, no han dejado de ser mirados por el interés y la prevención como esfuerzos del jacobinismo, y donde ni remotamente han podido encontrarse algunos visos de fundamento para esta imputación, se ha empleado la afectación de adivinar sus intenciones para confirmar la calumnia." ¿Calumnia? Desde el punto de vista de la revolución no concebimos un más alto elogio; todos los grandes ejecutores han sido jacobinos y por eso eficaces.

tarde, como es sabido, la disciplina romana lo puso en el camino de la Restauración, convirtiéndolo en agente del partido contrarrevolucionario internacional.

El año x, en la exigüidad del medio educacional, el jacobinismo religioso tuvo su simbólico profesor de filosofía en el Colegio de San Carlos. Los cursos del bienio 1809-1811 revelaron una brusca transmutación de la cátedra: "El doctor Francisco José Planes se divorció completamente de las disciplinas aristotélicas y dio a la enseñanza de la filosofía un rumbo diverso del que habían seguido sus predecesores. Baste decir que las obras de su lectura favorita eran las de Cabanis, fisiologista y filósofo, amigo de Helvecio y de Holbach, y autor del libro bien conocido *Relaciones entre lo físico y lo moral del hombre,* en el cual todos los fenómenos del entendimiento y la sensibilidad se explican por medio de causas puramente físicas." [32] ¿Su herejía interpretaba el espíritu revolucionario o era una simple aberración personal? No es creíble lo segundo; el superior gobierno debió mirar complacido sus doctrinas, pues al reunir los estudios del seminario con los del San Carlos, suprimiendo el primero, renovó al doctor Planes la gracia de continuar un nuevo curso, "por equidad especialísima". Era el primer caso en la historia del Colegio; fue el único.

Sabemos del profesor de filosofía del año x —por don Vicente Fidel López— que era cultísimo [33] y amigo ardiente de Mariano Moreno; al mismo tiempo que enseñaba el sensacionismo de Condillac, a través de Cabanis, presidió la impetuosa Sociedad patriótica, fundada por Moreno, organizada por Monteagudo y aprovechada por Alvear; en 1812 levantó la voz para decir que "la revolución del año x era la independencia y que era preciso ser franco y decirlo sin disimulo". Hombre ilustrado y curioso de novedades, poco tardó en aceptar las consecuencias más radicales del enciclopedismo. "En su larga enfermedad leía sólo a *Don Quijote* y decía con gracia que era mejor consuelo y auxilio para *bien morir,* que el *Breviario* y que las *morisquetas de los frailes:* otro de sus odios." [34]

El jacobinismo religioso no fue simple literatura del profesor de filosofía; donde el clero no se plegó a los jacobinos, éstos hicieron galas de apasionado anticlericalismo.

Los historiadores suelen pasar en silencio, como por sobre ascuas, el espíritu del ejército revolucionario, cuya oficialidad y clases se componía de jóvenes porteños. La insurrección era concebida, por

---

[32] J. M. Gutiérrez, *Estudio sobre... Varela,* p. 341.

[33] Entre los donativos para la Biblioteca pública encontramos "el Dr. Francisco José Planes, catedrático de filosofía de los estudios públicos. *Las Oraciones y Cartas de Isócrates",* en *Gazeta Ministerial,* agosto 28 de 1812.

[34] V. F. López, *Historia Argentina,* vol. III, p. 310, nota.

igual, contra la autoridad política y contra el dogmatismo religioso: tendía a tronchar las dos cabezas del monstruo colonial. Lo pensaban casi todos y muchos lo decían, cuando olvidaban las razones de elemental política que obligaban a callarlo frente a las masas ignorantes, sugestionadas por tres siglos de fanatismo. La resistencia de los realistas contra el ejército argentino fue, a su vez, política y religiosa.[35]

Sería absurdo culpar de ello al clero colonial, como lo pretendió Castelli, y como lo intentó el mismo general Paz en sus *Memorias*. El ejército revolucionario se excedía en impiedad, ofendiendo al clero en sus personas y en sus intereses. En Córdoba había demostrado ya su disposición de ánimo y antes que el ejército habrían llegado noticias del trato irrespetuoso que se dio al obispo Orellana;[36] era lógico, por consiguiente, que Goyeneche diese a la resistencia española un carácter de guerra religiosa: "haciendo valer para sus fines las locuras de algunos oficiales jóvenes y las imprudencias de algunos viejos, nos clasificó de impíos e incrédulos, desnaturalizando así la guerra y haciéndola semirreligiosa".[37] Las "locuras" e "imprudencias", y que dice Paz —y que él mismo no dejó de hacer, cuando no pensaba todavía en redactar sus memorias—, trasuntaban el verdadero espíritu inicial de la Revolución, muy diverso del consignado en documentos destinados al público. Castelli hablaba en todas partes de acabar con la tiranía de los reyes y con el fanatismo de las masas, declamando contra los frailes y contra la inquisición, con general asentimiento de la oficialidad revolucionaria, que pensaba lo mismo. "Cuando se reti-

[35] Véase *Continúa la representación, hecha por los vecinos de la Paz*, en la *Gazeta* de noviembre 22 de 1810 (p. 656 de la reimpresión facsimilar).

[36] "Si se atiende a que todos los vicios parecen naturales en todos los oficiales de los revolucionarios, y que se distinguen más en la irreligiosidad, se concibirá fácilmente quanto padeció este respetabilísimo Prelado: el oficial Roxas le registró indecorosamente, le quitó la esposa y tres onzas de oro que tenía en el bolsillo, y diciéndole S. I. con su natural dulzura Apostólica (quando lo intentó) que adbirtiese que había excomunión mayor reservada al Papa, para el que pusiese las manos en su persona, le contestó con expresiones tan obcenas que el pudor no permite repetir. Aunque su S. I. estaba convaleciente de una grave enfermedad, le obligó non sólo a montar a caballo (vestido como ya lo estaba con sus ropas Episcopales) sino y lo que es más, a galopar; fue tal el cansancio de S. I. que en una posta a que llegaron a mudar caballos se iba a tirar en el suelo por no poder mantenerse en pie, y una virtuosa mujer le puso una alfombra. Rogó por Dios S. I. con el maior encarecimiento al oficial, le diese un rato de descanso, pero su respuesta compuesta de blasfemias atormentó al Prelado más que el cansancio y la fatiga, y que no volviesen a repetirse montó nuevamente a caballo, y este monstruo u oficial tubo el bárbaro placer de castigar él por sí mismo al caballo en que iba S. I. para que corriese hasta llegar al lugar de reunión." *Documentos sobre Liniers*, núm. 47; en *Anales de la Biblioteca*, tomo III, p. 334.

[37] José M. Paz, *Memorias*, I, p. 89 (2ª edición).

raba el ejército, derrotado en el Desaguadero, se detuvo Castelli unos
días en Chuquisaca, y sus ayudantes, de los que uno era Escobar,
acompañados de otros oficiales locos, pasando una noche por una
iglesia, vieron una cruz en el pórtico a la que los devotos ponían luces;
alguno de ellos declamó contra la ignorancia y fanatismo de aquellos
pueblos, y otro propuso, para ilustrarlos, arrancar la cruz y destruirla;
así lo hicieron, arrastrándola un trecho por la calle. Éste era un 'caso de
inquisición'; y, en efecto, cuando Escobar fue preso, fue sometido a
los habituales procedimientos del Santo Oficio."[38] Los soldados enemigos, en trance de ser fusilados, marcharon serenamente al banquillo,
exclamando al llegar: ¡Muero contento por mi religión y por mi rey![39]
Los curas trabajaban contra los revolucionarios, sin perjuicio de ren-
dirles homenaje cuando triunfaban; su actuación llegó a ser militante
contra el ejército argentino, a punto de fomentar la traición: "una
partida de diez y ocho o veinte desertó al enemigo, capitaneada y
conducida por un fraile peruano, apóstata, que andaba entre nosotros.
Fueron aprehendidos y fusilados, quedando para escarmiento la cabeza
del fraile colocada en un palo",[40] por orden de Paz, naturalmente.
La influencia clerical era grande, pues los curas explotaban las supersticiones de los indígenas con manejos interesados;[41] en ese ambiente
los revolucionarios argentinos fueron siempre mal vistos por sus herejías, aunque a veces tolerados.[42] Cuando Goyeneche entró a Chuquisaca, después de la retirada de Castelli, "no quiso ir a alojarse al
palacio de la presidencia, que éste había habitado, sin que fuese antes
purificado con exorcismos y otras preces de la iglesia; en consecuencia, fue una especie de procesión en que los sacerdotes iban con orna-
mentos sagrados, incensarios, hachas encendidas, y abundante provisión
de agua bendita, y sólo cuando después de una larga y edificante
ceremonia, se creyeron expelidos los malos espíritus, se dejó la casa
habitable".[43] Goyeneche asociaba la causa política de España a la de la
Iglesia, combatiendo en la revolución a la herejía; "aprovechándose
hábilmente de nuestras faltas", que en este orden no fueron pocas ni
recatadas, había fascinado a sus soldados, "en términos que los que
morían eran reputados por mártires de la religión, y, como tales, vola-
ban directamente al cielo a recibir los premios eternos. Además de
política, era religiosa la guerra que se nos hacía, y no es necesario
mucho esfuerzo de imaginación para comprender cuánto peso añadía

[38] *Ibid., Memorias,* I, p. 12, nota.
[39] *Ibid.,* I, p. 51, nota.
[40] *Ibid.,* I, p. 201.
[41] *Ibid.,* I, p. 106.
[42] *Ibid.,* I, p. 95.
[43] *Ibid.,* I, p. 51, nota.

esta última circunstancia a los ya muy graves obstáculos que teníamos que vencer".[44]

Estos antecedentes explican la subsiguiente política de adaptación al medio, instaurada por Belgrano cuando tuvo que mandar ejércitos argentinos en la región fanatizada por el espíritu hispano-colonial; para desvanecer el recuerdo de las herejías de Castelli hizo ostentación pública de religiosidad, imponiendo en el segundo ejército argentino ciertas prácticas de que el primero se había burlado.[45] Reveló con ello mucho tacto militar y político, ya que era imposible acometer de frente contra fanatismos secularmente sedimentados.[46]

Razón le sobraba. Hallándose en Campo Santo, lugar inmediato a Salta, recibió Belgrano algunas comunicaciones interceptadas en la Angostura; con grande sorpresa y dolor pudo cerciorarse de que el propio obispo de Salta traicionaba la causa argentina y, en pérfido espionaje, participaba a Goyeneche "que era falso que Elio hubiese hecho armisticio con los insurgentes de Buenos Aires, y que podía adelantar sus marchas seguro de no encontrar quién pudiese resistirle".[47] A pesar de sus contemporizadoras disposiciones Belgrano lo remitió a Buenos Aires, dentro de las veinticuatro horas, donde fue encausado y sufrió una larga prisión. El mismo obispo cometió la imprudencia de recurrir a la Asamblea del año XIII, implorando clemencia y quejándose de las incomodidades que sufría en su arresto; fue entonces que Carlos María de Alvear pronunció sus palabras que explicaban el sentido de la justicia en el nuevo régimen, frente a los privilegios del régimen pasado: "La ley no considera sino el delito: todas las personas son iguales en su presencia, y si en el juicio del Rev. obispo se debiera atender su dignidad, sólo debería ser para aumentar el castigo que merezca. ¿Qué razón hay para que gima en los horrores de un calabozo el desvalido que sólo existe en el punto que habita, mientras el potentado le insulta en su miseria desde el asilo de sus crímenes? ¿Cuántos desgraciados padecen en esas moradas de la muerte, acaso porque no conocieron los límites de sus deberes? Un obispo no es sino un ministro de paz; su primer objeto es la concordia de su grey: si falta a esa obligación, su misma dignidad invoca la pena. Respetamos a los funcionarios del culto; pero tiemblen si por desgracia llegan a empuñar la cuchilla sagrada contra los derechos del pueblo: sigan, entonces, la suerte de los demás criminales, y sepan que no hay exención de personas delante de la ley. Vuestro obispo de Salta se queja de sus

---

[44] *Ibid.*, I, p. 51.
[45] *Ibid.*, I, pp. 62, 66, 94, etc.
[46] Véase López, *Historia Argentina*, III, pp. 553 y ss.
[47] *Ibid.*, IV, p. 236.

padecimientos: todo desgraciado es digno de compasión: él dejará
de serlo en breve, si es inocente." [48]
Éste no era el lenguaje que se oía en los cabildos coloniales; diríanse
pronunciadas estas palabras ante la Convención francesa.

4. Preliminares educacionales

La minoría revolucionaria de Mayo, contraída a ejecutar el cambio de
régimen político, no tuvo oportunidad de ensayar plan alguno de renovación educacional, ni puso puntales al desmoronamiento de lo viejo,
aunque para ello sobraban intenciones excelentes. [49] La primera resolución sobre materias educaciones que figura en el Registro oficial se
refiere a la Academia de música dirigida por Víctor de La Prada;
con ella el gobierno le franquea la Sala de real protomedicato, "exi-
giendo el honor de esta población y la suavidad de nuestras costumbres que se fomenten en todos los establecimientos de bellas artes, que
siempre han merecido la protección de los gobiernos ilustrados". [50] Poco
antes de fundarse la Biblioteca pública, y atendiendo, sin duda, a sus
aplicaciones militares, se organizó la Escuela de matemáticas, conforme a un plan de estudios formulado con toda competencia por el
coronel Felipe de Sentenac [51] y tomando por base el de la extinguida
Escuela de náutica, fundada en 1778 bajo los auspicios del Consu-
lado; en su inauguración, efectuada con solemnidad el 12 de septiembre, Manuel Belgrano llevó la palabra de la Junta. [52] Se procuró, además, poner algún orden en los estudios de medicina; el Protomedicato
databa de 1780 y era creación de Vértiz, aunque la Real orden erec-
cional no se había expedido hasta 1799.

Disuelto a mediados de octubre el cabildo alzaguista, por sus con-
nivencias con los españoles de Montevideo, la Junta nombró otro en
su reemplazo y le encomendó la tarea de inspeccionar, por medio de dos
regidores, las escuelas públicas de la ciudad, a fin de conocer la manera
más práctica de estimular su adelantamiento. El 2 de noviembre pasó
a la junta una comunicación muy bien inspirada, en que se proponía
uniformar los métodos docentes y mejorar la retribución de los precep-
tores: fue acogida con favor y la Junta dispuso que en cuanto lo
permitiesen los fondos de propios se edificasen casas en lugares opor-

---

[48] Frías, *Trabajos legislativos*, etc., p. 29.
[49] Véase el art. *"Educación"*, en la *Gazeta* del 13 de septiembre de 1810.
(Tomo i, p. 384 de la reimpresión facsimilar.)
[50] R. O., 71, 18 de julio de 1810.
[51] *Gazeta*, 23 de agosto de 1810 (*ibid.*, p. 327); y en R. O. 114 y 115.
[52] *Gazeta*, 17 de septiembre de 1810. (*Ibid.*, p. 395.)

tunos con la distribución más apropiada a su destino.[53] Habíase dispuesto, asimismo, que en los conventos de regulares se retribuyera a
un sacerdote para enseñar primeras letras, pues tal enseñanza, confiada
a legos ignorantes y sin retribución alguna, había sido, hasta entonces,
más bien ficticia. Cuando el Cabildo se disponía a pasar esa nota, llegó
a Buenos Aires el deán Funes y uno de los cabildantes creyó oportuno
consultarle sobre la conveniencia del arbitrio propuesto; le pareció
excelente y fue de inmediato aprobado por la Junta,[54] comunicándose
a los Provinciales de la Merced y Santo Domingo, y al Guardián de
San Francisco.[55]

El Colegio de San Carlos, decaído desde las invasiones inglesas,
entró a su agonía en los días de Mayo. Exceptuando algún profesor
jacobino, como Francisco Planes, la renovación de las ideas había sido
lenta entre sus profesores; el claustro no seguía el paso de la política.
Desde que comenzó a hablarse de independencia y de gobierno propio,
habíanse difundido entre la minoría ilustrada las direcciones filosóficas
que movieron la Revolución francesa; en cambio, en las cabezas docentes del colegio poco había repercutido esa vibrante novelería. Entre
sus muros, espesos como los bastiones de un fuerte medieval, seguía
pensándose conforme al espíritu introducido por los teólogos peninsulares. Por eso, a medida que fue acentuándose el nuevo régimen, los
alumnos comenzaron a desertar de las aulas donde se enseñaban cosas
sin interés civil; ante los nuevos caminos abiertos a la actividad ciuda-
dana, el sacerdocio reclutó contados adeptos, y algunos de los que
traían su carrera hecha se apartaron de sus funciones espirituales, mez-
clándose a la política liberal. La asistencia de escolares fue disminuyendo; muchos profesores tuvieron que cerrar sus clases y a fines de
1810 la casa fue habilitada para cuartel militar.[56]

III. LA REACCIÓN CONSERVADORA

1. *Los cabildos reaccionarios*

Mientras Moreno y Castelli hacían —sin ambigüedades— la Revolución en sus respectivos escenarios, civil y militar, los pelucones saave-

---

[53] Véase *Gazeta*, 6 de noviembre de 1810. (*Ibid.*, pp. 579 y 580); y en
R. O., 162.
[54] Véase *Gazeta*, 25 de noviembre de 1810. (*Ibid.*, pp. 600 a 663.)
[55] R. O., 181.
[56] Abundantes noticias sobre el estado de la enseñanza primaria en Buenos
Aires y en las ciudades del interior, durante la época revolucionaria, se encuentran en Juan P. Ramos, *Historia de la instrucción primaria*, 2 vols. Creemos
inútil copiarlas.

dristas y alzaguistas buscaban la manera de retener el gobierno quitado a Cisneros, sin comprometerse en las terribles responsabilidades creadas por los actos de los jacobinos.

Con hábil previsión de los resultados, los españoles primero y los saavedristas después, pusieron todo empeño en que lo hecho por el pueblo de Buenos Aires en los días de Mayo fuese ratificado por los representantes de los cabildos del interior; la pretensión era ajustada a derecho, como los mismos revolucionarios lo reconocieron. La real cédula de 1782, que organizaba el Virreinato, había conferido a cada una de las intendencias ciertas funciones realmente automáticas, descentralizando la administración virreinal para proveer a su mejor servicio, por ser muy largas las distancias que separaban unas ciudades de otras. La circunstancia de ser nombrados directamente por el rey los gobernadores-intendentes, disminuía su dependencia de la autoridad virreinal y excluía toda subordinación de unos a otros; siendo así, al cesar la autoridad del virrey y de los gobernadores-intendentes, por la caducidad del poder real, la soberanía retornaba a cada municipio, representado por su cabildo, sin que ninguno de éstos tuviese autoridad o preeminencia sobre los demás. En las actas de los días de mayo este principio fue reconocido espontáneamente y sin reservas por Buenos Aires, consagrándose simultáneamente la soberanía popular y el sistema federal representativo. Este antecedente puede, pues, señalarse con toda justicia entre los más legítimos del federalismo argentino.[57]

Detrás de esa faz legal, existen algunos hechos que tienen mayor interés histórico, desde un punto de vista enteramente diverso: la intervención de diputados de los cabildos fue deliberada e insistentemente requerida por los cisneristas y por los saavedristas para contener el espíritu revolucionario de los amigos de Moreno.

Al conceder Cisneros la reclamada convocación de un cabildo abierto, expresó naturales protestas de fidelidad al soberano e hizo constar que las resoluciones a tomarse en su servicio lo serían "con conocimiento o acuerdo de todas las partes" que constituían estos sus dominios; y el escribano del Cabildo, al comenzar el cabildo abierto del 22 de mayo, leyó un discurso expresando que debía prevenirse toda división y obrar de acuerdo con las demás provincias. Cuando Castelli sostuvo que la cesación de la autoridad personal del rey devolvía al pueblo la soberanía, y triunfaba ya, al parecer, ese principio en la asamblea, el fiscal de la real audiencia, Villota, concretó el argumento insinuado por Cisneros: el pueblo de Buenos Aires no tenía autoridad para innovar cosa alguna en el Virreinato, siendo indispen-

    [57] Véase el excelente resumen de la cuestión, como antecedente constitucional, en Juan A. González Calderón, *Derecho Constitucional Argentino*, parte I, cap. I.

sable que los demás pueblos ratificasen y sancionasen todo acto que pretendiere tener visos de legalidad. La habilísima chicana del viejo zorro peninsular tendía a suspender toda deliberación, ganando tiempo en favor del virrey y sabiendo de fijo que las oligarquías de los otros pueblos no compartían los ideales revolucionarios de la minoría morenista, más sonora que numerosa.[58]

El doctor Paso, conociendo la legitimidad de lo argüido por Villota, reiteró la necesidad inmediata de transferir la autoridad al cabildo hasta que se formase la junta de origen popular que debía asumir el gobierno, sin perjuicio de recabar después la aprobación de los demás cabildos del Virreinato, convocados al efecto a un congreso. Paso venció, sin advertir que en su victoria del momento estaba contenida la ulterior derrota del espíritu revolucionario. El día 23 de mayo el cabildo procedió a regular los votos, favorables a los patriotas, pero estableciendo que el mismo cabildo, "en la manera que lo entienda", formaría la junta que gobernase "mientras se congregan los diputados que se han de convocar de las provincias interiores para establecer la forma de gobierno que correspondía".[59] Poner la revolución en manos del cabildo, esencialmente español,[60] era perderla; al día siguiente, en efecto, ese cuerpo intentó burlar a los revolucionarios, formando una junta presidida por el mismo virrey, complicando en ella a Saavedra

[58] El testimonio de Manuel Moreno, que en 1812 no podía prever desde Londres las teorías unitarias y federales inventadas posteriormente, es explícito: "Los europeos españoles, desesperados de balancear la revolución por la fuerza real de su número, o la moral de su crédito y riquezas, hicieron causa común con los empleados reales, que detestables como eran, no podían ser nunca los destructores del monopolio y la prepotencia metropolitana. Fiaban a las reliquias de su influxo en las provincias interiores el triunfo que no habían podido conseguir en la capital, no obstante que aquí su número es mucho más considerable; y no dejaba de amenazarse a los promotores de la buena causa con la repulsa que los demás pueblos harían a sus pretenciones. La injusticia de estas maquinaciones se cubría con la obscuridad que es propia de pensamientos indecentes; y cuando públicamente no podían dexar de confesar la sabiduría del partido adoptado, maquinaban seducir con cartas el espíritu de nuestros hermanos... Viendo la decidida inclinación de la mayoridad, en Buenos Aires, cambiaron de sistema, protegiendo sus pequeñas miras con la autoridad del virrey, cuya depresión lamentaban unas veces como injuriosa a los derechos del monarca, y otras como perjudicial a la unión de los pueblos."

[59] Véase *Registro Nacional*, vol. I, núms. 1 a 9; López y Mitre: *obras citadas*; Saavedra y Posadas, *Memorias*; Luis V. Varela, *Historia Constitucional de la Rep. Argentina*, etcétera.

[60] Componían el Cabildo de Buenos Aires, en el año x, cinco peninsulares y cinco nativos. "Nótese que los criollos del cabildo han dado pruebas de ser europeos en sus opiniones. No corrieron tres meses después de la formación de la junta, cuando fue necesario desterrar a todo el cabildo, por haber jurado furtivamente el Consejo de regencia. Dos individuos no más resultaron inocentes." **Manuel Moreno**, *op. cit.*

y Castelli, y disponiendo "con urgencia" que se solicitase el nombramiento de los representantes del interior, seguro de que éstos serían el mejor puntal del antiguo régimen. A tiempo advirtieron los patriotas la celada que se les tendía; intervino el pueblo, renunció el virrey y el 25 de mayo se eligió la Junta en que estaban Moreno, Paso y Castelli: la revolución.

La hicieron de verdad, los tres. Más audaces que astutos, tejieron su propia mortaja, incurriendo en una pequeñez cuyos resultados no calcularon y cuyo origen exacto no ha podido aclararse todavía. El nudo del enredo fue sencillo. El acta del 24 de mayo había establecido la convocación de un Congreso de representantes de los cabildos del virreinato, con funciones constituyentes, resolución que se mantuvo en el acta del día 25. El 27 expidió la Junta la correspondiente circular, introduciendo su texto la siguiente variación: "los diputados han de irse incorporando en esta junta conforme y por el orden de su llegada a la capital".[61] Se ignora si la Junta lo resolvió así el día 26 o si fue una ligereza de Castelli, presunto redactor de la nota; algunos suponen que Larrea hizo introducir con malicia esa novedad y otros creen que los mismos revolucionarios lo hicieron para catequizar a los diputados, asimilándolos.

Sea como fuese, fueron llegando. Su apoyo se manifestó decidido por la fracción conservadora de la Junta, que tenía su mismo espíritu colonial: "En medio de los conservadores y los demócratas comenzaba a delinearse un tercer partido, híbrido entonces, sin doctrina definida ni sentido claro de los instintos que lo impulsaban. Formábanlo los diputados de las provincias, que se proponían introducir en el gobierno general la influencia de los pueblos, cuyo mandato ejercía, sin aceptar el sistema democrático, sin nociones completas ni del gobierno representativo ni de la organización federal. Sus afinidades naturales lo aproximaban al partido demócrata, pero como su principio de existencia consistía en una pasión del localismo involucrada en las preocupaciones y las idolatrías coloniales, prefirió aliarse con los conservadores".[62] La antigua facción jesuítica de Córdoba, que era notoriamente alzaguista, proporcionó su deán Funes para deshacer la revolución que hacía Moreno. Éste comprendió el peligro. En las palabras con que recibió a los diputados hizo profesión explícita de sus fines y de sus métodos: "Hay muchos que fijando sus miras en la justa emancipación de la América, a que conduce la inevitable pérdida de España... Resueltos a la magnánima empresa que hemos empezado, nada debe retraernos de su continuación: nuestra divisa debe

[61] *Registro Oficial*, núm. 8.
[62] J. M. Estrada, *op. cit.*, II, p. 25.

ser la de un acérrimo republicano que exclamaba: Quiero más una libertad peligrosa que una servidumbre tranquila..." La conducta de los diputados probó muy pronto que los cabildos deseaban lo contrario.

No hacemos historia. Recordemos, sí, que Moreno y los revolucionarios de Buenos Aires habíanse manifestado partidarios de la reunión de un congreso, reconociendo el derecho y la conveniencia de que todos los pueblos participaran de los trabajos encaminados a constituir el nuevo gobierno general. Frente a esa cuestión de principios, las circunstancias plantearon la cuestión práctica; revolucionarios de verdad, comprendieron que la tea redentora se apagaría al pasar a manos de quienes nunca la hubieran encendido. Moreno, apoyado por Paso —Castelli no estaba ya en la Junta—, sostuvo que lo expresado en la circular "había sido un rasgo de inexperiencia", pues los diputados no venían a integrarla, sino a formar un congreso nacional y establecer en él un gobierno sólido y permanente. Era tarde: el 18 de diciembre —recuérdese la famosa orden del día sobre supresión de los honores al presidente, impuesta por Moreno y publicada en la *Gazeta* diez días antes— los diputados se incorporaron a la Junta; los saavedristas, mediante "una intriga audaz y poco honorable", ocuparon el poder "por una verdadera usurpación y trataban de conservarlo por motivos perfectamente contrarios y violatorios de los propósitos sancionados en las Actas de mayo". En el fondo de la contienda no había, en suma, sino dos programas: la revolución y la contrarrevolución. "No existiendo, como no existía, un régimen constitucional y parlamentario que regularizase el conflicto de los dos partidos, era evidente que el constitucionalismo liberal del uno, y la defensa del orden público en que se parapetaba el otro, encubrían sólo una lucha de ambiciones personales y de intereses de círculo. Pero, en aquel momento, no era menos cierto por eso, que los *morenistas* se presentaban ante la opinión, en el carácter prestigioso de liberales y constitucionalistas, de amigos del progreso y de todas las mejoras que reclamaba la patria mientras que los *saavedristas,* con sólo haber monopolizado el poder, aparecían estigmatizados como enemigos de los grandes fines de la Revolución de Mayo."[63]

[63] Véase V. F. López, *Historia Argentina*, III, p. 445. Véase Manuel Moreno, *op. cit.* "Con esta ocasión apareció un partido funesto, que separándose de las ideas grandes de la felicidad del país, demostró no satisfacerse sino con la mezquina elevación de un hombre. No obstante que la providencia pasó sin la más mínima contradicción, ella fue en secreto un asunto de alarma para los adherentes del presidente, que vagamente se quexaban del abatimiento de su héroe. Este extraño manejo da motivos de sospechar de la sinceridad con que se llevó la abolición de los honores. Sea lo que fuere, la inquietud misma que causó en los apasionados, comprueba la justicia con que se le quitaron. Porque, si a los ·

Los resultados de la tramoya fueron funestos. El exiguo núcleo revolucionario, esencialmente limitado a Buenos Aires,[64] fue pronto aplastado por los representantes de los Cabildos mediterráneos, que no eran, siquiera, decididamente separatistas. Puede ello no halagar, después de un siglo, los actuales sentimientos de solidaridad nacional; pero es verdad irredimible que los municipios solicitados por Cisneros y por Saavedra no compartían los ensueños revolucionarios de la juventud de Mayo. Por eso se ha creído, con toda razón, que para los morenistas el gobierno a nombre de Fernando VII "era una ficción de estrategia política exigida por las circunstancias", pues "era necesario tentar la disposición del pueblo de las provincias, acostumbrado a venerar, por tradición y educación, el régimen antiguo, y no chocar tan de frente con hábitos y pasiones envejecidas".[65]

Estos hábitos y pasiones se impusieron transitoriamente; los conservadores de Buenos Aires encontraron, contra Mariano Moreno, la complicidad del espíritu colonial, donde éste era más hondo.

Así se llegó a la renuncia de Moreno: su destierro y su fallecimiento[66] en alta mar no marcaron, sin embargo, el término de su

amigos del presidente era indiferente la continuación de los tales honores, ¿cuál era entonces el motivo de su inquietud? Y si no lo era, ¿no es claro que la abolición fue conveniente para atajar la propagación de sentimientos tan miserables, que al menos amenazaban una corrupción general, cuando no una esclavitud? ¿Habrá alguno que no se avergüenze de que cuando se trata de hacer feliz su patria, su divisa sea el engrandecimiento de una sola persona? Pero los efectos de esta disposición son los que más la justifican. Los amigos del presidente señalaban al Dr. Moreno como el autor de la supresión de sus prerrogatibas, y en la imposibilidad de dirigir sus tiros contra su persona, apuraron todos los medios de hacer ineficaz su influencia en la Junta. Oxala lo hubieran conseguido, con el sacrificio único del noble opositor de sus miserables principios. Para este caso es que el Dr. Moreno se había armado de una heroica resignación, incapaz de hacerle temer los riesgos que se le presentasen en el servicio de su Patria."

[64] Moreno, lo mismo que sus amigos, nunca se engañó a este respecto. El editorial de la *Gazeta* del 25 de octubre dice claramente: "Una ciudad a sí sola, hostilizada por Montevideo, amenazada por un exército en Córdoba, invadida por el gobernador del Paraguay, condenada a un próximo exterminio por todos los xefes del Perú, agitada en su propio seno por un partido de oposición, que contaba entre sus sectarios la mayor parte de los europeos, y de los empleados, que abundan aquí más que en ninguna otra parte, triunfa sin embargo de todos estos obstáculos, y después de establecer radicalmente el orden interior y tranquilidad de sus habitantes, dirije expediciones, que salven a los pueblos hermanos de la opresión que gimen y que se les hace insoportable comparándola con la dignidad de que nosotros disfrutamos" (p. 325 de la reimpresión facsimilar).

[65] E. Echeverría, *La revolución de Mayo*, en *Obras*, vol. v, p. 261.

[66] Fue creencia general en Buenos Aires, aunque no se probó jamás, que murió envenenado por mandato de ciertos comerciantes ricos que apoyaron

luminosa gesta. La revolución estaba sembrada. Quedaba un partido morenista. En marzo de 1811 aparece en la vida pública la Sociedad patriótica, nuestro *Club de los jacobinos*. Inicia sus reuniones amonestando a la Junta y sigue fiscalizando la revolución hasta el Directorio, siempre en manos de nuestra *montaña*. Cabe usar de estas denominaciones, propias de la Revolución francesa, tratándose de personas y sucesos que la tuvieron por modelo; los saavedristas serían los "feuillants"; el primer triunvirato, la "gironda"; los de la Patriótica, la "montaña", y el golpe de estado de Alvear, una imitación del de Bonaparte. No olvidemos, sin embargo, las proporciones y felicitémonos de que no hubiese ambiente favorable para el Comité de salud pública y el terror.

2. *Planes frustrados de restauración jesuítica*

La concentración conservadora de los pelucones fue un movimiento legítimo. El cambio de régimen era la finalidad soñada por pocos hombres, movidos por ideas e ideales nuevos; el mantenimiento del antiguo interesaba a las oligarquías municipales que seguían pensando con cabeza española y sólo concebían un autonomismo feudal por la cesantía de la unidad monárquica.

Advertido sobre la transformación del primitivo partido jesuítico en partido alzaguista —continuando en los municipios la *oposición española* a las autoridades emanadas de la realeza— fácil nos será comprender uno de los episodios más significativos del proceso contrarrevolucionario.

Nadie ignora que en todo el curso del siglo xix la lucha entre la revolución y la contrarrevolución ha tenido uno de sus episodios más dramáticos en el terreno de la lucha por la instrucción pública. Los gobiernos reaccionarios han creído que la escuela y la universidad, entregados a educadores religiosos, serían el mejor freno al espíritu revolucionario, desarrollando en las masas populares y en la clase ilustrada una repulsión activa a todo espíritu genuinamente liberal y democrático.

El partido jesuítico, en España y en América, no omitió esfuerzos por conseguir la restauración de la Compañía y la captación de la enseñanza. Sabido es que "los diputados de América y Asia", encandilados por los astutos padres, presentaron once proposiciones que

siempre al partido contrarrevolucionario, desde los tiempos de Saavedra hasta la época de Rosas; esa leyenda muestra hasta dónde llegaban la suspicacia y el antagonismo de las facciones.

traducían los anhelos de las colonias;[67] la undécima decía: "XI. Reputándose de la mayor importancia para el cultivo de las ciencias, y para el progreso de las misiones que introducen y propagan la fe entre los indios fieles, la restitución de los jesuitas, se concede por las cortes para los reinos de América". Creían posible, como se ve, obtener para este continente lo que no solicitaban para España; y era su mejor argumento que los jesuitas impedirían el desarrollo de las ideas antiespañolas. Eso no excluía que los de Loyola adelantasen gestiones entre los criollos, explotando las pasiones del feudalismo localista contra el poder central. Expulsados por el Rey, nada les resultaba más lógico que utilizar esa fuerza contra el enemigo común; es seguro que mientras, por una parte, se ofrecían a España para impedir la emancipación de los americanos, por otra proponían a éstos su complicidad,[68] siempre que los insurrectos les asegurasen el beneficio de su restauración.

Hemos señalado ya[69] las vinculaciones y tocamientos, ininterrumpidos, entre las facciones localistas españolas y los jesuitas; sabemos también que los Álzaga y los Funes de todos estos reinos anhelaban restaurar la Compañía como el único remedio contra el espíritu levantisco y revolucionario de la masa criolla. Los sucesos de 1810 les ofrecieron la esperada oportunidad; miraron la cesantía del poder real como una evolución regresiva hacia la autonomía de los municipios feudales. ¿Los monarcas habían expulsado a los jesuitas? Ellos los harían volver...

Derrotada en Córdoba la facción leal a Cisneros, entró a sustituir su influencia la *oposición* local que se entendía con Álzaga y a que pertenecían los Funes: el antiguo partido jesuítico. Cuando el ejército revolucionario tomó posesión de Córdoba (8 de agosto) la junta de comisión que gobernaba con carácter provisorio propuso al deán Funes como gobernador interino; no fue posible complacerla porque estaba resuelto el nombramiento de Pueyrredón, que tomó posesión el 16. Resignóse el deán a que tres días después le eligiesen diputado a la Junta de Buenos Aires (19 de agosto), una semana antes de ser ejecutado Liniers y sus compañeros.

Entre esa fecha y la disolución del Cabildo españolista de Buenos Aires, Ambrosio Funes envió a la Junta la siguiente nota: *"La ciudad de Córdoba a la Excelentísima junta de los pueblos, reunida en Buenos Aires.* Uno de los sucesos más memorables del siglo XVIII y que se estampará con viveza en los fastos de su historia, será la caída o destrucción de la celebrada Compañía de Jesús; lloraron por ella nuestros mayores, dolientes lágrimas de sangre, y no cesarán de llorar justa-

[67] Publicadas en la *Gazeta*, 4 y 5 de julio de 1811. (*Ibid.*, pp. 546 y 562.)
[68] Véase Becerra, *Vida de Miranda*, op. cit.
[69] En los *Papeles de Ambrosio Funes*.

mente todas las personas sensatas. Esa herida mortal que sufrió el género humano, y de la que hasta ahora no se ha podido restablecer, será siempre el origen o la causa primordial de la entera aniquilación de España. Desde aquella época desventurada ha sido siempre para ella una cadena de desastres y desgracias; y ahora que había concebido en sus últimos apuros el laudable designio de restituir este cuerpo, según el capítulo undécimo, sancionado en las proposiciones por los diputados de América en la Isla de León, en el acto lo suprime, semejante a aquellas malvadas meretrices que en el instante que sienten han concebido, toman bebidas mortíferas para matar el feto animado en sus entrañas. Veneraremos, pues, los altos e inescrutables designios del Altísimo, porque hay sucesos en el transcurso de esta vida mortal, de los que no se puede dar noticia, que solamente los conducen las circunstancias, y los ordena la providencia.

"El Gabinete de Epaña prometió dar al mundo entero las causales que le motivaron la expatriación de los jesuitas; pero en el largo espacio de cuarenta y cuatro años no hemos visto realizada todavía esta promesa tan autorizada.

"El restablecimiento de los jesuitas será útil para la religión, para las ciencias, para la educación de la juventud y para las costumbres generales como lo prueba el erudito y fervoroso letrado, el doctor don Juan Luis Aguirre y Tejeda en su obra recientemente escrita, intitulada: 'La regeneración política de la América Española.' Estaba reservada la época feliz de su restauración para el siglo xix, en que veamos reaparecer en América con resplandor estos varones de eminentes virtudes y extraordinarios dones del cielo. La providencia los opondrá a la corrupción del siglo, y a la multitud de escándalos que hacen gemir a la Santa Iglesia; retoñará desde sus verdes raíces este árbol, frondoso en otro tiempo, y con sus hermosas hojas se formará para gloria de Dios y de la religión. Los jesuitas saben sostener no sólo los derechos del altar, sino también los de los tronos, como dice el célebre Bonnet; ellos abrirán escuelas florecientes para la juventud, y el gusto de las letras se introducirá hasta en lo más bajo del pueblo. El más importante y principal negocio público es la educación de la juventud: lo que más necesita el estado son buenos ciudadanos, y éstos no los forma la naturaleza sino la buena educación: ellos finalmente harán continua guerra contra el abuso de las malas costumbres, contra los vicios y los viciosos, y entonces con mayor razón será la América envidiada de todas las naciones.

"A vos, ilustre y sabio Congreso de la corte argentina, elevo mis humildes voces, a fin de que nos hagas aparecer en el horizonte de tu corte esa aurora brillante que con sus brillantes luces ilumine las tinieblas de este vasto hemisferio. ¡Oh día venturoso para la América meridional! Ministros del santuario, elevad también vuestros fervorosos ruegos sobre las sagradas aras de Dios de las altas misericordias por tan feliz advenimiento; vírgenes castas, gemid a vuestro esposo Jesús por su dulce Compañía, para vuestra dirección; personas de todos estados, clamad, pedid y suspirad en todos instantes para lograr ver estos oráculos en vuestros pueblos; y si los indios de las Pampas y del Chaco fueran capaces de conocer la utilidad de este cuerpo, rogarían al Dios no conocido por ellos, vengan esos varones apostólicos, para sacarlos de su paganismo y de las tinieblas en que yacen estos infelices."[70]

Este curioso papel, verdaderamente "oficial" desde el punto de vista jesuítico, pues lo dio a conocer el celo piadoso del historiador de su Restauración en estos pagos, además de mostrarnos las verdaderas miras de sus partidarios al complicarse en la Revolución de Mayo, permite comprender la astuta política de la Compañía: cuando las Cortes de Cádiz rehusaron restaurarla para que ella cooperase a domesticar los insurrectos de América, los desahuciados procuraron valerse de estos últimos para el conseguimiento de sus fines, ad majoren Dei gloriam.

No sabemos quién redactó esa representación; es evidente que Ambrosio Funes fue un simple instrumento o intermediario, según se infiere del estilo en que redactaba su correspondencia.[71] ¿El mismo deán Gregorio? Punto es éste que sólo podrían resolver los que tienen acceso a los archivos secretos de la Compañía. No fue, evidentemente, el jesuita Villafañe, expulsado a la edad de veintiséis años, que había vuelto a Sudamérica y se encontraba establecido en Tucumán, desde donde mantenía con Ambrosio Funes "una muy activa e interesante correspondencia"; en efecto, el 10 de septiembre de 1810, le escribía: "Aplaudo la solicitud de V. M. para la restitución de la Compañía de Jesús a las Américas. Son muy justos los motivos que V. M. alegó: y se puede añadir a ellos que la opresión de tan santa y venerable Compañía está Dios castigando en todos los reyes y en los cómplices de su destrucción. Por lo que a mí toca, ya hacen tiempos que voy pensando que acaso Dios me mantiene en buena salud, y va alargando los días de mi peregrinación en este mundo, para que vuelva a vestir el hábito de la Compañía y sirva en ella en estas Américas. Digo vestir el hábito, etc., porque yo nunca me he despojado de ser jesuita en mi

---

[70] "*La ciudad de Córdoba a la Excelentísima Junta de los pueblos reunidos en Buenos Aires*". En la obra del jesuita Rafael Pérez: *La Compañía de Jesús restaurada en la República Argentina*, etc., p. 22 y Apéndice, parte I, Documento I.

[71] Ambrosio Funes: *Papeles*, lug. cit.

ánimo y corazón. Ésta debe ser una gracia que me ha hecho el Señor y por la que debo serle eternamente agradecido." La misma carta ilustra un pequeño accidente ocurrido a Funes (D. Ambrosio) : el escribano (del Cabildo) se negó a asentar la representación en el Libro de acuerdos, pretextando que al hacerlo hubiese incurrido en pena de excomunión. "El papel que V. M. me incluye y contiene su solicitud por la Compañía de Jesús lo voy comunicando a fin que mis paisanos se muevan a imitarlo. No juzgo conveniente que yo promueva directamente ese asunto. Soy parte y me tendrán por apasionado. Ha sido original la idea de que el escribano incurría en descomunión, si asentaba en el Libro de acuerdo de Córdoba la solicitud de V. M. Ignoro en qué bula pontificia esté fulminada descomunión contra los que promueven la restauración de la Compañía de Jesús. Acaso los que en España solicitaron el segundo destierro a Italia de los ex jesuitas españoles, que habían regresado a España con dos reales decretos, echarían esa descomunión, semejante a la que dijo un religioso (y me lo contaron en Sevilla) que la Compañía no volvería al Reino: *nec de potentia Dei absoluta*.—Pobre Emperador Paulo I y Fernando, Rey ahora de Sicilia, y pobres los Católicos de Inglaterra, que solicitaron y consiguieron de Nuestro Smo. Padre Pío VII la reposición de la Compañía de sus respectivos dominios; en qué grandes descomuniones habrán incurrido de los filósofos de la incredulidad, de los libertinos, de los señores Jansenistas de la moral rígida, etc. Dejemos a estos infelices en su desesperación. La América va a ser la depositaria de la Religión católica, de las ciencias, etcétera."[72]

Fácil es presumir que la representación jesuítica no encontró ambiente favorable en la Junta; y cabe inferir que no se la habría enviado a tenerse noticia de la disolución del Cabildo de Buenos Aires, efectuada en octubre, o de los excesos irreligiosos en que incurrieron los ejércitos de Castelli al internarse en las regiones altoperuanas. Nunca se hizo referencia a las gestiones jesuíticas en los documentos publicados por la Junta; en cambio, al comentarse las proposiciones de Cádiz en la *Gazeta*, en julio de 1811, el plan jesuítico fue zarandeado zumbonamente por Agrelo, en una nota expresiva.[73]

---

[72] Pérez, *op. cit.*, xxiii.

[73] *Gazeta*, 5 de julio de 1811. Dice el redactor que "los argumentos para presentar la proposición restauradora eran la existencia de un fuerte partido jesuítico en América y la eficacia de la Compañía para aplacar los movimientos revolucionarios; acaso en el acto mismo de mandarnos jesuitas se hubieran reconocido las cortes, y la regencia". Búrlase de ello Agrelo, en términos risueños, así como en su necesidad para la instrucción pública, para la que había elementos sobrados en América: "Venerable clero secular y regular de Buenos Aires, y sus provincias, y vosotros literatos conocidos de todo su distrito; a vosotros toca contestar estos dislates de los suplentes, y volver por vuestro mismo honor

3. La asonada del 6 de abril

La incorporación de los diputados del interior a la junta de Buenos Aires —así convertida en "Junta Grande"— acentuó el predominio de los conservadores y quitó a la minoría revolucionaria toda influencia. El 10 de febrero de 1811 dio una *orden del día* encaminada a promover la formación de juntas municipales en los pueblos del interior, subordinadas a ella misma y presididas por gobernadores-intendentes que se nombrarían desde Buenos Aires;[74] los diputados provinciales, que tan autonomistas se mostrarían en la oposición, resultaban centralistas en el gobierno, revelando desde esa hora inicial de la historia argentina que todo el mundo se decía "federal" para no obedecer a otros, aunque dispuesto a ser más o menos "unitario" cuando le llegaba la oportunidad de mandar.

La orientación conservadora de la Junta agitó de más en más a los revolucionarios, que acentuaron el tono jacobino de sus protestas. Con ello entraron en viva inquietud los pelucones de Buenos Aires y los diputados del interior que los apoyaban; ajenos al espíritu de la minoría revolucionaria, y acaso temerosos de la represión española que los castigaría como insurrectos, organizaron un motín restaurador, reuniendo gente de los suburbios y las quintas, acaudillada por capataces y policías. Los barrios populares venían a imponer órdenes a la Junta, como en París a la asamblea y a la convención.

¿Quiénes fueron los ejecutores? Además del coronel Martín Rodríguez, adicto a Saavedra, aparece en la escena el doctor Campana, sujeto que resulta misterioso por lo insignificante; su intervención

ultrajado; haciendo conocer a todos que la religión, y sus ministros, no son para autorizar usurpaciones y caprichos; que la educación de la juventud sostenida por vosotros con tanta gloria hasta aquí, mejorará en adelante bajo los auspicios de un gobierno sabio que no pondrá límites a los conocimientos útiles que necesitamos; que éstos son los que deben suceder en un nuevo plan de estudios liberales, a que os ha provocado ya desde su instalación, a todas esas superfluidades con que por una dolorosa necesidad nos entretuvisteis siempre, y preparásteis sólo para ser clérigos, frailes, y malos abogados; últimamente, de que para ésto no necesitamos de que nos manden jesuitas." Prosigue en el mismo tono, diciendo que si en otro tiempo esos padres fueron utilísimos a la América, no son ya necesarios ni están a la altura de los conocimientos científicos posteriores a su expulsión, aparte de que sería una política absurda la de agregar una orden religiosa más a las ya existentes, cuando todas las naciones del orbe se empeñan en la minoración de los claustrales. "Señores suplentes, no hay que acongojarse porque quede sin curso la proposición de los jesuitas; no los necesitamos; y cuando lo quisiéramos aquí veríamos de restituirlos, sin necesidad de que viniesen de Europa." (*Ibid.*, p. 610.)

[74] Publicada en la *Gazeta* del 14 (p. 109 de la reimpresión facsimilar) y en Registro oficial, núm. 213.

queda algo aclarada al saberse que había estudiado en Córdoba, y que a su regreso a Buenos Aires, de 1801 a 1804, tenía relaciones de dinero con Ambrosio Funes,[75] lo que da indicios vehementes sobre su posible filiación política y sus vinculaciones con el deán.

La "Sociedad patriótica", más conocida por el *Club*, sesionaba todas las noches en el café de Marcos; la Junta había resuelto desterrar a algunos españoles partidarios de Elio; el *Club* elevó a la Junta una representación para que ello no se efectuara, consiguiendo un decreto favorable el 23 de marzo;[76] seis días después la Junta publicó una hoja suelta condenando a trabajos forzosos en obras públicas a diez enemigos de la causa del país, es decir, de la Junta misma.[77] Las sesiones del *Club* tornáronse amenazadoras, especialmente para la "camarilla", apandillada por Saavedra, Funes, Felipe y Manuel I. Molina, y José G. de Cossio. En esas circunstancias "el pueblo y las tropas" como dice Funes —"el pueblo" de su agente el doctor Campana y "las tropas" de Rodríguez, agente de Saavedra— asaltaron el *Club* en la noche del 5 de julio.[78] Al día siguiente los alcaldes presentaron un oficio a la Junta en que se exponían dieciocho peticiones del pueblo, pidiendo su cumplimiento... las peticiones las había redactado previamente el deán Funes, que no se cuidó de disfrazar su estilo.[79] En la petición novena, con muy poco disimulo, se acordaron a Saavedra *facultades ilimitadas y extraordinarias.*

La contrarrevolución pareció provisoriamente justificada por los hechos consumados: un distinguido comandante de milicias, entrado en años, y un fracasado aspirante a obispo, símbolos del viejo régimen en que se habían formado, deshacían, por una intriga y un motín, la obra revolucionaria pensada por jóvenes enciclopedistas de carrera universitaria que se llamaron Moreno, Castelli, Paso, Belgrano...

---

[75] Véase *Papeles de Ambrosio Funes*, en *Revista de la Univ. de Córdoba*, mayo de 1917, pp. 180, 187, 193, 201, 203; junio de 1917, pp. 358, 360, 382, 386.

[76] Representación y Decreto en *Registro oficial*, núm. 220.

[77] *Ibid.*, núm. 221.

[78] Escribe Funes en la *Gazeta*: "El pueblo y las tropas que se consideraban en la vigilia de la guerra civil, tanto más peligrosa, quanto teniendo a las puertas un enemigo que nos observa, debía aprovecharse de nuestras discordias, juzgaron sería un delito de que debían responder en el tribunal de la nación, siempre dexasen a la patria expuesta al piélago de males, de que se veía amenazada. Con la determinación más cuerda y recatada, tomaban sus medidas en el momento mismo en que los oradores del *club* entretenían con sus discursos. Los insurgentes se vieron sorprendidos en la noche del 5 de abril; sus planes quedaron desconcertados para siempre; cautivados ellos en la red que preparaban para otros, y agredida la patria, se le oye bendecir a sus libertadores." (P. 280 de la reimpresión facsimilar.)

[79] Véase documentos en la misma *Gazeta*, pp. 281 a 295.

Los dos primeros no estaban ya en la Junta; a Belgrano se le quitó el mando militar; Rodríguez Peña, Larrea, Azcuénaga y Vieytes, destituidos; French y Berutti, expatriados por los facciosos, lo mismo que Donado, Posadas y otros. La caída de Moreno y la pueblada del 6 de abril contra sus amigos, obedecieron a causas ya juzgadas, verdaderas divergencias de principios, más inconciliables que las aparentes discordias entre porteños y provincianos.[80]

Contra los ideales de la filosofía revolucionaria se realizó, pues, la contrarrevolución de Saavedra y Funes; educados en las ideas españolas, movidos por sentimientos viejos, carecieron de finalidad política. Su propósito no fue hacer algo, sino impedir que se continuaran haciendo novedades. No se necesitan más explicaciones para comprender la diferencia que existe entre un cambio de régimen político y social, y un movimiento autonomista con sustitución de funcionarios civiles y eclesiásticos. Se trataba, simplemente, de una confabulación reaccionaria para acabar con la revolución; los intereses creados del feudalismo colonial, alarmados, temían ser subvertidos por el advenimiento de los que continuaban la obra de Moreno en la "Sociedad patriótica".

La psicología de esos sucesos la señaló Sarmiento, que tenía certero golpe de vista para apreciar los hechos de conjunto. Buenos Aires —dice— "llevada de este sentimiento de la propia suficiencia, inicia la revolución con una audacia sin ejemplo; la lleva por todas partes, se cree encargada de lo alto de la realización de una grande obra. El *Contrato social* vuela de mano en mano; Mably y Raynal son los oráculos de la prensa; Robespierre y la convención, los modelos. Buenos Aires se cree una continuación de la Europa, y si no confiesa francamente que es francesa y norteamericana en su espíritu y tendencias, niega su origen español, porque el gobierno español, dice, la ha recogido después de adulta. Con la revolución vienen los ejércitos y la gloria, los triunfos y los reveses, las revueltas y las sediciones".[81] En cambio, el espíritu

---

[80] "En su limitada arena de combate y en la región de las ideas trascendentales, este partido era esencialmente revolucionario, aspiraba decididamente a la independencia y trabajaba para establecer la libertad sobre bases democráticas; por eso aquellos nombres —liberal y demócrata— le corresponden igualmente. Compuesto de la mayoría de los patriotas del año x, que habían hecho triunfar la revolución del 25 de Mayo, Moreno era su profeta, y el *Contrato social* y la "Declaración de los derechos del hombre" su evangelio. Vencido por el espíritu provincial, que incorporó los diputados a la Junta, desorganizado por el movimiento del 5 al 6 de abril, elevado por el pronunciamiento del 23 de septiembre de 1811, que hizo surgir el Triunvirato, había representado sucesivamente el espíritu nuevo bajo diversas formas." (Mitre, *Historia de Belgrano*, II, p. 136.)

[81] D. F. Sarmiento, *Facundo*, p. 112. (Ed. de *La Nación*.)

colonial, representado por Córdoba, sigue siendo español y conservador: "Me he detenido en estos pormenores para caracterizar la época en que se trataba de constituir la República y los elementos diversos que estaban combatiendo. Córdoba, española por educación literaria y religiosa, estacionaria y hostil a las innovaciones revolucionarias, y Buenos Aires, todo novedad, todo revolución y movimiento, son las dos fases prominentes de los partidos que dividían las ciudades todas, en cada una de las cuales estaban luchando estos dos elementos diversos que hay en todos los pueblos cultos. No sé si en América se presenta un fenómeno igual a éste, es decir, dos partidos, retrógrado y revolucionario, conservador y progresista, representados altamente cada uno por una ciudad civilizada de diverso modo, alimentándose cada uno de ideas extraídas de fuentes distintas: Córdoba, de la España, los concilios, los comentadores, el 'Digesto'; Buenos Aires, de Bentham, Rousseau, Montesquieu y la literatura francesa."[82]

El triunfo saavedrista del 6 de abril fue una derrota de la Revolución. El historiador Mitre, más reservado habitualmente que López y Groussac, ha pronunciado palabras irredimibles: "Ésta es la única revolución de la historia argentina cuya responsabilidad nadie se ha atrevido a asumir ante la posteridad, a pesar de haber triunfado completamente; y ésta es la condenación más severa que pesa sobre la cabeza de sus autores."[83]

4. El deán Gregorio Funes

Como aquellos eclesiásticos que en la Edad media europea aplicaban sus luces al manejo de la política temporal, el famoso Deán unía a su astucia refinada un incansable espíritu de intriga; pocas personalidades hay más complicadas que la suya en la historia americana. Bilioso de temperamento y subrepticio por educación, ninguno de sus actos aparece dulcificado por la piedad cristiana y no hay en sus escritos una página que emane suave perfume de sentimiento místico. Teólogo sin vocación, su investidura sacerdotal servíale por lo común de escudo contra las represalias de sus adversarios, sin que él mismo se sintiera, jamás, trabado por ella en sus maquinaciones; a nadie temía y a nadie amaba, cambiando de amigos o de cómplices cada vez que las circunstancias se lo mostraban conveniente. Fuera de su odio invariable al espíritu nuevo que asomaba en Buenos Aires, un sentimiento único movía sus acciones: la vanidad del predominio personal, complemen-

---

[82] *Ibid.*, p. 117.
[83] Mitre, *Historia de Belgrano*, I, p. 367.

tada por un inextinguible afán de revancha que le tornaba perseguidor de cuantos le vencían. El interés moral del personaje, digno como pocos de una resurrección histórica, estaba en sus sombras tanto como en sus luces; nada se le parece menos que el capcioso deán Funes aderezado por la inexperta apologética convencional, inclinada a uniformar todos los nombres bajo los mismos adjetivos.

Era fatal que en la gran hora palingenésica de la revolución encarnase las resistencias del espíritu colonial a los ideales subversivos de Mariano Moreno; había llegado a ella con el cansancio de una madurez estéril, corroída por justas ambiciones prolongadamente insatisfechas.[84] Las canas le impidieron compartir los ensueños de la juventud revolucionaria, cuyo jacobinismo nunca amó ni comprendió; en el año XI fue, lógicamente el invisible Maquiavelo de la jornada reaccionaria del 6 de abril, aunque el aparente fantasmón era Saavedra. Su propia mano escribió las páginas de la *Gazeta* que le han condenado ante la historia.[85]

Su familia estaba vinculada al partido jesuítico, antes de la expulsión de la Compañía; después, mientras se acentuaba en la colonia el movimiento liberal, siguió manteniendo relaciones con los expulsados.[86] Estudió en el Monserrat, de Córdoba, donde había nacido el 25 de mayo de 1749; recibió las sagradas órdenes a la edad de veinticinco años y en 1775 se graduó en teología. Prefiriendo el foro a las modestas ocupaciones religiosas, abandonó su diócesis[87] y pasó a España con ánimo de estudiar derecho civil, cuyo bachillerato obtuvo en 1778, de la Universidad de Alcalá, ordenándosele volver a su sede para cumplir con los deberes propios de su estado.[88]

De regreso a Córdoba, puso en juego durante veinte años la in-

---

[84] "El doctor Gregorio Funes, que a la sazón contaba sesenta años, era un sacerdote instruido y liberal, no destituido de talento literario ni de moralidad: sólo que su talento ciceroniano consistía en diluir ideas cortas en frases largas, y su moralidad fluctuaba a merced de sus pasiones. Entre éstas, eran dominantes la vanidad y la ambición" Groussac, *Liniers*, p. 376.

[85] Véase *Gazeta de Buenos Aires*. Extraordinaria del 15 de abril, "Manifiesto, etc." (pp. 277 y ss. de la reimpresión facsimilar). Ver Groussac, en *La Biblioteca*, I, p. 307, nota, 1898.

[86] Véase *Papeles de Ambrosio Funes*, lugar citado; y Zinny, *Efemeridografía*, I, pp. 416 y 17, nota.

[87] Véase *Sobre la pretendida fuga del deán Funes*, en la *Rev. de la Universidad de Córdoba*, 1916.

[88] *Ibid.*: "Que no siendo propio del carácter sacerdotal que obtiene Funes, el continuar ocupando el tiempo en el manejo de negocios y causas seculares forenses, se le prevendrá que desde luego disponga su viaje para residir su prevenda como está mandado por punto general, sin que para detenerse en estos reinos le sirva de pretexto el seguir en el estudio del abogado que expresa ni en otra alguna ocupación."

fluencia y la fortuna de su hermano Ambrosio para conseguir el obispado, contando con el apoyo del partido jesuítico y de la facción de Álzaga; en vano llevó sus empeños hasta firmar obligaciones pecuniarias pagaderas después de su nombramiento, pues tuvo el dolor de ver preferido al peninsular Orellana, con quien no se avino jamás. Algo le consoló que no fuese electo su rival inmediato, Videla,[89] y su designación para el rectorado del colegio de Monserrat, donde creó una cátedra de matemáticas cuyos emolumentos percibiría él mismo.

Enemigo del gobernador Concha y del obispo Orellana, más válidos ante Liniers, mantúvose adicto a la facción del cabildo cordobés que respondía a la influencia y los planes de Álzaga; en vísperas de la revolución era enemigo de las fuerzas que la preparaban, sin que lo apartaran de esa conducta sus relaciones literarias con los jóvenes doctores que se iniciaban en el periodismo colonial.

Al conocerse en Córdoba el nombramiento de la Junta de Mayo, intervino Funes en las reuniones celebradas por los cisneristas para resistir su autoridad; siendo enemigo personal de Concha y Orellana, no tuvo oportunidad de continuar en ellas, pues se le miraba allí con desconfianza, no tanto por sospecharle de revolucionario, sino por constar que era alzaguista, como toda la camarilla de su hermano Ambrosio. Separándose de Concha, acató los hechos consumados y se plegó a los vencedores de Buenos Aires,[90] entreviendo que ese cambio de cosas favorecería el renacimiento de sus aspiraciones personales; no se detuvo en pequeñeces de lealtad hacia los conjurados, dando pie a que se le tuviera por delator.[91] ¿Cuál era el fin que perseguía? No uno, dos. Por una parte, el triunfo del partido jesuítico local contra el del virrey, que sus enemigos Concha y Orellana representaban; por otra, como hemos dicho ya, asegurarse personalmente el cargo de gobernador interino, para que fue propuesto por la Junta provisoria el día mismo en que el ejército revolucionario tomó posesión de Córdoba. Llegaba tarde para lo segundo: estaba ya resuelto el nombramiento de Pueyrredón. ¡Moreno se la pagaría!...

Nada más fácil que la venganza. "El presidente Saavedra se había puesto en íntima relación con el Deán de Córdoba, don Gregorio Funes, personaje insinuante, de carácter doble, amigo de gobernar en camarilla y sin dar la cara, que comprendió al momento todo el influjo que podía adquirir lisonjeando la vanidad de Saavedra y haciéndole

---

[89] Véase en *Papeles de Ambrosio Funes* una carta sin firma al Deán, fechada el 26 de octubre de 1805.

[90] Véase Funes, *Parecer del Deán... referente al nuevo gobierno...*, en la *Gazeta* del 7 de agosto de 1810 (p. 258 de la reimpresión facsimilar).

[91] Véase en Groussac, *Liniers*, cap. IV, la explicación más probable de estos sucesos y una magistral psicología del Deán en ese momento histórico.

ver que, con el número de diputados incorporados a la Junta, harían
siempre una mayoría que contendría los propósitos impetuosos y dominantes de Moreno y de su círculo."[92] La oportunidad no se hacía
esperar.

La lógica de estos antecedentes, su educación y su edad le predes-
tinaban a servir al partido saavedrista; vino como representante de
Córdoba a la Junta y desde el primer día se alineó contra el grupo
revolucionario, consiguiendo precipitar la renuncia de Moreno. Después introdujo el espíritu de chicana que dio por resultado el escán-
dalo del 6 de abril, producto casi exclusivo de sus manejos; la secretaría
de la Junta fue puesta en manos del doctor Campana, a quien hizo desterrar cinco meses después creyendo así salvarse él mismo.

¿Pueden ser inexactas estas líneas que expresan el verdadero sentido de la nueva política a que fue arrastrada la Junta?: "Goyeneche
celebró con fastuoso aparato las noticias del 5 de abril, éste es un
hecho; y también lo es, que el diputado de Córdoba (el Deán Funes)
escribió a don Domingo Tristán interesándose en sumo grado sostu-
viese y apoyase la conducta que observó el gobierno en aquel día de
proscripción." Fueron escritas al poco tiempo de los sucesos, en Buenos
Aires, en la *Gazeta* oficial, cuando la verdad era de dominio público.[93]
Además —¡qué casualidad!— el doctor Campana, al ser desterrado
por su cómplice Funes, se fue a Montevideo, el centro político y militar
de la resistencia española.

Tal era el singular personaje que desde los comienzos de la revolución hízose sospechoso de conspirar contra Castelli y Belgrano,[94] encargados de llevarla con sus ejércitos a los extremos del Virreinato; vino
a Buenos Aires para conspirar contra Moreno y sus amigos; conseguido su propósito, entró a ser la *eminencia gris* del saavedrismo y
cargó ante la historia con la paternidad de los sucesos referidos. Cuando
creía haber acogotado a los revolucionarios, éstos derrumbaron estre-
pitosamente a su facción; el Deán creyó salvarse traicionando a Saavedra y complicándose en la creación del Triunvirato. Como no lograra
manejarlo,[95] conspiró en seguida contra él y urdió el motín ignomi-

[92] V. F. López, *Manual*, p. 245.
[93] Véase Monteagudo, *Escritos políticos*, artículo "Causa de las causas", del
20 de diciembre de 1811. La posteridad no ha aceptado las disculpas de Saavedra, en sus *Memorias*, ni las capciosas explicaciones de Funes, en su *Bosquejo
histórico de la Revolución*.
[94] Zinny, *Efemeridografía*, I, p. 442.
[95] Para colmo, y sólo por mortificar a Funes, el 10 de octubre el Triunvirato había resuelto llamar a Buenos Aires al obispo Orellana, con ánimo de
rehabilitarlo y devolverle a la silla episcopal de Córdoba; con esto malográbase
para el Deán su prolongada ambición de un cuarto de siglo. Ver *Gazeta Extraordinaria*, 14 de octubre de 1811 (p. 808 de la reimpresión facsimilar).

nioso del 7 de diciembre. De todo lo referido, y de algo más que es generoso callar, era capaz, en sólo un año, este proteiforme Deán, tan insinuante en la manera como inagotable en la perfidia. Para bien suyo, y de la Revolución argentina, el Triunvirato logró dar con él en la cárcel y expulsarlo de Buenos Aires, en momentos que la causa revolucionaria reclamaba actitudes enérgicas ante la doble amenaza exterior de los españoles e interna de los reaccionarios.

No era hombre de pedir silencio y olvido. En Córdoba gobernaba Santiago Carrera, nombrado el 23 de diciembre de 1811; como se mantuviese leal a los revolucionarios de Buenos Aires, no vaciló Funes en formar partido contra él. Es seguro que allá muchos preferían el gobierno español de Goyeneche a cualquier gobierno argentino, a menos que ellos mismos fueran los gobernantes.[96]

En 1813, buscando escenario para su rehabilitación personal, procuró infundir alguna vida a la universidad colonial de Córdoba, que era ya cadáver; formuló un meritorio *Plan de estudios*, que se le había encargado cuatro años antes; sin renegar totalmente de la escolástica dogmática, expresó el deseo de entreabrir las puertas de la casa a los métodos modernos y a las ciencias naturales, aprovechando la época de podazón que parecía haber llegado para aquel plantío de preocupaciones medievales.[97] Era éste el terreno en que debió colocarse el Deán, sin descender a las menudas picardías de la política facciosa; no fue, sin embargo, muy firme su propósito de reformar la enseñanza cordobesa,

[96] "Desque, en 22 de septiembre de 1811, se instaló en Buenos Aires el gobierno ejecutivo, separándose este poder de la Junta Gubernativa, se levantó en Córdoba un partido de oposición que no cesó de incomodar y entorpecer con sus intrigas los negocios más importantes de la seguridad de la patria. Este partido era tanto más perjudicial a la causa americana, cuanto que, con la capa de patriotismo, sembraba la discordia en el pueblo. 'Puedo asegurar —decía el gobernador Carrera en comunicación oficial, de fecha 2 de mayo de 1813, al gobierno ejecutivo de Buenos Aires— que los españoles europeos, o los que el vulgo llama notoriamente «sarracenos», no son tan perjudiciales al curso favorable de nuestra libertad como los profesores de aquel detestable partido. Los primeros no pretenden con tanto ardor a que Fernando VII sea dueño de estas Américas, como los segundos, a que el *deán Funes y sus satélites lleven el timón del presente sistema, animados de un egoísmo el más pernicioso y opuesto a los principios en que se funda nuestra revolución.*' En los 16 meses que he mandado esta provincia, mis esfuerzos han sido inútiles para reducirlos al camino de unión y fraternidad y me animo a decir, sin jactancia, que a no ser mis desvelos por la quietud pública, *aquellos malvados* habrían hecho continuar las rivalidades y disensiones en que ardía este pueblo cuando lo mandaba la Junta Provincial." Zinny, *Historia de los Gobernadores*, II, 187 y *ss*.

[97] E. Martínez Paz, *La filosofía en el Plan de Estudios del deán Funes* (*Rev. de filosofía*, Buenos Aires, septiembre de 1915). Ver Mariano de Vedia y Mitre, *El Deán Funes en la Historia Argentina*, Buenos Aires, 2ª edición, 1910.

pues al poco tiempo abandonó la Universidad y no se ocupó más del *plan*, atraído a Buenos Aires por la política. Monteagudo y Alvear, que le conocían demasiado, desecharon sus pretensiones de adherir al jacobinismo reinante; en cambio, a fin de que no estorbase, le hicieron pronunciar el sermón del 25 de mayo en la Catedral y le asignaron, en 1814, una subvención para que se consagrara a tareas literarias.[98] Ingenio le sobraba, ciertamente, y pocos le aventajaban por el abundante acopio de lecturas, muy poco ortodoxas, aunque sus repetidas citas de Condillac resultan simples gayaduras de un vestido cortado en la sastrería espiritual de Suárez.

De su habilidad literaria dejó pruebas seguras. Además del *plan*, tantas veces loado por los cronistas del claustro cordobés, ha contribuido a la rehabilitación de su nombre la obra titulada *Ensayo de la historia civil del Paraguay, Buenos Aires y Tucumán* (1816-1817); grande es su significación para la época, no obstante cierta fácil aquiescencia a las más groseras patrañas difundidas por los historiadores del ciclo colonial.[99] Reveló verdadero talento de polemista en una de sus obras menos conocidas, el *Examen crítico de los discursos sobre una constitución religiosa considerada como parte de la civil* (Buenos Aires, 1825), dedicada "Al Excmo. Señor Libertador Simón Bolívar" que le dispensaba favores.

Apena el ánimo comparar estas nobles aptitudes intelectuales con su desastrada actuación política; los sucesos le zarandearon cruelmente.

Electo diputado al Congreso de Tucumán, tuvo el tacto de no presentarse donde algunos le mirarían como enemigo, pues su provincia entera estaba en adoración de Artigas; un año después, consolidada ya la concentración conservadora en torno de Pueyrredón, se incorporó en Buenos Aires, tocándole ¡cruel ironía! firmar como presidente del congreso la Constitución unitaria de 1819 y el manifiesto que acompañó su promulgación. Irritable y apasionado, el 12 de junio de 1820 dio a luz anónimamente "El grito de la razón y de la ley sobre el proceso formado a los congresales"; más le valiera no haberse metido a panfletista, pues a los ocho días, el agrimensor Fortunato Lemoyne daba al público "Algunas cortas observaciones, etc.", que le supieron a acíbar. No se atreve nuestra pluma a repetir lo que es en ellas menos cruel.[100]

---

[98] Véase *Registro oficial*, p. 713.

[99] Fechas del prospecto y aparición del Ensayo en la *Gazeta*, 1814 (p. 167 de la reimpresión), 1815 (318), 1816 (680), 1817 (286). Datos bibliográficos en la *Monobibliografía* de Zinny, apéndice a la *Efemeridografía*.

[100] Dice la *Gazeta*, refiriéndose a los rumores de reposición del partido de Pueyrredón: que "el Excmo. Ayuntamiento que tan positivamente se ha pronun-

Nada parecerá más extraño que conocer las dos cosas a que el Deán no se avino jamás: el servicio de la Iglesia y la vida en Córdoba. Ambas eran incompatibles con su temperamento y con sus gustos. Desde el año x hasta el xxix no frecuentó los altares ni vivió un año entero en Córdoba; en vano le expulsaban de Buenos Aires y le apartaban de la política, el Deán tenía nostalgia de la ciudad que deseaba como a una amante desdeñosa, y de la arena en que más golpe recibía. Su catástrofe moral del año xx no le volvió a su Córdoba ni a su Iglesia: "en esta situación, cargado de años y servicios, se ve en la necesidad de elegir por recurso el ejercicio de la abogacía, y ha abierto su estudio —¡en Buenos Aires, naturalmente!— para defender causas civiles, y también criminales en defensa de los reos".[101] Todo, en fin, inclusive defender criminales, menos servir a la Iglesia o vivir en Córdoba.

Aunque nunca había sido devoto ni ortodoxo, sorprendió a los católicos el desenfado de su conducta en los años siguientes. Rivadavia le asignó un sueldo en 1821, consiguiendo su complicidad en la reforma eclesiástica; convertido en defensor de la libertad de cultos y redactor de periódicos que olían a azufre, encontróse Funes militando contra el partido católico, en el momento mismo en que los sacerdotes restauradores se lanzaban a la calle, puñal en mano, intentando contra Rivadavia y su reforma eclesiástica el abortado motín de Tagle.

Ésa es la historia... El Deán, con menos virtudes que talentos, vivió en todas partes desorbitado y en todo momento fue inactual, acaso más libelático que hereje.

Imposible es no ser indulgente con su falta de carácter. La Revolución le encontró demasiado viejo y nunca pudo adaptarse totalmente a sus ideales nuevos; ello fue harto sensible, tratándose de un hombre que tenía aptitudes no desdeñables. Hasta el momento imprevisto de ser patriota, fue realista; su educación colonial le impidió sentir las ideas argentinas; unas veces fue centralista y otras localista, federal y unitario, amigo y enemigo de Rivadavia, motinero y conservador, provincialista y aporteñado. Se explican las muy diversas opiniones que de él tuvieron nuestros historiadores, desorientados siempre por la falta de

ciado contra él, y que conoce la disposición del Pueblo, se abatiría a la degradación de restituir aquel partido... En vano pretende aparecer bajo distintas formas; sus apologistas que se han atrevido a panegirizar al mismo Pueyrredón han quedado confundidos, con los diferentes papeles que han salido a luz y que jamás tendrán contestación satisfactoria. *El historiador* debe leer con cuidado *las observaciones de un joven...* Éste ha desmenuzado la materia mejor que nadie. Con el tiempo quizá el Deán se retracte (no será la primera vez) y cante la palinodia, confesándose por espíritu falible", 28 de junio de 1820 (p. 203 de la reimpresión).

[101] *Gazeta de Buenos Aires*, 18 de julio de 1821, aviso titulado "Otro" (p. 551 de la reimpresión).

unidad visible en toda su conducta pública y privada. Se dice que
no tuvo carácter; ¿podía, ya en la madurez, adaptarse al ambiente
revolucionario, contra el que se rebelaba toda su juventud vivida en
otra atmósfera espiritual?

Sería absurdo pretender que hombres como él sirviesen un pensamiento que no era el suyo. Pueden ellos hacer concesiones en los detalles y en las formas, jurar con reservas mentales, como lo hizo medio
clero francés en la época revolucionaria: pero en lo sustancial mantienen su resistencia, porque cambiar de filosofía, para quien tiene una,
es como cambiar de personalidad, de vida. Funes, por otra parte, no
tenía deberes revolucionarios; en 1810 lo llamaron y vino con toda
naturalidad; ¿a qué?: a manejar una Junta a la española que se proponía impedir una revolución a la francesa.

¿Qué es lo primero que Ambrosio Funes solicita del gobierno revolucionario? Simplemente: la restauración de los Jesuitas,[102] por lo que le
hemos visto suspirar durante veinte años, y que los presuntos diputados americanos se permitieron postular ante las Cortes de Cádiz.[103]
¿Cuál es la primera gestión del Deán en Buenos Aires, cuando la Junta
acababa de asumir la responsabilidad del fusilamiento de Liniers y
sus compañeros? Complicarse en las intrigas de los españoles y servirlos
con su influencia hasta obtener la libertad de Luis Liniers.[104] ¿Podían
tales hombres comprender la revolución de Moreno, de Castelli, de
Paso? ¿No eran sus enemigos naturales?

El curso vario de los sucesos hizo mudable su conducta, que, por
intercadente, llegó a inspirar desconfianza, con mengua de su autoridad
moral; y Funes, que la habría tenido grande si hubiese durado el
régimen español,[105] llegó a perderla en absoluto, aun entre el propio
clero argentino, que se supondría más dispuesto a respetarlo. "Los
otros clérigos del partido unitario, que a un alto nombre de familia
reunían saber y carácter entero, miraban a Funes con un menosprecio
poco disimulado: contaban poco con él; y cuando se permitió tomar
parte en los debates lo trataban con aquella altivez del fuerte que
vitupera al humilde, más bien que como un igual en el terreno parlamentario."[106]

<hr/>

[102] Rafael Pérez (jesuita), *La Compañía de Jesús restaurada en la República Argentina*, etc., pp. 22 y *ss.*, y *Apéndice*, documento I.

[103] En la *Gazeta*, 4 y 5 de julio de 1811; proposición undécima (p. 564
de la reimpresión facsimilar).

[104] *Papeles de Ambrosio Funes*, lug. cit. (carta de 10 de octubre de 1810,
p. 125).

[105] Sobre su carrera en los tiempos coloniales, ver *Documentos relativos a
los antecedentes de la Independencia*, etc. (Asuntos Eclesiásticos), pp. 57 y *ss.*
(Facultad de Filosofía y Letras.)

[106] V. F. López, *Historia Argentina*, IX, p. 676.

Era la triste época en que Funes renegaba su nacionalidad argentina y mendigaba la ciudadanía "colombiana" a cambio de una insegura prebenda que le pagaba Bolívar, sin perjuicio de que al poco tiempo se convirtiese en "súbdito boliviano" al recibir de Sucre los emolumentos de Deán de La Paz (Bolivia), título que prefirió al de Deán de Córdoba. Es sabido que aprovechando la presencia en Buenos Aires de un agente colombiano, que firmó, en 1823, un tratado de amistad con Rivadavia,[107] se puso al servicio del Libertador, haciéndose reconocer como su encargado de negocios en enero de 1824.[108] Sin renunciar a esta situación, que como diplomático extranjero le creaba especiales inmunidades dentro de su primitiva nacionalidad, se incorporó como diputado por Córdoba al Congreso de 1825, desde las sesiones preparatorias; como no dejase de intrigar, sus semicolegas Valentín Gómez y Julián Segundo de Agüero plantearon, no sin malicia, el asunto, fundándose en la necesidad de que el congreso ratificara el tratado de amistad celebrado por Buenos Aires. Ello dio motivo a que el deán Funes sufriese una prolongada humillación, en las sesiones de junio, pretextando en vano que desistiría de su cargo extranjero por el simple hecho de ser diputado; sus declaraciones no le impidieron preferir la representación de Bolívar, un año después.[109] Sirviendo a sus nuevas patrias —como él las llama en sus epístolas—, se vio complicado en obscuros manejos para conseguir un fuerte empréstito del gobierno argentino, exacerbándose sus pasiones con el fracaso del negocio. Momento hubo en que se acercó a Alvear, con ánimo de inducirlo a traicionar a Rivadavia, sufriendo también en esto un desengaño; y, por fin, cuando la política del Libertador pudo considerarse adversa a los intereses nacionales, se atrevió a promover manifestaciones callejeras y publicar escritos que aumentaban su descrédito. Fue voz pública en Buenos Aires, al finalizar la época de Rivadavia, que prestaba a Bolívar ciertos servicios de información reservada retribuidos por dinero, que sus adversarios llamaban espionaje; era exacto y se lo enrostraron muchas veces los mismos que acaso celebraron en 1810 sus delaciones contra Liniers, Concha y Orellana. También lo era que su odio a los gobiernos de Las Heras y Rivadavia le indujo a proponer con insistencia a Bolívar y a Sucre que invadieran la República Argentina con sus ejércitos, para pacificarla. Todo esto, y algo peor, que creemos superfluo repetir, fue confirmado por su propia correspondencia.[110]

[107] Registro Oficial, 1671.

[108] Ibid., 1713.

[109] Ibid., 2004.

[110] Véase Memorias del general O'Leary, vol. xi. Reimpresas en el volumen El Libertador Bolívar y el Deán Funes, del historiador cordobés J. Francisco V. Silva, Madrid, 1918.

Así, de pequeñez en pequeñez, cayó en el polvo el reemplazante de Moreno en la *Gazeta*, despreciado al fin por sus mismos amigos de otro tiempo. Por graves que fuesen sus errores, no merecía el escritor el abandono que rodeó al político. La miseria le redujo a una equívoca situación doméstica que, aunque impropia de su estado eclesiástico, puso una nota afectiva en su ancianidad. Una tarde, el 10 de enero de 1829, la policía de Buenos Aires recogió en un banco del Jardín de la independencia un cadáver anónimo.

IV. REVOLUCIÓN Y CONTRARREVOLUCIÓN

Sólo merece el nombre de Revolución un cambio de régimen que importe hondas transformaciones ideológicas y tienda a establecer un nuevo estado de equilibrio entre los intereses que coexisten en el Estado. La Revolución Argentina no consistió en el episodio sustitutivo de autoridades que se efectuó el 25 de Mayo del año x; fue un largo proceso transmutador de instituciones.

Marcó una nueva orientación de los ideales generales, respondió a causas económicas bien definidas, afirmó la soberanía popular como base del derecho político y renovó sustancialmente el organismo administrativo del régimen colonial. En su período más estricto, duró no menos de ocho años, desde el 15 de agosto de 1806 hasta la Asamblea del año XIII; su gestación integral se extendió medio siglo, desde el Virreinato de Vértiz (1778) hasta el gobierno presidencial de Rivadavia (1826).

Dos filosofías políticas inconciliables serpentean bajo la historia externa, encarnadas en dos partidos antagónicos: el que intenta realizar la Revolución, concibiéndola como un *cambio de régimen* liberal y democrático, y el que procura impedirla, limitándose a desear *una secesión administrativa* respetuosa de los intereses creados por el antiguo régimen colonial.

En los períodos críticos la Revolución fue comprendida por minorías ilustradas que durante el año x procuraron imponer sus ideales a mayorías conservadoras que los ignoraban o los temían; el partido revolucionario tuvo sus personajes representativos en Mariano Moreno y Juan José Castelli, que extendieron jacobinamente su espíritu y su autoridad en los respectivos escenarios civil y militar.

Las mayorías conservadoras, representadas por las oligarquías de los municipios coloniales, no aceptaron los principios revolucionarios y se apercibieron a combatirlos; bajo los auspicios de Cornelio Saavedra y Gregorio Funes se organizaron para impedir la Revolución realizando contra sus partidarios la asonada reaccionaria del 6 de abril del año XI.

La crisis revolucionaria no fue una convergencia de energías afines, sino una lucha convulsiva entre fuerzas heterogéneas que no encontraban su nuevo estado de equilibrio. Detrás de las pasiones personales y localistas estaban en conflicto dos sistemas de ideas incompatibles, dos regímenes, dos filosofías: la revolución y la contrarrevolución.

LOS TIEMPOS NUEVOS*

Este libro contiene las reflexiones que la guerra europea y la revolución social han sugerido a un hombre que no se cree obligado a pensar con la cabeza de los demás. Tan graves problemas contemporáneos no lo encontraron indiferente ni pesimista. El hábito de la investigación científica y el cultivo de los estudios filosóficos, lejos de estar reñidos con un cálido idealismo fundado en la experiencia, son su mejor sostén para quien logra eludir las rutinas del profesionalismo universitario. El autor ha asistido a la gran catástrofe del pasado con el inquieto anhelo de encontrar los gérmenes del porvenir. Sin lamentar la agonía de un régimen social caduco, ha auscultado los balbuceos de un naciente mundo moral. Esta actitud suya, confiada y optimista, no ha sufrido inflexión; por eso los ensayos reunidos en este volumen poseen un estrecho nexo espiritual y una rigurosa continuidad, circunstancia harto rara en los escritores que han comentado los mismos sucesos. Contra las pasiones beligerantes, primero, y contra la coacción reaccionaria, después, el autor se ha mantenido fiel a los anhelos de renovación ideológica que han dado algún valor moral a sus libros precedentes.

Pocas semanas después de estallar la guerra, en 1914, publicó el artículo "El suicidio de los bárbaros", previendo las consecuencias. La página, en su brevedad, definió su actitud frente a los imperialismos beligerantes. Merece, por ello, preceder a las demás, como su antecedente lógico y necesario.

Hasta fines de 1916 contempló la siniestra hecatombe provocada por el régimen capitalista, sin apartarse de su convicción inicial. Cuando el presidente Wilson dio una bandera idealista a los aliados, el autor expresó su adhesión a los nuevos principios, en mayo de 1917, con reservas explícitas sobre la poca fe que suelen merecer las palabras de la diplomacia oficial.

Al mismo tiempo se desarrollaba en Rusia el proceso revolucionario que puso término a la autocracia zarista y a la guerra con los imperios centrales. En mayo de 1918, en la conferencia "Ideales nuevos e ideales

* De *Obras completas*, t. 6, pp. 453-550.

[404]

viejos", manifestó su cordial simpatía hacia el pueblo que iniciaba una era nueva en la historia de la humanidad.

Al terminar la guerra, mientras se festejaba la derrota militar del kaiserismo prusiano, creyó cumplir con un deber cívico recordando, en voz alta, cuáles eran los ideales cuya experimentación reclamaban los pueblos en nombre de la justicia, explicando el sentido de la revolución social que sucedería inevitablemente a la guerra, en su conferencia "Significación histórica del movimiento maximalista", pronunciada en noviembre de 1918.

Desde ese momento siguió, con repulsión, las negociaciones mercantiles de los aliados, en Versalles, mientras el presidente Wilson renegaba de los principios con que había engañado a los espíritus independientes. El capitalismo sin patria arrojó la careta y reorganizó sus fuerzas para combatir a los pueblos que reclamaban lo prometido durante la guerra. La mentira sistemática de la prensa internacional se ensañó particularmente contra los revolucionarios rusos, para impedir que sus anhelos de renovación contagiaran a los demás oprimidos del mundo.

Ante esa conducta inmoral, no vaciló el autor en liberarse de cierta opinión pública, corrompida por la prensa, reiterando su simpatía a los ideales simbolizados por la Revolución rusa. Ella, a pesar de sus inevitables imperfecciones, revelaba poseer un contenido ideológico más generoso que el estratégico wilsonismo. Así lo escribió diez veces, en 1919, saludando al fin el movimiento iniciado por Anatole France y Henri Barbusse, para fundar "La internacional del pensamiento", en torno del grupo "¡Claridad!".

A fines de 1919, roto el bloqueo a la información de Rusia, las nuevas formas de experiencia social allá iniciadas ofrecieron vastos materiales al estudio de los sociólogos y a la reflexión de los filósofos. Disponiendo ya de informaciones menos inexactas, el autor consagró, en 1920, tres ensayos al examen de las doctrinas revolucionarias y al análisis de su experimentación.

Los principios básicos de la presente revolución social son tres:

1] El perfeccionamiento histórico del sistema representativo federal consiste en sustituir los parlamentos políticos por organismos administrativos en que estén directamente representadas las funciones sociales, desenvolviendo el principio ensayado en el sistema sovietista de los consejos.

2] La educación debe ser integral, capacitando a los hombres para el trabajo útil a la sociedad, dando oportunidades para el desarrollo máximo de todas las aptitudes y preparando a los ciudadanos para la vida cívica.

3] Los medios de producción y de cambio deben ser socializados

para suprimir las clases parasitarias, transfiriendo el contralor de las
actividades económicas a organismos cooperativos, técnicamente organizados en triple escala local, nacional e internacional.

Estos tres principios, entendidos en su más lata generalidad, aparecen como el saldo positivo con que la presente revolución contribuirá
al desenvolvimiento de la civilización humana. El autor cree que ellos
están destinados a ser los sillares de la futura organización social,
aumentando la justicia y la solidaridad entre los pueblos, despertando
la dignidad y el civismo entre los hombres.

El hecho histórico más sorprendente de la revolución en Rusia ha
sido la persistencia del partido bolchevique en el gobierno durante tres
años, sin variación sustancial de sus núcleos directivos. Excediendo las
esperanzas de sus mismos simpatizantes, han logrado vencer las invasiones de mercenarios reclutados por el capitalismo extranjero y
desbaratar las intrigas de los restauradores internos.

Esa victoria de la revolución demuestra la inutilidad de la violencia contra las fuerzas morales; lo que ha triunfado es la inquebrantable fe en un ideal de justicia, más poderosa que los ejércitos, el oro,
la diplomacia y la traición. Pero es más grande el sentido histórico de
ese triunfo si se contemplan sus resonancias mundiales, en cuanto
simboliza el espíritu de renovación que ya ha formado una nueva
conciencia moral en la humanidad.

El destino ulterior del esforzado gobierno bolchevique es independiente del proceso revolucionario, cuyo desenvolvimiento histórico
parece irreversible; el espíritu renovador, representado por los ideales
nuevos, ha vencido ya, imponiéndose a la conciencia de todos los
pueblos.

Esa creencia del autor está expresada sin ambages en el ensayo "Las
fuerzas morales de la revolución" escrito en noviembre de 1920, en el
tercer aniversario del advenimiento bolchevista.

En esa fecha, el autor consideró bien definida la primera fase de
esa nueva era histórica, cuyos resultados para la humanidad pueden
resultar más importantes que los del cristianismo, el Renacimiento y
la Revolución francesa. Movido por el deseo de interesar a la juventud en el estudio de estos altos problemas, ha autorizado la impresión
conjunta de sus reflexiones optimistas, bajo el título común: *Los tiempos nuevos*.

EL SUICIDIO DE LOS BÁRBAROS

La civilización feudal, imperante en las naciones bárbaras de Europa,
ha resuelto suicidarse, arrojándose al abismo de la guerra. Este fra-

gor de batallas parece un tañido secular de campanas funerarias. Un pasado, pletórico de violencia y de superstición, entra ya en convulsiones agónicas. Tuvo sus glorias; las admiramos. Tuvo sus héroes; quedan en la historia. Tuvo sus ideales; se cumplieron. Esta crisis marcará el principio de otra era humana. Dos grandes orientaciones pugnaron desde el Renacimiento. Durante cuatro siglos la casta feudal, sobreviviente en la Europa política, siguió levantando ejércitos y carcomiendo naciones, perpetuando la tiranía de los violentos; la minoría pensante e innovadora, a duras penas respetada, sembró escuelas y fundó universidades, esparciendo cimientos de solidaridad humana. Por cuatro centurias ha vencido la primera. Príncipes, teólogos, cortesanos, han pesado más que filósofos, sabios y trabajadores. Las fuerzas malsanas oprimieron a las fuerzas morales.

Ahora el destino inicia la revancha del espíritu nuevo sobre la barbarie enloquecida. La vieja Europa feudal ha decidido morir como todos los desesperados: por el suicidio.

La actual hecatombe es un puente hacia el porvenir. Conviene que el estrago sea absoluto para que el suicidio no resulte una tentativa frustrada. Es necesario que la civilización feudal muera del todo exterminada irreparablemente. ¡Que nunca vuelvan a matarse los hijos con las armas pagadas con el sudor de sus padres!

Una nueva moral entrará a regir los destinos del mundo. Sean cuales fueren las naciones vencedoras, las fuerzas malsanas quedarán aniquiladas. Hasta hoy fue la violencia el cartabón de las hegemonías políticas y económicas; sobre la carroña del imperialismo se impondrá otra moral y los valores éticos se medirán por su justicia. En las horas de total descalabro ésta sólo sobrevive, siempre inmortal...

Aniquiladas entre sí las huestes bárbaras, dos fuerzas aparecen como núcleo de la civilización futura y con ellas se forjarán las naciones del mañana: el trabajo y la cultura. Cada nación será la solidaridad colectiva de todos sus ciudadanos, movidos por intereses e ideales comunes. En el porvenir, hacer patria significará armonizar las aspiraciones de los que trabajan y de los que piensan bajo un mismo retazo de cielo.

Las patrias bárbaras las hicieron soldados y las bautizaron con sangre; las patrias morales las harán los maestros sin más arma que el abecedario. Surja una escuela en vez de cada cuartel, aumentando la capacidad de todos los hombres para la función útil que desempeñen en beneficio común. El mérito y la gloria rodearán a los que sirvan a su pueblo en las artes de la paz; nunca a los que osen llevarlo a la guerra y a la desolación.

Hombres jóvenes, pueblos nuevos: Saludad el suicidio del mundo feudal, deseando que sea definitiva la catástrofe. Si creéis en alguna divinidad, pedidle que anonade al monstruo cuyos tentáculos han consumido durante siglos las savias mejores de la especie humana.

Frente a los escombros del pasado suicida se levantarán ideales nuevos que habiliten para luchas futuras, propicias a toda fecunda emulación creadora.

No basta poseer surcos generosos; es menester fecundarlos con amor y sólo se amará el trabajo cuando se recojan integralmente sus frutos. Pero tenemos algo más noble, que espera la semilla de todo hermoso ideal: una tradición de luz y de esperanza. Los arquetipos de nuestra historia espiritual fueron tres maestrescuelas: Sarmiento, el pensador combativo; Ameghino, el sabio revelador; Almafuerte, el poeta apostólico.

Mientras rueda al ocaso el mundo de la violencia militar y de la intriga diplomática inspirémonos en sus nombres para prepararnos al advenimiento de una nueva era; procuremos ser grandes por la dignificación del trabajo y por el desarrollo de las fuerzas morales. Y para no ser los últimos, emprendamos con fe apasionada nuestra elevación colectiva mediante el único esfuerzo que deja rastro en la historia de las razas: la renovación de nuestros ideales en consonancia con los sentimientos de justicia que mañana resplandecerán en el horizonte.

SIGNIFICACIÓN HISTÓRICA DEL MOVIMIENTO MAXIMALISTA

I. *Lo que nadie ignoraba*

Desde hace medio siglo oíanse en el mundo grandes voces augurales de una palingenesia social que aspiraba a elevar entre los hombres el nivel de la justicia. Los principios sembrados por la Revolución francesa germinaban con lozanía y sus resonancias eran cada vez más gratas a los espíritus libres; en cien formas distintas, en los talleres y en las cátedras, en los parlamentos y en las barricadas, signos inequívocos anunciaban la formación de una nueva conciencia moral en la humanidad.

El horizonte reverberaba luces rojizas, parpadeantes de tiempo en tiempo. Parecían preliminares de aurora a los idealistas que acariciaban un ensueño y a los oprimidos en quienes hervía una esperanza; pero, frente a ellos, igualmente numerosa, estrechaba sus filas la legión del miedo. Los viejos rutinarios y los jóvenes domesticados confiaban en que un riguroso militarismo sería dique eficaz a la ascendente marea de la democracia y esperaban que una fervorosa regresión al misticismo envenenaría en sus fuentes la ideología emancipadora. Los servidores de los intereses creados creían ver en el militarismo un baluarte contra los derechos nuevos y en la superstición el antídoto de los nacientes ideales. Y cada vez que el murmullo de la democracia se tornaba clamor, para defender una libertad o exigir una justicia, sus enemigos acentuaban su adhesión a la espada y a la cruz, como si ellas fueran los talismanes con que el derecho divino podría conjurar el advenimiento de la soberanía popular.

Los gobiernos más fuertes conspiraban contra la paz, minados por sus respectivas castas militares. En vano, durante cuatro décadas, los hombres de estudio daban el alerta a los gobernantes, asegurando que el gran resultado histórico de una guerra europea sería una crisis del proceso revolucionario, cuyos síntomas eran visibles, pues había comenzado ya una transformación de las instituciones políticas, de las relaciones económicas, de los ideales éticos, cuyo sentido era imposible ignorar. No podían precisarse su programa y sus métodos para cuando llegase la época crítica; pero se consideraba evidente que, en su conjunto, haría efectivas las más radicales aspiraciones de "las izquierdas", variamente formuladas en cada país.

Nadie dudaba de ello tres días antes de comenzar el drama histórico cuyo primer acto ha terminado con el fusilamiento del zar y con la abdicación del káiser, los hombres más representativos del absolutismo feudal. Pero esa convicción —no lo ocultemos— fue olvidada tres días después de encenderse la guerra. La humareda de los combates cegó a casi todos, a los sabios lo mismo que a los ignorantes; los instintos del hombre primitivo apagaron toda luz de la razón. Pocos recordaron lo que hasta la víspera había sido su espantajo o su esperanza: la revolución social inevitable, espantajo para los que tenían privilegios que perder, esperanza para los que tenían derechos que reivindicar.

II. *La tesis olvidada*

Pocos, muy pocos en el mundo, pudieron sustraerse a la ebriedad general y osaron repetir su creencia, no turbada por las circunstancias. Algunas semanas después de comenzar la tragedia, mientras los ejércitos teutónicos arrasaban el suelo de Bélgica y corrían sobre París, publicamos en la más difundida de nuestras revistas[1] un artículo: *El suicidio de los bárbaros*, que otras ciento reprodujeron; cuatro años

[1] *Caras y Caretas*, septiembre de 1914.

después necesitamos repetir sus textuales palabras, pues son la premisa necesaria para juzgar serenamente la significación histórica del movimiento maximalista:

"La civilización feudal, imperante en las naciones bárbaras de Europa, se prepara a suicidarse. Este fragor de batallas parece un tañido secular de campanas funerarias. Un pasado, pletórico de violencia y de superstición, entra ya en convulsiones agónicas. Tuvo sus glorias; las admiramos. Tuvo sus héroes; quedan en la historia. Tuvo sus ideas; se cumplieron.

"Esta crisis marca el principio de otra era humana. Dos grandes orientaciones pugnaron desde el Renacimiento. Durante cuatro siglos el alma feudal, sobreviviente en la Europa política, siguió levantando ejércitos y carcomiendo naciones, perpetuando la tiranía de los violentos...

"Ahora el destino inicia la revancha venidera de la Justicia sobre el Privilegio. La vieja Europa feudal ha decidido morir como todos los desesperados, por el suicidio.

"La actual hecatombe del pasado es un puente hacia el porvenir. Conviene que el estrago sea absoluto para que el suicidio no resulte una tentativa frustrada. Es necesario que la civilización feudal muera del todo, exterminada irreparablemente. ¡Que nunca vuelvan a matarse los hijos con las armas pagadas con el sudor de sus padres!

"Una nueva moral entrará a regir los destinos del mundo. Sean cuales fueren las naciones vencedoras, la barbarie militarista quedará aniquilada. Hasta hoy fue la violencia el cartabón de las hegemonías políticas; sobre la carroña del feudalismo suicida se impondrá otra moral y los valores éticos se medirán por su justicia. En las horas de total descalabro ésta sola sobrevive, siempre inmortal.

"Aniquiladas las huestes bárbaras en esta conflagración abismática, dos fuerzas aparecen como núcleos de la civilización futura y con ellas se forjarán las naciones de mañana: el trabajo y la cultura. Cada nación será la solidaridad colectiva de todos los que piensan y trabajan bajo un mismo cielo, movidos por intereses e ideales comunes.

"¡Hombres jóvenes y raza nueva!: Saludad el suicidio del mundo feudal, con votos fervientes para que sea definitiva la catástrofe...

"Frente a los escombros del pasado suicida levantaremos ideales nuevos que nos habiliten para luchas futuras, propicias a toda fecunda emulación creadora..."

No recordamos estas palabras porque ellas sean proféticas ni originales. Reflejan la creencia más difundida durante medio siglo, la que ningún hombre de pensamiento debió olvidar ni callar: la guerra marcaba el crepúsculo de un régimen y después de ella amanecería para la humanidad un nuevo orden social...

Siguieron las batallas un mes y otro mes, un año y otro año. Las gentes más pacifistas perdían la cabeza, tomaban partido por uno u otro contendiente, mirando la victoria militar como la finalidad histórica de la guerra. Momento hubo en que el corazón estuvo a punto de imponernos sus razones: cuando nos indignó la inmolación de Bélgica, cuando nos conmovió la firmeza de Francia.

La cuestión era otra, sin embargo, hasta ese momento. Los ases de la guerra eran las dos naciones imperialistas: Alemania e Inglaterra, apoyadas por los cómplices más vergonzosos, el Austria de los Habsburgos y la Rusia de los Romanov. Si Francia no hubiera estado en lucha, ninguna conciencia democrática habría vacilado un minuto en desear el inmediato exterminio de los cuatro combatientes, sin distinción. Se equivalían uno a otro: Alemania a Inglaterra, Austria a Rusia.

III. *La significación moral de la guerra*

La opinión pública del mundo entero comenzó a ser corrompida por las potencias imperialistas; no hubo gran ciudad que no sintiera la epidemia del espionaje y la infección de los gacetines mercenarios, a tiempo que Alemania parecía triunfar en tierra e Inglaterra comenzaba a dominar los mares.

La guerra, hasta ese momento, carecía de ideales. Era guerra en su sencillez materialista, guerra entre imperios, guerra entre castas, guerra para vencer y dominar...

De pronto, a principios de 1917, algunos sucesos fundamentales dieron una bandera ideológica a las naciones aliadas y la guerra pareció adquirir un sentido moral. La Revolución rusa libró a Francia a la deshonrosa complicidad de una siniestra autocracia; el presidente Wilson tomó partido en la contienda formulando un loable programa de principios democráticos; todas las naciones aliadas dieron participación en el gobierno a representantes de las más radicales izquierdas democráticas.

Fue un momento decisivo. Incidencias harto notorias plantearon para los sudamericanos el problema de adherir a la causa aliada o de mantener la neutralidad. Un escritor justamente admirado[2] —cuyo nombre no deseo complicar en esta conferencia— publicó su artículo decisivo: *Neutralidad imposible*. Sus razones nos parecieron excelentes y no vacilamos en adherir a su actitud, en palabras que no se apartaban de nuestra primitiva convicción.

"Enemigos como él del despotismo y del dogmatismo, en todas

---

[2] Leopoldo Lugones.

sus formas, amamos como él la justicia y la democracia: las vemos
en el nuevo derecho político y social afirmado por las revoluciones
norteamericana y francesa, las vemos en los gobiernos que en las últimas décadas han regido los destinos de la Francia, las vemos representadas en los ministerios de Bélgica e Italia, las vemos iniciando la
revolución social en Rusia, y las vemos consagradas en la declaración
del presidente de los Estados Unidos.

"Al reiterar, sin reservas, nuestra adhesión a los ideales de filosofía
política y social que en esta hora reivindican los aliados de Francia,
reafirmamos nuestra habitual reprobación a todas las violencias que
tienen por condición el absolutismo de los gobiernos, y por instrumentos la insania militarista y el misticismo supersticioso. No creeríamos
totalmente estériles los pavorosos horrores de esta guerra —ya que no
hay parto sin sangre y sin dolor— si después de ellas los pueblos civilizados se vieran libres de todas las instituciones feudales que radican
en el *derecho divino,* reiteradamente invocado por los monarcas de los
imperios centrales y se encaminasen hacia una práctica leal de instituciones cimentadas en la *soberanía popular,* conforme al pensamiento
más difundido entre las naciones aliadas."[3]

Principios bien definidos determinaron nuestra simpatía por los
aliados; basta reflexionar sobre ellos para comprender que no podía-
mos mezclarnos en actos públicos realizados por personas que demos-
traban análogas simpatías, pero las fundaban en principios absolutamente distintos.

Ello pudo advertirse con motivo de la memorable revolución que
en Rusia puso fin al gobierno despótico de los zares.

Desde ese momento hubo dos clases de aliados en el mundo. Algunos, que anhelábamos el triunfo de la justicia y de la libertad, cele-
bramos jubilosamente la emancipación de cien millones de hombres del
más tiránico feudalismo de los tiempos modernos, viendo en ello un
primer paso hacia la victoria final de una gran causa humana; otros,
que sólo anhelaban el triunfo militar de los gobiernos, comenzaron a
denigrar a los revolucionarios, no vacilando en calumniarlos como
serviles instrumentos del imperialismo alemán. Algunos fanáticos hubo
que osaron llamarlos traidores y vendidos... ¿Nada significaba para
ellos que la bandera roja flameara en las antiguas residencias de los
déspotas?... ¿No comprendían que el pueblo, en uso de su soberanía,
acababa de aniquilar a uno de los más conspicuos representantes del
derecho divino?... Perdonemos a los necios difamadores, solamente
culpables de ignorancia; perdonémoslos, hoy que los sucesos permiten
hacer justicia a la revolución, aunque la miserable calumnia sigue

envenenando los cables militarizados. Los que hemos seguido con ecuanimidad el proceso revolucionario ruso, sentimos desde el primer día consolidarse las creencias adquiridas por el estudio: con el fin de la guerra las naciones civilizadas entrarían al previsto período crítico de la revolución social.

IV. *La Revolución rusa*

Fuerza es reconocer que el primer gobierno de la Rusia libre se caracterizó por cierta ineptitud revolucionaria. Pretendía seguir recibiendo el apoyo de los gobiernos aliados, sin advertir que éstos no tenían su mismo concepto doctrinario de la finalidad del conflicto; el presidente Wilson, dicho sea en su honor, fue el único que se solidarizó con ellos, afirmando que, más allá de sus fines militares, la guerra debía tener generosas proyecciones democráticas.

En Rusia todo era inseguro. El grupo militarista, que había engañado al mismo zar y contribuido a encender la mecha de la guerra, conservaba su libertad de acción y manejaba millones; su influjo era suficiente para intentar la restauración del régimen caído y buscaba descaradamente la complicidad de los gobiernos aliados para ahogar en su cuna a la revolución naciente.

Kerensky empezó a comprometer la revolución con sus vacilaciones; olvidó que en ciertos momentos críticos todo el que contemporiza sirve a la causa de sus enemigos y no a la propia; temió usar los medios enérgicos que las circunstancias imponían, asumiendo con entereza las responsabilidades de la gran hora histórica. ¿Está derribado el despotismo mientras viven los déspotas, y sus parciales conspiran para restaurarlos?

No condenamos por ello a Kerensky; fue útil para la revolución en el primer momento, pero habría sido funesta su permanencia en el gobierno. No olvidemos que análogas vacilaciones había mostrado con su dinastía la Revolución francesa; pero entonces, como ahora, fue necesario que ella se desligase de sus elementos indecisos, para que el antiguo régimen fuese mortalmente herido en la persona de sus simbólicos representantes.

El vuelco decisivo ocurrió en Rusia a fines de 1917. La fracción radical de los partidos revolucionarios comprendió que era peligroso seguir caminos oblicuos; desalojó del gobierno al partido que ya estorbaba, sacrificó la vana ilusión de combatir contra los ejércitos teutónicos y se contrajo a reorganizar los diversos pueblos avasallados por el zarismo.

Wilson y Kerensky habían dado a la democracia un programa "minimalista", más parecido a una concesión que a un reclamo; Lenin y Trotski creyeron que la oportunidad imponía formular sus aspiraciones máximas, lo que hizo dar al movimiento el nombre de "maximalismo". La actitud que asumieron frente a él los gobiernos beligerantes, fue lógica. Los aliados se inclinaron a mirarlo como una lisa y llana defección militar; los germanos, militarmente beneficiados por el suceso, lo vieron con discutible agrado, sospechando que el espíritu revolucionario podría contagiarse en sus propios pueblos.

Desde ese momento, día a día las agencias telegráficas comenzaron a injuriar la revolución que había destruido el despotismo de los zares y buscaba dificultosamente un nuevo estado de equilibrio, no muy fácil de encontrar en pocos días, después de tan brusca sacudida. El cable se hinchaba a cada hora con noticias terroríficas que los gobiernos interesados difundían por el mundo, presentando a los maximalistas como una banda de malvados e insensatos.

Se habló del terror. ¿Qué terror? ¿El de los zares, que habían asesinado en las cárceles y en Siberia millones de ciudadanos que amaban la libertad, o el de los maximalistas que fusilaron unos cuantos centenares de domésticos que conspiraban para volverlos a la esclavitud?

Hemos leído periódicos rusos opositores al movimiento maximalista, que son ésos los únicos que deja circular la censura aliada; sólo nos sorprende en ellos la libertad con que lo critican, realmente inexplicable si reinara el terror que mienten los cables. Hay una verdad que es necesario afirmar, porque callarla equivaldría a mentir: comparando la Revolución rusa con sus congéneres, ella se caracteriza hasta ahora por cierta dulzura de procedimientos, casi angelicales frente a los de la gloriosa Revolución francesa, cuyos beneficios disfrutamos, sin recordar la mucha sangre que costó.

No pretendemos sugerir que la crisis maximalista se efectuó con pelucas empolvadas, como una tertulia de cortesanos; sería, indudablemente, exagerado. Pero, sí, sorprende que sus únicas víctimas, según los diarios rusos que ponen el grito en el cielo, hayan sido una familia de autócratas, diez o veinte obispos, cuatro docenas de jefes militares y varios cientos de burócratas, espías y cosacos, en cifras apenas apreciables en un imperio de tantos millones de habitantes. Son más víctimas, sin duda, que las de la incruenta revolución estudiantil que acaba de triunfar en la universidad de nuestra Córdoba; pero convengamos en que no es lo mismo desalojar a una docena de sabios solemnes, que demoler una siniestra tiranía secular...

V. *Wilsonismo y maximalismo*

Las pocas noticias que tuvimos del movimiento maximalista nos indujeron a poner en cuarentena las tonterías alarmistas de los cablegramas. Y en la primera oportunidad que tuvimos de hablar en público —el 8 de mayo de 1918— no vacilamos en decir que la revolución maximalista era una de las diversas formas que acentuarían el programa democrático con que Wilson había ennoblecido la causa de los aliados.

Refiriéndose a la lucha secular entre *ideales viejos* e *ideales nuevos*, llegamos a hablar de la guerra que señalaba "un momento crítico de la lucha entre un mundo moral que nace y un mundo moral que llega a su ocaso..."

"Considero un deber de lealtad —dijimos entonces— repetir que mis simpatías en la gran contienda no pueden estar por el káiser, que a toda hora habla en nombre del derecho divino e invoca para sus ejércitos la protección de Dios, como en la Edad media; mis simpatías acompañan a ese presidente yanqui que ha intervenido en la guerra en nombre de la democracia y del derecho, no para extender en el mundo el dominio de su pueblo, sino para sembrar en todos los pueblos del mundo los ideales que han cimentado la felicidad del propio... Mis simpatías, en fin, están con la Revolución rusa, ayer con la de Kerensky, hoy con la de Lenin y Trotski; con ellos, a pesar de sus errores; con ellos, aunque sus consecuencias hayan sido por un momento favorables a la causa de los ideales viejos; y creo que la palabra más noble y más leal pronunciada desde el principio de la presente guerra es la palabra de solidaridad con que el presidente Wilson saludó el triunfo de los revolucionarios rusos, viendo en sus actos una expresión inequívoca de los ideales que han sido la bandera de la humanidad en el siglo XIX y que esperan más grandes integraciones en el que vivimos."

Creíamos, y lo dijimos, que ése era el punto de vista de los que miraban la guerra como un escueto problema político o militar; dijimos que ellos no pensaban en vencer el pasado y favorecer el porvenir; dijimos que la otra guerra, la de principios, la de ideales, sería independiente del resultado a que se llegara en los campos de batalla; dijimos que en todas las naciones, en las vencidas antes, pero después también en las vencedoras, asistiríamos al florecimiento de nuevos ideales; dijimos que si los gobiernos no concedían a los pueblos todas las libertades y franquicias que éstos habían pagado con su sangre, los pueblos se decidirían a barrer los últimos rastros del imperialismo y del privilegio; creíamos, en fin, y también lo dijimos, que al terminar la guerra feudal de los gobiernos, comenzaría la guerra civilizadora de los pueblos.

Pronunciamos esas palabras en los momentos en que parecía más formidable la capacidad ofensiva de los ejércitos alemanes, pero, ganaran o perdieran, lo que vendría después sería lo mismo en todas partes, "primero en las naciones vencidas, después también en las vencedoras". Era lógico pensar así y los hechos parecen justificar esa opinión. Nos constaba que una de las grandes tareas de los revolucionarios rusos había sido provocar movimientos análogos en toda Europa; aunque los imperios centrales lo ocultaban, teníase noticia de agitaciones graves en Alemania, Austria, Polonia y Hungría; aunque lo callara el cable aliado, sabíase que hechos semejantes habían ocurrido en Francia, en Inglaterra y en Italia. Y no se ignoraba, en fin, que el movimiento se extendía a países neutrales, como Holanda, Suecia y Dinamarca, y que en Suiza había tenido lugar en las calles de Zurich una verdadera batalla de artillería, con muertos y heridos, entre el consejo de obreros y las tropas federales...

No se trataba, pues, de meras hipótesis, sino de informaciones exactas en su conjunto, aunque no pudieran precisarse sus detalles.

Mientras tanto, del 5 al 10 de julio de 1918 se reunía en Moscú el quinto congreso panruso de los soviets y daba a los pueblos emancipados un estatuto constitucional; toda persona culta que lo haya leído reconoce que él, con toda su acidez de fruto primerizo, abre un capítulo en la filosofía del derecho político; imprime caracteres nuevos al sistema republicano federal y pone directamente en manos del pueblo la soberanía del estado; nacionaliza los feudos territoriales y las grandes fuentes de la producción; suprime la división de la sociedad en clases y convierte en productoras a las ociosas; y fuera de eso, para sintetizar, consagra casi todas las reformas que desde hace medio siglo constituían la aspiración de los partidos radicales y socialistas.

Este régimen dura desde hace un año y la prensa rusa opositora no le hace crítica más grave que las usuales contra cualquiera de los gobiernos precedentes. En cuanto a la primera constitución de la República federal de los soviets, debemos mirarla como un tanteo inseguro hacia el porvenir, que no es lícito juzgar en conjunto sin tomar en cuenta las condiciones particulares del medio social a que fue destinada.

VI. *La Revolución alemana*

Estaba en ese punto el proceso revolucionario ruso cuando se produjo el derrumbamiento de la autocracia alemana, convenciendo a su pueblo que las relaciones entre el káiser y Dios era una de las tantas farsas con que los pícaros engañan a los tontos. La victoria de los aliados provocó en Alemania y en Austria la esperada revolución; hace tres semanas que la bandera roja flamea en los castillos imperiales y el poder ha pasado a manos de los partidos revolucionarios.

¿Qué eco han tenido esos acontecimientos en los demás países europeos? Guiándonos por una información parcial, la única que hasta hoy tenemos, es visible que en el primer momento de la crisis los gobiernos aliados exageraron el carácter maximalista de los sucesos, mirándolos como una consagración de su victoria militar. Pero muy pronto las informaciones se tornaron tranquilizadoras y quieren dar la impresión de que el cambio de régimen se ha operado sin los caracteres explícitos de una verdadera revolución social.

Es verosímil que el pueblo alemán, más disciplinado que el ruso, haya sido capaz de ejecutar hasta ahora su revolución con cierto orden; pero no debemos excluir que los gobernantes vencidos pueden consentirla como una farsa necesaria para eludir el cumplimiento de algunas condiciones reclamadas por los vencedores. Nos inclina a desconfiar de los revolucionarios alemanes la inesperada simpatía que manifiestan por el maximalismo algunos impúdicos germanófilos, que hasta hace un mes adoraban al káiser y hoy sonríen de felicidad bajo el gorro frigio...

No nos equivoquemos. La crisis revolucionaria alemana está en su primer período, como la rusa en tiempos de Kerensky; es creíble que pronto serán desalojados del poder los sospechosos y vendrán hombres que por sus principios probados constituyan una garantía de lealtad para propios y extraños. Cuando ello ocurra no es difícil que la agitación revolucionaria se defina abiertamente en Francia, Italia, Bélgica, Polonia e Inglaterra, si es que ya no ha comenzado en los pueblos y la calla el cable que manejan los gobiernos.

Creo, firmemente, que la paz definitiva no será firmada por los actuales gobernantes; dentro de pocas semanas o de pocos meses, casi todos los gobiernos europeos habrán pasado a otras manos libres para preparar una paz cimentada en aspiraciones distintas de las que mareaban a los mangoneadores de la guerra. Aquella paz de Estocolmo, que fue dificultada por la vanidad de los gobiernos, será, probablemente, impuesta al mundo por la cordura de los pueblos.

VII. Las aspiraciones maximalistas

Sin mucho don profético puede preverse que ahora vendrá lo que desde antes de la guerra se miraba como su consecuencia: una transformación profunda de las instituciones en todos los países europeos y en los que viven en relación con ellos. Eso, solamente eso, merece el nombre de Revolución Social —con mayúsculas— y no los pasajeros desórdenes y violencias que la acompañarán.

El resultado final será un bien para la humanidad, como el de la precedente Revolución francesa; pero muchos de sus episodios serán, sin duda, desagradables en el momento de ocurrir. Las revoluciones se parecen en esto a ciertas medicinas, al aceite castor, pongamos por caso; en el momento de tomarlo produce disgusto o náuseas, pero después obra bienes muy grandes sobre el organismo, depurándolo de sus residuos inútiles o nocivos.

El momento histórico actual es de los que se producen una vez en cada siglo, determinando una actitud general de los espíritus, favorable a toda iniciativa renovadora.

¿No es legítimo pensar que las naciones civilizadas querrán ensayar las innovaciones discutidas desde hace medio siglo? ¿Muchas de éstas no se han ensayado ya durante la guerra, sin que nadie piense volver atrás? ¿Qué mejor oportunidad para efectuar tan generoso experimento? Lejos de inspirarnos el menor recelo, las aspiraciones maximalistas pueden mirarse como una justa integración del minimalismo democrático enunciado por Wilson.

Conocemos la objeción de los espíritus tímidos; hace varios meses que la escuchamos. Dicen que el maximalismo se propone simplemente matar y saquear a todos los que tienen algo, en beneficio de los que no tienen nada, como ciertos conservadores españoles que todavía llaman a la república la repartidora y a sus partidarios la canalla, sin sospechar que recibirán sus beneficios antes de lo que creen...

No caeremos en la paradoja de afirmar que la revolución social a que asistimos tiene por objeto favorecer a los ricos contra los pobres...

Creemos, en cambio, que las aspiraciones maximalistas serán muy distintas en cada país, tanto en sus métodos como en sus fines. Nos parece natural, por ejemplo, que se nacionalicen los inmensos latifundios de Rusia, pero creemos que ese problema no se planteará en Suiza o en Bélgica, donde la propiedad agraria está ya muy subdividida en manos de los mismos que la trabajan. Concebimos la nacionalización de las industrias que emplean millares de obreros, pero no la de pequeñas industrias individuales o domésticas. Nos explicamos la libertad de las iglesias dentro de los estados cuando por su organización ellas no constituyan un peligro social, pero creemos probable en otros casos la nacionalización de todas las iglesias y su contralor uniforme por el estado. Encontramos posible que en pueblos muy civilizados los municipios sean la célula fundamental de federaciones libres, pero en villorrios atrasados y rutinarios el cambio de régimen sólo podrá ser establecido bajo el legítimo influjo de los centros adelantados y progresistas.

Esos ejemplos, harto fáciles de comprender, nos permiten fijar este concepto general: las aspiraciones revolucionarias serán necesariamente distintas en cada país, en cada región, en cada municipio, adaptándose a su ambiente físico, a sus fuentes de producción, a su nivel de cultura y aun a la particular psicología de sus habitantes. El programa de los maximalistas rusos interpreta el máximum de sus aspiraciones en su medio y en su momento histórico; en otros medios y en momentos distintos, las aspiraciones serán diferentes. De allí proviene la imposibilidad de concretar en una fórmula única las "aspiraciones maximalistas", que en países diversos no podrán ajustarse a un mismo "programa maximalista". Una definición general, para no ser inexacta, sólo podría afirmar que el *maximalismo se manifestará como la aspiración a realizar el máximum de reformas posibles dentro de cada sociedad, teniendo en cuenta sus condiciones particulares.*

Es legítimo suponer que no habrá un maximalismo uniforme y universal sino tantos programas cuantos son los núcleos sociológicos que reciban el benéfico influjo de la presente revolución social.

VIII. *Su reflejo en América*

¿Qué interés tienen estas reflexiones para los habitantes de América? Si aquí no ha habido guerra —se dirá— no hay razón para desear o temer que nos alcance la revolución social que es su consecuencia.

Quien tal dice ignora la historia, carece de conciencia histórica, olvida que todos los movimientos políticos y sociales europeos han repercutido en América, en proporción exacta de ese grado de europeización que suele llamarse civilización. Es indudable que los indios residentes entre los Andes y las fuentes del Amazonas no sentirán los resultados de la guerra; probablemente ignoran que ha existido una guerra europea, en el supuesto improbable de que conozcan la existencia de Europa.

Pero en todos los pueblos que han nacido de colonizaciones europeas, desde Alaska hasta el estrecho magallánico, lo que en Europa suceda tendrá un eco, tanto más grande cuanto mayor sea su nivel de civilización. Nuestro destino, ineludible, como decía Sarmiento, es "nivelarnos con Europa"; y la experiencia del último siglo demuestra que allá no ha aparecido un invento mecánico, una ley política, una doctrina filosófica, sin que haya tenido aplicación o resonancia en este continente. Mientras en Europa se desenvuelva la actual revolución social ya iniciada, aquí participaremos de sus inquietudes primero y de sus beneficios después. Inquietudes mientras se subviertan las instituciones existentes para ensayar otras nuevas; beneficios cuando por simple selección natural se arraiguen las útiles y desaparezcan las nocivas. La experiencia social no pide consejo a los conservadores espantadizos ni presta oídos a los optimistas ilusos; en cada lugar y tiempo se realiza todo lo necesario y fracasa todo lo imposible. ¿No sería absurdo cortar las alas, anticipadamente, a los idealistas que pidan lo más? ¿Si sólo consiguieran lo menos, no sería en bien de todos los que anhelan un aumento de justicia en la humanidad?

Los resultados benéficos de esta gran crisis histórica dependerán, en cada pueblo, de la intensidad con que se definan en su conciencia colectiva los anhelos de renovación. Y esa conciencia sólo puede formarse en una parte de la sociedad, en los jóvenes, en los innovadores, en los oprimidos, pues son ellos la minoría pensante y actuante de toda sociedad, los únicos capaces de comprender y amar el porvenir. ¿Exagerarán sus ideales o sus aspiraciones? Seguramente; ¿no es indispensable que las exageren para compensar el peso muerto que representan los viejos, los rutinarios y los satisfechos?

IX. ¿Cómo vendrá?

Algunos curiosos desearán, sin duda, saber de qué manera se desenvolverá esta revolución social en que todos somos actores o testigos. La respuesta, naturalmente hipotética, obliga a precisar el término básico de la pregunta.

Una revolución social es un largo proceso histórico, compuesto de preparativos, resistencias, crisis, reacciones, después de los cuales se llega a un estado de equilibrio distinto del precedente.

La revolución a que asistimos ha comenzado hace muchos años; la guerra la ha hecho entrar en el período crítico; seguirán muchos impulsos y restauraciones; de todo ello, dentro de uno o veinte años, según los países, resultará un nuevo régimen que oscilará entre los ideales minimalistas enunciados por Wilson y los ideales maximalistas formulados por los revolucionarios rusos.

Si los hombres fueran ilustrados y razonables, sería muy bonito que se pusieran de acuerdo para navegar juntos en favor de la corriente, con buena voluntad y corazón optimista, decididos a ir tan lejos como se pueda, en bien de todos. Esa hipótesis, con ser tan agradable, nos parece la más absurda.

No lo es tanto pensar que algunos gobiernos inteligentes, entre los muchos que se turnarán con frecuencia en cada país, podrán dar saludables golpes de timón y poner la proa hacia el puerto feliz de las aspiraciones legítimas, pensando más en construir el porvenir que en defender el pasado.

Donde eso no ocurra, la transformación se hará irregularmente, por conmociones, como producto de choques, con violencias inevitables y represiones crueles; los excesos de los revolucionarios y de los restauradores determinarán una resultante final que realizará, aproximadamente, el máximum posible de las aspiraciones que tenga cada pueblo al comenzar la fase crítica de su ciclo revolucionario.

¿Qué hacer, pues, frente a las aspiraciones maximalistas? Depende. Los que tengan anhelos de más justicia, para ellos o para sus hijos, pueden saludarlas con simpatía; los que no crean que puede beneficiarlos, deben recibirlas sin miedo. Eso es lo esencial: ser optimista y no temer lo inevitable. Cuando llegue, en la medida que deba llegar sólo causará daños graves a los que pretendan torcer el curso de la historia y a los espantadizos; la rutina hará víctimas, porque es causa de miedo, y *el miedo ha engendrado los mayores males de que tiene memoria la humanidad.*

El desarrollo de esta revolución no incomodará a quienes la esperen como la cosa más natural, anticipándose a ella, preparándola, como expertos navegantes que ajustan las velas al ritmo del viento, recordando las palabras de Máximo Gorki: "Sólo son hombres los que se atreven a mirar de frente al sol..."

MEMORIAL SOBRE LAS ORIENTACIONES
SOCIALES DEL PRESIDENTE YRIGOYEN (1919-1920)*

El miércoles 23 o 24 de abril de 1919 me habló por teléfono el Sr. Adolfo López Prieto, vinculado notoriamente al grupo de radicales que rodean al presidente de la república, manifestándome que el Dr. Hipólito Yrigoyen deseaba tener conmigo una entrevista reservada sobre las graves cuestiones obreras que se planteaban en el país, las que parecían hacer crisis en vísperas del próximo 1º de Mayo. Para concretar dicha entrevista me pedía que recibiese, por la noche, al ingeniero Manuel J. Claps, a quien yo conocía, constándome que era persona de la intimidad del presidente y a quien éste acostumbraba encargar la tramitación de asuntos reservados o confidenciales.

El mismo día, a las 9 p. m., recibí, en mi casa de la calle Viamonte 743, la visita de los señores Claps y López Prieto.

El señor Claps me manifestó que el presidente Yrigoyen deseaba tener una conferencia conmigo, pues creía que con mi influencia y mi consejo podría contribuir a buscar algunas soluciones de emergencia a los graves conflictos obreros existentes y a otros más graves que todo el mundo temía.

Expresé al Sr. Claps que yo no tenía ninguna influencia sobre las organizaciones obreras existentes en el país, pues carecía de vinculaciones con ellas. Que era evidente mi prestigio y autoridad moral entre todas las personas de ideas revolucionarias, como consecuencia de algunos escritos y conferencias en favor de la Revolución rusa y de los ideales que ella sustentaba. Que cualquier propósito de evitar la agitación popular sería ineficaz si no tendía a satisfacer los legítimos anhelos de justicia que inspiraban las reclamaciones obreras. Que para arbitrar los medios prácticos de establecer una línea de conducta, era necesario consultar a las personas dirigentes de la Federación obrera sindicalista y del Partido socialista, cuya competencia técnica e influencia política era incuestionable.

* Este "Memorial", así como el Apéndice que lo acompaña, fueron escritos por Ingenieros en 1919-1920, y giran en torno de los contactos previos para una posterior entrevista —que no se concretó— con el entonces presidente de la República, Hipólito Yrigoyen. Fueron dados a conocer por Delia Kamia, *Entre Yrigoyen e Ingenieros, op. cit.*, pp. 83-96. De la misma fuente extraemos la transcripción de la carta de Ingenieros dirigida al periódico socialista *La Vanguardia*.

El Sr. Claps me expresó que el Dr. Yrigoyen tenía el convencimiento de que era necesario satisfacer las aspiraciones obreras, en vez de reprimirlas, pues las consideraba justas a la vez que inevitables. Me refirió confidencialmente una serie de hechos y actitudes que corroboraban ese estado de espíritu del Dr. Yrigoyen, diciéndome, por fin, que el hecho mismo de desear una entrevista conmigo venía a ratificarlo, siendo notorias mis ideas acerca del movimiento social. Entendidos sobre la cuestión de fondo, expresé al Sr. Claps la conveniencia de modificar el procedimiento. Le manifesté mi creencia de que sería poco práctica mi entrevista con el Dr. Yrigoyen, pues yo no tenía la representación de ninguna organización obrera ni fuerza política; que, en esas condiciones, juzgaba preferible reunir antes un consejo de personas interesadas en el asunto y concordes sobre la cuestión de fondo. Esas personas debían escogerse entre los radicales que pensaban como el presidente, los sindicalistas de la Federación obrera y los dirigentes del Partido socialista, sin perjuicio de agregar alguna otra que por sus conocimientos técnicos pudiese ser útil al fin que se perseguía. Ese consejo podría formular un plan de acción, que se comunicaría al doctor Yrigoyen, y, si éste lo encontraba aceptable, sería llegado el caso de que celebráramos la conferencia a que él me invitaba.

El Sr. Claps halló muy oportuno el procedimiento, objetando solamente la participación de los dirigentes del Partido socialista, cuya sinceridad no le inspiraba confianza por considerarlos políticos profesionales e interesados electoralmente en hacer oposición sistemática al gobierno. Mi insistencia sobre este punto fue inútil.

Esta conferencia preliminar se prolongó hasta las dos de la mañana. Convinimos, por fin, que si el presidente aceptaba lo que yo proponía, el Sr. Claps citaría a una reunión, en su propia casa, a unas diez personas, cuyos nombres indiqué yo mismo, incluyendo dos de Santa Fe, provincia que estaba perturbada por una grave huelga agraria.

El jueves, a mediodía, el Sr. López Prieto me informó que el Sr. Claps había hablado con el presidente, y que éste se hallaba enteramente de acuerdo con lo convenido. En vista de ello, el Sr. Claps procedería en la misma tarde a citar a los concurrentes, en nombre del presidente de la República. Los señores Julio Bello y... [1] del Rosario de Santa Fe, fueron citados telegráficamente. El doctor Julio Arraga, dirigente de la Federación obrera sindicalista, fue citado personalmente por el ministro de la guerra, doctor [Julio] Moreno.

[1] En blanco en el original. Se trata del doctor J. Daniel Infante (según confirmación del doctor Troise y del ingeniero Claps). [Delia Kamia.] En adelante incorporaremos entre corchetes los nombres que corresponden a los espacios en blanco del original. [E.]

El viernes a las 2 de la tarde concurrió a mi domicilio el doctor [Julio] Moreno, del Rosario, manifestándome que había llegado a mediodía y que el ingeniero Claps le había expresado que se pusiera al habla conmigo. Conversamos de generalidades, cambiando ideas sobre la reunión que tendría lugar por la noche en casa de Claps. El ingeniero Julio Bello, que llegó del mismo lugar y a la misma hora, se entrevistó con el doctor Yrigoyen, por la tarde.

Por la noche, a las 9 p. m., se efectuó la reunión en casa del ingeniero Manuel J. Claps, calle Belgrano 312, segundo piso.

Traían o representaban el pensamiento del presidente Yrigoyen los ingenieros Bello y Claps; el doctor Julio Arraga concurrió con otro sindicalista de la Federación obrera, que allí me fue presentado y era el joven médico [Emilio] Troise. El doctor [J. Daniel Infante] se consideraba especialmente indicado para tratar las cuestiones relacionadas con el problema agrario. Por razones de orden moral, y a mi pedido, concurrieron los educacionistas Leopoldo Herrera y Pascual Guaglianone, cuya presencia me inspiraba particular confianza. Además del Sr. López Prieto, estaban presentes cinco personas jóvenes de filiación política radical y, según se me dijo, adictos al Dr. Yrigoyen. No recuerdo su nombre y su papel fue pasivo.[2]

La reunión duró hasta la 1 de la mañana. Yo insistí, especialmente, sobre dos puntos. En primer lugar, estábamos reunidos por iniciativa del presidente; en segundo lugar, el objeto no era evitar la agitación obrera mediante expedientes ocasionales, sino satisfaciendo todas las aspiraciones de las clases trabajadoras que se juzgasen legítimas y cuya realización fuese posible dadas las condiciones particulares del país.

---

[2] Damos algunos datos personales sobre los asistentes: Ing. Manuel J. Claps y Sr. Adolfo López Prieto: radicales vinculados íntimamente a Yrigoyen. Claps fue administrador de los FF.CC del Estado en la segunda presidencia de Yrigoyen. López Prieto, escritor, fue nombrado posteriormente por Yrigoyen cónsul en Grecia, donde falleció. Ing. Julio Bello, de Rosario de Santa Fe: ex interventor radical en la provincia de San Juan. Dr. J. Daniel Infante, de Rosario de Santa Fe: anarquista de origen, autor del folleto *El problema agrario*, de gran resonancia en 1912, fecha en que su autor tuvo notable actuación en la gran huelga agraria del Grito de Alcorta (sur de Santa Fe y norte de Buenos Aires), muy reprimida por Sáenz Peña. La intervención de Yrigoyen en esa oportunidad neutralizó la represión del gobierno. Dr. Julio Arraga: sindicalista de la FORA del IX Congreso, amigo personal de Yrigoyen; actuó con Ingenieros en la primera época del Partido Socialista. Dr. Emilio Troise: médico, sindicalista de la FORA del IX. Pascual Guaglianone: educador e inspector de enseñanza, anarquista, íntimo amigo de Ingenieros. Su esposa recuerda el episodio y la siguiente anécdota. A Yrigoyen le preguntaron en la ocasión: "¿Va usted a permitir que le traigan un anarquista?" Y él respondió: "Si son como Guaglianone, que me traigan muchos." Leopoldo Herrera: educador en la escuela normalista de Paraná; perteneció a la redacción del diario *La Prensa*, de la Capital Federal. [Notas de D. K.]

Los doctores Arraga y Troise manifestaron expresamente que habían concurrido a la reunión con simple carácter personal, de manera que no podían adherir a resolución alguna que significara comprometer en ningún sentido la acción de la Federación obrera sindicalista. En un breve aparte el ingeniero Julio Bello me manifestó que por la tarde había conversado con el doctor Yrigoyen, ratificándome su voluntad decidida de hacer una política generosa de reformas sociales, de acuerdo con el espíritu de los tiempos. En otro aparte, el doctor Julio Arraga me expresó que había conversado varias veces con el doctor Yrigoyen, a quien le ligaba una antigua amistad personal, y que tenía la convicción de que el presidente procedía con toda sinceridad en sus gestiones para favorecer a las clases trabajadoras. En vista de ello manifesté al doctor Arraga que mi propósito, al intervenir en estas reuniones, era alentar esas inclinaciones del doctor Yrigoyen, procurando instigarlo a emprender desde el gobierno las grandes reformas sociales que transformarán el régimen capitalista en un régimen socialista.

Del largo cambio de ideas se convino en celebrar otra reunión la noche siguiente para concretar en un programa los propósitos que tenían asentimiento general. Los doctores Arraga y Troise manifestaron que no concurrirían, pues no tenían representación para intervenir en la redacción de un plan concreto. Los ingenieros Bello y Claps quedaron encargados de comunicar al doctor Yrigoyen las ideas generales cambiadas en esta primera reunión.

El sábado por la noche volvimos a reunirnos en casa del ingeniero Claps. Al llegar me encontré en la puerta de calle con el ingeniero Bello y coincidimos en el deseo de conversar antes de subir. Caminando por la calle Balcarce, entre Belgrano y Venezuela, me expresó Bello que había conversado con el presidente, quien estaba conforme con las orientaciones generales conversadas en la primera reunión; pero que, a su juicio, convenía no repetirlas, siendo preferible obrar con una reserva imposible entre tantas personas, aparte de que el propósito del presidente había sido conferenciar directamente conmigo.

La reunión se efectuó en las mismas circunstancias que la anterior, con ligera variación de los concurrentes.

Se acordó que las medidas convenientes para orientar la política económica del gobierno serían las siguientes, que redacté yo mismo.

1º Ley de salario mínimo; jornada semanal máxima; ley de retiro y seguro obrero; ley del derecho al trabajo y a la vida, similar a la dictada en el Uruguay; ley asegurando el derecho de hogar a todos los habitantes; representación de los sindicatos obreros en un Consejo directivo del Departamento nacional del trabajo; declarar feriado el 1º de Mayo, como fiesta de los trabajadores.

2º Organización del abastecimiento, requisando la harina, el azúcar, la carne y otros artículos de primera necesidad, y formando un consejo de técnicos para confiarle su administración; persecución a los acaparadores y especuladores; ley contra el aumento de alquileres.

3º Revaluación de los bienes imponibles existentes en el país; impuesto directo y progresivo sobre la renta; impuesto al mayor valor; aumentar el impuesto a las herencias; abolición de impuestos que directa o indirectamente graven los consumos.

4º Aplazamiento de los juicios de desalojo a los colonos; limitación legal del precio de los arrendamientos; establecer legalmente la inembargabilidad de una parte de los frutos del trabajo; indemnización a los colonos por las mejoras en el campo; expropiación gradual de latifundios al precio establecido para el pago de la contribución directa, y adjudicación enfitéutica de las tierras a las familias de colonos.

Al terminar la reunión se encargó el señor Claps de informar al doctor Yrigoyen de esas normas, que considerábamos eficaces y prácticas. Yo convine con el señor Claps en que, si el presidente las consideraba oportunas, yo me entrevistaría con el doctor Yrigoyen para conversar al respecto.

El domingo, a pesar de la urgencia que derivaba de la agitación pública (fomentada por informaciones alarmistas propaladas por la policía y por la prensa rica), no tuve noticia alguna. El lunes tuve noticia de que una comisión de militares, en combinación con elementos clericales agrupados en una Liga patriótica, había visitado al presidente para exigirle medidas de represión contra la agitación obrera. Reinaba gran alarma en la ciudad y se temían sucesos graves para el 1º de Mayo, que era el miércoles inmediato. Las personas de ideas conservadoras decían disparates y parecían enloquecidas. El 1º de Mayo pasó tranquilamente, en medio del pánico general provocado por la policía y los diarios capitalistas.

El 2 o 3 de mayo el señor López Prieto, en nombre del ingeniero Claps, me manifestó que el doctor Yrigoyen consideraba que el momento era inoportuno para dar curso a la iniciativa, sin desistir por ello de los propósitos que la habían inspirado, pues respondían a sus más íntimos sentimientos y convicciones.

Un mes después el señor López Prieto cometió la indiscreción de conversar sobre todo esto con un redactor del diario *La Unión*, cuyo director publicó al respecto un suelto lleno de inexactitudes, el 23 o 24 de mayo. Con este motivo me visitó el doctor Arraga, proponiéndome que publicáramos una rectificación; yo le expresé que, en mi concepto, no valía la pena hacerlo, pues ello podría motivar un exceso de explicaciones que agravarían el mal que pudiera causar el suelto.

Creo oportuno agregar que en agosto de 1919, dos amigos íntimos del señor Néstor Lencinas, gobernador de Mendoza, me visitaron para manifestarme que el señor Lencinas tenía noticia exacta de todo lo referido y que estaba en la misma corriente de ideas que el doctor Yrigoyen; con ese motivo me expresaron su deseo de conversar conmigo, cuando viniera a Buenos Aires, a lo que no puse dificultad. La entrevista no llegó a realizarse, por haber fallecido Lencinas sin venir a ésta. Los mismos amigos, y otros, me expresaron que el gobernador Lencinas había conversado con muchos miembros del partido radical con el objeto de darle un programa sindicalista, con verdadero espíritu de clase.

Habiendo sufrido el 2 de diciembre de 1919 una violenta hemoptisis, que podría repetirse con peligro de mi vida, he creído prudente escribir estos apuntes que pueden servir a quien estudie algunos aspectos de la crisis social presente en nuestro país.

APÉNDICE AL MEMORIAL

En agosto o septiembre de 1920 una persona allegada al presidente Yrigoyen me insinuó la conveniencia de conversar con él sobre los mismos asuntos; fue un momento en que recrudeció otra vez la agitación obrera, por la carestía de la vida.

Aunque supuse que la insinuación podía responder a una indicación del doctor Yrigoyen, me limité a expresar que creía imprudente hablar con él, pues se sabría y sería en su exclusivo perjuicio, dada la atmósfera de "extremista" que me habían formado los clericales y conservadores.

La persona a que me refiero me pidió que conversara con algunos radicales amigos del presidente, y míos, a los que expuse nuevamente mis vistas, corroborándome todos que el presidente persistía en los sentimientos que en abril de 1919 me expresara el ingeniero Claps.

De ello hice alguna referencia a mi amigo el doctor Santín Rossi, de Montevideo, que se encontraba accidentalmente en Buenos Aires.

Pocos días después el doctor Rossi conversó con algunos diputados socialistas, creyendo en su buena fe, y les refirió algo de lo que yo le dije.

Con ese motivo el diario socialista amarillo publicó algunos chistes, en que yo aparecía clasificando al doctor Yrigoyen como "presidente maximalista". Como la invención tenía por objeto sugerir que yo estaba en alguna combinación con el presidente radical contra el Partido socialista (amarillo), envié al diario amarillo una carta que su director no publicó, por cuyo motivo la dirigí al diario *La Unión*. Hela aquí:

"He leído en *La Vanguardia* de hoy un suelto jocoso en que se hace aparecer al presidente de la República como 'maximalista verdadero' y a mí como autor del descubrimiento.

No tengo motivo alguno para creer que el presidente, a quien no tengo el honor de conocer, es maximalista, ni verdadero ni por conveniencia electoral.

Un presidente maximalista, es decir socialista integral y simpatizante con la emancipación económica proletaria que hoy tiene por bandera a la admirable revolución rusa, sólo probaría que lo es haciendo las siguientes cosas:

1º Ponerse en favor de la clase obrera, renunciando a toda pretensión de favorecer al mismo tiempo a los capitalistas extranjeros y a los trabajadores argentinos.

2º Destituir de su ministerio a todos los que no tengan esas ideas y defiendan al capitalismo acaparador.

3º Clausurar el Senado y la Cámara de diputados, que desde hace muchos años obstruyen sistemáticamente toda legislación favorable a los trabajadores, reemplazando esos cuerpos por un Consejo económico por el estilo del que ha proyectado y publicado el senador Del Valle Iberlucea.

4º Intervenir de inmediato todas las subsistencias de primera necesidad (cereales, carne, azúcar, vivienda, etc.), por el estilo del proyecto presentado por el diputado Villafañe, bajo el contralor del Consejo económico.

5º Institución progresiva del régimen agrario de adjudicación de la tierra, ampliando las ideas del genial Rivadavia conforme al espíritu de nuestro siglo.

6º Nacionalización progresiva de los medios de transporte y de producción, bajo el contralor de las más altas capacidades técnicas.

7º Contralor del consejo económico sobre las importaciones y exportaciones.

8º Reforma general de la instrucción pública de acuerdo con los principios de los ilustres Sarmiento y Lunatcharsky.

9º Reanudación de las relaciones diplomáticas con la República socialista rusa y denuncia de la adhesión a la Liga de las naciones constituida por los gobiernos capitalistas.

10º Suspensión provisoria de los servicios de deudas públicas al capitalismo extranjero, reafirmación de la doctrina Drago contra el cobro compulsivo de las deudas y adhesión a la doctrina Chicherin sobre extinción de las mismas.

11º Utilización de todos los técnicos militares y navales en obras favorables al desenvolvimiento económico del pueblo argentino.

No habiendo hasta ahora el presidente manifestado el propósito de realizar esos actos, considero ilegítimo llamarle maximalista 'verdadero' ni 'falso'. Si fuera capaz de emprender una obra de gobierno tan ilustrada y progresista, no vacilaría en expresarle públicamente mi simpatía y adhesión, entendiendo que se apresurarían a hacer lo mismo todos los verdaderos socialistas."

La carta expresa lo que yo habría aconsejado al doctor Yrigoyen si hubiera conversado con él, en esa u otra oportunidad. No creo imposible que el presidente se atreviese a hacer esas cosas, y aun otras más importantes; pero siempre he tenido la creencia de que le faltan colaboradores capaces de secundarlo con firmeza, pues le rodea una turba de vulgares politiqueros que sólo aspiran a medrar en cosas pequeñas.

No tengo motivo para dudar de la sinceridad de sus intenciones; pero creo que para la capacidad de gobierno no basta la sinceridad.

CARTA AL DIRECTOR DEL PERIÓDICO SOCIALISTA *LA VANGUARDIA**

RECTIFICANDO

Abril de 1920. Señor director de *La Vanguardia*. De mi consideración: He sabido que en *La Vanguardia* de hoy un colaborador mal informado me discierne algunos títulos honrosos que no me corresponden.

Es inexacto que yo sea profesor universitario. Lo he sido como nuestros diputados Justo y Repetto, pero he dejado de serlo por renuncia, como ellos. Siguen teniendo ese honor el senador Del Valle Iberlucea, el diputado Bunge, el ciudadano Mouchet y tal vez algún otro.

Es inexacto que yo sea consejero universitario oficial. Aunque fui electo para tan honroso cargo al mismo tiempo que Justo, he dejado de serlo, por renuncia también. Lo son, en cambio, felizmente, el senador Del Valle Iberlucea y el diputado Mario Bravo.

Es inexacto, por fin, que yo haya concurrido a ninguna reunión o conferencia con el señor presidente de la Nación, doctor Yrigoyen, a quien no tengo el honor de conocer ni de vista. He asistido, en cambio, a una reunión de personas más bien intencionadas que competentes, que deseaban conocer mi opinión sobre los problemas sociales, en abril del año pasado; en la misma fecha creí oportuno informar de ello al doctor Del Valle Iberlucea, en su carácter de senador socialista. Sugerí a dichas personas, en primer término, que solicitaran la cooperación del grupo parlamentario socialista; como no lo creyeran factible, me limité a indicar que lo único útil era poner en experimento el programa mínimo del partido y algunas otras reformas, hoy posibles, pues considero que dicho programa resulta ya demasiado modesto frente a la marcha de los acontecimientos en los países civilizados.

Aprovecho esta oportunidad para felicitarle por la orientación impresa por usted a *La Vanguardia*, cuyo progreso miro con cariño habiendo sido su redactor y administrador, después de ser secretario del Comité ejecutivo del partido en una época en que teníamos más representación en los calabozos que en el parlamento. Desde entonces acompaño al partido con mi voto y con cooperaciones de diverso género, aunque no poseo el carnet de afiliado por creer que mi afiliación no le conviene al partido.

Con el mayor respeto y consideración lo saluda su amigo y compañero de ideales.

JOSÉ INGENIEROS

* Aparecida en *La Vanguardia,* 20 de abril de 1920.

PROPOSICIONES RELATIVAS
AL PORVENIR DE LA FILOSOFÍA*

Señor presidente de la Academia, señores académicos: Los hombres de cada generación somos eslabones de una serie infinita; cumplimos nuestra función si aprovechamos el esfuerzo de la precedente y si contribuimos a preparar el trabajo de las que vendrán. Nada ha comenzado ni terminará en nosotros; no dudo que las generaciones venideras, con una experiencia menos imperfecta, podrán ignorar menos que nosotros y mirar con visión más clara los problemas que llamamos enigmas. Tengo la esperanza —no el temor— de que dentro de un siglo algún nuevo académico, al ocupar mi sillón, podrá referirse con benévola ironía a mis pronósticos sobre la filosofía del porvenir, sorprendiéndose de que yo me hubiese emancipado totalmente de ciertos residuos metafísicos medievales... No me parece imposible.

Es común que los hombres dejemos de creer en la vejez lo que más firmemente hemos pensado en la juventud: al disgregarse nuestra personalidad, que es una variación individual, van reapareciendo entre los escombros esos fantasmas ancestrales que representan la herencia de la especie y la rutina de la sociedad. No teniendo certidumbre alguna de contarme entre las excepciones, siempre raras, permitidme, señores académicos, que me anticipe a la hora temida y exprese mi fe optimista en la incesante perfectibilidad humana. Como hombre, creo que la humanidad futura será mejor que la actual, por la extensión de la justicia entre los pueblos; como argentino creo que la nacionalidad futura será más grande, por el incremento de la solidaridad entre sus clases; como profesor, creo que las universidades tendrán un más libre empeño en la investigación de la verdad; como padre, creo que nuestros hijos vivirán en un medio social más propicio al florecimiento de la virtud.

Y a los jóvenes, que son la esperanza de la humanidad, de los pueblos, de la cultura, de los hogares, creo deber decirles la última y más sincera palabra de mi juventud no estéril:

Respetad el pasado en la justa medida de sus méritos, pero no le confundáis con el presente ni busquéis en él los ideales del porvenir: no es verdad que *todo tiempo pasado fue mejor*. Mirad siempre ade-

* Escrito elaborado con ocasión de su designación como miembro de la Academia de Filosofía y Letras, en junio de 1918. En *Obras completas*, t. 7, pp. 279-340.

lante, aunque os equivoquéis: más vale para la humanidad equivocarse en una visión de aurora que acertar en un responso de crepúsculo. Y no dudéis que otros, después, siempre, mirarán más lejos: para servir a la humanidad, a su pueblo, a su escuela, a sus hijos, es necesario creer firmemente que *todo tiempo futuro será mejor.*

PROPOSICIONES

I

El Renacimiento filosófico se detuvo en indecisos balbuceos; la herencia escolástica y el dogmatismo social impidieron la renovación legítima de las hipótesis metafísicas en los sistemas filosóficos que sustituyeron a las teologías medievales. *La hipocresía de los filósofos,* destinada a conciliar sus opiniones propias con las creencias vulgares, apareció con la teoría de las dos verdades, representada en la actualidad por la concepción de dos filosofías distintas, una de la naturaleza y otra del espíritu.

II

La crisis filosófica del siglo xix fue debida a que la investigación de la verdad engendró hipótesis peligrosas para ciertos dogmas morales. El positivismo llegó a plantearse como un deliberado renunciamiento a toda explicación de lo inexperiencial e indujo a confundir las hipótesis metafísicas con las científicas. El espiritualismo ha reaparecido como una exaltación de lo afectivo-ético contra lo lógico-crítico y en vez de superar el ciclo del racionalismo ha regresado a las fuentes ilegítimas que lo precedieron en las teologías medievales.

III

La metafísica, como elaboración creadora de hipótesis nuevas, no debe ser confundida con la historiología filosófica; *la hermenéutica es una paleometafísica* de las hipótesis elaboradas sobre experiencias más incompletas que las actuales. Se puede admirar el ingenio de los grandes filósofos clásicos y demostrar que sólo tienen un valor histórico para la reconstrucción genealógica de las hipótesis metafísicas. El

ejemplo de su esfuerzo merece imitarse; no para glosarlos, sino para
intentar, en este siglo y sobre la experiencia de este siglo, lo que ellos
intentaron sobre la del propio.

IV

Siendo los objetos experienciales infinitamente variables en el tiempo
y en el espacio, la perfectibilidad de la experiencia humana nunca
llega a excluir la *perennidad de lo inexperiencial*. La infinita posibilidad de problemas que exceden la experiencia, implica la perennidad
de explicaciones hipotéticas inexperienciales que constituyan una metafísica, incesantemente variable y perfectible.

V

Los clásicos *problemas de la metafísica* resultan en la actualidad inexac-
tamente formulados; parece indudable que cada uno de ellos contiene
otros problemas susceptibles de ser planteados en términos legítimos.
La variación de los resultados de la experiencia modificará incesantemente la legitimidad de los problemas inexperienciales y de las hipótesis formuladas para explicarlos.

VI

Donde no lleguen las hipótesis experienciales de las ciencias, empezarán
las hipótesis que la metafísica prolonga en lo inexperiencial. Las hipótesis científicas subordinan su legitimidad a la posible demostración
por la experiencia; las hipótesis metafísicas aspiran a una legitimidad
lógica y se presumen indemostrables por la experiencia. La legitimidad
de las hipótesis inexperienciales llegará a determinarse mediante normas que constituirán la *metodología de la metafísica* como una verdadera lógica del saber hipotético inexperiencial.

VII

La metafísica tiene por objeto formular hipótesis legítimas sobre los
problemas inexperienciales; las hipótesis convergentes a una explicación armónica de lo inexperiencial constituyen un sistema metafísico.
La metafísica del porvenir estará en formación continua y presentará

algunos caracteres necesarios: la universalidad, la perfectibilidad, el antidogmatismo y la impersonalidad. Será una superación de todas las formas de experiencia, pues todas lindan con problemas inexperienciales.

VIII

Para plantear con exactitud los problemas metafísicos es indispensable una *renovación total del lenguaje filosófico*. La exactitud de todo proceso lógico está condicionada por la exactitud de los términos; con términos imperfectos no podrá elaborarse una lógica perfecta; entre términos imperfectos, no pueden inferirse conclusiones perfectas.

IX

Desprendidas de la filosofía diversas ciencias experienciales, se continuará en el porvenir la ya iniciada *transmutación de la arquitectónica*, hasta constituirse en un género único, la metafísica, destinada a elaborar hipótesis inexperienciales acerca de lo que excede a la experiencia de todas las ciencias. Un sistema armónico que intente explicar lo inexperiencial en función de lo experiencial, mediante hipótesis incesantemente renovables fundadas sobre leyes perfectibles, no engendrará dos géneros de verdades discordantes y realizará la unidad sintética que es la aspiración de toda metafísica legítima.

X

Los *ideales humanos* son hipótesis inexperienciales condicionadas por la experiencia y varían en función del medio experiencial. Su valor para el hombre depende de su legitimidad. Son más legítimos los que concuerdan con el devenir de la experiencia, anticipándose hipotéticamente a lo que será realidad experiencial en el porvenir.

POR LA UNIÓN LATINOAMERICANA*

Los escritores argentinos aquí reunidos me han delegado el honroso encargo de expresaros los fraternales sentimientos que nos inspira el pueblo mexicano, de cuya alta cultura sois el exponente más calificado. No pretendemos ocultar que es grande, en nuestras latitudes, la ignorancia de cuanto concierne a la gran renovación política, ideológica y social, felizmente iniciada en México en los últimos años. De ello, más que a la distancia, cabe culpar a la malsana y tendenciosa información que las agencias telegráficas norteamericanas difunden, para restaros las fuerzas morales de simpatía y de solidaridad que tanto necesitáis en nuestro continente. Sabemos, también, sin que esté a nuestro alcance remediarlo, que el imperialismo capitalista ha vinculado ya a sus intereses muchos órganos significativos de la prensa latinoamericana, consiguiendo que la opinión pública, en asuntos que os son vitales, se forme a través de un criterio que no es ciertamente el del pueblo mexicano.

A pesar de esas circunstancias adversas, algunos hombres de estudio, justamente desconfiados, hemos podido reconstruir el proceso del gran drama social que os ha conmovido desde la caída del tranquilo despotismo representado por vuestro Porfirio Díaz. Hasta él duraban la paz y el orden, una paz complaciente con los enemigos exteriores y un orden coercitivo de las conciencias libres en el interior; una paz de continuos compromisos y humillaciones ante la voracidad del capitalismo en acecho, un orden que era simple sometimiento de un pueblo mudo y encadenado. Cuando los mejores espíritus de México —entre los cuales ya estábais vos, amigo Vasconcelos— dieron su grito revolucionario en demanda de libertad política y de justicia social, comenzaron horas de inquietud y turbulencia, inevitables ciertamente, porque el despotismo no había educado al pueblo para la práctica de las instituciones. Hubo errores, pero fueron saludables, por su misma enseñanza; tan hondos eran los problemas planteados y tantos los matices de las fuerzas convergentes a vuestra gran revolución, desde el sencillo liberalismo radical hasta el avanzado colectivismo agrario, que hubiera sido históricamente absurda la esperanza de que no fuese alterado el viejo orden del régimen porfirista. No es seguro, en fin,

* Discurso pronunciado en el homenaje a Vasconcelos, entonces ministro de Educación Pública en México, el 11 de octubre de 1922. En *Revista de Filosofía*, noviembre de 1922.

que el gran proceso haya terminado todavía; Madero, Carranza, Obregón, han sido etapas sucesivas de un movimiento histórico, que aún no ha alcanzado su nuevo estado de equilibrio, pareciéndonos deseable y saludable que el pueblo mexicano continúe la marcha emprendida hacia una meta de mejoramiento y de incesante superación, aunque para ello deba alterar algunos resortes del orden viejo incompatibles con los necesarios para un orden nuevo.

Una profunda palingenesia espiritual ha acompañado a esa regeneración política, que fue obra de dos generaciones y necesitará el concurso de la que vendrá. Durante el siglo pasado imperaban en México las orientaciones del escolasticismo tradicional, heredadas del coloniaje, apenas interrumpidas por esporádicos influjos de la escuela fisiocrática, de la ideología y del kantismo. Alcanzaron a sufrir un vigoroso sacudimiento por la penetración del positivismo, que tuvo representantes muy distinguidos en las ciencias y en las letras; desplazando al escolasticismo, ya minado por filtraciones eclécticas, influyó benéficamente sobre la cultura mexicana, emancipando las conciencias y preparando el terreno para la nueva ideología de la generación que llega actualmente a la madurez. Comprendiendo que las fuerzas morales son palancas poderosas en el devenir social, esa generación ha tenido ideales y los ha sobrepuesto a los apetitos de la generación anterior, afirmando un idealismo social al que convergen, un tanto confusamente, varias corrientes filosóficas y literarias. Ese noble idealismo, felizmente impreciso, como toda ideología de transición, compensa con su mucha unidad militante contra lo que no quiere ser, la aún incompleta unidad filosófica de sus aspectos afirmativos. No quiere ser una vuelta al pasado lejano y por eso huye del neoescolasticismo; pero tampoco quiere atarse al pasado inmediato y por eso desea superar el ciclo del positivismo. Movido por ideales de acción, todos comprendemos sus aspiraciones comunes. Es, en efecto, idealismo político, en cuanto tiende a perfeccionar radicalmente las instituciones más avanzadas de la democracia; es idealismo filosófico, en cuanto niega su complicidad al viejo escolasticismo y anhela satisfacer necesidades morales que descuidó el positivismo; es idealismo social, en cuanto aspira a remover los cimientos *inmorales* del parasitismo y del privilegio, difundiendo y experimentando los más generosos principios de justicia social.

De esas corrientes idealistas, no unificadas en un cuerpo de doctrina, pero sin duda convergentes en el terreno de la acción, es José Vasconcelos un exponente integral; por eso acudimos a reunirnos en torno suyo, viva encarnación de esta generación mexicana que merece la simpatía de nuestra América Latina.

Digamos, empero, que Vasconcelos no es sólo un exponente. Es un

valor intrínseco y específico, un altísimo valor personal, por su intelectualidad desbordante y por su labor fecunda.

Comprendiendo el sentido histórico de la hora en que le tocó vivir,
fue desde 1908 revolucionario; y por haberlo sido contra el despotismo
y contra el privilegio, posee hoy, desde el gobierno, orientaciones firmes e ideales constructivos. Los grandes hombres no suelen formarse recogiendo migajas en los festines oficiales de los opresores, sino alzando
la voz contra todas las formas de la opresión, de la inmoralidad y de la
injusticia. Porque fue revolucionario, Vasconcelos sabe hoy ser patriota,
en esa noble significación del patriotismo que consiste en honrar a la
patria con obras buenas y no explotarla con declamaciones malas.
Porque fue revolucionario tiene el vehemente deseo de acrecentar la
justicia en la sociedad, sin encadenar voluntades a ningún dogmatismo de secta o de partido. En la dirección de la preparatoria, en el
rectorado de la universidad, en la federación de la enseñanza, en la organización de las bibliotecas populares, y finalmente en el Ministerio
de instrucción pública, ha demostrado ser un espíritu nuevo, uno de los
pocos espíritus incontaminados por las pasiones malsanas que dejó
la guerra europea, que pueden contemplar la situación actual del
mundo sin anteojeras germánicas o aliadas.

Pero si grande es su labor pública, no menos meritoria es su producción intelectual, singularmente aplicada a las más nobles disciplinas
filosóficas. Algunos de sus mejores ensayos han sido editados y comen-
tados en la *Revista de filosofía* de Buenos Aires; todos los americanos
cultos conocen sus libros eximios: *Pitágoras, El monismo estético, Divagaciones literarias, Prometeo vencedor* y *Estudios indostánicos,* cuyo
análisis sería en este momento inoportuno.

Por todo ello, los escritores argentinos aquí reunidos, saludamos
en el amigo ilustre y querido compañero a todos los hombres de esa
generación mexicana que ha emprendido la obra magna de regenerar
las costumbres políticas, para hacer cada día más efectiva la soberanía
popular; que ha emprendido la reforma educacional combatiendo
el analfabetismo, difundiendo el libro, renovando la vida universitaria y
artística, sugiriendo ideales dignificadores del ciudadano; que ha emprendido la reforma social sobre bases generosas, anteponiendo los
intereses sociales del pueblo al egoísmo individual de pocos privilegiados, afrontando la solución del problema agrario por la patriótica
expropiación de vastos feudos incultos y su adjudicación posesoria a
los que con su trabajo sabrán convertirlos en fuentes de bienestar
y progreso nacional.

Estas hermosas iniciativas, cuya experimentación está desigualmente avanzada en los diversos estados federales, hacen que hoy
México merezca, además de nuestra simpatía, nuestro estudio. Con-

vertido en vasto laboratorio social, los países de la América Latina podremos aprovechar muchas de sus enseñanzas para nuestro propio desenvolvimiento futuro.

Por sobre otros motivos de simpatía intelectual y social, nos acercan, a todos los latinoamericanos, razones graves de orden sociológico y político.

Sería necio callarlas, como si ocultándolas dejaran de existir; poder pronunciar ciertas verdades es, por cierto, un privilegio, y hasta una compensación, para los que rehuimos voluntariamente las posiciones oficiales que suelen andar apareadas con la política banderiza.

Decimos, debemos imperativamente decir, que en los pocos años de este siglo, han ocurrido en la América Latina sucesos que nos obligan a reflexionar con sombría seriedad. Y desearíamos que las palabras pronunciadas en este ágape fraternal de escritores argentinos, en honor de un compañero mexicano, tuvieran eco en los intelectuales del continente, para que en todos se avivara la inquieta preocupación del porvenir.

No somos, no queremos ser más, no podríamos seguir siendo panamericanistas. La famosa doctrina de Monroe, que pudo parecernos durante un siglo la garantía de nuestra independencia política contra el peligro de conquistas europeas, se ha revelado gradualmente como una reserva del derecho norteamericano a protegernos e intervenirnos. El poderoso vecino y oficioso amigo ha desenvuelto hasta su más alto grado el régimen de la producción capitalista y ha alcanzado en la última guerra la hegemonía financiera del mundo; con la potencia económica ha crecido la voracidad de su casta privilegiada, presionando más y más la política en sentido imperialista, hasta convertir al gobierno en instrumento de sindicatos sin otros principios que captar fuentes de riqueza y especular sobre el trabajo de la humanidad esclavizada ya por una férrea bancocracia sin patria y sin moral. En las clases dirigentes del gran estado ha crecido, al mismo tiempo, el sentimiento de expansión y de conquista, a punto de que el clásico "América para los americanos" no significa ya otra cosa que reserva de "América —nuestra América Latina— para los norteamericanos".

Adviértase bien que consignamos hechos, sin calificar despectivamente a sus autores. No es burlándose de los norteamericanos, ni injuriándolos, ni mofándose de ellos, como se pueden plantear y resolver los problemas que hoy son vitales para la América Latina. El peligro de Estados Unidos no proviene de su inferioridad sino de su superioridad; es temible porque es grande, rico y emprendedor. Lo que nos interesa es saber si hay posibilidad de equilibrar su poderío, en la medida necesaria para salvar nuestra independencia política y la soberanía de nuestra nacionalidad.

La hora nos parece grave. Ha llegado el momento de resolver si debemos dar un ¡No! decisivo al panamericanismo y a la doctrina de Monroe, que al desprenderse de su primitiva ambigüedad se nos presentan hoy como instrumento de engaño esgrimido por el partido imperialista que sirve en el gobierno los intereses del capitalismo. Si durante el siglo pasado pudo parecer la doctrina de Monroe una garantía para el "principio de las nacionalidades" contra el "derecho de intervención", hoy advertimos que esa doctrina, en su interpretación actual, expresa el "derecho de intervención" de los Estados Unidos contra el "principio de las nacionalidades" latinoamericanas. De hipotética garantía se ha convertido en peligro efectivo.

Llamamos hipotética su garantía en el pasado; los hechos lo prueban. ¿Impusieron los norteamericanos la doctrina de Monroe en 1833, cuando Inglaterra ocupó las islas Malvinas, pertenecientes a la Argentina? ¿La impusieron en 1838 cuando la escuadra francesa bombardeó el castillo de San Juan de Ulúa? ¿La impusieron en los siguientes años, cuando el almirante Leblanc bloqueó los puertos del Río de la Plata? ¿Y en 1861, cuando España reconquistó a Santo Domingo? ¿Y en 1864 cuando Napoleón III fundó en México el Imperio de Maximiliano de Austria? ¿Y en 1866, cuando España bloqueó los puertos del Pacífico? ¿Y cien veces más cuando con el pretexto de cobrar deudas o proteger súbditos las naciones europeas cometían compulsiones y violencias sobre nuestras repúblicas, como en el caso justamente notorio a argentinos de Venezuela?

Esa equívoca doctrina, que nunca logró imponerse contra las intervenciones europeas, ha tenido al fin por función asegurar la exclusividad de las intervenciones norteamericanas. Parecía la llave de nuestra pasada independencia y resultó la ganzúa de nuestra futura conquista; el hábil llavero fingió cuidarnos cien años, lo mejor que pudo, pero no para nosotros, sino para él.

Así nos lo sugiere la reciente política imperialista norteamericana, que ha seguido una trayectoria alarmante para toda la América Latina. Desde la guerra con España se posesionó de Puerto Rico e impuso a la independencia de Cuba las condiciones vejatorias de la vergonzosa Enmienda Platt. No tardó mucho en amputar a Colombia el istmo que le permitiría unir por Panamá sus costas del Atlántico y del Pacífico. Intervino luego en Nicaragua para asegurar la posible vía del otro canal interoceánico. Atentó contra la soberanía de México, con la infeliz aventura de Veracruz. Se posesionó militarmente de Haití, con pretextos pueriles. Poco después realizó la ocupación vergonzosa de Santo Domingo, alegando el habitual pretexto de pacificar el país y arreglar sus finanzas.

Desde ese momento la locura del partido imperialista parece desatarse. La injerencia norteamericana en la política de México, Cuba y Centro América tórnase descarada. Quiere ejercitar el derecho de intervención y lo aplica de hecho, unas veces corrompiendo a los políticos con el oro de los empréstitos, otras injuriando a los pueblos con el impudor de las expediciones militares.

Ayer no más, hoy mismo, obstruye y disuelve la Federación centroamericana, sabiendo que todas las presas son fáciles de devorar si se dividen en bocados pequeños. Ayer no más, hoy mismo, se niega a reconocer el gobierno constitucional de México, si antes no le firma tratados que implican privilegios para un capitalismo extranjero en detrimento de los intereses nacionales. Ayer no más, hoy mismo, inflige a Cuba la nueva afrenta de imponerle como interventor tutelar al general Crowder.

Leo, señores, la consabida objeción en muchos rostros; Panamá es el límite natural de la expansión y allí se detendrá el imperialismo capitalista. Muchos, en verdad, lo hemos creído así hasta hace pocos años; debemos confesarlo, aunque este sentimiento de egoísmo colectivo no sea muy honroso para nosotros. Las naciones más distantes, Brasil, Uruguay, Argentina y Chile, creíanse a cubierto de las garras del águila, confiando en que la zona tórrida sería un freno a su vuelo.

Algunos, últimamente, hemos advertido que estábamos equivocados. Sabemos ya que sus voraces tentáculos se extienden por el Pacífico y por el Atlántico, con miras a asegurar el contralor financiero, directo o indirecto, sobre varias naciones del Sur. Sabemos también —pese a la diplomacia secreta— de vagas negociaciones sobre las Guayanas. Sabemos que algunos gobiernos —que no nombramos para no lastimar susceptibilidades— viven bajo una tutoría de hecho, muy próxima a la ignominia sancionada de derecho en la Enmienda Platt. Sabemos que ciertos empréstitos recientes contienen cláusulas que aseguran un contralor financiero e implican en alguna medida el derecho de intervención, y, en fin, sabemos que en los últimos años la filtración norteamericana se hace sentir con intensidad creciente en todos los engranajes políticos, económicos y sociales de la América del Sur.

¿Dudaremos todavía? ¿Seguiremos creyendo ingenuamente que la ambición imperialista terminará en Panamá? Ciegos seríamos si no advirtiéramos que los países del Sur estamos en la primera fase de la conquista, tal como antes se produjo en los países del Norte, que sienten ya el talón de la segunda.

Hace pocas semanas, un ilustre amigo dominicano, Max Henríquez Ureña, fijó en pocas líneas el "sistema" general de la conquista.

"El capitalismo norteamericano, amo y señor de su país, y director de las conciencias de los más altos políticos en aquella nación envilecida por el mucho oro que posee, quiere especular con menos riesgo o con más seguridades en la fértil zona tropical; quiere garantizar, sin dudas y sin temor, la inversión de su dinero; quiere adquirir, protegido por el poder público, tierras baratas con títulos dudosos; quiere llevar peones baratos donde no los haya, aunque representen un peligro en el orden de la inmigración y perjudiquen al trabajador nativo. Para conseguirlo, azuza a su gobierno, que es su esclavo; y el plan, tantas veces puesto en práctica, es el de ofrecer, con vivas protestas de amistad, un empréstito al pueblo pequeño que se ha entrampado por la inexperiencia o la torpeza de sus gobernantes; y puesto ese primer eslabón de la cadena, cuando por causa de esa hipoteca del porvenir nacional reaparece el estado de insolvencia del tesoro público, se ofrece otro empréstito, pero se exigen mayores garantías, y empréstito tras empréstito, en el momento de crisis más aguda, se toman en prenda las aduanas de la nación endeudada. Tras esa garantía, viene la fiscalización económica de todos los resortes de producción que tiene el gobierno deudor; y tras la dirección plena y absoluta de la vida económica, o simultáneamente con ella, surge la injerencia política directa y dictatorial, y la medida final es el control del ejército nacional, o el establecimiento de tropas norteamericanas en el territorio de esa suerte dominado o explotado. Ésa es la obra codiciosa del capitalismo expansionista que tiene alquiladas, para obedecer sus designios, la conciencia y la voluntad de los estadistas que preconizan la 'diplomacia del dólar'."

Estas palabras contienen una advertencia seria; el peligro no comienza en la anexión, como en Puerto Rico, ni en la intervención, como en Cuba, ni en la expedición militar, como en México, ni en el pupilaje, como en Nicaragua, ni en la secesión territorial, como en Colombia, ni en la ocupación armada, como en Haití, ni en la compra como en las Guayanas. El peligro, en su primera fase, comienza en la hipoteca progresiva de la independencia nacional mediante empréstitos destinados a renovarse y aumentarse sin cesar, en condiciones cada vez más deprimentes para la soberanía de los aceptantes. El apóstol cubano José Martí advirtió hace tiempo lo que hoy repite con voz conmovida el eminente Enrique José Varona: guardémonos de que la cooperación de amigos poderosos pueda transformarse en un protectorado que sea un puente hacia la servidumbre.

¿No dijo Wilson, para conquistar nuestras simpatías, durante la guerra, que se respetaría el derecho de las pequeñas nacionalidades y que todos los pueblos serían libres de darse el gobierno que mejor les pareciera? ¿Dónde están sus principios? ¿Cómo los ha aplicado su propio país? ¿En Cuba, interviniendo en su política? ¿En México, desconociendo el gobierno que los mexicanos creen mejor? ¿En Santo Domingo, sustituyendo el gobierno propio por comisionados militares, y ofreciendo retirarse de la isla a condición de imponer antes tratados indecorosos? ¿Y dónde irá a parar nuestra independencia nacional —la de todos—, si cada nuevo empréstito contiene cláusulas que aumentan el contralor financiero y político del prestamista?

Y bien, señores: sea cual fuere la ideología que profesamos en materia política, sean cuales fueren nuestras concepciones sobre el régimen económico más conveniente para aumentar la justicia social en nuestros pueblos, sentimos vigoroso y pujante el amor a la libre nacionalidad cuando pensamos en el peligro de perderla, ante la amenaza de un imperialismo extranjero. Aun los idealistas más radicales saben exaltar sus corazones y armar su brazo cuando ejércitos de extraños y bandas de mercenarios golpean a las puertas del hogar común, como con bella heroicidad lo ha demostrado ayer el pueblo de Rusia con las intervenciones armadas por los prestamistas franceses, como acaba de mostrarlo el pueblo de Turquía contra las intervenciones armadas por el capitalismo imperialista inglés, y, ¿por qué no decirlo? como estuvo dispuesto a mostrarlo el pueblo de México cuando la insensata ocupación de Veracruz.

Se trata, para los pueblos de la América Latina, de un caso de verdadera y simple defensa nacional, aunque a menudo lo ignoren muchos de sus gobernantes. El capitalismo norteamericano quiere captar las fuentes de nuestras riquezas nacionales y asegurarse su contralor, con derecho de intervención para proteger los capitales que radica y garantizar los intereses de los prestamistas. Es ilusorio que, entretanto, nos dejen una independencia política, cada vez más nominal. Mientras un estado extranjero tenga, expresa o subrepticiamente, el derecho de intervención, la independencia política no es efectiva; mientras se niegue a reconocer todo gobierno que no secunde su política de privilegio y de absorción, atenta contra la soberanía nacional; mientras no demuestre con hechos que renuncia a semejante política, no puede ser mirado como un país amigo.

Digamos, aunque a muchos parecerá innecesario, que las palabras precedentes han sido largamente ponderadas, esperando una ocasión propicia para tomar, formar y servir de fundamento a las que van a seguirlas. Son palabras comprometedoras, ciertamente, aunque no tengan más valor que la autoridad moral del que las pronuncia, libre, felizmente, de la cautelosa tartamudez a que suele ajustarse el convencionalismo diplomático.

Creemos que nuestras nacionalidades están frente a un dilema de hierro. O entregarse sumisos y alabar la Unión Panamericana (América para los norteamericanos), o prepararse en común a defender su independencia, echando las bases de una Unión Latinoamericana (América Latina para los latinoamericanos). Sabemos que esta segunda tarea es larga y difícil, pues ya existen muy grandes intereses creados a la sombra de poderosos sindicatos financieros. Desalentarse de antemano por la magnitud de la empresa, equivale a rendirse; ya está vencido el que se considera vencido. Confiar en que la distancia será una defensa natural, importa colocar el peligro en un plazo menos próximo y repetir el cínico "¡Después de mí, el diluvio!". Suponer que la mayor importancia política implicará una inmunidad para ciertas naciones, significa olvidar que México tiene, por su población y riquezas naturales, un puesto preeminente en la América Latina, sin que ello aleje la ambición del capitalismo imperialista. ¿Quién podría asegurar que el trigo y la carne, el petróleo y el azúcar, el tabaco y el café, no resultan enemigos naturales de nuestra independencia futura, en tanta mayor proporción cuanto más nos ilusione su abundancia?

¿Dónde no monopolizan y dirigen los mercados del mundo? ¿Dónde fueron a descansar, durante la gran guerra, todos los títulos de las grandes empresas industriales, ferroviarias y comerciales que el capital europeo había acometido en la América Latina? ¿Dónde está el prestamista único a quien rinden pleitesía los gobiernos, cada vez que hace crisis su imprevisión financiera o administrativa? Por esos caminos, en que todos andan, cual más cual menos, se marchan a la mengua progresiva de la soberanía nacional y se afianzan el contralor norteamericano y el derecho de intervención. No obrará de igual manera para todos, pues más difícil es oprimir a los grandes y a los distantes; pero vendrá más tarde o bajo otras formas: Cuba no fue anexada cuando Puerto Rico, ni México intervenido como Santo Domingo. Lo seguro, creámoslo firmemente, es que vendrá para todos si no ponemos en acción ciertas fuerzas morales que todavía nos permitirán resistir.

¡Las fuerzas morales! He ahí el capital invencible que aún puede poner un freno en el mundo a la inmoralidad de los capitalismos imperialistas. Las fuerzas morales existen, pueden multiplicarse, crecer en los pueblos, formar una nueva conciencia colectiva, mover enteras voluntades nacionales. Sólo esas fuerzas pueden presionar la política de un país e imponer normas de conducta a los gobernantes desprevenidos o acomodativos. Pues, hay que decirlo también, mientras no exista una conciencia social bien consolidada en los pueblos, no hay mucho que esperar de la acción oficial de los gobiernos, fácilmente extraviable en los conciliábulos de la diplomacia secreta.

Las fuerzas morales deben actuar en el sentido de una progresiva compenetración de los pueblos latinoamericanos, que sirva de premisa a una futura confederación política y económica, capaz de resistir conjuntamente las coacciones de cualquier imperialismo extranjero.

La resistencia que no puede oponer hoy ninguna nación aislada, sería posible si todas estuviesen confederadas.

El viejo plan, esencialmente político, de confederar directamente los gobiernos, parece actualmente irrealizable, pues la mayoría de ellos está subordinada a la voluntad de los norteamericanos, que son sus prestamistas. Hay que dirigirse primero a los pueblos y formar en ellos una nueva conciencia nacional, ensanchando el concepto y el sentimiento de patria, haciéndolo continental, pues así como el municipio se extendió a la provincia, y de la provincia al Estado político, legítimo sería que alentado por necesidades vitales se extendiera a una confederación de pueblos en que cada uno pudiera acentuar y desenvolver sus características propias, dentro de la cooperación y la solidaridad comunes.

Esta labor, que no pueden iniciar los gobiernos deudores sin que les corte el crédito el gobierno acreedor, podría ser la misión de la juventud latinoamericana. ¿Qué consideraciones diplomáticas impedirían que los intelectuales más representativos de varios países iniciaran un movimiento de resistencia moral a la expansión imperialista? No olvidemos que muy nobles y previsores gritos de alarma, lanzados por distinguidos escritores, no han tenido eco ni continuidad por falta de cohesión. ¿No podría aprovecharse la experiencia y dar organización a tanto esfuerzo que se esteriliza por el aislamiento?

Formada la opinión pública, hecha "la revolución en los espíritus" como hoy suele decirse con frase feliz, sería posible que los pueblos presionaran a los gobiernos y los forzaran a la creación sucesiva de entidades jurídicas, económicas e intelectuales de carácter continental, que sirvieran de sólidos cimientos para una ulterior confederación.

No sería difícil fijar las orientaciones cardinales de la acción conjunta preliminar. Un alto tribunal latinoamericano para resolver los problemas políticos pendientes entre las partes contratantes; un supremo consejo económico para regular la cooperación en la producción y el intercambio; resistencia colectiva a todo lo que implique un derecho de intervención de potencias extranjeras; extinción gradual de los empréstitos que hipotecan la independencia de los pueblos. Y a todo ello, inobjetable como aspiración internacional, coronarlo en el orden interno con un generoso programa de renovación política, ética y social, cuyas grandes líneas se dibujan en la obra constructiva de la nueva generación mexicana, con las variantes necesarias en cada región o nacionalidad.

¿Convendría para la propaganda de estas ideas fundar organismos en todos los países y ciudades, federados en una Unión Latino Americana, con miras de suplir a la Unión Panamericana de Washington? Formulo esta pregunta sin ignorar las dificultades de la respuesta.

Sería necesario, en primer término, que ese organismo no fuese una institución oficial ni dependiente de los gobiernos, pues ello le quitaría toda libertad de acción y le restaría eficacia. En segundo término, la iniciativa debiera partir de los países más interesados, México, Cuba, Centro América y los demás de la zona de mayor influencia norteamericana.

Amigo Vasconcelos: Si un pensamiento de esta índole llegara a formularse en México, podéis asegurar a vuestros compañeros de ideales que hallará eco en nuestro país, pues tiene ciudadanos tan celosos como ellos de la independencia nacional, tan amigos como ellos de perfeccionar el federalismo político y como ellos tan amantes de toda renovación que acerque las instituciones a los modernos ideales de justicia social.

LAS FUERZAS MORALES*

Se transmutan sin cesar en la humanidad. En el perpetuo fluir del universo nada es y todo deviene, como anunció el oscuro Heráclito efesio. Al par de lo cósmico, lo humano vive en eterno movimiento; la experiencia social es incesante renovación de conceptos, normas y valores. Las fuerzas morales son plásticas, proteiformes, como las costumbres y las instituciones. No son tangibles ni mensurables, pero la humanidad siente su empuje. Imantan los corazones y fecundan los ingenios. Dan elocuencia al apóstol cuando predica su credo, aunque pocos le escuchen y ninguno le siga; dan heroísmo al mártir cuando afirma su fe, aunque le hostilicen escribas y fariseos. Sostienen al filósofo que medita largas noches insomnes, al poeta que canta un dolor o alienta una esperanza, al sabio que enciende una chispa en su crisol, al utopista que persigue una perfección ilusoria. Seducen al que logra escuchar su canto sirenio; confunden al que pretende en vano desoírlo. Son tribunal supremo que transmite al porvenir lo mejor del presente, lo que embellece y dignifica la vida. Todo rango es transitorio sin su sanción inapelable. Su imperio es superior a la coacción y la violencia. Las temen los poderosos y hacen temblar a los tiranos. Su heráclita firmeza vence, pronto o tarde, a la injusticia, hidra generadora de la inmoralidad social.

El hombre que atesora esas fuerzas adquiere valor moral, recto sentimiento del deber que condiciona su dignidad. Piensa como debe, dice como siente, obra como quiere. No persigue recompensa ni le arredran desventuras. Recibe con serenidad el contraste y con prudencia la victoria. Acepta las responsabilidades de sus propios yerros y rehúsa su complicidad a los errores ajenos. Sólo el valor moral puede sostener a los que impenden la vida por su arte o por su doctrina, ascendiendo al heroísmo. Nada se les parece menos que la temeridad ocasional del matamoros o del pretoriano, que afrontan riesgos estériles por vanidad o por mesada. Una hora de bravura episódica no equivale al valor de Sócrates, de Cristo, de Spinoza, constante convergencia de pensamiento y de acción, pulcritud de conducta frente a las insanas supersticiones del pasado.

Las fuerzas morales no son virtudes de catálogo, sino moralidad

* Conjunto de escritos publicados entre 1918 y 1923. En *Obras completas,* t. 7, pp. 17-82.

viva. El perfeccionamiento de la ética no consiste en reglosar categorías
tradicionales. Nacen, viven y mueren en función de las sociedades;
difieren en el Rig-Veda y en la Ilíada, en la Biblia y en el Corán, en el
romancero y en la Enciclopedia. Las corrientes en los catecismos usuales
poseen el encanto de una abstracta vaguedad, que permite acomo-
darlas a los más opuestos intereses. Son viejas, multiseculares; están
ya apergaminadas. Las cuatro virtudes cardinales: prudencia, tem-
planza, coraje y justicia, eran ya para los socráticos formas diversas
de una misma virtud: la sabiduría. Las conservó Platón, pero supo
idealizar la virtud en un concepto de armonía universal. Aristóteles,
en cambio, las descendió a ras de tierra, definiendo la virtud como el
hábito de atenerse al justo medio y de evitar en todo los extremos. De
esta noción no se apartó Tomás de Aquino, que a las cardinales del
estagirita agregó las teologales, sin evitar que sus continuadores las
complicaran. Estáticas, absolutas, invariables, son frías escorias dejadas
por la fervorosa moralidad de culturas pretéritas, reglas anfibológicas
que de tiempo en tiempo resucitan nuevos teóricos de añejas teologías.
Poner la virtud en el justo medio fue negarle toda función en el desenvolvimiento moral de la humanidad; punto de equilibrio entre fuerzas
contrarias que se anulan, la virtud resultó, apenas, una prudente transacción entre las perfecciones y los vicios.

La concepción dinámica del universo relega a las vitrinas de museos esas momias éticas, inútiles ya para el devenir de la moralidad en
la historia humana. Sólo merecen el nombre de virtudes las fuerzas
que obran en tensión activa hacia la perfección, funcionales, genera-
doras. En su vidente libro de juventud escribió Renán: "El gran progreso de la reflexión moderna ha sido sustituir la categoría del devenir
a la categoría del ser, la concepción de lo relativo a la concepción de lo
absoluto, el movimiento a la inmovilidad." Pocas sentencias son más
justas que la del sutil maestro de idealismo.

Para una joven generación de nuestro tiempo es esencial conocer las
fuerzas morales que obran en las sociedades contemporáneas: virtudes
para la vida social, que no descansan bajo ninguna cúpula. Más que
enseñarlas o infundirlas conviene despertarlas en la juventud que virtualmente las posee. Si la catequesis favorece la perpetuación del pasado, la mayéutica es propicia al florecimiento del porvenir.

Dichosos los pueblos de América Latina si los jóvenes de la nueva
generación descubren en sí mismos las fuerzas morales necesarias para
la magna obra: desenvolver la justicia social en la nacionalidad
continental.

TERRUÑO, NACIÓN, HUMANIDAD*

I. Del terruño

El terruño es la patria del corazón. De todos los sentimientos humanos ninguno es más natural que el amor por la aldea, el valle o la barriada en que vivimos los primeros años. El terruño habla a nuestros recuerdos más íntimos, estremece nuestras emociones más hondas; un perfume, una perspectiva, un eco, despiertan un mundo en nuestra imaginación. Todo lo suyo lo sentimos nuestro, en alguna medida; y nos parece, también, que de algún modo le pertenecemos, como la hoja a la rama.

El amor al terruño existe ya en el clan y en la tribu, soberano en el horizonte exiguo de las sociedades primitivas. Ligado al medio físico desde que el grupo se adapta a la vida sedentaria, se acendra al calor del hogar. La consanguinidad lo alimenta y la amistad lo ahonda; la simpatía lo extiende a todos los que viven en vecindad habitual. En el terruño se oyen las primeras nenias maternales y se escuchan los consejos del padre; se forman las intimidades de colegio y se sienten las inquietudes del primer amor; se tejen las juveniles ilusiones y se tropieza con inesperadas realidades; se adquieren las más hondas creencias y se contraen las costumbres más firmes. Nada en él nos es desconocido, ni nos produce desconfianza. Llamamos por su nombre a todos los vecinos, conocemos en detalle todas las casas, nos alegran todos los bautismos, nos afligen todos los lutos. Por ello sentimos en el fondo de nuestro ser una solidaridad íntima con lo que pertenece a la aldea, el valle o la barriada en que transcurrió nuestra infancia.

Ningún concepto político determina este sentimiento natural. Es innecesario estimularlo con sugestiones educacionales, porque es anterior a la escuela misma; se ama al terruño, ingenuamente, por instinto, con espontaneidad. Es amor vívido y viviente, compenetración del hombre con su medio. No tiene símbolos racionales, ni los necesita; su fuerza moral es más honda, tiene sus raíces en el corazón.

El patriotismo ingenuo se limita al horizonte geográfico. Nadie ama espontáneamente regiones y hombres cuya existencia ignora. La vista y el oído marcan el confín de la experiencia primitiva; todo lo

* En *Revista de Filosofía*, agosto de 1920. De *Las fuerzas morales, Obras completas*, t. 7, pp. 77-82.

que está más allá es ajeno, fabuloso, mítico. Sacar a un hombre de
su barriada, de su aldea, de su valle, de su montaña, es desterrarlo
de la única patria sentida por su corazón. Todo el resto del mundo es
igual para el hombre que no ha viajado; fuera del terruño puede excla-
mar con sinceridad que donde está el bien está la patria.

No se le ama porque se ha nacido en él, sino porque allí se ha
formado la personalidad juvenil, que deja hondos rastros en todo el
curso de la vida. Ese tierno afecto no está ligado al involuntario accidente del nacimiento, desde que a nadie se le pregunta antes dónde de-
searía nacer; germina en la experiencia que estimula sensaciones e
ideas, cariños y creencias. El tesoro de nuestros recuerdos iniciales está
formado por impresiones del terruño; cada vez que el ánimo afectado
busca refugio en la propia vida interior, revivimos las escenas del hogar,
de la escuela, de la calle, como si las remembranzas de la edad primera
pudiesen aliviarnos en el andar accidentado de los años viriles.

La fuerza del sentimiento lugareño se comprende mejor a la distancia. Viajando lejos, muy lejos, en ciertas horas de meditación llega
a convertirse en esa angustia indefinida que llamamos nostalgia. Todo
el que la ha sentido, sabe que no es del estado político, sino del terruño;
nadie añora lugares ni personas que nunca ha conocido, ni podría
curarse el ánimo nostálgico yendo a vivir en rincones ignotos del
propio país.

A medida que se avanza en edad los recuerdos del terruño se idea-
lizan, olvidándose todo lo malo, acentuándose todo lo excelente. Y es
común que los hombres, al morir, pidan que vuelvan sus huesos al
lugar donde transcurrió su infancia, como si quisieran devolverle toda
la savia con que alimentó su personalidad en la hora del amanecer.

El amor al terruño es un imperativo natural. Persiste cuando
la experiencia dilata el horizonte geográfico, pero pierde en profundidad tanto como gana en superficie. En cierto grado del desarrollo
social es imposible que cada terruño viva separado de los vecinos; poco
a poco los que tienen intereses comunes, creencias semejantes, idiomas
afines, costumbres análogas, van formando sociedades regionales cada
vez más solidarias. La educación sentimental permite abarcar en la
amistad y en la simpatía a otros terruños, aunque siempre reservando
para el propio los mejores latidos del corazón. Cuando el niño aprende
a conocer los hombres y las cosas de su ciudad o de su región relacio-
nándolos con los de su barriada o de su aldea, el amor del terruño se
ensancha. El sentimiento municipal o provincial es todavía un patriotismo en función del medio, elaborado sin sugestiones políticas. Su
genealogía es sincera. Brota sin cultivo, como la flor silvestre.

En fases de avanzada cultura, las ciudades o regiones tienden a
asociarse en estados políticos, formando naciones; sólo en la medida

de su afinidad los pueblos pueden sentirse solidarios, dentro de la unidad nacional. Pero, individualmente, como representación de intereses e ideales colectivos, este patriotismo sólo es sentido conscientemente por muy pocos hombres superiores, capaces de reflexión histórica y de abstracción política.

En todo caso la querencia sigue atrayendo al hombre, como a los animales. Pujante y profundo como un instinto, imperativo, intransmutable, sobrevive en todos los hombres el amor al terruño, única y siempreviva patria del corazón.

II. De la nación

La nación es la patria de la vida civil. Su horizonte es más amplio que el geográfico del terruño, sin coincidir forzosamente con el político, propio del estado. Supone comunidad de origen, parentesco racial, ensamblamiento histórico, semejanza de costumbres y de creencias, unidad de idioma, sujeción a un mismo gobierno. Nada de ello basta, sin embargo. Es indispensable que los pueblos regidos por las mismas instituciones se sientan unidos por fuerzas morales que nacen de la comunidad en la vida civil.

El patriotismo nacional surge naturalmente de la afinidad entre los miembros de la nación. No lo impone la obediencia a la misma ley, ni el imperio de la misma autoridad, pues hay estados que no son nacionalidades, y naciones que no son estados. El sentimiento civil, el civismo, tiene un fondo moral, en que se funden anhelos de espíritus y ritmos de corazones. Renán lo definió como temple uniforme para el esfuerzo y homogénea disposición para el sacrificio. Es conjunción de ensueños comunes para emprender grandes cosas y firme decisión de realizarlas. Es convergencia en la aspiración de la justicia, en el deber del trabajo, en la intensidad de la esperanza, en el pudor de la humillación, en el deseo de la gloria. Por eso es más recio en las mentes conspicuas, capaces de amar intensamente a todo su pueblo, de honrarlo con sus obras, de orientarlo con sus ideales.

El sentimiento de solidaridad nacional debe tener un hondo significado de justicia. El bienestar de los pueblos es incompatible con rutinarios intereses creados, y de tiempo en tiempo necesita inspirarse en credos nuevos: despertar la energía, extinguir el parasitismo, estimular la iniciativa, suprimir la ociosidad, desenvolver la cooperación. Virtudes cívicas modernas deben sobreponerse a las antiguas, convirtiendo al sentimiento nacionalista en fecundo amor al pueblo, conforme a los ideales del siglo. Es justo desear para la parte de la humanidad a que pertenecemos un puesto de avanzada en las luchas por el progreso y la civilización. En una hora grata de juventud, anticipamos estas palabras explícitas: "Aspiramos a crear una ciencia nacional, un arte nacional, una política nacional, un sentimiento nacional, adaptando los caracteres de las múltiples razas originarias al marco de nuestro medio físico y sociológico. Así como todo hombre aspira a ser alguien en su familia, toda familia en su clase, toda clase en su pueblo, aspiremos también a que nuestro pueblo sea alguien en la humanidad." Y en la ovación que subrayó esas palabras creímos sentir un homenaje a los revolucionarios de América, que, cien años antes, habían vibrado por análogos sentimientos, emancipando al pueblo de una opresión que lo envilecía.

El patriotismo nacional se extiende al horizonte político. Mientras pueblos de origen distinto se desenvuelven en medios diferentes, existirán agrupaciones nacionales con características diversas, en lo ético y en lo mental. Esta heterogeneidad es conveniente para la armonía humana; el conjunto es beneficiado por la acentuación de los rasgos propios de cada una, en el sentido más adecuado a su medio. La tipificación nacional ensancha y perfecciona el primitivo amor al terruño, extendiéndolo al horizonte civil de la nación.

Cuando pueblos heterogéneos se encuentran reunidos en un mismo estado, los vínculos morales pueden faltar y la unidad es ficticia mientras hay subyugamiento. No existen ideales comunes a los opresores y a los oprimidos, a los parásitos y a los explotados. La autoridad no basta para imponer sentimientos a millones de hombres que cambian de nacionalidad cuando lo resuelve un consejo de diplomáticos o lo impone con su garra un conquistador. El sentimiento nacional, que florece en las uniones de pueblos afines, no concuerda forzosamente con el patriotismo político, encaminado a consagrar los resultados de la camándula o de la violencia.

Cuando la justicia no preside la armonía entre las regiones y las clases de un estado, el patriotismo de los privilegiados ofende el sentimiento nacional de las víctimas. El culto mítico de la patria, como abstracción ajena a la realidad social, fue siempre característico de tiranuelos que inmolaron a los ciudadanos y deshonraron las naciones. Aunque invoquen la patria para cubrir su bastardía moral, son enemigos de la nacionalidad los que no presienten el devenir de su pueblo, los que lo oprimen, los que lo engañan, los que lo explotan. Enemigos, también, los que sirven y adulan a los poderosos y a los déspotas: histriones o lacayos, cómplices o mendigos. La mentira patriótica de los mercaderes es la antítesis del tierno sentimiento que constituye el patriotismo del corazón y de la armonía espiritual que pone dignos cimientos al nacionalismo civil. El patriotismo convencional de los políticos es al nacionalismo ingenuo de los pueblos como los fuegos artificiales a la luz del sol.

Sólo es patriota el que ama a sus conciudadanos, los educa, los alienta, los dignifica, los honra; el que lucha por el bienestar de su pueblo, sacrificándose por emanciparlo de todos los yugos; el que cree que la patria no es la celda del esclavo, sino el solar del hombre libre. Nadie tiene derecho de invocar la patria mientras no pruebe que ha contribuido con obras a honrarla y engrandecerla. Convertirla en instrumento de facción, de clase o de partido, es empequeñecerla. No es patriotismo el que de tiempo en tiempo chisporrotea en adjetivos, sino el que trabaja de manera constante para la dicha o la gloria común. *El trabajo y la cultura son los sillares de la nacionalidad.* Es vana quimera toda esperanza que no pueda alentar una acción; estéril toda energía no animada por un ideal. El trabajo es la matriz de la grandeza colectiva, pero carece de estímulo si el ensueño no hermosea la vida; la cultura es la legítima coronación de la vida civil, pero agoniza cuando se extingue la fortaleza de obrar. Un pueblo no puede vivir sin soñar, ni puede soñar sin vivir.

Pensar y trabajar es uno y lo mismo. Las razas seniles no trabajan ni piensan; tampoco las ciudades muertas, que son osamentas frías de culturas extinguidas. Repudiemos los sofismas de los mercaderes: no es verdad que donde conviene la energía sobra el ideal. Por el camino de la pereza y de la ignorancia ningún pueblo culminó en la historia. Desdeñemos la hidalga holgazanería de aquellos abuelos que aún confunden su miserable condición con la sapiencia ascética, sugiriendo que los pueblos laboriosos viven en sordidez prosaica. La historia dice que el trabajo y la cultura se hermanan para agigantarlos, que la pobreza y la ignorancia suelen ser simultáneas en su decadencia.

Cuidemos la sementera, bendigamos los campos fecundos; pero donde el arado rompe un surco, abramos una escuela. Arar cerebros vale tanto como preparar una mies ubérrima; la mies puede perderse y decaer la opulencia, la cultura no se agosta ni concluye. El trigo y el laurel son igualmente necesarios. Heracles y Atenea no son enemigos. Conspiran contra su pueblo los que alaban una riqueza ignorante o una mendicidad ilustrada.

El trabajo es fuente de mérito y base de toda humana dignidad. El porvenir será de los que trabajan. Todo holgazán es un esclavo, parásito de algún huésped. Sólo el trabajo da la libertad. Cada trabajador es una fuerza social; el que no trabaja es un enemigo de la sociedad. Ennobleciendo el trabajo, emancipándolo de todo yugo, transformándolo de suplicio en deleite, de vergüenza en honor, será posible que los ciudadanos gocen de servir a su pueblo.

Los valores morales tendrán el primer rango en la ética venidera.

El ignorante es siempre débil, incapaz de confiar en sí mismo y de comprender a los demás; en la cultura está el secreto de toda elevación. Ella engendra la única excelencia legítima, apuntala nuestras creencias, aguza el ingenio, embellece la vida y enseña a amarla. Permitir a los precursores decir con fe sus esperanzas y sus ideales, como si fueran la verdad y el sueño de todos; y de esa fe proviene su eficacia. Trabajo y cultura son dos aspectos de un mismo advenimiento de la historia de la nacionalidad. Toda renovación de instituciones se inicia por una revolución en los espíritus, y todo ideal pensado está ya en los comienzos de su realización.

III. De la humanidad

La humanidad es la patria del ideal. Cuando se escucha la sola voz del corazón, patria es el terruño; cuando prevalece el interés político, patria es el estado; cuando habla el ideal, patria es la humanidad. Y en el desarrollo histórico de este sentimiento podemos decir que el terruño expresa el patriotismo del pasado, la nación el patriotismo del presente, la humanidad el patriotismo del porvenir.

Mientras se extiende la solidaridad del terruño a la provincia, al estado, a la humanidad, las fuerzas inmorales del pasado siguen sembrando odio entre los pueblos, para apuntalar con el patriotismo político el régimen social de cuya injusticia se benefician. Toda innoble agresividad que hiere el sentimiento nacional de otros pueblos, no es amor a la patria, sino industria malsana, eternamente fomentada por mercaderes de la palabra y de la pluma, al servicio de déspotas reales o potenciales. No tiemblan ante la responsabilidad de las guerras que encienden, preparados a comentarlas desde sus casas, mientras los pueblos se diezman en las trincheras. Todos mienten lo mismo; pretenden que la propia nación es la mejor del mundo, engañando a los ingenuos con sofismas de que ellos se burlan. Corrompen la opinión pública y fomentan el culto supersticioso de mitos vanos, amparándose luego de ellos para encubrir sus venales conveniencias.

Maldiga la juventud a los envejecidos tartufos que conspiran contra la paz de sus pueblos, encendiendo regueros de intrigas internacionales en la diplomacia secreta. Maldiga cien veces a los que fabrican cañones, robando el metal que necesitan los arados. Mil veces maldiga a los que hacen correr en el mundo una sola gota de sangre, que no es la de sus propias venas.

La manera más baja de amar a la propia patria es odiar las patrias de otros hombres, como si todas no merecieran engendrar en sus hijos iguales sentimientos. El nacionalismo debe ser emulación colectiva para que el propio pueblo ascienda a las virtudes de que dan ejemplo otros mejores; nunca envidia colectiva que haga sufrir a la ajena superioridad y mueva a desear el abajamiento de los demás hasta el propio nivel. Cada pueblo es un elemento de la humanidad; el anhelo de la dignificación nacional puede ser un aspecto de la fe en la dignificación humana. Ascienda cada nación a su más alto nivel, y por el esfuerzo de todas se remontará el nivel de la humanidad.

El patriotismo humano abarca el horizonte cultural. La solidaridad entre los pueblos se extiende a medida que ellos amplían su experiencia y elevan sus ideales. La capacidad de simpatía va creciendo con la civilización; todos los hombres que en el mundo comparten las mismas creencias y se animan por los mismos intereses, se sienten amigos o hermanos. Las comuniones y los partidos, que antes pasaron del terruño a la nación, comienzan a pasar de la nación a la humanidad.

Dos gremios poderosos iniciaron el acercamiento de los pueblos, extendiéndose por sobre las fronteras de las naciones: los comerciantes y los sacerdotes. El capital no tiene patria, ni tiene patria la religión; salen del terruño y del estado, para internacionalizarse y conquistar el mundo. Siguiendo sus huellas se expandieron las ideas y la civilidad. La circulación del pensamiento y de los hombres ha extendido la solidaridad humana. El camino, el vapor, el riel, el teléfono, el cable, la turbina, el inalámbrico, la aviación, han dilatado el horizonte de los pueblos modernos. Poco a poco, en firme enaltecimiento, las ciencias y las artes, las doctrinas y las costumbres han comenzado a extenderse del horizonte civil al horizonte cultural.

Todas las fuerzas vitales de los pueblos empiezan a solidarizarse en la humanidad. La producción y el consumo están regulados en escala internacional; los medios de circulación se han centuplicado, en la tierra, en el mar, en el aire. Los pueblos ajenos a esa vida común no se consideran civilizados; y no lo son. Cada invento técnico, descubrimiento científico, creación artística, llega a todos los pueblos. En todos se definen análogas normas y análogos principios jurídicos.

Así como en la nación se ha expandido la primitiva solidaridad del terruño, empieza ya a expandirse en la humanidad la solidaridad de la nación. Esta forma superior del solidarismo anida, por ahora, en grandes espíritus que desbordan de la patria política, como ésta desbordó otrora de la primitiva patria lugareña. Sólo se sienten solidarios con la humanidad los que conciben y aman ideales humanos, anticipándose a sentimientos que llegarán a privar en el porvenir.

Apóstoles fueron, otrora, los hombres que en su tiempo supieron elaborar un sentimiento nacional, creando los estados actuales. Apóstoles son hoy los que empiezan a elaborar un sentimiento humano, extendido a horizontes culturales cada vez más dilatados.

La armonía de los pueblos es la entelequia de la humanidad. Armonía no es semejanza ni fusión universal, sino solidaridad organizada de culturas heterogéneas. La desigualdad de los pueblos es conveniente para la humanidad, como la individual es útil para la nación. La justicia no consiste en borrar las desigualdades, sino en utilizarlas para armonizar el conjunto. A todos conviene que cada uno intensifique sus propios rasgos, de acuerdo con las características del medio en que se desenvuelve; si ellas se perdieran, sería perjudicial. La solidaridad debe concebirse como un equilibrio de partes cada vez más diferenciadas, capaces de cumplir mejor sus funciones en beneficio propio y de los demás. Cuando un pueblo pierde la noción de la interdependencia, tiende a romper el equilibrio en su provecho, desencadenando la guerra en perjuicio de todos.

El progreso de la solidaridad se caracterizará en el porvenir por el desarrollo de organismos jurídicos, económicos y morales que regulen las relaciones de los pueblos. Un equilibrio inestable y perfectible permitirá la coordinación de las partes, armonizando el bienestar de la familia, del terruño, de las regiones, de los estados.

Algunos soñadores, olvidando que la humanidad no es un mito homogéneo sino una realidad heterogénea, alientan el anhelo ilusorio de una sola nacionalidad universal. Más justo es presumir que por sobre los actuales estados políticos, carentes a veces de unidad moral, tiendan a constituirse grandes nacionalidades capaces de producir nuevos tipos de civilización, confederando pueblos similares. La solidaridad será natural, fundada en semejanzas de origen, de intereses, de idioma, de sentimientos, de costumbres, de aspiraciones.

El ideal presente de perfeccionamiento político es una coordinación federativa de grupos sociológicos afines, que respete sus características propias y las armonice en una poderosa nacionalidad común. Ninguna convergencia histórica parece más natural que una federación de los pueblos de la América Latina. Disgregados hace un siglo por la incomunicación y el feudalismo, pueden ya plantear de nuevo el problema de su futura unidad nacional, extendida desde el río Bravo hasta el estrecho de Magallanes. Esa posibilidad histórica merece convertirse en ideal común, pues son comunes a todos sus pueblos las esperanzas de progreso y los peligros de vasallaje. Hora es de repetir que, si no llegara a cumplirse tal destino, sería inevitable su colonización por el imperialismo que desde hace cien años los acecha: la oblicua doctrina de Monroe, firme voluntad de los Estados Unidos, expresa hoy su decisión de tutelar y explotar a nuestra América Latina, cautivándola sin violencia, por la diplomacia del dólar. Son sus cómplices la tiranía política, el parasitismo económico y la superstición religiosa, que necesitan mantener divididos a nuestros pueblos, explotando sus odios recíprocos en favor de los intereses creados en cien años de feudalismo tradicional.

Frente a esas fuerzas inmorales del pasado, la esperanza de acercarnos a una firme solidaridad sólo puede ser puesta en la nueva generación, si logra ser tan nueva por su espíritu como por sus años. Sea ella capaz de resistir a las pequeñas tentaciones del presente, mientras adquiera las fuerzas morales que la capaciten para emprender nuestra gran obra del porvenir: *desenvolver la justicia social en la nacionalidad continental.*

HISTORIA, PROGRESO, PORVENIR*

I. De la historia

La historia viva es una escuela de renovación. Nada hay estable, ni inmóvil, ni eterno, en lo humano. Todo punto del pasado fue palestra de hombres que anhelaron demoler, transmutar o construir, inspirándose en ideales y pasiones que forman la movediza trama de la historia viva. De mentira y convencionalismo es, en cambio, la urdimbre de la historia muerta, olimpo de fetiches embalsamados por los que medran de exhibirlos a la veneración de los ignorantes. Aquélla alimenta una tradición de incesantes rebeldías contra dogmatismos opresores; ésta alinea una tradición de fantasmas que decoran los panteones de la posteridad.

La justa comprensión del pasado enseña a militar en el presente y a prever el porvenir. La historia viva de una raza se compone de victorias y derrotas, triunfando hoy la infamia y mañana la justicia, encendiéndose pueblos enteros en una fe común o riñendo a muerte sus facciones por credos inconciliables, de cuyo trágico chocar cobran realidad las aspiraciones de los hombres mejores. La historia muerta es monumento erigido sobre el barro de la falsía para honrar bajo una misma cúpula al redentor y al tirano, al héroe y al bandido, al corruptor y al apóstol, sumando en una inmoral apologética todo lo que fue, nivelando cumbres y abismos.

Es cualidad primaria del historiador la probidad, pues si sola no basta, todas las demás son estériles sin ella; tanto más repulsiva es la mentira cuanto mayor prolijidad se advierte en su disfraz erudito. Es de alabar, sin duda, el sutil esclarecimiento de controvertidas minuciosidades, que pueden ser útiles claves de algún episodio del pasado inmenso; pero más loable es el valor de calificar y medir, enseñando a venerar varones ejemplares y a aborrecer bastardas medianías. En la historia viva los servidores de un despotismo no son iguales a los rebeldes que lo combatieron, ni se confunden los que medraron del error con los que inquirieron la verdad, ni se asemejan los que lucraron de ocultar sus principios con los que sufrieron por serles fieles. Miente toda historia muerta que tiene igual sanción para los mártires y para

* En *Revista de Filosofía*, marzo de 1923. De *Las fuerzas morales*, en *Obras completas*, t. 7, pp. 71-76.

los verdugos, para los que han muerto en las hogueras y para los que las encendieron, para las víctimas y para los sicarios, como si el patriotismo de la posteridad fuese el Jordán de los peores. La historia sin sentido moral es una máquina de necedades; rebaja a los dignos justificando a los miserables.

Cada generación debe repensar la historia. Los hombres envejecidos se la entregan corrompida, acomodando los valores históricos al régimen de sus intereses creados; es obra de los jóvenes trasfundirle su sangre nueva, sacudiendo el yugo de las malsanas idolatrías. La historia que de tiempo en tiempo no se repiensa, va convirtiéndose de viva en muerta, reemplazando el zigzagueo dramático del devenir social con un quieto panorama de leyendas convencionales.

Serpentean en todo suceso fuerzas contradictorias cuya valuación es función primordial de la historia viva. Lo que en su hora contuvo gérmenes vitales merece el culto de los jóvenes y de los pueblos viriles; lo que fue resistencia de algo que pujaba por no morir sólo halla adhesión entre los ancianos y las razas decaídas. Conviene que la juventud venere lo mejor del pasado, lo digno de ejemplificar el presente; pero más conviene que sepulte las tradiciones regresivas que en su tiempo fueron dañinas y hoy serían peores, si apartaran a la juventud de su misión renovadora.

Es fuerza escudriñar el ayer para inquirir cuáles virtudes son dignas de cultivarse mañana; pero desear su continuación integral es absurdo, pues sobrevivirían también sus vicios, empeorados por el tiempo. En la historia de los pueblos toda parálisis es signo de muerte y toda restauración es un apagamiento; de las cenizas nada renace, ni costumbres ni instituciones. Las ruinas, emocionantes para el artista y evocadoras para el sabio, son yermos testigos de grandezas pretéritas que nunca podrían resucitar; refugiarse en ellas es sepultarse en vida.

Rinda culto la juventud de nuestros pueblos a los grandes hombres que lucharon por la emancipación política, por el ascenso ético, por la justicia social, manteniendo la continuidad del espíritu renovador en el curso de la historia. Nació la conciencia revolucionaria con el anhelo de la independencia, triunfó derribando el feudalismo colonial, fue enriquecida por obra de pensadores y estadistas, renació en cada nueva generación y fue el núcleo de ideales sin cesar integrados por las minorías ilustradas. Ame la juventud ese pasado en marcha y subraye admirativamente sus valores en la historia de los pueblos nuevos. Pero sólo será justa si al mismo tiempo reprueba a cuantos obstruyeron la obra secular, pues los que fueron ayer sus enemigos lo son también hoy, y mañana lo serán por fuerza.

Todo tiempo futuro será mejor. Si lo pasado fue lo único posible, podrá concederse que acaso fuera lo mejor en su tiempo; pero como siempre y doquiera la realidad social varía, legítimo es que lo venidero sea mejor que lo precedente, en función de las variaciones sociales por venir. Suponer que variando las condiciones puede permanecer invariante lo condicionado, equivale a creer que en la era actual podrían seguir viviendo las extinguidas faunas del terciario. Revelan agotamiento los que declaman las excelencias del pasado y tiemblan de ira ante la iconoclastia juvenil, como si el infortunio de encanecer acrecentara méritos y estableciera preeminencias. La vejez sólo es respetable por la cantidad de juventud que la precedió; cada nueva generación debe amar a los viejos que en su tiempo supieron ser jóvenes y admirarlos si acometieron empresas dignas de admiración, sin que ello obligue a nada para con los que envejecieron desperdiciando su vida. Deliran los seniles que miran su senectud como un título para dar consejos a los jóvenes que no se los piden; quien no supo pensar los problemas de hace medio siglo mal podría estar capacitado para comprender los actuales o sospechar los futuros.

Si la actitud optimista frente a la vida exige fe en la perfectibilidad social, toda quimera generosa, insurgente clarinada, libertador anuncio, merece tener un eco romántico en cada generación que anhela agregar un capítulo a la historia viva. Pensar en lo que vendrá es picar espuela hacia ello y cooperar a su advenimiento; sólo honran a su pueblo los que nada omitieron para elevarlo al rango de los mejores.

II. *Del progreso*

La variación social es obra activa de minorías pensantes. El progreso no resulta del querer de las masas, casi siempre conformistas, sino del esfuerzo de grupos ilustrados que las orientan. Los ideales comunes, representados por la conciencia social, no son igualmente sentidos por todos los miembros de una sociedad; solamente son claros y firmes en los núcleos animadores, que prevén el ritmo del inmediato devenir. La capacidad de iniciar las variaciones necesarias, presionando la voluntad social, suele ser privilegio de hombres selectos que se anticipan a su tiempo. Todo progreso histórico ha sido y será obra de minorías revolucionarias que reemplazan a otras minorías, ante la inercia pasiva de los más, obedientes por igual a cualquiera de los vencedores.

Cada variación implica un desequilibrio de los intereses creados y tiende hacia un nuevo estado de equilibrio; el proceso de sustitución se acompaña de crisis que implican un transitorio desorden, condición preliminar del advenimiento de un orden nuevo. En el devenir social sólo merece el nombre de revolución tal cambio de régimen que importe hondas transformaciones de las ideas o radicales desplazamientos de los intereses coexistentes en la sociedad; no es lícito confundir su gesta palingenésica con los motines o turbulencias que convulsionan la vida del estado político.

El desequilibrio de un régimen se inicia por insurgencias individuales no exentas de peligro, por cuanto importan un desacato al conformismo convencional; si esas variaciones corresponden al devenir efectivo, los ideales nuevos que las inspiran encuentran ecos centuplicadores, clarean espíritus, ensamblan voluntades, hasta que la minoría renovadora adquiere capacidad para presionar a la mayoría neutra y quita al fin el contralor del estado a la minoría enmohecida ya por la rutina. *La herencia social es pasiva resistencia de inconscientes mayorías.* Las fuerzas de variación tienen su enemigo militante en las minorías conservadoras, detrás de las cuales actúa su aliado invisible, indeterminado, anónimo, cien veces más poderoso, doscientas más eficaz: los hábitos sedimentados en la rutina de las mayorías, que de una en otra generación, de uno en otro siglo, heredan, amalgamadas por el tiempo, ciertos caracteres que obstruyen la adquisición de otros nuevos.

La inercia mental de los más obra como peso muerto frente al variar de la realidad y a los ideales que interpretan su ritmo. El conformismo nace de los hábitos que acomodan la voluntad a la menor resistencia; toda variación que altere el actual estado de equilibrio perturba esos hábitos y plantea dificultades imprevistas que reclaman un nuevo esfuerzo de adaptación. En el orden social la rutina representa acomodaciones ya automáticas, opuestas a cualquier renovación que exija actividades inteligentes; las mayorías amorfas nunca desean los cambios que promueven las minorías pensantes, porque para ellas todo cambio es trabajo presente cuyos beneficios ulteriores no sospechan. Son, por ende, enemigas del progreso, sin perjuicio de aprovechar más tarde los cambios realizados por el exclusivo esfuerzo ajeno.

Los hombres viejos son personalmente refractarios a toda novelería, como las viejas castas lo son en la sociedad y los pueblos viejos en el mundo. Esclerosado ya su armazón ideológico, siguen viviendo en los límites más próximos a la inercia, y toda variación amengua sus posibilidades vitales.

La desherencia es indispensable en toda renovación, y ésta sólo es posible en la justa medida en que aquélla se realiza. El lastre hereditario enmohece los cerebros y permite que opiniones históricamente inactuales sigan teniendo partidarios; anchas masas humanas profesan creencias que otrora fueron ideales y hoy son ya supersticiones.

Mientras la mentalidad social no se purgue de residuos ancestrales no pueden arraigar en ella las ideas nuevas que son su negación. Los ciclos de la historia son para los pueblos como los cambios de estación para los árboles; conviene podar las ramas secas para que rompa la gemación con más pujanza.

El progreso es un resultado de la lucha entre la variación y la herencia. Lo que resiste a morir se opone a lo que necesita nacer. Los hombres y las instituciones achacosas son obstáculos al devenir de hombres e instituciones viriles. Lo ya inadaptable estorba a toda nueva adaptación.

Se realiza un progreso particular cada vez que el variar logra una victoria sobre lo heredado; y el progreso en general es la serie de victorias obtenidas por la inteligencia sobre el hábito, por el ideal sobre la rutina, por el porvenir sobre el pasado.

La historia enseña que toda crisis revolucionaria deja un saldo favorable al progreso, aunque generalmente inferior a las esperanzas que la precedieron. Los ideales de la minoría pensante rebajan su ley al ser incorporados a la experiencia social, perdiendo en intensidad lo que ganan en extensión; al tomar contacto con la mayoría pasiva que los acata, sólo consiguen modificarla a precio de la propia modificación mediante un intercambio recíproco en que la herencia limita parcialmente la variación.

No es uniforme, aunque continuo, el ritmo del progreso; altérnanse períodos de afiebrada renovación con fases de estabilidad relativa, que por contraste parecen reacciones, aunque son momentos menos acelerados de un mismo devenir. En los primeros todo tiende a variar originalmente, adaptándose a los cambios operados en la realidad social; reina un clima ético propicio al florecimiento de la genialidad y a la expansión de las minorías idealistas. Durante las segundas se enmohecen las ideas y los sentimientos, predominando en las costumbres lo que tiene más raigambre ancestral; el ambiente es adecuado al medrar de los medianos y las mayorías sin ideales prestan su hombro al tradicionalismo conservador.

Ningún progreso sería posible en las instituciones si las fuerzas activas que lo determinan necesitaran para actuar el consentimiento de las masas pasivas; es función propia de éstas resistirlo, y no lo ignoran los conservadores al ampararse en su consentimiento. Los más altos problemas de filosofía política giran en torno de la voluntad atribuida a mayorías que no tienen ninguna, pues se limitan a servir a quien detenta la máquina del poder. Negar a minorías activas y pensantes el derecho de imponer sus ideales a mayorías que los ignoran, los temen o los rechazan, es ignorar toda la historia pasada y proscribir todo progreso futuro.

III. *Del porvenir*

Lo presente es pasado o porvenir. La estabilidad discontinua es
ilusoria abstracción; todo lo que llega a nuestra conciencia es continuo,
se sucede, dura, deviene. Cuando en lo que pasa ante nuestros ojos
creemos percibir una forma estable, ya ha dejado de ser; en la línea
espacial que objetiva el concepto del tiempo, el presente es un punto
sin dimensiones que separa lo inmediato pasado de lo inmediato venidero, lo que se hunde en la memoria y lo que se prevé en la imaginación. Nada es actual, nada cabalga la hipotética arista en que se inter-
sectan el plano de lo que fue y el de lo que será. Se vive en continuo
porvenir; quien viviera del pasado y en el presente, habría dejado
de vivir.

En la más breve ilusión del presente refunden los hombres una
pequeña parte del pasado y del porvenir más próximos, la que su
conciencia no logra aún distinguir como recuerdo y la ya actualizada
por la inmediata previsión. Un segundo o un día parecen presentes al
individuo: un año o una generación, a la sociedad. No es creíble, por
ello, que exista un presente real, pues en lo que dura el creerlo ya ha
sobrevenido el porvenir.

En la vida social suele hablarse de un presente relativo, pero aun
así cada generación vive un minuto fugaz de un tiempo sin límite
conocido. Nada comienza ni termina con ella; su obra es tender un
puente y pasar, para que en el punto de llegada sobrevenga otra a
renovar su esfuerzo.

Toda acción actual sería energía perdida para la sociedad si no ten-
diera a finalidades venideras; y, en rigor, todo lo que se quiere para
el presente sólo puede realizarse en el porvenir. Se comprende, en
suma, que el llamado espíritu conservador, cuando intenta conservar
el pasado que ya no existe, sólo actúa para retardar el porvenir que
deviene contra su deseo.

Se vive en un futuro continuo, y toda ligadura del pasado es una
atenuación de posibilidades; cuanto más han insumido los ancianos
en su memoria y los pueblos en su tradición, tanto menos se revela su
vitalidad creadora y fecunda para plasmar el porvenir. Sólo puede
afirmar que ha vivido una generación que deja a la que vendrá más
de lo que recibió de la precedente; no merecen cosechar la mies de hoy
los que no siembran la simiente de mañana.

Los forjadores del porvenir son inactuales. Viven en el tiempo
más que en el espacio, porque al primero corresponde lo que deviene
y al segundo lo que es; no se ensanchan en el hoy, se alargan hacia el
mañana.

En vez de aplicarse a usufructuar lo que ya es, obran en la dirección de lo que va siendo; son audaces arquitectos de culturas en que otros se moverán como forzados locatarios. En el presente relativo viven en función de lo futuro, pensándolo, predicándolo, amasándolo, sin reposar jamás; en las ciencias, en las artes, en la acción, marchan a la avanzada de sus contemporáneos, prolongándose imaginariamente hasta la etapa inmediata del humano mudar sin término.

Si un pueblo es vital y tiene un destino histórico que cumplir, un ciclo que recorrer, sus grandes hombres lo prevén y lo interpretan, anticipándose con el pensamiento a la realidad que otros alcanzarán a vivir. La palabra del precursor empuja a muchos, como si fuere ala puesta en el talón de cuantos pueden marchar. En vano los que nada piensan ni hacen para el porvenir le mostrarán las manos listas para lapidarle, que ésta es la prueba crucial del genio; si lo es de verdad, forjará sin desmayos, centuplicando el esfuerzo cada vez que se duplique la resistencia.

Un pueblo que acorta el paso ha cesado virtualmente de vivir; se encierra en lo que es y contempla lo que ha sido, renunciando a las posibilidades de ser más o mejor. Los hombres representativos de sus ciencias y de sus artes se desorientan, pierden el rumbo, tantean fuera del sendero, siguen creyéndose videntes cuando ya son estrábicos; en vano intentan probar caminos, pues cambiar el derrotero no es seguir adelante, ni basta cambiarlo para adelantar.

Los pueblos que siguen una vida ascendente confían más en los proyectistas audaces que en los guardianes de museos; cuando esa confianza reina en la conciencia social, los visionarios del porvenir culminan, como acero atraído hacia la cumbre por el imán de lo que vendrá.

Los pueblos sin juventud no tienen porvenir. Todo lo que es viviente, nace, crece y muere: los hombres, las generaciones, los pueblos, las razas, las especies. El supersticioso teorema de la inmortalidad humana ha inspirado el corolario de la ilusoria estabilidad social, como si en toda la realidad pasada no advirtiéramos el sucederse de juventud y vejez, grandeza y decadencia, formación y muerte.

Los pueblos viejos, como los hombres, se envanecen de su pasado y desdeñan a los que, por jóvenes, nada parecen ser en el presente, aunque todo pueden devenir en el futuro. La exigüidad del pasado es, precisamente, el tesoro de los pueblos jóvenes, capaces de ser núcleos de nuevas culturas; su destino está en defenderse de todo senil tradicionalismo que intente envenenar las fuentes vivas que acrecerán el cauce de su venidera grandeza.

La juventud de los pueblos nuevos debe vivir en tensión hacia el porvenir, con más esperanzas que recuerdos, con más ensueños que leyendas. Mire con ojo amigo a las viejas estirpes que le ofrecieron de sus ubres las savias iniciales; pero no olvide que si es provechoso heredar algunas fuerzas vitales aún capaces de obrar, nada hay más funesto que apuntalar derrumbamientos de culturas decrépitas y repensar supersticiones de agonizantes abuelos.

Un cambio en el equilibrio de las relaciones humanas se está operando en el mundo, con más presteza que la habitual. Todas las ventajas están a favor de los pueblos nuevos, de las razas en formación, de las culturas incipientes. Donde los intereses creados son todavía adventicios, será más fácil librarse de ellos, con un fuerte sacudir de hombros.

RENOVACIÓN

"Panamericanismo" verbal

Algunas docenas de diplomáticos y de piratas de nuestra América Latina acaban de reunirse en Santiago de Chile para expresar sentimientos de fino amor y respeto a los agentes diplomáticos de Estados Unidos, empresarios y aprovechadores del oblicuo panamericanismo que tiene por objeto principal reducir todo el continente a la humilde situación de colonia yanqui.

El variado y múltiple programa de esa conferencia oficial estaba destinado a disimular, bajo benéficas conveniencias para las víctimas, las intenciones voraces de los victimarios. ¿Podrán los pueblos latinoamericanos considerarse traicionados por sus gobiernos que se han adherido a la conferencia? Nadie ignora, en efecto, que los más de esos gobiernos viven en servil adulación del capitalismo yanqui, del que ya son deudores y al cual piensan acudir cada vez que su inepcia administrativa los obligue a hipotecar sus patrias contrayendo nuevos empréstitos, a cambio de concesiones que aseguren el contralor extranjero sobre las fuentes de producción petrolera, minera, agraria y pecuaria.

Que la conferencia ha sido una farsa, una protocolar y diplomática farsa, lo deducimos del conocimiento que tenemos de los delegados latinoamericanos. Con rara excepción, todos miran a Estados Unidos con antipatía y desconfianza; muchos, acaso la mayoría, odian a Estados Unidos; algunos han escrito anteriormente páginas de fuego contra el imperialismo yanqui. Y, sin embargo, los hemos visto en Santiago haciendo de coristas en la gran representación panamericana, entre humillados y farisaicos, besando la mano de sus prestamistas pasados y futuros.

Sepan los yanquis, sepa su gobierno, sepan sus agentes, que el verdadero sentimiento de esos mismos delegados a la conferencia no es panamericano sino latinoamericano. Sepan que muchas de las mentiras diplomáticas allí pronunciadas están en abierta contradicción con el pensamiento de los mismos que las pronunciaron. Sepan que toda-

* En *Renovación*, abril de 1923, con el seudónimo de Julio Barreda Lynch.

vía no han corrompido una inteligencia independiente ni seducido un corazón libre, aunque los discursos oficiales les hagan creer otra cosa. El panamericanismo de Santiago ha sido una adhesión verbal de todos los gobiernos débiles postrados ante el poderoso, de todos los deudores ante el acreedor, sin que por eso la clase pensante de uno solo de los países amenazados en su independencia ignore dónde está el peligro común, aunque la diplomacia oficial miente lo contrario. Ése es el distingo necesario. Los gobiernos latinoamericanos pueden oficialmente adular al gobierno de Estados Unidos; pero los pueblos, cuya conciencia se refleja en la minoría ilustrada, profesan ya sentimientos opuestos al panamericanismo diplomático y acaso lleguen a mirar como traidores a los gobernantes que por ignorancia y por debilidad sirven los intereses del enemigo: el imperialismo capitalista.

Hacia el intervencionismo yanqui

Los únicos problemas serios que la conferencia podría haber tratado en beneficio de nuestros pueblos han sido eludidos con aterciopelada hipocresía.

El primero es la limitación de armamentos, como paso previo hacia un desarme progresivo; el segundo, el arbitraje obligatorio para resolver todas las divergencias entre las naciones de la América Latina.

Contra el primero —a pesar de algunas palabras pronunciadas sin fe— conspira la epidemia de locura militarista que ha invadido al mundo después de la gran guerra europea, además de los enormes intereses puestos en juego por los comisionistas que desean vendernos los armamentos sobrantes en Europa.

Contra el segundo, además del furor expansionista de algunos gobiernos, conspira sabiamente el de Estados Unidos, que se beneficia de nuestras discordias para preparar la ocasión de ser solicitado como amigable componedor y acentuar así su "derecho de intervención" en la política interna e internacional de nuestras nacionalidades.

El caso de Tacna y Arica revelará bien pronto toda la astucia y sagacidad de esa política. Los yanquis han hecho creer a los chilenos que resolverían el asunto en su favor, pero al mismo tiempo han hecho creer a los peruanos que lo resolverían conforme a sus aspiraciones. Y como los gobiernos de ambos países necesitan dinero prestado de Estados Unidos, han consentido en evitar la guerra, pidiéndole que les haga la merced de zanjar ese pleito. ¿No es de creer que el Perú, endeudado y colonizado por los yanquis, tendría que resignarse ante una resolución desfavorable que le sería impuesta por su acreedor? ¿Y qué diría Chile si, necesitando algún empréstito, los yanquis le

impusieran una autonomía del territorio disputado, bajo el contralor
administrativo de Bolivia, que ya ha consentido a Estados Unidos la
acaparación de enormes concesiones de zonas petrolíferas? Reconoce-
mos que tales soluciones —que consideramos probables— serían bene-
ficiosas para la paz; pero no puede ocultársenos que ellas han podido
ser planteadas por una junta de arbitraje latinoamericano, sin necesidad de reconocer a los Estados Unidos el carácter de pacificador
que le allanará el camino para imponernos mañana, a todos, su derecho de intervención —la Enmienda Platt— que ofenda y humille nuestra soberanía nacional.

La conferencia de Santiago, lo repetimos, tiene como único resultado facilitar la política de absorción sabiamente desenvuelta por el capitalismo petrolista. Como los franceses contra Rusia, como los ingleses
contra Angora, mañana vendrán los petroleros yanquis a repetir en Sud
América las hazañas ensayadas ya contra Colombia y contra México,
contra Cuba y contra Nicaragua, contra Santo Domingo y contra Haití.
Donde haya petróleo —¡petróleo!—, minas, carnes, cereales o café,
vendrá el prestamista a hipotecarnos primero y a someternos después,
porque la independencia y la soberanía de un pueblo son vil andrajo
cuando quedan supeditados a la intervención de un gobierno extranjero que sirve a la capacidad de sus trustes.

¿Cuál era el deber de México?

Entre tanta mentira convencional y tanta farsa diplomática, lo que
hizo falta en la conferencia de Santiago fue un hombre que hablara
con firmeza, más respetuoso de la verdad que del protocolo, es decir,
un Chicherin latinoamericano, que usara en Santiago el mismo lenguaje con que el genial diplomático ruso desbarató las intrigas de los
tartufos europeos en la conferencia de Génova, hablando a Francia
del petróleo de Bakú y hablando a Inglaterra del petróleo de la Meso-
potamia.

Es sensible que el gobierno de México no haya concurrido a la
conferencia; allí estaba su lugar de combate, pues no debió asistir
como cómplice del panamericanismo sino como denunciador de los
abusos y peligros de la diplomacia yanqui. Su delegado debió ser,
naturalmente, un hombre con el talento, la ilustración, el carácter y
la moralidad de Chicherin, dispuesto a exigir que se dijera la verdad
sobre la política panamericana o a obstruir la farsa de todos los serviles que en ella se complicasen.

Ésa fue una gran oportunidad perdida para nuestra América Latina.
¿Qué habrían dicho los delegados oficiales de los gobiernos de Colom-

bia y de Cuba, de Santo Domingo y de Centro América, cuando el
delegado del gobierno de México hubiese narrado la historia de los
atentados intervencionistas con que Estados Unidos ha mancillado
todas sus soberanías nacionales? ¿Qué habrían dicho los delegados del
Brasil cuando se pidieran explicaciones sobre las misteriosas gestiones
yanquis para comprar las Guayanas y hacerse de un Puerto Rico en
el territorio mismo del continente sudamericano? ¿Qué habrían dicho
los delegados de Venezuela y Perú, Argentina y Bolivia, cuando el
delegado mexicano les demostrase que sus riquezas petrolíferas podrán
ser, más pronto o más tarde, el origen de intervenciones económicas,
políticas y militares de Estados Unidos, como ha ocurrido en México,
cuyo gobierno sigue desconocido por los yanquis por no condescender
a exigencias que vulneran la soberanía nacional? ¿Qué habrían dicho,
en fin, los delegados del Uruguay, cuando se les hubiese demostrado
que el proyecto de Brum y Buero —fracasado antes de nacer, naturalmente— tendrá por único resultado entregar a los Estados Unidos la
dirección política y económica de todas las naciones latinoamericanas?

Se hubieran callado, sin duda, porque todos sus gobiernos cuentan con Estados Unidos para la contratación de nuevos empréstitos;
pero ninguno, por una elemental vergüenza, habría osado desmentir
a quien hablase el lenguaje de la verdad, aunque es probable que los
más habrían votado junto con los yanquis para que no se trataran esos
asuntos. Todos, todos —¿habría algún Judas?—, en el fondo de su
corazón habrían agradecido al osado que en nombre del derecho y
de la justicia hubiera lanzado su anatema contra la corruptora diplomacia del dólar.

CEREALES PARA FRANCIA*

El hecho más singular de la historia contemporánea consecutiva a la
guerra es, sin duda, la victoria de la revolución rusa contra todos sus
enemigos internos y externos. Un grupo de hombres idealistas, infun-
diendo a todo un pueblo en armas el espíritu de la reforma social, ha
sabido expulsar de su territorio a todos los mercenarios extranjeros que
el oro de los prestamistas volcara sobre su suelo, al mando de aventureros como Vrangel y Iudenich, que al fin han ocultado en la sombra
la vergüenza de su derrota. Y al mismo tiempo han desaparecido de la
escena todos los zaristas y revolucionarios amarillos que durante cinco

* En *Renovación*, septiembre de 1923, con el seudónimo de Julio Barreda Lynch.

años han traicionado a su patria, poniéndose a sueldo del oro extranjero.
No se conoce en la historia de la humanidad una revolución que
haya afrontado y vencido más crueles pruebas; a los enemigos internos y externos se agregaron la ruina económica del país por la guerra,
la incultura del pueblo bajo el régimen zarista, el bloqueo de las
potencias aliadas, la falta de medios de transporte, la campaña difamatoria de la prensa extranjera, y al fin, más grave que todo ello,
la pérdida de las cosechas en un país bloqueado, que tuvo por pavorosa consecuencia el hambre en una vasta región del territorio.

Las revoluciones históricas que más amamos, la francesa de 1789
y la de 1810 en la América Latina, tropezaron con menores obstáculos y sin embargo sus iniciadores fueron vencidos; ni Dantón ni
Mariano Moreno tuvieron la suerte de mantenerse por años en el gobierno, como lo ha conseguido Lenin. Y a ese triunfo cabe agregar
que ni Francia ni nuestra América experimentaron en cinco años
un cambio tan profundo como el producido en Rusia, aunque este
último no haya podido realizar todos los ideales del partido revolucionario, lo que era de prever y fue previsto para el caso de que la
renovación social no se extendiera a otros países.

De todos los gobiernos aliados ninguno se mostró tan implacable con
Rusia como el francés. Su prensa, sus cables, sus políticos y sus hombres de negocios no descansaron un momento en la vil tarea de difamar al sovietismo ruso, que durante varios años fue mostrado como
una horda de bandidos y asesinos. ¿Olvidaban los buenos franceses
de hoy que igual tratamiento habían dado los monarcas absolutos de
Europa a su gloriosa revolución de 1789?

La razón de esa campaña inmoral es bien conocida. Francia había
armado al gobierno zarista para que la defendiera de Alemania, con
cuyo objeto le había prestado los fondos necesarios para pagar los
armamentos. Cuando el gobierno zarista, vencido por los ejércitos
alemanes, cayó en Rusia, los gobernantes franceses exigieron que el
partido revolucionario continuara la guerra en favor de los aliados;
después de las vacilaciones del amarillo Kerensky, el partido revolucionario, netamente socialista, se negó a continuar la guerra y declaró
que no reconocía las deudas por armamentos y gastos de guerra contraídas por el régimen zarista.

Francia, donde se habían cubierto dichos empréstitos, comenzó
desde entonces su campaña contra la nueva Rusia; durante cinco
años todos los cómplices del zarismo y del amarillismo han vivido a
costillas del pueblo francés, publicando libros y periódicos contra
el gobierno sovietista.

La más miserable de estas campañas fue la última en orden cronológico. Cuando se perdieron las cosechas de la región del Volga y el hambre hizo presa de los habitantes de esa parte de Rusia, la prensa y el cable francés se dedicaron durante un año a probar que el hambre era la consecuencia necesaria del régimen sovietista. ¡Los rusos se morían de hambre porque habían reemplazado el régimen zarista por el federalismo socialista!

Las mentiras interesadas del gobierno francés encontraron pronto eco en la prensa conservadora de todos los países; diarios que se pretenden "serios" no vacilaron en manchar sus columnas publicando bellaquerías e insensateces de toda especie, creyendo así detener en el mundo la marcha del espíritu innovador.

El hambre, la miseria y la ruina constituían la única perspectiva de los pueblos que se atrevieran a tocar los privilegios del régimen capitalista. Y esta patraña corrió dos años por el mundo junto con las listas de suscripción para los hambrientos rusos, víctimas de sus hambreadores, los siniestros bolcheviques.

Pero he aquí que *La Prensa* de Buenos Aires, en su número del 8 de septiembre, publica el siguiente cable circulado por la agencia United, con el título "Cereales para Francia":

"MOSCÚ, septiembre 7 (United). Francia ha comprado a Rusia una cantidad considerable de cereales que serán entregados en el mes de octubre, pagando anticipadamente el 30 por ciento de su valor en dinero. Ésta es la primera adquisición de importancia que ha hecho Francia"...

No tenemos razón alguna para sospechar que la agencia United y el diario *La Prensa* sean órganos de propaganda sovietista; pero estamos obligados a pensar que esa información justifica a los que creen que el hambre y la miseria no son una consecuencia necesaria de la revolución que derribó al régimen zarista.

Y el glorioso anciano Anatole France, que salvó el honor de su patria defendiendo en toda hora a los revolucionarios de Moscú, no habrá dejado de conmoverse al enterarse de que la Rusia sovietista está ya en condiciones de matar el hambre a los heroicos súbditos de Poincaré, que seguirán hablando mal de Rusia aun cuando se alimenten con el trigo que ya les sobra a los bolcheviques.

LA GLORIFICACIÓN DE LENIN*

En la hora de su muerte ha recibido Nicolás Lenin la consagración
definitiva de la gloria y de la inmortalidad. Hace apenas cinco años
su nombre era presentado a la opinión pública del mundo como un
sinónimo de bandolerismo y de crimen; hoy, la misma prensa capitalista que lo difamó, los mismos socialistas amarillos que lo renegaron, se han reunido en armonioso coro para proclamarlo el más
grande estadista de los tiempos nuevos, el salvador del pueblo ruso,
tan prócer como Dantón en la Revolución francesa, tan prócer como
Moreno en la Revolución argentina.

Inútiles han sido las reservas del comentario enemigo, pequeñeces
impuestas por el pudor de la calumnia pasada. La figura del apóstol
y del energeta se ha destacado luminosa entre las sombras de la
insidia periodística, resignada hoy a admirar a Lenin, sin más consuelo que el de afirmar el fracaso de su gran obra revolucionaria.

Es, sin embargo, un triunfo sin precedentes históricos el del partido bolchevique, que ha durado seis largos años en el gobierno de
Rusia, superando todas las dificultades internas consecutivas al desastre de la guerra, venciendo todas las dificultades externas creadas
por el asalto rapaz de traidores al servicio del oro extranjero. En el
más noble sentido del patriotismo se revelaron heroicos patriotas
los dirigentes del gobierno, de los soviets, que supieron reorganizar
su patria sobre los escombros del zarismo y defenderla sin vacilaciones contra el bandolerismo de la reacción capitalista.

Nicolás Lenin fue a un tiempo mismo el cerebro y el brazo de la
invicta revolución; los hombres que han heredado la noble tarea de
continuar su obra han jurado al pueblo ruso, congregado por centenares de millares en torno del cadáver de su Maestro, seguir sus
luminosas huellas en la política interna y exterior.

Dos hechos de profunda significación histórica han coincidido
con la muerte de Lenin para afianzar ante el mundo el triunfo de
la revolución bolchevique. Por una parte el advenimiento del Partido laborista al gobierno del Imperio británico y por otra el reconocimiento jurídico del gobierno de los soviets, en que se ha adelantado a Inglaterra el mismo Mussolini.

Más que las inmensas manifestaciones populares en torno de su
catafalco, más que los elogios a regañadientes de la prensa mundial,

---

* En *Renovación*, febrero de 1924, firmado con el seudónimo de Julio
Barreda Lynch.

la glorificación de Lenin ha consistido en el triunfo de su obra revolucionaria y en la circunstancia de recibir los soviets el simultáneo homenaje de hombres como Mac Donald y Mussolini, llegados al poder en sus países respectivos como expresión de corrientes partidarias muy distintas, aunque no totalmente antagónicas.

Fuera de las viejas nomenclaturas de los partidos, corre por todos los pueblos civilizados un escalofrío de *Renovación,* que en cada uno puede tomar un nombre o una bandera diversa, pero que en todos significa liquidación de los intereses creados por los políticos profesionales que medraron antes de la guerra o fueron corrompidos por ella.

De ese nuevo espíritu, de esa nueva conciencia social que anima a los hombres jóvenes de todos los países, bien puede ser la revolución rusa un símbolo tan glorioso como hace un siglo lo fuera la Revolución francesa. Y así como en Moscú levantara ayer el pueblo un monumento a Dantón, nada sería más justo que en un mañana inminente la estatua de Lenin se irguiese en todas las capitales de los pueblos que tengan la dicha de renovar sus instituciones en el sentido de una justicia social cada vez menos imperfecta.

LA REVOLUCIÓN UNIVERSITARIA SE EXTIENDE YA POR TODA LA AMÉRICA LATINA*

El generoso movimiento de renovación liberal iniciado en 1918 por los estudiantes de Córdoba, va adquiriendo en nuestra América los caracteres de un acontecimiento histórico de magnitud continental. Sus ecos inmediatos en Buenos Aires y México, en Santiago de Chile y La Habana, en Lima y Montevideo, han despertado en todos los demás países un vivo deseo de propiciar análogas conquistas. En cien revistas estudiantiles se reclama la reforma de los estudios en sentido científico y moderno, se afirma el derecho de los estudiantes a tener representación en los cuerpos directivos de la enseñanza, se proclama la necesidad de dar carácter extensivo a las universidades, y se expresa, en fin, que la nueva generación comparte los ideales de reforma política y económica que tiendan a ampliar en sus pueblos la justicia social.

Decepcionados en todos los países de la vieja política; perdida

---

* En *Renovación,* marzo de 1924, firmado con el seudónimo de Raúl H. Cisneros.

ya la confianza en los vetustos figurones de la alta burocracia oficial; escépticos ante las declamaciones de los que en todas partes explotan el sentimiento patriótico para justificar sus privilegios o sus desmanes; burlones ante los cínicos dómines que siguen enseñando en la cátedra las apolilladas doctrinas de los tiempos coloniales; libres, en fin, de espíritu, las nuevas generaciones proclaman su verbo de "Renovación", haciendo suyos los ideales coincidentes en el triple anhelo de una renovación ética, política y social de los pueblos latinoamericanos.

La vieja declamación lírica no interesa ya a la juventud continental. Ha comprendido que necesita ideas nuevas contra los prejuicios viejos y trata de formarse una ideología que la prepare a vivir las grandes horas que el desastre de la guerra mundial ha deparado al mundo civilizado.

Instrumento muchas veces de los viejos declamadores que ponían todas sus mañas a la sombra del nacionalismo verbal, los jóvenes quieren hoy que el amor a la nacionalidad se defina en programas de reformas benéficas para los pueblos. Y ya comienzan a mirar como simples histriones del patriotismo a todos los viles tiranuelos que como Castro y Leguía han amordazado o corrompido la conciencia cívica de sus conciudadanos, o han puesto sus pueblos a los pies del imperialismo capitalista norteamericano.

Bienvenida la nueva generación universitaria que en todas partes alienta nobles ideales. Su obra será eficaz en nuestra América si logra que su acción se mantenga inmune de las filtraciones políticas y confesionales que en todas partes utilizan los renovadores "amarillos" que se mezclan a los movimientos juveniles para desviarlos de sus originarias tendencias liberales y sociales.

La juventud que no está con las izquierdas es una simple vejez que se anticipa a las canas.

EL MENSAJE DE ABD EL KRIM*

Señalamos con regocijo que el mensaje de Abd-El-Krim, publicado en el número precedente de *Renovación*, ha sido transcripto de inmediato en numerosos periódicos estudiantiles y literarios de la América Latina. Escrito en ocasión del Centenario de Ayacucho, justo era que hallase eco en el corazón de los pueblos que hace un siglo lucha-

---

* En *Renovación*, enero de 1925, firmado con el seudónimo de Raúl H. Cisneros.

ron por los mismos ideales que inspiran hoy al abnegado regente de la República del Riff.

Cierto es que la prensa capitalista ha intentado hacer el vacío al gentil y amistoso manifiesto, pero ello estaba descontado por razones de administración, ya que los grandes rotativos no pueden olvidar que entre sus anunciantes y suscriptores representan un crecido porcentaje los súbditos de Primo y Alfonso. ¿Acaso no hicieron lo mismo, casi todos, cuando el heroico pueblo de Cuba sangraba en la manigua por conquistar su independencia?

La palabra cordial de Abd-El-Krim ha llegado hasta nosotros en la mejor oportunidad. Sus recientes victorias contra el yugo del extranjero invasor han subrayado con la espada lo que escribió con la pluma; los cien mil hombres del ejército intruso han tenido que refugiarse en una estrecha zona de la costa, abandonando en la fuga prisioneros, víveres, armas y municiones. Estos signos son augurales de que para el pueblo marroquí se acerca la hora de su glorioso Ayacucho, que cien años antes sonó para nuestra América Latina.

En vano el fugitivo Primo de Rivera circula por la prensa y el telégrafo sus risueñas interpretaciones de la campaña militar, pretendiendo disfrazar de éxitos las continuas retiradas de sus cien mil víctimas. Llamar estrategia a la derrota no es una manera lícita de vencer, pues las batallas no se dan con partes telegráficos, sino con brazos fuertes y corazones bien puestos.

Por una fatal subversión del valor de las palabras, el general Primo de Rivera invoca el "patriotismo" de los españoles, incurriendo en reiterada inexactitud. El único patriotismo que está en juego en Marruecos es el del heroico pueblo marroquí, que defiende su patria contra un yugo extranjero; España, desgraciadamente para ella, no defiende en Marruecos su patria; conspira, al contrario, contra el patriotismo de los marroquíes. Y en esta contienda, Abd-El-Krim ocupa la misma posición histórica que hace un siglo ocuparon Bolívar, San Martín, Sucre, O'Higgins y Artigas.

Como descendientes de españoles, como amigos leales de España, como renovadores de su cultura, a la que nos declaramos indisolublemente vinculados por los nobles lazos de la estirpe y del idioma, hacemos votos por que las clases pensantes de la madre patria infundan en el pueblo español el convencimiento de que Marruecos debe ser evacuado, para que allí surja una nueva patria amiga de España, como son amigas suyas todas las que surgieron cuando evacuó la América Latina.

Los que hemos luchado para que México sea la patria de los mexicanos, Colombia de los colombianos y Argentina de los argentinos, lucharíamos mañana para que España fuera la patria de los españoles si una amenaza extranjera pusiera en peligro su independencia nacional. Por eso mismo, hoy, en respuesta al noble y sereno mensaje de Abd-El-Krim, sentimos vivo anhelo de augurar que pronto sea Marruecos la patria de los marroquíes.

CARTA A FELIPE CARRILLO PUERTO*

1º de junio de 1922

El caso de Yucatán, que por dicho amigo [se refiere a Mediz Bolio] creo ya conocer bien, me parece de un interés no sólo americano, sino mundial. Confirmo con esto las presunciones que creo haberle expresado en mi anterior; están ustedes haciendo un experimento de política social tan interesante como el de Rusia, y, aunque en menor escala, llevan la ventaja de no tener a su frente la coalición capitalista europea.

No se me oculta que toda nueva orientación política debe tropezar con obstáculos serios al pasar del terreno de los ideales doctrinarios al de la experimentación práctica, eso mismo me hace dar todo su valor al sorprendente esfuerzo de organización que ha permitido al Partido socialista de Yucatán ocupar el poder y obrar de conformidad con sus principios.

Por su valor intrínseco en la elevación moral y mental del pueblo de Yucatán, y también por sus efectos de propaganda en el exterior, sería esencial que este gobierno pusiera en primera línea las reformas educacionales. Bien sabe usted cuántas simpatías ha ganado Rusia en el mundo con sus grandes iniciativas de cultura; muchas de ellas podrían renovarse allí, acentuando su adaptación al medio y dándoles alguna proyección latinoamericana. En este último sentido podría, por ejemplo, hacerse por cuenta del gobierno del estado una edición popular de las mejores obras de escritores latinoamericanos, muertos o vivos, con los que ese gobierno se atraería las simpatías de los elementos intelectuales. Pero debería ser una colección muy bien seleccionada, incluyendo solamente los nombres más indiscutibles de cada país (p. ej., Martí y Varona de Cuba, Bilbao y Lastarria de Chile, Sarmiento y Andrade de la Argentina, Juan Montalvo, Rubén Darío, José Enrique Rodó, etcétera).

En un orden más propiamente político, creo que tendría resonancia mundial la creación de una nueva rama legislativa, o consejo económico del estado, en que estuvieran representadas las funciones sociales, un verdadero departamento funcional. Ese cuerpo no podría reemplazar de inmediato a la actual Legislativa del estado, sino

* Tomada de *El Popular*, Mérida, Yucatán, México, 17 de julio de 1922.

[475]

desarrollarse a un lado; sería imprudente dejar la máquina vieja antes de que la nueva haya adquirido capacidad suficiente para sustituirla. Debería ensayarse un sistema bicamarista en que la nueva cámara fuese reemplazando a la antigua gradualmente hasta asumir ella sola toda la función legislativa. El experimento que ustedes podrían hacer "en frío", por así decir, tendría más interés que el sovietismo ruso, pues éste, por haber surgido en condiciones revolucionarias, no ha podido ser juzgado como instrumento normal de la vida política. En algunos números del *Diario oficial* he leído las primeras circulares del Lic. Castillo Torre sobre nuevos rumbos de la enseñanza jurídica. Convendría perseverar en ese sentido y sería muy útil reunir en un volumen una serie de circulares análogas, cuyo conjunto constituye un cuerpo de doctrina sobre las diversas ramas del derecho. Desde luego he dispuesto reproducir en mi *Revista de Filosofía* los que recibí, poniéndoles una nota sugerente.

En cuanto al problema mexicano en general, que es, en parte, el de toda América Latina, considero que sobre él deberá llamarse la atención de nuestro continente, con una propaganda metódica e ilustrada. Comprendo que esto no es asunto para el gobierno particular de Yucatán, sino para el central de México, pero tal vez usted y los diputados de ese estado podrían influir para que el gobierno central comprenda que las simples representaciones diplomáticas resultan ineficaces. De nada sirven los cabildos de cancillería; lo importante es formar opinión pública favorable a una creciente solidaridad y compenetración de los pueblos. Mi opinión personal es que convendría ir preparando una confederación de los países latinoamericanos, mediante la creación de entidades jurídicas, económicas e intelectuales en que participaran todos los países; poco a poco se irían estrechando lazos propiamente políticos, hasta alcanzar cierta unidad de acción frente a los imperialismos europeo y yanqui, cuyo peligro para nuestra autonomía e integridad sería ingenuo ignorar. Bien sabe usted que este problema de las nacionalidades no está reñido con el de la reforma económica y social. Rusia con su brillante actuación en la conferencia de Génova nos ha mostrado que un gobierno socialista resulta el más leal y sincero defensor de los intereses nacionales frente a las coacciones del capitalismo extranjero. Se trataría, en suma, de defender el derecho del pueblo mexicano y de todos los nuestros a regirse por el sistema político que crea más conveniente, sin tolerar el contralor de ningún poder extranjero sobre sus leyes y asuntos interiores.

No olvide hacerme enviar cuantas publicaciones puedan ilustrarme sobre los asuntos generales de México, y los particulares de Yucatán, pues serán bien aprovechados por mí y por otros. Y cuando sus tareas de gobierno le dejen algún momento libre, me será muy grato recibir impresiones de usted sobre lo que allí se hace y proyecta.

Deseándole buen éxito en todo, le envía un apretón de manos su amigo,

JOSÉ INGENIEROS

EN MEMORIA DE FELIPE CARRILLO*

Sencillamente, sin filosofía y sin literatura, como lo habría deseado Felipe Carrillo, apóstol y mártir de la justicia social, quiero asociar mi nombre a la memoria del que fue gobernador constitucional del estado de Yucatán y primer mandatario socialista llevado al poder por un pueblo de nuestra América Latina. Su misma humildad me impone el deber de este homenaje, pues si tuve la dicha de ser su amigo y confidente epistolar en horas de noble inquietud para él, justo es que ahora arrime una piedra para el monumento que en breve le erigirá —no lo dudo— el pueblo entero de México. Es una fatalidad demasiado humana que todos los apóstoles de algún ideal sean fusilados por sus contemporáneos, cuando no por el plomo o el puñal, por la maledicencia o la calumnia; y es su justa recompensa la gloria póstuma, que a veces tarda, pero siempre llega, cuando el recuerdo de las virtudes se sobrepone al rencor de los que por ellas se sintieron más heridos.

A principios del año 1921 recibí de México una carta de firma desconocida. Entre tantas, ésta me llamó particularmente la atención por su fervoroso idealismo y por la sencillez simpática de sus conceptos; era de un hombre bueno y soñador, apasionado por la justicia social, militante en las filas avanzadas de la Revolución mexicana, que en esos momentos adquiría un contenido renovador con el gobierno del general Obregón. Su autor había leído, en diarios de México, algunos escritos míos acerca de la guerra y de la honda conmoción que era su resultado natural, teniendo por expresión más visible la Revolución rusa, tan calumniada entonces por la prensa capitalista y amarilla, como enaltecida hoy por la misma en la personalidad ya histórica de su ilustre Lenin. Muy pocos creían entonces que los derrumbadores de la oprobiosa autocracia zarista se mantuvieran en el poder contra los ataques militares y periodísticos de la nueva Santa Alianza que las potencias aliadas habían protocolizado en Versalles; el autor de la carta me expresaba su optimismo, previendo lo que hoy todos sabemos: el triunfo de los revolucionarios rusos, histórica e internacionalmente consagrado ya con el reconocimiento del gobierno de los soviets por todos los gobiernos de Europa.

¿Quién era mi optimista corresponsal? La carta —que he per-

* Publicado en *Nosotros*, junio de 1924. Tomamos la reproducción de este artículo del Boletín de la Universidad Nacional del Sureste, México, agosto de 1924, t. IV, núm. 3, pp. 125-142.

dido— traía un membrete de la Cámara de Diputados, de México, y una firma para mí nueva: "Felipe Carrillo." Le contesté sin demora, en términos cordiales, encareciéndole me favoreciese con informaciones amplias sobre el contenido social de la Revolución mexicana. Así quedó establecida mi amistad epistolar con Felipe Carrillo Puerto, mucho antes de que la política le elevara al cargo de gobernador del estado de Yucatán. Le envié algunos libros que podían interesarle y no pocas publicaciones que le permitieran apreciar el movimiento político e intelectual de la Argentina; me retribuyó con publicaciones mexicanas, particularmente yucatecas.

No conservo sus primeras cartas. De fecha octubre 10 de 1921 recibí, en diciembre, una muy extensa, en diez carillas escritas a máquina, sobre papel con membrete de la "Liga central de resistencia del Partido socialista", datada en Mérida; tan importante la consideré que, después de leerla a varios amigos, la guardé celosamente y forma la primera pieza de la *Correspondencia de Felipe Carrillo,* que en homenaje a su memoria considero mi deber publicar.

Uno de los últimos párrafos de la carta —escrita a menos de un mes de las elecciones en el estado— decía, como información accesoria, lo siguiente: "El Partido socialista, que domina y dirige la opinión pública de la mayoría de Yucatán, me postula su candidato para las próximas elecciones de gobernador constitucional, y, en el caso de llegar al poder, procuraré por todos los medios implantar una ley semejante (de expropiación y reparto de latifundios, vigente ya en el estado de San Luis Potosí) que beneficie prácticamente a los trabajadores del campo."

Con una simplicidad digna de los primeros apóstoles cristianos hablaba Carrillo, en sus cartas, de política social; tenía la visión clara de los males y de los remedios, adecuada al campo de experiencia que el destino podía poner a su alcance en un momento dado. Su mucha imaginación de reformador se presentaba siempre contenida por un gran sentido práctico, surgido del contacto con la realidad social; pero nada revelaba que el deseo de acción le sugiriese ilusiones de éxito privado. En ningún momento deseó el gobierno por vanidad; sus cartas de todo hablaban, menos de eso.

A principios de diciembre llegó a Buenos Aires la carta a que hice referencia; no alcanzó a prevenirme para una sorpresa que me resultó sensacional. El 6 de noviembre de 1921 se efectuaron en Yucatán las elecciones y con fecha 9 del mismo la agencia *All America Cables* me entregó el siguiente cablegrama: "Partido Socialista Sureste triunfó definitivamente, gobernador, diputados, ayuntamientos, con sesentamil cientoveinteysiete votos, inmensa mayoría pueblo.—Afectuosamente, el presidente.—Felipe Carrillo." La carta del 10 de octubre, en vez del anuncio previo, me trajo un mes después la prueba del alto valor moral del hombre sencillo, llegado a la más alta magistratura de su pueblo sin dar a la cosa otra importancia que la de poder servir con más eficacia sus ideales.

Entre tanto, por amable mediación de Julio R. Barcos, había trabado amistad en ésta con el poeta Antonio Mediz Bolio, distinguido intelectual y simpática persona, que era secretario de la legación de México y provisionalmente Encargado de negocios, desde la muerte de Amado Nervo. Por feliz coincidencia era Mediz Bolio nativo de Yucatán y amigo de Carrillo; me dio las más claras explicaciones sobre el contenido social de la Revolución mexicana y sobre la organización sindical de la clase obrera de Yucatán. Pero, más que todo, me interesaron sus referencias sobre la personalidad de Felipe Carrillo, que en su verba expresiva y calurosa me pintó como el apóstol de las masas agrarias de Yucatán, que tenía el don de predicarles el advenimiento de la justicia social en el propio idioma de los mayas. De aquellas conversaciones con Mediz Bolio —a que asistieron Muzio Sáenz Peña, Martínez Cuitiño, Coronado, Giusti, Icasate, Bianchi, Orzábal, Gómez, Cisneros, Bermann, Ponce, Méndez Calzada, Barcos, Peña, Del Mazo, Castiñeiras, P. López Buchardo, Pezzi, Moreau, Julio González, Vrillaud, Palcos y otros amigos que olvido— adquirimos todos la convicción de que Felipe Carrillo era, por su fe y por su voluntad, capaz de afrontar con éxito las graves responsabilidades que el gobierno le impondría.

Telegrafié de inmediato a Carrillo. Cuando llegó su carta, escrita antes de las elecciones, resolví esperar alguna posterior, para contestarle extensamente. Una fechada a 15 de noviembre, nueve días después de electo, no comienza comentando el suceso, sino hablando de la necesidad de combatir el analfabetismo de las masas, como primordial labor de toda acción civilizadora. Y más adelante, en un párrafo único, dice con encantadora naturalidad: "El día 6 del mes en curso verificáronse en este estado las elecciones para elegir Poderes. En el certamen democrático contendieron los dos partidos que en el seno de toda sociedad dispútanse la primacía política: el conservador, con el nombre de Liberal Yucateca, y el revolucionario, con el nombre de Partido Socialista del Sureste. Este último, que me hizo la honra insigne de postularme para la primera magistratura del estado, triunfó en las elecciones, por una inmensa mayoría, quedando consagrada políticamente la fuerza democrática de las masas organizadas de los trabajadores de la comarca. Mi preocupación mayor consiste en el modo como podré resolver, en su debida oportunidad, los grandes problemas que, dentro de la relatividad ordinaria de las cosas, se ofrecerán, sin duda, en el período de mi gobierno."

Carrillo me pedía pareceres y me invitaba a hacer un viaje hasta Yucatán. Estuve indeciso sobre lo que podría aconsejarle o prometerle. En marzo recibí otras cartas, que contesté someramente, y con fecha 1⁰ de junio de 1922 le remití una más extensa, cuyo contenido podré intercalar entre las de Carrillo, por haberse publicado en todos los diarios yucatecos partidarios de Felipe. Tengo motivos para creer que esa carta, por su oportunidad, significó un gran apoyo moral para el nuevo gobernador, acosado ya por la oposición de viejos politiqueros tan hábiles como inmorales.

Aunque mis relaciones con los grandes diarios de ésta eran francamente incordiales, desde que en 1919 sus propietarios se asociaron para combatir toda corriente de ideas renovadoras, hice en torno de Carrillo y de su orientación política alguna propaganda eficaz, no sin rememorar que en el experimento de Yucatán revivían los célebres proyectos de enfiteusis agraria que honran a nuestro genial Rivadavia.

Con fidelidad recíproca mantuvimos, con Carrillo, una correspondencia muy interesante, que de año en año aumentó mi afectuosa simpatía por el abnegado gobernador yucateco. Tuve testimonio de su reciprocidad por intermedio del amigo Alfredo L. Palacios, que visitó Yucatán en 1923, trayendo de Carrillo y de su obra las más gratas impresiones. No ocultaré la satisfacción con que el 1⁰ de abril recibí el siguiente cable: "Después conferencia de Palacios, que le recordó cariñosamente, el pueblo aclamó su nombre. Afectuosamente, Felipe Carrillo."

A su regreso, Palacios puso en mis manos un precioso bastón de carey que lleva grabado en su escudo el testimonio de simpatía del partido presidido por Carrillo; lo conservaré como prueba de afecto del hombre bueno que así retribuyó mis pobres obsequios de libros.

Las últimas cartas suyas que he podido encontrar son de abril y junio de 1923, posteriores al viaje de Palacios. Le escribí por última vez en noviembre, ya en plena revolución huertista; supongo que esa misiva no llegó a su poder.

Releyendo las cartas de Carrillo, confirmadas por las publicaciones de la prensa yucateca, amiga y adversaria, se llega a la conclusión forzosa de que su labor representa el primer ensayo de gobierno socialista en la América Latina, tipificando con líneas más firmes el sentido general de la política mexicana. Sería injusto olvidar que en la gran nación hermana esa política no es nueva. Durante las presidencias de Madero y de Carranza se insinuaron claramente las tendencias que se han acentuado en la de Obregón; en los poderosos núcleos del movimiento laborista mexicano se recuerda actualmente a Zapata como un precursor y en varios estados se han puesto en práctica leyes agrarias tan radicales como las ensayadas por Carrillo en Yucatán.

Más todavía; es forzoso reconocer que, en Yucatán mismo, el gobierno del general Alvarado definió su tendencia teórica en el mismo sentido, aunque no logró darle vida en el terreno de las realizaciones prácticas. Estas consideraciones obligan a pensar que la inclinación hacia el socialismo agrario no es, en México, el resultado de una ideología doctrinaria que intenta violar la realidad social, sino que emerge de las condiciones mismas de esa realidad, a punto de que cualquiera otra política resultaría allí inadecuada a las necesidades efectivas de la casi totalidad del pueblo mexicano. Así se comprende que casi todos los líderes del movimiento sean hombres salidos de las mismas filas populares, verdaderos portavoces del "hambre de tierra" en que la población agraria ha vivido durante el régimen de acaparación feudal que siguió al coloniaje español.

País esencialmente agrario, como muchos de nuestra América Latina, su socialismo ha brotado como una reivindicación de la tierra por la masa nativa, despojada por acaparadores latifundistas; su semejanza con el problema de Rusia es grandísima y la visión realista del remedio no es otra que la señalada hace un siglo en la Argentina por Rivadavia.

En su organización y estructura el socialismo de México tiene un carácter marcadamente sindicalista, que es el propio y típico del movimiento obrero mientras las reivindicaciones sociales no son desplazadas por las necesidades de una acción política que, en muchos casos, acaba por hacer primar los medios sobre los fines. En sus últimos documentos la organización capital de las fuerzas políticas obreras usa el nombre de "Partido laborista mexicano".

En el caso particular de Yucatán se mantienen las mismas características. Las primeras cartas de Carrillo, anteriores a su ascensión al gobierno, traen el membrete: "Liga central de resistencia del Partido socialista", al que se agrega poco después: "del Sureste. Adherido a la Confederación regional obrera mexicana". El lema es siempre "Tierra y libertad", seguido de tres declaraciones que definen su programa de acción social.*

Considero inútil entrar en explicaciones. Por mi parte, requerido mi consejo al respecto por Carrillo, recuerdo haberle recomendado que, aun manteniendo la más completa solidaridad moral con la Revo-

---

* CÓDIGO DEL TRABAJO VIGENTE EN YUCATÁN:
Trabajo diurno: Jornada máxima, 8 horas. Ordinaria, 6 horas.
Trabajo nocturno: Jornada máxima, 7 horas. Ordinaria, 5 horas.
Art. 2. Todos los hombres tienen derecho de coaligarse en defensa de sus intereses, formando Ligas de resistencia.
Art. 15. Los trabajadores tienen derecho de modificar sus contratos con

lución rusa, no convenía adherir a la Tercera internacional ni ligarse al Partido comunista, aunque descartando toda vinculación con la Segunda internacional y con los socialistas amarillos que servían los intereses de las potencias aliadas, esencialmente reaccionarios en esa época.

También le expuse la necesidad de adaptar la acción de su partido respecto a los salarios, cada vez que los artículos de primera necesidad suban de precio o por cualquier circunstancia se les encarezca la vida.

Art. 67. La semana es obligatoriamente inglesa.

ACUERDOS DE LA TERCERA INTERNACIONAL:

La clase obrera sin un partido político organizado no es sino un cuerpo sin cabeza.

La idea de no adhesión al Partido socialista, como principio, está cultivada hábilmente entre los obreros por la burguesía y sus acólitos, con el fin de alejar a los proletarios de una lucha organizada para el socialismo.

Toda lucha de clases es una lucha política; el fin de esa lucha, que se transforma inevitablemente en guerra civil, es la conquista del poder político.

El poder político sólo puede ser adquirido, organizado y dirigido por un partido político. Y cuando el proletariado se organice en partido político, la conquista del poder público no será episodio accidental, sino punto de partida para la continuación comunista.

La necesidad de un partido político del proletariado no desaparece más que con la desaparición total de las clases.

Con el fin de sostener y dirigir con éxito la guerra de clases, el partido debe crear, en el interior de sus filas, un orden militar férreo.

La Internacional comunista confirma de la manera más categórica, como crimen contra el movimiento obrero, todo cisma o tentativa de cisma en el interior de los partidos políticos proletarios.

La dictadura del proletariado llevará la reforma social para el bienestar del pueblo.

Es necesario que los trabajadores que vayan al poder se instruyan para organizar y dirigir el poder político en beneficio de las clases proletarias.

LEMAS:

Haz lo posible de emanciparte de los amos, porque de Dios con sólo instruirte lo consigues.

Instruir al pueblo para su defensa en sustitución del ejército es acabar con las tiranías.

Trabaja para ti, no dejes que otro explote tu trabajo.

El derecho y el deber son dos líneas paralelas.

La administración de la tierra y de los instrumentos de trabajo por los trabajadores solucionará el problema económico social.

Únanse los trabajadores y los intelectuales de buena voluntad para llegar al fin deseado. El gran Anatole France está dando el ejemplo.

Si cobras el precio de tu trabajo, haz trabajo bueno.

Todos los ligados deben portar sus contraseñas en todas las fiestas que celebren las Ligas de resistencia.

al medio en que actuaba, recordándole que la fuerza más grande de
los revolucionarios rusos ha sido el profundo carácter nacionalista de su
obra, felizmente acentuado por las invasiones de aventureros militares
pagados por las potencias aliadas.

No le oculté la ventaja de dar un carácter latinoamericano al
movimiento, por considerar que nuestros países están en la situación
de "estados proletarios" frente al capitalismo imperialista de Estados
Unidos, que representa el único peligro común para la independencia
de nuestros pueblos. El diario *El Popular,* de Mérida, al reproducir
mi carta a Carrillo, interpretó mi pensamiento al ponerle como título:
"Un gobierno socialista resulta el más leal y sincero defensor de los
intereses nacionales."

Le expuse, en fin, mi opinión sobre la absoluta necesidad de asegurar equitativas indemnizaciones a todos los latifundistas cuyos bienes
fuesen legalmente declarados de utilidad pública, pues toda forma de
expropiación no indemnizada, además de injusta, resulta nociva por
las formidables resistencias que levanta contra el gobierno que la
efectúa.

Debieron coincidir mis opiniones con las propias de Carrillo, pues
todas ellas primaron en la práctica.

La obra realizada por Carrillo en sus dos años de gobierno respondió completamente a lo que sus lejanos amigos esperábamos de él; está
relatada en sus cartas y documentada en publicaciones oficiales, que
demuestran su desvelo primordial por la solución del problema agrario
y por el desarrollo de la educación pública.

Desde el primer momento gozó del más alto concepto moral en
todo México. Excelentes referencias de su gobierno me dio José Vasconcelos, en su breve estancia de 1922 en Buenos Aires; pocos meses
después visitó a Carrillo en Yucatán, para asesorarle en sus iniciativas
relacionadas con la instrucción pública. Debo declarar, sin ambages,
que mi amistad con Carrillo fue un factor decisivo de los conceptos
de simpatía política por la Revolución mexicana, enunciados en mi
discurso al ofrecer a Vasconcelos el banquete de los intelectuales argentinos, auspiciado por la revista *Nosotros.* Si en algo estimaron los
mexicanos mis palabras, sepan que fue Carrillo uno de sus involun-
tarios inspiradores.

Poco después de Vasconcelos estuvo en Buenos Aires el ministro
de México en Chile, Trejo y Lerdo de Tejada, hombre de inteligencia
vivaz y de acción eficacísima, de quien obtuve nuevas y precisas
informaciones sobre los ideales de la Revolución mexicana; de sus labios
escuché elogios entusiastas de Felipe Carrillo, de su sinceridad ideológica, de su capacidad como organizador. Todos los informes, que por
diversos conductos me llegaban, coincidían en agrandar la figura del

apóstol del socialismo agrario, por cuya labor llegué a sentir, además de simpático interés, una respetuosa admiración.

No habiéndole conocido personalmente, me es imposible dar una impresión sobre su persona y su carácter. De un artículo de Carlos Loveira, reproducido en *Renovación*, de Buenos Aires, en abril de 1923, transcribo las siguientes líneas expresivas:

"Felipe Carrillo, actual gobernador de Yucatán, es hombre de cuarenta y ocho años. Alto, fornido, de aspecto saludable y mirada inteligente, toda su figura dimana fuerte influencia simpática. Por la consecuencia inalterable con que vive su socialismo, aun en las facetas de la moral personal que practica, contrariando valientemente rutinas y preocupaciones, y por el aislamiento de toda seducción social en que se mantiene, da influyente ejemplo disciplinario a sus colaboradores y prosélitos; por sus continuados y fervorosos esfuerzos en pro de la emancipación moral, material e intelectual de los indios, a precio de la miseria propia y de los suyos, de persecuciones y destierros en los años de opresión y tiranía más o menos disfrazadas: con Díaz, con Madero y con Huerta; porque, hoy, sin marearse con las alturas del poder, sigue pasando la mayor parte de su tiempo entre *su* gente de los pueblos y las haciendas, procurando mejorar sus condiciones en todos los órdenes; porque como en épocas anteriores y según va dicho, se pone siempre en contacto con los suyos en la lengua de los mayas, que habla con fluidez y casi con la pureza primitiva, en pláticas fraternales, apostólicas, mientras vive las costumbres sencillas de la raza; por todas estas sugestivas razones, los indios le idolatran con invulnerable fervor, dándole un poder social que le hará, indefinidamente, en tanto no se rinda ni violenta o dolorosamente le rindan los adversarios o las malas compañías, factor decisivo e imprescindible en todo movimiento político en el estado de Yucatán."

Carrillo tuvo, entre otros méritos, el de no olvidar en el gobierno los principios que profesara en el llano. En el congreso obrero celebrado en la ciudad de Izamal, presidido por él como gobernador, se le aclamó presidente del Partido socialista del sureste y se trataron los temas siguientes:

i. Medidas que deben tomarse para asegurar la fidelidad de los socios y de las Ligas de resistencia del estado al credo socialista.

ii. Conveniencia de establecer el Consejo federal de la Ligas de resistencia e integrarlo con representantes de ellas que no sean funcionarios públicos.

iii. Acordar que los representantes políticos de las Ligas de resistencia en el Congreso del estado se opongan a la reelección de funcionarios, no aprobando credenciales de compañeros que se reelijan.

iv. Fijar las cualidades sociales que deben reunir los candidatos a funcionarios públicos y las que deben reunir los representantes de las Ligas en el Consejo federal.

v. Fijar los preceptos de moral societaria que deben imperar en las Ligas de resistencia del Partido socialista.

vi. Medios que deben emplear las Ligas para arbitrarse fondos y proporcionar los suficientes a la Liga central o al Consejo federal para su vida económica, no olvidando sobre este punto lo acordado en el Congreso obrero de Motul.

vii. Determinar las finalidades comunistas, que desde el punto de vista agrario, industrial y económico, deben perseguir las Ligas de resistencia.

viii. Estudiar y fijar los medios para que la riqueza agrícola e industrial del estado vaya pasando a manos de las Ligas de resistencia hasta controlarla en su totalidad.

ix. Procurar, entretanto se realiza lo anterior, que el gobierno socialice los servicios públicos, desempeñados ahora por empresas privadas, como tranvías, luz y fuerza eléctrica, etcétera.

x. Fijar el tiempo que deben durar en sus funciones el presidente del Partido socialista y los componentes del Consejo federal de las Ligas.

xi. Conveniencia de evitar que los socialistas se *autopostulen* para los puestos públicos, y establecer para lograrlo las sanciones correspondientes.

xii. Constituir la Federación de las Ligas del Partido socialista del sureste y las del Partido socialista agrario de Campeche.

xiii. Medidas tendientes a levantar el nivel económico y con éste el nivel moral e intelectual de los socialistas.

xiv. ¿El Partido socialista del sureste debe o no debe adherirse a la Tercera internacional de Moscú?

El Congreso no se adhirió a la Tercera internacional de Moscú, por entender que era más amplio y abierto a las aspiraciones de "la revolución que hoy impera en la tierra", declarar enfáticamente "estar de acuerdo con todos los movimientos encaminados a la transformación social del mundo".

El primer acuerdo recaído sobre el tema viii, dice:

"Debe prevenirse a los gobernadores de los estados que envíen a sus respectivos congresos locales un proyecto de ley tendiente a obtener las siguientes facultades ejecutivas: a] para adquirir propiedades rústicas e industriales con sus respectivos medios de explotación; b] para ponerlas bajo la administración de las Ligas de resistencia, o para enajenarlas a las mismas gratuitamente; y c] para que sean explotadas por los trabajadores."

Por último, el tema ix promovió este acuerdo:

"I. El Ayuntamiento de Mérida, y los ayuntamientos restantes, deben presentar una iniciativa al Congreso local, con el objeto de que éste ordene la expropiación, por causa de utilidad pública, de los servicios públicos aludidos; asimismo solicitarán autorización para contratar los empréstitos con el fin de indemnizar a los propietarios de dichos servicios."

Carrillo y sus amigos, en el gobierno, fueron fieles a sus ideales y principios de renovación social. Ignoro las tachas que les harían sus adversarios; la única que nadie pudo hacerles, seguramente, fue la de inconsecuencia entre las predicaciones del apostolado y la obra ejecutiva del poder.

Carrillo, como toda la izquierda de los mexicanos solidarios con el presidente Obregón, era partidario de la candidatura presidencial del general Plutarco Elías Calles, cuya popularidad entre el pueblo trabajador de México era inmensa. El triunfo de su candidatura se descontaba por una mayoría enorme, abrumadora. Así me lo ratificó en Buenos Aires, a principios del año 1923, el diputado obrero mexicano Ezequiel Salcedo, con quien hicimos mucha amistad en pocos días; Salcedo pertenecía al grupo de Carrillo y supo ilustrarme con rara sagacidad sobre la situación de los núcleos políticos en vísperas de la elección presidencial. Su impresión era definitiva: Calles o nadie.

El periódico *Renovación*, de Buenos Aires, que se había ocupado varias veces de Carrillo y su gobierno, publicó el manifiesto de Calles al aceptar su candidatura presidencial; basta leer ese documento para comprender lo que significaban las palabras: Calles o nadie.

Adolfo de la Huerta, agente financiero en continuo trato con los yanquis y ministro de hacienda de Obregón, fue el personaje escogido por los conservadores mexicanos para obstruir la candidatura de Calles. Era De la Huerta "socialista amarillo", habituado al trato social con los pelucones de México y con los capitalistas norteamericanos; su candidatura, opuesta a la de Calles, era una de las habituales maniobras jesuíticas que los políticos desleales suelen emplear contra sus adversarios más firmes. La candidatura de De la Huerta, hombre del partido gobernante, mereció el apoyo de todos sus enemigos internos y externos, asumiendo los caracteres de una simple traición.

Al verse desamparado por su propio partido, que prefería sin disputa a Calles, se lanzó De la Huerta a la guerra civil, contando con el apoyo de todos los elementos conservadores que estaban afligidos por las tendencias laboristas de Obregón. ¡La guerra civil! Todos los pueblos de la América Latina han conocido sus horrores y saben que hay siempre una multitud de caciques descontentos que la desean, para medrar mejor.

En México fue terrible esta vez, como otras. El cuartel general de

De la Huerta estaba en Veracruz. La península de Yucatán, casi separada del centro mexicano por su posición geográfica, permanecía ajena a la guerra civil, aunque el gobierno de Felipe Carrillo estaba con Obregón. Un día las fuerzas nacionales con residencia en Mérida recibieron orden de marchar sobre las fuerzas huertistas. Salieron en tren y a poco andar se produjo una sublevación, fue apresado el jefe y las fuerzas volvieron sobre Mérida para ocuparla en nombre de De la Huerta, el 13 de diciembre de 1923.

Fue cuestión de horas, de momentos, Carrillo y sus amigos, sin fuerza armada que pudiera servir a su defensa, desde que la sublevada era la propia, abandonaron la ciudad. Cruzaron muchas leguas; al fin fueron alcanzados y el gobernador volvió a Mérida prisionero, alojándosele en la cárcel.

Había asumido el gobierno de Yucatán el jefe de los sublevados, coronel Ricárdez Broca. Con los medios de fuerza que son de presumir y con bandos amenazadores de muerte que hemos leído, el bárbaro coronel logró contener la indignación casi unánime que causara el encarcelamiento de Carrillo. Pero, a pesar de todo, la protesta crecía en torno de los sublevados, pues el simple anuncio de que Carrillo estaba preso conmovía de uno a otro extremo a la población agraria de Yucatán. Corrían sordos rumores de alzamiento popular general contra los huertistas y el coronel Ricárdez Broca tuvo la sensación evidente de que aquella marejada creciente acabaría por ahogarle, con todos sus parciales.

Obtuso de inteligencia y salvaje de corazón, acaso asesorado por algunos periodistas locales que combatieran antes a Carrillo, el coronel Ricárdez Broca creyó salvar su situación haciendo asesinar al apóstol que desde su prisión no podía comunicarse con ningún amigo.

El 2 de enero de 1924, con pretextos fútiles, el coronel Ricárdez Broca dispuso un simulacro de consejo de guerra contra Felipe Carrillo, sus hermanos Benjamín, Wilfrido y Edesio, el presidente municipal licenciado Manuel Berzunza y otros detenidos, todos civiles. En pocas horas se tramitó la innoble farsa y el 9 de enero, al amanecer, Carrillo y sus compañeros fueron fusilados frente al muro del cementerio de Mérida, que guarda los restos del poeta argentino Martín Goycoechea Menéndez, honrados por un hermoso monumento erigido a su memoria por los intelectuales yucatecos.

Cuando el telégrafo anunció, en tres líneas, que el gobernador de Yucatán había sido fusilado por los reaccionarios huertistas, mi primera impresión de congoja fue atenuada por la incredulidad. Desde la guerra europea es tan grande la inmoralidad de las agencias noticiosas y telegráficas, así como de toda la prensa política conservadora, que me resistí a creer; no en vano, durante seis años, habían fusilado cien veces a Lenin y cincuenta a Trotski. ¿Cómo es posible, me decía, que se mande fusilar a un prisionero civil inerme, que está en la imposibilidad de constituir un peligro para un gobierno militar de hecho? Se puede fusilar a quien conspira o se alza a mano armada contra una autoridad; pero así, a sangre fría, sacar de su celda a un hombre cuyo único delito es haber sido gobernador y mandarlo fusilar parodiando en pocas horas la ceremonia de un consejo de guerra, no podía ser, era absurdo.

¡No era absurdo! En la prensa de Yucatán leímos la confirmación de lo que parecía imposible. Pocos días después recibíamos el manifiesto de protesta del Partido laborista mexicano, firmado por el diputado Luis N. Morones. ¡Había que creer!

Vencido al poco tiempo el alzamiento reaccionario, los sublevados huertistas se escaparon de Mérida llevando en la frente el ignominioso baldón de un crimen irreparable. Las fuerzas de Obregón entraron en su reemplazo y el clamor general del pueblo de Yucatán se oyó unánime en loor de Felipe Carrillo. Los diversos núcleos políticos que aspiran a sucederle invocan su memoria y prometen continuar su programa; el pueblo acude en compungidas procesiones a cubrir de ofrendas florales su tumba; sus mismos enemigos de ayer le entonan cínicas loas que pretenden ser homenajes de justicia póstuma. Seis meses después de su asesinato Felipe Carrillo es venerado por el pueblo de Yucatán, y de México entero, como un mártir de sus ideales.

La correspondencia de Felipe Carrillo, que considero necesario publicar, contiene la expresión viva y palpitante de su pensamiento político, unida a la inquieta emoción que acompaña al hombre de lucha cuando el destino le pone en situación de realizar el gran experimento de convertir sus sueños en realidad. Sus cartas, sin agregar ni suprimir una coma, dicen todo lo que anhelaba, todo lo que alcanzó a hacer, todo lo que habría tentado si la villanía de un coronel no hubiese tronchado en flor su noble apostolado social.

Tengo noticia de que el diputado laborista Luis N. Morones, de acuerdo con las organizaciones obreras mexicanas, iniciará una suscripción nacional para levantar una estatua a Felipe Carrillo en una de las plazas de la ciudad de México. Creo que muy pronto tendrá también un monumento en Yucatán, que será en el porvenir un símbolo de redención para la raza maya, que tanto amó y por cuyo enaltecimiento luchó sin descanso; pues fue, en su medio, el hombre representativo de una palingenesia social, como Dantón en Francia, Garibaldi en Italia, Moreno en la Argentina y Lenin en Rusia.

Con estas páginas de evocación, escritas sencillamente, como él las hubiera deseado, quiero señalar a la nueva generación de la América Latina esta figura de precursor humilde, más digna de recuerdo continental que muchos políticos cuya personalidad se encumbra sobre la tiranía política, la guerra civil o la injusticia social. Miro como un honor el asociar mi nombre a los homenajes que el pueblo de Yucatán tributa ya a la memoria de su apóstol y mártir.

Cuando allí se erija su monumento, cerca del que los intelectuales yucatecos levantaron a mi querido amigo de juventud, el poeta Martín Goycoechea Menéndez, es mi deseo que en el pedestal pueda leerse el testimonio de mi solidaridad moral, expresado en la más sencilla placa: "A Felipe Carrillo, su amigo, José Ingenieros." Sé que si en alguna noche de luna pudiera su sombra levantarse para tomar fe de la lealtad sentimental, esas palabras le arrancarían la misma lágrima conmovida que sentí caer sobre mi mejilla cuando leí la noticia de su fusilamiento.

ANTE LA SOCIEDAD DE LAS NACIONES*

La Federación Universitaria Internacional pro Sociedad de las Naciones ha tenido la gentileza, que agradezco, de invitarme a exponer mis puntos de vista, en esta solemne ceremonia, destinada a examinar "la comunidad de ideas de las Repúblicas de la América Latina y de la Sociedad de las Naciones". Presente aquí en mi simple condición de escritor, pues no tengo, para este acto simpático, representación alguna del gobierno de mi país, he aceptado, como un deber, deciros con precisión y claridad lo que piensa una culta minoría de nuestra América, cuya opinión está libre de prudentes convencionalismos diplomáticos.

¿Somos partidarios de una Sociedad de las Naciones? ¿Su actual organización es satisfactoria? ¿Cuáles tendencias desearíamos que primaran en ella? La respuesta a esas preguntas surgirá clarísima comunicando los puntos de vista de la Unión Latino Americana, institución recientemente fundada en Buenos Aires por elementos universitarios, con el propósito de desenvolver una política espiritual que unifique las aspiraciones de la joven generación en nuestro continente.

Los fines propios de una sociedad de las naciones nos parecen concurrentes a los nuestros y pondríamos gustosos a su servicio lo mejor de nuestros esfuerzos. No ignoramos que, bajo el imperio de circunstancias inexorables, la actual ha nacido tendenciosa e imperfecta; pero creemos que la experiencia irá rectificándola y perfeccionándola, en convergencia hacia nuestros ideales. Afirmamos la necesidad de renovar los principios y los procedimientos del viejo derecho internacional, aún dominantes en ella, para que la impericia y los prejuicios de los gobiernos no puedan en el porvenir comprometer la paz de los pueblos.

Somos pacifistas, como hijos de una nación que desde hace muchos años acostumbra resolver sus diferencias internacionales, por el arbitraje, y respeta escrupulosamente sus decisiones. Somos, también, antimilitaristas y partidarios de toda iniciativa que pueda hacer efectivo el desarme gradual de las naciones latinoamericanas, por creer que nuestros problemas intracontinentales son simples malentendidos entre hermanas, susceptibles de resolverse por acuerdos jurídicos.

Creemos que la situación común a todos los pueblos de nuestro

* Discurso pronunciado en el anfiteatro Descartes, de la Sorbona, el 15 de julio de 1925, en un acto organizado por la Federación Universitaria Internacional pro Sociedad de las Naciones. De *Revista de Filosofía*, septiembre de 1925.

continente, nos obliga a preservarnos de toda tutela o protección extranjera. Aunque amigos de todas las grandes naciones que aun pueden cooperar a nuestro desenvolvimiento, somos abiertamente contrarios a todo imperialismo que aspire a convertirnos en colonias políticas, económicas o espirituales, con mengua de nuestra soberanía y de nuestra dignidad nacional.

Consideramos que en todos los pueblos de la América Latina el ideal nacionalista debe ser elevado y ampliado generosamente, aspirando a constituir una sola y grande nacionalidad continental, de tipo federativo, que nos haría fuertes y poderosos, frente a los peligros del imperialismo que ya ha dado muestras de su voracidad, en circunstancias que no es necesario recordar. Creemos, por esto, que la Sociedad de las Naciones, redimida gradualmente de sus pecados originales, podrá prestar servicios inmensos a la humanidad en general, y particularmente a nuestros pueblos de la América Latina, constituyendo el freno moral del derecho contra los abusos inmorales de la violencia imperialista.

Ante los graves problemas sociales que conmueven el mundo entero, y que la posguerra ha exacerbado, afirmamos nuestra simpatía por todas las reformas que favorezcan el advenimiento de la justicia social en los pueblos. Comprendemos el espíritu de nuestro tiempo y deseamos que nuestra joven América no marche a retaguardia en la renovación jurídica que se está efectuando en todos los pueblos civilizados.

Por fin, conceptuamos indispensable la reforma educacional en nuestros países, desde sus grados primarios hasta sus institutos superiores. Por una parte, dándole un sentido moral y social en armonía con las características de nuestros pueblos; por otra parte, dignificando su régimen administrativo por la eliminación de la política, y dando representación en sus organismos técnicos a todas las partes interesadas en la enseñanza.

La Unión Latino Americana, que ya interpreta el pensamiento de muchos miles de profesores y estudiantes, desea y espera que la Federación Universitaria Pro Sociedad de las Naciones examine y haga suyas estas ideas, que estamos dispuestos a sostener inflexiblemente.

La joven generación del continente nuevo ha constituido ya fuertes núcleos de pensamiento y acción, que prestarán gustosos su apoyo a la hermosa inciativa que nos reúne esta noche, siempre que ella acoja nuestro punto de vista latinoamericano, como un complemento necesario de los puntos de vista puramente europeos, que, por ser forzosamente incompletos, no logran muchas veces interesarnos, ni requieren nuestra cooperación.

Apoyaremos, pues, con entusiasmo el perfeccionamiento de la

Sociedad de las Naciones, confiando en que nuestros pueblos de la América Latina, estrechando sus vínculos hacia la constitución de una sola y grande nacionalidad continental, adquieran el derecho de hablar en voz alta, entre las grandes naciones del mundo, y puedan pesar como iguales en la futura balanza del derecho internacional.

ESQUEMA BIOGRÁFICO

1877 Nace el 24 de abril, hijo de Salvador Ingenieros y de María Tagliavía. El padre, oriundo de Palermo (Sicilia) —emigrado por razones políticas—, había participado activamente en el movimiento socialista de su patria. Luego de un período en Montevideo, y ya en Buenos Aires, cursa los estudios primarios en el Instituto Nacional y en el Colegio Catedral al Norte.

1888 Ingresa al bachillerato en el Colegio Nacional de Buenos Aires. Durante estos años dirigirá el periódico estudiantil *La Reforma*.

1892 Concluye sus estudios secundarios, y al año siguiente se inscribe simultáneamente en medicina y en derecho, optando luego por la primera.

1894 En el Hospital de Clínicas, participa en la fundación del Centro Socialista Universitario, siendo su primer secretario.

1895 Creación del Partido Socialista Obrero Internacional (luego Partido Socialista Obrero Argentino): presidente, Juan B. Justo; secretario, José Ingenieros. Colabora en *La Vanguardia* y publica *¿Qué es el socialismo?*

1896 Primer congreso del Partido Socialista, donde se aprueban los estatutos, la declaración de principios y el programa mínimo. Durante el mismo, Ingenieros y Lugones se ubican en posiciones extremas respecto de las sustentadas por Juan B. Justo.

1897 Aparece *La Montaña*, que dirige junto con Leopoldo Lugones. Se gradúa de farmacéutico. Participa de la experiencia "modernista" a través de La Syringa, el Ateneo y la revista *Atlántida*.

1898 Colabora con *El Mercurio de América*. Inicia la producción sistemática de monografías sobre psicología. Publica, entre otros, *De la barbarie al capitalismo* y *La mentira patriótica, el militarismo y la guerra*. Tiene como profesor, en la Facultad de Medicina, a José Ramos Mejía, con quien lo ligará una profunda y perdurable relación. El criminólogo y anarquista italiano Gastón Gori —entonces residente en la Argentina— funda la revista *Criminología Moderna*, donde Ingenieros publica sus primeros escritos penalistas.

1899 Conoce a Francisco de Veyga, introductor de la escuela positiva en medicina a través de la antropología criminal. Aquél lo designa secretario de redacción de *La Semana Médica*, donde Ingenieros publicará numerosos artículos. Aparece su estudio sobre el libro de J. M. Ramos Mejía *Las multitudes argentinas*. Se retira de la política activa en el Partido Socialista.

1900 Se gradúa de médico con la tesis *La simulación de la locura,* precedida
por una introducción que lleva como título *La simulación en la
lucha por la vida.*
Ocupa las funciones de jefe de la Clínica de Neurología de la Facultad
de Medicina y en el Servicio de Observación de Alienados de la policía federal.
Publica *Dos páginas de psiquiatría criminal.*

1901 Participa, como delegado oficial, del II Congreso Científico Latinoamericano, realizado en Montevideo. Allí presenta su clasificación de
los delincuentes y su esbozo acerca del determinismo en el desenvolvimiento de los pueblos americanos.

1902 Renuncia a su afiliación al Partido Socialista.
Aparecen, con su dirección, los *Archivos de Criminalogía, Medicina
Legal y Psiquiatría.* Esta publicación especializada —que luego cam-
biará su nombre por el de *Archivos de Psiquiatría y Criminología, apli-
cadas a las ciencias afines*— aparecerá hasta 1913.
Es designado director del ya mencionado Servicio de Observación de
Alienados de la policía. Dicta cursos de neuropatología en Medicina.

1903 A pedido de la Municipalidad de Buenos Aires, y como antecedente
al proyecto de ley de Joaquín V. González, elabora un informe sobre las
condiciones higiénicas y sociales de la clase obrera.
"La psicopatología en el arte. *Hacia la justicia,* de Sicardi."

1904 Obtiene por oposición la suplencia de la cátedra de Psicología en la
Facultad de Filosofía y Letras de la Universidad de Buenos Aires.
La Academia de Medicina le otorga el premio a la mejor obra médica
por sus *Simulaciones.*

1905 Primer viaje a Europa, con motivo de su designación oficial como representante ante el V Congreso Internacional de Psicología, en Roma.
Allí comparte la presidencia con Lombroso y Ferri y presenta trabajos
sobre *Disturbios de lenguaje musical en los histéricos* y *Clasificación
clínica de los delincuentes.* Permanece en Europa durante 1905 y 1906.

1906 Publica *Crónicas de viaje* y *La législation du travail dans la République
Argentine.*

1907 Primer director del Instituto de Criminología de la Penitenciaría Nacional de Buenos Aires.

1908 Funda la Sociedad de Psicología, cuyo primer presidente ha de ser
Horacio Piñero.

1909 Presidente de la Sociedad Médica Argentina.

1910 Delegado al Congreso Científico Internacional, en Buenos Aires.
Presidente de la Sociedad de Psicología.
Publica *La evolución sociológica argentina,* que en 1913 iba a am-
pliarse como la *Sociología argentina.*

1911 "Fundamentos genéticos de la psicología biológica" (luego *Principios
de psicología*). Acercamiento a una preocupación más filosófica.
Se retira de sus cátedras y cargos oficiales por desacuerdo con la resolución del Poder Ejecutivo que lo postergó en la terna para la cátedra
de Medicina Legal de la Facultad de Medicina.

Parte para Europa, donde permanecerá hasta 1914. Llega en septiembre.

1912 En Suiza. En una carta a su amigo Monteavaro le dice: "Atravieso por una crisis de idealismo romántico cuyo desenlace para mi personalidad intelectual no sé prever..."

Perfecciona sus conocimientos de ciencias naturales.

1913 Aparece *El hombre mediocre.*

En una carta desde Heidelberg dirigida al decano de Filosofía y Letras de Buenos Aires, reitera su renuncia a los cargos docentes.

En París vuelve a ver a Le Dantec, a quien ya había conocido y elogiado en su primer viaje.

Publica desde Madrid una nueva edición ampliada de su *Criminología.*

Decide poner fin a la publicación de los *Archivos.*

1914 Al producirse una acefalía en el gobierno argentino, Ingenieros retorna a Buenos Aires, donde llega el 22 de julio. Se casa con Eva Rutenberg, con quien tendrá cuatro hijos.

Publica "El suicidio de los bárbaros", así como "Las direcciones filosóficas de la cultura argentina".

1915 En enero aparece, con su dirección, la *Revista de Filosofía,* donde escribe "Para una filosofía argentina" y "El contenido filosófico de la cultura argentina".

Es reincorporado a la Facultad de Filosofía y Letras. Funda el primer Seminario de Filosofía.

Inicia la empresa editorial La Cultura Argentina.

En diciembre la Fundación Carnegie lo invita al Congreso Científico Panamericano, en Washington. Allí presentará *La filosofía científica en la organización de las universidades* (luego conocida como *La universidad del porvenir*).

1916 Dicta un curso universitario sobre *La cultura filosófica en España.*

1917 "Dos filosofías políticas."

Dicta, en la cátedra de Ética de Rodolfo Rivarola, las lecciones sobre Emerson que luego se editarán como *Hacia una moral sin dogmas.*

Conferencia sobre Le Dantec en el Centro de Estudiantes de Medicina, posteriormente publicadas con el título de *Le Dantec, biólogo y filósofo.*

1918 Es designado profesor suplente de Ética y Metafísica.

Pronuncia una conferencia sobre "Ideales viejos e ideales nuevos".

Ocupa en junio un sitial en la Academia de Filosofía y Letras. La preparación de su discurso de recepción constituye las *Proposiciones relativas al porvenir de la filosofía.* Aparece el primer libro de *La evolución de las ideas argentinas.*

En septiembre es designado vicedecano de la Facultad de Filosofía y Letras del primer gobierno reformista de dicha facultad.

El 22 de noviembre pronuncia su conferencia en el Teatro Nuevo sobre la "Significación histórica del movimiento maximalista", luego incorporada a *Los tiempos nuevos.*

1919 En una respuesta a la revista *Vida Nuestra,* así como en "La huelga revolucionaria y la reacción antisemita", fija su posición en torno de los sucesos de la Semana Trágica de enero de ese año.

Acepta participar en una entrevista privada —luego frustrada— con el presidente Hipólito Yrigoyen para dar su opinión sobre la situación social por que atravesaba el país.

Se desempeña como interino en la cátedra de Psicología de la Facultad de Filosofía y Letras.

En octubre, por divergencias personales, renuncia a todos sus cargos universitarios docentes y directivos.

Las doctrinas de Ameghino.

1920 Adhiere al grupo ¡Claridad!

Aparece el segundo libro de *La evolución de las ideas argentinas.*

Comienza la publicación de los escritos éticos que luego compondrán *Las fuerzas morales.*

La locura en la Argentina.

1921 Entabla correspondencia con Felipe Carrillo Puerto, futuro gobernador socialista del estado mexicano de Yucatán.

1922 Publica "Emilio Boutroux y la filosofía francesa de su tiempo".

En el discurso de homenaje a Vasconcelos, del 11 de octubre, propone la formación de la Unión Latinoamericana.

1923 En enero aparece *Renovación.*

Escribe sus notas de crítica sobre Croce y Gentile.

1924 Entre otros artículos significativos, publica "La glorificación de Lenin" y "En memoria de Felipe Carrillo", este último al enterarse del fusilamiento de Carrillo Puerto ocurrido el 3 de enero.

1925 Se funda en marzo la Unión Latinoamericana, cuya acta de fundación redacta Ingenieros.

Escribe los últimos artículos de la obra que, publicada póstumamente, llevará por título *Tratado del amor.*

En mayo emprende su tercer y último viaje a Europa para participar de los actos del centenario de Charcot.

Participa en París de una asamblea antimperialista junto con Unamuno, Vasconcelos, Ugarte, Ortega y Gasset, Asturias y Haya de la Torre.

Lee en La Sorbona su "Ante la Sociedad de las Naciones".

Constituye el Comité de Solidaridad de la América Latina.

Visita México, invitado por Calles.

En septiembre regresa a Buenos Aires.

Una sinusitis frontal mal curada, que derivó en meningitis, provoca su muerte el 31 de octubre.

BIBLIOGRAFÍA DE INGENIEROS*

REVISTAS Y PERIÓDICOS

1. *La Reforma*, Buenos Aires, 1892.
2. *La Montaña*, Buenos Aires, 1 de abril-15 de septiembre de 1897.
3. *Archivos de Criminalogía, de Medicina Legal y Psiquiatría* (después, *Archivos de Psiquiatría y Criminología aplicadas a las ciencias afines*), Buenos Aires, enero de 1902-diciembre de 1913.
4. *Revista de Filosofía*, Buenos Aires, fundada en enero de 1915.

LIBROS Y FOLLETOS

1. *¿Qué es el socialismo?*, Buenos Aires, 1895.
2. *Cuestión argentina-chilena. La mentira patriótica, el militarismo y la guerra*, Buenos Aires, 1898.
3. *Dos páginas de psiquiatría criminal*, Buenos Aires, 1900. (En su 5ª edición fue publicado en forma ampliada con el título definitivo de *Criminología*, Madrid, 1913.)
4. *Simulación de la locura por alienados verdaderos*, Buenos Aires, 1900.
5. *1º de Mayo*, Buenos Aires, 1900.
6. *El determinismo económico en la evolución americana*, Buenos Aires, 1901. [En su 2ª ed. se publicó con el título de *La evolución sociológica argentina*, Buenos Aires, 1907. En su 5ª ed. adoptó su título definitivo, *Sociología argentina*, Madrid, 1913.]
7. *Peligros de la legislación penal contemporánea* ["*Responsabilidad*" o "*temibilidad*" *de los alienados delincuentes*], Buenos Aires, 1901.
8. *El caso Tallarico. Inducciones médico-legales*, Buenos Aires, 1902.
9. *De la simulación de la locura*, Buenos Aires, sin fecha.
10. *A los maestros*, Buenos Aires, sin fecha.
11. *La jornada de trabajo*, Buenos Aires, sin fecha.
12. *Simulación de la locura ante la sociología criminal y la clínica psiquiátrica, precedida por un estudio sobre la Simulación en la lucha por la vida en el orden biológico y social*, Buenos Aires, 1903. [Las primeras ediciones de *Simulación de la locura*... comprendían en un solo volumen sus trabajos sobre simulación de la locura y simulación en la lucha

* Reproducimos la exhaustiva bibliografía elaborada por Sergio Bagú e incluida en su *Vida ejemplar de José Ingenieros, op. cit.*, pp. 245-268.

por la vida. A partir de la tercera edición (Madrid, 1904) estos dos trabajos se publican separados.]

13. *La psicopatología en el arte*. Hacia la justicia, *de Sicardi*, con una introducción sobre los médicos literatos, Buenos Aires, 1903.

14. *Los accidentes histéricos y las sugestiones terapéuticas*, Buenos Aires, 1904.

15. *Rehabilitación de alienados*, Buenos Aires, 1904.

16. *La législation du travail dans la République Argentine. Essai critique sur le projet du ministre Gonzalez*, París, 1906.

17. *Italia en la ciencia, en la vida y en el arte*, Valencia, 1906.

18. *La pseudoparálisis general diabética*, Buenos Aires, 1906 [?].

19. *Le langage musical et ses troubles hystériques*, París, 1907.

20. *Al margen de la ciencia*, Buenos Aires, 1908.

21. *Psicología genética*, Buenos Aires, 1911. [Desde la 2ª ed. (Madrid, 1913) se titula *Principios de psicología genética*.]

22. *La criminología*, Buenos Aires, 1911.

23. *El delito y la pena*, Buenos Aires, 1911.

24. *Psicología clínica de los delincuentes*, Buenos Aires, 1911.

25. *Clasificación de los delincuentes*, Buenos Aires, 1911.

26. *La defensa social*, Buenos Aires, 1911.

27. *Plan de reforma penal y penitenciaria*, Buenos Aires, 1911.

28. *El hombre mediocre*, Buenos Aires, 1913. [*La moral de los idealistas*, introducción de *El hombre mediocre*, fue publicado como folleto en San José de Costa Rica, 1914, y se reeditó en Barcelona en 1917.]

29. *La psiquiatría nueva y las leyes viejas*, Buenos Aires, 1914.

30. *La universidad del porvenir*, Buenos Aires, sin fecha.

31. *Hacia una moral sin dogmas*, Buenos Aires, 1917.

32. *Werther y Don Juan*, Buenos Aires, 1917.

33. *La psicología de los celos*, Buenos Aires, 1918.

34. *La evolución de las ideas argentinas*. [Libro I, *La revolución*, Buenos Aires, 1918; Libro II, *La restauración*, Buenos Aires, 1920.]

35. *Proposiciones relativas al porvenir de la filosofía*, Buenos Aires, 1918.

36. *Las doctrinas de Ameghino. La tierra, la vida y el hombre*, Buenos Aires, 1919.

37. *Apuntes de psicología*. [*Primer curso*], en tres entregas, Buenos Aires, 1919.

38. *La moral de Ulises*, Buenos Aires, 1920. (Hay dos ediciones anteriores.)

39. *La locura en Argentina*, Buenos Aires, 1920.

40. *Los tiempos nuevos*, Madrid, 1921.

41. *Agustín Álvarez. Su ética social*, Buenos Aires, 1921.

42. *La locura de Don Quijote*, Buenos Aires, 1921.

43. *La democracia funcional en Rusia*, Buenos Aires, sin fecha.

44. *La reforma educacional en Rusia*, Buenos Aires, sin fecha.

45. *Enseñanzas económicas de la Revolución rusa*, Buenos Aires, sin fecha.

46. *Significación histórica del movimiento maximalista*, Buenos Aires, sin fecha.

47. *Emilio Boutroux y la filosofía universitaria en Francia*, Buenos Aires, 1923.

ARTÍCULOS Y TRABAJOS SUELTOS

1. "Un 1º de mayo", *La Vanguardia*, Buenos Aires, 1 de mayo de 1896.
2. "Somos socialistas", *La Montaña*, Buenos Aires, 1 de abril de 1897.
3. "El factor de la revolución", *ibid.*, 1 de abril de 1897.
4. "Los reptiles burgueses, I", *ibid.*, 15 de abril de 1897.
5. "Retrospección", *ibid.*, 1 de mayo de 1897.
6. "Semana de mayo de 1871", *ibid.*, 15 de mayo de 1897.
7. "Los reptiles burgueses, II", *ibid.*, 1 de junio de 1897.
8. "Pablo Groussac y el socialismo", *ibid.*, 15 de junio de 1897.
9. "Socialismo y revolución", *ibid.*, 1 de julio de 1897.
10. "Los reptiles burgueses, III", *ibid.*, 15 de julio de 1897.
11. "El individuo y la sociedad", *ibid.*, 1 de agosto de 1897.
12. "Los reptiles burgueses, IV", *ibid.*, 15 de agosto de 1897.
13. "La patria, Guido Spano, Cánovas del Castillo y la prensa patriotera", *ibid.*, 1 de septiembre de 1897.
14. "La paradoja del pan caro", *ibid.*, 15 de septiembre de 1897.
15. "De la barbarie al capitalismo", *Humanité nouvelle*, febrero de 1898.
16. "Los sistemas de producción en la evolución de las sociedades humanas", *La escuela positiva*, Corrientes, 1898.
17. "Psicología colectiva. Un libro de A. Hamon", *El Mercurio de América*, Buenos Aires, julio de 1898.
18. "Bases del feminismo científico", *ibid.*, noviembre de 1898.
19. "De la barbarie al capitalismo", *Revista de Derecho, Historia y Literatura*, Buenos Aires, 1899.
20. "Las multitudes argentinas", *ibid.*, diciembre de 1899.
21. "Delincuentes que escriben y escritores delincuentes", *Criminología moderna*, Buenos Aires, abril de 1899.
22. "El delito como vínculo entre la ciencia y el arte", *ibid.*, agosto de 1899.
23. "Psicopatología de los sueños. Estudios clínicos y psicológicos de Sante de Sanctis", *ibid.*, septiembre de 1899.
24. "La amplitud psicológica en la ortodoxia y heterodoxia científicas", *ibid.*, noviembre-diciembre de 1899.
25. "Por la paz internacional", *El Mercurio de América*, febrero de 1899.
26. "El amor múltiple en las futuras relaciones sexuales", *ibid.*, junio de 1899.
27. "Problemas sociales contemporáneos. I. La jornada de trabajo", *ibid.*, septiembre-octubre de 1899.
28. "Manual de patología política", *ibid.*, septiembre-octubre de 1899.
29. "Los sistemas de producción en la evolución de las sociedades humanas", *La escuela positiva*, Corrientes, abril de 1899.
30. "El socialismo en la Argentina", *Humanité nouvelle*, París, 1899.
31. "L'amour multiple dans les prochaines evolutions sexuelles", *ibid.*, 1899.
32. "Etiología y terapéutica del delito", *La Semana Médica*, 10 de agosto de 1899.

33. "Tuberculosis pulmonar. El tratamiento de Cervello", *ibid.*, 19 de octubre de 1899.

34. "La ciudad indiana", *Revista de Derecho, Historia y Literatura*, Buenos Aires, diciembre de 1900.

35. "El amor múltiple en las futuras relaciones sexuales", incluido en el libro *Inchiesta sulla donne,* Milán, 1900.

36. "La lucha entre los sexos", *El Mercurio de América,* marzo-abril, 1900.

37. "Estudios americanos", *ibid.,* julio-agosto de 1900.

38. "Exégesis psicológica", *ibid.,* noviembre-diciembre de 1900.

39. "Psicología de los sueños", *La Semana Médica,* febrero de 1900.

40. "Psicología de la felicidad", *Criminología Moderna,* enero de 1900.

41. "Criterios generales que orientarán el estudio de los locos delincuentes", *ibid.,* febrero de 1900.

42. "La escuela positiva en nuestra enseñanza universitaria", *La Semana Médica,* 6 de septiembre de 1900.

43. "Simulación de la locura por un delincuente verdaderamente alienado", *ibid.,* 1 de noviembre de 1900.

44. "La psicopatología de los sueños según la psicología y la clínica", *ibid.,* 22 de febrero de 1900.

45. "La psicopatología de los sueños", *La Gaceta Médica,* Granada, 1900.

46. "Sobre la simulación de la locura en verdaderos alienados", *Boletín Criminal Brazileiro,* Río de Janeiro, 1900.

47. "Sobre el origen del hombre", *Anales del Círculo Médico Argentino,* Buenos Aires, t. 23, 31 de mayo de 1900.

48. "El determinismo económico en la historia argentina", II Congreso Científico, Montevideo, 1901.

49. "Simulación de la locura. Conclusiones generales", *ibid.,* 1901.

50. "La 'responsabilidad' y la 'temibilidad' de los alienados delincuentes. Un caso de barbarie judicial", *La Semana Médica,* 29 de agosto de 1901.

51. "Adiposis dolorosa", *ibid.,* 29 de agosto de 1901.

52. "Un caso de autocastración en un degenerado hereditario con neurastenia y sifilofobia", *ibid.,* 7 de febrero de 1901.

53. "Etiología de la córea y su tratamiento por la aspirina", *ibid.,* 8 de agosto de 1901.

54. "Un perseguidor amoroso", informe en colaboración con J. C. Córdoba, *ibid.,* 19 de diciembre de 1901.

55. "La sugestibilidad", *ibid.,* 15 de agosto de 1901.

56. "Peligros de la legislación penal contemporánea", *Revista de Derecho, Historia y Literatura* [en adelante *Revista de Derecho*], noviembre de 1901.

57. "La psychologie des rêves", *Revue de Psychologie,* París, 1901.

58. "Un cas de autocastration chez un siphilophobique", *ibid.,* 1901.

59. "Un cas auto-castrate la un sifilofob", *Presa Medicala Romana,* Bucarest, 1 de julio de 1901.

60. "La psicopatología criminal", II Congreso Científico, Montevideo, 1901.

61. "Comentario sobre Max Nordau", *La Vanguardia,* Buenos Aires, 1 de mayo de 1902.

62. "Valor de la psicopatología en la antropología criminal", *Archivos de Criminalogía, Medicina Legal y Psiquiatría* [en adelante *Archivos*], Buenos Aires, 1902.

63. "Degeneración neuropática en un homicida impulsivo", en colab. con J. M. Ramos Mejía y B. T. Solari, *ibid.,* agosto de 1902.

64. "Psicopatología del lenguaje musical", *ibid.,* mayo de 1902.

65. "Las teorías de Lombroso ante la crítica", *ibid.,* junio de 1902.

66. "Responsabilidad penal de los degenerados impulsivos", en colab. con J. M. Ramos Mejía y B. T. Solari, *ibid.,* agosto de 1902.

67. "Comentario y refutación al doctor Silvio Tatti", *ibid.,* septiembre de 1902.

68. "Fetichista con hermafrodismo psíquico activo y alucinaciones eróticas del olfato", *ibid.,* octubre de 1902.

69. "El caso Tallarico. Inducciones medicolegales", *ibid.,* noviembre de 1902.

70. "La secuestración de Manuel Medela. Un secuestrador amoroso", en colab. con J. C. Córdoba, *ibid.,* diciembre de 1902.

71. "La solución del caso Tallarico", *ibid.,* diciembre de 1902.

72. "Degeneración neuropática en un homicida impulsivo", en colab. con J. M. Ramos Mejía y B. T. Solari, *La Semana Médica,* 10 de abril de 1902.

73. "La clasificación decimal de Toulousse para las enfermedades mentales", *ibid.,* 1 de mayo de 1902.

74. "Disimulación de la locura", 29 de mayo de 1902.

75. "La pulsación del pie en los criminales y en los alienados", *ibid.,* 7 de agosto de 1902.

76. "La psicopatología de los delincuentes en sus relaciones con la simulación de la locura", *ibid.,* 28 de agosto de 1902.

77. "Aspecto clínico de la simulación de la locura", *ibid.,* 9 de octubre de 1902.

78. "El tratamiento de la córea. Valor terapéutico de la aspirina. Experimentación clínica", *ibid.,* 16 de octubre de 1902.

79. "El caso Tallarico", *ibid.,* 30 de octubre de 1902.

80. "Caracteres clínicos de las locuras simuladas", *ibid.,* 25 de diciembre de 1902.

81. "Névrastenie et Syphilophobie", *Revue de Andrologie,* París, 1902.

82. "Valor de la psicopatología en la antropología criminal", *El Diario Judicial,* Lima, 1902.

83. "La locura de las multitudes", *ibid.,* 1902.

84. "Un perseguidor amoroso", *ibid.,* 1902.

85. "Interpretación científica de los alienados delincuentes", *Anales del Círculo Médico Argentino,* t. 25, Buenos Aires, 30 de noviembre de 1902.

86. "Psicopatología y estadística de la simulación", *ibid.,* t. 25, 30 de septiembre de 1902.

87. "Psicopatología del lenguaje musical", *ibid.*, t. 24, 30 de abril de 1902.
88. "La psicopatología en el arte. Agitadores y multitudes", en *Hacia la justicia, Archivos*, enero de 1903.
89. "En disidencia con Groussac", *ibid.*, febrero de 1903.
90. "La defensa social y los alcoholistas crónicos", en colab. con J. C. Córdoba, *ibid.*, febrero de 1903.
91. "Pro y contra el alcohol", *ibid.*, abril de 1903.
92. "Interpretación científica del hipnotismo y la sugestión", *ibid.*, junio de 1903.
93. "Psicología de los simuladores", *ibid.*, agosto de 1903.
94. "Locura del embarazo", en colab. con E. Cantón, *ibid.*, septiembre de 1903.
95. "Demencia alcohólica e incapacidad civil", en colab. con L. Ayarragaray, *ibid.*, octubre de 1903.
96. "Conclusiones sintéticas", de *Simulación de la locura* [en francés], *ibid.*, noviembre de 1903.
97. "Comentario" a *Nuestra América*, de C. O. Bunge, *ibid.*, noviembre de 1903.
98. "Recursos especiales para descubrir la simulación de la locura", *La Semana Médica*, 29 de enero de 1903.
99. "La defensa social y los alcoholistas crónicos", en colab. con J. C. Córdoba, *ibid.*, 12 de febrero de 1903.
100. "Pro y contra el alcohol", *ibid.*, 26 de marzo de 1903.
101. "Simulación de la locura en la práctica médico forense", *ibid.*, 21 de mayo de 1903.
102. "Un caso de enfermedad de Korsakoff", *ibid.*, 16 de julio de 1903.
103. "Un caso de hipo histérico", *ibid.*, 30 de julio de 1903.
104. "Los pretendidos síntomas de la hemiplejía histérica", *ibid.*, 10 de septiembre de 1903.
105. "Demencia alcohólica e incapacidad civil", en colab. con L. Ayarragaray, *ibid.*, 22 de octubre de 1903.
106. "La patología de la risa", *ibid.*, 31 de diciembre de 1903.
107. "Fetichismo con hermafrodismo activo", *El Diario Judicial*, Lima, 1903.
108. "Locura del embarazo", *Argentina Médica*, Buenos Aires, 13 de septiembre de 1903.
109. "Nosología de la locura a dos", *ibid.*, 24 de octubre de 1903.
110. "La astasia abasia histérica", *ibid.*, 28 de noviembre de 1903.
111. "Diagnóstico diferencial de la locura", *Anales del Círculo Médico Argentino*, Buenos Aires, 28 de febrero de 1903.
112. "Las doctrinas sobre el hipnotismo", *ibid.*, 30 de abril de 1903.
113. "Recientes estudios sobre neurología", *ibid.*, 30 de abril de 1903.
114. "Sobre las neuralgias sintomáticas", *ibid.*, 30 de abril de 1903.
115. "Sobre un tratado de biología", *ibid.*, 31 de julio de 1903.
116. "Sobre la simulación de la locura", *ibid.*, octubre y noviembre de 1903.
117. "Psicología clínica de las obsesiones e ideas fijas", *ibid.*, 31 de diciembre de 1903.

118. "La anarquía argentina y el caudillismo", *Revista de Derecho*, 1904.
119. "El Socialismo y la Ley del Trabajo", *La Opinión*, Buenos Aires, julio de 1904.
120. "Obsesiones e ideas fijas", *Archivos*, enero-febrero de 1904.
121. "Rehabilitación de alienados", en colab. con C. D. Benítez, *ibid.*, marzo-abril de 1904.
122. "Los pretendidos síntomas de la hemiplejía histérica", *ibid.*, marzo-abril de 1904.
123. "La risa histérica", *ibid.*, mayo-junio de 1904.
124. "Proposiciones presentadas al II Congreso Médico Latino Americano", *ibid.*, mayo-junio de 1904.
125. "La anarquía argentina y el caudillismo", *ibid.*, septiembre-octubre de 1904.
126. "Nuevos estudios sobre la psicología de los simuladores", *ibid.*, noviembre-diciembre de 1904.
127. "Sindromas episódicos de los degenerados mentales", *La Semana Médica*, 21 de enero de 1904.
128. "Un caso de psicastenia", *ibid.*, 18 de febrero de 1904.
129. "Clasificación clínica de los sindromas paralíticos generales", *ibid.*, 12 de mayo de 1904.
130. "Los accidentes convulsivos y sensitivos en la histeria", *ibid.*, 19 de mayo de 1904.
131. "Dipsomanía por abulia histérica", *ibid.*, 26 de mayo de 1904.
132. "Pseudo parálisis general diabética", (Conclusiones), *ibid.*, 26 de mayo de 1904.
133. "Nuevos estudios sobre la risa histérica", *ibid.*, 16 de junio de 1904.
134. "Trastornos tróficos en la histeria", *ibid.*, 28 de julio de 1904.
135. "Notas sobre el mecanismo fisiológico del lenguaje musical", *ibid.*, 17 de noviembre de 1904.
136. "Notas sobre el mecanismo fisiopatológico de las afasias musicales histéricas", *ibid.*, 8 de diciembre de 1904.
137. "Evolución de la antropología criminal", *ibid.*, 29 de diciembre de 1904.
138. "La simulation de la folie", *Vie Normale*, París, 1904.
139. "La simulation de la folie", *Archives de l'Anthropologie Criminelle*, Lyon, 1904.
140. "Simulación de la locura", siete capítulos traducidos al ruso, *Le Messager Medical*, San Petersburgo, 1904 y 1905.
141. "Sobre hemiplejías histéricas", *Revista Frenopática Española*, Barcelona, 1904.
142. "Sobre las obsesiones y las ideas fijas", *Crónica Médica*, Lima, 1904.
143. "Los estigmas histéricos de los santos y los poseídos", *Futuro*, Montevideo, 1904.
144. "Enfermedades del lenguaje musical", *Nuevos Rumbos*, Montevideo, marzo de 1904.
145. "Sobre la enfermedad de Korsakoff", *La Gaceta Médica*, Granada, 1904.

146. "El tratamiento de la córea por la aspirina", *Archivos de Ginecopatía,* Madrid, 1904.
147. "Rehabilitación de alienados", *Argentina Médica,* Buenos Aires, febrero de 1904.
148. "El mutismo histérico", *ibid.,* 30 de abril de 1904.
149. "Fisiopatología de la disnea histérica", *ibid.,* 14 de mayo de 1904.
150. "Estudios clínicos sobre las dismusias histéricas", *ibid.,* 19 de noviembre de 1904.
151. "Contribución a la patología del lenguaje musical", *ibid.,* 10 y 17 de diciembre de 1904.
151 bis. "El otro Ingenieros", *Diario Nuevo,* Buenos Aires, 23 de septiembre de 1904.
152. "Política e Socialismo nell'Argentina", *Avanti!,* Roma, 1905.
153. "Las perturbaciones generales del lenguaje musical", *Archivos,* enero-febrero de 1905.
154. "Clasificación clínica de los sindromas paralíticos generales", *ibid.,* marzo-abril de 1905.
155. "Pseudo parálisis general diabética", *ibid.,* marzo-abril de 1905.
156. "Trastornos del lenguaje musical en los histéricos", *ibid.,* mayo-junio de 1905.
157. "El V Congreso Internacional de Psicología", *ibid.,* mayo-junio de 1905.
158. "La fisiología del cerebelo", *ibid.,* septiembre-octubre de 1905.
159. "Psicofisiología del lenguaje musical", *ibid.,* noviembre-diciembre de 1905.
160. "Socialismo e Criminologia", *Critica Sociale,* 16 de junio de 1905.
161. "Clasificación clínica de los sindromas paralíticos generales", *La Semana Médica,* 12 de enero de 1905.
162. "Pseudo parálisis general diabética", *ibid.,* 19 de enero de 1905.
163. "La fisiología del cerebelo", *ibid.,* 21 de septiembre de 1905.
164. "Psicofisiología del lenguaje musical", *ibid.,* 16 de noviembre de 1905.
165. "Valor de la psicopatología en la antropología criminal", *La Universidad Popular,* Buenos Aires, abril, mayo y junio de 1905.
166. "La jornada de trabajo", *ibid.,* octubre de 1905.
167. "La pseudo paralysie générale diabétique", *Revue Nevrologique,* París, 1 de julio de 1905.
168. "Clasification clinique des sindromes paralytiques géneraux", *ibid.,* 30 de diciembre de 1905.
169. "Patogenesi e classificazione delle disfasie musicali isterici", *Atti del V Congreso Internazionale di Psicologia,* Roma, 1905.
170. "La psicopatología dei delinquenti come base di una classificazione", *ibid.,* 1905.
171. "Nuova classificazione dei delinquenti", *Archivio di Psichiatria Il Manicomio,* Nocera, año XXI, núm. 3, 1905.
172. "La patologia delle amusie isteriche", *ibid.,* año XXI, núm. 3, 1905.

173. "Classificazione dei delinquenti fondata sulla psicopatologia", *Annali di Freniatria*, Torino.
174. "A case of adiposis dolorosa", *The Journal of the Philadelphia Neurological Society*, Filadelfia, agosto de 1905.
175. "La rire paroxistique", *Vie Normale*, París, 1905.
176. "Les troubles du langage musical", *Annales Médico Psychologiques*, París, noviembre-diciembre de 1905.
177. "Sobre los trastornos del lenguaje", *Nuestro Tiempo*, Madrid, abril de 1905.
178. "Sobre la psicología de los simuladores", *La Lectura*, Madrid, marzo-abril de 1905.
179. "Tendencias de la psicología contemporánea", *ibid.*, julio de 1905.
180. "Sobre los sindromas paralíticos generales", *Revista Frenopática Española*, Barcelona, 1905.
181. "Sobre la risa patológica", *ibid.*, 1905.
182. "Psicofisiología del lenguaje musical", *La Escuela de Medicina*, México, 30 de noviembre de 1905.
183. "Sobre la clasificación psiquiátrica de Gilbert Ballet", *Argentina Médica*, Buenos Aires, 4 de febrero de 1905.
184. "Las formas rudimentarias del pensamiento", *ibid.*, 9 de septiembre de 1905.
185. "Les causes économiques de l'évolution argentine", *Le mouvement socialiste*, París, 1906.
186. "La evolución política argentina y sus bases económicas", *La España Moderna*, Madrid, 1906.
187. "Nueva clasificación de los delincuentes fundada en su psicopatología", *Archivos*, enero-febrero de 1906.
188. "Psicofisiología de la emoción musical", *ibid.*, marzo-abril de 1906.
189. "Formas y evolución de la inteligencia musical", *ibid.*, mayo-junio de 1906.
190. "Psicofisiología de la emoción musical", *La Semana Médica*, 1 de febrero de 1906.
191. "Étude clinique des aphasies musicales", *Nouvelle Iconographies de la Salpetriere*, París, año XIX, núm. 4, julio-agosto de 1906.
192. "Le trouble du langage musical chez les hysteriques", *Journal de Psychologie Normale et Pathologie*, marzo-abril de 1906.
193. "Sur le délire de métamorphose", *ibid.*, septiembre-octubre de 1906.
194. "La rire hysterique", *ibid.*, noviembre-diciembre de 1906.
195. "La psycologie du langage musical", *Revue de Philosophie*, París, 1 de abril de 1906.
196. "Sur la pathologie de l'instinct de conservation", *ibid.*, 1 de junio de 1906.
197. "La psychopathologie et la clasification des criminels", *Revue Scientifique*, París, 26 de mayo de 1906.
198. "Sur l'age de la pierre en Patagonie", *ibid.*, 1906.
199. "Le langage musical et ses troubles chez les hystériques", *Revue de Psychiatrie*, París, mayo de 1906.

200. "Les prétendus symptomes de l'hémiplégie hysterique", *La Prese Medicale,* París, 17 de febrero de 1906.
201. "La patología del lenguaje musical", *La Escuela de Medicina,* México, 1906.
202. "La nueva orientación de la criminología", *Derecho y Sociología,* La Habana, mayo de 1906.
203. "Sur la psychasténie obséssive", *La Medicine Belge,* Bruselas, abril de 1906.
204. "The disorders of the musical language among histerics", *The Journal of Nervous and Mental Disease,* Nueva York, octubre de 1906.
205. "The Phisiological explanation of musical language", *Neurological Journal,* Londres, 1906.
206. "Les troubles du langage musical", *Vie Normale,* París, 1906.
207. "Estudio clínico sobre las dismusias histéricas", *Gaceta Médica Catalana,* Barcelona, 15 de enero de 1906.
208. "La vanidad profesional de los delincuentes", *La Lectura,* Madrid, agosto de 1906.
209. "Sobre las bases de la evolución", *La España Moderna,* Madrid, agosto de 1906.
210. "Sobre psicopatología de los delincuentes", *Revista Frenopática Española,* Madrid, 1906.
211. "Nuevos estudios sobre la psicología de los simuladores", *La Escuela de Medicina,* México, 15 de octubre de 1906.
212. "La psicología pedagógica en 1905", *El Monitor de la Educación Común,* Buenos Aires, 1906.
213. "Las colonias de vacaciones para niños enfermizos", *ibid.,* 1906.
214. "La educación de los niños retardados", *ibid.,* 1906.
215. "Nuevos rumbos de la antropología criminal", *Archivos,* enero-febrero de 1907.
216. "La vanidad criminal", *ibid.,* marzo-abril de 1907.
217. "Instituto de Criminología", *ibid.,* mayo-junio de 1907.
218. "La alienación mental y los errores judiciales", *ibid.,* julio-agosto de 1907.
219. "Liberación y abandono de alienados delincuentes", *ibid.,* septiembre-octubre de 1907.
220. "La alienación mental y el delito", *ibid.,* septiembre-octubre de 1907.
221. "Los alienados y la ley penal", *ibid.,* septiembre-octubre de 1907.
222. "Nuevos rumbos de la antropología criminal", *La Semana Médica,* 28 de febrero de 1907.
223. "Comunicación a la Sociedad Médica Argentina sobre la fundación del Instituto de Criminología", *ibid.,* 1 de agosto de 1907.
224. "La alienación mental y los errores judiciales", *ibid.,* 22 de agosto de 1907.
225. "La alienación mental y el delito", *ibid.,* 12 de septiembre de 1907.
226. "Psicología de los simuladores", *La Universidad Popular,* febrero de 1907.

227. "Nuevos rumbos de la antropología criminal", *La Escuela de Medicina*, México, 1907.
228. "Pathology of certains formes of Amusia", *The Journal of Mental Pathology*, Londres, 1907.
229. "Psychologie de l'energie", *Vie Normale*, 1907.
230. "La psicología del éxito", *Juventud Médica*, Guatemala, 1907.
231. "Fondation de l'Institut de Criminologie", *International Congrés voor Psychiatrie, Neurologie, Psychologie en Krankzinningen Verpleging*, Amsterdam, 1907.
232. "La vanidad mórbida de los delincuentes", *Revista Frenopática Española*, Madrid, agosto de 1907.
233. "La vanidad criminal", *Nuestro Tiempo*, Madrid, agosto de 1907.
234. "Psicología de los delincuentes", *La Escuela de Medicina*, México, 18 de septiembre de 1907.
235. "El lenguaje musical y los trastornos histéricos", *Argentina Médica*, Buenos Aires, 3 de febrero de 1907.
236. "Nuova classificazione psicopatologica dei delinquenti", *ibid.*, 10 de tiembre de 1907.
237. "Los alienados peligrosos y la ley penal", *ibid.*, 24 de agosto de 1907.
238. "Liberación y abandono de alienados delincuentes", *ibid.*, 21 de septiembrq de 1907.
239. "La vanidad criminal", *Archivos de Pedagogía y Ciencias Afines*, La Plata, año I, núm. 4, 1907.
240. "Los signos físicos de la inteligencia", *El Monitor de la Educación Común*, Buenos Aires, 1907.
241. "Locura, simulación y criminalidad", *Archivos*, enero-febrero de 1908.
242. "Elogio de la risa", *ibid.*, enero-febrero de 1908.
243. "Los niños vendedores de diarios y la delincuencia precoz", *ibid.*, mayo-junio de 1908.
244. "La evolución sociológica argentina y sus premisas económicas", *ibid.*, mayo-junio de 1908.
245. "Enrique Ferri ante la psicología del genio y del talento", *ibid.*, julio-agosto de 1908.
246. "La mala vida", *ibid.*, septiembre-octubre de 1908.
247. "Classification des délites de métamorphose", *ibid.*, septiembre-octubre de 1908.
248. "Notas sobre la psicología de los escritores", *ibid.*, septiembre-octubre de 1908.
249. "Inconvenientes del positivismo penal dentro de la legislación vigente", *ibid.*, noviembre-diciembre de 1908.
250. "Locura, simulación y criminalidad", *La Semana Médica*, 9 de enero de 1908.
251. "Concepto y evolución del delito, según la filosofía evolucionista", *ibid.*, 15 de octubre de 1908.
252. "Aplicación de pena a los alienados delincuentes", *ibid.*, 24 de diciembre de 1908.

253. "Sobre patología del lenguaje musical", *Revista Frenopática Española,* Madrid, enero de 1908.

254. "La alienación mental y los errores judiciales", *ibid.,* junio de 1908.

255. "Estudios sobre la risa humana", *La Lectura,* Madrid, abril de 1908.

256. "El delito según la biología", *La España Moderna,* Madrid, 1908.

257. "Nuevos rumbos de la antropología criminal", cuatro artículos, *La Escuela de Medicina,* México, julio y agosto de 1908.

258. "Psicofisiología de la risa", *ibid.,* 15 de abril de 1908.

259. "Psicofisiología de la risa", *La Revista Moderna,* México, 1908.

260. "La criminologie", *Vie Normale,* París, enero-marzo de 1908.

261. "L'évolution de l'Anthropologie criminelle", *ibid.,* abril de 1908.

262. "Classification des criminels", *ibid.,* junio de 1908.

263. "Les délires de métamorphose", *Argentina Médica,* 23 de mayo de 1908.

264. "Simulación de la locura con recidiva en menor de edad", *ibid.,* 29 de septiembre de 1908.

265. "La psiquiatría forense y la defensa social", *ibid.,* 17 de octubre de 1908.

266. "El delito de los alienados perseguidos", *ibid.,* 12 de diciembre de 1908.

267. "Los alienados y la ley penal", *Revista de Estudiantes de Derecho,* Buenos Aires, enero de 1908.

268. "La enfermedad de amar", *Revista de Estudiantes de Medicina,* Buenos Aires, julio de 1908.

269. "Los alienados delincuentes ante la legislación penal", *Revista de la Sociedad Médica Argentina,* Buenos Aires, noviembre y diciembre de 1908.

270. "Sobre el amor", *Nosotros,* julio de 1908.

271. "El envenenador Luis Castruccio", *Archivos,* enero-febrero de 1909.

272. "El delito y la defensa social", *ibid.,* marzo-abril de 1909.

273. "El amor y la incapacidad civil", en colab. con J. M. Ramos Mejía, *ibid.,* septiembre-octubre de 1909.

274. "Nuevo concepto del delito", *La Semana Médica,* año xv, núm. 42, 1909.

275. "Aplicación de pena a alienados delincuentes", *ibid.,* año xv, núm. 43, 1909.

276. "Imputaciones y condenas sucesivas a los alienados delincuentes", *ibid.,* 7 de enero de 1909.

277. "El amor y la incapacidad civil", en colab. con J. M. Ramos Mejía, *ibid.,* 28 de octubre de 1909.

278. "La moral y el delito", *La Nación,* Buenos Aires, 13 de febrero de 1909.

279. "Clasificación de los delirios de metamórfosis", *Gaceta Médica Catalana,* Barcelona, enero de 1909.

280. "Concepto y definición del delito según la filosofía biológica evolucionista", *Crónica Médica Mexicana,* México, enero de 1909.

281. "Los delirios de metamórfosis" [en ruso], *La Psiquiatría Contemporánea*, San Petersburgo, enero de 1909.

282. "Patología de las funciones psicosexuales. Nueva clasificación genética", *Archivos*, enero-febrero de 1910.

283. "La psicología biológica", *ibid.*, marzo-abril de 1910.

284. "Pseudodiscromatopsia por amnesia verbal en una hemianopsia cortical", *ibid.*, marzo-abril de 1910.

285. "Psicofisiología de la curiosidad", *ibid.*, mayo-junio de 1910.

286. "Psicofisiología de la curiosidad", *Revista del Centro de Estudiantes de Medicina*, Buenos Aires, abril de 1910.

287. "La psicología biológica", *Anales de la Sociedad de Psicología*, vol. I, Buenos Aires, 1910.

288. "Pseudodiscromatopsia por amnesia verbal en una hemianopsia cortical", *ibid.*, vol. I, 1910.

289. "Los orígenes de la materia viva", *Argentina Médica*, Buenos Aires, junio de 1910.

290. "Nuevo concepto del delito y de las penas", *ibid.*, 1910.

291. "La psicología biológica", *ibid.*, 1910.

292. "La energética biológica", *ibid.*, 1910.

293. "La sociología como historia natural de la especie humana", *ibid.*, 1910.

294. "Los orígenes de la materia viva", *ibid.*, 1910.

295. "La formación de la conciencia", *ibid.*, 1910.

296. "Los estudios psicológicos en la Argentina", *ibid.*, 1910.

297. "Las bases del derecho penal. Inducciones fundadas en la psiquiatría", *La Semana Médica*, 7 de febrero de 1910.

298. "Pseudodiscromatopsia por amnesia verbal", *ibid.*, 1910.

299. "Patología de las funciones psicosexuales", *ibid.*, 1910.

300. "La psicología genética", *ibid.*, 22 de diciembre de 1910.

301. "La ontogenia psíquica", *El Monitor de la Educación Común*, Buenos Aires, 1910.

302. "La psicología social", *ibid.*, 1910.

303. "Psicología del hombre mediocre", *La Nación*, Buenos Aires, 18 de mayo de 1911.

304. "Fundamentos genéticos de la psicología biológica", *Archivos*, enero-febrero de 1911.

305. "El hombre mediocre", *ibid.*, noviembre-diciembre de 1911.

306. "Estudios recientes de histología cerebral", *Argentina Médica*, 1911.

307. "La filogenia psíquica", *ibid.*, 1911.

308. "La adquisición natural de las funciones conscientes", *La Semana Médica*, 23 de febrero de 1911.

309. "Las funciones psíquicas sintéticas", *ibid.*, 23 de marzo de 1911.

310. "Los métodos de la psicología", *ibid.*, 15 de junio de 1911.

311. "Teoría biológica de la conciencia", *Revista de la Sociedad Médica Argentina*, Buenos Aires, 1911.

312. "Una obra de psicología infantil", *Archivos*, enero-febrero de 1912.

313. "El idealismo ante la filosofía naturalista", *ibid.*, julio-agosto de 1912.
314. "Los temperamentos idealistas", *ibid.*, septiembre-octubre de 1912.
315. "Los caracteres hipócritas", *ibid.*, noviembre-diciembre de 1912.
316. "Una obra de psicología infantil", *La Semana Médica,* 4 de enero de 1912.
317. "Los modos reales de pensar", *Anales de la Sociedad de Psicología,* vol. II, Buenos Aires, 1912.
318. "Psicología de Juan Moreira", *ibid.*, vol. II, 1912.
319. "Teoría biológica de la conciencia", *ibid.*, vol. II, 1912.
320. "Sobre clasificación de los delincuentes", *Archivos,* septiembre-octubre de 1913.
321. "La biología del alma", *La Semana Médica,* 30 de enero de 1913.
322. "Las direcciones filosóficas de la cultura argentina", *Revista de la Universidad de Buenos Aires,* Buenos Aires, año XI, t. XXVII, 1914.
323. "El suicidio de los bárbaros", *Caras y Caretas,* Buenos Aires, núm. 835, 1914.
324. "Los estudios filosóficos en Cataluña", *Nosotros,* octubre de 1914.
325. "El renacimiento cultural de Cataluña", *Nosotros,* agosto de 1914.
326. "Exposición sistemática de las doctrinas de Ameghino", *Archivos de Pedagogía y Ciencias Afines,* La Plata, abril de 1914.
327. "Autorretrato", *Mundo Estudiantil,* Buenos Aires, 7 de agosto de 1915.
328. "La formación de una raza argentina", *La Prensa,* Buenos Aires, 2 de septiembre de 1915.
329. "Para una filosofía argentina", *Rev. Fil.*, enero de 1915.
330. "El contenido filosófico de la cultura argentina", *ibid.*, enero de 1915.
331. "Las ciencias nuevas y las leyes viejas", *ibid.*, marzo de 1915.
332. "Don Francisco Giner de los Ríos", *ibid.*, marzo de 1915.
333. "Los fundamentos de la psicología biológica", *ibid.*, mayo de 1915.
334. "La personalidad intelectual de José N. Ramos Mejía", *ibid.*, julio de 1915.
335. "Los sansimonianos argentinos", *ibid.*, septiembre de 1915.
336. "Historia de una biblioteca", *ibid.*, septiembre de 1915.
337. "Las ideas filosóficas de Ameghino", *ibid.*, septiembre de 1915.
338. "Las doctrinas morales de Augusto Bunge", con el pseud. de Julio Barreda Lynch, *ibid.*, noviembre de 1915.
339. "La formación de una raza argentina", *ibid.*, noviembre de 1915.
340. "Historia de una biblioteca", *La Nota,* Buenos Aires, septiembre de 1915.
341. "Las ideas filosóficas de Ameghino", *Prometeo,* Buenos Aires, mayo de 1915.
342. "Las ideas filosóficas de Ameghino", en el vol. *Doctrinas y Descubrimientos,* de Florentino Ameghino.
343. "Sarmiento y la generación del ochenta", *Hermes,* Buenos Aires, mayo de 1915.
344. "Los fundamentos de la psicología biológica", *La Semana Médica,* 18 de marzo de 1915.

345. "La personalidad intelectual de José M. Ramos Mejía", *ibid.*, 27 de mayo y 3 de junio de 1915.
346. "La formación de una raza argentina", *ibid.*, 4 de noviembre de 1915.
346 bis. "Belleza moral del estilo", *El Fígaro*, La Habana, febrero de 1916.
347. "España y nosotros", *Rev. Fil.*, marzo de 1916.
348. "La filosofía científica en la organización de las Universidades", *ibid.*, marzo de 1916.
349. "La cultura filosófica en la España medioeval", *ibid.*, mayo de 1916.
350. "La cultura filosófica en la España socrática", *ibid.*, julio de 1916.
351. "La renovación de la cultura filosófica española", *ibid.*, julio de 1916.
352. "Las ideas coloniales y la dictadura de Rosas", *ibid.*, septiembre de 1916.
353. "Un moralista argentino", *ibid.*, noviembre de 1916.
354. "Un moralista argentino, Agustín Álvarez", *Nosotros,* noviembre de 1916.
355. "El enciclopedismo y la Revolución de Mayo", *Rev. Fil.*, enero de 1917.
356. "Notas sobre la mentalidad colonial", *ibid.*, marzo de 1917.
357. "De un idealismo fundado en la experiencia", *ibid.*, marzo de 1917.
358. "Dos filosofías políticas", *ibid.*, mayo de 1917.
359. "Notas sobre los ideologistas argentinos", *ibid.*, julio de 1917.
360. "Le Dantec, biólogo y filósofo", *ibid.*, septiembre de 1917.
361. "Influencias de Lamennais durante la emigración argentina", *ibid.*, noviembre de 1917.
362. "De un idealismo fundado en la experiencia", *El Universitario*, Buenos Aires, enero de 1917.
363. "Otras influencias sansimonianas durante la emigración", *Verbum,* Buenos Aires, 1917.
364. "Introducción" a *Nuestra América*, de Carlos Octavio Bunge, Buenos Aires, 1918.
365. "La personalidad sentimental", *Rev. Fil.*, enero de 1918.
366. "La filosofía social de Echeverría y la leyenda de la Asociación de Mayo", *ibid.*, marzo de 1918.
367. "Ideales viejos e ideales nuevos", *ibid.*, julio de 1918.
368. "La Corda Fratres en la Universidad de Córdoba" [con el pseud. de Julio Barreda Lynch], *ibid.*, julio de 1918.
369. "Sinopsis de la Revolución", *ibid.*, noviembre de 1918.
370. "La Corda Fratres en la Universidad de Córdoba" [con el pseud. de Julio Barreda Lynch], *El Universitario*, Buenos Aires, 1918.
371. "Ideales viejos e ideales nuevos", *Nosotros,* mayo de 1918.
372. "La psicología social de Hispano América", *ibid.*, julio de 1918.
373. "El Deán Gregorio Funes", *ibid.*, agosto de 1918.
374. "Significación histórica del maximalismo", *ibid.*, noviembre de 1919.
375. "Psicología de los celos", *Rev. Fil.*, enero de 1919.
376. "La moral de Ulises", *ibid.*, marzo de 1919.
377. "Las ideas filosóficas de Ameghino", *ibid.*, mayo de 1919.

378. "Cómo nace el amor", *ibid.*, julio de 1919.
379. "Los estudios psicológicos en la Argentina", *ibid.*, septiembre de 1919.
380. "Génesis de las sensaciones externas", *ibid.*, noviembre de 1919.
381. "Traducción del Himno a Satán, de José Carducci" [con el pseud. de Francisco Javier Estrada], *Nosotros,* agosto de 1919.
382. "Obispos y Belakunes", *Clarín,* Buenos Aires, octubre de 1919.
383. "Las doctrinas de Ameghino", *La Semana Médica,* 11 de septiembre de 1919.
384. "Génesis de las sensaciones internas", *Rev. Fil.,* enero de 1920.
385. "Los ideales del grupo ¡Claridad!", *ibid.*, marzo de 1920.
386. "La democracia funcional en Rusia", *ibid.*, mayo de 1920.
387. "La reforma educacional en Rusia", *ibid.*, julio de 1920.
388. "Terruño, Patria, Humanidad", *ibid.*, septiembre de 1920.
389. "Enseñanzas económicas de la Revolución Rusa", *ibid.*, noviembre de 1920.
390. "La psicopatología en el arte", *Nosotros,* febrero de 1920.
391. "Terruño, Patria, Humanidad", *ibid.*, agosto de 1920.
392. "Significación de la Reforma Universitaria", *El Universitario,* Buenos Aires, 30 de abril de 1920.
393. "El triunfo moral de Rusia", *Renovación* [Órgano de la Federación Universitaria de La Plata], La Plata, 31 de diciembre de 1920.
394. "Locura y brujería en la sociedad colonial", *La Semana Médica,* 12 de febrero de 1920.
395. "Los estudios psiquiátricos en la Argentina", *ibid.*, 26 de febrero de 1920.
396. "El primer hospital de Buenos Aires y sus primeros locos", *ibid.*, 11 de marzo de 1920.
397. "Sinopsis de la Restauración", *Rev. Fil.,* enero de 1921.
398. "Las fuerzas morales de la Revolución", *ibid.*, marzo de 1921.
399. "Nuevos ideales de la educación", *ibid.*, mayo de 1921.
400. "Juventud, Entusiasmo, Energía", *ibid.*, julio de 1921.
401. "Voluntad, Iniciativa, Trabajo", *ibid.*, septiembre de 1921.
402. "Inquietud, Rebeldía, Perfección", *ibid.*, noviembre de 1921.
403. "Las fuerzas morales de la Revolución", *Nosotros,* enero de 1921.
403 bis. "Nuevos ideales de la Educación", *La Escuela Contemporánea,* San José de Costa Rica, 31 de octubre de 1921.
404. "Simpatía, Justicia, Solidaridad", *Rev. Fil.,* enero de 1922.
405. "Verdad, Ciencia, Ideal", *ibid.*, marzo de 1922.
406. "Emilio Boutroux y la filosofía francesa de su tiempo", *ibid.*, mayo de 1922.
407. "Mérito, Tiempo, Estilo", *ibid.*, septiembre de 1922.
408. "Por la Unión Latino Americana", *ibid.*, noviembre de 1922.
409. "Por la Unión Latino Americana", *Nosotros,* octubre de 1922.
410. "La pasión de Isolda", *Rev. Fil.,* enero de 1923.
411. "Entre Quesada y Spengler" [con el pseud. de Julio Barreda Lynch], *ibid.*, enero de 1923.

412. "Croce y Gentile, fariseos del idealismo" [con el pseud. de Julio Barreda Lynch], *ibid.*, marzo de 1923.

413. "Historia, Progreso, Porvenir", *ibid.*, marzo de 1923.

414. "Bondad, Moral, Religión", *ibid.*, mayo de 1923.

415. "Encuesta sobre cooperación intelectual", *ibid.*, julio de 1923.

416. "La política inmoral de Croce y Gentile" [con el pseud. de Julio Barreda Lynch], *ibid.*, septiembre de 1923.

417. "La desilusión de amor", *ibid.*, noviembre de 1923.

418. "Las industrias de la muerte" [con el pseud. de Julio Barreda Lynch], *Renovación*, enero de 1923.

419. "La Universidad del porvenir", *ibid.*, enero de 1923.

420. "¿Qué somos?" [sin firma], *ibid.*, febrero de 1923.

421. "El ministro Marcó ha dictado dos decretos que consideramos corruptos y jesuíticos" [con el pseud. de Raúl H. Cisneros], *ibid.*, febrero de 1923.

422. "El humorismo en la filosofía" [con el pseud. de Julio Barreda Lynch], *ibid.*, febrero de 1923.

423. "Fijando rumbos" [sin firma], *ibid.*, marzo de 1923.

424. "Mejoramos" [sin firma], *ibid.*, abril de 1923.

425. "La farsa panamericana de Santiago" [con el pseud. de Julio Barreda Lynch], *ibid.*, abril de 1923.

426. "Los ideales universitarios deben mantenerse libres de toda contaminación política" [con el pseud. de Raúl H. Cisneros], *ibid.*, junio de 1923.

427. "Verdad, Ciencia, Ideal", *ibid.*, junio de 1923.

428. "Horizontes" [sin firma], *ibid.*, julio de 1923.

429. "En la Facultad de Medicina fracasó la maniobra contra la Reforma Universitaria" [con el pseud. de Raúl H. Cisneros], *ibid.*, julio de 1923.

430. "Política" [sin firma], *ibid.*, agosto de 1923.

431. "Se conspira a la sordina contra la Reforma Universitaria" [con el pseud. de Raúl Cisneros], *ibid.*, agosto de 1923.

432. "Quimeras" [sin firma], *ibid.*, septiembre de 1923.

433. "Cereales para Francia" [con el pseud. de Julio Barreda Lynch], *ibid.*, septiembre de 1923.

434. "Petróleo" [sin firma], *ibid.*, octubre de 1923.

435. "Historia. Progreso. Porvenir", *ibid.*, octubre de 1923.

436. "Maniobras" [sin firma], *ibid.*, noviembre de 1923.

437. "La vieja política de intrigas sigue corrompiendo la moral universitaria" [con el pseud. de Raúl H. Cisneros], *ibid.*, diciembre de 1923.

438. "Introducción" [con el pseud. de Julio Barreda Lynch], *Urquiza y Mitre*, vol. de Julio Victorica, Buenos Aires, 1923.

439. "Prólogo" [con el pseud. de Julio Barreda Lynch], *La organización nacional*, vol. de Mariano A. Pelliza, Buenos Aires, 1923.

440. "Prólogo" [con el pseud. de Julio Barreda Lynch], *Ensayos históricos*, vol. de Bartolomé Mitre, Buenos Aires, 1923.

441. "Introducción" [con el pseud. de Julio Barreda Lynch], *Historia de las instituciones libres*, vol. de Agustín Álvarez, Buenos Aires, 1923.
442. "Werther y Don Juan", *Rev. Fil.*, enero de 1924.
443. "La glorificación de Lenin" [con el pseud. de Julio Barreda Lynch], *ibid.*, marzo de 1924.
444. "Kant", *ibid.*, mayo de 1924.
445. "Introducción de la teoría del amor", *ibid.*, julio de 1924.
446. "El instinto maternal y la familia", *ibid.*, septiembre de 1924.
447. "La esclavitud de la mujer y el matrimonio", *ibid.*, septiembre de 1924.
448. "El amor, la familia y el matrimonio", *ibid.*, noviembre de 1924.
449. "En memoria de Felipe Carrillo", *Nosotros,* junio de 1924.
450. "Kant", *Nueva Era*, Buenos Aires, abril de 1924.
451. "Juventud", *Renovación,* enero de 1924.
452. "La diplomacia de la tiranía nos manda notas oficiales contra Haya de la Torre" [con el pseud. de Raúl H. Cisneros], *ibid.*, enero de 1924.
453. "Inquietud, Rebeldía, Perfección", *ibid.*, enero de 1924.
454. "Rusia en auge y Francia en ruinas" [con el pseud. de Julio Barreda Lynch], *ibid.*, enero de 1924.
455. "Wilson" [sin firma], *ibid.*, febrero de 1924.
456. "Simpatía, Justicia, Solidaridad", *ibid.*, febrero de 1924.
457. "La glorificación de Lenin" [con el pseud. de Julio Barreda Lynch], *ibid.*, febrero de 1924.
458. "Agonía" [sin firma], *ibid.*, marzo de 1924.
459. "Estilo", *ibid.*, marzo de 1924.
460. "Conquista" [sin firma], *ibid.*, abril de 1924.
461. "Kant", *ibid.*, abril de 1924.
462. "Hipoteca" [sin firma], *ibid.*, junio de 1924.
463. "El pleito del arzobispado" [con el pseud. de Raúl H. Cisneros], *ibid.*, julio de 1924.
464. "Intrusos" [sin firma], *ibid.*, julio de 1924.
465. "Una honrosa protesta de los estudiantes de Chile" [con el pseud. de Raúl H. Cisneros], *ibid.*, julio de 1924.
466. "M. Goycoechea Menéndez, el original poeta cordobés, tiene un monumento en Yucatán" [con el pseud. de Luis Emilio Peña], *ibid.*, julio de 1924.
467. "En memoria de Felipe Carrillo", *ibid.*, julio de 1924.
468. "Federación" [sin firma], *ibid.*, agosto de 1924.
469. "Leopoldo Lugones combate la mentira patriótica en la enseñanza" [con el pseud. de Raúl H. Cisneros], *ibid.*, agosto de 1924.
470. "Mister Rowe" [sin firma], *ibid.*, septiembre de 1924.
471. "La última injusticia de Paul Groussac" [con el pseud. de Raúl H. Cisneros], *ibid.*, octubre de 1924.
472. "Leguía" [sin firma], *ibid.*, diciembre de 1924.
473. "El ídolo de barro" [con el pseud. de Julio Barreda Lynch], *ibid.*, diciembre de 1924.
474. "La inmoralidad social del amor", *Rev. Fil.*, enero de 1925.

475. "El renacimiento del amor", *ibid.*, febrero de 1925.
476. "Alberto Einstein", *ibid.*, mayo de 1925.
477. "Ante la Sociedad de las Naciones", *ibid.*, septiembre de 1925.
478. "La reconquista del derecho de amar", *Nosotros*, enero de 1925.
479. "Finanzas" [sin firma], *Renovación*, enero de 1925.
480. "El mensaje de Abd-el-Krim" [con el pseud. de Raúl H. Cisneros], *ibid.*, enero de 1925.
481. "Cinismo" [sin firma], *ibid.*, febrero de 1925.
482. "Servidumbre literaria" [con el pseud. de Julio Barreda Lynch], *ibid.*, marzo de 1925.
483. "Organización" [sin firma], *ibid.*, mayo de 1925.
484. "Introducción", *Conflictos y armonías de las raazs en América*, vol. de Domingo F. Sarmiento, Buenos Aires, 1925.

BIBLIOGRAFÍA SOBRE INGENIEROS

Agosti, Héctor P., *Ingenieros, ciudadano de la juventud*, Buenos Aires, Juárez Editor, S. A., 4ª ed., 1975.

Bagú, Sergio, *Vida ejemplar de José Ingenieros*, Buenos Aires, Claridad, 1936.

————, *Vida de José Ingenieros*, Buenos Aires, Eudeba, 1963.

Barreiro, José P., "La interpretación histórica de Ingenieros", en *El espíritu de Mayo y el revisionismo histórico*, Buenos Aires, Ed. A. Zamora, 1951.

Belbey, José, "Ingenieros, psiquiatra y criminólogo", en *La sociedad y el delito*, Buenos Aires, Claridad, 1947.

Bermann, Gregorio, *José Ingenieros*, Buenos Aires, Ed. Gleizer, 1926.

————, *La obra científica de José Ingenieros*, Córdoba, 1929.

Castellanos, Juan M., *Prefacio a El pensamiento revolucionario de José Ingenieros*, Costa Rica, EDUCA, 1972.

Claridad, Buenos Aires, año 6, núm. 145, 25 de octubre de 1927, número dedicado a Ingenieros.

Cuadernos de Cultura, Buenos Aires, núm. 23, diciembre de 1955, número dedicado a Ingenieros.

Cúneo, Dardo, *El romanticismo político*, Buenos Aires, Ed. Transición, 1955.

Donoso, Armando, *En torno a la metafísica, su posible renovación según Ingenieros*, Santiago de Chile, Impr. Universitaria, 1928.

Dujovne, León, *La obra filosófica de José Ingenieros*, Buenos Aires, A. López, 1930.

Endara, Julio, *José Ingenieros y el porvenir de la filosofía*, Buenos Aires, Agencia Gral. de Librería, s/f.

Greenen, Enrique, *Dois filosofos sul-americanos: Raimundo de Farias Brito e José Ingenieros*, San Pablo, 1931.

Kamia, Delia, *Entre Yrigoyen e Ingenieros*, Buenos Aires, Meridión, 1957.

————, "La Syringa", separata del volumen XI de TRABAJOS, COMUNICACIONES Y CONFERENCIAS; SOCIEDADES LITERARIAS ARGENTINAS (1864-1900), Facultad de Humanidades de La Plata, 1968.

————, *Prólogo a Antología de José Ingenieros*, Buenos Aires, Losada, 1961.

Nosotros, Buenos Aires, año XIX, núm. 199, diciembre de 1925, número dedicado a Ingenieros.

Peralta, Juan J., *La psicología científica de José Ingenieros*, Ecuador, Vincens, 1922.

Perelstein, Berta, *Positivismo y antipositivismo en la Argentina*, Buenos Aires, Procyón, 1952.

Ponce, Aníbal, *Para una historia de Ingenieros (Ingenieros: su vida, su obra)*, Buenos Aires, Axioma, 1977.

Revista de Filosofía, Buenos Aires, año XII, núm. 1, enero de 1926, número extraordinario dedicado a Ingenieros.

Riaño J., Ricardo, *José Ingenieros y su obra literaria*, La Habana, Arrelano y Cía., 1933.

Solari, Juan A., *La lección de Ingenieros*, Buenos Aires, 1956.

Soler, Ricaurte, *El positivismo argentino*, Panamá, Impr. Nacional, 1959.

TEXTOS PUBLICADOS EN LAS OBRAS COMPLETAS,
BUENOS AIRES, MAR OCÉANO, 1961-1962

INDICE DE NOMBRES

impreso en talleres gráficos victoria, s. a.
primera privada de zaragoza núm. 18 bis – méxico 3, d. f.
tres mil ejemplares más sobrantes para reposición
21 de septiembre de 1979

JOSÉ MARTÍ

POLÍTICA DE NUESTRA AMÉRICA

La reconsideración crítica de la naturaleza y del destino de Latinoamérica —finalidad explícita de la colección *América Nuestra*— justifica plenamente la incorporación casi inicial de un volumen dedicado al multifacético revolucionario cubano. Pues fue José Martí quien hace ya casi un siglo dio a conocer en su artículo programático "Nuestra América" el proyecto de un continente liberado de la opresión política y cultural de la Europa colonizadora, y a la vez tan fuerte y autónomo como para rechazar el nuevo y monstruoso intento dominador de la América "europea" representada por los Estados Unidos. Desde Martí en adelante quedó claro para los revolucionarios latinoamericanos cuál debía ser la tarea a la que dedicar todos sus afanes: la de realizar la "segunda independencia" de nuestros pueblos oprimidos.

Esta hipótesis genial y premonitoria de Martí, que rescataba del olvido el sentido de la acción bolivariana, pudo ser posible porque fue él quien como nadie comprendió la necesidad de "fundar" la autonomía de América no sólo en su condición de entidad distinta en la historia, sino también y fundamentalmente en su capacidad de hacer causa común con todos los oprimidos del mundo. La independencia y unidad latinoamericana podrá realizarse, el proyecto martiano podrá dejar de ser una hermosa utopía para convertirse en realidad, únicamente si nuestros pueblos son capaces de desencadenar y llevar hasta sus últimas consecuencias, "la revolución de los humildes, por los humildes y para los humildes". Este es el núcleo esencial del pensamiento martiano, recuperado para nuestros contemporáneos por el líder de la primera revolución nacional, popular y socialista gestada en América. El sueño de Martí hoy comienza a realizarse; la segunda independencia latinoamericana ya está en marcha.

ERNESTO CHE GUEVARA

EL SOCIALISMO Y EL HOMBRE NUEVO

Exactamente a diez años de la muerte del Che, la edición del presente volumen tiene un doble sentido: el del homenaje al revolucionario caído en la defensa de la causa de los pobres, de los humillados y ofendidos, de los explotados, de los alienados por un sistema voraz y destructor. Pero también el propósito de contribuir, con todo lo de modesto que pueda tener nuestro esfuerzo editorial, al rescate de la figura del Che como pensador y dirigente revolucionario. Esto puede servir sin duda a la develación de un patrimonio intelectual y moral del que de una forma u otra nos consideramos herederos.

La selección de trabajos de Ernesto Che Guevara que hoy presentamos no tiene la pretensión de ser exhaustiva. Sólo constituye una parte relativamente pequeña de la totalidad de sus escritos que aún esperan ser editados en forma completa. Hemos querido reunir un conjunto de textos, muchos de ellos incorporados por primera vez en un libro, articulados en torno al tema de la construcción del socialismo, de las enormes dificultades que este proceso implica y de la necesidad de basar toda transformación de las estructuras económico-sociales en la formación simultánea de un nuevo tipo humano liberado de la opresión y "del cieno" en que se hunde en la sociedad capitalista. Por eso hemos titulado a la selección *El socialismo y el hombre nuevo*, intentando resumir con esta frase el sentido último de toda la acción teórica y práctica del Che.

JUAN CARLOS PORTANTIERO
ESTUDIANTES Y POLÍTICA EN AMÉRICA LATINA

Hace sesenta años, los estudiantes de América Latina lanzaron por todo el continente la insurgencia de la reforma universitaria. Esa llama se encendió a comienzos de 1918 en Córdoba y desde allí franqueó sus límites. Se propagó primero a todo el país, asumió luego bríos americanos y se instaló, durante más de una década, en todo el continente.

Episodio de masas a través del cual las clases medias y sus intelectuales penetraron en la historia política latinoamericana, su valoración debe quedar ligada a ese dato complejo que lo determina. Visto en perspectiva histórica, su límite actual descubre su grandeza pasada como episodio fundamental de la historia social del continente. Es desde su plataforma ideal que se gesta la fundacional y recurrente discusión que marcó las dificultades —sólo zanjadas inicialmente por la revolución cubana— para el encuentro entre las izquierdas marxistas y el pensamiento nacionalista democrático en América Latina.

Como programa, como ideología inicial, el movimiento que condujo en Cuba a la caída de Batista surge como una réplica de los contenidos asumidos por el movimiento universitario en el continente cada vez que, desde 1918, intentó proyectarse a la acción política. Hay una continuidad que puede trazarse desde Mella a Fidel. Pero lo notable de esa continuidad es que se revela como una síntesis ideológica y práctica de cuarenta años de enfrentamiento interno en el movimiento de las juventudes universitarias, como el resumen superador de una doble perspectiva que en nuestra historia política marchaba desencontrada. Si el continente americano tiene tras de sí sesenta años de rebelión estudiantil, el mensaje ideal que de allí se prolonga sólo pudo encontrar realización efectiva en un país en que la reforma, para ser tal, tuvo que ser, primero, revolución. Y esa intuición, dolorosamente adquirida luego con la sangre de infinitas jornadas de lucha, había comenzado a germinar en el continente en el lejano 1918, cuando un grupo de jóvenes estampaba esta frase balbuceante: "creemos no equivocarnos, las resonancias del corazón nos lo advierten: *estamos pisando sobre una revolución, estamos viviendo una hora americana*".

JULIO ANTONIO MELLA

ESCRITOS REVOLUCIONARIOS

Cuba ha tenido hombres excepcionales que han sido como la encarnación de los momentos de viraje de su historia. José Martí, organizador y guía de la revolución de 1895, es uno de esos pocos hombres que logran sintetizar en su acción y en su pensamiento todo un proceso histórico. Julio Antonio Mella, cuyos escritos se recogen en este libro, es heredero y continuador legítimo de la tradición revolucionaria de Martí en las condiciones de la nueva era histórica que se inauguró con la victoria de la revolución socialista de octubre. Él simboliza en su figura el despertar nacional antimperialista y democrático y el anhelo de profundos cambios sociales del pueblo cubano en los años veintes. Los propósitos de liberación social y nacional del pueblo cubano, por los que Mella entregó su vida en tierras mexicanas el 11 de enero de 1929, hace ya casi 20 años que se hicieron realidad en Cuba. El legado de su pensamiento y de su acción está presente en las profundas transformaciones sociales y políticas que han convertido a esa maravillosa isla del Caribe en la primera república socialista de América. Pero está también presente, sobre todo, en la conciencia antimperialista, patriótica e internacionalista de los trabajadores y de todo el pueblo.
Nuestra recopilación, prologada por Fabio Grobart, incorpora los textos fundamentales redactados por Mella en su agitado combate por la creación en Cuba y en América Latina de una organización política revolucionaria.